THE
GUN,
THE
SHIP,
AND THE
P E N

총, 선, 펜

THE GUN, THE SHIP, AND THE PEN

총, 선, 펜

전쟁과 헌법, 그리고 근대 세계의 형성

초판 1쇄 인쇄일 2023년 8월 1일   **초판 1쇄 발행일** 2023년 8월 10일

지은이 린다 콜리 | **옮긴이** 김홍옥

펴낸이 박재환 | **편집** 유은재 | **관리** 조영란

펴낸곳 에코리브르 | **주소** 서울시 마포구 동교로15길 34 3층(04003) | **전화** 702-2530 | **팩스** 702-2532

이메일 ecolivres@hanmail.net | **블로그** http://blog.naver.com/ecolivres

출판등록 2001년 5월 7일 제201-10-2147호

종이 세종페이퍼 | **인쇄·제본** 상지사 P&B

ISBN 978-89-6263-255-2 93900

책값은 뒤표지에 있습니다.   잘못된 책은 구입한 곳에서 바꿔드립니다.

총, 선, 펜

전쟁과 헌법, 그리고 근대 세계의 형성

린다 콜리 지음 | 김홍옥 옮김

에코리브르

전쟁에 영향받는 삶을 살다 가신

나의 아버지 로이 콜리(Roy Colley),

그리고 그의 아버지 해리 콜리(Harry Colley)를 추모하며

차례

🏛

머리말 011

1부 유럽의 안과 밖

2부 전쟁에서 혁명으로

3부   새로운 세계

머리말

🏛

캉유웨이(康有爲: 청나라 말기의 사상가―옮긴이)가 변화의 기운을 감지한 것은 바로 이스탄불에서였다. 예순 살의 철학자이자 개혁가인 그는 자신의 정치적 견해 탓에 고국 중국에서 추방당해 끊임없이 떠도는 방랑자 신세가 되었다. 1908년 여름 오스만 제국의 심장부로 넘어온 그는 자신이 혼란의 한복판에 놓였다는 사실을 발견했다. 러시아와 영국이 술탄 압둘하미드 2세(Abdülhamid II)의 영토에 속한 마케도니아를 장악했다는 소문이 돌고 있었다. 이를 정부의 무능을 드러내는 징표로 받아들인 오스만 제국 군대 일부가 반란을 일으켰다. 그들은 의회를 원했다. 그뿐만 아니라 1876년에 발효했지만 곧바로 철회된 그 제국의 최초 성문 헌법이 복원되길 바랐다. 캉유웨이는 오스만 제국의 반군이 그 헌법의 공식 복원에 성공한 7월 27일 이스탄불에 도착했다. 언어는 서로 통하지 않았지만 흥분감만큼은 알아차릴 수 있었던 그는 인파 속을 헤치고 나아가면서 "반월 깃발이 나부끼는 가운데 사람들이 술을 마시고 북을 두드리며 함께 노래 부르고 춤추는 광경"을 지켜보았다. "사람들은 만

세를 외쳤는데, 그 행렬이 밤이고 낮이고 이어졌다. 거리며 공원 할 것 없이 어느 곳이나 마찬가지였다. ……놀라웠다." 그는 나중에 반군 지도자들이 술탄에게 보낸 최후통첩의 골자에 대해 이렇게 적었다. "그들은 저마다 무릎을 꿇고 〔그에게〕 고했다. '모든 나라에 헌법이 있습니다. 오직 튀르키예만이 그것을 선언해놓고 폐지하는 바람에 국민이 만족하지 못하고 있습니다. 군인들의 생각이 바뀌었습니다.'"[1]

이 사건은 이 책의 핵심 주제를 말해준다. 이 헌법적 위기에는 군인의 중요성이 관련되어 있다. 그리고 그것이 외세의 공격에 대한 두려움과 위협에 의해 촉발되었다는 사실이 놓여 있다. 그리고 캉유웨이 자신의 행동이 있다. 중국에서 헌법적 변화를 갈망하던 그는 세계의 다른 지역에서 이루어지는 정치적 실험과 사상에도 면밀히 주의를 기울이는 게 반드시 필요하다고 판단했다. 이 남성이 가장 좋아하는 자신의 개인 도장에는 이렇게 새겨져 있었다. "16년 동안 도망 다니면서 지구를 세 바퀴 돌고, 네 개 대륙을 횡단했다."[2] 이 책에 등장하는 다른 활동가들과 마찬가지로 캉유웨이도, 비록 극단적이긴 하지만, 생존 가능한 정치 헌법은 단일 정치 체제의 자기 성찰적 창조물이 될 수 없다는 사실을 당연시했다. 다른 것들로부터의 학습과 차용은 필수불가결한 요소로서, 20세기 초에 이미 새로운 기준으로 자리 잡은 견해였다.

하지만 여기에서 가장 두드러진 대목은 오스만 제국의 술탄을 제압하기 위해 반란군이 제기한 주장에 대해 그가 설명한 내용이다. 캉유웨이가 적은 바에 따르면, 그들은 그 제국의 일반 병사들 사이에서조차 '생각'이 '바뀌었다'고 강변했다. 여기에다 그들은 그보다 훨씬 더 외면하기 힘든 주장을 펼쳤다. 지금, 그러니까 1908년에 "모든 나라에 헌법이 있다"고 역설한 것이다. 중요한 것은 이러한 주장이 대체로 정확했다는 점이다. 18세기 중반 이후 새로운 성문 헌법이 여러 국가와 대륙에 걸쳐 점점 더 빠른 속도로 퍼져나갔던 것이다. 이는 다양한 정치적·법적 제도를 형성하고 재편하는 데 영향을 끼쳤다. 아울러 사고, 문화적 관행 그리고 대중의 기대 유형에 혼란을 안겨주고 또한 그것들을 변화시켰다.

정부의 규정 모음은 물론 새로울 게 없으며 그 역사 또한 길다. 고대 그리스의 일부 도시국가는 기원전 7세기에 정부 규정을 마련했다. 그밖의 사회들에서는 성문 법전이 그보다 훨씬 더 이른 시기에 등장했다. 오늘날의 중동 지역에 해당하는 메소포타미아의 통치자 함무라비의 법전을 새긴 석판은 기원전 1750년 이전부터 존재해왔다. 그러나 이 같은 고대 문헌들은 일반적으로 저술가나 강력한 지배자 같은 단일 인물의 작품이었다. 그 대부분은 권력자에게 제약을 가하거나 개인의 권리를 보장하는 쪽보다, 신민에 대한 행동 수칙을 제시하고 그것을 거역할 경우 무거운 처벌을 부과하는 편에 한층 더 치중했다. 더군다나 대부분의 초기 규약과 법규집은 대량으로 제작되지도 광범위한 대중을 위해 설계되지도 않았다. 법전과 헌장을 양피지와 종이에 적어 내려가기 시작하고 세계 일부 지역에서 인쇄 및 문맹 퇴치 수준이 향상되었을 때조차, 그것을 보급하는 데에는 극심한 제약이 집요하게 뒤따랐다. 1759년 영국 법학자 윌리엄 블랙스톤(William Blackstone)은 존 왕의 마그나 카르타(King John's Magna Carta)가 유명한 헌장일 뿐 아니라 5세기 전에 출현했음에도 그것의 "완전하고 정확한 사본"이 시종 부족한 현상에 대해 불평을 늘어놓았다.[3]

하지만 블랙스톤이 드러낸 이 같은 조바심이 암시하듯, 이 시점부터 상황은 서서히 달라지기 시작했다. 1750년대부터, 심지어 그 이전에도 유달리 전쟁에 시달려온 스웨덴 같은 일부 국가에서는, 정부에 제약을 부과하고 다양한 권리를 약속하는 데 중점을 둔, 널리 배포된 상징적인 텍스트와 단일 문서 헌법이 점차 수효가 늘어나고 중요해졌다. 그 후 이러한 문서는 기하급수적으로 불어나고 많은 국경을 넘어서까지 확산했다. 제1차 세계대전 이후에는 헌법의 수가 비약적으로 증가했으며, 제2차 세계대전 이후에는 그 정도가 한층 더했다. 그렇기는 해도 1914년경 이런 유의 장치는 남극 대륙을 제외한 모든 대륙의 여러 지역에서 이미 작동하고 있었다. 게다가 이스탄불에서 발생한 '청년 튀르크 혁명(Young Turk revolution)'에 대한 캉유웨이의 설명이 말해주다시피, 성문 헌법은 근대 국가와 근대화한 상태를 말해주는 트레이드마크로 널리 받아들여지기 시작했다. 이 책은 이 같은 전 세계 차원의 변화에 대해 살펴보고, 그것을 달라지는 전쟁 및 폭력의 양상과 연관 짓기 위한 시도다.

★

이것은 성문 헌법의 발전에 대한 통상적인 이해와는 다른 접근법이다. 성문 헌법은 특정한 법적 제도라는 렌즈를 통해, 그리고 애국심에 비추어 바라보는 게 일반적이라 보통 개별 국가와 관련해서만 분석되고 있기 때문이다. 그것은 육지와 바다의 경계를 점진적으로 넘나드는 전염성 짙은 정치 장르로 간주되어온 기간 동안에는, 대개 전쟁이 아니라 혁명에 따른 결과로 여겨졌다. 특히 성문 헌법의 부상은 1776년 이후 미국 독립 혁명의 성공과 잇달아 발생한 기타 대규모 혁명―즉 1789년의 프랑스 혁명, 프랑스 혁명 직후 그에 힘입어 발발한 아이티 혁명,

그리고 1810년대에 한때 에스파냐와 포르투갈 식민지이던 중앙아메리카와 남아메리카에서 불거진 여러 봉기—이 영향을 미친 결과로 받아들여졌다. 성문 헌법의 시작이 이런 유명한 혁명들과 워낙 밀접하게 관련되어 있던 터라, 이 같은 새로운 헌법의 주요 원동력에 대해서는 흔히 선택적 방식의 설명이 이루어지곤 한다. 성문 헌법의 출범과 그에 대한 인기가 증가한 것은 공화주의의 부상 및 군주제의 쇠퇴와 궤를 나란히 하는 현상으로 간주되며, 세계 전역에 걸친 기세등등한 민족 국가의 성장 및 거침없는 민주주의의 진보와 관련된 것으로 여겨지고 있는 것이다.[4]

이 대서양 유역의 대혁명들과 그것이 낳은 문서 및 사상은 여전히 내가 이 책에서 내놓는 해석의 중요한 부분으로 남아 있다. 하지만 어떤 특정한 주요 혁명, 공화주의, 국가 형성 및 민주주의와 긴밀하게 연관된 현상으로서만 헌법에 접근하면 논의가 지나치게 협소해지고 잘못된 길로 접어들 수 있다. 1914년에 이미 성문 헌법은 전 대륙 차원에서 규범으로 자리 잡았다. 하지만 남북 아메리카 바깥에서는 이 당시 대다수 국가가 여전히 군주제를 실시했다. (가장 자유주의적인 일부 국가도 내내 같은 상황이었다.) 1914년에는 남북 아메리카를 포함한 그 어느 대륙에서도 완전한 형태의 민주주의 국가가 거의 없다시피 했다. (이 점과 관련해서는 심지어 오늘날에도 많은 국가가 실패의 길을 걷고 있다.) 제1차 세계대전 직전에는 전 세계적으로 최대 강대국들조차 실상 민족 국가가 **아니었다**. 그들은 육상 제국이거나 해상 제국이거나, 아니면 둘 다였다.

압도적으로 특정한 고전적 혁명이라는 렌즈를 통해 헌법을 바라보는 것은 그 밖의 의미에서도 논의를 호도할 소지가 있다. 우리는 본질적으로 혁명이 전쟁보다 더 매력적이고 건설적인 현상이라고 느끼고 싶어 할지 모른다. 하지만 이 대대적인 인간 폭력의 두 가지 표현 양식―즉 한편의 혁명과 다른 한편의 전쟁―간 이분법은 본디 불안정한 것인데, 1750년 이후에는 더욱 그러했다. 미국 독립 혁명과 프랑스혁명도, 그에 뒤이은 아이티와 남아메리카에서의 혁명도 하나같이 대륙 간 전쟁이 전개되면서 촉발하고 부채질한 결과였다. 또한 그것들은 훨씬 더 많은 전쟁의 발발에 힘입어 아이디어, 규모, 결과와 관련해 더욱더 큰 변혁을 이루었다.[5] 전쟁은 그 자체로 혁명이 되었다. 그뿐만 아니라 1776년의 미국 독립선언서 이전에조차 전쟁과 헌법의 창조는 더욱 생생하고도 가시적으로 얽히게 되었다. 그 까닭은 무엇이었을까?

가장 일차적이며 지속적인 원인은 국경을 넘나드는 폭력과 전쟁의수요 및 강도, 지리적 범위, 빈도가 증가한 데 있었다. 일부 지역과 관련된 소상한 정보는 불완전한 채로 남아 있지만, 무슨 일이 벌어졌는지에 대한 대략적인 개요는 확실해 보인다. 세계 일부 지역에서는, 1700년대 초 무력 충돌의 **총횟수**가 줄어들었을 수 있다. 하지만 막스 로저(Max Roser), 피터 브레키(Peter Brecke) 등이 꼼꼼하게 도해한 자료에서 확인할 수 있듯이, 1700년 이후 전 세계적으로 대규모 전쟁의 발발과 관련해서는 **규칙성**이 현저히 증가했다. 대규모 전쟁의 규칙성 증가라는 이러한 패턴은 20세기 중반까지도 줄곧 이어졌다.[6]

이른바 '우산 전쟁(umbrella war)'이라고 불리는 전쟁이 점차 빈번해졌다. 즉 7년 전쟁(약 1756~1763), 프랑스 혁명 및 나폴레옹 전쟁(약 1792~1815), 그리고 제1차 세계대전(1914~1918) 같은 분쟁의 발생률이 증가한것인데, 이는 다름 아니라 인명과 비용 측면에서도 대가가 클뿐더러 해상과 육상을 넘나들며 세계의 다른 지역으로 확대됨으로써 그 과정에서 다양한 지역 투쟁을 아우르고 악화시키며, 그 결과 훨씬 더 위험하고 파괴적으로 거듭나는 분쟁이다.[7] 내가 앞서 제시한 것 같은 '우산 전쟁'의 연도 표기는 사기성이 짙다. 연루된 전쟁 참가자 상당수의 입장에서는 그 분쟁이 표준적으로 표기된 연도가 암시하는 것보다 훨씬 더 일찍 시작되었거나 더 오래 끌었거나, 또는 둘 다였기 때문이다. 그런가 하면 1700년대 이후 무력 분쟁의 속도와 규모의 증가는 전쟁 기술을 점점 더 치명적으로 만드는 데 기여했다. 해상 전쟁에 관한 한 이것은 1650년대에 이미 더욱 분명해졌다. 1800년 이후, 특히 1850년 이후에는 육상 전쟁 역시 급속도로 기계화되었으며, 그 파급 효과도 한결 치명적으로 달라졌다. 한층 반복적이고 탄력적인 대규모 전쟁과 더욱 치명적인 전쟁 방법이 한데 어우러진 형태가 20세기 중반까지 이어졌는데, 이 무렵에는 성문 헌법을 보유하거나 목표로 삼는 것이 거의 모든 곳에서 규범으로 뿌리내렸다.

한편으로, 이 같은 전쟁 패턴의 변화가 헌법 제정에 미친 영향은 구조적인 것이었다. 이제 종전보다 더 규모가 방대하고, 흔히 육군뿐 아니라 상당 규모의 해군까지 포괄하며, 주로 여러 대륙에 걸쳐 확산하는 경향이 있는 전쟁에 참여하기로 결정하거나 그런 전쟁에 휘말리면, 비주류이자 내켜 하지 않는 참가자조차 인명과 비용 면에서 커다란 대가를 치르고 국가가 심각한 부담을 떠안게 될 공산이 있는데, 이런 일은 흔히 되풀이되곤 한다. 그 결과 일부 정권은 심각하게 약화하고 불안정해졌다. 또 일부 정권은 분열하면서 내전과 혁명으로 치달았다. 전쟁이 촉발한 위기로부터 나타난 이 같은 새로운 정권들은 점진적으로 성문 헌법을 가지고 실험해보기로 결정했다. 성문 헌법을 정부 질서를 재정비하고, 논쟁의 여지가 있는 경계를 표시하고 주장하며, 국내 및 국

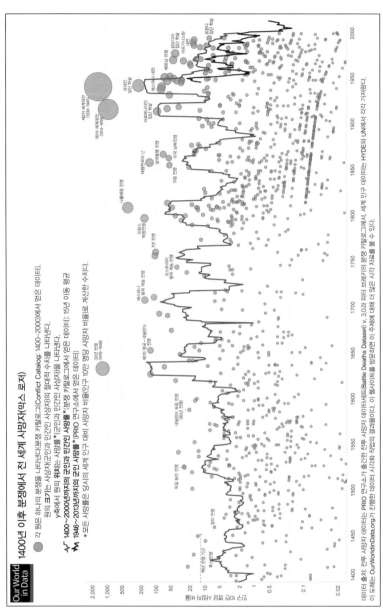

1 1400년 이후 전쟁으로 인한 전 세계 사망자 수 추정치. 1700년부터 높은 수준의 전투 사상자가 점차 늘어나면서 되풀이되는 현상에 주목하라.

제 무대에서 그들의 위상을 선전하고 피력하기 위한 수단으로 삼은 것이다.

하지만 전쟁에 좀더 성공적인 것으로 입증되었으며 붕괴 및 심각한 분열을 겪지 않은 국가나 정권들조차 흔히 스스로가 자국 정부를 재편하고 상황을 개선하기 위해 노력할 필요가 있음을 깨달았다. 그에 따라 좀더 회복 탄력적인 국가들(비단 서구 국가들뿐 아니라)에서도 새로운 법적·정치적 제도를 문서화하라는 호소가 늘어나는 경향이 있었다. 각국 정부는 성문 헌법의 초안을 작성하고 출판함으로써 그들의 정부 체제를 새롭게 합법화하는 수단을 손에 넣었다. 광범위한 지지를 끌어 모으고 재정적·인적 수요를 정당화하는 문서를 이용할 수 있게 된 것이다. 이게 바로 성문 헌법이 지니는 매력의 중요한 부분이었다.

좀더 대량으로 만들어지는 이 새로운 헌법은 사실상 그리고 부분적으로 문서상의 거래로 기능했다. 한 국가의 남성 거주민은 높은 세금 그리고/또는 징병을 수락한 대가로 선거권 부여 같은 특정 권리를 제공받을 수 있었다. 위대한 사회학자이자 법학자 막스 베버(Max Weber)가 인정했다시피, 이런 상황은 점점 더 만연해졌다. 역시나 제1차 세계 대전에 이어 모국인 독일에서 헌법 논쟁에 휘말린 베버는 수년에 걸친 '군사 훈련'의 확대 필요성이 어떻게 불가피하게 '민주주의의 승리'를 가져왔는지에 대해 자신의 학생들에게 강의하곤 했다. 그는 서로 다른 사회들이 "비(非)귀족 대중의 협력을 확보하기를, 그런 연유로 무기를 그리고〔그 무기와 더불어〕정치권력을 그들 손에 넘겨주기를 희망했고, 또 부득이 그렇게 하지 않을 수 없었다"고 주장했다.[8] (1700년대 이후 전 대륙에 걸쳐 점점 더 자주 요구되어온 일로서) 남성은 기꺼이 총을 쏘고 선박에서 복역하는 대가로 투표권을 비롯한 여러 권리를 보장받을 수 있었다. 그리고 이러한 거래는 성문 헌법과 인쇄된 헌법에 의해 약술되고 법제화되고 공포될 수 있었다.

베버의 날카로운 분석은 몇 가지 답을 제공해준다. 그의 분석은 어째서 특히 1850년 이후 유럽과 아메리카 대륙뿐 아니라 아시아와 아프리카 대륙의 일부 지역에서 정치 체제가 병역을 의무화함과 동시에 그들의 성인 남성 인구 전원(혹은 그 일부)에게—하지만 오직 남성에게만—선거권을 부여하는 헌법을 발표했는지 그 이유를 설명해준다. 그것은 한편으로 전쟁 수준의 가속화, 그리고 다른 한편으로 헌법 확산 간의 긴밀한 연결성이 빚어낸 추가적 결과물이었기 때문이다. 여성이 '군사 훈련'을 받을 수 없다는 인식은 제1차 세계대전이 발발했을 때 이 문서들 절대 다수가 적극적인 시민권을 부여하는 데에서 여성을 명시적으로 배제하도록 내모는 데 기여했다.

그런가 하면 폭력 수준 증가가 헌법의 확산과 그 질에 영향을 미친데에는 또 한 가지 중요한 측면이 깔려 있다. 1700년대 이후 분쟁의 수준과 규모가 가속화한 것처럼, 제국의 경쟁과 정복의 속도 역시 빨라졌다. 유럽 자체를 포함해서 모든 대륙은 제국주의 침략의 위협과 그 수위 증가에 노출되었다. 성문 헌법은 전통적으로 국가 형성 및 민족주의 부상과 관련해서 검토되어왔다. 그리고 그게 전체 이야기의 일부인 것은 분명하다. 그러나 제국 역시 성문 헌법의 설계와 확산에서 중요한 역할을 담당했는데, 그렇게 된 데에는 불가피한 측면이 있었다. 1913년 세계에 존재하는, 가장 인구가 많은 12개의 정치 관할권 가운데 11개는 민족 국가가 **아니었다**. 제국이었다. 영국, 중국, 러시아, 프랑스, 독일, 네덜란드, 합스부르크 왕가, 오스만 제국, 일본, 이탈리아, 그리고 미국. 이 중 육상 대륙 제국 미국은 이제 동남아시아의 필리핀에 대한 통

제력을 틀어쥐고 있었다.[9]

(영국을 제외한) 이들 제국 모두는 성문 헌법을 실험했으며, 그들 자신의 이익을 추구하는 과정을 거치면서 그 헌법의 확산 및 다양화에 기여했다. 서로 다른 제국들은 자신의 통치를 합법화하고, 그들 군대와 정착민이 점령한 영토를 규제하기 위해 이 공식 문서를 대량 생산해 사용했다. 일부 제국은 그들의 영토 확장을 방해하는 민족, 특히 비백인 민족을 차별하고 그들에게 불이익을 안겨주는 데 이 새로운 헌법을 써먹었다. 또한 이따금 제국의 주역들은 본국의 핵심 지역에서는 위험을 감수하고 싶지 않은 정치적·사회적 프로젝트를 정복한 영토에서 시험해보고자 새로운 헌법을 공포하기도 했다. 그런가 하면 방어적인 제국들은 (압박받는 숱한 민족 국가와 마찬가지로) 19세기와 그 이후에 그들 스스로를 재창조하기 위한 수단으로서, 그리고 (캉유웨이가 1908년 오스만 제국의 수도에서 목격한 바와 같이) 적대적 세계에서 자국 국민과 영토를 결속하고 보호하려는 희망에서, 새로운 헌법을 채택하는 쪽으로 점차 기울었다.

하지만 언제나 이보다 더 많은 것이 관련되어 있었다. 성문 헌법은 그 자체 속성상 변화무쌍하고 변덕스러운 정치 기술이다. 그것은 그 안에 담긴 언어와 조항이 새롭고도 향상된 현실을 구현하리라는 솔깃한 약속을 표방한다. 새로운 헌법은 상서롭고도 흥미진진한 변화 가능성을 제공하거나, 혹은 제공하는 것처럼 보일 수 있다. 결과적으로 1750년 이후 그것들의 호소력과 보급 확대에는 곤경에 처한 정치인, 국가 그리고 야심 찬 제국들의 상의하달식 반응보다 훨씬 더 많은 뭔가가 존재했다. 그 밖의 세력과 압력 단체도 이 부문에 강력하게 이끌렸으며, 점진적으로 그것의 형성에 관여하게 되었다. 그리고 다시 한번 이와 관련해서는 전쟁과 폭력의 패턴 변화가 결정적 역할을 담당했다.

한편으로, 분쟁과 공격 수위의 확대로 야기된 위험과 파괴 그리고 그에 상당하는 부담은 정치 엘리트들이 점점 더 새로운 헌법으로 마음이 기울도록 만들었으며, 지위가 낮은 사람들—즉 피지배자와 하위 집단—을 동요하게끔 이끌고, 때로 그들을 적극적으로 떨쳐 일어서도록 내몰았다. 그칠 줄 모르는 전쟁은 더 많은 것을 요구하면서 자금을 바닥나게 했다. 그뿐 아니라 더 많은 수의 병사·수병·민간인의 목숨을 앗아가고, 더러 생계 수단을 약화시키고, 반복적으로 공동체의 정상적 작용이며 통상 활동을 결딴냈다. 이 모든 것이 분노와 분개에 불을 지폈고, 그에 따라 권력과 권위의 구조에 대해 좀더 비판적으로 논의하고 그것을 감시하려는 분위기가 조성될 수 있었다. 이것은 다시 새로운, 혹은 바뀐 헌법에 강화된 권리를 반영하라는 **아래로부터의** 요구를 촉발할 수 있었고, 실제로 그렇게 되었다.

같은 이유에서 주로 서방 제국의 규모가 급격하게 확장하는 데 맞서 그들의 힘에 노출되어 위태로워진 서방 이외 국가들은 그 자체의 방어적이면서도 독특한 헌법을 실험하기에 이르렀다. 이러한 경향성이 1810년대에 세계 일부 지역에서는 이미 분명해졌다. 그리고 그것은 딱히 서방의 정치적·법적 사상이나 대책을 고스란히 본뜬 형태도 아니었다. 그렇다기보다, 본문에서 차차 살펴보겠지만, 서방 강대국의 부상에 압박받는 서방 세계 밖의 몇몇 정치 체제와 토착 민족은 성문 헌법을 채택하고 손봄으로써 그것을 그들의 현실에 맞게 수정했으며, 그네들의 정부 체제와 국방 체제가 강화되길 희망했다. 그것은 그들이 얼마든지 생존 가능하며 근대화했다는 것, 따라서 제국의 정복 대상에 적합하지 않다는 것을 널리 알리고 문서상으로 천명할 수 있는 기회를 부여했다. 또한 국가와 민족이 된다는 게 어떤 의미인지, 그리고 근대화한다는 게 어떤 의미인지에 대한 다양하고 차별적인 해석을 내놓을 수 있는 기회도 제공했다.

그러므로 1750년 이후 성문 헌법의 유포 확대를 비단 대서양 지역 세계에서 그 밖의 세계로 거침없이 퍼져나간 자유주의적이고 민족주의적인 사상과 방법론의 단순한 예로 이해해선 곤란하다. 계몽주의(이것 역시 이 이야기의 일부다)에 대한 제바스티안 콘라트(Sebastian Conrad)의 해석에 비추어보자면, 이와 같은 상이한 변화(즉 헌법의 전 지구적 확산)는 외려 "수많은 서로 다른 행위 주체가 함께 빚어낸 합작품"이었다. 이 행위 주체들은 대체로 "지정학과 불균등한 권력 분배에 영향을 받는" 이들이 었다. 또한 흔히 그들의 사상과 행동에 자양분이 되어준 것은 "원대한 희망과 유토피아적 약속"이었다. 하지만 헌법의 옹호자와 저술가들은 거의 언제나 "위협과 폭력"에 의해서도 얼마간 영향을 받았다.[10]

우리는 상이한 장소와 시간에 걸쳐 초안이 작성된 다양한 헌법의 조항과 자구 선택에 세심한 주의를 기울이는 게 중요하다는 결론에 이르는데, 이것은 오직 그렇게 해야만 그 헌법들에 내포된 수많은 각양각색의 비전과 사상을 알아내고 밝히고 풀어낼 수 있기 때문이다. 그에 따라 이 책은 시종일관 본래 여러 상이한 언어들로 작성되었으며 6개 대륙의 서로 다른 장소에서 유래한 다채로운 헌법 문서에 크게 의존한다. 나는 또한 거기에 관여한 일부 저술가와 활동가들의 행동·사상·인격을 파헤치는 데에도 관심을 쏟는다. 흔히 폭력·무기·선박에 집착하는 이 남성들(1914년 **이전에는** 늘 남성인 것만은 아니었다)이 이제 펜의 쓰임새에 대해서도 연구하기 시작한 것이다.

헌법 제정이 전쟁 및 폭력과 깊이 얽혀 있었던지라 헌법 저술가와 사상가들은 우리가 흔히 기대할 법한 그런 존재가 아니기 십상이다. 이 책에 군주, 정치인, 법조인, 정치 이론가가 자주 등장하는 것은 분명하다. 하지만 육군 장교, 해군 장교, 제국 장교들도 과거의 노예, 은행업자, 성직자, 의사, 지식인, 언론인, 온갖 종류의 문화계 인사와 더불어 모습을 드러낸다. 나의 관심은 시간이 가면서, 그리고 지리적 공간에 따라 태도와 전략이 어떻게 변화하는지 추적하고 분석하는 것이다. 그러므로 나는 공식적이고 성공적인 헌법 제정자들만이 아니라, 우려하는 마음에서, 또는 특정한 정치적·지적·사회적 의제를 제기하고자 하는 희망에서, 또는 그저 글쓰기와 문자 언어에 중독되었기 때문에 이런 유의 문서를 작성하는 데 뛰어든 숱한 개별 행위자 가운데 일부에 대해서도 살펴볼 참이다.

내가 이 점을 강조하는 까닭은 헌법이 보통 엄밀하게 구획되어 있기 때문이다. 다시 말해, 헌법은 다른 문학 양식이나 창의성의 산물과는 동떨어져 있고 서로 뚜렷하게 구별되는 범주로 여겨진다. 하지만 러시아의 예카테리나 2세에서 인도 캘커타(지금 이름은 콜카타―옮긴이)의 람모한 로이(Rammohan Roy)를 거쳐 베네수엘라와 칠레의 안드레스 베요(Andrés Bello), 일본의 이토 히로부미(伊藤博文), 타히티의 포마레 2세(Pomare II)와 시에라리온의 제임스 아프리카누스 빌 호턴(James Africanus Beale Horton) 등 헌법의 초안 작성자, 사상가, 그리고 이 책에 등장하는 그 옹호자들은 다른 문학 및 문화 활동에도 일가견이 있는 인물들이다. 내가 이 책 글머리에 소개한 캉유웨이 역시 헌법학자이자 장차 헌법을 저술하게 되는 인물이지만, 다른 한편 서예에 흠뻑 빠졌으며 그에 대한 조예도 깊었다.[11]

이처럼 1750년 이후에는 전쟁과 제국주의의 폭력으로 인한 압박이 고조되는 가운데 성문 헌법의 발명과 채택이 중대한 진전을 보였는데,

이와 같은 시기에 우리가 세계 대부분 지역에서 문해력 수준의 급격한 확산, 인쇄술의 발명과 그의 급속한 전파, 신문의 수와 발행 장소의 대대적 증가, 수많은 새로운 문자 언어의 출현, 번역물의 수 증가, 그리고 소설의 인기 상승을 목격한 것은 전혀 우연이 아니었다. 결국 헌법은 소설처럼, 어느 장소 및 거기에서 살아가는 사람들에 대한 이야기를 창조하고 들려준다. 이 문서들은 과거에도 그랬듯이 지금도 언제나 그 자체의 의미 이상을 지닐 뿐 아니라 법과 정치의 영역을 뛰어넘는다. 헌법은 재발견 및 재평가되어야 하며, 각각의 경계를 넘나들면서 읽힐 필요가 있다.

★

그 어떤 단일 서적도, 그리고 분명 그 어떤 단일 저자도 18세기부터 제1차 세계대전 시기까지 해상 및 육상의 국경 지역을 넘나들면서 발생하고 오늘날까지 내내 경계와 정치와 사상의 패턴을 주조하고 있는 엄청난 규모의 헌법적 창의성과 논쟁 그리고 결과물을 본격적으로 다뤄보겠다는 야심을 품기 어려울 것이다. 이와 관련한 전개 과정에는 문서화할 수 있고 문서화해야 하는 수많은 상이한 역사가 존재한다. 나 자신의 전략은 새로운 헌법과 다양한 전쟁 및 폭력 간의 거듭되는 맞물림에 영향을 주고, 그로부터 출현한 일련의 주요 주제와 위기에 초점을 맞추겠다는 것이었다. 개략적인 연대순에 따라 정리되어 있는 본문의 각 장은 이들 주요 주제 및 발화점 가운데 하나를 중심으로 펼쳐진다. 각 장은 특정 장소와 특수한 헌법 제정의 에피소드를 소환하는 방식으로 시작된다. 그리고 문제된 그 주제가 세계의 다른 지역들에 널리 영향을 끼치는 현상을 탐구하는 방향으로 나아간다.

마지막으로 언급할 점이 한 가지 있다. 나는 외부자로서 이 주제에 접근했다. 나의 출생지 영국은 뉴질랜드·이스라엘과 더불어 여태까지도 성문 헌법을 보유하지 않은 상태로 남아 있는 세계에서 몇 안 되는 국가 가운데 하나다. 따라서 내가 생활이며 일 때문에 20세기 말 자국의 성문 헌법을 숭배하는 나라인 미국으로 이주해온 것은 다른 여러 측면에서와 더불어 정치적 의미에서도 더할 나위 없이 매력적인 경험이었다. 나는 성문 헌법에 커다란 호기심을 느꼈다. 이들 문서가 너무도 낯설어 보이는 나라 출신이니 말이다. 나는 그것에 일정한 거리를 두었지만, 그것을 더 잘 이해하고 싶기도 했다. 왜 역사가들이 성문 헌법을 좀더 야심 차고 다양하게 전 세계적 맥락에서 다루지 않는지 그 이유가 궁금했다. 이 책은 이런 초기의 궁금증과 질문으로부터 거둔 결실이다.

이 책을 쓰는 과정에서 나는 이런 유의 헌법으로 개종한 사람이 아니라 솔직한 친구로서 임했다. 헌법은 오류를 면치 못하는 인간종이 창조한 취약하기 이를 데 없는 창조물이다. 헌법은 그것이 존재하는 모든 곳에서 그저 정치인, 법정 그리고 관련 인구가 그에 대해 생각하고 필요할 때면 그걸 개정하고, 그것이 효력을 발휘하도록 만드는 데 지속적인 노력을 기울이는 능력과 의향을 가지는 한도 내에서만 기능한다. 또한 단언컨대 천진난만한 장치가 아니며, 지금껏 그랬던 적이 단 한 차례도 없었다. 본문에서 똑똑히 보게 되겠지만, 성문 헌법은 처음 출현했을 때부터, 권력을 제한하는 것뿐 아니라 다양한 권력을 가능케 하는 것과 연관되어 있었다.

하지만 그럼에도 나는 성문 헌법이 여러 가지 유익한 목적에 기여할 수 있다고 믿게 되었다. 또한 헌법이 발전하고 확산해온 방식이 여전히 전 세계적으로 사상과 정치 체제에 영향을 주고 있지만, 과거에 이런 도구들이 기능하고 관심과 지지를 얻을 수 있도록 도와준 힘들 가운데 **일부가** 이제 점차 맥을 못 추고 압박 증가에 시달리고 있다고 믿게 되었다. 그러나 이것은 책 끄트머리에서 다룰 사안이다. 우리는 일단 글을 시작하기 위해 1700년대로, 그리고 지중해 연안으로 거슬러 올라가야 한다.

THE
GUN,
THE
SHIP,
AND THE
P E N

1부

유럽의 안과 밖

2   1768년에 네덜란드 화가가 그린 파스칼레 파올리.

1

전쟁의 다중적 궤적

코르시카섬

우리는 작은 장소에서 역사적으로 더없이 중요한 의미를 지닌 사건이 일어나는 경우를 심심찮게 볼 수 있다. 1755년 4월 16일 배에서 내려 이 지중해 섬에 상륙한 남성 파스칼레 파올리(Pasquale Paoli)는 곧바로 유명 인사가 된다. 그는 여러 책자, 편지, 신문, 시, 예술 작품, 팸플릿 그리고 노래에 '병사이자 입법가'로서, 즉 창과 펜을 한데 아우른 모범 사례로서 등장한다. 한 영국 언론인은 장차 그를 "그가 가는 길에서 만나는 모든 영혼을 기운 나게 만드는 자유의 선각자"라고 표현하기에 이른다. 유럽과 북아메리카 대륙의 찬미자들은 그를 스파르타의 지배 아래 있던 고대 그리스 도시 테베(Thebae)를 해방시킨 전설적인 장군 에파미논다스(Epaminondas)에 비유하기도 한다. 1768년 제임스 보스웰(James Boswell)이라는 평판 나쁘고 약삭빠르고 야심만만한 스코틀랜드인이 쓴 책 《코르시카 이야기(An Account of Corsica)》는 활발하게 번역되는 베스트셀러로 자리 잡았으며, 파올리가 평범한 인류를 "훌쩍 뛰어넘는 존재"라는 생각을 널리 퍼뜨렸다. 이 시기의 네덜란드 화가가 그린 호의적이지 않은 초상화조차 그를 만만치 않은 인물로 묘사하고 있다. 경계심을 늦추지 않는 두 눈, 가운데가 움푹 파인 넓은 턱, 그리고 허리춤에 권총 두 자루를 단단히 차고 있는 키 크고 건장한 인물로 말이다. 하지만 한때 파스칼레 파올리를 에워쌌던 이 같은 영웅 숭배는 그 남성의 온전한 면모뿐 아니라 그가 행한 일의 더 넓은 의미 일부를 모호하게 만들기도 한다.[1]

파올리는 자신의 출생지 코르시카로 향하는 배에 승선하기 불과 몇 개월 전, 자신의 장점과 사명과 확신이 아니라 약점과 의혹에 대해 글을 썼다. 그는 어느 편지에서 무장 투쟁을 감당하기에는 몸이 너무 아파서 자신이 "그런 능력을 요구하는 최소한의 복무"에 적합지 않다고 주장했다. 공식 군사 훈련을 받았고 무장 투쟁과 관련해서 가족적 배경을 가지고 있음에도 불구하고 말이다. 시기를 좀 거슬러 올라간 1728년에 그의 부친 기아생토 파올리(Giacinto Paoli)는 코르시카에서 오랫동안 군림해왔으나 점차 쇠퇴하고 있는 패권 제국 제노바공화국에 맞서 일어난 무장 반란에 가담하고, 결국 반군 지도자의 일원이 되었다. 그 결과 1739년 이탈리아 남부의 나폴리 왕국으로 강제 추방되었는데, 그때 자신의 열네 살 난 아들 파스칼레를 데리고 갔다. 그곳에서 은신처를 구하던 많은 젊은 코르시카인과 마찬가지로 이 소년도 나폴리 군대에 취직했다. 하지만 가망 없는 요새 도시에서 근무하고 포병 학교에서 시간을 보내는 동안 파스칼레는 프리메이슨 단원이 되는 쪽보다, 본 궤도에서 이탈해 나폴리의 초기(pristine) 대학에서 좀더 많은 교육을 받기 위

한 도전과 열정적 독서 쪽에 관심을 보인 듯하다.[2]

코르시카로 귀환하는 위험을 감수하기로 한 그의 결정은 여러 가지 동기에서 비롯되었는데, 그중 하나는 분명 야망의 좌절이었을 것이다. 1755년에 파올리는 삼십 줄에 접어들었지만, 향후 몇 년 동안 나폴리 군대에서 진급할 가망이 없었다. 반면 그의 고향 섬은 가능성을 보여주었다. 그의 가문은 그곳에서 중요한 가치를 지녔다. 더군다나 코르시카 자체를 훌쩍 뛰어넘는 몇 가지 이유로 그곳에서 제노바의 통치에 항거하는 분위기가 되살아나고 있었다. 파올리는 스스로를 기질적으로나 육체적으로 전쟁에 잘 대비되어 있는 존재로 바라보지는 않았다. 하지만 군사적 기량과 포술을 지녔으며, 불완전하게나마 훈련받은 지적 정신의 소유자였다. 그가 스스로에 대한 의혹을 떨쳐버리고 귀향할 엄두를 내게 된 이유는 따로 있었다. 그는 "내가 수립하고 싶은 정부에 대한 계획"을 고안한 터였다.[3]

1755년 7월, 파올리는 코르시카에서 사실상 '반군 총사령관이자 행정부 수반'으로 선출되는 데 성공했다. 그로부터 4개월 뒤, 그 섬 중앙의 화강암 지역 고지대에 들어선 요새 도시 코르테(Corte)에서 그는 유창한 이탈리아어로 10쪽에 달하는 헌법 초안을 작성했다. 그러면서 명시적으로 '헌법(costituzione)'이라는 용어를 사용했다. 1760년 이전에는 코르시카에서 인쇄기를 사용하지 않았던 것 같다. 그래서 그는 자신이 작성한 텍스트를 출판할 만한 처지가 못 되었다. 코르테 자체에서는 문구(文具) 공급업체조차 이용할 수 없었다. 자신이 기초한 조항을 적어두는 데 필요한 백지를 확보하기 위해, 파올리는 오래된 편지에서 글자가 적힌 부분을 면도칼로 긁어낸 다음 재사용해야 했다. 이 원래의 허술한 문서는 오래전에 소실되었다. 초기의 불완전한 원고 사본 일부만이 남아서 그의 계획이 얼마나 대담했는지를 우리에게 보여주고 있다.

파올리는 헌법 전문(前文)에 이렇게 적었다.

1755년 11월 16, 17, 18일에 코르테시에서 파올리 장군이 정한 형식에 따라 코르시카의 적법한 주인으로서 국민의 의회가 소집되었다. 의회는 코르시카의 자유를 '재정복하고(reconquer)' 국가의 복지를 보장하기에 적합한 헌법을 제정함으로써, 정부에 항구적이고 지속 가능한 형태를 부과하려는 바람에서 법령을 정해왔다……[4]

이 조각난 말 속에는 몇 가지 급진적인 정치적 변혁 및 열망이 담겨 있었다. 이제 코르시카는 과거의 관례이던 산발적인 회합(consulte) 대신, 일종의 의회(General Diet)를 두게 된 것이다. 파올리의 텍스트는 이 조직을 연례적으로 소집해야 한다고 명시했으며, 1769년까지는 실제로 적절한 절차에 따라 그렇게 했다. 이 섬은 수 세기에 걸친 제노바에 대한 종속을 떨쳐내고 독립을 쟁취해야 했다. 파올리가 적은 대로, 코르시카인은 그들의 자유를 재정복해야 했다. 그의 주장에 따르면, 코르시카인은 그들의 천부적 권리를 그저 주장하는 게 아니라 되찾아야 했고, 다시금 국가의 '적법한 주인'이 되어야 했다. 더군다나 이 새로운 질서는 쓰여진 텍스트, 즉 헌법에 단단히 기반을 두고 공포되어야 했다.

이는 파스칼레 파올리에게 엄청난 권력을 부여했다. 코르시카의 종신 장군으로서 지위를 확정한 그는 또한 각각 정치·군사·경제 문제를 책임지는 3개 기구로 구성된 국가평의회 의장 자리에 올랐다. 오직 파올리만이 코르시카 의회를 매년 언제 어디에서 개최할지 결정할 수 있었다. 의회와 국가평의회로 제출되는 모든 청원서는 일단 그의 손을 거쳐야 했다. 전쟁과 평화에 대해서뿐 아니라 외교의 향방에 대한 최종 책임도 그에게 있었다. 하지만 헌법은 파올리에게 의회 의석을 부여하지는 않았다. 이런 정도로까지, 그리고 적어도 허약한 문서상으로나마 코르시카 행정부는 입법부와 분리되어 있었다. 더군다나 매년 파올리는 (코르시카의 다른 모든 주요 관리들과 마찬가지로) 자기 행동에 대해 의회 의원들에게 "정확하게 설명"할 의무가 있었다. 헌법에 따르면, 그는 그런 다음 "순순히 국민의 판결을 기다려야" 했다.

코르시카 의회는 조세 및 법률 제정에 관한 책임을 지녔을 뿐 아니라 폭넓게 민의를 대변하는 기관이기도 했다. 파올리의 헌법은 선거 제도에 대해서는 거의 언급하지 않았다. 하지만 실제로 법에 따라 1766년부터 그 섬의 모든 25세 이상 남성 거주민은 의원 선거에 출마하거나 의원을 뽑는 투표에 참여할 자격을 부여받은 듯하다.[5] 잠재적으로 이것은 18세기 중엽 세계에 존재하는 그 어떤 곳에서보다 더욱 폭넓은 수준의 민주주의를 코르시카에 제공해주었다. 이 무렵 값싼 땅이 풍부해서 정착민이 쉽게 참정권을 획득할 수 있었던 영국의 아메리카 식민지에서조차, 성인 백인 남성의 약 70퍼센트만이 투표권을 가졌으며, 굳이 번거롭게 그러길 자처한 나라는 한층 적었다. 그럼에도 이 같은 새로운 시도와 정치 기술의 변혁이 서부 지중해의 이 작은 섬에서 일어났다는 것은 무엇을 의미할까? 왜 코르시카였을까? 그리고 어째서 하필 이 시점이었을까?

좀더 폭넓은 이유

위 질문들에 대한 답은 흔히 파스칼레 파올리 자신에, 즉 (비록 관련 증거가 부분적이고 모호함에도) 그 남성의 확실한 카리스마와 타고난 리더십에, 그리고 그의 정치적 이념에 초점을 맞추어왔다. 틀림없이 그는 나폴리의 아주 오래된 대학이 계몽주의 시대의 정치·경제·법률적 사고의 주요 배양 기구 역할을 하던 시기에 그곳에서 성장했다. 하지만 떠돌이 신세로 낮은 보수에 허덕이며 어떻게든 살아남고자 발버둥 치던 이 육군 하급 장교가 학문적 연구와 지적 교류에 얼마만큼 시간을 할애할 수 있었는지는 전혀 분명치 않다. 그 주제에 대한 온갖 분석에도 불구하고 우리는 파올리가 프랑스 정치철학자 몽테스키외와 그의 걸작 《법의 정신(The Spirit of Laws)》(1748)(최초로 삼권 분립을 주장한 책으로, 미국 연방헌법 제정과 근대 법치 국가의 정치 이론에 커다란 영향을 주었다—옮긴이)에 어느 정도 빚지고 있는지에 대해서도 제대로 알지 못한다. 물론 파올리는 1755년 3월 그 몽테스키외의 책을 한 권 주문한 것으로 알려져 있지만, 이는 그가 코르시카 정부에 대한 자신의 첫 번째 틀을 설계한 때로부터 6개월 **뒤**의 일이었다.

정치 헌법을 향한 파올리의 관심이 점차 커진 것과 관련해서, 몽테스키외보다 좀더 영향력이 있었던 것은 그가 어린 시절 그리스와 로마의 고전에 노출된 경험이었던 듯싶다. 그는 입법가로서 야망을 키워온 아버지 기아생토 파올리의 격려에 힘입어 고대사를 다룬 수많은 책뿐 아니라 리비우스(Livius), 플루타르코스(Ploutarchos), 호라티우스(Horatius), 폴리비오스(Polybios)의 작품을 섭렵한 것으로 전해진다.[6] 자기 아들이 **본인의** 헌법 초안을 작성하기 20년 전인 1735년에 기아생토는 법률가 세바스티앵 코스타(Sébastien Costa)와 함께 코르시카를 위한 일련의 헌법 제안서를 작성한 적이 있었다. 그 제안서는 결코 구현되지 않았다. 하지만 파올리의 아버지가 작성한 이 초기 기획안은 군인과 군사적 가치의 중요성에 방점을 찍었다는 점에서, 그리고 문서로 작성한 언어가 지닌 효용성 및 지고의 가치를 집요하게 주장했다는 점에서 의미가 있다.[7]

코스타와 기아생토는 "그 왕국의 가장 용맹한 군인" 6명을 직원으로 둔 개혁된 전쟁청(Office of War)이 코르시카에 설립되기를 바랐다. 또한 그 섬의 지방 민병대 장교를 임명할 책임이 있는 중장의 선출과 더불어 '육군 총사령관'의 임명을 옹호했다. 그뿐만 아니라 아버지 파올리와 코스타는 그 섬에 현존하는 생경한 정치 저술과 법률을 문자 그대로 모두 불살라야 한다고 생각했다. 그들은 그 통치 조직을 성공리에 재건하려면 13세기 이후 코르시카에 대한 제노바의 통치권 주장에서 비롯된 낡은 권력의 언어를 의례에 따라 체계적으로 파괴하고 새로운 텍스트로 대체해야 한다고 주장했다.

> 제노바인이 만든 모든 법률과 법령은 …… 폐지될 것이다. 그리고 칙령을 공표해서 모든 코르시카 국민이 각각의 집에 보유하고 있는 법률과 법령의 사본을 국무장관에게 보내 코르시카인과 제노바인, 그리고 코르시카와 제노바의 항구적 분리를 나타내는 징표로서 사람들이 지켜보는 가운데 모두 불사를 수 있게끔 명령을 내릴 것이다.[8]

수포로 돌아간 이 제안이 말해주듯이, 파스칼레 파올리가 작성한 1755년 헌법의 선례는 진즉부터 존재했다. 그의 아버지 기아생토는 파스칼레 자신이 여전히 어린아이였을 적에 재편된 독립적인 코르시카를 건설하기 위한 밑그림을 그리고 있었다. 그리고 그 섬의 정부 형태를 변화시키는 데 전념한 다른 계획들도 있었다. 이러한 연속적인 문서 계획의 생산을 추동하고 그것을 좀더 시급하게 만들어준 요소는 코르시카가 내내 제노바에 예속되어 있었기 때문일 뿐 아니라, 그 섬이 그보다 더 혹독한 외부 압박에 시달렸기 때문이다.

코르시카는 가난한 곳이었다. 광물 자원이 거의 없고 경작지도 얼마되지 않았다. 1750년대에 대부분이 문맹인 그곳 인구는 다해서 12만 명에 불과했다. 깎아지른 듯한 산들이 가로지르는 이 섬은 수백 개의 반(牛)자치적 코뮌으로 사분오열되어 있었고, 서로 각축을 벌이는 사법권과 씨족 전쟁에 허덕였다. 이러한 내적 분열은 파올리의 1755년 헌법의 상당 부분이 어째서 좀더 중앙집권화한 통치를 제공하고 국내 질서를 향상시키는 데 할애되었는지 어느 정도 설명해준다. 파올리가 더없이 진지하게 규정한 바에 따르면, 막대기로 누군가의 머리를 때릴 경우 가해자는 최소 보름의 징역형에 처해진다. 유혈의 복수를 반복하는 싸움에서 살인을 저지를 경우 그 범죄자에게는 다음과 같은 조치가 내려진다.

그 죄인에게는 고의적 살인의 유죄가 선언될 뿐 아니라, 그가 사는 집이 곧바로 파괴되고 그 자리에 불명예 기둥이 세워져 그의 이름과 그가 저지른 죄목이 낱낱이 까발려질 것이다.[9]

파올리는 부분적으로 이런 무질서를 근절하기 위해, 그리고 자신의 부친이 과거에 하려고 애쓴 것처럼, 기본적으로 군사화한 엄격하고도 다층적인 권위를 제공했다. 그가 작성한 1755년 헌법은 모든 코르시카

코뮌에는 군 사령관 한 명을, 각 교구에는 대위 한 명과 중위 한 명을 두어야 한다고 명령했다. '열정적인 애국자'인 이 관리들은 내부 소요와 무장 도발이 발생하면 지역 남성들을 소집하고(응하지 않을 경우 벌금 20솔도(soldo: 이탈리아 동전의 단위―옮긴이) 부과), 그들을 몇 열의 종대로 조직하고, '무력으로' 반대파를 제압하는 식으로 그에 대응하도록 되어 있었다. 파올리는 이런 조항 및 그의 헌법이 남성의 대대적인 정치 참여를 지지하는 것, 지극히 상반된 이 두 가지 사이에 가로놓인 모순을 전혀 알아차리지 못했다. 그가 제시한 추론은 효과적이다. 그는 이렇게 주장한다. "모든 코르시카인은 정치적 권리를 누려야 한다. 왜냐하면 그들이 그토록 누리고 싶어 하는 코르시카인의 선거권이 결국 어쭙잖은 허구에 불과하다면, **그들은 나라를 방어하는 데 아무런 관심도 기울이지 않을 것**(강조는 저자)이기 때문이다."[10] 무장 폭력이라는 지속적인 위협, 즉 전쟁과 더욱 폭넓은 남성 민주주의를 위한 성문 조항은 필연적으로 얽히고설켜 있었다.

무장한 시민을 만들기 위한 이 같은 노력은 얼마간 고대 고전에 대한 파올리의 사랑 덕분이었다. 그러나 이것은 또한 코르시카 자체가 내부적으로뿐 아니라 외부적으로도 마주하고 있는 특수한 위험에 따른 반응이기도 했다. 코르시카에서 파올리의 권력이 정점에 달한 시기에도 제노바의 육군과 해군이 그 섬의 해안 지대를 따라 배치되어 있었다. 게다가 그보다 더 심각한 다른 외부적 도전도 존재했다. 코르시카는 극도로 작은 지역이지만 전략적 중요성은 상당했다. 주요 유럽 강대국들 간의 해상 경쟁이 거센 지중해 서부에 자리한 코르시카는 프랑스로부터 불과 100해리 정도밖에 떨어져 있지 않았다. 제임스 보스웰이 그 섬을 방문해서 사본을 찾아 뒤지던 1765년에 알아차렸다시피, 코르시카에는 쓸모 있는 항구가 많았다. 하지만 다른 한편 그가 기록해놓은 것처럼, 그곳에는 바다로부터의 공격을 격퇴할 수 있는 효과적인 해군 구축에 쓰일 경제적 자원과 숙련 노동력이 부족했다.[11]

따라서 1755년에 파스칼레 파올리가 "오래가고 항구적인 형태로" 코르시카 정부를 재건하고자 결심한 것은 상당 정도 그 섬이 이중적 위험에 노출되어 있다는 사실 때문이었다. 코르시카는 내부적으로 무질서한 데다 제노바에 예속되어 있었으며, 대외적으로는 강대국의 해군이 침략해올지도 모를 잠재적 위험과 마주하고 있었다. 파올리가 코르시카 헌법의 초안을 마련하고자 시도한 것(그는 1793년에 헌법 제정을 재시도한다)이 나중에 7년 전쟁이라고 알려진 전쟁(미국인들은 이를 프랑스-인디언 전쟁(1754~1760. 프랑스와 아메리칸 인디언 연합군이 영국에 대항해 아메리카 대륙에서 싸운 전쟁—옮긴이)이라고 부른다)의 초기 단계에서였음은 결코 우연이 아니다.

이 대대적이고 무질서한 18세기 중엽의 분쟁, 서로 다른 대륙에서 펼쳐지는 다중적 투쟁은 파올리의 정신을 집중시키는 데 기여했다. 한동안 싸움의 규모도 그에게 유리하게 작용했다.[12] 제노바의 지배에 맞선 저항이 1720년대 이후 코르시카에서 증가 일로이긴 했으나, 이러한 지역적 투쟁은 프랑스의 군사적 개입에 직면해서 속수무책으로 좌절되었다. 프랑스는 그 섬이 더욱 가공할 다른 외세에 의해 장악당하느니 차라리 쇠락하는 이탈리아공화국에 의해 명목상이나마 지배당하는 편을 선호했다. 1739년 몇 주 만에 코르시카 반군을 분쇄하고 기아생토 파올리와 그의 어린 아들을 망명길에 오르게 만든 것은 마유부아(Maillebois) 후작이 이끄는 프랑스군이었다. 프랑스군은 1740년대에 코르시카에 다시 한번 개입했다. 하지만 어쩐 일인지 1755년에는 파스칼레 파올리가 들어와서 독립 투쟁을 재개하려는 시도를 막는 데 개입하지 **않았다**. 이듬해 일부 프랑스 군대가 그 섬에 당도했을 때, 그들은 해안 지대를 수비하는 것만으로 역할을 제한하고, 대개 신중한 자세로 섬 내부에서 진행 중인 정치 혁명과는 거리를 두었다.

이처럼 프랑스가 이례적일 정도로 자제력을 발휘한 까닭은 분명하다. 1750년대 중엽부터 프랑스 지배자들은 그들의 관심과 육군·해군 병력을 영국 및 (유럽 대륙뿐 아니라 아시아 일부, 아프리카 서부 해안, 카리브해 연안과 북아메리카의) 그 동맹국과 싸우고 그들을 감시하는 일에 쏟아부어야 했기 때문이다. 7년 전쟁—윈스턴 처칠은 적절하게도 그것을 '최초의 세계 전쟁'이라고 불렀다—으로 프랑스의 주의가 잔뜩 흐트러져 있는 틈을 타서 파스칼레 파올리는 잠깐 동안 허락된 절호의 기회를, 즉 정치적 탐험을 펼칠 수 있는 중대한 몇 년의 시간을 맞이했다.[13]

(나중에 다른 수많은 장소에서 다른 수많은 사람의 경우가 그러했듯이) 파올리에게도 코르시카에도 혁신적인 성문 입헌주의를 가능케 하고, 그걸 시행하고, 그에 영향을 미친 것은 주로 전쟁 위협과 전쟁의 발발이었다. 이 점과 관련해서 무력 충돌의 발생과 그에 대한 공포가 점점 더 중요한 역할을 하게 된 것은 전쟁의 속성 및 요구가 변화하고 있었기 때문이다. 우리는 그 이유에 대해 살펴볼 필요가 있다.

좀 더 광범위한 고비용 전쟁

전쟁은 예나 지금이나 국가와 제국 및 그들의 부(富) 형성에 기여한 주요인이었다. 미국 사회학자 찰스 틸리(Charles Tilly)가 했던 유명한 말마따나 국가는 전쟁을 일으키고, 다시 전쟁은 국가를 만들고 강화하는 데

(그리고 파괴하는 데에도) 영향을 끼치곤 한다. 그러나 18세기 중엽, 세계 많은 지역에서 전쟁의 파급력은 달라졌고 점차 커져만 갔다. 이러한 변화는 특히 육상 분쟁에 관한 한 새로운 기술의 도입과 거의 관련이 없었다. 화약 무기류는 유럽과 아메리카 대륙뿐 아니라 중국, 한국, 일본, 베트남, 자바, 인도 아대륙, 오스만 제국과 서아프리카에서도 이미 오래전에 폭력의 수준을 대대적으로 변화시켰다.[14] 그리고 세계 일부 지역에서 전사자의 수가 눈에 띄게 증가했음에도, 1700년대 중반에 더욱 분명해진 전쟁의 중대한 변화는 **주로** 군대의 규모와 관련한 것도 아니었다. 이즈음 전쟁의 성격에서 좀더 중대한 변화는 그와는 확연히 다른 종류의 것이었다. 많은 주요 분쟁의 지리적 포괄 범위—아울러 그에 따라 그 분쟁들이 인간·금전·기계 측면에서 제기하는 요구들—가 그 어느 때보다 더 극적으로, 한층 빠르게 확장되고 있었다.

코르시카에서 파스칼레 파올리가 뛰어든 잠깐 동안의 헌법 실험을 촉진한 전쟁은 이 점을 잘 보여주는 극단적 예였다. 7년 전쟁은 유럽 대륙 자체에서 치명적 수준의 전투를 수반했다. 강력한 독일의 프로이센주는 전쟁 전 인구가 450만 명이었는데 1756년에서 1763년 사이 그중 대략 50만 명에 달하는 군인과 민간인이 희생되었다. 그러나 유럽인 자체가 이 전쟁으로 인한 심각한 수준의 파괴, 사망률과 생태적 파괴를 겪기에 훌쩍 앞서, 그 주요 동학의 하나—영국과 프랑스의 경쟁 관계—와 관련한 악의적 전투가 진즉부터 아시아 및 북아메리카 일부 지역에 영향을 미치고 있었다. 일찍이 1754년에 인도 남동쪽 지역(오늘날의 타밀나두주)은 "너무나 오랫동안" 독일과 프랑스 군대 및 그들 각각의 남아시아 동맹 세력이 맞붙은 "전쟁터"로 전락하는 바람에 "몇 킬로미터에 걸쳐 남아난 나무가 거의 없다시피 했다".[15]

7년 전쟁은 여러 대륙에 걸친 전쟁으로 확대되는 정황이 분명해지면서, 압도적으로 육상에서만 치러지는 싸움이 아니게 되었다. 17세기에 여러 강대국이 벌인 방대한 전쟁들—이를테면 30년 전쟁—과 대조적으로, 이 대대적인 전쟁은 수많은 바다와 해양까지를 아울렀다. 7년 전쟁에서 가장 큰 규모의 6대 해상 교전 가운데 3개는 유럽 해역이 아니라 인도양에서 발생했다. 이 우산 전쟁은 수만 명에 달하는 유럽 병력을 높은 비용을 들여가며 대서양 너머로 수송하기도 했는데, 이는 종전의 전쟁에서보다 훨씬 더 큰 규모였다. 이 병사들이 아메리카 식민지 개척자 및 토착민 전사들과 더불어 벌인 전투는 캐나다 북부에서 오늘날의 미국 플로리다주에 이르는 북아메리카의 정치적 경계를 바꿔놓았다. 7년 전쟁은 이렇듯 북아메리카에 변화를 가져오고 인도 아대륙에 영향을 끼쳤을 뿐 아니라, 카리브해의 여러 지역과 남아메리카 연안 지역까지 휩쓸고 지나갔다. 그 전쟁은 서아프리카의 세네갈도 스치고, 최종 단계에서는 남중국해와 태평양 사이에 놓인 필리핀 마닐라에까지 도달했다.[16]

우리는 18세기 중엽 점차 분명해지는 전쟁의 지리적 확대와 피해 규모 증가가 비단 서구의 공격성과 야심의 결과에서 비롯된 것만은 아님을 강조할 필요가 있다. 이 시기에는 뚜렷한 장거리 전쟁이 일부 아시아 대국에 의해 치러졌다는 사실 역시 눈에 띄기 때문이다. 1720년대 말부터 페르시아 통치자 나디르 샤(Nādir Shāh)는 잘 알려진 가문 출신이긴 하지만 원래 목동으로 일하다가 단시간 내에 빼어난 신병 모집자이자 무자비한 책략가로 변신했다. 그는 캅카스 지역과 메소포타미아, 그리고 오늘날의 튀르키예, 아프가니스탄, 북부 인도에 해당하는 지역을 향한 사나운 공격에 연달아 가담했다. 나디르는 막 동아시아로 진출하기 직전인 1747년에 암살당했지만, 그 휘하의 전직 장군 중 한 명인 아마드 샤 두라니(Ahmad Shāh Durrānī)가 맹공격을 이어갔다. 1757년에 그는 이미 편자브·카슈미르·라호르를 합병했으며, 자신이 지나는 길에 놓인 신성한 도시들을 약탈하고 끔찍한 규모의 대량 살상을 자행했다. 알려진 바에 따르면, 그의 군대가 저지른 맹공격으로 사망자 수가 너무 많아지는 바람에 썩어가는 시체들로 이루어진 장벽이 갠지스강 지류인 야무나강의 흐름을 막을 지경이었다고 한다.[17] 이 시기에 한층 더 확실하게 자리 잡은 또 하나의 막강한 아시아 대국 역시 야심 차게 진군 중이었다.

청나라는 1640년대에 중국을 정복한 이래 그들의 중앙아시아 국경을 강화하고, 오늘날의 신장(新疆)에 해당하는 지역, 내몽골 및 외몽골, 그리고 티베트와 카자흐스탄 일부 지역에 대한 통제를 요구하는 유목 제국, 서몽골의 준가르(Zunghar)를 향해 진격하고 싶어 했다. 역사가 피터 퍼듀(Peter Purdue)가 기술한 대로, 청나라 통치자들은 막대한 규모를 자랑하는 그들의 군대에게 그렇듯 방대한 거리에 걸친 육상 장기전에 대비할 식량과 무기를 보급해야 하는 병참의 까다로움 탓에 그 일을 오랫동안 주저해왔다. 하지만 18세기 중엽 청나라의 6대 왕 건륭제 치하에서 중대한 돌파구가 마련되었다.[18]

다양한 예술 양식의 후원자이자, 그 자신이 직접 시와 정치 에세이를 쓰는 저술가이면서, 의심할 나위 없이 지적이고 사려 깊은 인물인 건륭제는 상습적이고 유능한 전쟁광이기도 했다. 그는 신장으로 이어지는 새로운 보급로를 닦도록 명령하고, 일련의 군사 무기고를 건설했다. 이런 준비에 힘입어 1750년대에 각각 5만 명의 병력을 지닌 3개 부대를 준가르에 파견해 그들이 장기전을 치르는 동안 그곳에 탈 없이 머물게끔 조치할 수 있었다. 이 청나라 군대는 나폴레옹의 군대가 1812년에 모스크바로 진군했을 때보다 더 먼 거리의 육로를 포괄함으로써 마침내 준가르를 정복했다. 그들은 준가르의 어린 소년 및 건장한 남성을 거의 전멸시키다시피 했다. 여성은 살해되거나 전리품 취급을 당했다. 준가르-몽골 제국은 지도에서 자취를 감추었다. 건륭제가 1759년 12월 선언한 것처럼 그 제국은 완전히 몰락했다.

장거리 침략의 부상이라는 관점에서 볼 때, 18세기 중반의 수십 년 동안 '대수렴(great convergence)'이라고 지칭할 만한 현상이 생겨났음을 확인할 수 있다.[19] 이 시기에 일부 동남아시아와 중앙아시아 대국들이 인도 북부에서 자행한 폭력적인 침략이 무자비하고도 광범위하게 늘어나고 있었다. 1750년대에 주요 서구 열강들은 종전보다 더 장거리에 걸친 전쟁을 치르고 있었는데, 그런 사정은 청 제국도 마찬가지였다.

하지만 일부 서구 대국과 아시아 대국 간에는 장거리 공격에서 이 같은 18세기 중엽의 수렴에도 불구하고, 여전히 중요한 차이점이 드러났다. 이 시기에 눈에 띄게 적극적이던 주요 서구 열강 (전부는 아니라 할지라도) 대부분은 다양한 형태의 하이브리드 전쟁(hybrid warfare)을 추구했다. 오늘날 이 용어는 보통 분쟁에서 다양한 권력 및 파괴 도구—정규전과 비정규전, 테러리즘, 사이버 전쟁, 역정보 전쟁 등—를 동시다발적으로 구사하는 전쟁을 일컫는다.[20] 하지만 나는 이 책에서 하이브리드 전쟁이라는 용어를, 육상에서의 싸움뿐 아니라 해상에서의 싸움을 계획적으로 혼합한 전쟁을 지칭하는 좀더 좁은 개념으로 사용한다. 1700년대에 이런 하이브리드 전쟁 형태는 숱한 주요 서구 강대국 사이에서 점진적으로 선호되는 공격 스타일로 자리 잡아갔다. 반면 이 시기의 대다수 비서구 열강은 여전히 불균형하다 할 정도로 육상 전쟁에 치우쳐 있었

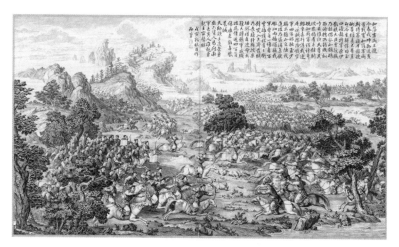

3 육상에서의 정복. 1750년대에 중앙아시아에서 전투를 치르는 건륭제의 기병 부대.

다. 하지만 이들이 언제나 그랬던 건 결코 아니다. 15세기에 중국 명나라의 해상 진출과 투자는 서구 열강을 능가했다. 게다가 청나라 해군은 여전히 17세기 후반에 해전에서 승리를 거두고 있었다.

건륭제 자신은 계속 자국의 해안 지대에 대한 경계를 강화하고 특정 방향으로의 해외 무역을 추구했다. 그럼에도 **그의** 권력은 압도적으로 방대한 농업용 영토, 그리고 오직 육상에서의 싸움과 정복에 주력하는 대규모 육군 및 기병 부대에 대한 통제에 의존했다. 1800년에 일부 중국 학자들은 명나라의 해상 권력과 그 위력에 대한 기억이 청나라 정부의 기록보관소에서, 그리고 그 나라 고위 관료들의 지식에서 사라졌을지도 모른다고 우려의 뜻을 내비쳤다.[21] 청나라의 전쟁은 압도적으로 육군, 수백만 마리의 말, 그리고 육지의 문제였다.

그에 반해 18세기에 대다수 주요 유럽 강국이 육지에서**뿐 아니라** 바다에서도 점점 더 많은 싸움을 벌였다는 사실은 폭넓고 장기적인, 하지만 역설적이기도 한 결과를 낳았다. 이처럼 좀더 하이브리드한 양상의 전쟁―즉 대규모인 데다 먼 거리를 아우르며 육상뿐 아니라 해상에서 치르는 전쟁―과 관련한 비용, 도전 그리고 필수 요소는 여러 가지 방식으로 정치적·헌법적 변화와 발명이라는 새로운 도전을 촉진하고 시행하고 그에 영향을 미쳤다.

끝없는 하이브리드 전쟁에 대비하기 위한 재정적 비용은 이것이 사실임을 입증하는 한 가지 이유였다. 서유럽 및 동유럽의 많은 지역에서는 1650년에 특수하게 개조한 상선과 확연하게 구별되는, 국가가 자금을 대서 특별 제작한 전함들이 진즉부터 표준으로 자리 잡았다. 하지만 기나긴 18세기를 지나는 동안 전함은 서서히 좀더 커지고 수도 늘어나고 한층 복잡해지고 훨씬 더 비싸졌다. 1670년에 유럽 해군에서 가장 가공할 만하고 명망 있는 전함인 '전열함(ship of the line)'의 자격을 충족하는 선박이 되는 데에는 함포가 30문이면 족했다. 하지만 7년 전쟁이 발발할 무렵에는 이 범주의 선박에 60문의 함포가 관례였으며, 일부 선박은 그보다 더 많은 함포를 탑재하기도 했다.[22] 허레이쇼 넬슨(Horatio Nelson)이 1805년 트라팔가 해전에서 자신의 기함(旗艦: 함대의 군함 가운데 사령관이 탄 군함―옮긴이)으로 삼은 1급 전함 빅토리호(Victory)를 건조하라는 명령이 내려진 것은 7년 전쟁 와중이었다. 이 함선은 100문 넘는 함포를 실을 수 있도록 설계되었다.

이 같은 거대 함선을 축조 및 유지·관리하고 거기에 필요한 인원을 배치하는 데에는 무지막지한 비용이 들었다. 조선소는 74문의 함포를 갖춘 전함―이는 심지어 이용 가능한 가장 치명적인 함선도 아니다―을 건조하려면 약 3000그루의 다 자란 참나무가 필요할 텐데, 양질의 목재는 배를 만드는 데 요구되는 원료 중 하나에 불과했다. 이처럼 큰

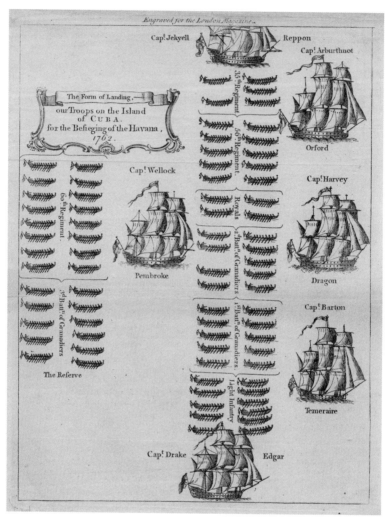

4 작전 중인 하이브리드 전쟁. 1762년 전함의 보호를 받으며 수송된 영국 및 미국 병사들이 에스파냐 지배하의 아바나를 침략하고 있다.

배는 그뿐만 아니라 30킬로미터 넘는 아마와 대마 밧줄, 돛에 쓰이는 몇 에이커의 캔버스 천, 못과 대포 제작에 소용되는 막대한 양의 쇠, 선체를 만드는 데 들어가는 다량의 구리 판금 따위를 필요로 했다. 그리고 일단 건조되고 나면 군대를 위한 식량을 쉴 새 없이 공급해야 했다. 무엇보다 이런 배를 축조하려면 그에 특화된 조선소와 숙련 기술자를 확보해야 했다. 그런 다음 그 배를 운항하기 위한 수백 명의 인력, 그리고 그 배를 유지·관리하기 위한 해군 기지들도 필요했다. 그런데 프랑스는 1780년대에만 이처럼 지독하게 비용이 많이 드는 함포 74문의 거대 전함을 자그마치 50척이나 건조했다.[23]

이 같은 프랑스의 투자 규모가 말해주듯이, 메가급 해군은 결코 어느 단일 국가만의 전유물이 아니었다. 확실히 1700년대의 대부분 시기 동안, 그리고 19세기 후반까지, 이런 수준의 해군 화력에 접근할 수 있는 것은 보통 주로 유럽 열강인 일부 국가에 국한되었다. 일반적으로 볼 때, 같은 시기에 영국의 왕립해군(Royal Navy)은 규모 면에서 다른 열강들을 능가했던 것 같지는 않다. 하지만 전쟁의 지리적 포괄 범위가 급속하게 확장함에 따라, 바다에 접근할 수 있는 **모든** 나라는 어떤 종류든 해군을 확보하라는 압박에 직면했다. 반드시 기존 형태의 해전을 치르는 게 아니라, 해안 지대를 방어하고 상선을 보호하기 위함이었다. 실제로 경쟁국의 해군 확장 규모가 영국 자체의 해상력 증가 속도를 앞지르는 시기가 존재했다. 예컨대 1790년에 영국 해군의 규모는 여전히 그 경쟁국들보다 안심할 만큼 컸지만, 함선이 1750년보다 겨우 21척 많은 데 그쳤다. 반면 같은 기간 동안—즉 1750~1790년 동안—프랑스와 에스파냐는 거대 육군을 유지·관리함과 동시에 함대 규모를 각각 거의 두 배가량 불려놓았다.[24]

하지만 해상력은 결코 충분하지 않았다. 이제 바다에 더 많은 함선을, 지상에도 더 많은 군대를 배치하는 하이브리드 전쟁이 점점 더 강조되었기 때문에, 영국 역시 그저 선도적인 해군을 가졌다고 맘 놓고 있을 수만은 없었다. 그들 또한 군대 규모를 키우지 않을 수 없었고, 실제로 그렇게 했다. 1740~1748년의 오스트리아 왕위 계승 전쟁 기간 동안 영국군에 복무한 남성은 연간 약 6만 2000명이었다. 7년 전쟁 기간에는 이 수치가 9만 3000명으로 불어났다. 1775~1783년의 미국 독립 전쟁 시기에 영국은 전열함을 220척 넘게 확보해야 했을 뿐 아니라 매년 10만 8000명 이상의 병력을 동원해야 했다.[25]

개괄적으로 말해서 "이 시기 동안 해상전이 육상전보다 훨씬 덜 변했다"는 주장은 사실이 아니었다. 하지만 해상전이 그 중요성에서 육상전을 압도하게 되었다는 주장 역시 사실이 아니었다.[26] 중요한 점은 1750년대에, 야심적인 서구 열강―그리고 결국에 가서는 서구 밖의 일부 강대국―이 종전보다 더 강력하고 적극적으로 상당 규모의 육군과 상당 규모의 해군을 동시에 거느려야 한다고 믿게 되었다는 것이다.

이런 전개 양상이 세계에 미친 결과는 엄청나고 혹독했다. 그 결과는 내가 앞서 말한 대로 역설적이기도 했다. 한편으로―그리고 널리 인정되다시피―**몇몇** 유럽 열강 편에서 육지에 훨씬 더 많은 군대와 해상에 훨씬 더 많은 전함을 동시에 증강하는 현상은, 동일하게 대응할 만한 수단과 의지를 갖추지 못한 세계의 다른 편 국가들에 이들 열강을 훨씬 더 위협적으로 보이게끔 만들었다. 남부 인도 마이소르(Mysore)의 자수성가형 통치자 하이다르 알리(Haidar Ali: 인도 마이소르 왕국의 왕위 찬탈자이자 군사 지도자―옮긴이)는 영국 군대가 진격해온 1770년대에 "나는 그들을 육상에서 격퇴시킬 수 있다"고 말한 것으로 전해진다. 그리고 이따금 정확히 그렇게 하곤 했다. 잘 무장하고 자금도 풍부하며, 대략 10만에서 20만 명 사이를 오가는 병력을 둔 하이다르의 육군은 1760년대 말 침략해오는 영국 동인도회사가 화의를 청하도록 강제했으며, 1780년 일어난 폴릴루르 전투(battle of Pollilur)에서 영국 동인도회사 부대에 굴욕적인 패배를 안겨주었다. 하이다르는 강력하고도 빼어난 그의 아들이자 마이소르의 후계자 티푸 술탄(Tipu Sultan)과 함께 해군 함대를 구축하려 하기도 했다. 하지만 그 시기의 다른 인도 통치자들과 마찬가지로, 이 마이소르 군주들 역시 완전하고도 철저한 하이브리드 전쟁을 지속해서 치르는 데 필요한 재정 조직과 자원, 그리고 고정된 공장을 보유하지 못했다. 하이다르 알리 자신도 인정했다시피, 그는 육상에서 가공할 군사적 위력을 과시했음에도 불구하고 "바다를 집어삼킬" 수는 없었다.[27]

하지만 이렇게 주장하는 것이 '서구 부상' 논제의 또 다른 버전을 제기하는 건 아니다. 분명 거대한 국영(state-run) 해군과 불어난 국영 육군이 손잡으면서 (적어도 당분간은) 소수의 서구 국가들이 무자비하게, 그리고 점점 더 커지는 엄청난 규모로 육상 및 해상에 걸쳐 권력·사람·정보·상품을 투사할 수 있게 되었다. 하지만 이 모든 것에는 흔히 간과되곤 하는 또 한 가지 측면이 깔려 있었다. 대규모 하이브리드 전쟁—그저 **더 많은** 전쟁이 아니라 **성격이 달라진** 전쟁—에 참전하고 그 상태를 유지하는 것, 이런 양상의 분쟁에 집착하는 것, 그리고 그에 필연적으로 수반되는 수많은 인력과 기계 장치를 제공하는 것은 그 서구 열강들로 하여금 이런 전쟁 형태에 좀더 과감하게 투자하도록 내몰았는데, 그로 인한 스트레스가 극심했다.[28] 18세기 중엽에 점점 더 분명하게 드러난 이러한 다중적 스트레스는 새로운 정치사상의 출현을 촉진하는 데, 그리고 일련의 중요한 정치적·헌법적 충격과 구조 변경을 촉발하는 데 실질적이고도 반복적인 역할을 담당했다.

하이브리드 전쟁과 혁명

점증하는 하이브리드 전쟁에 따른 압박과 자극은 일련의 공인된 혁명 전쟁을 야기하는 데 더없이 극적으로 기여했다. 그리고 그 전쟁들은 저마다 성문 헌법의 설계와 전파, 그리고 그와 관련한 사상을 널리 퍼뜨려주었다. 1700년대와 1800년대 초 세계에서 가장 주도적인 3대 하이브리드 전쟁 참가국—즉 영국·프랑스·에스파냐—은 하나같이 이 연이은 혁명전쟁으로 손발이 묶였지만, 그렇게 된 방식은 제가끔 달랐다. 영국의 경우, 가장 심각한 위기는 자국 영토 내에서가 아니라, 그 나라의 가장 오래되고 가장 감정을 자극하는 식민지 전초 기지 북아메리카 본토에서 발생했다.

몇 가지 이유에서 영국 역사가들은 17세기 중엽부터 세금을 인상하고 국채에 자금을 조달하고, 이런 강제 징수금을 정당화하기 위해 웨스트민스터 의회를 활용하는 능력이 점증하고 있다는 데 대해 안도하는 경향이 있었다. 하지만 자꾸만 규모가 커지고 포괄 범위도 넓어지는 하이브리드 전쟁으로 빠져 들어가는 상황은 여전히 적잖은 피해를 안겨주었다. 오스트리아 왕위 계승 전쟁 기간 동안 영국의 연간 지출은 상대적으로 평화롭던 이전 10년과 비교할 때 70퍼센트 가까이 상승했다. 이렇게 불어난 자금의 40퍼센트 이상이 왕립해군으로 흘러 들어갔다. 그 나머지는 육군에 할애되었다. 전통적으로 영국군 당국으로서는 선호하지 않는 상황이었지만, 이제는 하이브리드 전쟁의 요구를 충족하기 위해 군의 규모가 커졌다. 7년 전쟁은 훨씬 더 많은 비용이 드는 전쟁으로 입증되었는데, 그것은 비단 그에 수반된 전례 없는 대륙 간 전투의 수준 때문만이 아니었다. 영국이 거둔 승리의 규모 때문이기도 했다.

7년 전쟁 이전에는 영국이 자국의 해외 식민지에 항구적 군사 기지를 유지할 필요를 거의 느끼지 않았다. (너무나 흔한 일로 아일랜드는 그 규칙에서 예외였다.) 하지만 전례 없는 규모인 2만 명의 병력을 그 전쟁 과정에 참전하도록 북아메리카에 파견한 이래, 런던은 7년 전쟁의 공식 종료 시점인 1763년 평화 시 병력으로 자국의 대서양 제국 전역에 분배할 수 있게끔 1만 명의 정규군을 공급하겠다는 숙명적인 결정을 내렸다. 이들 가운데 약 7500명이 오늘날의 허드슨만에서 플로리다키스, 그리고 대서양 연안에서 미시시피강에 걸친 브리튼령 아메리카(British America: 아메리카에서 브리튼 의회와 왕실이 소유하고 있던 식민지 영토로, 버뮤다를 포함한 북아메리카, 중앙아메리카, 카리브해, 가이아나가 여기에 해당한다—옮긴이)로 파견되었다.[29]

　누가 봐도 소박한 이 병력은 영국이 마주한 엄청난 지형과 과업 둘 다를 감당하기에 턱없이 부족한 것으로 드러났다. 무엇보다 영국 병력은 새로 점령한, 프랑스어를 사용하는 그리 인상적이지 않은 퀘벡의 신민을 감시할 것으로 기대되었다. 게다가 그들에게는 아메리카 동부 연안 지대에 있는 수많은 마을을 주시하고, 영국의 눈에 폭동을 선동하는 것으로 비치는 반란뿐 아니라 그 지역의 밀수를 진압하라는 임무가 주어졌다. 이 소수의 영국 군대는 또한 그 수가 증가 일로에 있던 정착민과 북아메리카 서쪽 변경을 서로 차지하기 위해 출몰하는 투기꾼을 규제하고, 그 침략자들에게 땅을 빼앗긴 성난 토착민을 달래고 보호하기로 되어 있었다. 예상컨대 감당 능력을 넘어선 이 영국 군인들은 이 세 가지 모두에서 크게 실패했을 것이다. 한때 영국의 식민지 총독이던 이가 7년 전쟁의 여파로 북아메리카에서 일어난 여러 사건을 돌아보면서 "영국은 그때껏 참전한 전쟁 가운데 가장 영광스럽고 성공적인 전쟁을 통해 과연 무엇을 얻었는가?"라고 묻고는 "우리는 제국의 규모를 ……
그와 동일하게 유지하고 방어하거나 통치할 수 없었다"고 답했다.[30]

하지만 문서화된 모든 장서(藏書)가 말해주듯이, 북아메리카에서 전후
영국군(그 일부는 아메리카 태생이었다)은 정치 교육 및 제국 분할의 주역으
로서 무척이나 효과적이었다. 수많은 민간인 식민지 개척자는 이들 병
사를 무슨 이유에서인지 좀더 적극적이고 침략적인 영국 제국 권위의
대표자로 간주했다. 이들에 대한 반대, 그리고 런던이 그들에게 지불하
기 위해 부과하는 세금에 대한 반대는 과거 각자 제 길을 가는 경향을
보이던 서로 다른 아메리카 식민지들 사이에서 공감과 협력을 바탕으
로 한 유대 관계가 구축되도록 거들었다.

이 새로운 제국군은 다른 방식으로도 반대를 조장했다. 7년 전쟁 기
간에 아메리카의 식민지 개척자들은 자기네 지역에서 영국군을 목격할
수 있는, 전에 없는 위치에 놓여 있었다. 전후 일부 식민지 개척자들은
붉은 제복을 빼입은 병사들을 훨씬 더 자주 만났다. 그리고 그들이 자
기네가 보는 것을 늘 좋아한 건 아니었다. 1770년 3월에 일어난 '보스
턴 학살'―미국인 논객들이 발 빠르고 영악하게 그 사건에 붙인 이름
이다―은 약 1만 6000명이 살아가는 이 주요 동부 연안 정착촌에서 단
5명의 식민 폭도를 살해한 사건이었다. 그러나 중요한 점은 영향력 있
는 보스턴의 미국인 식민지 지배자들이 (대서양 반대편의 교육받은 영국인들처
럼) 역사와 정치사상에 대한 독서를 통해, 적극적으로 민간인의 공간에
서 활동하는 병사를 폭압과 연관 짓게 되었다는 것, 그리고 그 사건에
서 총격을 가한 이들이 영국군 제복을 입고 있었다는 것이다.[31]

그에 따라 미국인은 과세에 저항했으며, 자신들이 사는 공간에 얼마
되지 않는 무장한 영국 정규군이 주둔하고 있다는 사실에 의문을 품게

되었다. 그러자 대서양의 다른 편(영국─옮긴이)에서는 식민지의 배은망덕을 성토하는 목소리가 터져나왔다. 아메리카 식민지에서 이들 연대(聯隊)를 유지하기 위해 영국은 국가 예산의 4퍼센트에 가까운 연간 약 40만 파운드를 지출해야 했다. 또한 7년 전쟁 이후의 무거운 채무 상환에 더해 이 같은 추가적인 세금 부담은 1760년대에 정치 변화를 부르 짖는 소요와 헌법 문제에 대한 관심이 런던과 그 밖의 영국 도시 및 마을에서 증가한 이유, 그리고 웨스트민스터 정치인들이 미국의 식민지 개척자들로부터 더 많은 돈을 거두어들여서 그런 비용의 적어도 일부 나마 충당하려 노력해야 한다고 그토록 완강하게 고집한 이유를 설명해준다.[32]

영국 정치인 찰스 타운센드(Charles Townshend)가 1765년에 벽력같이 고함을 질렀다. "만약 아메리카 식민지들이 자신을 보호하기 위해 '우리 함대'를 기대한다면, 그들은 우리가 세수를 더 거둬들이도록 도와야 한다." 이는 다시 한번 비길 데 없는 해상력 수준과 거대한 지상군을 결합해야 하는 부담을 여실히 드러내는 말이었다.[33] 저간의 사정으로는, 7년 전쟁 이후의 재정 압박으로 왕립해군의 규모와 보수 수준을 낮추지 않을 수 없었는데, 이는 분명 1775년 이후 대륙 간 전쟁(이번에는 영국과 영국의 아메리카 본토 식민지 대부분 사이에 벌어진 전쟁)이 발발했을 때 영국의 초기 성과를 갉아먹었을 것이다. 1783년 이 미국 독립 전쟁이 끝나기 전에 옛 아메리카 식민지 가운데 12곳이 자체적으로 성문화한 주 헌법을 채택했다. 또한 이 전쟁에서 미국의 궁극적 승리는 당연히 1787년 새로운 미국 전체를 위한 획기적인 헌법 초안의 작성으로 이어졌다.[34]

프랑스의 경우도 7년 전쟁 참전은 티핑 포인트였던 것으로 드러났지만, 영국과는 다른 이유에서였다. 파리와 베르사유의 정치인은 런던의 그 상대역과 마찬가지로 1763년에 거의 파산 일보 직전 상황과 마주해야 했다. 하지만 영국이 지나치게 많이 정복한 새로운 영토를 통치하며 그에 적응하고 그 대금의 지불 방법을 익혀야 하는 과제에 직면한 데 반해, 프랑스는 전쟁에서 대패하고 해외 식민지 대부분을 잃은 데서 비롯된 충격과 치욕을 이겨내야 했다. 프랑스 정부는 그 전의 오스트리아 왕위 계승 전쟁에 들인 돈의 두 배나 되는 자금을 7년 전쟁에 쏟아부었다. 그 결과 1760년대에 부채 상환으로 루이 15세가 거둬들인 연간 세수의 절반 이상이 쓰였다. 그럼에도 프랑스의 국가적 위신을 회복하기 위한 결의는 잇따른 고비용의 새로운 군사 계획과 값비싼 개혁으로 귀결되었다.[35]

프랑스는 유럽 안팎에서 더 많은 식민 토지를 수탈했다. 그에 따라 1768년에 2만 5000명의 프랑스 병력이 코르시카에 상륙해 그 나라의 취약한 자치권과 파스칼레 파올리의 정치 실험을 무력으로 제압하고 그 섬을 병합했다. 프랑스의 하이브리드 전쟁 방법도 1763년 이후 눈부시게 발전했다. 프랑스는 20년 동안 자국의 일급 전함 수를 갑절 넘게 늘려갔다. 그와 동시에 7년 전쟁의 실패에 연루된 것으로 간주한 수천 명의 군 장교를 파면하고, 그들을 대체할 새로운 군 장교를 훈련시켰다. 새로운 군부 귀족 계급과 일련의 신규 훈련 기관으로 지금이 흘러들어갔다.[36] 그런 기관들 가운데에는 샹파뉴(Champagne) 지방에 자리한 브리엔(Brienne) 군사 학교도 포함되었다. 1779년에 여전히 스스로를 나폴레옹 보나파르트라고 부르는 무뚝뚝하고 깡마른 코르시카 청년이 병법을 익히고자 당도한 곳이 다름 아닌 그 군사 학교였다.

하이브리드 전쟁의 방법과 인력에 대한 이 같은 투자는 아마도 프랑스가 1778년에 공개적으로 미국의 혁명 세력과 동맹을 맺었을 때, 그 나라에 유리하게 작용했을 것이다. 이러한 대규모 군사 개입은 성공적인 헌법 재설계의 필수 선결 조건인 미국의 독립을 보장해주었다. 하지만 프랑스 자체가 하이브리드 전쟁에 한바탕 휩쓸림으로써 떠안은 비용은 10억 리브르(livre: 프랑스의 옛 화폐 단위—옮긴이)를 상회할 정도로 엄청났다. 이 돈의 거의 전부는 단기 대출을 통해 조달되었다. 프랑스 정부가 부채를 부분적으로 불이행했다는 평판 탓에 요구된 징벌적 금리는 가혹했으며, 결국 1787년에 그 정권은 정치적·재정적 붕괴로 치달았다. 역사가 린 헌트(Lynn Hunt)는 이어서 무슨 일이 벌어졌는지를 다음과 같이 간단명료하게 요약했다.

파산할지도 모를 위협 탓에 프랑스 정부는 새로운 수입원을 찾아 나서지 않을 수 없었다. 특별 소집된 명사회(Assembly of Notables: 구제도하에서 국왕이 소집한 귀족·법관·성직자 대표로 구성된 자문 기관—옮긴이)나 파리 의회를 통해서는 신규 수입원을 확보하기 어렵게 되자 프랑스 정부는 하는 수 없이 새로운 과세를 고려하기 위해 삼부회(Estates General: 성직자·귀족·평민으로 이루어진 혁명 전의 프랑스 의회—옮긴이) 소집에 동의했다. 삼부회는 175년 동안 만나지 않았으므로 1789년 5월에 그 회의를 소집한 일은 입헌 혁명 및 사회 혁명의 포문을 여는 사건이었다.[37]

프랑스에서 그에 이은 1789년부터 1815년 사이의 폭력적인 정권 변천에는 그 나라에 새로운 성문 헌법을 제공하기 위한 아홉 번의 공식적인 시도가 뒤따랐다. 그뿐만 아니라 혁명 이후 들어선 프랑스 정부와 그 군대는 이 같은 형태의 정치 기술—즉 성문 헌법—을 유럽 대륙의 다른 나라들에 수출하고자 애썼다. 이 과정에서 정부의 법적 관례와 제도, 정부의 경계, 정부에 대한 기대감, 정부와 관련한 사상이 지속적으로 변화했다.

18세기에 하이브리드 전쟁의 대표적 3대 주자 가운데 마지막인 에스파냐는 흔히 그중 가장 취약한 나라로 꼽혔다. 하지만 에스파냐가 7년 전쟁이 시작될 때 프랑스 함대에 그들의 상당한 해군을 합류시켰더라면, 그 전쟁의 최종 결과와 그에 뒤이은 세계사의 경로가 완전히 달라졌을지도 모른다. 초기에 프랑스와 에스파냐가 무력 동맹을 맺었다면 그들이 승리를 거머쥘 수 있었을 테고, 그게 아니라면 적어도 영국과 기타 적국들이 서둘러 휴전하도록 내몰았을 것이다. 그렇게 했으면 프랑스는 좀더 오랫동안 북아메리카에 자국 식민지를 보유했을 법하다. 이는 다시 영국의 아메리카 식민지들이 더욱 길게 런던의 보호에 의존하도록 만들었을 테고, 그들 편에서의 무장 반대 세력 발흥은 상당 정도 지연되었을 것이다. 당시 에스파냐는 1761년이 되어서야 프랑스 편에서 7년 전쟁에 참전했는데, 이것은 전략적 목적에 거의 기여한 게 없고, 에스파냐 자체의 정황과 관련해서는 값비싼 재앙으로 드러난 뒤늦은 조치였다.

그럼에도 에스파냐의 전후 대응은 몇 가지 측면에서 그 경쟁국인 영국과 프랑스보다 한층 효과적인 것으로 입증되었다. 프랑스의 군주와 장관들처럼 에스파냐의 카를로스 3세는 그 전쟁이 끝난 뒤 자국의 하이브리드 전쟁에 필요한 군수품을 재단장하기 위해 열심히 노력했다. 1788년 그가 숨을 거둘 무렵, 그리고 그의 별명인 '병장 왕(The Sergeant King)'에 걸맞게, 그의 육군은 서류상으로 당시 영국 지상군보다 많은 5만 명을 기록했다. 카를로스 3세가 에스파냐 해군에 쏟아부은 자원은 그보다 훨씬 더 많았다. 1800년에는 함선이 200척 있었는데, 어느 선도적인 에스파냐 장관이 구시렁거린 바에 따르면, 그것은 "재무부가 에스파냐 해군에 제공할 수 있는 상한선이었다".[38]

이 돈 가운데 상당액은 에스파냐의 아메리카 식민지에서 왔다. 이러한 세수 흐름을 보호하고 그것의 전 세계적 영향력을 보존하고자 에스파냐는 영국처럼—하지만 다시 한번 단기적으로는 영국보다 더 큰 성공을 거두면서—1763년 이후 좀더 체계적이고 실무적인 제국주의 정책을 펼쳤다. 우선 요새화한 전초 기지를 중앙아메리카와 남아메리카에 더욱 많이 신설했다. 새로운 에스파냐의 지도 제작 및 재정 프로젝트를 추진했으며, 군인과 제국 식민지 총독의 수를 더욱 늘렸고, 원주민과의 조약도 한층 빈번하게 체결했다. 또한 새로운 영토 확장을 이루었으며, 샌디에이고에서 샌프란시스코에 이르는 태평양 연안 지대에 새로운 에스파냐 정착촌을 설립하고, 북서 태평양 연안에 더욱 강력한 주둔군을 배치했다.

영국의 경우 **그들의** 아메리카 식민지와 관련해서 그랬던 것처럼, 이렇듯 한층 엄격해진 에스파냐의 제국주의 정책은 저항을 불러일으켰다. 오늘날의 에콰도르에 해당하는 지역에서 1765년 발생한 키토 반란(Quito Revolt)과 1781년 뉴그라나다(New Granada)에서 일어난 코무네로스 반란(Revolt of the Comuneros)을 부채질한 것은 늘어난 세금 요구와 마드리드에서 비롯된 '개혁들'이었다. 좀더 위험했던 1780~1783년의 투팍 아마루 반란(Túpac Amaru insurrection)도 부분적이긴 했으나 그와 마찬가지였다. 이 반란은 한동안 페루 부왕령 전체, 그리고 리오데라플라타(Río de la Plata) 부왕령 일부에서 에스파냐의 통제를 위협했다.[39]

그럼에도 처음에 에스파냐 군주제는 이 같은 식민지 저항을 억압하고 자신을 지탱하는 데 성공했다. 이것은 부분적으로 그들이 압도적으로 멕시코에서 추출한 아메리카 은의 대량 선적에 의존할 수 있었기 때문이다. 1760년에서 1810년 사이 에스파냐에 유입된 약 2억 5000만 페소 푸에르테(peso fuerte: 후기 에스파냐 식민지 시대의 지폐 단위―옮긴이)어치의 은은 뉴에스파냐(누에바에스파냐, 서반구의 옛 에스파냐령―옮긴이)의 식민지 관리 비용을 지불하는 데 쓰였다. 멕시코산 은은 에스파냐 해군의 재설비를 상당 부분 책임진 아바나 조선소에 자금을 대주기도 했다. 그뿐만 아니라 네덜란드 은행에서 빌린 대출의 담보 노릇을 하기도 했으며, 이는 다시 에스파냐의 잇따른 제국주의 전쟁에 자금을 대주는 데 기여했다. 1792년 이후 좀더 대규모의 하이브리드 전쟁이 발발하고서야 이베리아반도 내에서 에스파냐 군주제의 위상이 심각하게 도전받았으며, 남아메리카에서 에스파냐 군주제에 대한 애착도 크게 약화했다.[40]

이처럼 더욱 길어진 전쟁 기간 동안, 경쟁국보다 비용이 더 많이 드는 군수품은 결국 그 임무에 부적절한 것으로 드러났다. 에스파냐 해군은 비록 확대되었음에도 불구하고 1805년 트라팔가 해전에서 더없이 처참하게 밝혀진 바와 같이 영국의 해상력을 따라잡을 수 없었다. 한편 에스파냐의 증강된 육군 역시 나폴레옹 보나파르트 군단이 3년 뒤 이베리아반도 상당 부분을 침략하고 점령하는 모습을 속절없이 지켜보아야 했다. 1776년부터의 미국, 1789년 이후의 프랑스, 그리고 1775년의 코르시카에서처럼, 전쟁과 관련한 이 같은 위기가 빚어낸 한 가지 결과는 펜과 잉크로의 혁신적 전환이었다. 1812년 에스파냐 남서부 해안에 자리한 주요 항구 도시 카디스(Cádiz)에서 모임을 가진 야당 의원들은 19세기에 만들어진 것 가운데 가장 야심 차고 널리 영향력을 떨친 정치 헌법 중 하나를 공포했다. 그 이전부터 아르헨티나·과테말라·베네수엘라·콜롬비아의 에스파냐 식민지 개척자들은 그 자체의 전쟁을 치르고 자신만의 새로운 헌법 초안을 작성하고 있었다.

아이티: 일부 규칙은 깨고 일부 규칙은 증명한 예외

수준이 높아지는 하이브리드 전쟁은 거기에 더없이 많은 돈을 광범위하게 투자한 세 강대국—영국·프랑스·에스파냐—모두에 심각하지만 저마다 다른 도전을 제기했다. 세 나라 모두에서, 변화하는 장거리 전쟁 양상에 따른 비용과 적응과 도전은 정치적·이데올로기적 변화를 앞당기는 촉매제로 작용했다. 하이브리드 전쟁에 따른 중압감은 그 나라 본토에서, 또는 그와 관련한 영토에서, 또는 양쪽 모두에서 극심한 폭력을 불러일으키는 데 일조했다. 그 과정에서 관례적 지배 질서의 정당성이 의심받고 약해졌으며, 생기 넘치는 정치 환경이 펼쳐졌고, 영향력 있는 새로운 성문 헌법이 촉발되고 가능해졌다.

  이런 유의 주장은 문제가 많은 것으로 비칠지도 모른다. 어떤 이들이 보기에, 대륙 간 전쟁의 영향력—또는 다른 어떤 대대적이고 광범위한 일련의 변화—을 강조하는 것은 본질적이고도 중요한 차이점을 모호하게 만들어버릴 위험이 있으며, 특정 국가와 문화적 집단 및 개인의 구체적 역할과 기여가 지니는 가치를 손상하기 때문이다. 인류학자 아르준 아파두라이(Arjun Appadurai)가 언급했다시피, 대규모적인 것에 관한 언급은 "진즉부터 주변적인 것을 더욱 주변화하고" "작은 힘들과 지역적 삶에 대한 무시를 조장하는" 경향이 있을 거라는 우려도 불거질 수 있다.[41] 하지만 나는 닭이 먼저냐 달걀이 먼저냐 식의 논쟁에 휘말릴 필요는 없다고 생각한다. 크고 넓은 것, 그리고 연관성에 주목한다고 해서

구체적인 것, 지역적인 것, 소규모이자 미세하게 연구된 사적인 디테일을 무시하거나 간과한다는 의미는 아니며, 또 그래서도 안 된다. 18세기 중반과 19세기 처음 몇십 년 사이에 일어난, 가장 잘 알려진 네 가지 전쟁과 관련한 혁명적 분출 가운데 마지막이 그 점을 잘 보여주는 예다.

'아이티 혁명'이라고 알려진 사건은 흔히 그 특이성에 비추어 언급되어왔으며, 여기에는 몇 가지 그럴 만한 이유가 있다. 그레이터앤틸리스제도(Greater Antilles)에 있는 히스파니올라섬(Hispaniola)의 산 많고 습한 서쪽 지역(서쪽 이외 지역은 에스파냐령이었다)에 자리한 생도맹그(Saint-Domingue)—프랑스 침략자들이 1650년대에 붙여준 이름이다—는 18세기에 걸쳐 세계 최대의 커피 생산지로 발돋움했다. 그곳의 플랜테이션은 자메이카·쿠바·브라질을 모두 합한 것만큼 많은 설탕을 수출하기도 했다. 프랑스의 해외 식민지 가운데 단연 가장 부유한 식민지이던 이 정착지는 그 경계 안에 약 50만 명의 흑인 노예를 감금했는데, 아마 그들 가운데 70퍼센트의 성인은 아프리카 태생이었을 것이다. 하지만 하이브리드 전쟁에 대한 지나친 집착에 따른 중압감이 마침내 1789년 프랑스에서 정치 위기를 촉발하자, 그 여파가 진즉부터 사분오열되어 있던 생도맹그에까지 미쳤다.

그에 이어서 무슨 일이 벌어졌는지에 대한 기본 줄거리는 최근 수십 년 동안 수차례 반복해서 조사되었다.[42] 처음에는 프랑스 혁명의 초기 단계에 자극받은 그 식민지의 3만 명 남짓한 백인 정착민 가운데 일부가 정치적 변화에서 제 몫을 차지하기 위해 사람들을 선동하기 시작했다. 그런 다음 비교적 부유한 생도맹그의 흑인 자유민 일부가 파리로부터의 권리, 시민으로서 평등권, 그리고 정치적 대의권을 요구하면서 소규모 반란을 일으켰다. 그러나 진정으로 돌파구가 되어준 사건은

1791년 8월 그 식민지의 북부 평원 지대에서 살아가던 10만 명의 노예 가운데 일부가 벌인 훨씬 더 큰 규모의 반란이었다. 카프프랑세(Cap Français)에서 열린 생도맹그 총회에서 프랑스인 회장은 이렇게 탄식했다. "우리의 재산을 파괴하는 신조가 우리 사이에 불을 지폈고 노예들의 손에 무기를 쥐여주었다."[43]

노예 봉기는 카리브해 연안과 북아메리카 및 남아메리카에서 누차 반복된 현상이지만, 그 대부분은 소규모인 데다 초기에 진압되었다. 하지만 1791년 생도맹그의 노예 반란은 소규모도 아니고 잽싸게 진압되지도 않았다. 이내 번갈아가며 그 싸움에 가담한 집단들이 모두 가세해서 다수의 흑인 노예 군인을 동원했다. 압박에 시달리던 프랑스는 1794년 사태를 진정시키기 위한 노력의 일환으로 자국의 지배권 전역에서 노예제를 폐지했다. 그랬는데도 생도맹그에는 평화가 찾아오지 않았다.

약 10년이 지나고서야, 즉 연이은 극심한 폭력과 기아의 파고가 그곳 흑인 인구의 절반을 숨지게 한 뒤에야, 영국과 에스파냐와 프랑스의 해군을 비롯한 군대의 개입이 실패하고 패배한 뒤에야, 그리고 노예제는 "영원히 폐지되었다"고 선언한 최초 성문 헌법을 1801년에 공포한 뒤에야 생도맹그는 비로소 유럽이 지배하는 군대와 통치자들에게서 해방되는 데 성공했다. 1804년 1월 1일 승리를 거둔 생도맹그의 흑인 및 혼혈 지도자들은 공식적으로 독립을 선언했으며, 그들이 처음에 '아이티(Hayti)'라고 부른 자주적인 정치 체제를 출범시켰다. 1820년 이전에 아이티에서는 공식 헌법 5개를 추가로 제정했다.[44]

당시 이러한 변화가 폭력적일 뿐 아니라 혁신적이기도 하다는 사실은 널리 인정받았다. 유럽의 한 노예제 폐지론자가 1804년에 그 자체로 뜻깊고 놀라운 어조로 말한 바와 같이 "같은 영토에서 살아가는 그 어떤 유럽 주민에게도 복종하지 않고, 모든 외부 정부로부터 독립한 아프리카 민족이 (이제) 그레이터앤틸리스제도 한가운데에 뿌리내렸다".[45] 아이티는 1960년대에 그 지역에서 탈식민지화가 가속화하기 시작할 때까지, 카리브해 연안에서 헌법을 보유한 최초이자 유일한 자주적인 흑인 지배 정치 체제였다. 1790년 이후 아이티에서 벌어진 사건들은 그보다 훨씬 더 심오한 정치적 중요성을 지녔다. 그 사건들은 유럽의 여러 지역에서 북아메리카의 일부 지역으로, 그런 다음 남아메리카로 확산했으며, 그렇게 전파되는 과정에서 발전을 거듭한 새로운 헌법을 활동가들, 그리고 불균형하다 싶을 정도로 흑인이 많은 인구가 채택하고 사용했다는 사실을 실증적으로 증명해주었다.

1816년 아이티 정치에 동정적이던 어느 증인이 강조하려 한 게 바로 이 점이었다. 즉 그 성문 정치 텍스트 초안이 다름 아니라 몇몇 사례에서 스스로를 전적으로 혹은 부분적으로 아프리카인이라고 여긴 일부 남성들에 의해 작성되었다는 사실 말이다. 그가 말했다. "모든 공적 문서는 흑인 또는 유색 인종에 의해 작성되며, 그 문서에는 그들의 이름이 실린다." 노예 출신이자 무자비하고 총명한 군인으로서 독립 이후 아이티 최초의 지도자 자리에 오른 장자크 데살린(Jean-Jacques Dessalines)을 지지하며 1805년에 작성된 헌법의 초안 전문(前文)은 좀더 웅장한 어조로 그와 동일한 근본적인 주장을 펼쳤다.

모든 인류를 평등하게 대하며 다양한 작품을 빚어 자신의 영광과 권능을 드러내고자 지상에 온갖 종의 피조물을 흩어놓은 최고의 지존 앞에서, 우리를 그토록 부당하게 그토록 오랫동안 버림받은 아이로 간주해온 온갖 자연 앞에서……[46]

이제 권리는 과거 모든 권리를 박탈당한 이들에 의해 주장·공식화·문서화·출판·배포되어야 했다.

이 모든 것은 참으로 놀라운 일이었다. 하지만 생도맹그/아이티에서 일어난 일은 세계의 **다른** 지역들에서도 분명했던 추세와 전개상의 중요성을 확인해준다. 무엇보다 여기에서 일어난 사건들은 1700년대에 해상의 권한과 자원의 중요성이 증가했음을 잘 보여준다. 다만 이 경우 가장 결정적인 역할을 한 것은 해군 전함이 아니라, 급성장하고 있는 유럽 해상 기술의 또 다른 구성 요소인 장거리 노예선이었다.

실제로 두 유형의 폭력적인 원양 항해용 선박 간에는 상당한 교집합이 존재했다. 해군 전함과 마찬가지로 대부분의 노예선도 무기를 장착했다. 1730년대와 1740년대에 브르타뉴의 낭트 항구에서 활약하던 비교적 소형인 프랑스 노예선 딜리장호(Diligent)조차 "하나같이 최상의 상태인 4파운드짜리 대포 8문, 머스킷총 55정, 권총 18정, 검 20자루, 그리고 회전포(swivel gun) 2문"을 갖추고 있었다.[47] 노예선의 선주와 선장은 이런 무기류를 다룰 줄 아는 선원을 원했으므로 흔히 과거 해군에서 복무한 경험이 있는 남성을 모집했다.

그에 따라 이 시기에 볼 수 있었던 일부 유럽 해군의 전례 없는 확장과 유럽 노예 무역의 증가 사이에는 밀접한—그러나 여전히 충분하게 검토되지는 않은—관련성이 존재한다. 프랑스는 이 점을 잘 보여준다. 18세기의 첫 25년 동안 프랑스 선박은 아프리카에서 잡아온 포로 약 10만 명을 실어 날랐다. 하지만 1750년 이후 프랑스 해군의 규모가 급격히 커짐에 따라, 프랑스 노예 무역의 규모도 덩달아 불어났다. 그 결과 18세기의 마지막 25년 동안에는 프랑스 노예선이 40만 명의 아프리카인을 운반했다. 남성이 압도적으로 많은 이들 무리의 약 70퍼센트가 앙골라 연안과 '로어기니(Lower Guinea) 연안 지역(베냉, 토고 그리고 오늘날의 나이지리아에 해당하는 지역)'의 공급 회사에서 왔다. 카리브해까지 8000킬로미터나 되는 여정을 이겨내고 용케 살아남은 이들 포로 가운데 상당수는 생도맹그 북부, 서부 그리고 남부 해안에 도착했다.[48]

생도맹그/아이티에서 일어난 일은 1700년대에 전쟁 수준의 확대가 가져온 정치적 파급력과 파괴력을 확인해주기도 한다. 그것은 또한 이게 비단 서구에서 벌어진 현상만은 아니라는 점도 강조한다. 서아프리카의 많은 지역에서는 18세기 중엽의 몇십 년 동안 더욱 복잡해진 다수의 전쟁이 발발하기도 했다. 오늘날의 베냉 지역에 있던 가공할 왕국으로, 자체 상비군과 화약 무기류를 보유한 다호메이(Dahomey)를 예로 들어보자. 1724년에 그 왕국의 병사들이 한때 막강했던 연안 왕국 알라다(Allada)를 침략해서 8000명 이상의 포로를 잡아들였다. 다호메이 자체는 1720년대부터 1740년대 사이 요루바 오요(Yoruba Oyo) 제국의 군대로부터 일곱 번이나 침략을 받았다. 요루바 오요 제국은 오늘날의 나이지리아 지역에 기반을 두었으며, 때로 5만 명 넘는 남성으로 이뤄진 군대를 운용하곤 했다. 이 방대한 지역에는 다른 갈등도 있었다. 지금의 앙골라, 가봉 그리고 두 콩고공화국 지역의 일부로까지 확장한 정치체제인 쇠락하는 콩고 왕국에서 장기간 지속된 내전은 1760년대부터 1780년대 사이 점점 더 격화하는 폭력 수준에 이르렀다.[49]

서아프리카에서는 사람들이 드문드문 흩어져 살았으며 땅이 드넓었다. 그랬기 때문에 이 광대한 지역의 통치자들은 대체로 전쟁에서 승리했을 때 영토를 추가적으로 차지하는 쪽보다 전리품으로서 인간 포로를 챙겨오는 쪽을 선호했다. 또한 그들은 이 전쟁 포로를 수입품, 총기, 아시아 직물, 개오지 껍데기 등을 받는 대가로 유럽 노예상에 팔아넘기

기도 했다. 그래서 18세기 중엽 서아프리카 일부 지역에서 벌어진 전쟁 수준의 향상은 프랑스에서 노예상의 활동량이 증가한 것과 정확히 같은 시기에 대서양 연안의 노예 시장에 흑인 포로를 더 많이 공급하는 효과를 가져왔을 개연성이 있다.

그 결과 일부 아프리카 민족해방주의자들은, 1700년대 말 프랑스 노예선에 의해 생도맹그로 실려온 "노예 대다수"가 사실상 "노예로 전락하기 전에 아프리카 군대에서 복무한" 퇴역 군인이었을 소지가 있으며, 유럽의 노예선에 팔려오기 전 아프리카의 경쟁적인 군대에 의해 붙잡힌 포로일 수 있다고 주장해왔다. 역사가 존 손튼(John Thornton)의 추정에 따르면, 1790년대에 노예제를 거부하는 반란이 "초기에 성공할 수 있었던 핵심 요인"이자, 이곳의 흑인 반란자들이 "유럽 증원군에 의한 위협에 맞섰을 때" 꿋꿋이 버티면서 반격을 시도할 수 있었던 까닭은 훈련 경험 있는 이 아프리카 병사들이 생도맹그에 존재했기 때문일지도 모른다.[50]

1790년대와 1800년대 초 생도맹그에서 투쟁한 흑인의 절대 다수가 어떤 유의 생존 기록도 남기지 않았던지라, 그들이 그 이전에 서아프리카의 군사 작전에 어느 정도 관여했는지, 아프리카의 전쟁 이야기와 전통이 그들에게 어떤 영향을 미쳤는지에 대해서는 알아낼 도리가 없다. 하지만 1750년 이후 세계 많은 지역에서 격변을 일으킨 하이브리드 전쟁의 가속화 정도가 이 중대한 아이티 위기에도 반영되었다는 것은 더없이 분명하다.

프랑스는 미국 독립 전쟁에 참전함으로써 재정 비용과 인력 수요가 발생했기 때문에 생도맹그에 있는 자국의 주둔군 규모를 줄여야 했다. 생도맹그의 플랜테이션 경제와 노예의 침묵을 유지하는 데 필요한 백인 정규군 수를 축소한 것은 이 식민지에서의 질서 유지 부담의 많은 몫이 그곳 지역 민병대에게 넘어갔다는 걸 뜻했다. 이들 집단에는 다수의 자유 흑인이 포함되어 있었다. 정확히는 1790년대 초반의 반란에 가담하기로 마음먹은 그런 유의 남성들 말이다.[51]

하이브리드 전쟁 수준의 향상으로 인한 프랑스의 지나친 군사적·재정적 확장은 더 결정적인 측면에서 아이티의 사건들에 영향을 미쳤다. 1792년부터 1801년까지, 그리고 다시 1802년 이후, 역대 프랑스 정권은 그들의 육군과 해군이 여러 대륙·국가·해양에서 치르는 주요 강대국들에 맞선 전면전에 총력을 기울여야 했기에, 그들의 에너지와 자원을 생도맹그에서 흑인의 저항을 진압하는 데 집중할 수 없었다. 유럽 전쟁 수준의 단계적 향상은 좀더 개인적 차원에서 아이티의 사건들에 반영되기도 했다. 아이티의 가장 빼어난 흑인 사령관 가운데 일부는 서아프리카 전쟁에 참전한 경험 및 그 전설에 대한 기억을 가지고 있을 뿐 아니라, 유럽의 주요 하이브리드 전쟁 주창자 중 한 명 또는 그 이상의 지도자가 이끄는 군대에 복무함으로써 군사적 경험과 기량을 쌓을 수 있었다.

아이티에서 가장 유명하고 가장 카리스마 넘치는 혁명전쟁 지도자 투생 루베르튀르(Toussaint Louverture)는 1776년 노예제로부터 그 자신의 개인적 해방을 확실하게 쟁취했으며, 1801년에 그 나라 최초의 헌법을 제정하자고 선동한 인물이다. 그는 예컨대 프랑스 군대와 함께 일하고 싸움을 벌였을 뿐 아니라 에스파냐 육군 연대에서 복무하기도 했다. 투생이 나중에 유럽 군대와 함께한 이때의 복무를 회고한 바에 따르면, 그는 "오른쪽 엉덩이에 총알을 맞았으며, 그것이 여전히 거기 그대로 박혀 있다". 그리고 "포탄에 머리를 맞아서 치아 대부분이 부러졌다".[52]

5　1801년 7월에 미래의 아이티를 위해 최초의 헌법을 공포하는 투생 루베르튀르를 그린
우화.

투생 휘하의 주요 인물로서 중위이자 그의 최종 숙적 장자크 데살린
역시 머잖아 그의 적으로 떠오를 그 유럽 군단 소속이었다. 아마도 아

프리카 태생이고 한때 노예였을 게 분명한 데살린은 1802년 이전에 약 8년 동안 프랑스공화국 군대에서 장교로 복무했다.[53] 그레나다(Grenada) 출신일 가능성이 있으며, 아이티의 독립선언서에 서명하고 이후 그 나라의 북부 지역을 장악한 자유 흑인 앙리 크리스토프(Henry Christophe)로 말하자면, 그는 1779년 미국 독립 전쟁에서 프랑스 군대와 함께 싸우는 등 이보다 훨씬 더 이른 시기에는 프랑스의 하이브리드 전쟁 기계 속의 톱니바퀴 노릇을 한 것 같다.

앙리 크리스토프는 다른 주요 아이티 독립 지도자들 일부에게 허락된 높은 명성을 결코 누리지 못했다. 그는 1803년 쥐라산맥(Jura Mountains)에 있는 어느 프랑스 요새의 지하 감옥에서 숨진 투생보다 덜 숭고하고 덜 비극적으로 보인다. 게다가 암살당한 데살린과 같은 수준의 중요도를 지닌 아이티 독립의 설계자도 아니었다. 여전히 창의적이고도 중요한 전기(傳記)가 모자란 앙리 크리스토프에 대한 상대적 소홀은 주로 그가 궁극적으로 건설하고자 애쓴 아이티 정부의 형태 탓이었다. 하지만 생도맹그/아이티에서 일어난 많은 사건과 마찬가지로, 이 남성이 펼친 프로젝트와 그의 궁극적 이력은 중요하며, 지역을 넘어서는 특별한 의미가 있다.

최근에야 해방을 맞은 찢어지게 가난하고 압도적으로 문맹이고 폭력에 꽤나 익숙한 인구를 다스려야 하는 도전에 직면해 있으며, 이용할 만큼 잘 구축된 민간 기관도 없고, 1820년대까지 존재한 프랑스의 침략 재개와 재노예화의 위협을 받고 있던 초기의 모든 아이티 지도자들은 필연적으로 강인한 남성이었으며 군사력에 크게 의존했다. 극심한 위험에 놓인 코르시카를 위한 1755년 파스칼레 파올리의 헌법처럼, 아이티의 초기 헌법도 안달복달하면서 군사 조직과 강력한 통치를 위한 조항을 잔뜩 끼워 넣었다.

1801년 투생 루베르튀르는 이러한 아이티의 첫 문서에 의해 "그의 영광스러운 생애 나머지 기간 동안 …… 총사령관" 자리에 올랐다. 1805년 데살린이 공포한 헌법은 다시금 "좋은 군인이 아닌 그 어떤 인간(즉 그 어떤 남성)"도 "아이티인이 될 자격이 없다"는 것을 분명히 했다. 이 같은 헌법이 아이티를 6개 사단으로 나누고, 그 각각을 장군 한 명이 지휘하도록 명문화했다. 1820년대가 시작되고 한참이 지나서까지도 아이티 대통령들은 대포가 새겨진 공식 인쇄 문구를 사용했다.[54]

이러니만큼 엄격한 권위주의라는 앙리 크리스토프 자신의 브랜드는 더없이 당연한 것이었다. 독립한 북부의 아이티주(State of Haiti)를 위해 1807년 그의 지시에 따라 만든 헌법은 "양도할 수 없는 인간의 권리", 모든 아이티 거주자들이 "완전한 권리를 누릴" 자유를 확언했다. 하지만 그것은 그를 자신의 후계자를 선택할 수 있는 권한을 지닌 총사령관으로 만들어주기도 했다. 헌법은 후계자를 "장군 가운데에서만" 선택할 수 있다고 강조했다. 1811년 4월에 발표되고, "호전적인 음악 소리에 맞춰 모든 공적 장소"에서 큰 소리로 읽힌 또 하나의 헌법에 의해, 앙리 크리스토프는 방향을 달리해서 한 발 더 나아갔다.[55] 제 스스로를 군주라고, 즉 아이티의 앙리 1세 왕(King Henry I)이라고 선언한 것이다.

1805년에 데살린이 관장한 헌법은 진즉부터 아이티가 제국이 되어야 한다고 선언한 바 있다. 하지만 이 텍스트는 그 나라의 제국 왕위가 "세습이 아니라 선거에 의해" 계승되어야 한다고 명시했다. 그에 반해 앙리 크리스토프는 완전한 세습 통치를 목표로 삼았다. 그의 1811년 헌법은 "최고 권력자의 생각이 전달되려면, 왕위 계승은 오직 …… 그 나라의 영광과 행복에 지속적으로 헌신한 저명 가문의 적출한 남성 자녀(여성은 영구 배제)에게만 부여되어야 한다"고 선언했다. 앙리 자신의 가문을 염두에 둔 발언이었다. 그의 배우자 마리루이즈(Marie-Louise)는 아이티의 왕비 자리에, 아들들은 왕자, 딸들은 공주 자리에 오를 예정이었다. 한편 그의 후계자로 추정되는 빅토르(Victor)는 황태자(Prince Royal) 칭호를 얻었다. "국왕 폐하가 지명하고 간택한" 공작·백작·남작 등 귀족 계급은 그에게 전면적인 지지를 보내야 했다. (새롭게 구축된 이 아이티 귀족에 속한 각 계급은 특별하게 디자인한 예복을 갖춰 입어야 했다.) 궁중에서는 공식 복장 규정을 적용하고, 새로운 기사 제도를 실시할 예정이었다. 또한 이 1811년 헌법은 북부 아이티 전역에 앙리 왕이 "적절하다고 판단한" 장소마다 궁전을 지어야 한다고 규정했다. 결국 이들 9개 궁전뿐 아니라 빅투아르(Victoire)와 벨레뷰르로이(Bellevue-le-Roi) 같은 이름을 지닌 성 (城)이 곳곳에 들어섰다.[56]

이 모든 것을 순전히 과도한 권력욕, 혹은 최소한 유난히 파렴치하게 행사한 허구적 전통으로 보는 것은 솔깃한 일이다. 하지만 그렇게 하면 너무나 많은 점을 놓치게 된다. 앙리 크리스토프는 스스로에게 왕위와 영속성을 부여하고자 안달 난 인정사정없는 장군으로서 결국 자수성가한 통치자로 변신했는데, 당시에는 그런 사람이 한둘이 아니었다. 이 새로운 아이티 군주가 똑똑히 인식하고 있었다시피, 거의 비슷한 시기에 활약한 그의 동시대인 나폴레옹 보나파르트는 1804년 스스로 프랑스 황제에 즉위했으며, 뒤이어 자신이 직접 이탈리아 왕위에 올랐다. 나폴레옹처럼 앙리 크리스토프도 세습 군주가 되는 것을 자기 권력 강화의 일환으로 보았을 뿐 아니라, 더욱 광범위한 국제적 승인과 수용을 확보하는 수단으로 여겼다. 그는 이를 전쟁으로 오랫동안 분열되어 있으며, 또 여전히 외세 침략으로 위협받는 영토에 질서와 안정을 새롭게 부여할 수 있는 전략의 일환으로 삼기도 했다. 그의 새로운 헌법이 언급한 바에 따르면, 외세 침략은 "가장 고질적인 적들이 그 영토를 소멸시킬 수 있는 구렁텅이"였다.[57] 또한 나폴레옹 그리고 다른 후대의 많은 통치자와 마찬가지로, 앙리는 한편으로 왕위를 차지하는 것과 다른 한편으로 성문 헌법을 공포하는 것 사이에서 그 어떤 모순도 발견하지 못했다.

누군가가 나폴레옹과의 이 같은 유사점을 놓칠 경우에 대비해 앙리 크리스토프의 홍보 담당자 가운데 한 사람은 으레 이 아이티 군주가 실제로 "보나파르트와 가까운 사이"라고 주장하곤 했다.[58] 스스로 왕좌에 오른 이 새로운 왕은 의도적으로 나폴레옹 시대의 프랑스에서 언어, 의례, 방법, 정당화 기법 등을 차용했지만, 언제나 동맹 관계에서 신중하게 절충적 입장을 취했다. 그는 프랑스뿐만 아니라 그의 주요 적국인 영국과도 긴밀한 관계를 발전시켜나갔다. 런던의 정치인이나 노예제 폐지론자들과도 교류를 이어가고, 아이티의 기사 훈장과 문장의 설계에 관해 공식 권위를 지닌 문장학(紋章學: 가문의 문장과 역사를 연구하는 학문—옮긴이) 기관인 영국의 계보문장원(College of Arms)에 자문을 구하기도 했다.

또한 앙리는 당시 영국 왕가 및 귀족들의 초상화를 전담한 최고의 초상화가 토머스 로런스(Thomas Lawrence: 영국의 초상화가로 왕립예술원의 4대 원장—옮긴이)의 제자이자 조수인 화가 리처드 에번스(Richard Evans)에게 그 자신의 초상화를 그려달라고 의뢰했다. 에번스가 그린 초상화에서 그는 단추가 두 줄로 달린 진초록색 군인 코트를 입고 있으며, 코트 가슴께에는 '성 앙리(Saint Henry)'라는 갓 주조한 군사 훈장이 달려 있다. 그리고 최근 제작한 왕관이 옆 탁자에 놓여 있다. 그는 흑인 전쟁을 통해 독립을 쟁취한 영토를 지키려고 용맹하게 싸우는 군인 왕으로서, 위

6   리처드 에번스가 그린 앙리 크리스토프 왕, 1816년경.

협적으로 몰려오는 구름을 배경으로 자세를 취하고 있다.[59]

다시 말하지만, 국왕 이미지에 대한 남의 시선을 의식하는 이 같은 투

자는 때로 앙리의 평판을 나쁘게 만들기도 했는데, 그것이 어느 정도
는 그럴 만했다. 이러한 계획과 사치에 돈줄이 되어준 것은 여전히 수많
은 가난한 아이티 남녀들이 강요당한 플랜테이션 노동이었다. 하지만 한
층 더 미심쩍은 것은 흔히 암묵적이고 이따금 노골적이기도 한 가정―
즉 군주로서 앙리의 실험이 왠지 본질적으로 반혁명적 행위였다는 가정,
그리고 그에 따라 기본적으로 성문화한 입헌주의와 상충한다는 가정―
이었다. 하지만 이 두 가지는 어느 것도 옹호할 수 없는 해석이다.

1790년 이후 아이티에서 봉기를 일으키고 투쟁한 다수의 자유민 및
노예 남녀 자체가 헌신적인 공화제 지지자였다는 증거는 거의 없다. 만
약 그들이 그랬다면 그게 외려 이상했을 것이다. 당시 아프리카 대륙
대부분을 포함해 세계 대다수 지역은 여전히 스스로를 왕, 혹은 그에
상응하는 존재로 여기는 개인들에 의해 통치되고 있었다. 남북 아메리
카를 제외한 많은 국가와 제국에서―그리고 혁신적인 성문 헌법의 급
증에도 불구하고―군주제는 제1차 세계대전이 발발하기 전까지(일부 지
역에서는 그 한참 이후까지도) 공식적 국가 지도 체제의 디폴트 형태로 남아
있었다.

더군다나 독창적이고 정교하게 스스로를 군주로 변신시키고 그 자신
의 왕조를 건설하고자 애썼음에도, 앙리 크리스토프는 어떤 의미에서
보면 반혁명의 주창자라기보다 오히려 심오한 혁명가 쪽이었다. 벼락출
세한 또 한 명의 군주인 나폴레옹 보나파르트는 적어도 하급 귀족 출신
이고, 육군 장교로서 정식 군사 훈련을 받았노라며 큰소리칠 만한 형편
은 되었다. 하지만 가방끈 짧은 흑인 직공에서 드럼 치는 소년으로, 여
관 주인으로, 정육점 주인으로 전전하던 앙리 크리스토프에게, 장군이
되고 마침내 스스로를 세습 군주로 선언한 것은 엄청나게 뻔뻔한 행동

이었으며, 그의 동시대인 상당수도 그렇다고 인정했다. 그는 "신세계의 왕관을 쓴 초대 군주" "폭정의 파괴자, 아이티 민족의 개혁가이자 후원자"가 되고 싶다고 선언했다.[60]

이것이 앙리의 이력에 좀더 자세히 주의를 기울여볼 가치가 있는 한 가지 이유다. 그의 생각과 행동을 보면, 군주제 자체가 중요한 새로운 성문 헌법의 구축 및 채택과 반드시 상반되지는 않는 것처럼, 잇따른 폭력적이고 혁명적인 분출에 반영된 하이브리드 전쟁의 증가가 반드시 신선한 군주제의 실험과 상충하는 것만은 아님을 알 수 있다. 하지만 북부 아이티에서 국왕 통치와 관련한 앙리 크리스토프 자신의 실험은 이내 흔들리기 시작했다. 1820년 10월 시름시름 앓고 있는 데다 자신이 권력을 잃어가고 있음을 깨달은 그는 제 심장을 총으로 쏘아 스스로 목숨을 끊었다. 열여섯 살 난 그의 아들이자 후계자 빅토르 왕자—그 역시 리처드 에번스에게 자신의 유화 초상화를 그려달라고 의뢰했다—는 곧바로 총검에 찔려 사망했고, 그의 시신은 똥거름 위에 내던져졌다.

하지만 이 모든 것에도 불구하고 앙리 크리스토프가 성문 헌법이 세습 군주에 오를 야망을 지닌 누군가에 의해 모험적이고도 이롭게 쓰일 수 있음을 인정한 혁신가였다는 사실은 부인할 수 없다. 이게 사실이라는 것—즉 성문 헌법은 비단 공화주의뿐 아니라 군주제라는 양식과도 양립할 수 있다는 것—이 점차 받아들여지고, 이는 이 새로운 정치 기술이 더욱 성공하는 데 결정적 역할을 하기에 이른다.

아이티에서 일어난 사건은 그 독특함에도 불구하고, 우리가 이 장을 통해 논의한 코르시카, 영국 및 그 아메리카 식민지, 프랑스, 그리고 에스파냐 및 그 대서양 제국의 다른 전쟁 관련 위기나 정치 위기에서 확인한 사실을 재확인해준다. 즉 1750년 이후 세계 광대한 지역에서 전쟁,

7 1821년 영국의 한 풍자화는 한편으로 작고한 아이티 왕을 폭군으로서 공격하고, 다른 한편으로 그를 인기 없는 유럽의 다른 군주들과 싸잡아 다루었다.

특히 하이브리드 전쟁의 충격과 파급력은 체제를 송두리째 뒤흔들 정도로 엄청나고 피하기 훨씬 힘들고 다양한 형태의 혁명 및 정치 체제 변동의 원천이자 촉매제임이 입증된 것이다.[61] 헌법 텍스트를 저술하고 이용 및 전파하는 데 대한 관심의 증가는 일면 바로 이 같은 육상 및 해상에서의 폭력 가중과 정세 불안이라는 배경에 비추어 이해해야 한다.

하지만 우리에게는 여전히 중요한 질문이 남는다. 만연한 전쟁, 전쟁의 규모와 속성의 변화는 중요한 정치적·영토적 교란, 그리고 사상과 관례의 변화를 촉발하는 핵심 요인이었다. 그렇다면 왜 이 같은 전쟁 관련 교란 및 변화에 대한 응답이 하필 새로운 성문 텍스트라는 형태를 띠게 되었을까? 이 질문에 대한 해답을 얻으려면, 우리는 시간을 되돌려서 세계 다른 지역들을 살펴보아야 한다.

8 나카즈를 작성하고 있는 예카테리나 2세.

낡은 유럽, 새로운 사상

상트페테르부르크

에르미타주 미술관(State Hermitage Museum) 화랑에 전시되어 있는 대부분의 회화 작품과 비교할 때, 그것은 얼핏 대수롭지 않아 보인다. 금속 틀에 둘러싸여 있고, 크기가 4인치×8인치도 안 되는 이 회화 작품은 아마추어 같은 양식에다 지나치게 요란하다. 기둥, 다홍색 커튼, 벨벳을 씌운 왕좌가 들어선 어수선한 왕실이 보인다. 방 안에는 개혁가이자 전쟁광으로 러시아 황제 가운데 첫손에 꼽히는 표트르 대제의 흉상이 놓여 있다. 그 흉상은 석조 눈이 그림 중앙의 도금한 글쓰기용 책상에 앉아서 일하는 여인을 흐뭇하게 건너다보이도록 배치되어 있다. 한편 여인은 자신이 쓰고 있던 종이에서 시선을 돌려 단호한 눈빛으로 밖을 내다본다. 그림 속 러시아의 예카테리나 2세는 이때 거의 사십 줄에 가까웠는데, 익명의 화가는 볼연지를 짙게 바르고 이미 약간 과체중인 데다 아래턱 선이 무너진 모습으로 그녀를 표현했다. 하지만 응시하는 검푸른 눈, 로마 코(매부리처럼 코끝이 약간 휜 코—옮긴이), 날렵하고 얇은 입술은 어딘가 모르게 시선을 끈다. 너무 그래서 그녀의 손에 관심을 기울이기 어려울 정도로 말이다. 이 시기에 유럽 왕실의 여성을 그린 초상화는 이따금 권력의 상징물을 향해 자세를 취한 모습을 담고 있다. 하지만 이런 것들은 일반적으로 인물과 물리적 거리를 두고 있다. 그러나 이 그림에서 예카테리나는 그런 자세를 취하고 있지 않다. 그저 뭔가를 쥐고 있을 뿐이다. 튼튼해 보이는 큼지막한 한 손은 깃펜을 들고 있으며, 다른 손은 그녀의 수많은 성문 저작물인 나카즈(Nakaz), 즉 훈시 가운데 가장 중요한 것의 필사본을 쥐고 있다.

예카테리나는 재위 3년 차에 접어든 1765년 초부터 18개월이 넘는 기간 동안 거의 매일 규칙적으로 새벽 4시에서 5시 사이에 일어나 이 문서를 작성해왔다. 들리는 바에 따르면, 그 때문에 두통과 눈의 피로에 시달렸다고 한다. 그녀는 자신의 고문들에게 최초의 초안을 돌린 뒤, 1767년 7월 개정판을 인쇄업자에게 보냈다. 이듬해 봄 두 부분을 더 추가했다. 이렇게 완성된 나카즈에는 다해서 22개 장에 655개 조항이 포함되었다. 예카테리나는 비서를 두고 일하긴 했으나 자료를 선택 및 정리하고 최종 버전을 작성하는 작업은 자신이 손수 했다. 그녀가 공언한, 이 문서에 그토록 많은 시간과 노력을 기울인 이유는 러시아 제국의 법률을 군대화 및 체계화하는 데 공을 들이기 위해 모스크바로 호출한 입법위원회에 지침과 의제를 제공하기 위해서였다. 그래서 에르미타주 미술관에 전시된 이 그림은 그 미학적 한계에도 불구하고 소중할 뿐 아니라 주목할 만한 자료다. 20세기 이전에는 중요한 법적·정치적 문서의 초안을 작성하는 데 적극적으로 참여하는 여성을 묘사한 작

품이 극히 드문데, 이 회화가 그 소수 가운데 하나인 것이다.[1]

에카테리나의 성별과 그녀가 인생을 살아온 방식은 나카즈의 폭넓은 중요성에 대한 탐구가 왜 제대로 이루어지지 않았는지 그 이유를 얼마간 설명해준다. 그것을 만든 장소 역시 이와 관련해서 일정한 역할을 맡아왔다. 세계사에 관한 연구는 흔히 러시아 제국을 주변화하며, 그 나라를 특수한 것, 심지어 이국적인 일련의 영토로서 접근한다. 이런 접근법이 지니는 위험은 정치 혁신 및 근대화 문제와 관련한 부분에서 한층 두드러진다. 에카테리나가 왕위를 차지한 1762년에, 그리고 그 후 오랫동안 러시아 제국은 "그 스펙트럼의 전제정치 편 극단에 놓인 절대 군주제"였다.[2] 그 통치자들의 권력에는 그 어떤 제도적 제약도 존재하지 않았으며, 입법 계획은 전적으로 그들 안에 머물러 있었다. 에카테리나 재위 시절에는 러시아 현지에서 훈련을 받은 법조인조차 찾아보기 어려웠다. 그 때문에 그런 환경에서 혁신적인 헌법 문서가 출현한다는 것, 그게 러시아 제국 자체의 영토 경계를 넘어 영향력을 떨칠 수 있다는 것은 본질적으로 가능성이 희박해 보일 법하다. 그러나 나카즈는 성문 헌법은 아니지만 이 정치 장르가 어떻게 발전했는지, 그것이 어떻게 확산했는지 조명해주는 중요한 문서다.

1750년 이후 전쟁 수준이 더욱 폭넓고 격렬해지면서 점차 일련의 영향력 있고 창의적인 정치 혁명이 촉발되었다. 하지만 **오로지** 코르시카, 남북 아메리카, 프랑스, 아이티 등지에서 발발한 이 같은 초기의 혁명적 분출에만 초점을 맞추면, 새로운 헌법적 발의와 문서의 전개 방식에 관한 이야기가 단지 몇몇 선호되는 작용점에서의 몇몇 중요한 순간에 관한 이야기로 축소될 위험이 있다. 전쟁 수준의 향상이 어떻게 세계 다른 부분들에서 드러나는 좀더 창의적인 헌법 활동 양식에 반영되는지 주목하노라면, 좀더 정확하고 포괄적이며 미묘한 차이까지 잡아낸 그림을 그려볼 수 있다. 일단 이처럼 한층 폭넓고 조밀한 렌즈를 통해 들여다보면, 러시아 역시 다른 수많은 장소와 마찬가지로 세심한 주의를 요청하는 장소로 떠오른다. 7년 전쟁의 여파 속에서 이 나라는〔철학자 한나 아렌트(Hannah Arendt)의 말마따나〕"성문 문서, 즉 견뎌낼 수 있는 객관적인 것"이 더 많은 중요성과 견인력을 획득하게 된 다양한 유럽 군주제의 하나였다.[3] 이것은 어떻게 발생할 수 있었는가?

전쟁, 문서 그리고 계몽사상

18세기 중엽 좀더 야심 찬 헌법 텍스트가 점차 유행하게 된 현실을 이해하려면, 전쟁의 급증과 국가 간 경쟁의 심화로 촉발된 그 밖의 새로운 공식 문서 작업의 맥락에서 그것을 살펴보는 게 도움이 된다. 7년 전쟁이 끝나고, 승전국 사이에서 갓 획득한 영토에 대한 정보를 축적하고 그 정보를 정복자가 선택한 이미지에 맞게 재배열하는 계획을 출판하려는 움직임이 과열되기 시작했다.

그리하여 영국이 훗날의 캐나다가 되는 영토를 정복한 뒤, 스위스 태생의 군사 측량사 조지프 데스 바레스(Joseph Des Barres)는 더러 제임스 쿡(James Cook)이라는 젊고 모험적이고 유망한 왕립해군 장교의 도움을 받아서 뉴펀들랜드(Newfoundland)와 뉴욕 식민지 사이의 해안선을 지도화하는 프로젝트에 착수했다. 그들의 작업은 1777년《대서양의 넵투누스(The Atlantic Neptune)》〔넵투누스는 로마 신화에 나오는 '바다의 신'으로 그리스 신화의 포세이돈에 해당한다—옮긴이〕로 결실을 맺었다. 이 책은 영국의 해상 및 제국 세력을 거들고자 설계된 해도·지도·전망에 관한 4권짜리 기념비적인 저술로, 지금까지도 시시콜콜한 세부 사항, 아름다움, 정확성 면에서 거의 예술 작품에 비견된다는 평을 받고 있다.[4]

또한 1760년대에는 승전국뿐 아니라 패전국 사이에서도 극도로 비용이 많이 들고 극단적인 전쟁에 휘말리면서 빚에 허덕이게 된 정부를 재건하고 세수를 늘릴 목적으로 여러 가지 새로운 문서 계획이 쏟아져 나왔다. 이를테면 한때 양치기였다가 변호사로, 이어 제국의 관료로 변신한 호세 데 갈베스(José de Gálvez)는 1765년 뉴에스파냐의 중남미 부왕령 최북단에 도착한 뒤, 그와 그의 상관들이 부패한 식민지 관리라고 여긴 이들을 마드리드가 직접 임명한 공무원으로 물갈이하기 위한 계획을 설계했다. 또한 7년 전쟁 이후 여러 법전이 공표되었는데, 그중 하나가 '사르디니아 왕국'의 샤를 에마뉘엘 3세(Charles Emmanuel III)가 1770년에 발표한 《법률과 헌법(Laws and Constitutions)》이었다.[5] 이것은 그 왕이 자신의 요새와 군대를 보강하고자 기울인 노력의 문서 버전이었다. 그는 그것을 전쟁의 수위와 외부 압박의 증가에 직면해서 자신의 국가를 지탱하고 개조하는 또 하나의 방편으로 보았다.

이즈음 전쟁의 수위 증대가 여러 대륙에 영향을 끼치고 있었던지라 이처럼 엄청나게 쏟아진 문서 작업 가운데 일부는 유럽 밖의 정권에 의해 이루어졌다. 준가르에 대한 청 제국의 집단 학살 작전이 1750년대에 암울한 결말로 치달은 뒤, 건륭제는 훗날 《우리 8월 왕조에 대한 포괄적 논고(Comprehensive Treatises of Our August Dynasty)》라고 알려진 것을 작성하도록 위임했다. 베이징에 근거를 둔 약 150명의 학자와 관리들이 18년 동안 심혈을 기울여서 이 개요서를 작성했다. 그들은 모두 함께 이제 한층 더 확장된 중국 영토의 지리, 법률 제도, 행정 관행, 천연자원, 그리고 언어에 관해 120개 장(章)이 넘는 내용을 연구하고 그에 따른 초안을 작성했다. 그렇게 한 의도는 특히 새로 정복한 중앙아시아 영토와 관련해 청 제국 정부가 이용할 수 있는 자료집을 마련하기 위해서였다.[6] 1760년대에 영국 팽창주의자들이 벵골 및 북아메리카를 두고 그랬던 것처럼, 건륭제 역시 자신이 새로 정복한 중앙아시아에 대해 제대로 알고 그곳을 적절하게 통치할 목적에서 그 영토를 훤히 들여다볼 수 있길 바랐다.

당시의 다른 많은 전후 공식 문서 작업과 마찬가지로, 이 《우리 8월 왕조에 대한 포괄적 논고》 역시 선전과 찬양의 기능을 맡았다. 이 경우 그 취지는 건륭제가 확보한 드넓은 영토에 대한 그의 견고한 지휘권을 널리 천명하려는 것이었다. 마침내 완성된 2000쪽짜리 결과물—좀 더 폭넓게 다른 것들과 비교하면서 검토해볼 가치가 있다—은 1787년에 출판되었다. 필라델피아에서 미국 헌법 초안이 작성된 것과 같은 해였다.

이처럼 청 제국이 만들어낸 엄청난 규모의 문서가 말해주듯이, 정보를 축적하고 체계화하고 출판하고자 하는 이 시기의 줄기찬 욕망 심화는 비단 유럽과 그 식민지에만 국한한 현상이 아니었다. 세계 다른 지역, 특히 전쟁 후유증에 대처하던 지역에서도 유사한 추이를 관찰할 수 있다. 1750년 이후 수십 년 동안 유로-아메리카에서 공식 문서 작업이 급증했는데, 이와 관련해 두드러지는 점은 그것이 상당 정도 헌법적 성격을 띠곤 했다는 것이다. 대문자 'E'로 표현되는 '계몽사상(Enlightenment)'에 연루된 사람들이 이 같은 문서 작업에 끼친 영향은 상당했다.

예카테리나 2세의 나카즈가 그 대표적 예다. 그 여제는 나카즈를 편찬함에 있어 더없이 신중하게 다른 저자들에게서 차용한 내용을 수정한 다음, 그녀 자신의 우선순위에 맞도록 조정했다. 그렇더라도 그녀가 계몽사상으로부터 절취한 규모는 놀라울 정도였다. 나카즈의 조항 가운데 290개 이상―전체의 절반가량―이 어떤 면에서든 몽테스키외의 《법의 정신》에 빚지고 있다. 파스칼레 파올리가 한 발 늦게 구입한 베스트셀러 저작 말이다. 나카즈에 포함된 그 밖의 100여 개 조항은 이탈리아 법학자 체사레 베카리아(Cesare Beccaria)의 주요 저서 《범죄와 형벌(On Crimes and Punishments)》(1764)(공리주의자인 저자는 형벌에서 공공선의 증진을 중시했다. 그에 따라 공공선 증진에 더 효과적인 종신노역형을 사형보다 우위에 두었다―옮긴이)에서 가져왔다. 예카테리나는 그 책이 출간되고 1년 뒤 프랑스에서 그걸 읽은 것으로 알려져 있다. 여제는 또한 《백과전서(Encyclopédie)》로부터 아이디어와 문구를 따오기도 했다. 《백과전서》는 1751년에서 1772년에 걸쳐 출판된 수십 권 분량의 전집으로, 주요 프랑스 주창자들은 그것을 참고서이면서 동시에 계몽된 개혁을 추진하기 위한 '전쟁 기구(war machine)'(직설적인 문구)로서 의도했다. 예카테리나가 이 저술에서 베낀 것은 한두 군데가 아니었다. 가령 법은 평이한 언어로 쓰어야 하고 쉽게 접근할 수 있어야 한다는, 나카즈를 관통하는 주장은 《백과전서》가 제기한 "가장 좋은 법은 가장 단순한 법이다"라는 조언을 충실히 따른 것이다.[7]

예카테리나가 행한 표절의 성격에 잘 드러나듯이, 당시 공직자들에게 두드러진 영향력을 행사한 저자 상당수는 프랑스인이거나 프랑스어로 책을 출간한 개인들이었다. 이는 부분적으로 프랑스어가 오스만 세계의 일부뿐 아니라 유로-아메리카의 상당 지역에서 여전히 외교 교류와 고상한 문화에 주로 쓰이는 언어였기 때문이다. 이렇게 프랑스적인 것이 중요했지만, 실제로는 지리적 범위 역시 중요했다. 1750년 이후 유로-아메리카의 군주와 고위 정치 행위자들에게 지대한 영향을 끼친 계몽사상의 인물들과 텍스트는 여러 대륙에 걸친 사건에 주목하고, 포괄 영역이 넓어지는 전쟁과 그 여파에 관심을 기울이는 경향이 있었다. 1751년에 볼테르는 "우리는 머나먼 아시아와 아메리카의 여러 지역에서 서로를 파괴하기 위해 우리 자신의 인력과 비용을 갉아먹고 있다"고 썼다.[8]

계몽사상 전문가들이 늘어나는 전쟁의 범위와 위험을 분석하는 데 커다란 관심을 기울인 사실에 비춰볼 때, 우리는 당시 이 같은 폭력적 변화가 중요하게 받아들여졌음을 분명하게 확인할 수 있다. 제네바공화국 태생의 철학자이자 소설가 장자크 루소는 7년 전쟁으로 알려진 전쟁이 막 불붙기 시작한 1755~1756년에 이렇게 썼다.

나는 눈을 들어 멀리 바라본다. 불꽃과 화염, 버려진 들판, 약탈당하는 마을이 보인다. 잔혹한 자들아, 이 가련한 이들을 대체 어디로 끌고 가느냐! 끔찍한 소음, 지독한 소란과 비명 소리가 들린다. 나는 가까이 다가가서 1만 명에 이르는 사람들이 잔인하게 살해되고 사체가 무더기로 쌓여 있고 죽어가는 이들이 말에게 마구 짓밟히는 살육의 현장을, 죽음과 그 단말마적 고통의 이미지를 목격한다.[9]

통제 불능의 전쟁에 대한 이러한 비전을 소환한 때로부터 10년 뒤, 루소―그 자신도 프랑스의 육군 원수가 되는 데 대한 환상을 품고 있었다―는 〈코르시카를 위한 헌법 제안(Constitutional Proposal for Corsica)〉이라는 제목의 원고를 편찬했다. 나중에 알고 보니, 그는 전쟁이 끊임없이 이어지고 급증하는 시기에 어떻게 하면 그 섬이 품격 있는 독립과 안전 상태를 유지할 수 있을지 제 나름의 아이디어를 내놓았다.[10]

계몽주의 시대를 살아간 수많은 걸출한 인물은 세상 경험이 풍부했으며 세계의 여러 상이한 부분, 권력 및 군사적 폭력의 작용에 관심이 깊었는데, 바로 이 점 때문에 고위급 인사들에게 호소력을 발휘할 수 있었다. 전염성 강한 하이브리드 전쟁 시기에는 통치자와 정치인이 통치 방식을 재고하고 재조직할 필요성이 반복적으로 대두되었다. 이 시기에 출간된 위와 같은 저술은 그들에게 실용적 효용을 지닌 해법과 분석을 제공하는 것으로 간주되었다. 이것이 정확히 관련 저자들이 노린 바였다. 한 역사가의 말마따나, 주도적인 계몽사상 지지자 가운데 다수가 "교육받은 엘리트 및 통치자들과 동맹을 맺기 위해 지적 대담성과 세속적 관례 사이에서 신중하게 균형을 유지했으며", 그렇게 함으로써 그들이 정부·법률·사회를 개선할 수 있도록 자극했다.[11]

이 점과 관련해 이 남성들(프랑스어를 주 언어로 사용하는 계몽주의 시대 전문가들은 절대 다수가 남성이었다)은 저마다 공무 그리고/또는 군대에 직접 복무한 경험으로부터 도움을 받았다. 스위스 법학자 에메르 드 바텔(Emer De Vattel)이 거기에 딱 들어맞는 예다. 오스트리아 왕위 계승 전쟁과 7년 전쟁 기간 내내 그는 이웃 국가 프로이센의 군대와 야심에 맞서 투쟁하는 독일 선거구 '작센 지방'에서 외교관으로 일했다.[12] 바텔이 쓴 주목할 만한 저서 《각국의 법(The Law of Nations)》은 본래 1758년에 출간되었는데, 이것은 1789년 조지 워싱턴이 뉴욕의 어느 도서관에서 빌려본 책이자, 워싱턴이 그로부터 10년 뒤 사망할 당시 그의 유품에 포함되어 있던 책이기도 하다. 이 저서에서 바텔은 무력 전쟁의 불가피성에 대해 소상히 다룬다. 또한 어떻게 하면 전쟁의 흉포성을 더욱 잘 제

어할 수 있는지 논의하며, (잘못된 사실이지만) 유럽 군대가 다른 지역의 군대보다 한층 인도적으로 전쟁을 수행한다고 암시함으로써 자신의 잠재적인 엘리트 독자들을 달래주기도 한다. 바텔은 "유럽 대다수 국가들이 현재 인도적으로 전쟁을 수행하고 있다는 사실은 아무리 강조해도 지나치지 않다"고 아양 떨 듯 말한다. 더군다나 그는 결정적으로 그 책의 처음 몇 개 장 가운데 하나를 '국가의 헌법'에 할애한다.

국가가 헌법 자체를 마련하고 정부와 관련한 모든 걸 제 의지대로 유지하고, 완벽하게 하고, 규제할 수 있는 전적인 권리를 가진다는 것, 그리고 누구도 그걸 막을 정당한 자격이 없다는 것은 자명하다.

정치 헌법은 오랜 세월 동안 전해 내려온, 당연하게 여겨지는 어떤 것, 즉 굳어진 유산이 아니었다. 그것은 관련한 사회에서 살아가는 사람들에 의해 변화 및 개혁되어야 하는 대상이었다.[13]

샤를루이 드 스콩다(Charles-Louis de Secondat), 즉 몽테스키외 남작은 개인적으로 전쟁을 요구한 것으로도 유명하다. 그는 프랑스 남서부의 귀족 가문 출신이었으며, 보르도 대학에서 법학을 공부했다. 하지만 육군 장교의 아들이기도 했고, 결국 또 다른 육군 장교의 딸을 아내로 맞아들였다. 1748년에 익명으로 출간한 그의 저서 《법의 정신》은 러시아의 예카테리나 2세로부터 "상식을 가진 모든 군주의 기도서"라는 찬사를 얻었는데, 당대에 펼쳐지는 전쟁의 체계적 속성을 상세히 다루고 있다. 그는 "새로운 질병이 유럽 전역에 퍼져나가서 우리 왕자들을 감염시키고, 그들로 하여금 엄청난 수의 군대를 유지하도록 안내했다"고 말한다. 그뿐만 아니라 그는 다음과 같이 인식하고 있다.

그에 따른 결과는 필연적으로 전염성을 띠게 되었다. 한 왕자가 그의 군대를 증강하면, 당연히 그 나머지도 그 뒤를 따르게 마련이다. 그 결과 공공의 파멸 외에는 아무것도 얻는 게 없다. 군주들은 저마다 마치 자기 백성이 절멸될 위험에 처하기라도 한 양 대규모 군대를 보유한다. ……이러한 상황이 빚어낸 결과는 영속적인 세금 인상이다.

곧이어 그는 독자들에게 "우리는 모두 군인이 될 것"이라고 경고한다.[14] 몽테스키외는 점차 잔혹해지는 군사적 격변이 유로-아메리카 밖에서 증가하는 현상에 주목하기도 했다. 그는 "대혁명들이 아시아에서 일어났다"고 언급하면서, 중국과 일본을 광범위하게 다룬다. 책에서 이 두 나라는 인도, 오스만 제국 그리고 오늘날의 인도네시아에 해당하는 지역과 더불어 각각 단독으로 별개 장에 할애되어 있다. 이따금 그와 협력하곤 했던 (포병 장교의 사생아) 장바티스트 르 롱 달랑베르(Jean-Baptiste le Rond d'Alembert)가 쓴 것처럼, 몽테스키외는 어떤 의미에서 모든 곳의 남성들이 "사회에 진입한 순간부터" "상호적 욕망과 정복의 희망"에 영향받는 것을 당연시한 게 아닌가 싶다. 따라서 그는 "그들의 공격을 억제하거나 중단하기 위한 …… 사슬"로 작용할 수 있는 새로운 법과 제도가 반드시 필요하다고 역설한다.[15]

이것은 계몽주의 시대의 수많은 주도적 인물들이 유럽의 군주와 정치적으로 야심 있고 개혁적인 이들에게 들이댄 미끼였다. 즉 고비용인 데다 파괴적이고 널리 만연한 군사적 폭력이 육상과 해상에서 난무하는 시대에, 혁신적이고 박식한 입법가들이 나서면 사회의 상처를 치유하고 질서를 재건하고 각각의 국가를 개조하고, 그리고 **그 과정에서 그들 자신의 명성을 빛낼 수 있다**는 것이었다. 루소는 "만약 내가 왕자나 입법가라면 무엇을 해야 한다고 말하느라 시간을 허비하지 않겠다. 그냥 그 일을 하겠다"는 계산된 말로 그들을 독려했다.[16]

흔히 활동가와 야심 찬 통치자가 모세라는 인물을 본보기로 삼으면 이익을 얻을 수 있다는 의견이 제기되곤 했다. 예언자이자 율법 기록자이며, 전쟁의 위험에 처했을 때 백성을 이끈 지도자이고, 《구약성경》과 《코란》에 등장하는 카리스마 넘치는 인물 모세는 프랑스어 《백과전서》의 여러 책에서 650번 가까운 언급을 통해 그 가치를 인정받았다. 고대 스파르타의 전설적 입법가 리쿠르고스(Lycourgos), 샤를마뉴 대제, 마호메트, 공자, 그리고 앵글로색슨의 앨프리드 대왕 같은 그 밖의 현실적이거나 전설적인 입법가들과 더불어, 모세에 대해서도 18세기 중엽부터 정치적·철학적·학문적 저술에서뿐 아니라 예술과 건축 설계 및 조각에서 찬양 수위가 높아졌다.[17] 이 시기에 메시아적 입법가에 대한 숭배 증가는 가령 루이세바스티앙 메르시에(Louis-Sébastien Mercier)의 유토피아 픽션 베스트셀러 《2440년(L'An 2440)》(1770) 같은 소설에까지 등장한다.

메르시에는 그 자신도 무장 폭력과 연관이 있었다. 그의 아버지는 명민한 아들을 교육시키려고 칼 가는 일로 돈을 번 파리의 장인이었다. 메르시에는 자신의 소설에서 "흑인 신세계의 어벤저(avenger)"가 식민 폭력을 말끔하게 정화한 25세기의 멕시코를 상상한다. 이 영웅은 유럽 약탈자들과 맞선 싸움에서 성공하지만, 메르시에는 "자연이 그 안에서 전력을 다한 이 위대한 남성, 이 저명한 입법가, 이 흑인이" 어떻게 이어서 "칼을 내려놓고" 대신 "신성한 법전을 국가들에 제시하기로" 결심하고, 연방 헌법을 개정하고, 그 과정에서 동료 통치자들에게 모범으로 떠오르게 되는지 기술하는 데까지 나아간다.[18]

하지만 분명 과거로부터 영웅적 입법가들을 불러오고 먼 미래에 활

9 윌리엄 블레이크, 〈법을 받아 든 모세(Moses Receiving the Law)〉, 1780년경.

약하는 그들의 모습을 그려보는 것만으로는 충분치 않았다. 계몽주의 시대의 몇몇 대변인이 주장한 바와 같이, 현실적이고 합리적인 현재의 개혁을 보장하는 유일한 방법은 실제로 권력을 쥔 개인들이 정보에 근거해서 정력적으로 행동하는 것뿐이었다. 베카리아는 그의 저서《범죄와 형벌》에서 이렇게 권고했다. "이제 처음으로 법이 제시되면 인류는 얼마나 기쁘겠는가. 유럽의 왕좌에서 자비로운 군주들 …… 백성의 아버지들, 왕관 쓴 시민들을 보게 될 테니 말이다. 이런 권위자들이 증가하면 그 신민의 행복은 커진다."[19]

이렇듯 되살아난 입법가 숭배에 가장 민감하게 반응하고 스스로의 혁신적 법률 및 헌법 텍스트를 촉진하고자 노력한 통치자들에게는 몇 가지 일관된 특성이 있었다. 그들은 대체로 자신의 개인적 계몽 문화를 자랑스러워했다. 그리고 흔히 스스로가 작가였으며, 언어의 쓰임새와 작용에 관심이 많았다. 그들은 대개 적어도 자기 배경의 일부에서나마 개신교도였다. 또한 거의 언제나 세기 중반 발발한 전쟁에 휩쓸려서 무질서하고 도전받는 상태로 변해버린 영토를 통치했다. 그리고 이것은 다시 우리를 러시아의 예카테리나 2세에게로 데려간다.

여성 저술

다른 많은 것과 더불어 이 모든 것, 즉 계몽사상에 대한 깊은 관심, 언어와 글쓰기에 대한 기호, 개신교도로서 성장, 증가하는 전쟁 수위에 따른 도전과 시련에 대응할 필요성의 인식이 이 여성을 설명하는 특징이었다. 전쟁은 실제로 생애 내내 예카테리나를 휘감은 채 그녀 이력의 주요 국면 대부분에 영향을 미쳤다. 그녀는 1729년 오늘날의 폴란드 슈체친(Szczecin)에 해당하는 슈테틴(Stettin)에서 안할트체르프스트공국의 공주 조피(Princess Sophie)로 태어났다. 슈테틴은 당시에도 오늘날처럼 발트해에 연한 주요 항구이자 수비대(守備隊) 도시로서, 요새·연병장· 병사들이 특징적이었다. 또한 그곳은 1700~1721년의 대북방 전쟁(Great Northern War: 러시아·덴마크·폴란드·작센이 스웨덴에 맞선 전쟁―옮긴이) 말미에 프로이센이 스웨덴으로부터 탈취한 전리품의 일부였다. 루터교 개신교 신자인 조피의 아버지는 소군주로 이곳에서 연대를 책임진 프로이센군 고위 장교였다.[20]

그러던 1744년 그녀를 둘러싼 모든 것이 달라지기 시작했다. 후사가 없던 러시아의 엘리자베타(Elizaveta) 여제가 열네 살 난 조피를 자신의 조카이자 후계자 표트르의 신부 후보로 선택한 것이다. 조피는 상트페테르부르크로 옮겨갔고, 동방정교회로 공식 개종 절차를 밟았으며, 예카테리나 알렉세예브나(Ekaterina Alexeyevna)로 개명했고, 능숙하게 구사할 수 있는 수준으로까지 러시아어를 익혔다. 혼례식은 1745년 적절한 절차에 따라 거행되었다. 이 혼례는 결국 그녀의 새로운 배우자에게는 재앙으로, 양편 모두에게는 수치로 판명되었다. 1762년 1월에 엘리자베타 여제가 죽고 예카테리나의 남편이 표트르 3세로 즉위했을 때, 그녀는 서로 아비가 다른 것으로 보이는 적어도 2명의 사생아를 두고 있었다. 예카테리나는 자신의 정치적 네트워크를 구축하고 정치적 계획을 세워놓기도 했다.

그녀는 새로운 통치 기간이 6개월째 접어들었을 무렵, 1만 2000여 명의 병력과 포병을 이끌고 페테르고프(Peterhof)에 있는 남편의 거처로 들이닥쳤다. 상트페테르부르크 외곽에 위치하며 여러 궁궐 건물과 격식

10 비길리우스 에릭센(Vigilius Eriksen)이 그린, 말을 탄 예카테리나의 초상화, 1764년.

차린 정원들로 이루어진 곳이었다. 예카테리나가 나중에 이 쿠데타를
기념하고자 의뢰한 회화 작품은 흑발을 풀어헤치고 두 다리를 쫙 벌린
채 흰 말에 걸터앉은 모습으로 그녀를 표현했다. 예카테리나는 검을 높
이 치켜들고, 소수 정예의 프레오브라젠스키 제국 근위대(Preobrazhensky
Guards: 1683~1917년에 존속—옮긴이)의 진초록색 군복 재킷과 반바지를 경
우에 맞게 빼입었다.[21] 그녀는 이 같은 무력 개입으로 표트르 3세를 강

제 퇴위시켰을 뿐 아니라, 그 직후 자행된 그의 교살에 어떤 식으로든 연루되었을 가능성이 있다. 이 시점에 그녀의 막강한 후원자 상당수가 기대한 대로, 그녀는 아마도 적자인 맏아들 파벨(Pavel)을 대신해서 그가 17세에 이를 때까지만 통치하는 섭정 역할에 만족했을 수도 있었다. 하지만 그러는 대신 자신이 직접 러시아 왕위를 차지했다.

당연히 이러한 사건은 그 예외성 탓에 예카테리나의 명성에 먹칠을 했을 것이다. 하지만 그녀가 이어서 한 행동의 일부는 좀더 전형적인 것이었다. 중요한 정치적·법적 텍스트 초안을 작성하는 데 주도적인 역할을 한 많은 개인과 마찬가지로, 예카테리나 역시 전쟁과 위험이 드리운 상태에서 극도의 압박감에 시달렸다. 그녀가 나카즈 제작에 깊이 헌신한 것은 분명 자신의 재능과 성향, 특히 특정 계몽주의 작가에 대한 열렬한 독서와 글쓰기 취향 덕택이었을 것이다. 하지만 이것이 그녀가 행동에 나선 결정적 원동력은 아니었다. 그녀가 유별나게 많은 시간을 들여서 이 기획에 대해 고심한 것은 그녀의 제국과 제 자신의 지위를 재창조하고 강화하길 바랐으며, 또 그래야 했기 때문이다.

예카테리나가 직면한 위협 가운데 일부는 사적인 것이었다. 그녀의 1762년 쿠데타와 그 뒤를 이은 일들은 유럽 전역뿐 아니라 남북 아메리카, 오스만 세계, 심지어 중국에까지 널리 알려졌다. 그 결과, 그리고 그녀가 은밀하게 꾸민 추종 세력에도 불구하고, 처음부터 문서적으로뿐 아니라 시각적으로 좀더 부정적인 논평이 줄을 이었다. 러시아 바깥에서는 여제가 수많은 풍자 인쇄물에 등장했는데, 그 다수는 성별에 초점을 맞춘 가혹한 것이었다. 외국 외교관들은 때로 공식 서신에 그녀를 나타내는 무례한 캐리커처를 끼워 넣기도 했다. 국내에서는 외설적인 그래픽 이미지에 단골로 등장했다. 개중에는 심지어 그녀의 조신(朝

㽼)들이 그린 것으로 보이는 작품도 얼마간 포함되어 있었다.[22] 에카테리나가 여성 통치자이며, 표트르 3세 사망 후 명목상 독신이지만 성적으로 적극적이라고 널리 알려져 있었다는 사실은 분명 이런 식의 강박적 관심에 기여했으며, 거기에 나쁜 쪽으로 작용했다. 그 사건이 일어나고 몇십 년 뒤, 한 러시아 장군은 1796년 에카테리나가 임종을 맞았을 때, 자신이 어떻게 "그 여제의 벌거벗은 엉덩이"를 운 좋게 언뜻 볼 수 있었는지 알리고 싶어서 입이 근질근질했다.[23] 에카테리나는 그 시대의 다른 강력한 지도자들과 마찬가지로 흔히 스스로를 말에 타고 있는 모습으로 묘사하곤 했는데, 오직 그녀의 경우에만 말과 성교한다는 소문이 나돌았다. 이 사실 역시 맥 빠질 정도로 중요하다. 오늘날에조차 역사가들은 여전히 그녀의 사상과 기획을 충분히 고려하기보다 그녀가 구체적으로 자기 신체를 가지고 행한 일에 대한 억측을 일삼으면서 엉뚱한 길로 빠지곤 하기 때문이다.

하지만 그녀의 개인적·정치적 취약성의 원인으로 꼽히는 것은 혈연관계 없는 외국 태생이자 러시아 왕위를 찬탈한 무자비한 사람으로서 에카테리나의 입장이었다. 어느 외국 비평가는 에카테리나를 '차르 살해자(Slay-Czar)', 즉 '러시아 혁명'의 음모를 꾸미고 배우자 살인죄를 저지른 여성이라고 비판했다.[24] 그녀의 집권기 내내, 특히 그 초기 단계에서는 또 다른 쿠데타의 위험, 즉 그녀를 밀어내고 러시아 왕위를 차지하기 위해 노리는 또 다른 찬탈자가 나타날 여지와 암살자가 도사리고 있을 가능성이 상존했다.

더군다나, 그리고 그녀와 동시대의 많은 통치자와 마찬가지로, 에카테리나는 전쟁으로 인한 커다란 도전에 직면해 있었다. 러시아는 1750년대와 1760년대 초에 해군이 20척도 안 되는 함선을 두고 있었던

11 가슴을 드러낸 공격적인 예카테리나는 동료 군주들을 왜소해 보이도록 만든다. 그런데 그들은 여전히 그녀의 치마 속을 흥미롭게 기웃거리고 있다. 1792년 프랑스에서 그린 풍자화.

데다 그 대부분이 낡은 것이어서 하이브리드 전쟁에 참가할 만한 형편이 못 되었다. 하지만 육상군은 유럽 대륙에서 전쟁에 깊이 관여했으며 비용도 많이 들었다. 예카테리나가 1762년에 왕위를 장악했을 때, 장차 그녀 편에서 그 어떤 성공적인 군사적·팽창주의적 전쟁에 뛰어들 가능성은 미미해 보였다. 육군 급여는 여러 달 동안 내리 밀려 있었다. 러시아의 인구 밀도는 유럽 국가들 가운데 최하위였는데, 이것은 군대를 모집하거나 세금을 거둬들이는 데 심각한 걸림돌로 떠올랐다. 처음에는 예카테리나가 징수한 세수가 러시아보다 훨씬 더 좁은 영토를 지배하는 프랑스 왕의 20퍼센트에 지나지 않았다. 이런 상황임에도 그녀가 또 한 차례의 전쟁—이번에는 오스만 제국과 맞붙은 전쟁—에 착수한 1771년이 되자, 러시아의 세수와 지출 간 격차는 800만 루블로 크게 불어났다.[25]

당시에는 예카테리나도 러시아도 취약성과 극심한 야심이 뒤섞인 특성을 띠고 있었다. 그녀는 호전적이었고 이례적이리만치 열심히 일했으며 거칠고 더없이 유능했다. 하지만 위상이며 행동이 의심스러운 여성 찬탈자이기도 했다. 게다가 그녀가 차지한 제국은 거대했으나 공급이 원활하지 못했다. 훗날 어느 러시아 시인이 말한 대로 "강하지만 가난했던" 것이다.[26] 이런 상황은 나카즈의 제작과 내용에 영향을 미쳤다. 그것은 성문 헌법이 아니었지만, 그럼에도 나중에 **헌법이 된** 텍스트와 특징이며 기법을 공유했다. 특히 그것은 극도의 위험 상황에서, 그리고 본국에서는 강화된 지원과 결속력을 조성하고 해외에서는 긍정적인 홍보를 촉진하려는 바람에서 작성되었다.

따라서 나카즈는 깊은 인상을 남기고 의혹과 반대를 날려버리기 위해 고안한 전문(前文)으로 시작한다. 예카테리나는 "러시아는 표트르 대제의 전통을 이어받은 '유럽의 열강'이다"라고 선언한다. 그리고 걸핏하면 이 러시아 차르가 진짜로 혈통의 선조이기라도 한 것처럼 언급한다. 러시아는 의심할 나위 없이 유럽의 일부이지만, 그 지리적 영역의 광활함 탓에 세계 전체의 맥락에 비추어보아야만 제대로 이해할 수 있다면서 말이다. 그녀는 러시아가 "지구상에서 위도 32도, 경도 165도 범위에 걸쳐 있다"고 으스댄다. 그리고 계속해서 "거대한 면적을 차지하고 있는 이 영토는 러시아의 정부 형태를 결정한다"면서 "군주는 절대적이다. 한 사람에게 부여된 절대 권력 외에는 그 어떤 것도 이토록 방대한

제국에 적합할 수가 없기 때문이다"라고 말한다.[27]

하지만 이 같은 절대주의적인 정부의 목적은 러시아 국민에게서 그들의 "천부적 자유"를 박탈하기 위한 게 아니다. 그와 반대로 그 기본 목적은 그들의 "행복", 그리고 "시민·국가·군주의 영광"이다. (여기서 예카테리나가 '시민'을 맨 먼저 언급하는 식으로 이 독립체들을 나열한 순서는 다분히 의도적인 것이다.) 그녀는 실제로 나카즈의 두 번째 장 말미에서 전제주의는 말할 것도 없고 절대주의에 대한 언급도 그만둔다. 그녀가 강조하기로 마음먹은 것은 "자유에 대한 감각"을 러시아에 심어주는 "**군주제**〔강조는 저자〕정부"의 능력이었다.[28]

그 자유의 중심에는 모종의 평등이 깔려 있다. "시민의 평등은 그들 모두가 동일한 법률의 지배를 받는 데 있다." 이로 미루어 러시아 법은 모든 사람이 이해할 수 있도록 "평이하고 쉬운 언어로" 쓰여야 한다. 그녀는 미래의 법전이 접근 가능하고 저렴해야 한다고, "알파벳만큼 저렴한 가격에" 인쇄본으로 제공되어야 한다고 주장한다. (적어도 이론상으로나마) 대중 교육 지지자였던 예카테리나는 나카즈의 사본, 그리고 그녀가 그것으로부터 발전하리라고 기대하는 법전을 모든 러시아 학교 교실에 비치해야 한다고, 또한 그것을 《성경》과 나란히 아동들에게 큰 소리로 읽어주어야 한다고 촉구했다. (많은 후대의 헌법주의자들도 정부와 법률에 관한 텍스트가 《성경》 및 여타 주요 종교 서적처럼 면밀히 검토되고 찬미받는 성스러운 지위를 획득할 수 있다는 생각을 적극적으로 밀어붙이게 된다.) 또한 예카테리나는 나카즈에서 국가란 일정 크기의 영토에 그치는 게 아니라, 실제로 '공동체'이므로 대중에 대한 혜택을 러시아 전역으로 확장해야 한다고 주장한다. 여제는 "정치는 전 인민을 포용해야 한다"고 제안했다. 그녀 입장에서 하기에는 놀랄 만한 주장이었다.[29]

따라서 러시아 국민에게 획일적인 일련의 법률을 부여하는 것만으로는 충분치 않을 터이다. 그와 관련한 다른 계획들도 탐구해볼 필요가 있다. 예카테리나는 종교적 관용 수준의 증대가 "다양한 사람들에 대한 지배권을 확장해가는 제국"에 필수적이라고 적고 있다. 그녀는 향후 "인간 정신의 재능을 파괴하지도 글을 쓰고자 하는 경향성을 망가뜨리지도 않기 위해" 그 어떤 검열 행위든 최소화해야 한다고 주장한다. 심지어 모종의 복지 제도를 암묵적으로 승인하는 대목까지도 존재한다. 1793년 프랑스 헌법의 저자들이 공공 구호(public relief)는 "신성한 부채"라고, 사회는 "불행한 시민에게 생활비를 제공해야 한다"고 선언한 때보다 25여 년 앞선 시점에, 예카테리나는 사회경제적 불평등을 해결하기 위한 처방전을 나카즈에 끼워 넣었다.

거리에서 가난한 사람들에게 구호품을 나눠주는 것으로 정부의 의무를 다했다고 안심할 수는 없다. 정부는 필히 모든 시민에게 생활비, 식품, 적절한 의복 그리고 건강에 해롭지 않은 생활 방식을 제공해야 한다.[30]

그녀는 이 모든 개혁이 좀더 개선되고 강력한 러시아의 형성을 지향할 거라고 주장한다. 하지만 이 목표는 더 큰 변화를 요구한다. "모든 시민이 그들 자신의 복지를 유지하기 위해 지불하는 공물"인 세금은 늘지 않을 수 없다. 이는 제조업과 무역의 체계적 확대를 요청할 것이다. "상업이 이루어지는 곳마다 세관이 존재한다"는 말에서 알 수 있듯이, 이것은 제조업과 무역이 국가 세수의 밑거름이기 때문이다. 인구 역시 증가해야 한다. 그녀는 "노동자 수"의 감소를 초래할 가능성이 있는 기계는 결단코 러시아에 들어와선 안 된다고 강변한다. 그러나 (그녀가 가정하기로) 잘 먹은 남녀가 대가족을 이루는지라 농업의 발전은 더없이 중요할 것이다. 예카테리나는 부러움을 담아서 "영토를 정복하고 정복한 사람들과 혼인하는 이들이 있는데, 그렇게 하면 그 사람들을 확보할 뿐 아니라 자기 사람 수를 늘리는 일석이조의 효과를 거두게 된다"고 적고 있다. 러시아의 인적 자원, 즉 노동자 및 납세자─그리고 미래 병사─의 수를 늘리는 것은 나중에 크림반도를 합병하고 1772년 이후 폴란드를 침략해 점진적으로 분할하고 그 과정에서 추가로 700만여 명의 신민을 확보한 근거로 내세운 논리 가운데 일부였다.[31]

이것이 시사하듯 예카테리나의 개화(開化)에는 무자비한 한계가 존재했다. 결과적으로 논평가들은 나카즈의 의미와 중요성에 대해, 그리고 정치 스펙트럼상에서 그 여제를 어디 자리매김해야 하는지에 대해 늘 의견이 엇갈렸다. 1767년 한 상트페테르부르크 주재 외교관이 보기에, 그녀가 추진한 일은 바로 "국민을 위한 절대 군주의 자발적인 통치권 이전"이었다.[32] 이것은 터무니없이 관대한 평가였다. 하지만 나카즈를 개화에 대한 주장을 담은 전제군주의 허세일 뿐이라고 일축한 그 당시와 그 이후 사람들 역시 그 의미를 제대로 읽지도 이해하지도 못하긴 매한가지였다.

한층 중요한 것은 프랑스 계몽사상의 가장 적극적인 주창자 가운데 한 명이면서 한동안 그 여제의 지인이자 통신원이었던 드니 디드로(Denis Diderot: 프랑스의 철학자·미술비평가·작가로, 장 르 롱 달랑베르와 더불어 《백과전서》의 간행자이다─옮긴이)가 제기한 반대였다. 그는 나카즈를 비판한 글에서 "잘 만들어진 법전의 가장 중요한 특징은 군주에 대한 구속"이라고 썼다.[33] 그 문서는 고의적이면서도 단호하게 그렇게 하지 않았다. 예카테리나는 그 문서 초안을 작성하고 널리 알릴 때, 입헌

12　예카테리나는 프로이센 및 오스트리아의 군주와 함께 폴란드의 식민지화 및 분할을
완료하는 단계로 나아갔다. 1794년 제작한 판화.

(constitutional) 군주제를 만들려고 하지 않았다. 기껏해야 법적(legal) 군
주제에 대한 아이디어만 제시했을 따름이다. 군주인 그녀가 다양한 계
층의 신민을 위해 자비로운 법률의 초안을 부지런히 작성하고, 아마 그
녀 자신도 그 법률에 복종하긴 했으나, 여전히 그것을 변경할 수 있는
자유를 누리는 법적 군주제 말이다.

　그러나 이 모든 한계에도 불구하고, 나카즈는 단지 러시아 자체보다
훨씬 더 많은 것을 말해주는 놀라운 텍스트로 남아 있다. 나카즈는 특
히 예카테리나가 그것을 진행시키고 촉진하기 위해 고안한 기법 측면
에서 혁신적이며 영향력이 있었다. 1767년 8월 나카즈에 관해 논의하

고자 모스크바에 모인 입법위원회(Legislative Commission)는, 훗날의 중요한 헌법 제정 회의와는 달랐지만 몇 가지 점에서 그 회의를 앞질렀으며 심지어 능가하기까지 했다. 미국 헌법의 초안을 작성하기 위해 1787년 필라델피아에서 소집한 제헌회의와 마찬가지로, 이 모스크바 입법위원회는 급속도로 확장 중인 육상 제국 전체에서 대의원을 불러들였다. 이 조직을 구성하는 564명의 선출직 러시아 위원은 분명 미국 '건국의 아버지들(Founding Fathers)'보다 훨씬 적은 권한이며 주도권을 가지고 있었다. 그리고 결과적으로 그들의 성과물도 그에 한참 미치지 못했다. 그러나 이 모스크바 위원들은 사회적·경제적·종교적·민족적 배경이라는 측면에서 필라델피아 위원들보다 현저히 다양했다.[34] 그들 가운데 약 30퍼센트가 귀족이었지만, 그 일부는 사회적 위계 구조에서 그보다 훨씬 더 낮은 계층 출신이었다. 예컨대 러시아의 등록된 도시들 가운데 한 곳의 대표로 출마할 자격을 갖추는 데에는 남성이 집을 소유하고 있거나 직업을 가지고 있으면 족했다. 이 모스크바 위원회에서는 여성도 일부 인정을 받았는데, 이것은 혁명적인 아메리카에서도, 혁명적인 프랑스에서도, 혁명적인 아이티에서도, 혁명적인 에스파냐령 아메리카에서도 없었던 일이다. 1767년 그 위원회 위원들을 선출한 사람 가운데에는 대리 투표를 할 수 있는 여성 지주도 포함되어 있었다.

1787년 필라델피아에 모인 남성들이 70만 명 넘는 새로운 미국의 노예 거주민을 위해 한 일이 거의 없었던 것처럼, 1767년 모스크바에 소집된 위원들도 농민 계급의 약 50퍼센트에 해당하는 농노, 즉 러시아 자체의 노예 인구를 위해서는 한 일이 아무것도 없었다. 예카테리나는 처음에 나카즈를 활용해 그들의 조건을 개선하고 그들을 점진적으로 해방시켜서 농노를 '새로운 시민'으로 전환할 계획이었다. 그러나 이러한 해방 지향적인 계획은 지주 계급의 반대에 귀족을 소외시키는 데 대한 그녀 자신의 불안이 더해지면서 좌절되고 말았다.[35]

하지만 이른바 러시아의 '국영 농민'이 입법위원회에서 대표되었으며, 그 위원의 10퍼센트 이상을 차지했다. 더군다나 1787년 필라델피아에 모인 남성들과 극명한 대조를 이루는 점으로, 모스크바 위원은 전부가 백인이었던 것도 기독교인이었던 것도 아니다. 그 제국의 비러시아계 민족—상당수가 이슬람교도였다—이 7년 전쟁 기간 동안 군 복무를 위해 광범위하게 동원되었다. 그들은 54석을 배정받은 그 입법위원회에서 얼마간 보상을 받았다. 예카테리나는 그 위원회의 1767년 12월 모임에서 만족스러운 듯이 "동방정교회가 이교도 및 이슬람교도와 나란히 앉고, 이 세 부류가 모두 비종교인의 이야기를 듣는다. 그리고 이 네 부류는 모두 자신의 견해가 상대방에게 받아들여질 수 있도록 머리를 맞댄다"고 썼다.[36]

그 위원회가 자문 기구였다는 사실은 반복해서 언급할 가치가 있다. 그것은 제헌회의가 아니었고, 그럴 의도도 전혀 없었다. 하지만 눈에 띌 정도로 다민족 정치체 전체로부터 선출되었으며, 단 하나의 상징적 텍스트에 대해 논의하고자 소집된 모임이었다. 적어도 공식적으로는 이들 위원 모두가 동등했다. 사회적 지위, 종교, 민족 또는 출신 지역이 어떻든 간에 그들 각자는 '위원님'으로 불렸으며, 이들 남성의 일부는 전혀 부유하지 않음을 암묵적으로 인정한 조치로서 봉급을 받았다. 1789년 프랑스 혁명이 발발했을 때 삼부회의 위원들이 그러했듯, 1767년 러시아 위원들에게도 저마다 자신이 사는 지역의 구체적인 고충과 요구 사항을 서면으로 제출하라는 지시가 떨어졌다. 그리고 1787년 미국 헌법 제정자들처럼, 이들 모스크바 위원도 그들의 심의를 전 세계와 후대가 존경스러운 관심을 실어 보낼 수 있는 문제로 바라보도록 고무되었다. 그들은 "미래가 이 중요한 사건의 실상을 파악하고, 이 세기의 정신 자세에 대해 판단할 수 있도록" 매일매일의 기록을 회의록에 남겼다. 나카즈 자체에 관해 말하자면, 그 문서는 이후의 수많은 헌법 텍스트와 동일한 대접을 받았다. 즉 소중히 간직하고 공경해야 할 신성한 어떤 것으로 말이다. 예카테리나의 지시에 따라, 그들은 나카즈 원본을 일반적으로 러시아 동방정교회의 종교적 상징을 보호하고 모시는 데 사용하는 정교한 은 덮개(silver riza)로 둘러쌌다.[37]

결국 그 입법위원회와 관련 업무는 흐지부지되다가 사라지고 말았다. 그 회의록은 1768년 러시아-튀르키예 전쟁의 발발로 하찮은 존재가 되었지만, 소위원회들 가운데 몇은 이후 10년 동안 내내 모임을 이어갔다. 그럼에도 이 무렵 나카즈의 영향력은 러시아 제국의 국경 밖으로까지, 그리고 예카테리나 자신의 의도와 추정을 넘어서까지 널리 퍼져나간 상태였다.

예카테리나 여제는 처음부터 그 저술의 복사본을 같은 처지의 군주들과 엄선된 외국 지식인 및 언론인들에게 보내게끔 주의를 기울였다. 1770년 다시 한번 전쟁으로 압박을 받게 된 그녀는 영토 경계를 넘어 나카즈의 실상과 내용을 널리 알리고자 좀더 체계적인 운동을 전개했다. 그해에 예카테리나는 러시아어 버전과 독일어(그녀 자신이 어린 시절 획득한 언어) 버전, 그리고 유로-아메리카의 학자 및 외교관 사이에서 확실히 자리 잡은 라틴어와 프랑스어 번역본을 결합한 새로운 오목판을 제작하도록 의뢰했다. 또한 부분적으로 상업적이면서 부분적으로 후원을 받는 판도 나왔다. 1768년 런던 주재 러시아 대사관 소속 관리 미하일 타티스체프(Michael Tatischeff)가 영어 번역본을 제작했는데, 영국 잡지들이 이에 대한 비평을 실었고, 일부 식민지 아메리카의 신문들이 그 내용을 발췌해 게재했다. 그리스, 이탈리아, 라트비아, 루마니아, 스위스, 네덜란드 버전뿐 아니라 독일, 프랑스 번역본도 속속 추가되었다. 1800년에 나카즈는 다해서 최소 26개 판, 10개의 다른 언어로 출판되었으며, 많은 나라에서 신문과 잡지에 폭넓게 발췌·소개되었다.[38]

이 번역본 가운데 일부는 예카테리나의 시도를 여러 국경에 걸쳐 널리 알렸을 뿐 아니라, 그 안에 깃든 급진주의의 정도에 대해 과장된 인상을 조장했다. 나카즈는 개인의 **정치적** 권리를 확대하기 위한 기획이 아니었다. 또한 행정 권한을 심각하게 억제하자는 제안도 아니었다. 하지만 번역본에서는 그 텍스트가 더러 그런 식으로 표현되거나 읽히곤 했는데, 이것은 초기 프랑스어 버전이 왜 공식적으로 금지되었는지 그 이유를 설명해준다. 프랑스의 철학자들 가운데 예카테리나에게 가장 번드르르한 찬사를 보낸 볼테르는 무슨 일이 일어났는지에 대해 신중히 말을 골라 쓴 서한을 그녀에게 띄웠다.

이런 사실을 알려드립니다. 네덜란드의 어느 출판업자가 세계의 모든 왕과 법정에 속해야 하는 이 **훈시**〔나카즈〕를 출간했습니다. 그는 2000개의 사본으로 된 위탁 화물을 파리에 보냈습니다. 그 책은 검토를 위해 어느 문학 검열관에게 제출되었는데, 그놈이 망종이었습니다. ……그는 그것을 위험하고도 급진적인 책이라고 총리실에 보고했습니다. 그것은 더 이상의 검토 없이 다시 네덜란드로 보내졌습니다.

서유럽 최대의 절대주의 국가 프랑스에서 검열을 거쳐 위험하고 급진적인 책이라는 평가를 받았다는 것은 어느 면에서 나카즈가 극적인 정치 변화를 위한 선언문이라는 명성을 얻는 데 더없이 주효했다. 한 영국 언론인은 너무 뻔한 국수주의적 분노를 담아서 이렇게 보도했다. "파리가 이 책의 보급을 억압한 진짜 이유는 그 안에 강력하게 드리운 진정한 자유정신이 프랑스의 공기를 더럽힐까 봐 두려웠기 때문인 것 같다."[39]

나카즈가 상이한 언어권과 지리적 경계를 통과하면서 그 버전과 읽기가 달라진 방식은, 한편으로 번역 작업에 내포되게 마련인 마찰과 유동성 때문이었지만, 이 경우에는 그런 특성이 유독 심했다. 본래의 러시아판을 가지고 작업한 번역자들은 당시 그 언어가 지닌 불완전성, 게다가 적절한 사전이 없는 현실에 대처해야 했다. 하지만 그뿐만 아니라 이들 가운데 일부는 자기 버전의 나카즈에 저마다의 정치적 사상과 포부를 담은 문구를 슬그머니 끼워 넣는 기회를 포착했다. 이를테면 1771년에 최초의 그리스어판을 제작한 에우게니오스 불가리스(Eugenios Voulgaris)는 학식 깊은 독신 신부였다. 하지만 그는 또한 존 로크의 작품을 번역한 선도적인 계몽주의 시대의 주역이기도 했는데, 이것은 그가 나카즈를 대하는 데 영향을 끼쳤다.[40] 진즉부터 미심쩍어하면서 정치와 법을 개혁하고자 한 젊은 제러미 벤담(Jeremy Bentham: 영국의 철학자이자 법학자로 최초의 주요 공리주의 주창자—옮긴이)의 지인이던 타티스체프 역시 자신의 영어 번역서에서 과감하게, 그리고 분명 고의적으로 수정을 가했다. 타티스체프가 사용한 '헌법(constitution)'이라는 단어를 예로 들어보자. 러시아어에서 그에 상응하는 용어는 '콘스티투치아(конституция)'다. 이 단어는 19세기 초에 이르러서야 출현했으며, 그 용도는 러시아 보수주의자들 사이에서 1860년대까지도 시비 논란의 대상으로 남아 있었다. 하지만 타티스체프의 나카즈 영어판 번역에서 예카테리나는 '헌법'이라는 단어를 사용하는 것으로, 그리고 그녀 자신이 결코 의도치 않은 듯 보이는 주장을 제기하기 위해 그렇게 하는 것으로 소개된다. 타티스체프는 그녀의 선언을 이렇게 옮긴다. "국가는 두 가지 상이한 방식으로 변화할 수 있다. 국가의 헌법이 **수정**되기 때문이거나 그 **동일한** 헌법이 부패하기 때문이다."[41]

예카테리나의 나카즈가 지리적 경계를 넘어 다른 언어권으로까지 퍼져나간 정도, 그리고 이것이 그 과정에서 변형 및 재해석되는 방식은 다시 한번 무엇이 다가올지를 미리 짐작케 해준다. 새로운 성문 헌법이 시간이 지남에 따라 점점 더 광범위한 정치적·문화적 파급력을 떨치게 된 까닭은 그것이 본래 출생지에서만 읽히거나 보급되는 경우가 거의 없었기 때문이다. 단어로 구성되고, 따라서 인쇄 복제를 위해 맞춤 제작된 헌법 텍스트는 손쉽게 다른 지리적 지역과 언어권으로 퍼져나갔다. 그들이 영토와 언어의 경계를 넘어서 이동함에 따라, 독자와 정치 행위자들이 그것을 이해하고 이용하는 방식은 꾸준히 변화하고 발전하게 된다.

남성 군주와 혁신

당시 세계 일부 지역에서는 1750년 이후 전쟁 수준의 향상이 극단적 혁명 위기를 부추긴 게 아니라, 중요한 새로운 텍스트를 공포함으로써 정부의 변경 및 재구성을 추구하는 시도를 불러일으켰다. 이러한 계획들을 계몽된 전제주의적 활동에 불과하다며 제쳐두어선 안 된다. 예카테리나의 나카즈가 보여주다시피, 그것은 새로운 형태의 정치적 커뮤니

케이션 실험과 권리에 대한 논의를 포함할 수 있다. 몽테스키외는 《법의 정신》에서 "일반적인 규칙으로, 국민의 자유에 비례해서 세금을 높게 인상할 수 있다"고 판단했다.[42] 권력을 거머쥔 누군가는 마침맞은 때이 점—즉 한 국가 내에서 권리 개선을 이용하고 선언하면 세수 증가에 도움이 되고, 따라서 전쟁 수행 능력을 강화할 수 있다는 것—을 강조했다. 전쟁에 대한 수요가 점차 증가하는 시대에, 백성의 마음을 더욱 강력하게 사로잡고, 자유와 보살핌을 얼마간 보상으로 보장해주면서 그들이 어김없이 세금을 내고 병역에 임하도록 이끌기 위해 혁신적인 국가 텍스트를 활용하는 것은 일부 유럽 군주들에게 뛰어들 가치가 있는 현명한 도박으로 보였다.

몇 가지 면에서 이런 유의 야심 찬 정치적·법적 문서 작업을 추진하는 데 있어 가장 모험적으로 드러난 것은 바로 에카테리나 2세를 닮은 통치자들이었다. 개신교도로서 배경을 지니고 있으며, 계몽사상에 이끌리되 약탈적임과 동시에 취약한 개인들 말이다. 프로이센의 프리드리히 2세가 비근한 예다. 그는 1740년 확장 일로에 있는 이 북부 독일 왕국의 왕위를 계승함과 동시에 무자비하고 가차 없는 그의 아버지 프리드리히 빌헬름 1세가 양성한 고도로 훈련된 8만 명의 육군을 물려받았다. 그해에 프리드리히 2세가 오늘날 폴란드, 체코공화국 그리고 독일로 나뉜 중유럽의 실레지아(Silesia)로 쳐들어가면서 오스트리아 왕위 계승 전쟁을 촉발했다. 이에 만족하지 못한 그는 1756년 작센 지방을 침공하기도 했는데, 이것은 7년 전쟁의 유럽 무대에서 전투 수준을 키워놓았다.[43]

하지만 이런 현저한 공격성은 프리드리히가 제 영토의 잠재적 취약성을 인식한 결과였다. 프로이센은 서로 다른 비접경 영토들로 이루어져 있었으며, 따라서 늘 그 나라의 분할된 여러 경계 지역이 적대적 경쟁국들로부터 습격당할지도 모를 위험, 즉 러시아·스웨덴·오스트리아·폴란드 내지 작센, 또는 이 모두나 그들 가운데 일부의 동맹이 어떤 식으로든 프로이센을 사방에서 접근해 분할할지도 모를 위험에 노출되어 있었다. 잘 알려져 있다시피 7년 전쟁이 시작될 무렵 프리드리히는 다음과 같은 글을 썼다. "나는 나를 죽이고 전리품을 서로 나눠가지려고 계략을 꾸미는 한 무리의 악당들에 둘러싸인 유랑자 신세다."[44]

러시아의 예카테리나 경우처럼, 이 같은 공격성과 불안의 혼재는 프리드리히로 하여금 (특히 미래에 병사이자 가장 중요한 납세자가 될 남성들 사이에서) 그가 거느린 영토 내의 통일 및 정치적 공동체 의식과 준비성을 증진해줄 상이한 계획을 탐험해보도록 이끌었다. 예카테리나의 사례에서와 마찬가지로, 대중적이고 정치적인 새로운 커뮤니케이션 방식에 대한 프리드리히의 탐색은 그가 계몽사상에 크게 기대고 있으며 성문화한 글에 흥미를 보였다는 사실과 관련이 있었다. 예카테리나는 부럽다는 듯이 "그는 싸우는 데 그치지 않고 글도 쓴다"고 말했다.[45] 그 왕이 자신의 군대를 20곳의 상이한 전장으로 이끌었을 뿐 아니라 시, 철학적 글, 정부에 대한 에세이, 그리고 7년 전쟁을 선별적으로 설명한 1763년의 글을 포함해서 역사에 관한 저술을 썼다는 것은 어김없는 사실이다. 그는 또한 몇몇 실험적인 문서 작업에 착수하기도 했다.

프리드리히는 재위 기간의 첫 10년 동안 법학자이자 고위 관리 자무엘 폰 코크체이(Samuel von Cocceji)에게 프로이센의 법률을 좀더 효율적이고 접근 가능하게 만들어줄 개혁, 그리고 새로운 독일 법전으로 귀결될 수 있는 개혁을 설계하도록 위임했다. 이 중 후자를 위한 계획안이 1751년에 발표되었다. 그리고 예카테리나가 나카즈를 가지고 그랬던 것처럼, 프리드리히도 그 텍스트를 여러 언어로 번역하도록 명령했다.

이 계획은 결코 제대로 이행되지 않았지만, 그럼에도 이어진 프로이센 법의 성문화를 위한 기초로서 기여했으며, 프로이센 법은 다시 모종의 성문 헌법으로 발전했다. 하지만 《프리드리히 법전(Frederician Code)》이 라고 알려진 이것은 단지 법률의 작용에 관한 게 아니었다. 나카즈의 경우와 마찬가지로, 그것의 각 부분은 다양한 읽기에도 도움이 되었다. 1761년에 에든버러(Edinburgh)에서 출간되었으며 토머스 제퍼슨(Thomas Jefferson)이 냉큼 구입해서 몬티첼로(Monticello)에 있는 자신의 도서관에 비치한 그 법전의 영어 번역서는 이렇게 시작한다. "인간이 자연적으로 획득하는 첫 번째 상태는 자유의 상태다. 모든 인간은 본디 자유롭다." 그 번역서는 이렇게 이어진다. "인간의 두 번째 상태는 시민으로서의 상태다."[46]

하지만 미국 독립 전쟁에 앞서 일부 유럽 통치자들이 어떻게 이미 새로운 정치 텍스트와 기법을 가지고 독창적으로 실험하고 있었는지 보여주는 좀더 두드러진 예는 스웨덴의 군주 구스타프 3세다. 어느 면에서 구스타프는 통상적인 일을 했다. 러시아의 예카테리나나 프로이센의 프리드리히와 마찬가지로 그의 배경은 루터교였다. 또한 그는 그들처럼 계몽주의 문화에 적극 참여했으며, 1786년 스웨덴 아카데미를 창립했고, 일찌감치 파리와 그곳의 지식인 살롱을 방문해서 루소, 클로드 아드리앵 엘베시우스(Claude Adrien Helvétius,) 등의 프랑스 철학자들을 만났다. 한때 구스타프의 가정교사를 지낸 끈끈한 정치 협력자 칼 프레드리크 셰페르(Carl Fredrik Scheffer) 또한 계몽주의에 크게 경도된 인물이었다. 그는 몽테스키외의 저술들에 대해 익히 알고 있었으며, 미국의 듀폰(DuPont)사를 창립한 명가의 선조이자 미래에 프랑스 제헌국민의회 의장이 되는 중상주의자 피에르 사무엘 듀 퐁 드 느무르(Pierre Samuel du pont de Nemours: 프랑스계 미국인 작가, 경제학자—옮긴이) 등 수많은 프랑스 개혁가들과 서신을 주고받았다. 구스타프 자신에 관해 말하자면, 그 역시 한편으로 지나치게 야심적임과 동시에 다른 한편으로 심각한 도전, 특히 고조되는 전쟁 수준이 제기하는 도전을 받으며 작전을 치러야 한다는 걸 의식했다는 점에서 예카테리나나 프리드리히와 다를 바 없는 신세였다. 하지만 스웨덴과 구스타프의 경우에는 전쟁이라는 도전이 유독 오래 끌면서 은밀히 퍼지는 형태를 띠었다.[47]

스웨덴은 오늘날에는 더없이 평화롭고 문명화한 나라로 정당하게 인정받고 있지만, 근대 초기에만 해도 그와 사뭇 다른 평판을 얻었다. 1550년대부터 그 나라 통치자들은 일련의 주요한 갈등에 뛰어들었다. 처음에는 연속되는 이 무장 투쟁 덕분에 스웨덴은 발트해 연안 지역의 상당 부분으로 영토를 확장하고, 서아프리카나 북아메리카 및 남아메리카에 식민지와 정착지를 거느림으로써 유럽의 주요 육상 제국 가운데 하나로 발돋움할 수 있었다. 하지만 그 나라는 러시아, 폴란드, 덴마크-노르웨이[Denmark-Norway: 1536~1814년에 존재한, 덴마크와 노르웨이 동군 연합(같은 군주를 둔 나라)—옮긴이], 일부 독일 국가, 그리고 때로 오스만 제국과 대결한 1700~1721년의 대북방 전쟁을 치르는 동안 치명적인 사상자 비율, 부채, 패배로 고전했다. 그래서 그들의 영토 상당 부분을 내주지 않을 수 없었다. 또한 국왕 칼 12세를 잃기도 했다. 그는 1718년 적이 쏜 탄환—또는 극도로 지친 그 자신의 병사들 가운데 한 명이 쏜 탄환일 가능성도 있다—에 맞아 쓰러졌으며, 미처 후계자도 남기지 않은 채 숨을 거두었다.[48]

이런 비상사태 탓에 군주국 스웨덴은 정치적으로 많은 것을 양보하지 않을 수 없었다. 당대의 연대기 작가가 말했듯이 "끊임없는 전쟁으로 지칠 대로 지친 데다 국부가 거의 고갈되다시피 한 스웨덴의 국민은 ……
절대군주제의 멍에를 떨쳐버리기로 결심했다".[49] 따라서 스웨덴은 18세
기에 극심한 전쟁이 정치 변화의 수준 증대를 촉진하고 강화하는 경향
성을 때 이르게 보여준 전형적 사례였다. 1719년 그리고 다시 1720년
에, 스웨덴 군주제는 새로운 '정부 기구(Instrument of Government)'─사실
상 성문 헌법에 해당하는 문서─에 명시된 조건을 받아들이지 않을 수
없었다. 정부 기구는 1680년대 이래 스웨덴에서 발전해온 절대주의 체
제의 상당 부분을 해체했다. 또한 그 나라 군주들에게, 그들이 17세기
초에 그랬던 것처럼, 국가평의회 및 스웨덴 의회(Riksdag)와 권력을 공
유하도록 요청했다.

이것은 꽤나 중대한 변화였다. 특히 스웨덴 의회는 4개의 상이한 계
급으로 구성되어 있었기 때문이다. 거기에는 귀족, 성직자, 시민 계급
뿐 아니라 (대규모 유럽 정부 형태의 의회들 가운데에서 유일하게) 소농 계급이
포함되었다. 스웨덴 의회에서 의사 결정이 이루어질 때면 이 4개 계급
은 저마다 한 표씩 행사했으며, 단순 다수결 원칙을 적용했다. 이것은
선출된 3개의 비귀족 계급─성직자, 시민, 소농 계급─이 힘을 합치면
투표를 통해서 스웨덴의 귀족 계급을 억누를 수 있음을 뜻했다. 이 모
든 것은 18세기 중엽에 일부 외국 관찰자들이 어째서 "민주주의에 대한
사랑"을 이 나라에서의 "유행병"이라고 간주했는지 말해준다. 특히 교
육 수준 증가와 인쇄술 이용 가능성이 스웨덴 의회에서의 비귀족 계급
과 스웨덴의 일반 인구를 정치적으로 점점 더 의식 있고 요구 많은 존
재로 이끌어주었기 때문이다.[50] 또한 이 모든 것은 구스타프 3세가 변
화해야겠다고 마음먹게 된 까닭을 설명하는 데에도 도움을 준다.

구스타프는 뭐라고 딱 꼬집어 정의하기 어려운 존재였으며, 지금도

여전히 그와 같은 존재로 남아 있다. 그는 우리가 지금까지 살펴본 두 군주(러시아의 에카테리나, 프로이센의 프리드리히)보다 더 젊은 세대에 속해 있었다. 왕위에 오른 1771년에 그는 여전히 20대 중반이었다. (그의 삼촌인) 프로이센의 프리드리히는 거의 예순이 가까웠고, (그의 사촌인) 러시아의 에카테리나는 사십 줄 초반이었던 것과는 대조적으로 말이다. 무척이나 영리했으며, 개인적으로는 품위 있으면서도 변덕스러웠던 구스타프는 자신의 구어와 문어에, 그리고 자신의 어떤 행동에 대해 양가감정을 품기도 했다. 마지못해 덴마크 공주와 혼인했으며, 일부 정적들에 의해 동성애자로 비난받기도 한 그는 아마 근본적으로 성에 무관심했을 가능성이 높다. 그는 사람들과 모종의 친밀한 관계를 맺는 것보다 새로운 정치적·문화적 계획을 고안해내는 것, 그리고 감명을 주고 사상을 탐구하는 것에 더 관심이 있었다. 그는 1776년 미국의 독립 선언 소식을 듣고 느긋하면서도 흥미로워하는 반응을 보였는데, 이것이 그의 전형적인 모습이었다. 그는 이렇게 말했다고 전해진다. "한 국가가 스스로를 창조해가는 모습을 지켜보는 건 재미있는 연극을 관람하는 격이지."[51] 극장과 공연에 대한 강조는 시사하는 바가 많다. 정치적으로 구스타프 역시 쇼를 만들어내고 공연하길 열망했던 것이다.

1772년 8월 스웨덴에서 군주제의 권한을 재천명하려 한 그의 노력은 모종의 군사 쿠데타였다. 하지만 그의 작전은 폭력을 최소화했으며, 당시 널리 인기를 끈 것 같다. 또한 거기에는 급진적인, 심지어 민주적이기까지 한 언어와 계획들이 뒤따랐다. 구스타프는 자신이 일으킨 쿠데타를 이용해서 칼 프레드리크 셰페르의 도움을 받아 서둘러 초안을 작성한 새로운 스웨덴 헌법, 즉 '정부 형태(Form of Government)'를 도입했다. 이 텍스트는 1719~1720년의 '정부 기구'에 쓰인 조항과 언어를 일

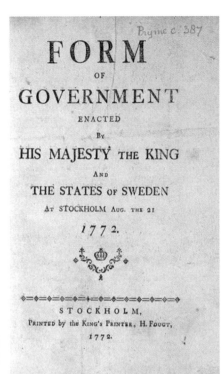

FORM
OF
GOVERNMENT
ENACTED
BY
HIS MAJESTY THE KING
AND
THE STATES OF SWEDEN
AT STOCKHOLM AUG. THE 21
1772.

STOCKHOLM,
PRINTED by the KING's PRINTER, H. FOUGT,
1772.

13 구스타프 3세의 1772년 스웨덴
헌법. 사진은 그 번역 출간본 가운데
하나.

부 가져왔으나, 권력의 균형을 왕실 주도 쪽으로 좀더 옮겨놓았다. 스
웨덴 의회는 과세 권한의 대부분을 유지할 예정이었으며, 법률은 오직
함께 손잡은 의회와 국왕에 의해서만 제정될 수 있었다. 그러나 법률의
집행 권한은 이제 국가평의회의 도움을 받아 통치하는 구스타프에게만
부여되었다. 더군다나 오직 국왕만이 이 평의회 위원들을 임명할 수 있
었으며, 그들은 조약이나 동맹과 관련한 문제에서 그에게 반대하겠다고
만장일치로 동의하는 경우를 제외하곤 국왕의 뜻에 거스르는 결정을
내릴 수 없었다.[52]

이 조항이 시사하듯이, 1772년의 '정부 형태'는 외교와 전쟁에 상당

한 관심을 기울였다. 이것은 다분히 의도적이었다. 구스타프가 자신의 쿠데타를 정당화한 공식적 근거는 안으로 국가를 위험에 빠뜨리는 것으로 모자라 7년 전쟁에서도 국가를 패배로 내몬 낡고 부패한 귀족 엘리트로부터 스웨덴을 구하고자 하는 충정이었다. 스웨덴은 그 전쟁에 가담함으로써 3만 명에 달하는 병사가 목숨을 잃었으며, 그 나라의 기존 국채 규모와 맞먹는 새로운 전쟁 비용을 떠안았다. 이러한 군사적·재정적 실패는 스웨덴이 초기에 파국적인 대규모 전쟁들을 치른 경험에 더해진 것이라서 새로운 정치적·국가적 출발에 대한 구스타프의 약속이 처음에는 매력적으로 다가간 이유를 이해하는 데 도움을 준다.[53]

그러나 개인적으로 구스타프는 더 많은 전쟁을 열망했다. 그렇지만 이번에는 성공적인 하이브리드 전쟁이었다. 그는 스웨덴 해군을 보강하고 싶어 했으며, 1780년대 초 그 뜻을 이루었다. 구스타프는 스웨덴의 영토 축소에 맞서고 노르웨이와 러시아로 진격하기를 원하기도 했다. 아울러 자신의 재위 기간 막바지에 러시아의 상트페테르부르크를 함락할 계획을 세웠다. 이 도시는 부분적으로 대북방 전쟁이 펼쳐지는 와중인 1700년대 초에 포로로 붙잡힌 2만 5000명의 스웨덴인 가운데 일부가 건설했으며, 따라서 보복 공습을 벌이기에 더없이 좋은 타깃으로 보였다.

1772년 헌법은 이 확장주의적이고 호전적인 계획들 가운데 어느 것도 언급하지 않았다. 하지만 구스타프는 비록 조심스럽게이긴 하나 자신의 군사적 역량을 강조하는 조항을 삽입했다. 그는 군주에게 "의회의 동의와 자유의지 없이도" 병력을 동원하고 자금을 모을 수 있도록 명령하는, '정부 기구'의 과거 조항을 유지했다. 하지만 스웨덴이 침략을 받게 되면 "국왕에게는 백성의 이익과 왕국의 안전에 부합하는 조치를 취할 권한이 있다"는 새로운 조항을 끼워 넣기도 했다. 그리고 다음의 조항을 덧붙였다. "왕국이 더없이 영광스러웠던 고대와 태평성대의 관례가 그러했듯이, 육상과 해상의 군사력 전체에 대한 최고 지휘권은 오로지 국왕에게만 있다."[54]

그러나 이 헌법의 가장 극적인 혁신 가운데 몇 가지는 그것을 둘러싼 언어에 있었다. 러시아의 에카테리나는 쉽게 '시민(citizens)'에 대해 언급하곤 했다. 물론 그 용어를 정치적·법적 권리를 지녔음을 암시하기 위해서라기보다 그저 수사적인 의도를 지닌 채 사용한 것으로 보이지만 말이다. 프로이센의 프리드리히는 더러 한 술 더 뜨기도 했다. 그는 사적으로 쓴 글에서, 때로 자신의 프로이센 백성을 '**동료** 시민(fellow citizens)'이라고 언급할 준비가 되어 있었다. 하지만 그들보다 젊은 세대에 속한 구스타프는 훨씬 더 멀리 나아가 자신의 새로운 헌법을 이용해서 스스로를 공개적으로, 그리고 인쇄물을 통해 '일개 시민(a citizen)'으로 선언했다. 그는 그 텍스트에서 이렇게 썼다. "내 최고의 영광은 진정한 자유인들에 속한 **최초의 시민**[강조는 저자]이 되는 것이다." 그리고 그는 이 주장이 널리 알려지도록 만전을 기했다.[55]

구스타프는 1772년 8월 21일 쿠데타를 감행한 이후, 스톡홀름의 왕궁 국가회관(Hall of State)에서 의회 의원들에게 행한 연설을 통해 "나는 단 한 사람의 시민도 다치게 하지 않은 채 내 모국과 나 자신을 구제했으며 …… 자유민을 다스리기로 약속했다"고 으스댔다. 이 연설 사본은 이후 고딕 활자─스웨덴의 초등학교 교과서와 종교 출판물에서 일반적으로 사용하는지라 주로 그 나라의 비문맹 인구 대부분에게 친숙하다는 의미를 지닌 서체─로 인쇄되었다. 구스타프 국왕은 그의 말을 대중이 확실하게 인식하도록 만들려는 추가적인 노력으로, 공개 예배 참석이 의무화되어 있는 스웨덴 교회에 그 연설 사본을 게시하고 그 내용을 큰 소리로 읽도록 명령했다. 이후 구스타프는 때로 연설하는 자신을 '왕으로' 또는 '시민으로' 묘사함으로써 의도적으로 왕과 시민, 이 둘을 연결 짓곤 했다. 이러한 강조도, 평등 및 자유(그의 헌법이 "인간의 권리 가운데 가장 고귀한 권리"라고 지칭한 것)를 언급하는 국왕의 기호도 그 자신 편에서는 그저 겉치레 정치에 불과한 게 아니었다.[56]

1772년의 '정부 형태' 텍스트는 원래의 스웨덴어로는 그것을 "고정되고 신성한 기본법"으로, "변경할 수 없는 법"으로 간주해야 한다고 명기했다. 스웨덴의 모든 성인 남성은, 오직 왕에게만 충성을 맹세하던 것과는 확연히 구분되는 것으로서, 왕에게뿐 아니라 이 인쇄된 성문 헌법에도 충성을 맹세해야 했다. 결정적으로 구스타프 자신 역시 이 새로운 헌법에 충성을 맹세해야 했다. 그는 8월 21일 왕궁에서 행한 연설을 통해, 그것은 "여러분뿐 아니라 나 자신도 구속하는 법률"이 되어야 한다고 선언했다. 또한 헌법은 같은 것을 왕의 관리들과 왕위에 오른 왕의 후손들에게도 동일하게 적용해야 한다고 분명히 못 박았다.

> 이제 우리는 이 '정부 형태'를 고정되고 신성한 기본법으로 선언하고 확립한다. 우리는—즉 우리 자신, 그리고 태어났거나 아직 태어나지 않은 우리 후손들은—그 법을 이행하고, 그 내용을 문자 그대로 따르고, 그리고 거기에서 벗어나도록 우리를 이끌어가고자 시도하는 자(혹은 자들)를 국가의 적으로 간주하겠노라고 맹세한다.[57]

잠재적으로 이 조항은 상당한 정치적·법적 도약을 뜻했다. 논의된 바에 따르면 "성문 헌법을 그것이 수립한 정부 기관에 권한을 부여함과 동시에 그에 제약을 부과하는 최고의 기본법으로 바라보는 개념"이 분명히 표현되기 시작한 것은 1776~1787년 새로운 미국에서였다.[58] 하지만 사실 이런 유의 아이디어는 이보다 더 이른 시기부터, 그리고 일부 유럽 군주제 내에서 유포 및 실험되었다. 1772년 스웨덴에서 일어난 일이 그 점을 보여주는 좋은 예다.

7년 전쟁 이후 몇몇 유럽 군주가 추진한 이 서면 계획은 실제로 어째서 'constitution'이라는 단어의 사용과 그에 대한 이해가 미국 독립 혁명 **이전에** 이미 유동적이었는지 그 이유를 설명해준다. 여러 유럽 언어에서 그 단어와 그에 상응하는 단어들은 전통적으로 한 국가의 조직 및 정부를 위해서나, 또는 인체 같은 어떤 것의 본질적인 구조를 묘사하는 데 사용되어왔다. 하지만 1760년대 말에 이런 유의 용례는 소수를 겨냥한 학술 텍스트에서뿐 아니라 좀더 대중적인 저술에서도 압박을 받기 시작했다. 1771년에 어느 평범한 영국 언론인조차 "정치적 틀을 인체 구조에 비유하는 것은 말도 안 되는 진부하고 한물간 상식"이라고 분명하게 느꼈을 정도다. 그는 "인체는 …… 출생할 때부터 분해될 때까지 동일한 체력을 지니는 반면, 정부 형태는 갑작스럽고도 전면적인 변화를 겪을 수 있다"는 것을 그 근거로 내세웠다. 그 익명의 언론인이 밝혔다. "정치 공동체는 자연이 아니라 인간의 손에 의해 구축되었다." 그러므로 형성될 수도 재형성될 수도 있었다.[59]

7년 전쟁 이후 왕실의 정치 문서 작업은 매우 중요했다. 하지만 그 한계 역시 중요하다. 프로이센의 프리드리히도 러시아의 예카테리나도 성문 헌법을 제정하지 않았다. 비록 두 군주 모두—특히 예카테리나는—(나중에 성문 입헌주의 주창자들이 빌려가고 참고한) 정치적 의사소통과 홍보 기술을 발전시켜왔지만 말이다. 더군다나 1776년 이전 시기에 군주제 행위자들은 그들 자신의 권위를 심각하게 제한할 가능성이 있는 텍스트를 고안하고 홍보하는 데 거의 관심이 없었다. 드니 디드로는 예카테리나와 그녀의 나카즈에 대해 이렇게 언급했다. "여러분은 〔그 안에서〕 그녀가 미처 그 사실을 인식하지도 못한 채 처음에 내려놓은 홀(笏: 왕이 왕권의 상징으로 드는 긴 봉—옮긴이)을 슬그머니 다시 집어 드는 구절들을 만나게 된다."[60]

왕과 국민이 "법의 구속을 받고, 양자가 법에 의해 서로 연결되고 보호받는다"는 조항을 담고 있는 구스타프의 '정부 형태'는 행정력에 대한 제약을 확립하는 데 한 발 더 다가갔다. 하지만 이 스웨덴 국왕의 언어와 조치 가운데 일부가 급진적이고 심지어 준(準)민주주의적이기까지 하다 해도, 그의 1772년 헌법은 그가 실제로 재위 후반부에 좀더 많은 권력을 행사하는 것까지 막아주지는 못했다. 이것은 그의 헌법이 발표된 때로부터 20년 뒤인 1792년에, 왜 구스타프가 스톡홀름의 왕궁 오페라 하우스 가면무도회에서 치명상을 입게 되었는지 설명해준다. 탄환과 구부러진 못을 섞어서 구스타프를 쏘아 죽인 암살자들은 주로 그가 러시아와 벌인 전쟁에 분노한 스웨덴의 귀족과 군인들이었지만, 그 가운데에는 그의 헌법이 멋대로 변경된 데 불만을 품은 이들도 섞여 있었다. 그들이 살해하기 위해 접근하기 전에 왕에게 말을 건넸다. "안녕하세요, 가면 쓴 멋진 남자여."[61]

왕실의 이러한 모험은 중요했음에도 불구하고 다른 한계들을 다 떠나서 상당한 상명하복식 계획이기도 했다. 하지만 1750년 이후 대서양 양편(아메리카와 유럽—옮긴이)에서 새로운 형태의 정치 문서 작업을 탐구하는 데 대한 관심의 증가는 더욱 광범위한 사회 집단들 사이에서도 뚜렷했는데, 이것은 이해할 만한 일이었다. 계몽사상과 더불어 전쟁 수준의 향상은 일부 유럽 통치자와 그들 휘하의 관리들이 국가를 재정비하고 해당 인구에게 다가가고자 새로운 성문 텍스트를 고안하고 출판하도록 부추기고 강요했다. 하지만 좀더 체계적인 전쟁은 그뿐만 아니라 아래로부터의 비판과 요구 및 더욱 광범위한 정치의식이 커지는 분위기를 조성하기도 했다.

점점 더 비용이 많이 드는 전쟁에 자금을 대기 위해 세금을 내는 사람들, 반복되는 무력 충돌로 자신의 생명과 직장과 재산과 생업이 파괴되는 노릇을 속절없이 지켜보는 사람들, 자신이 직접 전쟁에 뛰어들도록 종용받은 사람들, 또는 가족 구성원을 전쟁터에 내보내도록 강요받았지만 아마 그들이 돌아오는 것을 영영 보지 못한 사람들, 이런 남녀들도 어느 면에서 그들의 영향력을 키워주고 그들의 정치적 주인에게는 제약을 부과할 수도 있는 새로운 정치 법률과 텍스트의 도입 가능성에 관심을 기울였다. 미국 독립 전쟁에 앞선, 보통 사람들에 의한 이런 입헌 운동의 극적인 예로서 우리는 일찌감치 계몽사상에 영향을 받았으며 전쟁에 막대한 투자를 한 또 하나의 유럽 개신교 국가, 영국으로 관심을 돌려볼 수 있다.

현장 맨, 토머스 페인

토머스 페인(Thomas Paine)은 우리가 지금껏 다양한 방식으로 살펴본 개인들과 전혀 닮은 구석이 없었다. 요컨대 그들이 구현하고 대표하는 모종의 정치 제도 및 사회적 위계 구조와 점점 더 멀어졌다. 그러나 그들—그리고 그—은 이 같은 암시에 성을 낼지 모르지만, 왕관 쓴 그

선수들과 토머스 페인 간에는 몇 가지 공통점도 있었다. 전쟁에 내몰린 18세기 중엽의 일부 유럽 군주는 좀더 창의적인 정치 저술에 힘을 쏟지 않을 수 없었다. 그런가 하면 하이브리드 전쟁의 수준 향상은 이처럼 꽤나 다른 인간 삶의 여정과 이력을 주조함으로써 토머스 페인이 하는 일, 그리고 그가 집필하고 주장하는 내용에 영향을 미치기도 했다.

우리는 토머스 페인이 전쟁과 긴밀하게 연결되어 있다는 사실을 단단히 유념할 필요가 있다. 왜냐하면 그가 늘 전기 작가에게 도전을 제기해왔기 때문이다.[62] 1737년 영국 노퍽(Norfolk)에 자리한 시장 도시 셋퍼드(Thetford)에서 태어난 그는 대단치 않은 분열된 지방 도시 출신이었다. 그는 퀘이커교도 소작농이자 스테이(stay: 여성의 코르셋에 쓰이는 고래 뼈로 만든 보강재—옮긴이) 제조업자인 아버지와 사회적 지위가 다소 높은 영국 성공회교도 어머니 슬하에서 태어났다. 페인 자신은 열두 살 때 학교를 그만두었는데, 그가 이후 어떤 책을 얼마나 읽었는지, 어떤 지적 세례를 얼마나 받았는지는 불분명하다. 그 남성은 또한 끊임없이 여러 직업, 여러 아내, 여러 도시와 국가를 전전했으며, 싸움 끝에 적으로 돌변한 이전의 동맹국들과 여러 번 등을 돌리기도 했다. 이 과정에서 그의 개인적 문서나 가족 관련 문서 상당수가 사라졌다. 특히 인생 초기의 기록이 그랬다. 그런 까닭에 그가 태어난 나라에서 보낸 세월은 상대적으로 덜 중요한 것으로 간단히 치부되곤 한다. 그러나 페인이 1774년 10월 미국행 배에 올랐을 때, 그는 37세라는 적잖은 나이였다. 생애의 절반 이상이 이미 지나갔으며, 그의 가장 중요한 반응·통찰력·강박 가운데 일부가 진즉부터 형성되어 있었다는 뜻이다. 이러한 것들은 부분적으로, 그리고 결정적으로 영국이 하이브리드 전쟁에 점점 더 깊숙이 관여하게 된 상황에 의해 주조되었다.[63]

14 토머스 페인. 1779년에 그린, 분실된 초상화를 토대로 제작한 판화.

    페인이 처음 물리적으로 잠시 영국 해안을 벗어난 것―그가 나중에 '일종의 이주'라고 묘사한 것―은 전투에 참가한 수병으로서였다. 7년 전쟁 초기에 그는 사략선(privateer: 민간 소유이지만 교전국 정부로부터 적선을 공격하고 나포할 권리를 인정받은 배―옮긴이)인 프로이센왕호(영국과 동맹을 맺은 프리드리히 대제의 이름을 딴 배)에 합류해서 프랑스 상선들을 누차 공격했다. 하지만 전쟁의 비용 및 결과와 관련한 직접적인 접촉은 이보다 더 오래 지속되었다. 페인은 1761년부터 1765년까지, 다시 1768년부터 1774년까지 소비세 담당관으로 재직했는데, 이것이 그의 이력에서 가장 긴 유급 직업이었다. 소비세는 영국이 계속되는 전쟁에 비용을 대고자 시행한 주요 국고 수입원이었다. 그 세금은 비누·소금·맥주·종이·석탄·가죽·양초 같은 소비 품목에 부과되었으며, 확대 일로인 다수의 소비세 담당관에 의해 징수되었다. 한참 전인 1690년에는 소비세 담당관이 약 1200명이었는데, 페인이 서섹스(Sussex)에 있는 대단히 개신교적인 시장 도시 루이스(Lewes)에서 그 직책으로 일하던 1770년에는 그 수가 (하이브리드 전쟁의 비용과 지리적 포괄 범위, 발생 빈도가 증가하면서) 4000명 이상으로 불어났다.[64]

"부유한 사람들의 지갑보다 대다수 소비자의 호주머니에 타격을 주는" 세금을 관리하면서 생계를 꾸려가야 했던 경험은 진화하는 페인의 정치의식을 형성하는 데 결정적 영향을 끼쳤다. 그러한 경험은 그가 자신의 주요 저술 대부분에 등장하는 주장—즉 군주제는 선천적으로 전쟁에 중독되어 있지만, 정작 그 대가를 치르는 쪽은 절대 다수의 평범한 남녀라는 주장—에 불을 지피고 그에 집중할 수 있도록 안내했다. 몽테스키외나 바텔의 경우와 마찬가지로, 하지만 그들과는 다른 훨씬 더 소박한 수준에서, 페인 자신의 삶과 이력은 그가 어떻게 해서 전쟁이 점차 고질적이 되어가는지 재빨리 간파하도록 도왔다. 그는 "유럽은 왕국들이 너무나 많아서 한시도 평화로울 새가 없다"고 투덜댔다.[65]

한때 전투 선원이었던 페인은, 전쟁의 지리적 포괄 범위와 그 비용이 증가한 것은 주로 주요 유럽국들의 육상전 수준이 강화되었을 뿐 아니라, 그들 간의 해상전이 격화된 데 따른 결과라는 사실도 알아차렸다.

그는 1790년대에 이와 같이 제안했다.

현재의 해군 수준을 10분의 1로 줄여야 한다. 합리적 존재라면 응당 그래야 하는 것처럼 만약 사람들이 스스로 생각하도록 허용될 경우, 모든 도덕적 성찰을 빼고 말하자면, 해군을 구축하고 인력으로 채우고, 그런 다음 바다로 끌고 가기 위해 희생을 감수하는 것, 누가 상대를 가장 빨리 물속으로 가라앉힐 수 있는지 견줘보려는 시도보다 더 우스꽝스럽고 어리석게 보일 법한 일은 없다.

그는 "전쟁과 비용으로 이루어진 이 같은 영속적 체제"의 유일한 수혜자는 군주와 그들의 정치적·사회적 공범들뿐이라고 믿었다. 하지만 이러함에도 페인은 하이브리드 전쟁의 수준 향상에 따른 부담 자체가 건강한 분노와 정치적 운동에 불을 댕기고 급진적 사상을 북돋우는, 파괴와 변화의 유용한 원천으로 자리 잡을 수도 있다는 사실을 점차 인정했다. 그는 "정부가 감당해야 하는 막대한 비용 때문에 사람들은 느끼고 생각하게 되었다"고, "그리고 베일은 일단 찢어발겨지기 시작하면 복구가 불가능하다"고 적었다.[66]

전쟁에 대한 페인의 비판은 퀘이커교도인 아버지로부터 받은 영향 때문이기도 했다. 하지만 페인은 일반적인 무장 공격보다 세습적인 유럽 군주제가 저지르는 전쟁에 분노한 것 같다. 그는 "군주제와 왕위 세습은 비단 이 왕국 또는 저 왕국뿐 아니라 온 세계를 피로 물들이고 잿더미로 만들었다"고 똑똑히 말했다.[67] 특히 그는 수년 동안 미천한 소비세 담당관으로 일하며 성난 상인, 세금을 꺼리는 납세자, 이따금 찢어지게 가난한 납세자와 씨름하도록 강요하면서 막상 보수는 적게 주고

휴식도 거의 허용하지 않은 호전적인 영국을 일찌감치 경멸했다.

진화하는 페인의 정치의식이라는 측면에서 볼 때, 그에게 더 많은 영향을 준 것은 실제로 퀘이커교도인 아버지보다 어머니 프랜시스 페인 (Frances Paine)이었다. 그녀는 셋퍼드의 지방 정부 서기로 일한 변호사 토머스 코크(Thomas Cocke)의 딸이었다. 코크의 임무 가운데 하나는 셋퍼드의 다양한 헌장(charter)을 관리하는 것이었다. 그 상당수가 지방 정부와 그 경계를 지시하는 헌장, 그리고 학교·교회·자선 단체·토지 권리 등과 관련한 헌장 등 중세 시대에 속한 것들이었다. 그래서 페인은 어렸을 적부터 정치 문서(이 경우에는 헌장)의 유용성을 분명히 인식하며 성장했다.

그는 나중에 "헌장은 전체가 각 부분의 권리를 지지하는 데 개입하는 엄숙한 의무에 대한 계약으로 이해해야 한다"고 썼다. 페인이 훗날 성문 헌법에 깊은 관심을 보이고, 그것을 옹호하도록 영향을 준 것도 헌장과 관련한 가족적 배경이었다. 그가 위대한 논쟁서 《인간의 권리(The Rights of Man)》(1791) 1부에서 "헌법은 오직 명목상의 것에 그치는 게 아니라 실제로 존재하는 것"이며 "그러한 실체는 이상적 존재가 아니라 실제적 존재"이고 "가시적 형태로 만들어질 수 없다면 그것은 없는 거나 마찬가지"라고 주장했을 때, 페인은 분명 부분적으로 미국의 혁명적 헌법과 관련한 그의 직접 경험, 그리고 혁명적인 분위기의 프랑스에서 일어나고 있는 일에 대한 흥분감에 의거해 글을 쓰고 있었을 것이다. 하지만 그가 "헌법은 실질적이고 가시적이고 유형의 형태를 필요로 한다"고 주장한 것은 그 자신이 어렸을 적부터 헌장에 익숙했기 때문이기도 하다. 이들 문서는 그에게 거의 처음부터 정부 기구에 유형성 (materiality)이 반드시 요구된다는 감각을 심어주었다.[68]

또한 헌장, 그리고 종이나 양피지에 권력과 권리와 법률에 관해 개괄하는 행위에 대한 이 같은 관심은 페인을 그의 시대에, 그리고 그의 출생국에서 크게 두각을 나타내는 인물로 떠오르도록 만들었다. 페인은 영국에서 서서히 멀어지고 있었음에도 어린 시절과 초기 성년기에 그 나라에서 전개되던 정치사상 일부에 영향을 받았다. 영국에서는 다른 몇몇 유럽 군주국에서처럼, 전쟁에 대한 요구가 늘어나면서 정체성과 권리를 다룬 상징적 텍스트에 대한 관심이 다시 생겨났다. 하지만 영국 군주들에게는 유럽의 다른 많은 군주와 달리 절대주의적 능력과 군사적 기동성의 자유가 결여되어 있었다. 1727년부터 1760년까지 영국을 통치한 조지 2세와 그의 젊은 후계자 조지 3세가 (러시아의 예카테리나가 나카즈를 가지고, 또는 스웨덴의 구스타프 3세가 그의 1772년 헌법을 가지고 한 것과 같은 방식으로) 귀중한 정치적·법적 텍스트의 제작에 착수하고 그것을 출판할 가능성은 전혀 없었다. 대신 영국에서 상징적인 서류에 대한 관심 증가는 흔히 오랫동안 존재해온 문서, 즉 1215년에 처음 초안을 마련한 마그나 카르타에 집중되었다.

하지만 이 자유 텍스트를 향한 숭배 부활은 (일부 사람들이 그렇다고 생각한 것처럼) 고대 입헌주의에 대한 찬양이라기보다 좀더 새롭고 좀더 휘발성이 강한 어떤 것이었다. 우리는 1753년 런던에 설립된 대영박물관의 초기 몇 년 동안, 마그나 카르타가 재발견 및 재창조된 흔적을 엿볼 수 있다. 그 박물관이 소장한 역사 관련 원고 대부분은 자물쇠로 잠근 벽장에 보관되어 있었다. 하지만 7년 전쟁 중에는 마그나 카르타의 초기 원본 가운데 하나가 과시적인 전시물로 떠올랐다. 그것을 전시할 유리 케이스가 특수 제작되었으며, 거기에는 '우리 자유의 보루'라는 라벨이 붙었다. 우리는 이러한 조치가 어떤 의미를 지니는지 분명하게 이해할

15 자신의 아들에게 마그나 카르타에 대해 가르치고 있는 런던의 급진주의자 아서 비어드모어(Arthur Beardmore). 1762년 선동적인 명예 훼손으로 체포되기 전의 모습이다.

수 있다. 대영박물관 설립자들이 그곳이 일종의 국립대학으로서, 즉 (적어도 이론적으로나마) 관람과 학습의 열망으로 가득한 자기 개선 의지를 지닌 모든 영국인에게 열린 공간으로서 기능하기를 기대했다는 것을 기억한다면 말이다.[69]

이즈음 옥스퍼드 대학의 법학자 윌리엄 블랙스톤 역시 마그나 카르타에 대한 이 같은 관심을 되살리는 데 기여했다. 7년 전쟁이 한창이던 1759년에 출판된 그의 책 《대헌장(The Great Charter)》은 이 텍스트의 다양한 필사본 버전을 면밀히 검토했다. 하지만 블랙스톤은 가능하면 고서 수집가와 동료 학자를 넘어서는 독자층이 접근할 수 있고 매력을 느낄 법한 방식으로 자신의 책을 집필하겠다고 마음먹었다. 그의 책 발행인은 초판 말미에 마그나 카르타 사본이 놓인 하늘 아래 안전하게 펼쳐진, 숲이 우거진 영국의 풍경을 담은 판화를 끼워 넣었다. 이 그림은 웨스트민스터 의회에 대해서도, 영국 왕권에 대해서도 언급하지 않고 있다. 거기에는 그저 문서에 대한 찬미, 즉 대단히 중요하고 결정적인 헌법 텍스트에 대한 찬미만이 담겨 있을 따름이다.[70]

다시 말해, 마그나 카르타가 역사의 유물이자 먼 과거에서 온 "위대한 주요 문서 목록의 일부"에 그치는 게 아니라는 주장이 1750년대 영국에서 재등장하고 있었다. 대신 그것은 점점 더 영국 헌법을 지탱해주며, 그와 거의 맥을 같이하는 **유일하게** 위대한 문서로서, 근본적인 텍스트로서 표현되기에 이르렀다. 이러한 주장은 더러 노골적일 때도 있었다. 블랙스톤이 《대헌장》을 출간한 것과 같은 해인 1759년 런던에서 발표된 《헌법과 그레이트브리튼의 현 상태에 대하여(Account of the Constitution and Present State of Great Britain)》라는 익명의 소책자 권두 삽화에는 귀 기울이고 있는 '젊은이들'에게 조언하는 브리타니아(Britannia: 영국인의 상징인 여성상. 보통 투구를 쓰고 방패와 창을 들고 앉아 있다—옮긴이)의 모습이 실려 있다. 독자에게는 "그녀 앞에 놓인 자유의 제단에 **영국 헌법을 나타내는** 〔강조는 저자〕 마그나 카르타가 올려져 있다"는 설명을 소개한다.[71]

당시 영국에서는 러시아·프로이센·스웨덴 그리고 다른 몇몇 유럽국에서와 마찬가지로, 전쟁 수준 향상을 경험하고 그에 압박을 느끼면서 헌법 및 법률 텍스트에 대한 관심이 덩달아 늘기 시작했다. 하지만 양자 사이에는 현격한 차이도 존재했다. 유럽 대륙에서 이 같은 문서 숭배 증가는 때로 책임 있는 군주들 편에서의 새로운 계획을 수반했다. 반면 영국에서는 1750년대 이후 헌법 텍스트에 대한 관심이 확실히 늘어났지만, 왕권에 대한 제약 탓에 그러한 전개가 상의하달식이 아니라 좀더 다양한 양상을 띠었다.

분명 조지 3세 및 그와 같은 처지에 있는 일부 귀족은 1760년대에 본인 초상화를 의뢰할 때면 그들 가까이에 마그나 카르타 사본을 두게 함으로써, 현존하는 정치적·사회적 질서를 지지한다는 상징적 주장을 펼쳤다. 하지만 1760년대와 그 이후에는 (당시 인식된 추세로서) 변화에 대한 요구를 제시하고 정당화하고 싶어 하는 영국 및 아일랜드의 급진주의자와 개혁가들도 마그나 카르타를 널리 참고하기에 이르렀다. 1766년에 어느 스코틀랜드 보수주의자는 "이 대헌장에 들어 있는 것이면 무엇이든 더없이 신성하고 근본적인 성격을 띠기에 심지어 의회조차 철회할 수 없다고 감히 단언하는 사람들의 무분별함"에 대해 불평했다. 이 남성이 인식한 바와 같이, 마그나 카르타는 일부 지역에서 근본법으로, 심지어 웨스트민스터 의회가 내린 결정에 대한 제동 장치로 작용할 가능성이 있는 텍스트로 거듭나고 있었다. 그 스코틀랜드인은 이렇게 구시렁거렸다. "영국의 '일반 대중'은 마그나 카르타에서 …… 고대 애국자들로서는 결코 꿈도 꾸지 못했을 자유를 발견하도록 장려되고 있다."[72]

따라서 페인이 이 방향으로 향하게 된 것은 어머니 가족의 도움으로 헌장에 대한 관심을 물려받았기 때문이기도 하고, 자신이 자란 영국에서 정치적 논쟁의 성격이 달라졌기 때문이기도 하다. 우리는 그가

16   1759년에 영국의 헌법으로 묘사된 마그나 카르타.

1760년대와 1770년대 초 급진적인 정치 클럽에, 그리고 떠들썩하고 규모가 큰 유권자 집단을 두고 있는 루이스와 런던에서 열린 토론회에 적극적으로 참가해서 목소리를 높였다는 사실을 알고 있다. 이것은 헌장에 대한 페인의 견해가 상당히 진취적이었던 까닭을 설명해준다. 그는 1780년에 버지니아주 식민지 헌장들에 관해 이렇게 썼다. "나는 과거의 오만에 절은 낡은 잔재를 인용하는 게 달갑지 않다. 하지만 …… 우리는 어딘가에서부터 시작해야 하며 …… 동의할 수 있는 규칙은 하나같이 그래도 없는 것보다는 낫다."[73] 그 자체를 위한 곰팡내 나는 문서며 고서 연구는 페인의 관심사가 아니었다. 그럼에도 그는 일찌감치 고대의 자유 텍스트로부터 새롭고 개선된 미래 개혁을 위한 아이디어와 보강물을 이끌어낼 수 있다고 믿었다.

발전하는 관점, 헌장 및 그 중요성과 관련한 이 같은 주장은 페인이 처음 내놓은 위력적인 베스트셀러 《상식(Common Sense)》에 입김을 불어넣었다. 그가 미국에 도착하기 불과 18개월 전인 1776년 1월 10일 필라델피아에서 출간된 이 책은 이내 빠르게 여러 판을 거치면서 미래의 미국에서만 7만 5000부 넘게 팔려나갔다. 발행 부수가 그보다 더 많았을 개연성도 있다. 유명한 얘기지만 《상식》은 미국의 식민지 개척자들에게 영국 및 그 나라의 국왕 조지 3세와 철저히 단절하고 공화국으로서 독립을 추구하라고 호소했다. 또한 이 책은 성문 헌법을 지지하는 주장을 펼치기도 했다. 즉 좀더 정확히 말하자면, 예측 가능한 일이었지만 페인은 식민지 13곳에서 각각 2인씩 26명으로 구성된 미국 의회가 지체 없이 새로운 '정부 헌장'을 마련하는 데 착수해야 한다고 권고했다.

의원들이 만나서 상의해야 할 일은 (이른바 영국의 마그나 카르타에 상응하는) '대륙 헌장', 혹은 '미국 식민지 헌장'의 기틀을 마련하는 것이다. 즉 의회 의원의 수, 그들을 선출하는 방법, 그들의 출석 날짜를 정하고, 그들 간의 업무와 사법 관할권을 분할하는 것 말이다.[74]

대서양의 이쪽 편(미국─옮긴이)에서는 법이며 정부 형태를 위로부터 웅장하게 부과하는 군주 같은 단일 존재가 없을 터였다. 페인의 예측에 따르면, 그 대신 (백인) 미국인은 그들 자체의 정부 형태와 정부 규칙을 함께 만들게 될 것이다. 《상식》은 단기적으로는 독자층이며 파급력의 규모와 관련해 의문의 여지가 있었지만, 그럼에도 절제되고 명료한 언어, 빼어난 논쟁과 분명하고도 거센 분노와 더불어 당차고 진취적인 낙관주의 덕분에 미국 독자 다수가 지닌 제국주의와 군주제에 대한 충성심을 약화시키는 데 영향을 미쳤다. 이것이 정확히 페인 및 벤저민 러시(Benjamin Rush) 같은 그의 필라델피아 동지들이 희망했던 바이다.

그러나 이 모든 것에도 불구하고, 이 단계에서는 페인 자신의 인습 타파에 여러 가지 한계가 존재했다. 익명으로 발표된 《상식》의 초기판 속표지는 그 논쟁서가 "어느 영국인에 의해 집필되었다"는 것을 분명히 밝혔다. 이 문구의 삽입은 전술적인 책략에 그치는 게 아니었다. 어느 면에서 토머스 페인은 책을 집필할 때 여전히 영국인처럼 사고하고 반응했다. 그러나 그는 7년 전쟁과 그에 따른 대가, 전후의 급진적 정치, 그리고 고대 헌장을 연구하고 재해석하는 일에 적극적으로 몰두해 온 영국인처럼 생각하고 있었다. 역시 페인이 집필한 것으로 보이는, 1776년 말에 출간된 익명의 소책자는 저자의 지속적인 집착을 잘 드러내준다. 이 책의 저자는 "'헌법'이라는 단어가 줄곧 '입에 오르내리지만'

좀처럼 정의되는 일은 없었다"고 불평한다. 하지만 그는 헌법의 의미가 더없이 간단하다고 주장한다. 즉 헌법은 기본적으로 "문서화한 헌장"으로서 간주될 필요가 있다는 것이다.[75]

그의 이력 가운데 1776년의 이 지점에서, 토머스 페인은 여전히 '헌장 맨(Charter Man)'이었고, 이것이 그를 이번 장에서 다룬 까닭이다. 그는 서로 다른 수준의 사회에서 온 18세기 중엽의 숱한 유럽인 중 한 명으로서, 부분적으로 전례 없는 전쟁 수준에 따른 압박과 불이익 탓에 좀더 면밀하고 시급하고 창의적으로 정치적·법적 문서를 살펴보려고 마음먹게 되었다. 페인은 여러 대륙을 오가며 대서양의 한쪽 편에서 다른 편으로 사상과 정치 기술을 전파했다. 그는 미국으로의 이주에 매료되었으며 그로 인해 해방감을 느꼈지만, 그럼에도 자신이 영국에 머물 때 견지한 논쟁과 입장을 더러 이용하고 재활용했다.

유럽 군주들이 만들어낸 전후(戰後) 문서에서 발견되는 사상 및 기법도 일부 대서양을 건너갔다. 러시아의 예카테리나 2세는 시비 논란이 분분한 자기 정권의 입지를 더욱 다졌으면 하는 바람에서 자신의 나카즈가 여러 국가와 언어권에서 읽히도록 보장하는 작업에 무자비할 정도로 진취적이었다. 매사추세츠 출신의 자수성가한 건국의 아버지 벤저민 프랭클린(Benjamin Franklin)은 역시나 자수성가한 러시아 여제 예카테리나와는 전혀 다른 인간이었다. 그러나 그녀와 마찬가지로 그 역시 문자 언어에 중독된 계몽주의적 인물이었으며, 그녀와 마찬가지로 홍보에 능란했고, 그것의 정치적 가치를 똑똑히 간파했다.

독립 전쟁 동안에 프랭클린은 독창성을 발휘해서 미국의 헌법 문서들을 여러 언어로 번역해 국경 너머까지 배포하도록 했다. 예카테리나와 그녀가 작성한 나카즈의 경우처럼, 그 문서들이 여전히 시비가 분분한 정치 형태에 대한 해외의 지지와 존중을 끌어 모을 수 있도록 하기 위해서였다. 또 다른 미국 혁명 세력은 과거의 개혁적인 유럽 군주들에게 적용되던 언어와 이미지를 채택했다. 그러한 군주들 가운데 일부와 마찬가지로, 조지 워싱턴은 그 추종자와 홍보자들에 의해 모세에 비유되었다. 전쟁이 터졌을 때 백성을 이끈 지도자, 속박으로부터 그들을 구해낸 인물, 그리고 귀중한 법률의 제정자로서 말이다.[76]

또한 정치와 문서 작업에 대한 토머스 페인 자신의 좀더 급진적인 견해도 멀리 퍼져나갔다. 하지만 페인은 단일 영토 및 통치 작업에 매인 군주가 아니었기에, 자유롭게 이주하면서 자기 생각을 직접 전달할 수 있었다. 그가 브리튼령 아메리카에서 가장 크고 부유한 도시 필라델피아에 당도한 것은 다름 아니라 1774년 11월 30일이었다. 그로부터 6개월 뒤, 또 한 차례의 유혈 낭자한 하이브리드 전쟁이 발발했다. 이번에는 영국이 그 미국 본토 식민지 대부분과 맞선 전쟁이었다. 페인은 이 소식에 기뻐했으며, 그 전쟁의 중요성을 곧바로 알아차렸다. 그는 "문제가 논쟁에서 무기로 옮아감으로써 새로운 정치의 시대가 열렸다. 새로운 사고방식이 출현했다"며 환호했다.[77] 헌법의 측면에서, 사실 이것은 전혀 새로운 시대를 증명하는 게 아닐 테지만, 그 전에 일어났던 일들을 극적으로 변화시키게 된다.

THE
GUN,
THE
SHIP,
AND THE
PEN

2부

전쟁에서 혁명으로

3

인쇄술의 힘

필라델피아

1787년 5월 25일, 정족수를 확보한 그들은 격리 조치를 받아들였다. 무장 경비대가 그들의 회의 장소인 필라델피아 체스넛 스트리트(Chestnut Street)의 붉은 벽돌로 지은 펜실베이니아주 의회 의사당을 에워쌌다. 그해 여름은 여느 때처럼 습도가 높았는데, 대의원 대다수는 몸에 꼭 끼는 다층 구조의 군복 아니면 정장 차림이었다. 그럼에도 주 의회 의사당의 창문은 내내 굳게 닫혀 있었으며, 안쪽에는 두꺼운 커튼이 드리워 있었다. 작은 탁자들이 낮은 무대를 바라보도록 배열되어 있는, 초록색으로 페인트칠 한 회의장 자체에 관해 말하자면, 어떤 관람객도 출입할 수 없고, 언론인조차 안에서 벌어지고 있는 일에 대한 상시적인 보도가 허락되지 않았다. 55명의 남성으로 이뤄진 대표단은 외부인에게 정보를 흘리지 말라는 지시를 받은 상태였다. "집에서는 아무 말도 하지 말라"

"어떤 내용도 무단으로 인쇄 또는 출판 및 전달해선 안 된다"는 지시였다. 심지어 개인별 필기도 때로 눈총을 받았다. 160센티미터를 간신히 넘긴 단신에 대단히 명민하며 버지니아주 대의원 중 한 명인 제임스 매디슨(James Madison)은 매일매일의 일정과 연설을 기록할 때 신중을 기해야 했다. 매디슨이 필라델피아 제헌회의에 관해 대대적으로 수정한 기록은 그가 사망하고 4년이 지난 1840년에 이르러서야 비로소 출판되었다.[1]

이처럼 철저히 계산된 엄정한 비밀 준수 덕택에 필라델피아 대의원은 그들의 본래 업무를 훌쩍 뛰어넘을 수 있었다. 그들은 애초 독립 전쟁 기간과 그 이후에 13개 미국 주 간의 협력을 제공한 공식 문서인 연합규약(Articles of Confederation: 1781년 북부 13개 주가 제정한 미국 최초의 헌법. 1789년에 현행 헌법으로 개정되었다─옮긴이)의 수정 임무를 부여받았으나, 그와 좀 다른 방향으로 한층 더 나아갔다. 하지만 격렬하고도 지난한 논쟁이 부득이했다. 그들은 1787년 9월 8일이 되어서야 작업을 마무리한 텍스트를 '표기법위원회(committee of style)'에 전송할 수 있었다. ('표기법위원회'라는 이름은 이 제헌회의가 기본적으로 종이에 적힌 단어들과 연관되어 있음을 분명하게 보여준다.) 아흐레 뒤인 9월 17일, 약 4500개의 단어로 이루어진 미국 헌법 초안이 가로세로 60센티미터인 네 장의 양피지에 붉은색과 검은색 잉크로 공식 작성되었다.

이 원고는 일반적으로 제2차 세계대전 이전에는 숨겨놓았고 이따금은 제자리에 두지 않아 찾지 못하다가 뒤늦게야 아이콘으로 떠올랐다.[2] 워싱턴 DC 국립문서보관소의 원형 홀에 전시된 이 원고는 오늘날 매년 수백만 명의 방문객을 끌어 모으고 있다. 하지만 이 헌법의 직접적인 국내 파급력과 해외 영향력 측면에서 볼 때, 그것을 양피지에 적어서 공식적으로 전달한 것보다 한층 중요한 일이 그와 같은 날인 1787년 9월 17일에 일어났다. 헌법 초안 원고가 인쇄업자 2명에게 건네진 것이다. 그중 한 명은 아일랜드 태생의 존 던랩(John Dunlap)이었으며, 다른 한 명은 필라델피아 토박이 데이비드 클레이풀(David C. Claypoole)이었다.

공히 혁명군 퇴역 군인인 두 남성은 미국 최초의 성공적인 일간지 〈펜실베이니아 패킷, 앤드 데일리 애드버타이저(The Pennsylvania Packet, and Daily Advertiser)〉의 공동 소유주였다. 9월 19일 수요일, 던랩과 클레이풀은 사전에 예고한 대로 그들의 신문 1면에 헌법 초안 전문을 실었다. 10월 말, 그 텍스트는 70개 넘는 다른 미국 신문에 대서특필되었다. 그해 말에는 200여 개의 서로 다른 인쇄물이 쏟아져나왔다.[3] 이에 한참 앞서 미국 이외의 국가와 식민지에서도 이 헌법의 발췌문이 신문, 소책자, 서적, 잡지 그리고 인쇄물에 실렸다.

필라델피아에서 일어난 이 사건과 그에 따른 여파는 새로운 헌법의 부상과 관련해서 가장 유명한 에피소드 가운데 하나다. 하지만 이들 사건의 광범위한 의미를 확립하는 것은 어려운 일이다. 그것은 미국 헌법을 둘러싸고 진행된 분석 및 해석의 분량이 워낙 방대하기 때문이기도 하고, 그것이 국가적 독특성 및 예외성이라는 내러티브와 복잡하게 뒤엉켜 있기 때문이기도 하다. 이 헌법의 형성 및 그 내용과 영향력은, 1830년대에 연로해진 제임스 매디슨이 말한 바와 같이, (전형적인 미국적 **차별성** 이야기의 한 부분으로서) "전에는 불가능했던 것을 증명하는 데" 미국이 얼마나 "유용한지"에 관한 이야기에서 핵심적인 비중을 차지했다.[4]

맨 처음부터 중대한 지역적 차별성이 존재했다는 것은 의심의 여지가 없었다. 1775년 훨씬 이전에 식민지 미국인의 자치와 정치적 열

The Pennſylvania Packet, and Daily Advertiſer.

[Price Four-Pence.]   WEDNESDAY, September 19, 1787.   [No. 2690.]

WE, the People of the United States, in order to form a more perfect Union, eſtabliſh Juſtice, inſure domeſtic Tranquility, provide for the common Defence, promote the General Welfare, and ſecure the Bleſſings of Liberty to Ourſelves and our Poſterity, do ordain and eſtabliſh this Conſtitution for the United States of America.

17 1787년 9월 19일, 미국 헌법 초안을 실은 최초의 신문.

망을 부추긴 것은 그들이 영국에 있는 자신들의 이름뿐인 군주로부터 4800킬로미터나 떨어진 곳에서 살아간다는 사실이었다. 또한 그 차별성은 이 사람들의 식민지 의회가 점차 적극적인 주장을 펼치게 되었다는 사실, 그리고 그들 사이에 투표권과 문해력이 이례적일 정도로 광범위하게 확산했다는 사실에 힘입은 것이기도 했다. 하지만 필라델피아에서 초안을 작성한 헌법은 국내적인 발전과 특성의 고유한 집합 그 이상의 산물이었다.

먼저 미국에서 헌법적 사고와 반향은 미국 식민지의 경계를 개괄하고 그들 정부의 기본을 설정한 독립 이전의 **영국** 헌장 전통을 따랐다. 이 식민지 헌장 대부분은 당시의 군주 이름으로 발표되었다. 1701년의 '델라웨어 헌장(Charter of Delaware)'과 1682년의 '펜실베이니아 정부의 틀(Frame of Government of Pennsylvania)'—두 가지 모두 영국-네덜란드계 퀘이커교도 식민지 개척자 윌리엄 펜(William Penn)이 제안했다—등 몇 가지는 이주해온 영국인이 발의했지만 말이다. 그러나 미국의 식민지 헌장은 **전부** 인쇄되었으며, 대서양을 넘나드는 연결성과 영향력을 지속적으로 상기시키는 역할을 했다. 그것들은 정부의 체제와 원칙을 어떻게 단 하나의 문서에 편리하게 담아낼 수 있는지 보여주는 모범으로서 기여하기도 했다. 오래전에 어느 역사가가 지적한 대로 "미국인이 이 식민지 헌장에서 정부의 일상적 행동을 제한하는 고정된 성문 헌법 개념으로 넘어가는 데에는 아무런 마음의 고통도 대담한 도약도 필요치 않다".[5]

실제로 영국의 급진주의자들이 1760년대에 마그나 카르타를 재창조하고 무기화하는 데 몰두한 것처럼, 미국의 일부 반체제 인사들은 같은 1760년대에 이미 반대의 목적에 부합하도록 식민지 헌장을 개편하느라

18 손가락으로 매사추세츠 헌장을 가리키고 있는 새뮤얼 애덤스의 모습. 존 싱글턴 코플리의 그림.

분주했다. 존 싱글턴 코플리(John Singleton Copley)가 그린 새뮤얼 애덤스(Samuel Adams)—보스턴 양조업자의 아들에서 정치 운동가로 변신했다—의 초상화는 이 점을 잘 보여준다. 단색 양모 정장과 무뚝뚝한 표정을 통해 애덤스의 비타협적 열정을 잘 표현했다. 그림에서 애덤스는 자신의 검지로 매사추세츠 헌장을 가리키고 있다. 영국의 두 군주 윌리엄 3세와 메리 2세(1689년부터 1694년 사망할 때까지 남편 윌리엄 3세와 함께 왕위에 있었다—옮긴이)가 1691년 날인해 하사한 것이다. 하지만 코플리의 그림은 낡은 양피지 한 장에 대한 경의를 표시하는 데 만족하지 않는다. 그보다 이 그림의 목적은 애덤스가 참신하고도 반체제적인 목적을 추구하기 위해, 1770년 영국 군대가 보스턴 시위대를 '학살'한 데 따른 결과로서 또 다른 영국 군주 조지 3세의 병사들을 그 도시에서 추방하라는 자신의 요구를 뒷받침하고자 이 식민지 헌장을 이용한 사실을 기념하려는 것이었다.

1760년대에 과거 헌장들과 관련해 대서양 양편에서 펼쳐진 새로운 일들이 잘 보여주듯이, 미국의 헌법적 변화에는 때로 유럽—비단 영어 사용권 유럽 국가뿐 아니라—에서의 정치 발전이 반영되곤 했다. 하지만 1787년 필라델피아에서 초안을 작성한 헌법은 새로운 정치 형태를 공식화하고 식민지 권력에 맞선 군사 투쟁에 이어 공화국을 준비한 '최초의' 시도가 아니었다. 우리가 지금껏 살펴보았다시피, 파스칼레 파올리는 제노바공화국의 지배에 항거해 반란을 일으키고, 그 과정에서 그가 분명하게 헌법이라고 이름 붙인 것의 초안을 작성함으로써 이미 1755년에 코르시카에서 이를 시도한 바 있다. 역사가 고든 우드(Gordon S. Wood)가 적은 대로, 1776년 이후 미국인들은 "제헌회의를 독특하게 사용"했다.[6] 그러나 이 미국 의회에서 써먹은 기법, 그리고 그 기능 가운데 일부는 러시아의 예카테리나 여제가 1767~1768년에 상징적 텍스트인 나카즈를 제시하기 위해 개최한 모스크바 위원회에서 시행한 적이 있는 것들이다. 같은 이유에서, 성문 헌법을 정부에 권한을 부여함과 동시에 제한하기도 하는 최고의 기본법으로 여기는 발상 역시 자수성가한 미국의 발명품이 아니었다. 스웨덴의 구스타프 3세는 **그 자신의** 성문 헌법, 즉 1772년의 '정부 형태'와 관련해 그러한 개념을 실험했다.

나는 이 기획, 그리고 1750년 이후 시도된 유럽의 다른 기획들이 직접적으로 미국의 헌법 프로젝트에 영향을 미쳤다고 주장하려는 게 아니다. (분명 그 식민지들에서는 파올리가 코르시카에서 시행한 조치에 관한 지식이 널리 퍼져 있었음에도 불구하고 말이다.) 중요한 점은 다른 많은 측면에서와 마찬가지로 헌법 측면에서도 대서양이 실제로 그리 넓지는 않았다는 사실이다. 대서양 양편에서는 18세기 중엽부터 정치적 실험과 저술이 수량과 창의성 면에서 폭발적인 발전을 보였는데, 그것은 양편에 상당히 유사한 자극과 도전이 몇 가지 있었기 때문이다. 미국에서는 유럽의 많은 지역에서와 마찬가지로 지식인 및 활동가들이 정부·법률·권리의 체계화 및 개혁과 관련한 계몽주의 개념에 매료되었다. 역시나 미국에서는 유럽의 많은 지역에서처럼 전쟁의 요구와 영향이 날로 증가함에 따라 이러한 계몽사상에 의거해 행동하는 것이 점차 중요해졌다.

사실상 모든 혁명전쟁이 그러하듯이, 1775년 이후 한때의 13개 식민지에서 발발한 전쟁은 부분적으로 지역 분리주의자들이 현 체제 지지자에 맞서 싸운 내전이었다. 또한 이 혁명전쟁은 수만 명의 흑인 노예가 주인으로부터 도망치고, 일부 사례에서는 그들 자신을 영국인에 귀속시킨 노예 반란과 연관되기도 했다. 더군다나 이것은 여러 가지 모습의 제국을 위한 전쟁이었다. 영국은 자국의 과거 식민지 개척자들을 굴복시키기 위해 노력하고, 미국의 혁명 군대는 캐나다를 침략해서 무력으로 그들의 새로운 공화국에 병합하고자 한 전쟁 말이다. 이 똑같은 전쟁은 다양한 토착민과 백인이 이끄는 군대 및 약탈자 간의 빈번하고

악랄한 투쟁을 포함하기도 했다.[7]

　가장 중요한 점으로, 이 미국 전쟁은 그 직접적인 결과와 관련해서 그 시점까지 발생한 것 가운데 육상뿐만 아니라 해상에서 전투를 치렀다는 의미에 비추어 세계 역사상 최대 규모의 하이브리드 전쟁이었다. 1776년 7월 뉴욕에 상륙한 영국 원정군에는 최종적으로 왕립해군의 절반, 그리고 영국 육군의 3분의 2가 동원되었다. 영국군이 1781년 요크타운에서 사실상 패배했을 때, 그 역시 1만 6000명에 달하는 프랑스-미국 지상군과 1만 9000명의 선원을 동원한 프랑스 함대의 협력에 의한 하이브리드 전쟁의 결과였다.

　여러 갈래로 펼쳐진 이 미국 전쟁은 시작부터 헌법에 중대한 영향을 끼쳤다. 1776년의 독립선언서 자체는 부분적으로 선전포고 노릇을 했는데, 이는 의도적인 것이었다. 독립선언서 저자들이 노린 의도는 다른 "지상의 열강들"과 마찬가지로 미국인이 이제 이런 유의 최후통첩을 날릴 수 있는 권리를 지녔음을 보여주려는 것이었다. 그들의 텍스트에서 조지 3세 국왕은 유독 해로운 하이브리드 전쟁 지지자였다. 그들은 이렇게 주장했다.

　　그는 우리 바다를 약탈하고, 우리 해안 지대를 유린하며, 우리 마을을 불태우고, 우리 국민의 삶을 파괴했다. 그는 지금 이 죽음의 사업을 완결 짓기 위해 외국인 용병을 대거 실어 나르고 있다.[8]

　1776년부터 등장한 새로운 미국 주 헌법들도 전쟁과 긴밀히 연관되어 있었다. 특히 전쟁으로 쑥대밭이 된 주들의 경우에는 때로 이 사실을 명시하기도 했다. 예컨대 1777년 뉴욕주 헌법의 언어는 "지금의 전쟁이 종료된 후 최대한 빨리 "현재의 전쟁이 계속되는 동안" 같은 표현을 통해 전쟁의 긴장감과 불확실성을 침울하게 암시하는 무게에 짓눌려 신음하고 있다.[9]

하지만 또한 전쟁은 좀더 심오한 의미에서 미국의 주 헌법들에 입김을 불어넣었다. 이 텍스트들이 각 주지사의 권력에 부과한 한계는, 그것들 상당수가 기본 인권 선언, 비밀투표, 투표 가능한 재산 자격의 하향을 강조한 사실과 더불어, 숱한 아이디어 및 수많은 상이한 지역적 환경으로부터 열렬히 환영받았다. 하지만 1776년부터는 이 같은 미국의 정치적 삶의 확대가 언제나 외부로부터의 극심한 군사적·이데올로기적 압박에 직면해서 혁명적 기획에 대한 지역 대중의 지지를 이끌어내고 공고히 하기 위해 고안되었다.

또한 주 헌법들은 미국 밖에 혁명적 대의를 제시하고 광고하는 데 쓰이기도 했다. 1776년 이후, 이 텍스트들은 독립선언서처럼 정기적으로 재판을 찍었으며, 해외에서, 특히 프랑스에서 유포되었다. 이 새로운 미국은 영국 측의 장기적인 하이브리드 전쟁을 견디기 위해 프랑스의 재정적·군사적 도움이 절실했기 때문이다.[10]

인쇄는 이러한 미국 전쟁에서 중심적 위치를 차지하고 있었으므로, 1787년 필라델피아에서 초안을 작성한 헌법, 그리고 실제로 그에 뒤이은 헌법들을 좀더 면밀히 들여다볼 수 있는 귀중한 렌즈다. 1787~1788년에 필라델피아 대의원들이 지속적으로 인쇄를 활용한 사실을 살펴보면, 이들 남성 상당수가 본인들의 작업이 얼마나 많은 위험으로 얼룩져 있다고 느꼈는지 알아차릴 수 있다. 미국 헌법이 인쇄와 밀접하게 관련되어 있다는 사실을 이해하면, (그보다 이른 시기에 초안을 작성한 그와 유사한 텍스트들과 달리) 미국 헌법이 어째서 제대로 뿌리내리고 끝까지 살아남았는지 깨달을 수 있다. 인쇄의 작용을 철저하고 광범위하게 살펴보면, 더 나아가 장기적인 측면에서도 흥미로운 사실이 드러난다. 즉 이 특정 정치 텍스트가 세계의 다른 지역들에 미친 영향력을 규명할 수 있는 것이다. 그것은 또한 그 영향력이 지닌 몇 가지 한계점을 조명해주기도 한다.

무기, 병사 그리고 문자 언어

미국 독립 전쟁의 치열함과 규모는 1787년 필라델피아 제헌회의의 논쟁에 영향을 미쳤으며, 그 결과물에 대한 초기 반응이 분열되고 미적지근했던 까닭을 설명해준다. 어느 면에서 미국의 지지자들 사이에서는 미국이 시도하고 있는 것과 그것이 제공하는 미래의 전망에 대해 명백한 자부심, 이데올로기적 확신, 그리고 환희가 존재했다. 그러나 이들 사이에는 그 회의에 참여한 남성들의 극심한 기밀주의적 태도를 통해 짐작할 수 있듯이 불안감과 깊은 불안정성도 깃들여 있었다.

만만치 않은 대의원들, 즉 제임스 매디슨과 카리브해 연안 지역 출신인 알렉산더 해밀턴(Alexander Hamilton)이 미국 외교관 존 제이(John Jay)와 함께 그 헌법의 인준을 지지하고자 작성한, 잘 알려진 초기의 논문 77편을 예로 들어보자. 1787년 10월부터 1788년 5월 사이 뉴욕 언론에서 '퍼블리우스(Publius)'라는 공동 필명으로 발표되었으며, 나중에 다른 글들과 함께 《연방주의자 논집(The Federalist Papers)》(미국 헌법을 지지하는 논문 85편으로 이루어져 있다―옮긴이)으로 묶인 이 논문들은 오늘날 해밀턴이 행복에 겨워서 다음과 같이 으스댄 것으로 가장 잘 알려져 있다.

인간 사회는 진정으로 성찰과 선택을 통해 좋은 정부를 수립할 수 있는가, 아니면 영영 그들의 정치 헌법을 그저 우연과 강제에 의존할 수밖에 없는 운명인가? 이 중요한 문제를 결정하는 일이 이 나라〔미국〕국민에게 맡겨져 있었던 것 같다.[11]

이런 유의 주장은 지극히 설득력 있고 매력적인 것으로 증명되었는데, 이는 비단 미국에서만 그랬던 게 아니다. 1790년대에 믿음이 안 가는 자신의 미국인 연인 길버트 임레이(Gilbert Imlay)도 없이 위험한 파리에 홀로 남은 영국의 급진주의자이자 페미니스트 메리 울스턴크래프트(Mary Wollstonecraft)는 새로운 미국의 입헌 정치를 생각하면 여전히 힘이 나는 걸 느낄 수 있었다. 그녀는 그 나라가 "우연히 만들어지고 끊임없이 누더기가 되어가는 헌법"이 불가피한 것은 아님을 증명해 보였다며 기뻐했다. 미국인들은 그게 아니라 정부 체제가 "이성에 기초해서" 새롭게 구축될 수 있음을 보여준 것이다.[12]

하지만 새로운 시작과 자유로운 정치적 선택에 대한 이 온갖 강조와 찬미에도 불구하고 해밀턴과 그의 공저자들이 작성한 《연방주의자 논집》의 처음 논문 10편 가운데 9편은 사실 무력이 제기하는 위협과 제약에 초점을 맞추고 있다. 시작 부분의 논문 중 4편은 "외세와 그 영향에 따른 위험"이라는 제목을 달고 있으며, 다른 3편은 "주들 간의 알력에서 비롯되는 위험"에 할애되었다. 그런가 하면 나머지 2편은 "국내 파벌과 반란"이라는 주제와 씨름한다. 이 시리즈 후반부에도 그와 유사한 두려움과 불안이 되풀이해 어른거린다. 예컨대 21~36번째 논문들은 "항해술의 개선으로 …… 먼 나라가 이웃이 된" 상황에서 미국이 어떻게 장차 발발할 하이브리드 전쟁을 감당하는 데 필요한 육군과 해군을

꾸릴 수 있을지에 대한 우려를 싣고 있다.[13]

해밀턴과 그의 공저자들이 이런 식으로 글을 쓴 것은 얼마간 일종의 고의적 전술이었다. 그들은 미국인 독자들을 놀라게 만들어서 헌법 초안에 비준하게끔 지역 대의원들을 압박하도록 유도하려고 했다. 하지만 거기에는 이보다 더 많은 것이 관련되어 있었다. 해밀턴은 심지어 당시 사적으로 주고받는 서신에서조차 자신이 깊은 불안에 빠져 있다고, "이 나라의 상태를 어려움으로 가득 차 있고 위험에 둘러싸여 있다고 여기는 습관에 젖어 있다"고 수시로 인정했다.[14] 그는 이 점과 관련해 필라델피아 대의원들 가운데 혼자가 아니었다.

일단 미국과 미국 헌법이 안전하게 뿌리내리는 것으로 보이면서, 1787년의 남성들은 토머스 제퍼슨의 말마따나 "반신(半神) 모임"으로 폭넓게 재해석될 수 있었다. 특권을 지닌 미국 후손들과 주의를 기울이고 있는 세계인을 위해 침착하고 현명하고 모범적인 결정을 내리는 법률 교육을 받은 계몽된 남성들의 모임으로 말이다. 1787년 필라델피아에 모인 대의원 가운데 상당수는 실제로 계몽사상에 심취해 있었으며, 그 중 다수는 법률 관련 배경을 갖추고 있기도 했다. 하지만 그보다 훨씬 더 많은 비율의 대의원이 전쟁 훈련을 받았거나 전쟁 준비에 뛰어든 경험이 있다는 점 또한 그만큼이나 중요했다.[15]

평균적으로 이 남성들은 40대였다. 이는 그들이 독립 전쟁의 무력 투쟁에 직접 뛰어들기 전 7년 전쟁을 겪으면서 살았다(일부는 심지어 참전하기도 했다)는 의미였다. 포병대에서 중령으로 복무한 알렉산더 해밀턴을 포함해 필라델피아 대표단 가운데 30명은 독립 전쟁에 적극 가담해서 실전 경험을 쌓았다. 군사 장비 및 위험한 전투 경험은 실제로 어째서 해밀턴이—1804년 그의 정치적 라이벌 에런 버(Aaron Burr: 미국의 정치가로 반연방주의자—옮긴이)와 마지막으로 치른 운명적인 결투 이전에조차—
스스로를 여러 결투에 임하도록 했는지 말해준다.[16]

해밀턴은 필라델피아에서 조지 워싱턴의 군사 부관으로 복무한 5명
의 대의원 가운데 한 사람이었다. 그보다 조금 덜 알려진 몇몇 대의원
은 그보다 더 자주 제헌회의에 참석했지만, 훨씬 더 부끄러운 기색 없
이 전쟁과 전쟁 문화에 열중했다. 일례로 영향력 있는 노예제 찬성론자
인 사우스캐롤라이나주 대의원 찰스 코츠워스 핑크니(Charles Cotesworth
Pinckney)와 영국 태생의 노스캐롤라이나주 대의원 윌리엄 리처드슨 데
이비(William Richardson Davie)는 둘 다 본인의 초상화를 의뢰할 때 냉철
한 입법가가 아니라 자랑스럽고 화려한 군복을 차려입은 모습으로 그
려달라고 요청했다.

1776년 이후에는 민간인 지위에 머물렀던 대의원들조차 흔히 주 차
원으로든 대륙회의(Continental Congress: 미국 독립 혁명 당시 미국 13개 식민지
의 대표자 회의—옮긴이)의 전직 위원으로든, 아니면 둘 다로든 군사 및 전
시 재정에 대한 행정 지식을 갖추고 있었다. 이는 기본적으로 독학을
했으며 얕잡아볼 수 없는 코네티컷주 대의원 로저 셔먼(Roger Sherman),
그리고 펜실베이니아주 대의원 중 하나로 부유하고 영리하고 호색적
인 뉴욕시의 상인이자 변호사 거버니어 모리스(Gouverneur Morris)의 경
우도 마찬가지였다. 그리고 1787년 필라델피아에 모인 대의원 전원을
대표한 것은 한 육군 장군, 바로 조지 워싱턴이었다. 처음에 그는 제
헌회의에 참여하는 것을 달가워하지 않았다. 단지 버지니아주 마운트
버넌(Mount Vernon)에 있는 저택 부지에 대한 요구 때문만은 아니었다.
3년 이상 대륙 육군(Continental Army: 미국 독립 전쟁 중 영국군에 대항하기 위
해 만들어진 13개 식민지의 통일된 명령 체계를 가진 육군—옮긴이) 또는 대륙 해군

(Continental Navy: 미국 독립 전쟁 당시의 미국 해군—옮긴이)에 복무한 장교들로 이뤄진 엘리트 조직 신시내티 협회(Society of Cincinnati)와 선약이 있었기 때문이다.

그들이 저마다 지니고 있던 폭넓고 깊은 군 관련 경험은 필라델피아 대의원들의 우선순위와 인식에 영향을 미쳤다. 그들이 어떻게 사고하고 행동하는지에도 입김을 불어넣었다. 또한 그들이 작성하고 인쇄하는 내용에도 파급력을 끼쳤다. 결국 전쟁은 끝나지 않았을 수도 있다. 미국은 표면상으로 보면 일관되게 독립적인 나라였지만, 그럼에도 여전히 준자치적이고 흔히 비협조적이기도 한 주들의 연합으로 남아 있었다. 이런 이유로 필라델피아주 의회 의사당의 초록색 회의실에는 각기 다른 주들에서 온 대의원들에게 그들만의 위치를 지정하고 부여하기 위한 탁자들이 분리된 상태로 배열되었다. 이 같은 국내적 분열이 계속되자 향후 외부 세력이 침략할 가능성은 한층 더 짙어 보였다. 1787년에 그리고 그 이후로도 어퍼캐나다(Upper Canada: 1791~1840년 영국령 캐나다의 한 주로, 지금의 온타리오주 남부 지역—옮긴이)와 로어캐나다(Lower Canada: 퀘벡주의 옛 이름—옮긴이)에 내내 기지를 두고 있던 팽창주의적인 유럽 국가—즉 영국—는 말할 것도 없고, 플로리다주와 루이지애나주를 장악하고 있는 에스파냐, 또는 심지어 알래스카의 정착지로부터 남진하면서 이동 중인 러시아가 장차 미국에 대한 침략을 개시하고, 그 과정에서 대항하는 미국 주들을 분리시키고 불안정하게 내몰 가능성이 농후해 보였다.

필라델피아 대의원은 그들 자신의 육상 공화주의 제국을 건설할 가능성에 대해 흥분을 감추지 못했다. 하지만 그 일부는 (영국 제국주의자들이 1776년 이전에 그랬던 것처럼) 애팔래치아산맥 서쪽으로 급격하게 확산 중

19 육군 장군이자 입법가. 1818년 안토니오 카노바(Antonio Canova)가 조지 워싱턴의
동상을 만들기 위해 제작한 모형.

인 정착민 공동체를 어떻게 규제하고 통치할지 우려하기도 했다. 거버너어 모리스가 암울하게 경고했다. "정착촌이 우리의 서쪽으로 형성되어가고 있는데, 그곳 거주민은 그들 자신의 권위 말고는 아무것도 인정하지 않으며, 결과적으로 무력 외에는 그 어떤 심판도 받아들이지 않는다."[17] 지도상에서 미국 영토의 절반에 해당하는 지역을 요구하는 이 불안한 변방 민족이 향후 그들 자신의 분리된 국가를 만들려 든다면 과연 어떻게 될 것인가?

따라서 필라델피아에 모인 남성들은 어느 면에서 18세기 중엽에 많은 유럽 및 아시아 정권이 직면한 것과 흡사한 도전에 부닥쳤다. 필라델피아의 대의원과 그 지지자들은 대규모 전쟁으로 인한 긴장과 피해로부터 복구할 수 있는 방안을 모색해야 했다. 그뿐만 아니라 그들이 선택하지 않을지도 모르지만 어쨌거나 일어날 가능성이 있는 미래의 무력 충돌 시 충분한 수준의 시민적 연대와 재정·군사적 대비를 제공할 수 있는 방법을 마련해야 했다. 존 제이는 "일반적으로 각국은 전쟁을 통해 뭔가 얻을 가능성이 있는 곳이라면 어디서든 전쟁을 일으키게 마련"이라고 경고했다. 그는 세계의 해양에서 하이브리드 전쟁이 점차 유행하고 있음을 인정하면서 "만약 미국이 계속 내부적으로 불화하고 분열을 겪는다면 그들은 어떤 함대를 보유하고 싶어 할까?" "그리고 우리는 과연 그런 사태를 감당할 수 있을까?"라고 우려했다.[18]

독립 전쟁 직후, 연합규약의 지배를 받는 의회는 전쟁 차관을 상환하거나 신규 차관을 보장하기 위해 세금을 부과할 권한을 가지고 있지 않았다. 의회는 대신 자체적으로 재정 부과금을 징수하는 개별 주들에 의존했다. 이런 체제는 비참하리만큼 불충분한 것으로 드러났다. 1785년 미국은 프랑스로부터 받은 대출금에 대한 이자 지불을 중단하지 않을 수 없었으며, 이후 채무 불이행 상태에 빠졌다. 이듬해인 1786년에는 미국 지도자들이 매사추세츠주와 버몬트주에서 세금 및 분리 독립과 관련한 반란 진압 임무를 맡은 군대에 지원해줄 자금을 주들로부터 제대로 거둬들이지 못하고 있었다. 전직 혁명군 장군으로서 1787년 필라델피아 대의원으로 변신한 이가 "미국은 실질적 군사력 없이 실험에 뛰어들었다"고 경고했다. 그는 미국이 "무정부 상태로 빠르게 치달을" 위험에 빠져 있다고 판단했다.[19]

역사가들의 주장에 따르면, 이 같은 압박과 불안은 압도적으로 전쟁과 관련 깊은 남성들이 작성한 필라델피아 헌법 초안이 당시 흔히 "자유민주주의 사회의 청사진"이자 확신에 찬 국가 건설을 위한 활동으로서가 아니라, 좀더 효과적이고 방어 가능한 연합을 구축하는 데 필수적인 계획으로서 간주되었다는 것을 의미했다. 허심탄회한 로저 셔먼은 1787년 6월 동료 대의원들에게 "내 생각에 연합의 임무는 몇 가지 되지 않는다"면서 다음과 같이 열거했다.

1. 외세의 위험 방어하기. 2. 내부 분쟁 및 무력 사용 방어하기. 3. 외국과의 조약 체결하기. 4. 외국의 상업을 규제하고 그로부터 세수 확보하기. ······주 연합이 필요한 것은 오직 이들, 그리고 아마 그보다 덜 중요한 몇 가지 임무 때문일 뿐이다.[20]

하지만 그 시기 대부분 동안 정치 행위자 거개가 그랬던 것처럼, 필라델피아에 모인 남성 대다수는 신중한 계획과 잠재된 불안을 어느 정도의 희망 및 이상주의와 결합시켰다. 그에 따라 막판에 미국 헌법 초안의 전문(前文)을 고쳤는데, 그렇게 한 장본인은 당시 25세로 그 회의에서 최연소 대의원 축에 속한 뉴욕 출신 거버니어 모리스였던 것 같다. 처음에 헌법 초안은 모든 미국 주를 대서양 연안을 따라 위에서부터 아래로 차례차례 열거하면서 "우리 뉴햄프셔주, 매사추세츠주, 로드아일랜드주 ……의 국민은"으로 시작될 예정이었다. 하지만 마지막 순간에 모리스는 그것을 간단히 "우리, 미국 국민은"이라고 바꾸었다. 부분적으로는 열망을 담고 있지만 전술적인 데다 불안에 뿌리를 둔 이유 때문이었다.

이 같은 표현 변경은 너무나 조화를 이루지 못하는 분리된 주들에 주의를 모으는 대신, 실제로는 아직 존재하지 않는 통일된 미국 국가를 떠오르게 만들었다. 정치 헌법의 '단어 선택(wording)'이 흔히 그러하듯이, 그것은 혼연일체의 질서라는 득의만면하고 매력적인 인상을 전달했다. 모리스의 수정은 그게 없었더라면 좀더 실제적이었을 그 전문의 성격에 균형추 역할을 하기도 했다. 그것은 "자유의 축복을 보장하려는" 바람에 앞서 직설적으로 열거해놓은 "좀더 완벽한 연합을 구축하고 정의를 확립하며 국내 안정을 도모하고 공동 방위를 제공할" 필요성에 대한 엄격한 강조를 상쇄하는 데 기여했다.[21]

그리고 결정적으로, 영감을 주는 모리스의 새로운 문구는 비밀스러운 필라델피아 대의원 자체에 관심이 쏠리지 않도록 해주었다. 대신 그것은 이 보정된 강력한 허구에 의해 미국 헌법의 기본적 소유주, 심지어 선동가로서 전면에 등장한 "우리, 미국 국민"으로 달라졌다. 존 던랩과 데이비드 클레이풀은 이 헌법 초안을 〈펜실베이니아 패킷〉 1면에 소개할 때 우리(We)의 W를 초대형 볼드체로 인쇄함으로써, 그에 따라 독자들이 시선을 사로잡는 시작 부분의 주장과 약속에 주의를 기울이도록 함으로써, 의식적으로 그와 같은 해석을 독려했다.

이러한 서체 전략이 말해주듯이, 미국 사례에서 인쇄와 그 기법 및 가능성은, 과거의 그 어떤 성문 헌법에서보다 더 많은 정도로, 무슨 사건이 벌어지고 있는지 기록하고 전달하는 역할에 그친 게 아니라, 그 사건에서 결정적으로 중요한 행위자이자 엔진으로 작용했다. 분명 헌법적 계획을 제시하고자 인쇄를 활용하는 것은 새로울 게 없는 일이었다. 1760년대에 예카테리나 여제는 자신이 작성한 나카즈의 여러 판과 번역을 의뢰할 때, 인쇄의 위력과 이점을 똑똑히 이해했다. 그러나 당시 러시아에는 그녀를 돕는 데 유용한 신문도 지방 언론도 없었으며, 그 여제는 어떻게든 비문맹자 비율이 채 10퍼센트도 되지 않는 국내 인구를 상대해야 했다.

반면 미국에서는 백인과 일부 자유민 흑인이 진즉부터 다양한 스펙트럼의 인쇄에 익숙해 있는 상태였다. 미국 신문의 수만 봐도 1760~1775년 갑절로 불어났으며, 1790년에 이르면 다시 두 배로 늘었다. 더군다나 18세기의 이즈음에는 미국 성인 백인 남성의 80퍼센트가 글을 읽을 줄 알았다. 아마 스칸디나비아반도의 일부 지역을 제외하고는 세계 그 어느 곳보다 더 높은 문해력 수준을 자랑했을 것이다.[22] 필라델피아 대의원과 그 지지자들은 그만큼 문해력과 인쇄를 당연시할 수 있었는데, 그것이 그들로 하여금 그런 전략을 채택하도록 영향을 미쳤다. 또한 그것은 헌법 자체의 형성에 입김을 불어넣기도 했다.

이탈리아의 문학사가 프랑코 모레티(Franco Moretti)가 말했다시피, 서구 소설이 인기와 대륙 간 파급력에서 과거의 중국 소설을 한층 능가할 수 있었던 이유는 1700년대에 서구 소설이 길이가 훨씬 더 짧고, 따라서 인쇄로 복제하는 데, 그리고 상대적으로 널리 소비되는 데 더욱 손쉽고 적합했기 때문이다.[23] 사실이건 아니건 미국 헌법 초안의 놀랄 만한 간결성―그 최종 형태는 단지 7개 조항만으로 구성되었다―은 그것이 성공을 거두고 널리 배포되도록 기여한 요소이자, 그 저자들이 상업 인쇄에 친숙한 데 힘입은 결과이기도 했다. 필라델피아 남성들은 다양한 방식으로 부지런히 인쇄를 활용했다. 그러나 그들 상당수는 인쇄의 관점에서 **사고했으며**, 상이한 의사소통 형태로서 인쇄의 가능성에 주목하기도 했다.

이 점에서 그들은 혁명적인 미국의 선례에 충실하게 행동했다. 잘 알려져 있다시피, 이전의 독립선언서도 불과 1337개의 단어로 이뤄진 짧은 문서였다. 덕분에 그 문서는 어렵잖게 저렴한 신문에 실리고, 가정·상점·선술집의 벽에 붙여놓을 수 있었다. 또한 길이가 짧은지라 신문의 한 면에 인쇄하는 게 가능했다. 독립선언서는 간결함 덕에 큰 소리로 청중들에게 전문을 읽어주는 데 별다른 어려움이 없었다. 조지 워싱턴의 부대들은 이따금 "속이 빈 정사각형 모양으로 도열한 채 저마다 퍼레이드를 벌이면서" 낭독되는 독립선언서의 전문을 듣곤 했다.[24]

그리고 필라델피아 대의원의 경우, 독립선언서의 다른 저자들과 마찬가지로, 인쇄로의 전환은 본능적인 데 그치는 게 아니라 필수불가결한 사항이기도 했다. 1787년 9월의 최종 헌법 초안 마지막 조항은 그 헌법이 효력을 보려면 13개 미국 주 가운데 적어도 9개 주의 승인을 얻어야 한다고 명시했으며, 이들 모두가 이 목적을 위해 비준협의회를 열었다. 시비 논란이 많고 비밀스러운 헌법 초안이 대다수 주의 비준을 얻어야 하는 과제는 미국 인쇄업의 지리적 특성 덕에 한결 손쉬워졌다. 그 나라의 백인 노동 인구 대다수는 시골 지역에서 살아가는 농민들로 이루어져 있어 정보에 대한 접근이 제한적이었다. 그러나 미국 신문사들은 비준협의회가 열리기 편리한 도시에 집중되어 있었다. 더욱이 당시 미국에서 신문사·우체국·인쇄소를 운영하는 사람들은 대부분 필라델피아의 던랩과 클레이풀처럼 제안된 헌법의 지지자들이었고, 따라서 강한 흥미를 느낀 채 행동에 나섰던 것 같다. 그랬음에도 오늘날 잘 알려진 바와 같이 헌법 초안은 겨우 비준되었다.[25]

여러 면에서 그레이트브리튼에 대한 저항의 이념적 심장부인 매사추세츠주에서는 그 지역 비준협의회가 헌법 초안을 불과 187표 대 168표로 승인했다. 역시 규모가 크고 부유하며 활력 넘치는 버지니아주와 뉴욕주는 그보다 훨씬 더 근소한 차이로 헌법 초안을 비준했다. 결과에 대한 장기간의 불확실성—헌법은 1788년 9월에야 비로소 비준되었다—은 몇 달 내내 활동가와 옹호자들이 헌법 초안 사본을 배포하고 그것의 타당성과 의미를 적극 옹호하는 인쇄물을 만들어내기 위해 에너지와 아이디어와 자금을 투자했다는 것을 의미했다. 이런 노력은 멀리 미국 바깥에서까지 파장을 일으켰으며, 이것은 언제나처럼 의도적으로 노린 결과였다.

독립 전쟁 기간에 새로운 공화국의 가장 중요한 정치 문서가 해외에서 유포되고 있었다는 사실은 다시 한번 되풀이해 강조할 가치가 있다. 인쇄된 독립선언서, 주 헌법, 그리고 기타 탐색적이고 야심 찬 문서들의 인쇄본과 번역본을 해외에 신중하게 배포하려 한 시도는 유럽 정부들에 새롭게 부상하는 이 미국 정치 형태의 진지함, 미국 정치 실험의 계몽적 성격, 그리고 그에 따라 계속해서 무역 및 군사 원조를 실시하고 전쟁 차관과 관련한 그들의 주장을 진지하게 받아들여야 할 필요성을 설득하고자 고안한 것이었다. 1787년부터는 외국에서도 미국 헌법을 널리 알리기 위해 그와 매우 흡사한 인쇄 전략이 실시되었다.[26]

외국 수도에 당도한 미국의 외교관 및 영사들은 수시로 현지 통치자와 기타 주요 인사들에게 사본을 나눠주곤 했다. 미국의 많은 해외 상인과 애국적인 여행자들도 그와 동일한 일을 했다. 이를테면 스코틀랜드 태생으로 노예상에서 성공적인 사략선 선장으로 변신한 존 폴 존스(John Paul Jones)는 예카테리나 여제에게 차질 없이 복사본을 제공했다. 직업을 구하면서 상트페테르부르크에서 그녀에게 알랑거리던 1788년의 일이었다. 또한 그 텍스트 사본은 미국인의 외교 서신에 포함되기도 했다. 조지 워싱턴은 위력적인 모로코의 술탄 시디 무함마드(Sidi Muhammad)에게 그 헌법이 최종 비준되었음을 알리고자 글을 쓰면서 조심스럽게 "여기 그 사본을 동봉하게 되어 영광입니다"라고 덧붙였다.[27]

이런 노력 아래 깔린 공식적인 생각은 엄선된 해외 여러 장소에서 강력하고 부유한 인사들이 새로운 헌법의 언어와 아이디어에 깊은 인상을 받을 뿐 아니라, 미국이 이제 전보다 훨씬 더 효과적인 중앙 정부를 보유하게 되었다고 밝힌 조항에 설득당하게 되리라는 것이었다. 그들은 이 사실을 널리 알림으로써 외세의 무력 침공을 저지하는 데 도움을 받을뿐더러 해외 상인과 잠재적 투자자들을 안심시키고 유치하기를 희망했다. 공식적이기도 하고 준(準)공식적이기도 한 이 같은 해외에서의 미국 헌법 배포를 거들어주고, 그 수량이 크게 늘도록 부채질한 것은 해외에 기반을 둔 인쇄 미디어의 좀더 비공식적인 보도였다.

이와 관련해서, 미국은 자신이 그토록 격렬하게 거부한 바로 그 제국(영국—옮긴이)으로부터 도움을 받기도 했다. 미국의 인쇄업자와 출판업자, 그리고 아일랜드 및 영국의 그 상대역들은 자연스럽게 오랜 세월 끈끈한 관련을 맺어왔다. 긴 기간 쌓아온 이 같은 무역 및 직업 관계 덕분에—그리고 공통의 언어 덕분에—미국에서 발행된 신문·팸플릿·책자는 수시로 대서양을 넘어갔다. 미국 헌법 초안 텍스트는 〈펜실베이니아 패킷〉에 처음 게재된 때로부터 불과 5주 뒤 런던의 신문에 실렸다. 더군다나 런던은 최다 상선을 보유한 세계 최대 항구였기에, 이렇게 들어온 미국 물건 가운데 일부는 거기에서 즉시 선적되어 유럽의 다른 지역뿐 아니라 남아시아, 동아시아, 서아프리카, 남아메리카, 카리브해 연안 지역, 그리고 최종적으로 태평양 세계의 일부 지역들로까지 퍼져나갔다. 심지어 캐나다인조차 육로에 의해서가 아니라 런던에서 다시 대서양을 건너 배송된 출판물을 통해 새로운 미국 헌법의 세부 사항에 대해 알게 된 것 같다.[28]

그러나 무서운 기세로 쏟아지는 이 같은 인쇄물을 받아 든 쪽 사람들은 어땠을까? 세계의 서로 다른 지역에서 살아가는 남녀들에게 미국 입헌주의를 다룬 그렇게나 많은 출판물에 노출되는 사태는 과연 어떤 효과를 가져왔을까?

읽기와 차용

어느 수준에서는, 그리고 어떤 장소에서는 그 효과가 상당하고 신속하고 유용했다. 특히 특정 급진주의자와 개혁가들 사이에서는, 그리고 여러 대륙에서는 미국의 사건, 미국의 혁명, 그 주역들이 품은 사상, 탐욕스러운 제국에 맞서 일군 성공, 그리고 그에 뒤이어 문서화한 정치적·법적 혁신―그뿐 아니라 중요한 점으로, 어렵사리 쟁취한 이 정치 형태가 끝내 살아남았다는 사실―이 가능성에 대한 흥분된 감각을 키워주었다.

또한 새로운 미국의 정치 텍스트는 1776년 이전에 이미 부상하고 있던 '헌법'이라는 용어에 대한 이해에서의 그 같은 변화를 확인 및 가속화하기도 했다. 정치 헌법은 쉽게 인쇄 가능한 단 하나의 문서로 정리될 수 있으며 아마도 정리되어야 한다는 주장은 오늘날 좀더 흔히 들을 수 있는 것이 되었다. 이러한 변화를 보여주는 한 가지 조짐이 바로 반대론자들의 반응이다. 1780년대부터 이질적인 부분들로 이루어진 독일 영토 일부와 영국의 보수주의자들은 조롱하는 듯하면서도 도발적으로 '종이 헌법(paper constitution)'이라고 지칭하기 시작했다. 말할 것도 없이 종이는 인쇄기를 돌아가게 하는 필수 재료다.[29]

미국인이 그들의 헌법을 널리 알리고 마음속에 간직하기 위해 부지런히 인쇄를 활용한 것은 다른 사람들이 살펴보고자 열망하는 전술로 떠오르기도 했다. 이것은 인쇄 가용성 향상을 위한 조항이 18세기 말과 그 이후 만들어진 헌법들에서 그토록 중요한 위치를 차지하는 이유를 설명해준다. 1776~1850년 세계 전역에서 발표된 조항 목록을 보면 이 점을 분명하게 확인할 수 있다.

1776~1850년 세계 여러 헌법에서 언급한 권리[30]

인쇄의 자유 560	언론의 자유 196
종교의 자유 534	집회의 자유 172
인신 보호 영장 492	무역의 자유 169
국민 주권 477	이동의 자유 68
청원의 자유 408	

미국의 독립선언서가 발표된 1776년부터 19세기 중엽까지 상이한 국가와 대륙들에서 만들어진 수백 가지 헌법 텍스트에서, 인쇄 관련 조항

은 종교의 자유나 국민 주권을 규정하는 조항보다 더 많다. 또한 언론의 자유 및 집회의 자유를 다룬 조항의 수를 가뿐히 뛰어넘었다. 이 시기의 헌법 제정자는 자신들이 발표한 텍스트를 기반으로, 인쇄에 대한 접근을 거의 다른 모든 권리보다 더 중요하다고 판단했다. 이것은 이들 행위자 가운데 일부가 잘 교육받은 시민의 내재적 가치를 굳건히 믿었기 때문만은 아니다. 그들은 이 새로운 정치 기술이 국내외에서 효과적으로 작동하고 제 본분을 다하려면 인쇄가 필수불가결하다고 판단한 것이다.

장차 흑인이 통치하는 아이티를 책임질 중요한 투사 투생 루베르튀르는 본능적으로 이 점을 알아차린 듯하다. 1799년 말 나폴레옹 보나파르트는 프랑스를 위한 새로운 헌법(물론 이것도 인쇄되었다)을 발표하고, 거기에서 프랑스 식민지는 그때부터 '특별법'에 의해 지배될 거라고 명기했다. 이것은 카리브해 지역민에게 [때맞춰 마르티니크섬(Martinique)과 과들루프섬(Guadeloupe)에서 일어난 바와 같이] 그곳 프랑스 식민지에서 노예제를 되살리겠다는 위협으로 받아들여졌다. 그러나 투생은 여전히 공식적으로는 생도맹그이던 곳에서, 1801년 그 자신의 헌법을 발표하는 식으로 그에 응수했다. 또한 자신의 프랑스인 고문들에게 도전하면서 더없이 의도적으로 그 텍스트를 인쇄했다. 그는 헌법을 그저 발표하는 데 그치는 게 아니라 인쇄까지 함으로써, 그것이 생도맹그에 거주하는 과거의 모든 흑인 노예들이 이제 시민이 되었으며, **따라서 당연히 자유인으로 남게 될 것**이라고 밝힌 조항을 널리 공표했다. 바로 그 같은 투생의 조치는 나폴레옹으로 하여금 생도맹그에 대대적으로 육상 및 해상 공격을 감행하도록 원인을 제공하고, 그 과정에서 투생을 파멸시켰다. 하지만 결국에는 그 지역에서 프랑스 세력이 붕괴하고 독립 아이티가 출현하

도록 부채질했다.[31]

아이티에서 투생의 정치 후계자들 역시 인쇄의 가치를 이해했다. 또한 그들은 미국의 혁명 세력이 이용한 다른 장치들도 가져다 썼다. 예컨대 그들은 1804년 1월 1일에 그들 자체의 독립선언서를 발표했다.[32] 하지만 이 같은 차용은 미국을 정치적으로나 제도적으로 고스란히 모방하는 것과는 달랐다. 앞서 살펴본 대로, 새로운 아이티는 상당히 권위주의적이고 군국주의적인 국가였다. 헌법을 제시하는 미국의 기법, **그리고** 미국 나름의 정치 체제를 이루는 요소에 대한 의식적이고 노골적인 모방은 남아메리카 일부 지역에서 한층 분명하게 드러났는데, 거기에는 다 그럴 만한 이유가 있었다.

남아메리카인들은 1810~1820년대의 혁명전쟁 이후, 지리적 근접성을 이유로 미국을 가장 확실한 최선의 정치 모델로 간주하게 되었다. 다른 요인들도 마찬가지였다. 1889년까지 군주제를 유지하던 브라질을 제외하고 결국에는 남아메리카에서 부상한 10개의 독립국들은 저마다 (그 과정에서 문제가 얼마간 불거지긴 했으나) 미국을 본떠서 공화국이 되기로 선택했다. 그리고 이 부상하는 남아메리카의 정치 체제는 미국과 마찬가지로 유럽 제국에 맞선 혁명전쟁의 성공이 거둔 결실이자 자의식적인 최근의 창조물이었다. 1789년에 한 프랑스 헌법 제정자는 그 자신의 '고대인들(ancient people)'이 "최근 우주에 태어난 새로운 사람들"인 미국인의 정치 설계를 이러저러하게 모방한다는 발상에 거세게 진저리를 쳤다. 하지만 바로 그 같은 새로움은 일부 남아메리카인에게 오직 그들 북쪽의 이웃이 만들어낸 정치 프로젝트에 대한 호소력을 더해줄 따름이었다.[33]

그 결과 일부 남아메리카 국가들은 1787년 미국 헌법으로부터 방법론뿐 아니라 조항까지도 기꺼이 차용했다. 그 헌법에서 대통령제에 관한 아이디어를 가져오기도 했다. 무엇보다 그들은 종종 미국의 연방주의를 모방했다. 이를테면 1819년 이후 한동안 오늘날의 콜롬비아·파나마·베네수엘라·에콰도르의 상당 지역을 아우르는 대콜롬비아〔Gran Colombia: 정식 명칭은 콜롬비아공화국(Republic of Colombia)으로 1819년부터 1831년까지 짧은 기간 동안 존속했다—옮긴이〕는 즉시 스스로를 연방공화국이라고 선언했다. 심지어 브라질조차 1891년 마침내 군주제를 폐기하고 새로운 헌법을 발표할 때 미국의 연방제를 본떴다.

남아메리카 국가들은 또한 미국인이 더없이 효과적으로 사용한 인쇄 및 홍보 기법을 일부 따오기도 했다. 1818년 칠레의 첫 임시 헌법 저자들은 즉시 이 문서가 비준받을 수 있도록 힘썼으며 "초안이 일단 인쇄되면, 그것은 명령에 따라 칠레의 모든 도시·마을·읍내에서 출간될 것"이라고 규정했다.[34] 다른 남아메리카 활동가들은 미국 의회가 1776년 이후 더없이 효과적으로 활용한 전술을 가져다 썼다. 즉 자신들의 헌법 문서 포트폴리오를 편집했으며, 그런 다음 외국의 견해에 영향을 끼치고 그들의 지지를 획득하고 장차 투자며 동맹 및 차관을 얻기 위해 그 개요서를 외국에 보낸 것이다.

이것이 베네수엘라가 에스파냐로부터 독립을 선언한 남아메리카 최초의 나라가 되고 나서 1811년에 한 일이다. 그 나라는 수도 카라카스에서 초안이 작성된 새로운 베네수엘라 헌법 사본을 다른 혁명적인 문서들과 함께 신속하게 런던으로 보냈다. 그리고 런던에서 1812년 에스파냐어와 영어 버전을 한 페이지에 나란히 실은 제본판이 출간되었으며, 해외의 여러 장소로 발송 채비를 마쳤다.[35]

실질적이고 더러 감동적이기도 한 이 베네수엘라 문서는 꽤나 많은 것을 드러내고 있기에 여전히 살펴볼 만한 가치가 있다. 그것은 무엇보다 막대한 군사적·정치적 압박을 받으면서 활동하는 베네수엘라 혁명가들이 미국에서 차용하기로 결정한 것의 규모가 어느 정도였는지 보여준다. 그들의 헌법은 일단 신을 언급하고 나서 "**우리** 베네수엘라 주들의 국민은"으로 시작한다. 그것은 역시 신중하게 베네수엘라 주 **연합**(United Provinces of Venezuela)이라고 이름 붙인 연방공화국을 규정한 조항으로 나아간다. 또한 하원과 상원에 대한 조항도 마련해놓았다. 그에 따르면 하원 및 상원의 의원이 될 조건은 미국과 마찬가지로 25세 이상과 30세 이상으로 되어 있었다. 이 베네수엘라 문서에는 미국이 본을 보인 독립선언서에 대한 찬사도 담겨 있다. 그러나 미국의 독립선언서가 조지 3세의 널리 알려진 실제적 실패에 누차 집중했다면, 이 베네수엘라 버전은 제국주의에 반대하는 주장을 펼치고자 거듭 300이라는 숫자로 돌아갔다. "에스파냐의 지배로 인한 감금·고난·부당의 300년" "굴종과 희생의 300년" 등등.[36]

미국의 입법가 및 정치인과 마찬가지로, 이 베네수엘라 문서를 편찬한 이들은 헌법 텍스트가 국내법 및 정부를 위한 도구 이상의 역할을 할 수 있음을 이해했다. 이 중요 문서들은 인쇄라는 수단을 통해 새로운 정치 체제와 그 통치 질서 및 사상의 성격에 관한 정보를 육상과 해상의 경계 너머에 존재하는 이들에게 전달할 수 있었다. 성문화하고 인쇄된 헌법은 신흥 국가나 정권이 전 세계적으로 자신을 드러내고 광고하는 이상적인 매체가 될 수 있었다.

이 문서 편찬자들 자신이 선언한 것처럼, 인쇄를 통해 그들의 헌법이 확산하지 못했다면 베네수엘라 사람들은 "자신들의 의도를 세계에 엄숙하게 선언할 수 없었을 것이다".[37] 그리고 그 제작자들은 "출판을 서

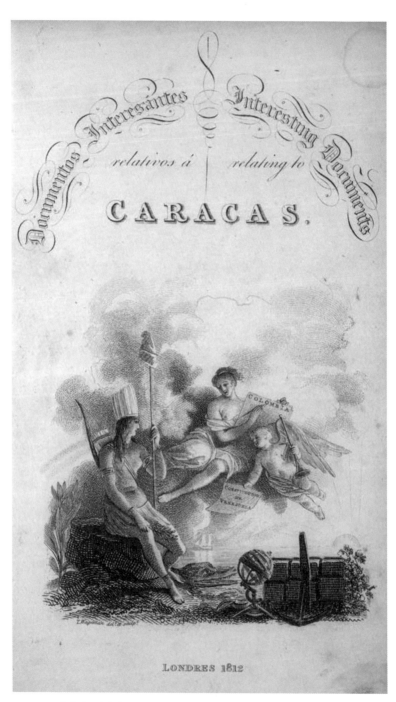

1812년에 에스파냐어와 영어로 인쇄된 베네수엘라 헌법.

두르는 바람에" 조판상의 오류가 없지 않았다는 데 대해 사과하긴 했지만, 실제로 그들이 그 문서의 물리적 외관 및 그것이 미래의 해외 독자들에게 어떤 인상을 남길지 세심하게 고민했다는 것만큼은 분명하다. 그 문서의 각 페이지에는 방패·헬멧·창 판화가 여기저기 담겨 있어 그것을 보는 사람들로 하여금 새로운 베네수엘라가 전쟁과 희생을 딛고 당당하게 빛 속으로 걸어 나왔음을 기억하도록 만든다. 또한 그 문서에는 돛을 활짝 편 거대한 갈레온(galeón: 15~17세기에 사용된 에스파냐의 대형 범선―옮긴이)의 이미지가 군데군데 실려 있는데, 이것은 베네수엘라가 독립을 성공적으로 쟁취하면 상업적 기회를 누릴 수 있음을 해외 독자들에게 시각적으로 상기시키고 있다.

이러한 모든 노력과 기발함에도 불구하고 1812년 중반 이 최초의 베네수엘라공화국은 에스파냐의 무력과 내전에 굴복했다. 하지만 그 나라의 호화로운 헌법 텍스트 문서들은 끝까지 살아남았으며, 장차 급속하게 팽창하는 다른 나라들의 헌법 계획과 프로젝트 인쇄물 보관소의 일부를 차지하게 되었다. 세계 여러 지역에서 만들어진 헌법들이 인쇄물 형태로 존재한다는 사실은 중요한 점을 말해준다. 미국의 헌법과 인쇄 기획의 규모 및 기능은 다른 지역들이 그 정치적 사상과 방법론을 일부 모방하도록 조장했다. 정말로 그랬다. 하지만 미국 편에서의 그러한 기획이 세계의 상이한 지역들에서 **다른** (때로 서로 경쟁적인) 정치 제도, 그리고 인쇄된 성문 헌법 텍스트가 앞다투어 출현하도록 도운 방식 역시 그만큼이나 중요하다. 헌법을 작성하고 인쇄한 다음 여러 대륙에 걸쳐 널리 알리는 것은 (모든 사람은 아니지만) 많은 사람이 뛰어들 수 있었던 게임이었다.

전 대륙 차원의 원고 수정

미국의 독립 전쟁과 그로부터 출현한 성문 헌법은 많은 사상을 변화시키고 형성하는 데, 그리고 1776년 이전에 일부 유럽 지역에서 이미 부상하고 있던 그 새로운 정치 기술이 진전을 보이는 데 중요하고도 지속적인 역할을 담당했다. 미국 헌법은 내용과 상황뿐 아니라 인쇄라는 수단을 통한 전파 덕택에 특히 19세기 내내 미국의 독립선언서보다 훨씬 더 광범위한 영향력을 행사했다. 미국의 독립선언서는 분명 세계 일부 지역에서 널리 읽히고 재인쇄되었지만, 제1차 세계대전 이전에는 결코 미국 헌법과 동일한 정도며 깊이의 호소력을 떨치지 못했다.

미국의 독립선언서는 그 이념적 열정에도 불구하고 일종의 틈새 (niche) 문서였다. 1776년 이후 그것은 주로 또 다른 국가나 제국의 지배로부터 독립하려는 능력과 바람을 지닌 영토에 거주하는 이들의 마음을 끌었다. 1914년 이전에는 이런 독립 상황이 극히 드물었다. 확실히 1810년대에서 1820년대 사이 에스파냐의 지배에서 벗어난 남아메리카의 여러 공화국은 아이티와 마찬가지로, 이 장치—독립선언서—가 유용함을 발견하고 그것을 모방했다. 하지만 아메리카 대륙 밖에서는 사정이 달랐다. 그런 곳에서는 1790년에서 1914년 사이 오직 10개국만이 그들 자체의 독립선언서를 발표하겠다고 선택한 듯하다.[38]

그 나머지는 어떻게 되었을까? 전 세계의 제국들과 복합 군주국(composite monarchy) 대다수는 이 시기 동안 손상되지 않은 채 남아 있었다. 오직 제1차 세계대전—그리고 1945년과 남은 유럽 해상 제국들의 붕괴, 소련의 붕괴 이후 더한층—이후에야 이런 유형의 헌법 텍스트(즉 독립선언서)는 더 많은 매력과 영향력을 지닌 대상으로 떠오를 수 있었다.

반면 미국 헌법은 이보다 훨씬 이전 시기에 광범위한 호소력을 지녔다. 아마 19세기에 해외에서 이루어진 미국에 대한 분석 가운데 가장 널리 읽히는 도서이지 싶은 알렉시 드 토크빌(Alexis de Tocqueville)의 《미국의 민주주의(Democracy in America)》(1권은 1835년, 2권은 1840년에 출간)에는 의미심장하게도 독립선언서에 대한 언급이 완전히 누락되어 있다. 하지만 토크빌은 더 중요한 장을 할애해서 1787년 헌법을 수차례 언급하고 있다.[39] 이러한 지면 분배는 그 자신이나 그의 독자 다수의 개인적 관심사와 우선순위를 감안할 때 얼마든지 수긍할 만한 것이었다. 19세기 동안―그 이후 점점 더―(공화제든 군주제든, 신생 국가든 역사가 오래된 나라든, 일부 제국이든 장차 그 제국들에 반발할 나라든 간에) 온갖 종류의 정치 체제에 속한 활동가들은 헌법을 통한 실험 작업에 매료되었다. 미국 바깥에서 살아가는 대다수 사람에게 가장 적절하고도 마음을 끄는 미국의 문서이자 신중하게 관심을 기울일 만한 가치가 있는 문서는 바로 그 나라의 헌법이었다.

　하지만 여기에는 주의할 사항이 한 가지 있다. 1787년 필라델피아에서 초안을 작성한 헌법은 폭넓은 관심을 샀음에도, 결코 그에 상당하는 저만의 문서를 창안하려는 해외 활동가나 열혈 지지자들에게 영향을 미친 유일한 요소가 아니었다. 그렇다기보다 더 많은 나라가 성문 헌법을 채택함에 따라, 그리고 이들 텍스트 가운데 점점 더 많은 것이 인쇄되고 국경을 넘어 널리 출간됨에 따라, 이 같은 정치 기술 형태에 관심을 품은 남성과 여성에게는 더욱더 많은 선택권이 주어졌다. 그들은 널리 복제 및 번역되는 미국의 텍스트를 연구하고 표절할 수 있었을 뿐 아니라, 점차 기타 여러 곳에서 등장하는 헌법에 대한 정보를 확보하고 그것들을 읽고 슬쩍할 수 있는 위치에 놓여 있었던 것이다.

이미 1790년대부터 세상 물정에 밝은 출판업자들은 이러한 추세를 알아차리고 거기에 편승했다. 한 국가의 헌법을 개별적으로 출판하는 대신, 서로 다른 여러 국가에서 생산된 헌법을 한데 묶어 발행하기 시작한 것이다.[40] 이렇게 되자 호기심 많은 독자들―그리고 장차 헌법을 제정하려는 사람들―은 문서상으로 국가를 조직하는 방법에 대해 경쟁적 모델들을 비교·대조할 수 있을 뿐 아니라, 권리와 규칙을 공식화하는 방법에 대한 아이디어도 얻을 수 있었다. 20세기 초에는 실제로 일부 신생 국가 및 정권이 자진해서 이런 유의 각국 헌법 모음집을 출간하는 데 자금을 대주고 있었다.

이것이 6년에 걸친 영국과의 내전 이후 불안하게 세워진 새로운 아일랜드자유국(Irish Free State: 1922~1937, 아일랜드공화국의 옛 이름―옮긴이)에서 실제로 일어난 일이었다. 더블린에 청사를 둔 아일랜드자유국 정부는 의뢰를 통해 《세계 헌법 선집(Select Constitutions of the World)》이라는 제목의 방대한 책을 발행했다. 새롭게 만든 그들 자신의 아일랜드 헌법 텍스트를 눈에 확 띄도록 맨 앞에 배치한 이 책에는 다른 18개국의 현행 헌법 텍스트도 함께 실려 있었다. 미국이 1776년 이후 **그들의** 헌법 텍스트를 해외에 부지런히 광고한 것처럼, 더블린 정치인 편에서의 이 같은 인쇄 계획은 신중한 공식적 계산에 입각한 행동이었다. 새로 만들어서 여전히 불안정한 그들 자신의 헌법을 좀더 제대로 자리 잡은 다른 나라 헌법들과 선집에 나란히 인쇄하고, 그런 다음 그 사본을 여러 해외 수도에 발송함으로써, 아일랜드자유국 정치인은 그들의 신생 공화국이 이제 다른 모든 세계의 독립국들과 당당히 어깨를 겨룰 수 있는 존재로 간주되어야 한다는 걸 확실하게 보여주었다.[41]

국제 차원의 독자층을 위해 세계 여러 지역에서 다양한 헌법을 끌어

모아 소개하는 이런 유의 국가 지원 출판물은 그 수효가 꾸준히 증가했다. 하지만 인쇄된 이런 공식 개요서의 기원은 훨씬 더 이전으로 거슬러 올라간다. 이 같은 새로운 형태의 지식 수합과 배포 형태는 (그 전에도 유럽 일부에서 유사한 사례가 존재하긴 했지만) 1787년 이후 한층 빠르게 부상했다. 급속히 발달한 인쇄술 덕분에 새로운 헌법은 과거에는 상상조차 할 수 없었던 방식으로 널리 유포되기 시작했다. 이것은 다시 발췌·전용·비교·선택과 관련한 정책 변화를 낳았다. 새로운 헌법 초안의 작성에 참여한 정치인·법률가·지식인·병사들은, 새로운 헌법에 대해 상상하고 싶어 하는 사적 개인들과 더불어, 점점 더 선택하고 혼합할 수 있는 위치에 놓이게 되었다. 그들은 여러 나라가 채택한 헌법의 인쇄물 모음집에 담긴 사상·제도·법률을 연구하고 그 가운데에서 고를 수 있었다. 그리고 그들이 차용하기로 결정한 내용을 그들 자신의 사상, 염원 그리고 법적·정치적 관습과 결합할 수 있었다.

우리는 이런 식으로 현지의 영향력과 외국의 영향력이 한데 어우러지는 양상을 1814년 노르웨이 헌법의 형성 과정에서 확인할 수 있다.[42] 노르웨이 헌법은 오늘날까지 남아 있는 것 가운데 미국 헌법 다음으로 오래된 것이다. 그리고 이 역시 군사적 충돌에 의해 촉발되고 영향을 받았다. 1814년에 오랜 세월 동안 노르웨이가 덴마크와 맺고 있던 동맹이 나폴레옹 전쟁과 관련한 투쟁 및 압박 탓에 분쇄되었다. 이것은 덴마크 왕이 노르웨이에서 누리던 권리를 스웨덴 왕에게 양도하도록 내모는 결과로 이어졌다. 그에 따라 1814년 4월 오슬로에서 50킬로미터 정도 떨어진 품격 있는 신고전주의 양식의 대저택 에이드스볼(Eidsvoll)의 2층 방에 모인 112명의 남성들로서는 발등에 불이 떨어진 셈이었다. 자국이 스웨덴한테 먹히기 전에 국가 주권을 보장하는 조치를 조속히

21 1814년 노르웨이 헌법 초안을 작성한 건국의 아버지들을 담은 오스카르 베르겔란(Oscar Wergeland)의 회화 작품, 1885년. 현재 노르웨이 의회에 걸려 있다.

마련해야 했던 그들은 스웨덴 군대의 진격과 그들의 침략 가능성에 대해 다투어 보도하는 '신문지 더미'에 둘러싸인 채 단 5주 만에 새로운 노르웨이 헌법의 초안 작성 임무를 완료했다.

이 같은 다급한 외세 침략 위협—스웨덴 군대는 예상대로 그해 7월 노르웨이에 도착했다—도 에이드스볼 대표단이 그들 자신의 헌법을 작성하는 데 도움을 받고자 다양한 외국 텍스트를 살펴보는 일을 막지는 못했다. 그것은 도리어 그들이 훨씬 더 열렬히 그렇게 하도록 내몰았다. 국제사가 윌리엄 맥닐(William McNeill)이 언급한 바와 같이, 창조하는 것보다는 차용하는 편이 한결 손쉬웠다. 게다가 극도의 압박을 받고 있었던 만큼 에이드스볼에 모인 남성들은 맹렬하게 다른 나라의 텍스트를 차용했다.[43] 그들은 서로 의견이 엇갈렸을 뿐 아니라 저마다 상충하는 사상을 지니고 있었음에도, 외부로부터 정부 변화를 강요받기 전에 살아남을 수 있는 텍스트를 만들어내고 그것을 인쇄물로 이용할 수 있도록 하겠다고 단단히 별렀으며, 그래서 미친 듯이 작업에 매달렸다. 그들은 닥치는 대로 읽고 체로 걸러내고 이따금 토씨까지 베끼기도 했다.

전통적으로 노르웨이는 그들에게 필요한 외국의 정치적 정보 대부분을 덴마크의 수도 코펜하겐을 거쳐 얻었다. 코펜하겐은 파리와 밀접한 관련이 있는 중요한 인쇄 및 대학 중심지였다. 일례로 대부분의 노르웨이인이 처음으로 1787년 미국 헌법에 대해 알게 된 것 역시 이 육상로를 경유해서인 것 같다. 하지만 또한 노르웨이는 해상을 통해서도, 특히 영국·스코틀랜드·아일랜드·네덜란드·스웨덴·독일의 연안 무역상을 거쳐서 외국의 뉴스와 인쇄물을 정기적으로 받아들이고 있었다. 이러한 혼합적 정보 네트워크는 어째서 1814년의 노르웨이 헌법 초안에 그렇게나 많은 상이한 혈통이 담겨 있는지를 설명해준다.

이 점은 매우 일찌감치 인식되었다. 빅토리아 시대(1837~1901-옮긴이)의 스웨덴 법학자 닐스 회예르(Nils Höjer)는 1814년 에이드스볼에서 만든 텍스트를 공들여 조사했다. 오늘날 이런 유의 조사를 도와주는 컴퓨터 분석 없이 작업했음에도 그는 다음의 헌법들이 노르웨이 헌법에 영향을 미쳤음을 확인하고 밝혀낼 수 있었다.

프랑스의 1791년, 1793년, 1795년 혁명 헌법, 미국 연방 헌법과 몇 가지 주 헌법, 1791년 폴란드 헌법, 그리고 1798년의 바타비아공화국(프랑스 혁명의 영향으로 네덜란드에 성립된 공화국-옮긴이) 헌법(즉 네덜란드 헌법), 1809년의 스웨덴 헌법, 그리고 1812년의 에스파냐 헌법. 게다가 일부의 경우에는 이

헌법들을 자구 그대로 번역해 싣기도 했다.[44]

에이드스볼에 모인 대표단은 자국의 입헌군주제를 구축하기 위한 아이디어를 얻고자, 이 같은 해외의 서로 다른 인쇄물 출처, 그리고 노르웨이의 지식인, 성직자, 왕실 인사가 작성한 성명서로부터 소재를 취했을 뿐 아니라 영국에서 출간된 정치 저작물을 활용하기도 했다.

다시 말해, 이 남성 무리가 스웨덴의 무력이 그들 나라에 당도할 것을 염두에 두면서 혼신의 힘을 다해 만들어낸 것은 결단코 국내적인 순수한 창작물이 아니었다. 하지만 그것은 주로 미국 헌법에서 유래한 것도 아니었고(이 노르웨이 텍스트에서 가장 빈번하게 되풀이되는 단어들 가운데 하나는 '왕'이었다), 다른 어떤 단일 외국 출처에서 연원한 것도 아니었다. 대부분의 헌법이 그러하듯 노르웨이의 1814년 헌법도 누비이불이나 진배없었다. 그 헌법은 최종 형태에서는 새로운 창조물이었지만, 다른 곳에 기원을 둔 기존의 수많은 상이한 재료에서 군데군데 짜깁기한 결과물이었다.

대부분의 헌법 제정자들과 마찬가지로, 이 노르웨이 문서 기획자들 역시 인쇄술을 대대적으로 활용했다. 그들은 그러는 과정에서 인쇄술의 사용 가능성이 좀더 광범위한 통신 발달과 보조를 맞추면서 확대된다는 것을 실제로 보여주었다. 새로운 헌법 인쇄본은 급성장 중인 그 나라의 우편 제도에 힘입어 1814년 노르웨이의 25개 주요 우체국과 100개에 가까운 우체국 분소에서 판매되기 시작했다. 따라서 편지 및 소포를 부치거나 받아가려고 그곳에 들른 사람들은 기다리는 동안 그 인쇄본을 찬찬히 살펴본 다음 스스로를 위해 한 권 구입하거나, 아니면 그 나라의 더 외딴 지역에서 살아가는 친지 및 친구들에게 발송해줄 수 있었다. 또한 노르웨이인은 그야말로 그 나라의 새로운 정치가 가정 안에 스며들고, 그들 일상의 일부가 되도록 이 헌법 인쇄본을 오려서 집안 벽에 붙여놓도록 권장받기도 했다. 더군다나 노르웨이 우편국이 구불구불하고 거대한 자국 해안선을 따라 설치된 정류장에 우편물을 배달하고자 증기선에 투자했을 때, 선박 가운데 하나에 '헌법호'라는 이름을 붙이기로 결정하기까지 했다. 사람들은 우편물을 받으러 해안가에서 기다리고 있을 때면 선박 옆면에 새겨진 '헌법'이라는 단어를 보고 그것을 똑똑히 뇌리에 새길 수 있었다.[45]

점점 더 불어나는 인쇄된 헌법 텍스트와 그에 대한 해설서들은 각기 다른 장소에서 공식적 헌법 제정자들의 구미를 충족시켰을 뿐 아니라 반체제 인사 및 반대 집단, 특히 외부로부터의 제국적 침략에 맞선 이들이 그것을 연구하고 활용하는 데 도움을 주기도 했다. 제국 및 배제 방식에 맞서 싸우는 상이한 집단들이 어떻게 멕시코의 이구알라 플랜 〔Plan de Iguala: 멕시코 독립 전쟁의 마지막 단계에서 1821년 2월 24일 공포된 혁명적 선언으로, '3대 보장 계획(Trigarante)' 또는 '북아메리카 독립법'이라고도 한다―옮긴이〕을 퍼뜨리고 용도에 맞게 고쳐 썼는지를 예로 들어보자.

이구알라 플랜은 본디 멕시코의 군 지도자이자 장차 멕시코 황제 자리에 오르는 인물인 아구스틴 데 이투르비데(Agustín de Iturbide) 대령이 1821년 2월에 발표했으며, 좀더 독립적인 (하지만 아마도 여전히 왕정주의적이기 십상인) 정부를 위한 청사진으로 쓰일 계획이었다. 그러나 특히 다음과 같은 그 플랜 12조는 세계 다른 지역에서 각기 다른 정치적 대의를 추구하는 이들에게 더할 나위 없이 매력적으로 다가갔다. "뉴에스파냐의 모든 거주민은 **유럽인이든 아프리카인이든 아니면 인디언이든 아무 차등 없이**〔강조는 저자〕 이 군주제의 시민이며, 저마다의 능력과 장점에 따라 모든 직업에 접근할 수 있다."[46] 일단 이구알라 플랜에 담긴 이 구절이 인쇄술에 힘입어 번역되고 여러 지역에 전해지자, 그것은 개혁된 미래에는 종교·피부색·민족과 관계없이 모든 남성(여성은 여전히 별개의 영역으로 남아 있었다)에게 정치적 권리가 얼마나 관대하게 부여될 수 있을지 보여주는 예로서 해석되기 시작했다.

1821년 가을경에는, 이구알라 플랜의 영어판이 이미 미국에 유포되고 있었다. 그해 말 이 영어판은 아일랜드에까지 전파되었는데, 그곳에서는 그것의 이해와 활용이 즉시 달라졌다. 이구알라 플랜은 자유주의적 가톨릭 신문 〈코너트 저널(Connaught Journal)〉에 실렸으며, 그 신문은 아일랜드 자체를 위한 교훈을 얻으려는 읽기 자료로서 그 영어판을 게재했다. 아일랜드는 비록 공식적으로는 의회의 연합법(Act of Union)에 따라 1801년 영국에 흡수되어 있었지만, 그 나라의 가톨릭 인구 대다수는 런던에 기반을 둔 의회에서 직접적인 대표권을 얻지 못한 상태였다. 이 시점에서는 아일랜드 가톨릭 인구의 극소수만이 투표에 참가할 수 있었다. 게다가 가톨릭 종교를 가진 남성에게 자격을 허용하지 않는 법률에 의거해 1829년까지는 누구도 웨스트민스터 의회 선거에 출마할 수 없었다.

따라서 멕시코의 이구알라 플랜은 〈코너트 저널〉의 소유주들과 그 주요 독자층인 가톨릭 신도에게 더없이 솔깃하게 다가갔다. "우리 나라는 참혹한 노예제와 거의 가망 없는 야만주의에서 막 벗어난 어느 국가로부터 대단히 이로운 도덕을 이끌어낼 수 있다!" 개혁가임과 동시에 외국인 혐오주의자였던 그 신문의 발행인은 이렇게 선언했다.

멕시코 헌법 12조가 설파한 화해 정신이 우리 정치인이나 입법가 모임에 스머든다면, 아일랜드는 비참하고 절망적인 광경, 치명적인 불화의 광경, 밤마다 횡행하는 살인의 광경을 더 이상 보지 않게 될 것이다.[47]

1822년 이구알라 플랜의 폭넓은 의미와 중요성에 대한 이 같은 유의 해석—멕시코의 헌법 텍스트는 상이한 문화권·계급·인종에 걸쳐 있는 남성에 대한 권한 부여와 인식 개선의 모범이 되었다—은 인도의 거대 항구 도시 캘커타에까지 당도했다.

캘커타는 이제 인도 아대륙의 많은 지역에 대한 패권을 주장하고 있는 영국 동인도회사의 본부가 자리한 곳이었다. 그 도시는 또한 복합 도시의 면모를 지닌 곳이기도 했다. 흙길 옆에 멋진 흰색 대저택이 늘어서 있었다. 인종적 분열 전반에서 발견되는 현상으로, 50만 남짓한 도시 거주민의 대다수는 극빈자였지만 극소수는 대금업자이자 투기꾼이자 부유한 상인이었다. 그 도시 주민 가운데 약 2000명이 '영국인'으로 불릴 수 있었는데, 이들 대부분은 다른 유럽인이나 반(半)유럽인의 피가 섞여 있었다. 하지만 가장 중요한 점으로는 캘커타가 진즉부터 유럽의 많은 수도보다 더 많은 자료를 발행하는 인도인 및 영국인 소유의 출판사를 거느린 세계적 인쇄 중심지의 하나로 성장했다는 것이다.[48]

아마도 캘커타에서 찍어내는 총 인쇄물의 3분의 1은 어떤 식으로든 동인도회사 및 그 통치 기구와 관련되어 있었을 것이다. 하지만 그 도시의 인쇄 자원은 인도 활동가뿐 아니라 불만 품은 유럽인이 동인도회사와 그 제도의 시행을 비판하고, 정치적·종교적·경제적·사회적 변화를 촉구하는 데 쓰이기도 했다. 이러한 인쇄물 저항을 보여주는 대표적인 초기 사례가 바로 인도 아대륙 최초의 일간지 〈캘커타 저널(Calcutta

Journal)〉이었다. 1818년부터 출판 금지당한 1823년까지 유별날 정도로 번성한 이 신문은 국경을 넘어온 두 인물의 합작품이었다. 한 명은 이 따금 아랍 및 인도 복장에 영향을 끼치곤 한 제임스 실크 버킹엄(James Silk Buckingham: 잉글랜드 콘월 태생의 작가·언론인·여행자로, 인도에서 자유주의 언론을 위해 싸운 선구적 유럽인이다—옮긴이)이라는 이름의 영국인이요, 다른 한 명은 유럽식 신발을 즐겨 신던 벵골 출신의 신분 높은 브라만 계급 람모한 로이('인도 근대화의 선구자'로, 기존의 인도 문화를 부흥시키기 위해 서구 문물을 도입할 필요가 있다고 역설했다—옮긴이)였다.

두 사람은 출생이며 부, 사회적 계급과 교육 측면에서 극과 극이라 할 만큼 서로 달랐지만 둘 다 빼어난 인물이었다. 버킹엄은 완전한 자수성가형으로 모험을 즐기는 여행가였으며, 그 자신이 뻐겨댄 것처럼 "유럽, 아시아, 아프리카, …… 지중해, 대서양, 홍해, 페르시아만, 그리고 인도양"의 일부에 대해 꿰고 있었다.[49] 그는 서로 다른 시기에 목사, 선원, 언론인이자 작가 그리고 당연히 인쇄업자로 일했다. 또한 더러 겉으로 드러난 것보다는 좀더 원칙주의자에 가까워서 집요한 흑인 차별 반대자였으며, 미국의 선도적인 노예제 폐지론자와 끈끈한 유대 관계를 맺은 열정적인 반노예제 활동가이기도 했다.

람모한 로이는 훨씬 더 교육을 많이 받고, 유복하고 만만찮은 지식인으로서 최근 몇 년 사이 점차 주목을 끌고 있는 인물이었다. 신장이 180센티미터에 이르는 그는 눈에 띄는 흑발을 지녔는데, 이는 그의 높은 카스트 신분 및 여성에게 풍기는 매력과 더불어 그가 상당한 자만심을 품게 만드는 원천이었다. 오늘날과 마찬가지로 당시에도 힌두교를 '개혁'하려고 노력했다는 이유로 논란의 중심에 섰던 인물인 로이는 이따금 동인도회사를 위해 일하고 그 회사 주식에 투자하기도 했지만, 기본적으로는 동인도회사 비판론자였다. 그의 페르시아어 및 벵골어 신문 대부분이 사라졌는지라, 우리는 그의 사상이 어떻게 발전했는지에 대해 제한적으로밖에 이해할 수 없다. 하지만 그가 언어의 작용과 다양성에 매료되었다는 사실만큼은 분명하다. 페르시아어, 산스크리트어, 아랍어 뿐 아니라 여러 유럽어를 능란하게 구사한 언어학자 로이는 수많은 다른 책뿐 아니라 영어와 벵골어 문법에 관한 책을 출간하기도 했다.[50]

람모한 로이와 버킹엄은 1818년에 처음 만났는데, 한동안 거의 매일 이다시피 붙어 다닌 것 같다. 더러는 밤에 마차를 타고 최근 완공된 순환 도로를 따라 돌아다니면서 사적으로 정치 및 언론과 관련한 계획을 논의했다. 또 어느 때는 다른 인도인 및 유럽인 지식인이나 작가들과 만나서 천천히 아침 식사를 함께 했다. (로이는 더러 카스트와 관련한 이유로 그 음식을 입에 대지 않기도 했다.) 또한 두 사람은 원고를 주고받았다. 로이는 영어로 쓴 글을 〈캘커타 저널〉에 기고했고, 그 신문의 포맷이며 캠페인에 대해 조언했다. 반면 버킹엄은 이따금 그의 친구이자 동지가 발행하는 페르시아어나 벵골어 신문에 번역해서 실을 수 있는 자료를 제공했다.[51]

두 남성은 서로 정도는 달랐으나 공히 새로운 헌법의 진척과 정치에 관심이 많았다. 버킹엄은 좀더 인습적으로 달라진 중년 후기에 웨스트민스터 의회 의원이 된 뒤에도 성문 입헌주의의 탁월함에 대해 내내 확신했다. 그는 1841년 아주 정확하게 영국에 대해 이렇게 썼다. "우리를 안내해줄 성문 헌법을 가지고 있지 않으면 …… 우리에게는 참고할 만한 고정된 유형물이 없는 셈이다."[52] 로이에 관해 말하자면, 그는 아이디어를 위해 해외로 눈을 돌렸을 뿐 아니라 인도 자체의 고대 입헌주의에 관한 그 자신의 이론을 서서히 정립해나갔으며, 과거 그곳에 토착민

22　제임스 실크 버킹엄과 그의 아내, 1816년 바그다드에서.

의 헌장 및 정치적 권리의 이형(異形)들이 존재했다고 주장했다.

　그렇게 외치는 로이의 의도는 조상의 폭정에서 인도를 구제할 수 있
는 길이란 오직 동인도회사의 지배뿐이라는 주장을 반박하려는 것이었

다. 그런데 계몽된 지식인이자 귀족적 자유주의자로서 그의 지위 그리고 인쇄술의 이동에 힘입어, 고대의 원시적 인도 입헌주의에 대한 그의 주장 가운데 일부는 결국 영국에 귀결되었다. 우리는 그의 주장이 발휘한 영향력을 본래 1765년에서 1770년 사이에 출간된 윌리엄 블랙스톤의 고전 《잉글랜드의 법률 주석(Commentaries on the Laws of England)》의 초기 빅토리아 시대 판에서 확인할 수 있다. 19세기 중엽 이 책의 독자들은 전설적인 앵글로색슨 시대(11세기 노르만인에 의한 잉글랜드 정복 이전 시대—옮긴이)의 의회 이름 위테나게모트(Witenagemot: '현명한 자들의 모임'이라는 뜻으로, 영국 의회의 모체로 여겨지는 국민의회—옮긴이)가 실제로 북부 인도어에서 따온 것이었음을 알고 있었다. 이는 고대 영국의 자유에 응당 고대 인도의 자유가 반영되어 있음을 암시했다.[53]

버킹엄도 로이도 미국의 정치적 성취를 찬미했다. 버킹엄은 미국을 여행한 적이 있으며, 로이는 1833년 잉글랜드를 방문하는 동안 숨을 거둘 때 여전히 그러기를 희망하고 있었다. 하지만 그럼에도 불구하고, 그리고 그들이 "이처럼 헌법을 …… 창조하고 바꾸고 개조하는 시대"를 열정적으로 수용했음에도 불구하고, 이 두 동지는 〈캘커타 저널〉에서 북아메리카의 입헌주의에 제한된 지면만을 할애했다. 대신 그 신문은 이베리아반도와 남아메리카에서 이루어진 정치 변화에 더욱 중점을 두었다. 그에 따라 1822년 로이와 버킹엄은 독립한 페루 최초의 헌법 초안 번역본을 게재했다. 또한 대콜롬비아 건국 헌법의 일부를 싣기도 했다. 그리고 당연히 아일랜드의 가톨릭교도 언론인들이 진즉에 너무 설득력 있음을 발견한, 다음 조항이 담긴 1821년 멕시코 이구알라 플랜의 텍스트도 게재했다.

23   1826년 인도에서 완성된 것으로 보이는 람모한 로이의 소묘.

"뉴에스파냐의 모든 거주민은 유럽인이든 아프리카인이든 **아니면 인디언이든**
〔강조는 저자〕 아무 차등 없이 이 군주제의 시민이며, 저마다의 능력과 장점
에 따라 모든 직업에 접근할 수 있다."54

캘커타에서는 '인디언'이라는 단어가 당연히 멕시코에서와는 다른 의
미를 지녔다. 그런데 이것은 중요한 점이었다. 버킹엄과 로이는 인도의
토착 인구를 위한 법적 권리와 자유의 신장이 보장되기를 원했다. 미국
의 성문 입헌주의는 여러 가지 장점에도 불구하고 이와 관련해서는 쓸

모가 덜했으며, 그 점은 갈수록 더 그래졌다. 1810년대와 1820년대에 점점 더 많은 미국 주가 비백인 남성을 정치적 권리 행사에서 드러내놓고 배제하는 새로운 헌법을 발표하고 있었다.

반면 남아메리카의 입헌주의자들은 더없이 중요한 1812년 카디스 헌법〔Cádiz Constitution: 이베리아반도 전쟁으로 난장판이 된 에스파냐는 의회, 즉 코르테스(Cortes)를 카디스로 옮겼는데, 나폴레옹의 영향을 받은 자유주의 세력이 득세해 카디스 헌법을 제정했다. 군주의 권한을 제한하는 입헌군주제를 기반으로 한다─옮긴이〕에 세심한 주의를 기울였다. 이 헌법은 1820년에 에스파냐에서 재발표되었는데, 람모한 로이에게 헌정된 이 1820년 판은, 우리가 앞으로 살펴보겠지만, 상당한 정치적 해방과 인종적 분열을 넘어서려는 희망을 제공했다. 카디스 헌법은 이구알라 플랜과 마찬가지로─비록 정도가 같지는 않지만─비교적 개방적이고 능력주의적이고 반인종차별적인 것으로 읽힐 수 있었다. 따라서 남아메리카에서든 에스파냐 자체에서든, 이들 히스패닉(Hispanic) 텍스트는 로이와 버킹엄에게 그들이 인도 아대륙 자체에서 성취하고 싶어 한 것의 본보기로서 호소력을 지녔다. 그들은 영국 동인도회사의 지배에 종지부를 찍는 것은 원치 않았다. 19세기 초를 살아간 아시아와 유럽의 급진주의자 대다수에게는 이것이 가능한 영역의 일로 보이지 않았기 때문이다. 대신 그들은 그 회사의 지배 구조와 법적 관행의 개혁, 그리고 "유럽인이든 …… 아니면 인디언이든 아무 차등 없이" 모든 집단이 "저마다의 능력과 장점에 따라" 대접받는 달라진 그레이트브리튼을 원했다.

권력과 인쇄술의 한계

캘커타에서 일어난 이러한 사건들은 1820년대에 일부 낙관적인 관찰자들이 일찌감치 개혁적 성문 헌법이 보편화된 세계를 그려볼 수 있다고 느낀 이유를 설명해준다. 유럽의 어느 급진주의자는 1820년대 초에 이렇게 썼다. "지금까지의 혁명은 저마다 독자적으로 발생했다. 하지만 이제는 모든 나라에 한 가지 감정이 널리 퍼져가는 것으로 보인다. 우리는 아시아 국가들이—아, 당연히 아프리카 국가들도—몇 년 내로 대의제를 요구하는 광경을 보게 될 것이다."[55] 이 단계에서 새로운 헌법에 대한 옹호가 국경과 대양을 넘나드는 정도는 실로 놀라운 수준이었다. 인쇄술은 이 같은 확산에 결정타였으며 앞으로도 내내 그럴 터였다. 하지만 인쇄 및 언어와 관련한 문제는 세계 일부 지역에서는 헌법 발전에 제동을 거는 식으로 작용하기도 했다.

이 초기 단계에서 성문 헌법의 확산에 가해진 제약은 주로 여전히 세계 대부분 지역에 존재하는 광범위한 문맹률의 결과가 아니었다. 미국의 혁명 세력이 그들 자신의 1776년 독립선언서와 관련해서 충분히 간파했다시피, 사람들이 글을 읽을 줄 알아야만 헌법 텍스트에 담긴 내용에 대한 어떤 직감을 얻을 수 있는 것은 아니었다. 제 자신이야 까막눈이지만 문맹 **퇴치** 사회에서 살아가는 남녀는 일반적으로 새로운 헌법의 대략적 내용과 중요성에 대해 자신에게 설명해줄 만한 문해력을 갖춘 누군가—목사, 변호사, 정치인, 군인, 아니면 그저 좀더 가방끈이 긴 이웃—를 찾아낼 수 있었다. 하지만 이 같은 유의 정치 헌법이 점차 유행하는 현상은 문자 언어에 취약한 이들한테 불리하게 작용하는 경향이 있었다. 그런 현상은 관료적·종교적·학문적 필기 문자와 관련해서 유구하고도 빛나는 전통을 지녔지만, 인쇄기 및 그 생산품에 대한 상업적 보급이 더디고 불균일하게 나타나는 세계의 몇몇 지역에 도전을 가하기도 했다. 이를테면 오스만 제국의 일부 지역, 그리고 중앙아시아와 중동 지역이 그 같은 경우에 해당했다.

1800년대 초반 인쇄술 및 인쇄기의 상대적 부족은 결코 새로운 성문법전의 출현을 가로막지 못했다. 그뿐만 아니라 사상의 교류 및 중요하고 개혁적인 정치 텍스트의 도입도 막지 못했다.[56] 하지만 인쇄 장비가 널리 보급되지 못한 사회에서는 국내의 정치적 변화에 관한 정보 확산이 더 어려울 수는 있었다. 또 이러한 변화에 대한 방대한 양의 정보를 외국에 전파하기도 한층 버거울 수 있었다.

인도의 민족주의자이자 장차 그 나라의 독립 헌법 제정에 중추 역할을 맡게 되는 인물 베네갈 시바 라오(Benegal Shiva Rao)는 1933년에 런던을 방문했을 때 이 점을 알아차렸다. 그곳에 머무는 동안 그는 더블린에서 1922년에 발행된 《세계 헌법 선집》을 한 권 접했고, 곧바로 이 개요서의 번역서가 "인도에서 일어나는 헌법적 변화에 관심을 가진 이들에게" 유용할 거라고 판단했다. 라오는 즉시 아일랜드자유국으로부터 그 저술의 인도판을 제작할 수 있도록 허가를 받았다. 하지만 그가 나중에 언급했다시피, 그는 처음에는 1906년 페르시아 헌법과 1923년 아프가니스탄 헌법도 포함함으로써 이 더블린판 원본 개요서에 담긴 서구 편향을 상쇄하고 싶었다. 하지만 런던에서 두 텍스트의 출간본을 찾아내기가 쉽지 않다는 것을 발견했다. 결국 그의 《세계 헌법 선집》 신판이 1934년에 마드라스에서 출간되었을 때, 그 책은 두드러진 이슬람 국가들의 텍스트는 전혀 실리지 않았다는 의미에서 그야말로 '선택적'이었다.[57]

하지만 세계의 서구 및 비서구 지역 모두에서 인쇄술에 대한 접근은 결코 헌법 확산과 관련해서 주된 영향력을 행사하는 사안이 아니었다. 다른 무엇보다 제약을 부과한 가장 결정적인 요소는 지배적 권력 구조, 그리고 권력자들의 태도였다.

인쇄술을 오래전부터 폭넓게 사용해온 일본과 중국의 상황을 살펴보자. 19세기 말에 인쇄 문화상의 커다란 변화가 발생하기 전에도, 중국에서는 전통적인 목판술 덕분에 저렴하게 인쇄된 자료들이 좀더 부유한 일부 농민들에게까지 가닿을 수 있었다. 이 방대한 지역에서 당시 인쇄된 성문 헌법의 도입과 관련해서 극복할 수 없는 기술적 또는 기능적 장벽 따윈 없었다. 마카오를 근거로 활동한 어느 미국 상인은 1831년에 정확히 이 점을 꼬집었다. 그는 그해 〈캔턴 미셀러니(Canton Miscellany)〉에 발표한 글에서 더없이 분명하게 적었다. "지금 헌법 제작소들은 에스파냐, 포르투갈, 심지어 하노버나 작센 같은 '소국'에서도 부지런히 일하고 있다. 중국의 제지 공장은 이 유럽 공장들과 대등한 수준임이 틀림없다. 그런데 왜 청 제국에서는 새로운 성문 헌법이 생산 및 인쇄되고 있지 않은가?"[58]

이 작가 역시 알아차리게 되겠지만, 이러한 질문은 도발적인 공상의 산물에 불과했다. 19세기 후반 이전까지는 중국의 통치자, 정치인 또는 관료 사이에서 진지한 정치 개조에 참여하려는 지속적인 시도가 존재하지 않았다. 이것은 부분적으로 그 시점까지는 청 제국에서 중요한 전쟁으로 인한 파괴가 (얼추) 억제되고 있었기 때문이다.

분명 일부 중국 관료와 지식인은 영국 해군이 청 제국의 해상 방어력을 초토화하고 홍콩 이양을 강제한 1839~1842년의 제1차 아편전쟁 이후 입헌주의의 광범위한 확산에 얼마간 관심을 기울였다. 하지만 먼저

1850년대와 1860년대 초 발발한 태평천국의 난(중국 대륙에서 발생한 대규모 내전으로, 교전 상대는 만주족 황실의 청나라 조정과 기독교 구세주 사상을 기반으로 한 종교 국가 태평천국이었다─옮긴이)에 의해, 이어서 (한층 더 심하게도) 1884~1885년 중국-프랑스 전쟁 및 1894~1895년 중일전쟁에서의 패배로 인해 중국 정부 당국이 지속적인 전쟁 압박에 시달리고 있을 때까지, 그리고 그들이 근대적인 하이브리드 전쟁의 요청에 대비하고자 세금을 인상하고 자국의 재정비 필요성을 진지하게 받아들이게 될 때까지, 중국에서 헌법적 변화 촉구와 그 같은 촉구에 대한 공식 대응은 미온적인 수준에 그쳤다.[59]

같은 이유로, 인쇄술이 흔했던 일본에서도 1868년의 정치적·군사적 격변이 일어나기 전까지는 성문 헌법에 대한 수준 높은 논의가 최소한으로밖에 이루어지지 않았다. 이것은 주로 인쇄 기술이나 문해 수준과 관련한 장벽 때문이라기보다 오히려 일본의 지배 질서 편에서 이 새로운 정치 기술과 그것이 성취할 수 있는 바에 관심을 기울이지 않았기 때문이다. 다시 말해, 인쇄술은 전 대륙 차원에서 새로운 헌법의 발전과 형성에 결정적 역할을 담당했지만, 그 자체만으로는 전혀 충분하지 않았던 것이다.

1820년대와 1830년대에 일어난 일련의 잔혹한 사건이 잘 보여주다시피, 권력에 대한 고려는 때로 미국 내에서조차 인쇄술이 헌법적 계획을 촉진하는 능력에 제약을 가했다. 이 단계에서 필라델피아 남성들이 당연시한 미국의 애초 13개 주는 24개 주로 늘어났으며, 같은 기간 동안─즉 1787년에서 1820년대까지─등록된 미국 인구는 3배로 불어났다. 하지만 인디언이라고 불리는 아메리카 원주민은 이 같은 미국의 공식 인구 조사 계산에서 배제되었다. 대체로 과세 의무가 없는 이들은 미국 시민에 포함되지 않았다. 그들 대부분은 노예도 아니었다. 그렇다면 그들은 대체 무엇이었는가? 1827년 주로 부상하는 조지아주에 기반을 둔 선도적인 활동가들―그들 중에는 1만 5000명 남짓한 체로키(Cherokee) 인디언도 포함되었다―은 그들이 실제로 독립 국가라는 것, 따라서 성문 헌법을 필요로 한다는 것을 명료하게 밝히기로 결정했다.

이 남성들이 보기에 거기 필요한 전제 조건은 갖춰져 있었다. 이즈음 체로키 땅과 그들 무리는 백인 침략자에 의해 심각하게 약화하고 있었다. 하지만 더 많은 수의 체로키족이 이제 부분적으로나마 문맹 상태에서 벗어났으며, 그 상당수가 일하는 농부들이었다. 더욱이 결정적으로 그들은 인쇄술에 접근할 수 있었다. 그들 무리 가운데 하나인 세쿼이아(Sequoyah)―우리는 그의 출생이며 사상에 대해 아직까지도 거의 아는 바가 없다―는 문자 체제를 발명해 체로키 언어가 종이 위에 표기·인쇄되고 읽힐 수 있도록 이끌었다(1825년 체로키 공식 문자 채택―옮긴이).[60] 이에 따른 한 가지 결과가 미국에서 인디언이 소유하고 편집한 최초의 신문 〈체로키 피닉스(Cherokee Phoenix)〉였다. 세쿼이아의 작업이 낳은 또 한 가지 결과로서, 몇몇 주도적인 체로키족이 1827년에 회의를 소집하고 "[그들의] 미래 정부를 위한 헌법"을 채택했을 때, 이 텍스트 조항들은 각 쪽마다 영어 버전과 체로키어 버전으로 나란히 편집 및 인쇄되었다.

다른 헌법 제작자들과 마찬가지로, 이 체로키 입법가들도 미국 헌법의 일부를 더없이 신중하게 복제해서 오려붙였다. 그들의 헌법은 "우리, 소집된 회의에서 '체로키 국가(Cherokee Nation)'의 국민 대표들은"으로 시작한다. 하지만 이 남성들은 "이 국가의 영토적 경계"를 지리적으로 소상하게 적어두기도 했는데, 이것은 "이후로도 변함없이 동일하게 유

24   세쿼이아와 그가 발명한 체로키 언어의 음절 문자표.

지될" 예정이었다.

오래된 치카소(Chickasaw) 들판 상부에 있는 테네시강 북쪽 강변에서 시작해
앞서 말한 강의 주요 물골을 따라 그 안의 모든 섬을 포함한 다음, 히워시강

CONSTITUTION

OF THE

CHEROKEE NATION,

FORMED BY A CONVENTION OF DELEGATES FROM THE
SEVERAL DISTRICTS, AT

NEW ECHOTA, JULY 1827.

ᏣᎳᎩᎯ ᎤᎬᏫᏳᎯ ᏗᏄᎵ ᎬᏩᎩ ᎤᏪᏘᏄᏏ,

ᏣᎳᏫ ᏔᎦᏏᏳ ᏗᏁᏗᏄᏔᎿ ᎤᏃᎪᎠ, ᎫᏩᏁᎿ ᎤᎦᏔ 1827 ᎤᏂᎴᎦᎠ.

We, THE REPRESENTA-   ᏫᏂ ᎥᏁ·ᏫᏍ ᏓᎤᎵᎠ ᎠᏍᎠᎢ ᎠᎠ-
TIVES of the people of the   ᎤᎥᏫ, ᎬᏩᎩ ᎠᎫᎯᎪ ᎠᎩᎾᏔᎾᎿ,
CHEROKEE NATION in Con-   ᎿᎦᎯᎪ ᏗᎩᎾᎢᎦᎴᎠᏍ, ᎤᏌ ᎠᎠ ᎤᏫ-
vention assembled, in order   ᎩᎤᎠᎾᏍᏉᎢᏍ, ᎤᏌ ᏗᎡ ᎡᏂᏍᎦᎥᏔ-
to establish justice, ensure   ᎠᎢ ᏗᏡ ᏗᎢᏫ ᎬᏩᎩ ᎠᎠᎢ ᎫᎩᏌ-
tranquility, promote our   ᎠᏍᎦᎡᎢᎠᏍ, ᎠᏍᎥᏫ ᏗᏴᎠᎵᏍᎢᎠᎾᎢ-
common welfare, and se-   Ꮝ ᎥᏘᏫ ᎫᏴᎠᎵᎢ ᎭᎡᎡᎥ ᎭᎩᎩ, ᎤᏌ
cure to ourselves and our   ᎡᏈᎡᎷ ᎥᏠᏫᏁᏍ ᏗᎦᎥᎢ ᎡᎢᎥᏠᏓᏏᎢ-
posterity the blessings of li-   Ꮝ, ᎫᎩᏫᎠᏍᎠᏍ, ᎠᏓ ᏣᎳᎩᎯ ᎤᎬᏫᏳᏔᎢ
berty; acknowledging with   ᎬᏩᎩ ᎤᏪᏘᏗ ᏗᏅᏫ ᏓᎩᎡᎠ.   ᏍᎦᏩᎿᏘᎴ
humility and gratitude the   ᎡᎠ, ᏂᎡᏂᎮᏍ ᎤᏍᎡᎤᎦᎿᎠ, ᏗᏍᎡᎾᎢᎦᏔᏟ;
goodness of the sovereign   ᎤᏌ ᏗᎦᎵᎯᎡᏂᎵ ᎡᎠᎩᎩ ᏔᎦᎾᎵᎮᎦᎪ
Ruler of the Universe, in   ᎭᎩᏳ ᎠᏓ ᎡᎠᎩᎩ ᏔᎦᎥᎠᎢ ᎫᎩᏌᎦᎡᎵ-
offering us an opportunity so   ᎠᎢ ᎭᎡᎡᎵᏍᎥᎭᏍ, ᎤᏌ ᎡᎠᎩᎩ ᎤᏴ-
favorable to the design, and   ᎥᏬᎦᎵᏍ, ᎤᏌ ᏗᎡᏐᎭᎵᏍ, ᏗᎭᎤᏫ-
imploring his aid and direc-   ᏂᎴ.
tion in its accomplishment,
do ordain and establish this

25 각 쪽마다 영어와 체로키어로 나란히 인쇄된 1827년의 '체로키 국가' 헌법.

(Hiwassee) 어귀까지, 그런 다음 섬을 포함해 그 강의 주요 물골까지, 위에서 말한 강을 에워싼 첫 번째 산언덕까지, 히워시 구시가지 위로 약 3킬로미터 정도……[61]

하지만 땅에 대한 이 같은 구체적인 비전도, 그 땅을 지배할 권리를 가진 '자유로운 별개의 국가'라는 체로키족의 주장도 아무런 흡인력을 얻지 못했다. 워싱턴의 미국 연방 정부는 모두가 백인인 조지아주 입법부와 더불어 이 헌법의 적법성과 체로키의 국가적 야망이 지닌 타당성을 부인했다. 1830년대에 대부분의 체로키족은 조지아주에 있는 제터전에서 쫓겨났으며, 오늘날의 오클라호마주로 강제 이주당했다. 이주 도중 그들 가운데 약 4000명이 목숨을 잃었다. 이것은 흔히 미국 변경에서 벌어진 독특한 비극으로 표현되지만, 그 이상의 의미를 지니고 있다.

한편으로 이 사건은 다시 한번 인쇄술에의 접근이 헌법 형성에 대한 적극적 관여와 얼마나 밀접한 관련을 띠는지 강조해준다. 다른 한편으로 1820년부터 1830년 사이에 조지아주에서 일어난 일련의 사건은 이와 관련해서 어떻게 우월한 권력을 지닌 자들이 인쇄술로 인해 이용 가능해진 기회와 사상을 한쪽으로 밀어낼 수 있었는지 잘 보여주기도 한다. 1776년 이후, 미국 백인은 점차 일련의 인쇄된 성문 헌법을 이용해서 방대한 초대륙적 제국을 주조하고 조직하고 정당화하고 세계만방에 널리 광고했다. 미국 영토 내에서 이런 장치를 사용해 별개의 입법적·국가적 프로젝트를 추진하려던 경쟁적인 시도들은 허용되지 않았으며 흔히 잔혹하게 진압당했다.

하지만 그럼에도 1827년의 이 체로키 계획—나중에 다른 아메리카 원주민 집단들이 그것을 모방했다—은 인쇄술 자체와 마찬가지로 헌법도 본디 변화무쌍하며, 아무도 그것에 대한 절대적 소유권을 지닐 수 없음을 우리에게 상기시켜준다.[62] 19세기 말, 서구 제국의 진격에 위협받은 다른 민족들 역시 그들의 독립적이고 자율적인 정치 정체성을 주장하고자 인쇄된 성문 헌법을 활용하기 위해 전력을 다하는데, 그런 노력은 더러 체로키 인디언의 경우보다는 성공적이었다.

1820년대에 이 민족들이 기울인 노력, 그리고 그에 대한 억압은 마지막으로 성문 헌법 일반과 관련해서 좀더 광범위하고도 중요한 점을 일깨워준다. 흔히 국가 건설의 중대 보조 장치로만 간주되어온 이러한 텍스트들은 실제로 제국의 건설과 합법화를 돕는 장치로도 기능할 수 있었다. 미국의 팽창주의에 의해 체로키족이 무너지기 훨씬 전부터 세계 여러 지역에 존재하는 다른 열강들은 이 사실을 알아차렸다.

║4║

수많은 입법가들

파리

거버니어 모리스는 미국 헌법 초안을 마무리한 때로부터 채 1년도 되지 않아서 이 새로운 정치 기술과 다시 만나는데, 이번에는 다른 장소에서였다. 1788년 12월, 그는 미국의 토지와 담배에 투자하도록 유럽인을 설득하기 위해 대서양을 건넜다. 하지만 그가 파리에 도착한 것은 1789년 1월 24일 삼부회가 공식 소집되고 며칠밖에 지나지 않은 때였다. 삼부회는 오랫동안 활동하지 않던 프랑스 협의회였는데, 그것이 되살아남으로써 하이브리드 전쟁에 대한 그 나라의 지나친 탐닉으로 야기된 재정적 위기를 타개하고, 그 국가의 행정 체제와 과세 제도의 재편 작업을 진전시킬 수 있으리라는 기대가 싹텄다. 부유하고 영리하고 매력적이며 프랑스어도 나무랄 데 없이 구사하고 기본적으로 자신감 넘치는 남성인 모리스는 재빨리 이러한 상황 전개에 몸을 던졌다. 그는 프랑스 왕궁과 파리의 정치 살롱 몇 곳에 쉽사리 접근할 수 있었으며, 1789년 5월 삼부회 개회식에 참석해서 그 대표들의 연설에 관해 메모했다. 그리고 다른 방식으로 사건들을 접하기도 했다. 그는 낯 두꺼운 갈퀴질("나는 그것이 잘못이라는 걸 알지만 그러지 않고서는 못 배기겠다")로서 매춘부들과 어울렸으며, 그들은 거리에서 주워들은 소문을 그에게 들려주었다. 그는 또한 좀더 부유한 여성들에게 접근하기도 했다. 다른 것들과 더불어 이런 노력을 통해 그는 그녀들이 남편에게서 알아낸 정치 가십거리나 비밀에 대해 들을 수 있었다.[1]

매사 자신감 넘치며 낙관적인 모리스는 애초에 프랑스가 그의 나라 미국의 정치 발전상을 모방하기 시작할 거라고 믿어 의심치 않았다. 그는 "나는 대서양 이쪽 편에서 내가 대서양 저쪽 편에 두고 온 것과 상당한 유사성을 발견하고 있다"고, 그리고 "지금껏 현존하는 형태들이 뿌리째 흔들려왔으며, 새로운 질서가 빠르게 부상하고 있다"고 썼다. 이런 초반의 행복감이 대서양 양편에서 살아가는 고상한 개혁가들 사이에 널리 퍼져 있었다. 모리스의 경우, 이 행복감이 이례적일 정도로 삽시간에 사그라들었다면, 그것은 부분적으로 (필라델피아 회의에 참석한 수많은 전직 대표단과 달리) 그가 극심한 신체적 폭력을 직접 경험해본 적이 거의 없었기 때문이다. 이제 파리 시가지에서 그것―살해, 폭동 그리고 무차별적인 잔혹성―을 목격한 그는 혼란에 빠지고 두려움에 젖었다.[2] 그는 또한 프랑스의 헌법 프로젝트가 그 자신의 앵글로-아메리카 방식의 표준에서 더없이 빠르게 벗어나고 있다는 사실에 불안을 느끼기도 했다.

심지어 용어조차 달랐다. 삼부회, 그리고 그것을 계승한 조직인 국민의회 의원들은 헌법을 쓰거나 그것의 초안을 작성하는 데 대해서가 아니라 헌법을 **수정하는** 데 대해서 언급하고 있었다.[3] 1787년으로 거슬러 올라가 필라델피아 남성들은 그들의 헌법 초안에서 '권리장전'은 빼기로 결정했으며, 사회적 혁명 비슷한 건 여하한 것이든 멀리했다. 모리스 자신은 새로운 미국 상원이 인정받는 많은 재산을 지닌 남성─즉 죽을 때까지 그들의 지위를 누리게 될 귀족─으로 채워져야 한다고 주장했다. 하지만 1789년 8월 국민의회가 채택한 '인간과 시민의 권리에 관한 선언(Declaration of the Rights of Man and the Citizen)'은 새로운 프랑스에서는 "사회적 차별이 오로지 대중적 효용에만 기반을 두게 될 것"이라고 선포했다.[4]

다른 차이점들 역시 그를 놀라게 만들었다. 미국 헌법은 대부분의 초기 미국 주 헌법들과 마찬가지로 상하 양원제를 부여했다. 하지만 1791년 9월 발표된 최초의 프랑스 헌법은 좀더 급진적인 단원제 모델을 채택했다. 그 헌법은 또한 행정부 권력을 도려냄으로써 군주인 루이 16세─그는 당시 단두대 처형을 불과 16개월 앞둔 시점이었다─의 두 다리를 묶고, 주로 정치 경험이 부족한 740여 명의 젊은이로 구성된 국가 입법회의를 창설하기도 했다. 강력한 행정부에 대한 믿음이 확고했던 모리스는 소름이 끼치고 경멸감을 느꼈다. 그는 "전지전능하신 신 자신도 '새로운 인간종을 창조하지 않고서는' 이렇게 제안된 프랑스 정부 체제가 제대로 작동하도록 만드는 데 곤란을 겪을 것"이라며 거세게 비난했다.[5]

하지만 그의 가장 중요한 깨달음은 그 직후인 1791년 12월 8일에 찾아왔다. 이제 프랑스인이 "파멸로 치닫고 있다"고 확신했으며, 그렇지만 여전히 "내가 할 수만 있다면 그들을 막겠다"고 결심한 모리스는 그날 당시 파리 중심부에서 가장 최신식 도로 가운데 하나인 리슐리외

(Richelieu) 거리의 숙소에서 시간을 보내기로 작정했다. 그리고 자신의 경험을 바탕으로 "이 나라를 위한 헌법 형식 초안"을 작성하기로 마음먹었다. 국민의회에서 내놓은 것보다 개선된 결과임에 틀림없는 어떤 것이었다. 그가 막 작업에 돌입했을 때, 한 낯선 사람이 그의 방에 들이닥쳤다. 침입자는 프랑스인이었고, 본인이 확실히 밝힌 바에 따르면, 생전에 미국을 한 번도 가본 적이 없는 자였다. 그럼에도 그는 어리둥절해하는 모리스에게 자신은 미국을 "완벽하게 잘 알고 있다"고 확신에 찬 어조로 말했다. "약 50년 넘게 미국을 위한 모종의 헌법이라는 관심사를 연구해온" 그는 최근에 헌법을 작성했고, 조지 워싱턴의 즉각적 관심을 끌기 위해 그것을 발송했다고 밝혔다.[6]

모리스는 어떻게든 그 남성(우리는 그의 이름이 뭔지 알지 못한다)을 잘 구슬려서 되도록 빨리 자신의 숙소에서 내쫓으려 했다. 하지만 이내 그 침입자의 순진무구하고 주제넘은 열의가 자신의 그것과 대단히 흡사하다는 사실을 알아차렸다. 모리스가 애석하다는 듯이 일기장에 털어놓았다. "나는 미국을 위해 헌법을 만드는 어느 프랑스인과 프랑스를 위해 같은 일을 수행하는 어느 미국인 간의 유사성을 깨닫고 커다란 충격에 빠지지 않을 수 없었다."[7]

모리스는 1794년까지 파리에 머물렀는데, 그사이에 시간이 흐를수록 점점 더 두려움과 환멸로 빠져들었다. 하지만 이는 아마도 그가 파리에 체류하면서 얻은 가장 중요한 통찰이었을 것이다. 그가 낯선 프랑스인이 들이닥친 날 일기장에 휘갈긴 내용, 그리고 결국 그 만남으로 이어진 여러 사건들은 새로운 헌법이 두 가지 측면에서 진화하고 있던 정황을 잘 드러내준다. 우선, 모리스의 경험은 이 장치를 상상하고 작성하는 작업이 이제 비단 공식적 선수들뿐 아니라 아마추어와 비공식적 종사자들까지 끌어들이고 있음을 보여주는 예다. 오늘날 우리는 대체로 헌법 작성을 법률가·정치인·공직자의 영역으로 간주한다. 하지만 모리스 자신과 그를 방문한 이름 모를 프랑스인의 노력이 잘 보여주다시피, 18세기 말에—그리고 그 이후로도 오랫동안—헌법 작성은 흔히 개인들이 추구한 일이었다. 그것은 시, 연극, 신문 기사, 그리고 실제로 소설을 쓰는 것과 유사한 문학적이자 문화적인 창조 양식이었다.

결국 헌법을 공식화하려는 시도는 마치 소설을 쓰는 것처럼 우리가 거의 어디에서나 할 수 있는 일이었다. 1817년 모리스보다 1년 뒤에 사망한 제인 오스틴(Jane Austen)은 햄프셔주 윈체스터와 가까운 마을인 초턴코티지(Chawton Cottage)에서, 복도를 겸하고 있으며 침입자가 들이닥치면 알도록 해줄 만큼 삐걱거리는 문이 달린 작은 실내 공간에서 자신의 주요 소설 가운데 몇 개를 집필했다. 같은 이유로 시험 삼아 정치 헌법을 작성하고 싶어 한 개인들 역시 공간에 많은 투자를 해야 하는 것도, 거금이 필요한 것도 아니었다. 제 마음대로 사용할 수 있는 충분한 시간과 백지, 열정과 자신감만 있으면, 글을 읽고 쓸 줄 아는 사람 누구나 자신의 집에, 또는 (모리스처럼) 숙소에, 또는 선술집이나 커피숍에, 또는 심지어 배의 선창에 앉아서 헌법을 계획하고 작성하는 일에 뛰어들 수 있었다.

이런 일은 점점 더 많이 일어났다. 이들 장치를 둘러싸고 더 많은 정보가 회람됨에 따라, 그리고 정치 변화 속도가 점차 빨라짐에 따라, 이 장르에 뛰어드는 개인들의 시도가 만개했다. 1790년대에 프랑스의 혁명적 행동주의와 폭력의 본산인 스트라스부르(Strasbourg)의 한 신문은 셀프 헌법 작성자들을 위한 견본을 실어서 적절한 제목을 제안하고 열광자들이 저마다 개혁적인 아이디어를 채워 넣을 수 있도록 빈칸을 남

겨두기까지 했다.[8]

거버니어 모리스가 파리지앵과 조우한 사건은 또 한 가지를 말해주기도 한다. 헌법을 작성하고자 시도하는 사람들은 공적 관리든 개인 자격이든 간에 반드시 그들 자신의 특정 국가 정부를 재설계하는 데에만 자신을 국한하는 게 아니다. 모리스나 그의 프랑스인 침입자처럼, 그들 가운데 일부는 자국 이외의 영토와 국민을 위해 헌법을 작성하고 계획했다.

하지만 이처럼 타국을 위해 헌법을 작성하는 일에는 몇 가지 난관이 도사리고 있다. 만약 어느 외국을 위한 정치 헌법의 작성을 시도하고, 그러한 노력에 대해 널리 인정받을 기회를 누리고 싶다고 칠 때, 당신은 아마 그 해당 국가를 직접 경험해본 증거를 내놓을 수 있다면 도움이 될 것이다. 하지만 특히 철로와 증기선이 보급되기 전에는 (딱히 업무, 상업, 종교, 또는 가족적 긴급 상황 같은 이유가 없는 한) 사적 개인들 대다수의 경우 너무 비싸고 힘들어서 장거리 여행을 엄두조차 내기 어려웠다. 1791년 12월 거버니어 모리스의 숙소에 침입한 나이 든 프랑스인은 분명 미국에 사로잡혀 있었으며, 필사적으로 그 나라 정부에 제 흔적을 남기고 싶어 했다. 하지만 미국은 파리에서 약 5600킬로미터나 떨어져 있고 대양에 가로막힌 곳이었으므로, 그 남성은 (그 자신이 누구였느냐를 막론하고) 상상 속에서 말고는 그 나라를 직접 가보았을 가능성이 없다.

하지만 그보다 한층 더 근원적 장애물은 영향력의 부족이었다. 사적인 개인이 무슨 수로 외국의 정치 활동에 영향을 미치길 바랄 수 있겠는가? 거버니어 모리스는 부유하고 세상을 잘 알고 영리했다. 그는 제임스 매디슨의 말마따나 미국 헌법의 양식이며 배치와 관련해 마무리 작업을 책임진 인물로 대서양 양편에서 유명세를 누리고 있었다. 하지만 일단 프랑스에 머물게 되자 당초 미국에서 쌓은 그의 입법 경력이 아무짝에도 쓸모가 없었다. 모리스는 자기 아이디어 일부를 다양한 혁명적 정치인들과 루이 16세에게 제출할 수는 있었지만, 어떠한 효과도 거두지 못했다. 한 파리 언론인이 이렇게 비웃었다. "그는 자신의 작업을 왕이 주목하도록 만들려는 허황한 오만방자함에 빠진 듯하다." 그가 말을 이었다. "하지만 모리스의 계획이 여러 개인들이 비밀리에 출간한 다른 100가지 계획보다 더 많은 관심을 끌었다고 상상하는 건 터무니없는 일이다." 그의 지적은 열정적인 아마추어들이 헌법적 청사진을 작성하는 시도가 이제 더없이 널리 확산하는 추세였음을 강조한 것이기도 하다.[9]

하지만 어느 광범위한 남성 범주의 경우, 외국을 위한 헌법 작성에 따른 장애물—여행 비용, 명백한 영향력 부족—이 훨씬 덜 심각하고, 이따금 극복될 수도 있었다. 1850년 전에는 전 세계 어디에서나 극히 일부의 인간만이 장거리 여행을 할 만한 위치에 놓여 있었다. 그러나 병사와 해군은 때로 그와 사정이 달랐다. 압도적으로 젊고 비교적 건강한 이 남성들은 흔히 그들 업무의 핵심적 부분으로서 국가 간, 대륙 간 여행에 나서곤 했다. 더군다나 제복 입은 남성의 경우, 장거리 여행에 소요되는 경비는 일반적으로 다른 사람들이 지급했다. 세금으로 충당되거나 약탈 및 강제 징발로 거둔 물품을 수송하는 도중에 자금을 조달받는 식이었던 것이다.

군대를 지휘하는 이들은 훨씬 더 많은 이점을 누렸다. 그들은 본국에서든 해외에서든 군사력을 이용해서 기존의 정치 체제를 무너뜨릴 수 있는 입장에 놓여 있었다. 그들은 그런 다음 변화된 헌정 질서를 부과하고자 훨씬 더 많은 무력을 사용하거나 또는 사용하겠다고 으름장을 놓을 수 있었다. 이런 식으로 무력을 써서 새로운 헌법을 구축하는 것은 오늘날까지 지속되는 현상으로 증명되었다. 예컨대 1958년 이후, 파키스탄 정부와 헌법은 그 나라 군부의 개입으로 계속 개편되어왔는데, 이 점은 비단 그 나라에만 국한한 특징이 아니다.[10] (대체로 서구의) 단일 국가, 또는 일련의 국가들 편에서 시행된 무력 침략이 다른 국가들에 그들 자체 버전의 헌법을 부과하는 데 결정적 역할을 하는 방식 역시 잘 알려져 있었다. 가령 연합군의 병사, 법률가 그리고 관리들은 제2차 세계대전에서의 승리를 이용해 패전국 독일과 일본에서 새로운 헌법을 창조했다. 미국과 그 연합국은 2003년 침략한 이라크에서 같은 일을 해보려고 덤볐지만 거의 효과를 거두지 못했다.

국내에서—그리고 이따금 외국에서—새로운 헌법을 시행하기 위해 군사력 및 공격성을 동원하는 현상은 이들 장치의 확산에서 되풀이해 나타나는 요소였다. 이 같은 추세는 1790년부터 점차 분명해졌다. 이즈음 성문 헌법을 추진하고 형성하기 위한 군사력 사용이 두드러진 까닭은 전쟁, 권력 구조 및 사상의 연속성 때문일 뿐 아니라 그것들의 변화 때문이었다. 새로운 헌법을 실시하기 위한 무력 사용은 프랑스 혁명 이후 한층 뚜렷해지는데, 이는 자신을 나폴레옹 보나파르트라고 칭하기 시작한 남성의 거침없는 부상 때문이었다.

반복·확산하는 하이브리드 전쟁

1790년 이후 30년 동안 새로운 헌법 기술(technology)의 지리적 포괄 범위와 규모가 얼마나 널리, 얼마나 빠르게 변화했는지는 다음의 표를 통해 쉽게 확인할 수 있다.

새로운 헌법(1776~1820)[11]

	미국	유럽	남아메리카와 아이티	아프리카
1776~1791	20	2	–	
1792~1800	7	20	–	–
1801~1810	2	59	5	–
1811~1815	1	38	16	–
1816~1820	7	24	7	1(라이베리아)
합계	37	143	28	1

　다른 대부분의 수치 세트와 마찬가지로, 이 역시 이야기의 전모를 말해주지는 않는다. 이 표에서는 이 기간 동안 **기존** 헌법에 가해진 수많은 수정안이 누락되어 있다. 그 가운데 일부—개중 눈에 띄는 것은 1791년의 미국 권리장전(American Bill of Rights: 미국 헌법 수정 제1조부터 제10조까지를 일컫는다—옮긴이)이다—는 대단히 중요했다. 더군다나 위의 표에서 유럽과 남아메리카 헌법 부분의 합계 수치에는 오직 짧은 기간 동안만 지속된 헌법도 대거 포함되어 있다. 그러나 거꾸로 이 유럽과 남아메리카의 합계는 만약 이 지역에서 초안을 작성한—하지만 당시 시행되지는 않은—**모든** 헌법을 다 포함한다면 훨씬 더 커질 것이다. 세르비아에서 오래 이어진 무장 봉기는 1808년에 한 차례의 헌법 작성 시도로 귀결되었는데, 이는 발칸반도에서 처음으로 출현한 것이다. 그러나 이런 시도는 결코 이행되지 않았으며, 오스만 제국과 러시아의 힘에 의해 이내 말살되었다.[12]

　이 모든 것에도 불구하고 이 수치가 드러내주는 전반적 패턴은 극적이며 논란의 여지가 없다. 1776년 이전에 일부 유럽 지도자는 혁신적 헌법 텍스트를 발표하는 식으로 전쟁 수준 향상과 계몽사상이라는 자극에 대응해왔다. 그러나 그때 이후 가장 담대하고 성공적으로 헌법을 실험한 것은 바로 미국이었다. 이 패턴이 그 뒤로 변경된 것은 프랑스 혁명의 발발 때문만이 아니었다. 새로운 헌법이 세계 다른 지역들로 빠르게 확산하도록 이끈 가장 중요한 요소는 다름 아니라, 그에 이어진 장기적 전쟁과 그로 인한 악영향이었다. 1791년에는 프랑스의 최초 성문 헌법—프랑스에 체류하던 미국인 거버니어 모리스를 몹시 화나게 만든 바로 그 문서—이 이행되었으며, 국민의회가 국민위병대(National Guard)를 군 복무 대상으로 지정하는 결정을 내렸다. 이 결정으로 그해 6월에만 10만 명의 신병이 프랑스 육군에 추가되었다. 1792년 프랑스 군주제가 몰락하고 새로운 혁명 정권과 일군의 유럽 열강—오스트리아·프로이센·에스파냐·영국·네덜란드 등—간 전쟁이 발발함에 따라, 유럽 대륙 전역에서 이들 텍스트의 확산 속도는 눈에 띌 정도로 빨라졌다.

이 같은 추세는 나폴레옹 보나파르트의 등장으로 한층 더 현저해졌다. 이탈리아반도에서는 초기 성문 헌법 실험이 몇 차례 이루어졌지만, 그 가운데 문서상의 예비적 계획을 넘어서는 경우는 드물었다. 반면 여전히 프랑스공화국 장군이던 나폴레옹이 1796~1797년 이탈리아에서 전개한 최초의 군사 작전은 그곳에서 4개의 새로운 헌법과 2개의 권리 선언서를 발표하는 결과로 귀결되었다. 일단 그가 프랑스 통치자로 자리 잡자 군사적 공격 및 지역을 넘나드는 헌법 활동주의의 수준은 점차 가속화했다. 그로 인한 전통적 지배 질서의 파괴는 비단 유럽에만 그치지 않았다. 또한 표에서 볼 수 있듯이, 나폴레옹이 마침내 1815년 워털루 전투에서 패배했음에도 이 모든 것의 효과가 이내 사라진 것 역시 아니었다. 프랑스 혁명전쟁에 의해서도, 나폴레옹 전쟁에 의해서도 새로운 헌법 기술의 영향력은 결코 약화하지 않았다. 그 기술은 다른 형태를 취하면서 점점 더 빠르게 더 많은 장소로 내내 확산했다.

이 같은 전쟁들이 정치와 헌법에 그토록 커다란 영향을 미친 까닭은 무엇일까? 그리고 그것은 어떤 전쟁 방식이었을까? 이 질문에 대한 답은 상당 정도 우리가 어디를 보는지, 그리고 무엇을 보기로 선택하는지에 따라 달라질 것이다. 육상 전쟁과 혁명적 프랑스, 그리고 1792년 시작된 거센 투쟁에 초점을 맞추면, 그것은 '새로운' 종류의 전쟁으로 보일 수도 있다. 흔히 이데올로기적 열정과 극단주의가 수시로 수반된다는 점에서 볼 때 '새로운', 때로 지극히 평범한 프랑스 병사조차 특히 이들 분쟁의 초기 단계에서 보여주는 사명감 면에 비추어 '새로운' 종류의 전쟁 말이다.[13]

앙시앵레짐 유럽(및 기타 지역)의 일반 병사들은 거의 짓밟힌 전설의 로봇이 아니었다. 그들 상당수는 그저 뾰로통하고 상처 입은 강압의 희생자가 아니라 헌신적이고 의욕적인 행위자들이었다. 그럼에도 **일부** 프랑스 혁명군은 꽤나 다른 수준으로 정치화되었음이 분명한데, 그것은 부분적으로 널리 퍼져나간 인쇄 성문 헌법의 존재가 교육적이고 영감을 주는 문서 역할을 했기 때문이다. 조용하고 가정적인 남성이자 소작농인 조제프루이가브리엘 노엘(Joseph-Louis-Gabriel Noël)을 예로 들어보자. 그는 프랑스 북동부에 있는 그 자신보다 훨씬 더 조용한 마을 웝시(Ubexy) 출신이었다. 1791년 8월 지역 의용병 대대에 보병으로 이름을 올렸을 때, 그는 이내 제 스스로를 (집에 보내는 사적 편지에서조차) '헌법의 병사'이자 운명의 자식으로 표현했다. 그는 가족에게 띄운 편지에서

"우리는 시험대에 올라야 한다"고 단호하게 말했다. 하지만 그가 읽고 본 것, 장교로부터 들은 것은 그에게 승리가 보장되리라는 확신, 그 승리는 비단 프랑스만을 위한 게 아니라는 확신을 심어주었다. 그는 "우리가 바로 폭군의 간담을 서늘하게 만들고 노예로 전락한 이들을 해방시키기 위해 공격에 뛰어들어야 하는 사람들"이라고 말하며 크게 기뻐했다.[14]

이런 유의 열정이 때로 자원병에게 부여한 자극 덕분에, 하지만 그보다 훨씬 더 많은 정도로 프랑스 및 기타 지역에서의 징병제 도입 덕분에 이런 전쟁은 전례 없을 정도로 수가 많고 출신이 뒤섞인 군인을 끌어 모을 수 있었다. 예카테리나 여제는 그녀의 오랜 재위 기간 동안 100만 명의 군대를 모았다. 하지만 1801년에 러시아 왕위를 계승한 그녀의 손자 알렉산드르 1세는 그저 프랑스 군대와 그 연합군을 무찌르는 데에만 200만 명의 군인을 필요로 했다. 그의 가장 큰 도전은 물론 1812년에 찾아왔다. 그해 여름 나폴레옹이 러시아에 풀어놓은 군대는 약 68만 명의 남성으로 이루어져 있었는데, 그들 가운데 절반 너머가 프랑스 태생이 아니었다.[15]

변모한 프랑스의 이름으로 싸운 이 외국군 가운데 압델탈루트(Abdel-Talut)라는 군인만큼 멀리까지 여행을 다녀본 사람은 거의 없을 것이다. 원래 에티오피아에서 붙잡힌 다음 카이로에서 노예로 팔려나간 그는 나폴레옹이 이끄는 침략 군대에 의해 그곳에서 포로들 가운데 차출되었다. 그리고 나중에 다채로운 형태의 고난과 압력에 노출되면서 여러 프랑스 군사 작전에 참가했으며, 모스크바에서 퇴각하는 도중 극심한 추위에 시달리며 죽어갔다.[16] 압델탈루트의 개인적 군사 경험의 성격은 극히 이례적이지만, 그 과정에서 그가 감내해야 했던 국경 횡단은 좀더 광범위한 경험이었다. 이 프랑스 혁명전쟁과 나폴레옹 전쟁은 1792년에서 1815년까지 꽤나 긴 기간 동안 이어졌고 지구의 더없이 넓은 지역을 포괄했기에, 무척 많은 군인이 계속 여러 바다·국가·대륙을 넘나들었다. 이처럼 오랫동안 이어진 상당 수준의 군사적 기동성은 중대한 정치적 결과를 초래했다.

하지만 프랑스 혁명전쟁과 나폴레옹 전쟁이 여러 대륙에 걸쳐 광범위하게 치러진 사실에서 알 수 있다시피, 이 전쟁들은 전체적으로 보아 실제로 완전히 새로운 형태의 전쟁은 **아니었다**. 그보다 그것들은 1700년대 초 이후 그 비용과 포괄 범위가 증가해온, 육상과 해상에서 함께 펼쳐진 현저하게 대규모인 혼합전의 연장선이라는 특색을 띠었다. 다시 말하지만 이것은 대규모 하이브리드 전쟁 사례였는데, 나폴레옹이 유독 그것에 능란했던 건 아니었다.

이 점은 그가 육상에서 거둔 화려하고도 괴력적인 숱한 승리에 의해 쉽게 가려졌다. 그 가운데 약 50번의 승리는 당연히 그를 찬미하는 이들이며 역사가들(때로 두 집단 사이에는 교점이 존재했다)을 매료시키는 결과를 낳았다. 하지만 육상에서의 축제에도 불구하고, 해상에서의 사건들은 실제로 이 길고도 광범위한 전쟁의 전반적 경로와 방향을 좌우하는 데 결정적이었다. 나폴레옹 전쟁에서 이 중요한 해상 요소는 1790년대부터 새로운 성문 헌법에 대한 의존도가 높아진 까닭을 설명해준다.

나폴레옹은 처음에 전투 선원이 되길 열망한 것으로 잘 알려져 있다. 그의 호전적 이력에서 가장 결정적인 사건 가운데 일부는 육군뿐 아니라 해군과도 연관되어 있었다.[17] 그가 1798년에 이집트를 침공했을 때, 그 작전에는 330척의 전함과 수송선, 그리고 5만여 명의 병사·과학자·노동자가 함께했다. 이와 관련한 남성 및 원양 항해용 장비의 수는 프랑스가 미국 혁명전쟁에 투자한 정도를 가뿐히 능가하는 수준이었다. 이 이집트 침략의 목적은 프랑스가 아프리카와 아시아의 접점 지역에서 항구적으로 전략적 위상을 확보하려는 것이었다. 프랑스는 이것이 초기에 영국한테 식민지를 빼앗긴 사건들을 보상해주고, 가능하다면 인도로 가는 관문을 열어주기를 희망했다. 실제로는 이러한 장기적인 전략적 야망도 그 원정 자체도 실패했다. 그러나 나폴레옹이 이집트에 상륙해서 알렉산드리아와 카이로를 점령하고 피라미드 가까이에서 전투를 치르고 시리아로 진군했다는 신중하게 조작된 보도가 이루어진 결과, 그는 1799년 10월 파리로 귀환했을 때 그 전보다 훨씬 더한 대중적 영웅으로 떠올랐다.[18] 이 덕분에 그가 그 직후 파리에서 정치 쿠데타를 일으키기가 한결 수월해졌다.

그 밖에도 나폴레옹은 장거리에 걸친 중요한 여러 해상 모험에 뛰어들었다. 1800년 그는 해상 관리(sea officer)이자 자연주의자이면서 전직 동인도회사 직원이던 니콜라 보댕(Nicolas Baudin)이 이끄는 탐험대가 곧 오스트레일리아라고 불리게 되는 곳의 해안 지대에 대한 지도를 제작하도록 승인했다. 보댕과 그의 선원들은 그로부터 2년 뒤 오늘날 태즈메이니아라고 불리는 곳에 당도했으며, 그 탐험대 가운데 생존한 이들은 결국 약 20만 가지의 희귀 장물을 가지고 프랑스로 돌아왔다. 그중에는 조세핀 황후(Empress Joséphine)의 정원을 장식할 식물도 포함되어 있었다. 더군다나 보댕은 프랑스 해군이 장차 이 방대한 태평양 지역에 건설된 영국 최초의 정착지 뉴사우스웨일스(New South Wales: 오스트레일리아 남동부—옮긴이)를 손쉽게 공격할 수 있도록 보고서와 해도를 보내오기도 했다.[19] 역시나 이 해외 프로젝트도 아무런 결실 없이 끝났다. 나폴레옹의 다음 번 해양 횡단 모험은 그보다 훨씬 더 광범위하고 파괴적인 실패였다.

1801년 12월, 나폴레옹은 50척 넘는 군함과 2만 2000여 명의 병사를 카리브해 연안에 파견하고, 이어서 5만 5000명의 병사를 더 배에 실어 보냄으로써 한때 그곳의 플랜테이션 식민지이던 생도맹그에 대한 프랑스의 지배권을 되찾아오려고 했다. 이 원정에 대한 나폴레옹의 야심은 생도맹그 탈환 그 이상으로 확장되었다. 그는 1800년에 에스파냐가 자신에게 양도한 드넓은 루이지애나 준주와 더불어 생도맹그에 대한 재정복을 북아메리카 및 카리브해 연안에서 프랑스 제국을 부활하도록 도와줄 발판으로 바라보았다. 나폴레옹은 삶이 끝날 때쯤 이렇게 혼잣말을 했다. "생도맹그에서 모집된 '2만 5000명에서 3만 명의 흑인 군대'를 둔 내가 어떻게 자메이카, 앤틸리스제도, 캐나다, 미국 자체에 맞선 작전을 감행하지 않을 수 있었겠는가." 또한 그는 미시시피강에 대한 접근권 확보 가능성을 저울질하면서 기뻐하기도 했다. 목재를 그 엄청난 강에 띄워 보냄으로써 안정적으로 공급할 수 있다면, 새로워진 프랑스 전투 함대 구축에 커다란 도움이 되리라고 그는 판단했다.[20]

이 계획 역시 보기 좋게 빗나갔는데, 특히 헌법의 전파와 관련해서 그 영향은 오래갔다. 1803년 생도맹그에서 프랑스 침략군의 최종 항복은 흑인이 지배하는 자유로운 아이티의 건설을 보장했다. 이어진 15년 동안 이곳에서 다섯 가지 주요 헌법이 출현했다. 아이티에서 프랑스의 패배, 그리고 북아메리카와 카리브해 전투에서 나폴레옹의 실패(그는 1810년에도 여전히 복귀를 저울질하고 있었지만)로 더욱 많은 변화가 촉발되었다.[21] 그는 아직 지도화되지 않은 루이지애나 준주를 1500만 달러에 미국에 팔기로 결정했다. 이것은 심각하고도 영속적인 결과를 가져온 방대한 영토 이전이었다.

결국 밝혀진 바와 같이, 지도화되지 않은 이 방대한 프랑스령에 대한 지배력 획득은 미국의 면적을 2배로 불리는 데 기여함으로써 그 나라의 경계선을 미시시피강에서 로키산맥으로까지 확대해주었다. 이것은 미국이—그리고 미국의 정부 형태가—전 세계적으로 훨씬 더 많은 인지도를 누리게끔 도와준 지리적 규모와 자원 측면의 대대적 변화였다. 나중에 이름 붙은 것처럼 이 '루이지애나 매입'은 미국의 정착민과 병사들이, 다양한 토착 인구가 그때까지 상대적으로 안전하고 온전하게 남아 있던 땅으로 떼 지어 밀어닥치도록 허용해주기도 했다. 머잖아 이 같은 정착민과 미국 군대의 유입은 11개의 새로운 미국 주가 출현할 수 있는 토대를 마련해주고, 각 주는 저마다의 성문 헌법을 갖추기에 이른다.

나폴레옹은 루이지애나 준주를 미국에 매각해서 거둔 수익을 영국에 맞선 대규모 침략 함대 구축에 필요한 자금 조달에 사용할 계획이었다. 33척의 전함으로 이루어진 프랑스-에스파냐 연합 함대 가운데 무척이나 값비싼 대형 전함 19척이 파괴된 1805년 말의 트라팔가 해전으로, 이 추가적인 해상 프로젝트 역시 좌절되었다. 우리는 대체로 모스크바 진격과 워털루 전쟁 이전의 나폴레옹에 대해서는 실패라는 측면으로 바라보지 않는다. 또한 흔히 그를 바다와 관련해서 생각하지도 않는다. 하지만 이 마지막 패배—트라팔가 해전—는 과거의 해상 패배보다 그가 벌인 전쟁의 전반적 운명에 훨씬 더 중요한 것으로 판명되었다.

나폴레옹은 영국 침략에 성공할 수 없었던지라 그 나라의 왕립해군을 격파하지도 그에 대한 통제력을 장악하지도 못했다. 1805년에 영국 해군은 41척밖에 남지 않은 프랑스 해군의 전함과 대조적으로 136척의 전함을 갖추고 있었다.[22] 이 투지 넘치는 방대한 영국 해군이 훼손되지 않은 채 남아 있고 세계의 해양을 자유롭게 누비면서 작전을 펼칠 수 있었다는 사실은 나폴레옹이 대륙 횡단 제국을 구축하고자 한 과거의 여러 시도가 실패로 판명되었다는 것뿐 아니라, 그가 장차 뛰어들 그 어떤 장거리 해상 모험도 위험에 빠지게 될 가능성이 짙음을 의미했다. 나폴레옹은 유럽 대륙 내에서는 가공할 만한 힘을 과시했고 오랫동안 천하무적이었지만, 그와 동시에 그리고 점점 더 육지에 매여 있었다.

따라서 나폴레옹의 팽창주의적 야심이 일관되고도 자발적으로 유럽하고만 연관되어 있다고 보는 것은 잘못이다. 나폴레옹이 이 "두더지가 파놓은 흙 두둑(molehill)"(그가 암시하듯이 유럽 대륙을 지칭한 표현)에서 열심히 싸운 까닭은 그곳이 그가 세계에서 한동안 제국을 건설하고 보유할 수 있는 유일한 지역으로 드러났기 때문이다. 이러한 상황, 즉 전성기 때 약 75만 제곱킬로미터와 4000만 명의 인구를 포괄했던 그의 육상 유럽 제국 건설—한편으로 인상적이었지만 다른 한편으로 그의 눈에는 성에 차지 않기도 했다—은 나폴레옹이 성문 헌법에 상당한 관심을 기울이도록 이끌어주었다.

그는 자신의 유럽 소유물—즉 그가 획득하고 한동안 보유할 수 있었던 유일한 것—을 안정화하고 미화하고 정당화하기 위해서 거듭 이 장치에 의지했다. 나폴레옹은 이들 유럽 영토 가운데 일부에 정치 헌법을 부과했다. 그 헌법을 징집과 과세의 원천으로, 그리고 그에 따라 그 자신의 권력과 제 가족의 지위를 유지·확대할 수 있는 원천으로 삼기 위해서였다. 또한 그는 헌법을 변화의 도구이자 근대성을 육성하는 수단으로서 실험했다.

나폴레옹과 헌법

나폴레옹이 새로운 헌법 기술에 투자한 사실은 종종 회의론을 불러일으켰다. 이는 그가 숱한 침략을 일삼았다는 것, 그 과정에서 그에게 직간접적 책임이 있는 수백만 명의 죽음, 그리고 막대한 인프라·문화재·생계 수단의 파괴를 초래했다는 것에 비춰볼 때 놀랄 게 없는 일이다. 그와 같은 비판을 옹호한 초기의 빼어난 표현으로는 프랑스 혁명기와 나폴레옹 시대의 가장 중요하고 독창적인 그래픽 아티스트 제임스 길레이(James Gillray: 영국의 풍자화가―옮긴이)의 작품을 꼽을 수 있다. 그의 판화 작품 〈새로운 헌법을 결정하는 프랑스인 집정관 삼인조(The French-Consular-Triumvirate Settling the New Constitution)〉(집정관은 1799년에서 1804년 사이에 존재한 최고 행정관―옮긴이)는 1800년 1월 1일에 런던에서 발표되었다. 이것은 나폴레옹이 파리에서 쿠데타에 성공한 지 2개월도 되지 않은 시점이자 그가 새로운 프랑스 헌법―즉 그 나라에서 채 10년도 안 되는 기간 동안 시행된 네 번째 헌법―의 제정을 감독한 지 불과 몇 주밖에 되지 않은 때였다. 길레이의 이미지는 강력한데, 이것은 그 작품의 설계와 실행 때문이기도 하지만, 그가 그 작품으로 하여금 많은 일을 하게끔 만들고 있기 때문이기도 하다.

그의 판화는 갑갑할 정도로 가구가 빽빽하게 비치된 어둠침침한 파리의 방에 모인 4명의 실제 인물을 담고 있다. 그들 가운데 2명은 변호사로서, 훗날 '나폴레옹 시민법전'을 만드는 데 중대 역할을 담당한 피둥피둥한 장자크레기스 캉바세레(Jean-Jacques-Régis Cambacérès)와 장차 정복당한 네덜란드의 총독 자리에 오를 인물이자 프랑스 은행(Banque de France)의 설립자 샤를프랑수아 르브룅(Charles-François Lebrun)이었다.

배경으로 물러나 있는 세 번째 인물은 1791년 프랑스 헌법의 주도적 창시자인 가톨릭 성직자이자 정치 이론가 에마뉘엘 조제프 시에예스(Emmanuel Joseph Sieyès)다. 하지만 길레이의 작품에서 가장 핵심적인 인물은 당연히 네 번째인 나폴레옹 자신이다. 뚱뚱한 캉바세레는 말할 것도 없고 르브룅보다 더 날씬하고 허기진 듯 보이는 데다 캉바세레의 뭉툭한 발목과는 대조적으로 찔릴 것처럼 위험해 보이는 뾰족한 군화를 신고 있는 그는 넷 중 유일하게 칼을 차고 있다. 게다가 오직 그 자신만이 탁자 위에 놓인 '새로운 헌법(nouvelle constitution)'이라고 적힌 문서를 실제로 작성하는 모습으로 그려진다. 나폴레옹은 그 문서의 모든 줄에 '보나파르트'라는 이름을 반복해서 채워 넣고 있다.

길레이는 무엇보다 자신의 작품을 팔고 싶어 한, 재능은 있으되 수입이 불안정하고 대체로 가난에 허덕이던 예술가로서 결코 자신의 정치적 입장을 직설적으로 드러내지 않았다. 하지만 이 특정 작품에서는 그가 프랑스 혁명과 프랑스의 헌법 제정 및 변화 방식에 이내 두려움을 느끼게 된 아일랜드의 논객이자 철학자이면서 의회 의원인 에드먼드 버크(Edmund Burke)의 아이디어와 이미지를 활용한다.

길레이는 무엇보다 버크에게서 조롱의 요소를 취한다. 어떻게든 새로 빚어진 이념에 걸맞게 문서를 통해 국가를 개조할 수 있다는 바로 그 개념에 대한 조롱 말이다. 그는 자신의 판화 작품에서 나폴레옹의 쿠데타가 성공하면 본인이 또 다른 프랑스 헌법을 설계할 수 있으리라고 믿으면서 그 쿠데타를 극적으로 연출하게끔 도와준 시에예스라는 인물을 통해 이 점을 드러낸다. 이 작품에서 그는 수척한 입술 사이에 깃펜을 꽂고 있으며, 진즉에 그보다 세상 경험이 많은 음모자들에 의해 뒷전으로 밀린 상태인, 빈약한 사상에다 죽은 목숨 같은 지식인으로 묘사되어

The above are true Likeness(es) of CAMBACERES, LE-BRUN, the ABBE SEYES, and BUONAPARTE, drawn at Paris Nov.r 1799.

The French-Consular-Triumverate, settling the New Constitution,
with a Peep at the Constitutional-Pigeon-Holes of the Abbe Seyes - in the Back Ground.

26   제임스 길레이, 〈새로운 헌법을 결정하는 프랑스인 집정관 삼인조〉, 1800년.

있다. 또한 시에예스는 서로 다른 헌법 초안들을 잔뜩 쟁여 넣은 여러 칸의 목재 서류함을 드러내고자 커튼을 열어젖히는 모습으로 그려진다. 이것은 그 자체로 이 새로운 정치 기술의 발전에 대한 가장 통렬한 고발서인 버크의 소책자 《각하에게 보내는 편지(A Letter to a Noble Lord)》 (1796)의 한 소절을 참조한 결과다.

> 시에예스 신부는 이미 만들어져 있으며 입장권이 필요하고, 분류되어 있으며 번호가 매겨진, 그리고 온갖 시기와 욕망에 적합하도록 준비된 헌법들로 가득 찬 서류함 세트를 지니고 있다. ……어떤 헌법은 연장자협의회 및 연소자협의회를 보유한 반면, 어떤 것은 아무런 협의회도 두고 있지 않다. 어떤 헌법에서는 투표자들이 그들의 대표를 선출할 수 있는가 하면, 다른 헌법에서는 대표들이 투표자를 선택한다. ……따라서 그 어떤 헌법 애호가든, 설사 그가 약탈, 억압, 독단적 구금, 몰수, 추방, 혁명적 판결, 그리고 계획적 살인의 합법화 같은 패턴을 턱없이 좋아한다 해도, 이 상점에 부적합할 수는 없을 것이다.[23]

또한 버크가 프랑스의 새로운 혁명 정권을 "한 손에는 《코란》, 다른 손에는 검을 든 마호메트 체제"에 비유함으로써 그 정권을 의도적으로 다른 것들과 구분한 것처럼, 길레이 역시 나폴레옹의 헌법 제정을 만연한 무장 침략과 연관 짓는다.[24] 찬찬히 살펴보면 그림 상단에 '헌법 만세'라고 적힌 3색 끈이 현대 산탄총의 선조격인 총신 짧은 나팔총 두 자루 주위에 묶여 있다. 나폴레옹의 모자는 그의 군사적 승리를 상징하는 월계수 나무로 요란하게 치장되어 있다. 하지만 그의 군화는 비록 제대로 시행되지는 못했으나 급진적이고 평등주의적인 1793년 프랑스 헌법 사본을 짓이기고 있다. (이것은 길레이가 정치에서 늘 에드먼드 버크와 같은 입장을 취한 것만은 아님을 보여주는 징표다.) 이 불길하고도 냉소적인 실내에서 '자유'라는 단어가 새겨진 유일한 공간은 오직 나폴레옹의 칼집뿐이다. 이 프랑스 실세들이 모인 탁자 아래에는 산업체에서와 유사한 장면이 담겨 있는데, 이번에는 지옥에서 일어나는 것이다. 악마들이 쇠를 벼려 분주히 사슬 만드는 작업에 열중하는 모습이 보인다. 길레이는 우리가 나폴레옹과 그의 동료 헌법 제정자들도 그러하다는 것을 이해해주길 바란다.

이것은 영국해협 건너편에 위치한 적국을 겨눈 영국의 적대적 선전이다. 하지만 모든 훌륭한 선전이 그러하듯이, 여기에도 진실의 요소가 얼마간 담겨 있다. 이 시기에 일부 프랑스 관찰자들도 지적했다시피, 나폴레옹은 자신의 권력을 발전시키고 정당화하기 위해 의도적으로 헌법을 제정하고 이용했다.[25] 이 일은 프랑스 자체에서 일어났다. 나폴레옹이 1799년 12월 15일에 프랑스에서 발표한 짧은 헌법—다름 아니라 길레이가 판화에서 풍자한 헌법—은 그 전례들과 달리 아무런 권리 선언도 담고 있지 않았다. 대신 그것은 3명의 집정관에게 행정 권한을 부여했으며, 최고 집정관인 나폴레옹 자신에게는 실질적인 권력을 행사하도록 허락했다. 더군다나 이 같은 체제는 다수결을 보장하기 위해 프랑스 군대가 관여한 부정 조작된 국민투표에 의해 추진되었다. 1802년 나폴레옹은 추가적인 프랑스 헌법을 발표하면서 자신을 후계자 지명 권한을 지닌 최고의 종신 집정관으로 선포했다. 1804년 또 한 차례의 헌법을 통해 그는 스스로를 프랑스의 황제라고, 이제 왕위 계승은 "직접적이고 자연적이며 합법적인 나폴레옹 보나파르트 혈통에 속한 남성에서 남성으로 세습될 것"이라고 선언했다.[26]

나폴레옹이 이 새로운 정치 기술을 자신한테 이롭게 굴러가도록 만들려 했다는 것은 의심할 나위가 없다. 하지만 그가 그것을 진지하게 받아들인 측면도 없지는 않았다. 시간이 지남에 따라 이 텍스트를 옹호한 많은 사람과 마찬가지로, 나폴레옹 역시 언어와 활자에 깊은 애착을 품었다. 그는 서로 다른 이력 단계마다 본인의 업적을 연대기순으로 기록하거나 찬양하고, 그의 병사들을 위한 신문을 발행하고, 인쇄기를 챙겨가서 그의 군사 작전에 대해 기록해줄 언론인, 홍보 전문가, 고분고분한 회고록 작가를 고용했다. 또한 그는 독자로서나 저술가로서 개인적으로 문자 언어에 중독된 상태였다. 젊었을 때는 소설, 시, 단편 소설과 역사에 대한 글쓰기를 실험하곤 했다. 그리고 자수성가한 수많은 사람이 그렇듯이, 그도 스스로의 어휘 수준을 높이고자 생소한 단어를 만날 때마다 신중하게 그것들을 목록화했다.[27]

그는 문자 언어의 유용성과 변혁적 위력에 대한 자신의 신념을 끝까지 버리지 않았다. 우리는 이 사실을 1798~1799년 그의 이집트 침략에서조차 확인할 수 있다. 나폴레옹은 이집트에서 결코 헌법 제정을 위한 위원회를 설립한 적이 없다. 하지만 14인의 남성으로 꾸려진 국가 '디완(diwan: 통치위원회—옮긴이)'과 여러 지역 디완을 설립했을 뿐 아니라, 자유와 평등을 언급한 선언서를 발표하고 그것을 아랍어로 번역했다. 또한 국가 통제적이고 유익한 모종의 텍스트를 작성하고 발표한다는 개념을 최소한 만지작거리는 했다. 그는 "성가신 문명이라는 장애물로부터" 이집트를 해방시키고 싶어 했다. 그리고 나중엔 오리엔탈리즘이 불타고 있다고 주장했으며, 그 자신을 "[그곳에서] 종교를 창립하고 …… 코끼리를 타고 …… **그리고 내가 나의 필요에 맞도록 구성하게 될 새로운 《코란》을 손에 든**[강조는 저자] 모습으로" 그렸다. 그는 자신이 새로운 무함마드가 될 거라는 환상을 품었다. 당연히 전사이지만 영감을 주는 언어의 중개자이자 지혜로운 법의 선동자이기도 한 인물이 될 거라는 환상을 말이다.[28]

또한 나폴레옹의 출신, 그리고 전쟁은 처음부터 그가 헌법에 관심을 기울이도록 내몰았다. 그는 프랑스가 코르시카 서부 연안의 아작시오 섬(Ajaccio)에 대한 군사적 합병을 도모하던 1769년에 그 섬에서 태어났다. 그는 훗날 "나는 프랑스인이 우리 연안으로 쏟아져 들어올 때 세상에 나왔다"고 회고하곤 했다. "내가 태어날 당시 죽어가는 사람들의 절규와 억압당하는 사람들의 신음 소리, 절망에 허덕이던 사람들의 눈물이 나의 요람을 뒤덮었다." 이것은 주로 그 자신 편에서의 가식이면서 전설 창조였다. 하지만 처음에 나폴레옹은 스스로를 프랑스의 시민이자 순종적 신민이라기보다 프랑스의 정복과 식민화가 낳은 희생자로 여긴 듯하다.[29]

그는 10대 때 이렇게 썼다. "코르시카의 역사는 작은 나라와 …… 그것을 지배하려는 이웃 국가들 간의 부단한 투쟁의 역사에 다름 아니다." 실제로 한동안 나폴레옹은 1755년 코르시카 헌법을 설계한 병사이자 애국자 파스칼레 파올리를 영웅처럼 숭배했으며, 그에게 깊은 인상을 남기는 일에 몰두했다.[30] 나폴레오네 디 부오나파르테(Napoleone di Buonaparte)라는 어색한 코르시카식 이름을 가진 데다 소외되어 있던 그가 개명된 헌신적이고 무장한 프랑스인으로 변신하려면, 그 자신 편에서의 남다른 야망과 상당한 영리함뿐 아니라 왕당파 육군 장교들에 대한 인정사정없는 솎아내기와 프랑스 혁명이 열어준 한층 확대된 군사적 출세 기회가 필요했다.

나폴레옹의 자기 정체성 변화를 거들어준 것은 1790년 11월에 소집된 프랑스 국민의회의 판결이었다. 이 판결은 코르시카가 일정 정도의 자치권을 유지하겠지만 장차 프랑스에 완전히 병합되고 그와 동일한 법률의 지배를 받을 것이라고 명시했다. 따라서 나폴레옹은 고향 섬에서 보낸 인생 초반부터 훗날 본인의 헌법 관련 활동에 영향을 미친 두 가지 교훈을 마음에 새겼다. 한편으로 그의 코르시카 출생은 그가 외세에 정복당하고 점령당한 사람들이 느끼는 굴욕감과 분노를 얼마간 이해하도록 도와주었다. 다른 한편으로 그는 이따금 정복자 편에서의 입법 계획이 어떻게 군사적 침략으로 인한 긴장을 누그러뜨리고 그에 노출된 이들을 달래줄 수 있는지에 대한 감각을 키우기도 했다. 그가 적었다. "정복당한 지방은 행정 조직 양식의 변화를 통한 심리적 방법의 도움으로 시종 정복자에게 복종해야 한다."[31]

어쨌거나 나폴레옹은 법률가의 아들로서 일찌감치 법의 유용성과 중요성을 인지했다. 또한 한동안 입법가를 찬미한 장자크 루소 및 기타 계몽주의 작가들의 여러 저술을 열렬히 탐독하기도 했다. 확실히 그에게는 (시에예스 같은) 장황한 이론가나 프로젝트 입안자들을 참아낼 만한 인내심이 부족했으며, 프랑스 내부에서는 성문 헌법에 대한 그의 태도가 조잡할 정도로 환원주의적일 수도 있었다. 하지만 프랑스 바깥에서는 나폴레옹의 반응이 더러 한층 독창적이기도 했다. 수많은 제국 건설자들과 마찬가지로, 그에게도 제국의 전초 기지들이 얼마간 모종의 실험실 노릇을 하고 있었다. 즉 그 장소들에서는 그가 제국의 심장부인 프랑스 자체에서는 결코 위험을 무릅써보지 못한 정치적 실험에 뛰어들 수 있었다.

이 점은 그가 초기에 건설한 곳 중 하나인 치살피나공화국(Repubblica Cisalpina)에서조차 드러난다. 나폴레옹은 일개 장군으로 거의 28세에 불과하던 1797년 7월에 이 나라를 건설했으며, 우격다짐으로 이탈리아 반도를 뚫고 진격했다. 치살피나공화국은 한창때 롬바르디아, 피에몬테, 스위스, 베네치아, 모데나와 이른바 교황령인 로마냐, 페라라 그리고 볼로냐로 구성되어 있었다. 나폴레옹은 그곳의 헌법 제정 업무를 진행하도록 2개의 위원회를 꾸리고 그것을 친히 감독했다. 그가 군사적 이슈들에 의해 극도의 압박을 받고 있었으며 그의 첫 번째 목적은 동화(同化)와 프랑스 공화 제국의 건설이었으므로, 이 문서에 담긴 조항 상당수는 프랑스의 1795년 헌법에서 따왔다. 물론 어느 면에서는 그것을 뛰어넘었지만. 치살피나공화국의 국민은 5인으로 이루어진 집정부가 감독하는 양원제 입법부와 권리 선언을 제공받았다. 또한 문서화한 언론의 자유와 기본 교육을 위한 조항을 획득하기도 했다. 그와 동시에 그 공화국의 남성들은 전투 준비가 되어 있었다.[32]

1791년 이후의 프랑스에서처럼, 국민군 명단에 이름을 올려서 향후 징집을 위해 쉽게 식별할 수 있는 남성만 투표 자격을 부여받았다. 따라서 적극적인 시민권은 드러내놓고 성 차별적이었으며 군 복무와 긴밀히 연동되어 있었다. 새 헌법이 규정한 바에 따르면, 치살피나공화국의 시민-병사들은 '군사 훈련'을 받아야 했으며, 빠짐없이 가족 탄약통과 총을 휴대해야 했다. 나폴레옹은 그가 만들어낸 이탈리아 국가 가운데 하나로서 (과거의 제노바공화국 부근에 근거지를 둔) 리구리아(Liguria)에도 그와 유사한 헌법을 도입했다. 그는 그곳을 10개 군사 구역으로 나누고, 육군 연구소와 군사학교 네트워크를 제공하는 일에 착수했다.[33]

이것이 시사하는 바와 같이, 나폴레옹의 헌법 설계를 이끈 주요 동인은 끊임없이 병력과 자금을 추가적으로 공급해야 할 필요성이었다. 물론 개혁도 이루어져야 했다. 남성에게 더욱 광범위한 민주주의를 보장해야 했으며, 때로 전통적인 사회적·종교적 위계 구조의 축소라는 측면에서 근대성을 확대해야 했다. 하지만 군사적 동원과 과세를 용이하게 하기 위한 장치의 제공과 통제 역시 상존했다.

치살피나공화국 헌법의 표현에는 이처럼 서로 다른 열망이 부자연스럽게 공존했다. 나폴레옹은 프랑스의 정복 권리를 포기하는 데 그 헌법의 일부분을 할애했다. 그에 따르면 새로 건설된 이 이탈리아의 공화국은 "자유롭고 독립적"이 될 예정이었다. 그럼에도 "이번만"이라는 단서 조항이 붙긴 했으나, 그 정부의 구성원을 지명하는 것은 여전히 나폴레옹 자신의 몫이었다. 그 헌법은 "치살피나공화국에 우호적이고 그와 연합한 군대"(즉 엄청난 기세로 잠식해오는 프랑스군 자체)를 제외하고는 그 어떤 외국 군대도 이 새로운 공화국의 국경 내에 주둔할 수 없다고 명시했다.

이 같은 유의 왜곡은, 최근의 어느 논평가가 언급했다시피, 언제나 나폴레옹이 "잔인한 폭군인가 지혜로운 개혁가인가"라는 논쟁을 낳는 데 영향을 미쳤다.[34] 하지만 이런 식의 논쟁은 (그가 서로 다른 시간대와 서로 다른 장소에서 그 두 가지 면모를 드러냈으므로) 쓸데없는 일일뿐더러 중요한 점을 잘 보이지 않게 만든다. 유럽에서, 또는 다른 어떤 대륙에서 군사 정복자가 무력을 이용해 영토를 차지하려 하거나 제 자신에게 권력을 집중하고 싶어 하는 데에는 전혀 새롭거나 놀랄 만한 구석이 없었다. 나폴레옹의 경우에 두드러진 점은 그가 이런 일을 추구한 몇 가지 방식이었다. 즉 그는 자신의 호전적이고 제국주의적인 야심을 이루는 한 가지 구성 요소로서 헌법 및 법률 관련 기획에 크게 의존했다.

2004년에 어느 학구적인 미국인 변호사는, 미국이 제2차 세계대전 이후 독일과 일본을 위해 헌법을 제정한 일을 상기시키고, 자국이 이라크에서 침략 후 헌법 제정 활동을 통해 드러낸 윤리에 대해 괴로워하면서 이렇게 적었다. "우리는 그들을 우리 종대로 옮기기 위해 헌법을 고치려 했다." 그는 이렇게 말을 이어갔다. 미국은 다른 나라를 위한 법률을 작성하고 제정함에 있어, 이 패전국들이 "세계 전쟁에서 우리 편을 들고, 그 전쟁에서 우리한테 이롭게 행동하길 바랐다".[35] 나라들을 손봐서 그들이 확실하게 자신의 종대에 편입되고 세계 전쟁의 맥락에서 이익이 되도록 이끌려는 것, 이 역시 나폴레옹이 해외 헌법을 제정하고자 했던 중대한 목적이었다. 하지만 이와 관련한 그의 조치들은 후대의 미국 모험들보다 훨씬 더 많았으며, 그 과정에서 고뇌도 한결 덜했다.

나폴레옹은 자신의 조치들을 공적으로든 사적으로든 합리화하려고 노력하는 과정에서 이전의 프랑스 혁명 지도자들과 마찬가지로, 흔히 타락(그가 전복한 정권을 표현하는 용어)과 재생(이 같은 급격한 변화의 결과로서 새롭게 해방된 그 정권의 국민이 이제 어떻게 풍요를 구가할 수 있게 되었는지를 환기하는 용어)이라는 두 가지 언어를 구사했다. 그가 1797년에 선언했다. "치살피나공화국은 오늘날의 이탈리아가 타락하지 않았음을 세계에 …… 보여준다."[36] 나폴레옹은 이런 식으로 과거의 정권들을 타락한 존재로 표현함으로써, 그들에 대한 강제적 탈취를 선한 행위이자 불가피한 일로 묘사할 수 있었다. 남대서양 한가운데 위치한 작은 화산섬 세인트헬레나에서 마지막 유배 생활을 하던 그는 생을 마감할 즈음 자기 스스로에 대해, "때로 폭력적인 수단으로 인류의 비참함을 치료해주지만 인간의 판단으로는 설명할 수 없는 신의 섭리"라고 표현했다.[37]

이 역시 자기 편에서의 전설 만들기였다. 하지만 타락과 재생의 언어가 계속해서 그에게 더욱 필수불가결한 것이 되었음은 분명하다. 에스파냐의 상당 지역을 침략하고 점령한 뒤, 그리고 1808년 에스파냐 최초의 헌법 초안을 발표하기에 앞서, 나폴레옹은 자기 장교들에게 그 나라의 "무질서와 혼란"에 대한 정보를 보내달라고 명령했다. 그의 주장에 따르면, 이들 보고서는 "내가 언젠가 에스파냐가 타락 상태에 빠져서 허우적거리고 있음을 보여주고자 출판하는 데, 그에 따라 내가 그 나라에서 한 일을 정당화하는 데 필요했다". 그가 얼마 후 에스파냐 국민에게 보낸 선언문에서 말했다. "나는 구제책을 제시하러 왔다. 당신네 군주제는 낡았다. 내 임무는 그걸 다시 새롭게 만드는 것이다."[38]

나폴레옹은 1814~1815년 동안 자신이 처음 유배당한 장소인 토스카나(Toscana) 연안에서 조금 떨어진 작은 지중해 섬 엘바에서조차, 고대의 어두운 그림자와 비효율로부터 숱한 민족을 구출해준 존재로서 본인 스스로에 대한 이미지를 주조하는 작업이 중요하다는 것을 발견했다. 한 적대적인 증인은 "사람들 마음에 강한 인상을 남기려는" 그의 노력을 꼬집었다. 어떻게 해서 엘바에 사는 "모든 계급"은 나폴레옹이 그들 속에 함께 있다는 사실만으로도 어떤 일인지 "이례적인 자원과 이득"을 부여한다고 확신하게 되었을까? 그는 엘바 거주민에게 그곳의 코딱지만 한 수도 포르토페라이오(Portoferraio)가 장차 "코스모폴리스", 즉 세계적인 도시로 유명세를 타게 하겠노라고 약속했다.[39]

찬사와 재확인에 대한 목마름, 나폴레옹이 스스로에 대해 (단순한 전사가 아니라) 입법가·구제자·개혁가로서 간직한 이미지는 그가 이따금 군사적·전략적 고려 사항에 의해 엄격하게 요구되는 것보다 더 많은 것을 그의 제국 전초 기지들에 양보할 준비가 되어 있었음을 뜻했다. 이것은 그가 1806년에 예나-아우어슈테트(Jena and Auerstädt) 전투에서 프로이센을 상대로 대승한 뒤 엘베강(Elbe) 서쪽에 세운 인구 약 200만 명의 의존국 베스트팔렌에도 고스란히 해당했다. 베스트팔렌 헌법은 3명의 고위 법학자가 초안을 작성하고 아마도 나폴레옹이 직접 손본 것으로서, 1807년 말에 발표되었다. 그것은 부분적으로 필시 제국과 착취를 위한 문서였다. 그 헌법은 나폴레옹의 프랑스 매체 가운데 하나인 〈르 모니퇴르 유니베르셀(Le Moniteur Universel)〉에 처음 발표되었는데, 그 신문에서 해외 뉴스에 할애된 섹션이 아니라 '국내' 섹션에 효과적으로 삽입되었다.[40]

그 헌법은 베스트팔렌인에게 꾸준히 2만 5000명의 병력을 공급할 수 있도록 자금을 대달라고 요구했다. 이들 중 절반은 지역 징집을 통해 모집하고, 나머지는 베스트팔렌인이 비용을 지불하는 프랑스인으로 충당할 예정이었다. 이렇게 만들어진 이 왕국은 나폴레옹의 막냇동생 제롬 보나파르트(Jérôme Bonaparte)가 지배할 참이었다. 하지만 그는 '입헌왕'으로서 새로운 대표 기구와 협력해 통치할 계획이었는데, 독일 군주가 이렇듯 공식적으로 문서에 기반해서 구속과 규제를 받은 것은 이번이 처음이었다. 이 새로운 헌법에 따르면, 프로이센의 지배 아래에서 농노이던 제롬의 새로운 신민들은 이제 법적으로 자유로워질 터였다. 또한 법 앞에서는 평등을 보장받았는데, 이는 무엇보다 베스트팔렌에 거주하는 유대인이 그들의 프랑스 동포와 같은 방식으로 자유민으로서 선언되었다는 것, 그리고 귀족의 지위를 누리던 베스트팔렌인은 더 이상 과세 면제를 요구할 수 없게 되리라는 것을 의미했다.[41]

한편으로 근대화와 자유주의적 변화, 다른 한편으로 계속되는 정복과 통제를 용이하게 하는 조항이 뒤섞인 유사 사례로는 나폴레옹이 1807년에 '프로이센 폴란드[Preussen Poland: '프로이센 분할(Preussen Partition)'이라고도 하며, 18세기 말 폴란드 분할 시기에 프로이센 왕국이 획득한 폴란드-리투아니아공화국의 영토―옮긴이]'에서 떼어낸 27만 제곱킬로미터의 영토 바르샤바공국을 위해 마련한 헌법 초안을 꼽을 수 있다. 세간에 알려진 바에 따르면, 나폴레옹은 그 문서의 주요 내용을 1시간 만에 휘갈겨 썼다고 한다. 어느 폴란드인 목격자는 "오직 이따금씩만 애써 우리 의견을 구하거나 우리가 만족하는지 묻고 그 답이 본인 뜻과 일치하는지 확인하곤 했다"고 기록했다.[42]

그럼에도 나폴레옹은 베스트팔렌에서와 마찬가지로 그의 새로운 폴란드어 창작물을 평소보다 더욱 소중하게 여겼으며, 따라서 수고를 기울일 만한 가치가 있다고 보았다. 하지만 베스트팔렌에서는 그곳 병사와 세수를 제외하고 그것이 지니는 가장 중요한 가치가 그의 지배에서 비롯되는 이득을 다른 독일 땅에 광고하기 위한 모범 국가로서 가치였던 반면, 바르샤바공국의 주된 매력은 그곳이 최선봉 기지라는 점이었다. 나폴레옹은 그곳을 주변 열강, 즉 오스트리아와 프로이센이 남겨놓은 것, 그리고 잠재적으로 (일이 잘못될 경우) 러시아에 대한 견제 장치 노릇을 하는 장소로 바라보았다. 이와 관련해서 그 공국의 유용성은 그곳이 특이할 정도로 동기 부여된 병력을 풍부하게 공급해주었다는 사실에 힘입은 결과였다.

일부 폴란드인은 (나폴레옹 전쟁에 징집된 일부 이탈리아인과 마찬가지로) 주변 열강에 의해 계속되는 폭력적인 영토 분할과 1795년에 급기야 자신들의 나라가 지도에서 삭제된 사실에 굴욕감을 느꼈으며, 그에 따라 프랑스를 위해 싸울 기회를 적극 환영한 것 같다. 이것은 그들이 꼭 혁명적인 이상에 공감했거나 정규적인 급여에 혹했기 때문이라기보다, 프랑스인이 이끄는 부대의 도움으로 군사 기술을 획득함으로써 본국의 독립을 위해 싸우게 될 향후의 전투에 대비할 수 있었으면 해서였다. 처음에는 바르샤바공국 출신 폴란드인 3만 명이 프랑스의 군 복무에 참여했다. 그랬던 수치가 1812년이 되자 7만 5000명으로 껑충 불어났다. 바르샤바공국은 그 보답으로 중요한 혜택을 보장해주었다. 그곳의 새로운 헌법에 따르면, 농노 제도는 종식되고 법 앞의 평등을 꽤 보장받았다. 농민 사이에서만 해도 4만 명의 남성에게 투표권을 부여하는 새로운 대의제가 시행되었다. 그뿐만 아니라 일부 폴란드인에게는 새로운 희망을 주는 짧은 경험, 그리고 전에 그들의 연방을 분할한 열강인 러시아·오스트리아·프로이센에 맞선 무력 보복의 가능성이 열리기도 했다.[43]

이 점, 즉 폴란드인과 나폴레옹의 기타 제국 영토 가운데 일부 거주민이 그가 그들에게 부과한 헌법의 지배를 받으면서 살아가는 데 따른 그들 **자체의** 논리를 만들어낸 방식은 중요하다. 이 나폴레옹 헌법들을 (실제로 모든 헌법을) 오직 그걸 제정한 주요 인물들이 지닌 이념과 목적에 비추어서만 바라보는 것은 간편할 수 있다. 하지만 외국 침략자들이 부과한 헌법은 그 영향 아래 살아가게끔 되어 있는 사람들의 편에서 보면 일반적인 경우보다 훨씬 더 폭넓게 해석될 여지가 있다.

전지전능한 입법가로서 나폴레옹이라는 **이상**은 파리 튀일리 궁전 (Tuileries Palace)의 서재에서 일하는 황제 모습을 담아낸 자크루이 다비드(Jacques-Louis David)의 유명 회화 작품(1812)에 포착되어 있다. 나폴레옹이 제작을 의뢰해서가 아니라 나폴레옹의 열렬한 찬미자인 다비드가 얼마간 기부 성격을 띠고 자진해서 그렸음 직한 이 작품은 군복을 입은 위대한 남성을 묘사하고 있다. 그러나 그는 달라지고 있다. 이때 나폴레옹은 아직 50대 초반이었다. 그럼에도 세부 사항에 대한 이해력과 판단력은 그의 건강이며 회복 탄력성과 더불어 이미 쇠락하고 있었다. 알려진 바에 따르면, 추운 날씨뿐 아니라 페인트 냄새까지도 그를 이내 아프게 만들 수 있었다.[44] 확고한 지지자가 그린 초상화에서조차 그 황제가 육체적으로 쇠잔해지고 있다는 흔적은 역력하다. 그는 쭈글쭈글하고 약간 뚱뚱하며 머리가 벗겨진 모습으로 그려져 있다. 얼굴은 땀으로 번들거린다. 그리고 옆구리에 칼도 차고 있지 않다(물론 칼이 손닿는 거리에 놓여 있긴 하지만).

그럼에도 다비드는 나폴레옹이 여전히 헌신적으로 책상 옆에 서 있는 모습을 그렸다. 그는 한쪽 편으로 서류와 깃펜에, 다른 쪽 편으로 그의 가장 위대한 법적 성취 가운데 하나인 둘둘 말린 《나폴레옹 법전(Code Napoléon)》의 원고에 둘러싸여 있다. 그림의 탁상시계가 분명하게 말해주듯이, 시각은 약 새벽 4시 15분이다. 촛불은 꺼질락 말락 한다. 하지만 우리는 나폴레옹이 나이를 먹고 수척해감에도 불구하고 그의 다채로운 유럽 백성이 개혁되고 더 잘 규제받는 미래를 꿈꾸면서 안전하게 잠들어 있는 한밤중까지 그들을 위해 부지런히 생산적으로 부단히 노력하고 있었다는 사실을 이해해야 한다. 이것이 바로 나폴레옹 법률이 지닌 전설적 측면이었다.

실제로, 그리고 그의 전쟁과 마찬가지로(어쨌거나 다비드가 그 위대한 그림을 그리기 시작한 것은 파괴적인 결과를 초래한 프랑스의 모스크바 진격이 벌어진 해인 1812년부터였다), 나폴레옹이 다른 나라들을 위해 추진한 법적·헌법적 기획이 언제나 잘 진행되었던 것만은 아니다. 외부로부터 부과되었으며, 그것의 지속을 위해 프랑스군의 주둔이나 위협에 의존한 그의 헌법들은 대부분 끝내 단명한 것으로 드러났다. 그가 치살피나공화국을 위해 만든 헌법은 1799년 외세에 의해 폐지되었다. 그가 모범으로 꼽은 독일 왕국 베스트팔렌을 위한 헌법조차 고작 4년밖에 유지되지 않았다. 모든 제국의 건설자처럼 나폴레옹도 늘 부하나 현지 협력자들에 의존했는데, 그들은 종종 그가 마련한 헌법 텍스트를 무시하거나 오직 선택적으로만 시행했다.[45] 그리고 바르샤바공국의 경우에서처럼, 그의 아랫사람들

27 1812년 자크루이 다비드가 그린, 튀일리 궁전 서재에서의 나폴레옹 황제.

은 흔히 그 텍스트를 그들 자신의 독특하고 부조화한 방식으로 해석하곤 했다.

사정이 이렇다 해도 나폴레옹의 헌법적 기획이 하찮아지는 것은 아니다. 그것은 어느 면으로 보나 더없이 중요한 성취로 판명되었다. 하지만 그 기획은 언제나 취약해질 가능성이 있었다. 게다가 예측 불가라서 더러 미처 예견하지 못한 전개 양상을 드러내기도 했다. 에스파냐와 에스파냐령 아메리카에서 일어난 일이 그 점을 잘 보여주는 극단적 예다.

에스파냐 세계의 침략, 신과의 만남

1807년 10월, 약 5만 명의 프랑스 군대가 이베리아반도로 쏟아져 들어왔다. 처음 그들은 포르투갈에 역량을 집중했으며, 그 나라 왕가와 그 지지자 다수를 브라질로 망명시켰다. 1808년 3월, 10만 명으로 불어난 프랑스 침략군은 에스파냐 대부분 지역으로 이동해서 마드리드와 바르셀로나를 비롯한 주요 도시를 점령했다. 이 무장 주둔군은 군림하고 있는 에스파냐 군주 카를로스 4세를 강제 폐위시켰다. 얼마 지나지 않아 몹시 역겨운 그의 후계자 페르난도 7세—프란시스코 데 고야(Francisco de Goya)가 그린 그의 초상화는 완고한 무자비함과 멍청함이 한데 어우러진 그의 풍모를 빼어나게 포착했다—역시 프랑스로 추방되었다. 나폴레옹은 이 부르봉 왕가 자리에 자신의 형 조제프 보나파르트를 앉혔고, 그는 이제 에스파냐의 호세 1세가 되었다.[46]

조제프는 코르시카에서 법학을 전공했으며, 이미 적당히 인기 있는 시칠리아와 나폴리의 왕으로서 동생을 위해 유용한 봉사를 한 경험도 있었다. 하지만 에스파냐 왕위에 오르는 것은 그와 차원이 다른 도전이었다. 이 군주는 4개 대륙으로 뻗어나간 제국을 책임져야 했기 때문이다. 나폴레옹은 어느 정도까지, 그리고 그 자신의 목적을 위해서, 자신이 차지한 새로운 에스파냐 영토의 지리적 방대함을 인식하고 환영했으며 거기에 창의적으로 대응했다.

1808년 6월, 나폴레옹은 바욘 법령(Bayonne Statute: 바욘은 프랑스 남서부의 항구 도시—옮긴이)의 이행을 명령했는데, 이는 결국 사실상 에스파냐 최초의 근대적 성문 헌법이었다.[47] 프랑스의 언론인이자 한때 육군 장교였던 장바티스트 에스메나르(Jean-Baptiste Esménard)가 그 법령의 초안을 마련했지만, 그것의 상당 부분을 계획하고 수정한 이는 바로 나폴레옹 자신이었다. 소수의 친프랑스 에스파냐인으로 이뤄진 입법 기관에 의해 비준된 이 헌법 조항들은 어느 면에서 보나파르트가 구축한 새로운 정치 질서에 연속성이라는 그럴듯한 구실을 부여하고자 설계되었다. 에스파냐는 제약받지 않는 군주국으로 남아 있고, 그 나라의 귀족과 성직자 계급에게 부여된 관습적 특권은 존치되며, 가톨릭은 그 나라의 유일한 공식 종교로서 지속될 예정이었다. 그런가 하면 바욘 법령은 변화를 허용하기도 했다. 그 조항에 따르면, 이베리아반도의 에스파냐, 그리고 아메리카 및 아시아 대륙에 있는 에스파냐 왕국과 그 영토의 대표로 구성된 새로운 의회가 마드리드에 꾸려질 예정이었다. 그 법령은 "에스파냐 왕국과 아메리카 및 아시아의 에스파냐 영토는 이제 식민지 본국과 동일한 권리를 누리게 될 것"이라고 선언했다.

이처럼 광대한 해양 제국 전역에서 소집된 대표들을 아우르는 초대형 의회라는 개념은 새로운 게 아니었다. 1776년 이전에도 영국의 아메리카 식민지 개척자들에게 런던의 웨스트민스터 의회에서 행사할 수 있는 직접적 대표권을 제공하려는 다양한 시도가 있었으니 말이다. 하지만 그러한 프로젝트들은 하나같이 이행의 근처에도 가보지 못했다. 그러니만큼 나폴레옹이 해외의 에스파냐 민족들에게 "식민지 본국과 동일한 권리"를 공식 제안한 것, 그리고 대에스파냐(Greater España)를 위해 입법부에서의 직접적 대표권을 부여한 것은 전례 없는 일이었다. 이것은 그가 때로는 자신의 제국 변경 지대에서 급진적인 정치 실험에 뛰어들 의향이 있었음을 드러내준 또 다른 예였다. 또한 이 같은 에스파냐 기획은 나폴레옹이 세계 제국을 구축하려는 꾸준한 관심을 지니고 있었음을 한층 더 잘 보여준다. 한동안은 그의 형 조제프를 통해 에스파냐가 유럽 밖에서 차지한 드넓은 영토에 대한 지배력을 실제로 확보할 법한 가능성이 엿보였는데, 이것은 그에게 무척이나 군침 도는 일이었다. 그는 이내 좀더 개선되고 정기적인 대양 횡단 통신을 위한 계획을 세우기 시작했다.[48]

바욘 법령은 나폴레옹이 더러 드러내곤 했던 폭넓고도 실험적인 비전을 보여주는 예였다. 하지만 그것은 그의 헌법적 모험이 예상 밖의 극단적 결과를 낳을 수도 있음을 말해주는 극적인 예이기도 했다. 그 법령의 조항이 언론과 선전을 통해 널리 공표되었던지라, 이 바욘 법령의 발표는 사실상 새로운 보나파르트 정권에 반대하는 에스파냐의 정치 집단들로 하여금 그와 동일하게 반응하도록 강요했다. 이 반대파들로서도 만약 이베리아반도의 에스파냐에서 지지를 모으고 남아메리카의 크리올인(Creole: 서인도제도나 남아메리카에 정착한 프랑스인 및 에스파냐인의 후예―옮긴이) 엘리트로부터 지지를 이끌어내고자 한다면, 제국을 포괄하는 더욱 경쟁력 있고 개선된 헌법을 제안하는 것 외에는 달리 방도가 없었던 것이다.

그에 따라 1810년 9월 반대파의 중심지인 에스파냐 남서부의 대서양 연안 항구 도시로서 무장한 영국 해군이 해안을 보호하고 있던 카디스에서 의회, 즉 코르테스가 소집되었다. 그런데 그 코르테스는 식민지 본국에서 온 에스파냐인뿐 아니라 처음부터 남아메리카에서 온 27명의 대표, 그리고 에스파냐 제국의 가장 동쪽 기지인 필리핀에서 온 2명의 대표로 이루어져 있었다. 이 코르테스의 논의와 작업이 종결될 무렵, 300명의 대표 가운데 20퍼센트 이상이 에스파냐령 아메리카 출신이었다. 인구를 기준으로 하면 에스파냐령 아메리카에 식민지 본국인 에스파냐와 동일한 대표성이 부여된 것은 아니었다. 그럼에도 카디스에서 고안되고 마침내 1812년 3월에 발표된 이 새로운 헌법은 좀더 포용적이고 개선된 에스파냐 제국을 위한 문서였음이 분명하다. 코르테스 의장인 마요르카섬(Mallorca)의 주교는 "세계의 4분의 1을 차지하는 영토의 거주민인 우리 동포들은 이제 스스로의 존엄과 권리를 되찾았다"고 선언했다.[49]

예상대로 이 카디스 헌법 제정자들은 그 아이디어를 다양한 장소와 출처에서, 특히 1791년 프랑스 헌법, 미국 헌법, 그리고 영국의 정치 체제를 다룬 인쇄물에서 가져왔다. 하지만 모든 헌법이 그렇듯 이 완성된 텍스트 역시 현지만의 독특한 필요·인식·관습에 부합했다. 그것은 미래의 에스파냐 국왕들이 입법부에 개입하는 권력을 줄이고 과세에 대한 유일한 통제력을 입법부에 부여했지만, 다른 한편 세습 군주제를 허용하기도 했다. 나폴레옹의 바욘 법령과 마찬가지로 이 카디스 헌법도 언론의 자유를 보장하도록, 그리고 전통적으로 가톨릭 정교의 유지 업무를 담당하던 에스파냐 이단 심문(España Inquisition)을 폐지하도록 규정했다.

28 1822년에 재발표된 카디스 헌법의 텍스트.

하지만 주로 이즈음 남아메리카 일부 지역에서 폭동 수준이 심화했기 때문에, 카디스의 남성들은 더욱 포용적인 조항을 한층 적극적으로 밀어붙이기도 했다. 앞서 남아메리카의 토착민에게 강요하던 차별적인 세금과 노역은 이제 폐지되었다. 신분 높은 자유민 성인 남성 대부분은 투표권을 약속받았는데, 이것은 다음과 같은 '에스파냐 세계' 전반에 적용될 예정이었다.

이베리아반도의 점령국과 인근 섬, 아프리카의 다른 점령국과 카나리아제도……. 북아메리카에서는 뉴에스파냐와 뉴갈리시아, 유카탄반도와 과테말라, 이스트플로리다 및 웨스트플로리다와 쿠바섬, 산토도밍고섬의 에스파냐 통치 지역, 그리고 푸에르토리코섬……. 남아메리카에서는 뉴그라나다, 베네수엘라, 페루, 칠레, 리오데라플라타 영토, 그리고 태평양과 대서양의 모든 인접 섬들. 아시아에서는 필리핀제도와 그 정부에 의존하는 섬들.[50]

1813년 초 카디스 헌법 사본이 필리핀에 도착했을 당시 마닐라 총독이 그 거주민에게 발표한 바대로, 그 제국의 모든—혹은 모두에 거의 근접한—남성 거주민은 이제 "에스파냐 사람으로서, 또는 그들과 대등한 존재로서, 그리고 저마다의 장점과 행동에 따라 어떤 직종에도 종사할 수 있고 탁월함도 획득할 수 있는 존재로서" 여겨졌다.[51] 그 제국의 중국인, 토착민, 크리올인 그리고 메스티조(mestizo: 에스파냐인과 북아메리카 원주민의 피가 섞인 라틴아메리카인—옮긴이) 인구가 일반 에스파냐 시민에 포함될 예정이었다. 그들이 어떤 대접을 받느냐는 최소한 문서상으로는 인종이나 출신지가 아니라 그들이 공유한 에스파냐 군주제와의 관련성 및 헌신성에 달려 있었다.

더군다나 에스파냐 세계에 사는 대부분의 자유로운 남성에 관한 한 1830년까지는 정치 참여에 그 어떤 재산 및 교육 자격 조건도 부과되지 않을 참이었다. 카디스 헌법의 주장에 따르면, 이것은 가난한 남성들이 교육을 받고 스스로를 개선하는 데 필요한 시간을 허락해주고, 그렇게 함으로써 마침내 좀더 엄격한 자격 요건이 강요된 후에도 내내 제대로 된 시민권을 누릴 수 있는 기회를 얻도록 해줄 터였다.

아프리카인 조상을 둔 남성은 모든 여성과 더불어 여전히 적극적인 시민권에서 배제되었다. 다만 심지어 이와 관련해서도, 비록 남성만을 위한 것이긴 하나 얼마간의 법적 허점이 노출되어 있었다. 카디스 헌법은 "장차 '검증된 병역' 기록을 증빙할 수 있는 아프리카계 남성, 또는 반(半)아프리카계 남성에게는 시민으로서 장점과 미덕을 누릴 수 있는 기회가 열리리라"고 약속한 것이다.[52] 이 병역 가운데 가장 중요한 것은 당연히 에스파냐 군대에서의 복무였다.

이것은 어떤 민족에 속하는 남성에게든 적극적으로 시민권을 부여한다는 점에 비추어 그 당시까지 세계에서 공식적으로 제정된 헌법 가운데 가장 포용적인 성문 헌법이었다. 그 덕분에 이 텍스트는 훗날 람모한 로이와 캘커타에 있는 그의 급진적인 영국인 및 벵골인 동지들에게 호소력을 지니게 되었다. 하지만 이 빼어난 카디스 헌법의 근본적인 문제에 대해서는 아서 웰즐리(Arthur Wellesley)가 잘 요약해놓았다. 그는 에스파냐에서 나폴레옹에 맞서 싸운 연합군 지휘관인 영국계 아일랜드인이자 장차 제1대 웰링턴 공작이 되는 인물이다. 강인하고 노련하고 정치적으로 보수적이며, 놀랄 정도로 기동성 있고 가차 없는 군인인 웰즐리는 돌려 말하는 법이 없었다. 그는 이렇게 판단했다. "카디스 코르테스는 흡사 화가가 그림을 그리는 것과 같은 원칙에 의거해서, 다시 말해 보여지기 위해서 헌법을 구성했다."[53] 그것은 눈부신 예술 작품이었지만, 실질적인 현실이 아니고 또 그럴 수도 없었다.

1812년 카디스 헌법이 선포되었을 때, 이베리아반도의 에스파냐 대부분은 여전히 프랑스군의 점령 아래 놓여 있었다. 더군다나 오늘날의 베네수엘라·아르헨티나·콜롬비아·칠레·볼리비아·파라과이·우루과이를 포함하는 에스파냐령 아메리카의 상당 부분은 그즈음 공공연한 모반에 휩싸여 있었다. "……했다면 어떻게 되었을까"라는 역사적 가정 가운데 하나는 마드리드 측이 창의적인 개혁 노력에 뛰어들었다면 이 같은 에스파냐 제국의 분할 과정이 저지 및 지연될 수 있었을까 하는 것이다. 하지만 결국 드러나게 되는 대로 그럴 가능성은 없었다. 카디스 헌법은 1813년 짧고 불균일하게 시행되긴 했지만, 복귀한 부르

PROYECTO
DE CONSTITUCION POLÍTICA
DE LA MONARQUÍA ESPAÑOLA
PRESENTADO A LAS CÓRTES GENERALES
Y EXTRAORDINARIAS
POR SU COMISION DE CONSTITUCION.

CADIZ: IMPRENTA REAL: 1811.

CON SUPERIOR PERMISO.
MÉXICO:
Por D. Manuel Antonio Valdes, Impresor de Cámara de S. M.
CALLE DE ZULETA, EL MISMO AÑO.

29 1811년에 멕시코에서
발표된 카디스 헌법 초안.

봉 왕가의 페르난도 7세에 의해 이듬해 곧바로 거부당했다. 1820년 자유주의적인 혁명 세력에 의해 복원된 그 헌법은 3년 뒤 그것의 회복을 지지한 많은 개인과 더불어 잔혹하게 진압당했다. 그리고 마지막으로 1836년에서 1837년 사이 아주 잠깐 동안 되살아났다.

그러나 이 같은 거듭되는 실패에도, 이것은 대단히 영향력 있는, 심지어 판도를 뒤집는 헌법으로 판명되었다. 돌이켜 생각해보면 그 헌법은 한 번도 제대로 시행된 적이 없었기에, 그것의 이상주의와 야심이 여느 경우와 달리 정치의 말다툼과 타협에 의해 오염되지 않은 상태로 남아 있었다. 그 헌법은 계속해서 비단 에스파냐만을 위한 것이 아닌 계몽적 가능성을 말해주는 신호로서, 과거에 있었을지 모를 일과 여전히 미래에 있을지 모를 일에 대한 매혹적인 약속으로서 기능했다. 카디스 헌법은 이러한 종류 가운데 세계 최다 번역 문서 가운데 하나가 되었다. 1814년에서 1836년 사이에 독일어 번역본이 11개나 나왔으며, 1813년에서 1821년 사이에만 12개의 서로 다른 이탈리아 번역본이 출간된 것이다. 영어·러시아어·프랑스어 번역본도 있었다. 아랍어·벵골어·중국어 버전도 나왔을 가능성이 있다.[54]

이 카디스 헌법이 초국가적·초대륙적으로 영향력을 발휘할 수 있었던 것은 그것이 나폴레옹에 저항하고 광범위한 식민지 권리를 위해 투쟁한 남성들에 의해 초안이 작성된 자유주의적 문서로서, **그와 더불어** 몇몇 전통적인 위계질서 및 가치를 위한 공간을 마련해준 정치 청사진으로서 간주되었다는 사실 덕분이다. 그 헌법은 특별히 군주제를 허용했다. 또한 로마 가톨릭에 현저한 지위를 부여해주기도 했는데, 이것은 심대한 결과를 낳았다.

이 시점까지, 즉 1810년대까지 탐구적인 주요 헌법 텍스트 대부분은 대개 미국, 스웨덴, 바타비아(네덜란드)공화국 같은 개신교 우세 사회에서 출현했다. 즉 그 텍스트들은 나카즈를 만든 에카테리나 여제처럼 개신교적 배경을 지닌 통치자와 그 교사자들이 고안한 작품이었다. 반면 명목상의 가톨릭 신자는 나폴레옹 자신의 경우와 마찬가지로 로마와 불평등한 관계를 맺고 있었다. 1791년의 폴란드-리투아니아(Poland-Lithuania: 폴란드 왕국과 리투아니아 대공국을 합쳐 1569년 세운 때로부터 1795년까지 이어진 복합 군주제. 귀족으로 구성된 입법부가 군주를 선출하고, 선출된 군주의 왕권은 법과 의회에 의해 일부 제한을 받았다—옮긴이)처럼, 초기에 새로운 중대 정치 헌법을 발표한 이 소수 가톨릭 정치 체제들은 대개 완전한 실패로 끝났다. 하지만 카디스 남성들의 상황은 달랐다. 그들이 만들어낸 텍스트의 운명도 마찬가지였다.

1810~1812년, 카디스에 모인 대표 가운데 30퍼센트가량이 가톨릭 성직자로, 그들은 코르테스에서 최대 직업군에 속했다. 이들은 또한 헌법의 초안을 작성한 위원회에 포함된 위원의 거의 절반가량을 구성하기도 했다.[55] 성직자 대표들은 일반적으로 헌법 제정이라는 사건에서 불균형하다 할 정도로 많은 영향력을 행사했는데, 이것은 에스파냐의 합법적 왕조와 마찬가지로 가톨릭도 여전히 점점 더 분열 중인 히스패닉 세계를 단결시켜줄 가장 강력한 요소로서 널리 받아들여졌기 때문이다. 이 모든 것은 가톨릭교회와 그 대리인들이 새로운 헌법의 조항과 의례에서 중추 역할을 담당하도록 보장했다. 진즉부터 종교 달력에서 신성한 날로 기려지던 성 요셉의 날(St. Joseph's Day: 3월 19일)에 시행되기 시작한 카디스 헌법은 가톨릭이 "앞으로도 내내" 에스파냐의 유일한 종교가 될 거라고 명시했으며, 다른 종교 행사는 일절 금지했다.

그 점 빼고는 이 새로운 에스파냐 헌법을 찬미했던 일부 개신교 논객들(예컨대 토머스 제퍼슨)은 가톨릭교회의 우위를 명시한 조항에 대해 도리에서 벗어난 반동적인 불관용으로의 탈선이라며 일축했다.[56] 하지만 성문 헌법의 전파를 촉진한다는 관점에서는 카디스 헌법의 이 같은 종교적 조항이 무척이나 중요했다. 카디스 남성들은 이처럼 미안한 기색도 없는 가톨릭 텍스트를 발표함으로써 그 브랜드를 큰 폭으로 변경하고 확장했다. 그들의 작업과 뒤이은 그 텍스트의 숱한 번역서에 힘입어서 과거에 주로 개신교 중심적이고 혁명적이거나 비종교적인 장르로 여겨졌던 것―즉 성문 헌법―이 부분적으로나마 탈바꿈한 것이다. 이제 성문 헌법은 주로 가톨릭 중심 사회들이 전통적인 종교적 소속감과 문화를 위태롭게 할지도 모른다는 두려움에 떨지 않은 채 수용할 수 있는 어떤 것으로 자리 잡았다.

이런 식으로 가톨릭 관련 집단을 다독이는 조치는 그것을 시행하는 과정에서 또 다른 이점을 낳았다. 가톨릭 사제들은 많은 지역에서 지속적인 대중의 문맹으로 이 새로운 정치 기술이 직면한 문제에 대처할 수 있는 막강한 위치에 놓여 있었다. 다른 교파와 종교에 속한 성직자와 마찬가지로, 가톨릭 사제들은 헌법에 실린 구절을 신도들에게 큰 소리로 읽어주고 그 의미와 가치에 대해 자세히 설명해줄 수 있었다. 그뿐만 아니라 그들은 이 텍스트에 대해 **공식적으로 논의함으로써**, 만약 마음이 내킨다면 거기에 정서적 색채와 영적 힘까지 가미하고 청자의 상상력에 호소할 수도 있었다.[57] 일부(결코 '모두'라고는 말할 수 없지만) 가톨릭 사제 편에서의 이 같은 지지는 비단 유럽에만 국한한 현상이 아니었다.

카디스 헌법에서 대거 차용한 것으로 독립 멕시코가 1824년에 처음 공포한 헌법을 예로 들어보자. 이 멕시코 헌법은 카디스 헌법과 마찬가지로 어떤 성인의 날에 발표되었는데, 이 경우에는 '아시시의 성 프란치스코(Saint Francisco of Assisi) 축일'이었다. 카디스의 남성들과 마찬가지로, 이 멕시코 텍스트의 초안 작성자들 역시 가톨릭의 독특한 지위를 찬성하고, 다른 모든 종교의 활동을 금지하는 데 주의를 기울였다. 이 점에 대해 마음을 놓게 된 이 새로운 중앙아메리카 독립국의 가톨릭 성직자들은 합심해서 행동에 돌입했다. 1824년 10월 24일, 멕시코시티의 14개 가톨릭 교구 교회 예배에 참석한 모든 남성·여성·어린이는 새로운 헌법에 충성을 맹세했다. 또한 그들은 사제들이 이 문서에 담긴 권리와 의무에 대해 읽고 설명해주는 내용을 경청하기도 했다.[58]

1824년에 독립한 멕시코가 헌법을 채택했다는 사실은 카디스 헌법과 그 제정자들이 크게 실패했음을 극명하게 보여준다. 카디스의 남성 대다수는 1810년에 모임을 소집했을 때, 에스파냐 제국 전역에서 뽑힌 대표들을 통합하고, 좀더 초인종적이고 초대륙적인 에스파냐 시민권을 위한 조항을 제시함으로써 그 제국의 내부 파벌과 분열을 얼마간 해결할 수 있었으면 했다. 하지만 그들이 제의한 혜택은 결국 불충분한 것으로 판명되었다. 더군다나 그것을 1812년 처음 발표했을 때 프랑스 군대가 에스파냐에 여전히 버티고 있었기 때문에, 그리고 이어지는 페르난도 7세의 어리석음 때문에, 카디스 헌법은 에스파냐 자체에서와 마찬가지로 에스파냐의 해외 제국에서도 결코 체계적으로 시행되지 못했다.

이러한 어려움이 불거지기 전에도 나폴레옹의 이베리아반도 침공은 에스파냐의 광대한 해외 제국을 한데 묶어준 결속력에 새로운 긴장감을 부여했다. 에스파냐령 아메리카의 크리놀인, 인디언, 메스티조 그리고 노예 인구 대다수는 그 제국의 현지 관리와 세금 징수자들에게는 커다란 분노를 드러냈음에도, 멀리 있는 제국주의 군주제에는 애착을 품고 있었다. 나폴레옹이 부르봉 왕가의 군주 카를로스 4세와 페르난도 7세의 폐위를 획책하고, 그들을 대신해서 자신의 형 조제프 보나파르트를 왕위에 앉힌 조치가 이들 에스파냐령 아메리카의 충성심을 즉각 약화시키지는 않았다. 하지만 그의 조치는 충성 문제를 복잡하게 만들었으며, 특히 프랑스가 에스파냐의 상당 부분을 점령한 결과로 히스패닉 세계에서의 전통적 언론 검열 장치가 서서히 약화했기에, 에스파냐 제국의 주권이 어디 있어야 옳은지에 대한 논쟁을 불러일으켰다. 이것은 에스파냐령 아메리카에서 인쇄기의 수와 그곳에서 발행되는 정치 간행물의 양이 크게 불어나고 새로운 선언문, 소책자, 논문 및 미래 헌법에 대한 계획안의 수가 급증하는 결과로 이어졌다.

에스파냐령 아메리카에서 이어진 독립을 위한 폭동과 전쟁들로 결국에 가서 에스파냐 자체로부터 약 5만 명의 군대가 동원되었다. 하지만 1820년대 중반, 에스파냐의 대서양 제국은 단지 쿠바와 푸에르토리코로만 축소되었다. 그러나 각각 1826년에 아르헨티나에서, 1828년에 칠레와 페루에서, 그리고 1830년에 뉴그라나다·우루과이·베네수엘라에서 만들어진 새로운 독립 헌법들은 여전히 그것들이 본보기 삼은 카디스 헌법의 자취를 물씬 풍기고 있었다.

이처럼 나폴레옹은 자신의 이베리아반도 침공 때문에, 그리고 그의 바욘 법령이 낳은 복잡한 영향 때문에, 성문 헌법을 남아메리카 전역에 깊고도 넓게 퍼뜨리는 데, 아울러 그에 대한 지식이 동남아시아 일부 지역에 전파되는 데 도움을 주었다. 1820년대에 한 멕시코 애국자가 증언했다. "나폴레옹 보나파르트, 에스파냐령 아메리카는 오늘날 향유하고 있는 자유와 독립을 당신에게 빚지고 있습니다. 당신의 칼은 두 세계를 묶고 있던 사슬에 최초의 일격을 가했습니다."[59]

괴물과 그가 빚어낸 작품들에 대한 평가

하지만 이것은 결코 나폴레옹이 의도한 결과가 아니었음에 주목하라. 그의 군대는 1808년 에스파냐의 남아메리카 식민지들을 해방 및 분리하기 위한 의도를 가지고 에스파냐를 침공한 게 아니었다. 그 황제 자체에게 이베리아반도 침공의 매력 가운데 하나는 실제로 그것이 에스파냐의 광대한 해외 제국에 대한 접근성과 영향력을 보장해줄 수 있을 듯 보였기 때문이다. 나폴레옹 자신과 그의 조치가 낳은 광범위하고도 복합적인 영향력에 대해 좀더 뉘앙스를 잘 살린 정확한 평가를 내놓은 것은 그와 꽤 다른 혁명가 메리 울스턴크래프트 셸리(Mary Wollstonecraft Shelley)였다.

당혹스러울 정도로 많은 수의 활동적이고 급진적인 일가친지에 둘러싸여 있던—1797년 그녀를 낳고 며칠 만에 사망한 어머니 메리 울스턴크래프트는 페미니스트였으며, 아버지 윌리엄 고드윈(William Godwin)은 철학자이자 아나키스트였고, 그녀의 남편 퍼시 비시 셸리(Percy Bysshe Shelley)는 공화제를 지지한 시인이었다—메리 셸리는 흔히 그녀 자신의 정치적 이해와 관련해서는 무시되곤 한다. 하지만 심지어 청소년기이던 1812년에조차 그녀는 '정부가 민족의 성격에 미치는 영향'에 관한 강연 원고를 작성했을 정도다. 사회적 예법상 그의 이복 남동생이 런던에서 대신 읽은 그 강연을 들은 최초의 청중 가운데에는 한때 미국 부통령이던 에런 버도 포함되어 있었다. 버는 다른 많은 실패에도 불구하고 여성 권리의 지지자였다.[60]

메리 셸리는 당연히 전쟁의 중요성에 초점을 맞추었다. 나폴레옹이 치살피나공화국을 위한 최초 헌법을 발표한 해에 태어난 그녀는 1814년 퍼시 비시 셸리와 눈이 맞아 달아났고, 그와 함께 워털루 전투가 일어나기 전의 잠잠한 시기에 파괴된 유럽 대륙에서 도보 여행에 나섰다. 두 사람은 만전을 기해서 나폴레옹과 그의 장군 몇이 묵었던 호텔의 같은 방, 같은 침대에 투숙했다.[61] 2년 뒤에는 나폴레옹이 초기에 영웅시한 철학자 장자크 루소의 출생지이자 그녀 자신의 가장 유명한 문학 창작물의 산실 제네바에 체류했다.

프랑스 혁명군은 제네바를 침공했으며, 나폴레옹이 집권하기 전에조차 그 도시에 성문 헌법을 제공했다. 메리 셸리가 제네바에 살고 있던

1816년에 그 영토는 다른 국가들이 군사적 침략의 대상이자 수많은 헌법 새로 쓰기 대상으로 취급하는 나라인 스위스의 일부였다. 그녀가 이곳에서 집필했으며 1818년 애초에 익명으로 펴낸 중요한 소설 《프랑켄슈타인: 현대의 프로메테우스(Frankenstein; or, the Modern Prometheus)》는 오늘날 우리가 공상과학 소설이나 판타지 소설이라고 부르는 것과는 전혀 거리가 멀었다. 그것은 정치적 내용을 담은 작품으로서, 그리고 나폴레옹 보나파르트가 지니는 다중적 의미에 대한 명상록으로서 해석할 수 있다. 그 책 저자의 성별이 밝혀지기 전까지는 일부 비평가나 독자들이 **실제로** 그렇게 해석하기도 했다.

한편으로 나폴레옹은 분명 그녀의 소설에 나오는 괴물에게 영감을 불어넣은 존재였다. 그는 부자연스럽고 점점 더 폭력적으로 되어가는 창조물이지만, 그럼에도 "웅변과 설득의 힘"을 지녔으며, 특히 "고대 공화국의 최초 창시자들에 관한 역사", 그리고 "공무에 임하는 이들이 종을 다스리거나 학살하는 이야기"가 담긴 책을 열렬히 탐독한 인물이다. 다른 한편으로 나폴레옹의 이력은 메리 셸리가 그녀 소설의 중심 캐릭터, 즉 과학자 프랑켄슈타인 자신을 묘사하는 데 영향을 미쳤다. 그 소설에서 그는 스스로에 대해 "평범한 설계자 무리"를 뛰어넘는 존재로서, 그리고 "몇 가지 위대한 사업을 도모하도록 운명 지어진" 존재라고 믿는 야심만만한 개인으로서 표현되어 있다. 군사적 침략과 문서적 실험을 벌이는 나폴레옹과 마찬가지로, 프랑켄슈타인의 목적은 "생명 없는 물질에 생명력"을 불어넣는 것이다. 그는 납골당에서 구해온 뼈를 다시 소생시켜서 새롭고도 우월한 인간종을 창조하고자 했다. 하지만 이 미지 세계로의 모험은 오직 학살과 불행에만 즐거움을 느끼는 타락한 악마를 세상에 풀어놓았을 따름이다. 지구상의 그 어느 곳도,

심지어 북극조차 안전하지 않도록 내모는 행동을 자행하는 악마를 말이다.[62]

하지만 거의 에드먼드 버크처럼 인위적이고 비유기체적인 창조물은 위험하다고 주장한 메리 셸리는 그저 모종의 실험적 행동을 고발하는 글을 쓰고 말기에는 지나치게 급진적이었다. 그녀가 자기 소설에 붙이기로 결정한 부제 '현대의 프로메테우스'는 프랑켄슈타인/나폴레옹을 인간에게 불을 선물로 주고 그에 따라 인간이 진보하도록 만들고자 신의 법을 거역한, 그리스 신화에 나오는 거대한 인물과 연관 짓는다. 나폴레옹과 프로메테우스를 결부시킨 것은 나폴레옹 황제의 말년과 1821년 그가 사망한 뒤에는 흔한 (그리고 일반적으로 수긍이 가는) 비유였다. 그것이 그의 찬미자들에게, 그리고 심지어 그저 그의 이력에 감탄하는 이들에게조차 더없이 적절해 보였기 때문이다. 나폴레옹 역시 위험하지만 궁극적으로 도움이 되는 선물을 인간에게 부여한 존재로서 간주될 수 있었다. 게다가 그도 그리스 신화에 나오는 프로메테우스처럼, 쇠사슬로 바위에 묶인 채 벌을 받는 것으로 끝났다. 나폴레옹의 경우는 바위투성이 세인트헬레나섬에서였다.

하지만 메리 셸리는 자신의 소설에서 프랑켄슈타인이 제멋대로 사용한 폭력 및 파괴가 그 자신과 더불어 끝나지 않을 것임을 분명히 했다. 그가 창조한 괴물은 결단코 파괴되지 않는다. 더군다나 그녀는 자신의 캐릭터 가운데 하나인 해군 장교의 입을 빌려—그녀의 소설은 이 해군 장교의 편지를 기본 틀로 전개된다—"그저 '평화 속에서 행복을 추구하는' 데 만족하는 인간은 거의 없다"는 말을 하도록 한다. 어떻든 현대전의 규모는 사람들로 하여금 그러도록 허락지 않을 것이다. 메리 셸리는 그녀의 중요한 차기작으로 21세기를 배경 삼은 《최후의 인간(The

30 프로메테우스로서 나폴레옹. 1815년 제작된 프랑스 동판화.

Last Man》(1826)에서 계속되는 사회의 군사화와 더불어 "화재·전쟁·전염병"이 전 지구를 싸그리 휩쓰는 모습을 상상한다. 그녀의 등장인물이 말한다.

나는 일개 인간이 군대의 부족분을 메우는 신체로서 존재할 뿐 그 자체로는 별로 중요하지 않다는 것, 그리고 소집 명부에 숫자 합계가 포함되도록 하기 위해 일개 개인의 정체성 따위는 간과될 수도 있다는 것을 알았다.[63]

하지만 이따금 주로 뛰어난 낭만파 문학 집단의 일원으로서 접근하곤 했던 메리 셸리는 그녀 시대의 부단한 전쟁과 정치적 혼란에 대한 창의적 논평가이자 증인으로 읽힐 수도 있다. 그리고 그녀가 자신의 소설에 끼워 넣은 몇몇 주장은 예리하고 통찰력이 있다. 프랑켄슈타인과 마찬가지로 사실 나폴레옹이 실시한 실험 다수도 그와 함께 끝나지 않았으며, 그의 죽음과 더불어 무효화되지도 않았다. 나폴레옹이 침략하고 점령하고 지배한 영토들 다수에서, 그와 그의 군대와 조력자들이 기존의 현지 엘리트, 법률 제도, 통치 관행 및 경제에 가한 폭력과 충격은 '이전 상태(status quo ante)'를 온전히 복구하기에는 너무 광범위했다.

이것은 프랑스 자체에서도 어김없는 사실이었다. 연로하고 과체중인 데다 보수적이고 당연히 신경과민인, 복귀한 프랑스 군주 루이 18세는 그럼에도 불구하고 새로운 방식으로 국왕-입법가(roi législateur) 역할을 수행했으며, 거의 이름뿐이긴 하나 성문 헌법인 자신의 1814년 헌장(Charter of 1814)을 발표하지 않을 수 없었다. 나폴레옹의 과거 제국주의 영토 가운데 몇 개 역시 복구 불가능할 정도로 변화했는데, 그 변화가 늘 더 나은 방향이었던 것은 아니다. 예컨대 나폴레옹이 프로이센에서 자행한 군사적 파괴의 규모와 폭력성은 실제로 과거에 그곳에서 이루어진 정부 개혁과 법률 개혁 운동을 지연하는 방향으로 작용했다는 주장 역시 가능하다. 하지만 그의 영향력과 침략에 노출된 다른 몇몇 독일 영토—뷔르템베르크·프랑크푸르트·바덴·바이에른·브라운슈바이크·작센—에서는 워털루 전투 직후 몇 년 동안 일련의 새로운 헌법이 등장했다. 그 대부분은 프랑스 헌장처럼 보수적이고 군주 중심적인 텍스트였다. 그럼에도 이것들은 정부 구조와 정부 규정을 개괄해놓은 유일한 문서로서 흔히 인쇄되었으며, 따라서 읽고 판결 내리고 논의하는 데 쓰일 수 있었다.[64]

이것이 말해주는 바와 같이, 유럽 대륙의 대부분 지역에서 1820년경에는 국가를 구성하는 데 꼭 필요한 바람직한 기구 및 장식적 요소

31 군주들이 새로운 성문 정치를 받아들이려 애쓰고 있다. 1824년 브라질 헌법과 여기에서 보이는 1826년 포르투갈 헌법의 주요 저자이면서 황제이자 국왕인 돔 페드로(Dom Pedro).

에 관한 개념, 그리고 국가가 국민에게 해주어야 하는 것에 대한 개념
이 비가역적인 변화를 겪고 있었다. 전직 이탈리아 육군 장교의 말마따
나, 점점 더 많은 수―아직 대다수는 전혀 아니지만―의 유럽인이 "성
문 헌법은 정치 제도를 변화시키고 한 나라의 온갖 고민을 해결하는 데
충분하다는 것", 또는 적어도 탐구하고 시도해봐야 하는 무언가라는 것
을 믿게 되었다.[65]

하지만 메리 셸리가 인식하고 난 다음 《프랑켄슈타인》에 담아낸 바
와 같이, 이러한 변화 및 기타 변화는 단지 위대한 한 개인의 이념이나
행동에 힘입은 결과가 아니었다. 더 중요한 것은 서로 관련되어 있고
가연성 있는 2개의 힘이었다. 그것은 바로 프랑스 혁명이 촉진한 이념
과 (훨씬 더 중요한 것으로) 전례 없는 수준의 전쟁 및 군사 동원이었다. 프
랑스 혁명전쟁과 나폴레옹 전쟁 기간 동안 군대에 투입된 다수 가운데
일부는 새로운 정치 이념과 기법의 전달자 및 촉진자로 활약했다. 그리
고 일부 경우에서 그들의 행동주의와 헌신은 나폴레옹의 패배 이후에
도 계속되었으며 심지어 더욱 확대되기까지 했다.

나폴레옹이 몰락한 뒤, 프랑스군은 폐위된 그 황제에게 지나치게 충
성스럽다고 판단한 약 2만 명의 장교를 해고했다. 그들 가운데 일부는
곧바로 자신의 칼과 정치 이념을 다른 나라와 대륙들로, 즉 중앙아메리
카와 남아메리카뿐 아니라 페르시아, 이집트와 오스만 세계의 기타 지
역들로 가져갔다. 나폴레옹의 비프랑스군 지지자 가운데 일부도 전후
유사한 경로를 추구했는데, 그중 하나가 이탈리아인 카를로 루이지 카
스텔리(Carlo Luigi Castelli)다. 워털루 전투 후 낙담한 카스텔리는 즉시 자
신의 야망과 군사 기량을 아이티로 옮겨갔다. 그런데 이것이 이득 없는
것으로 판명되자 다시 옮겨갔고, 이번에는 남아메리카에서 시몬 볼리

바르〔Simón Bolívar: 베네수엘라의 군사 및 정치 지도자로서 오늘날의 콜롬비아·베네수엘라·에콰도르·페루·파나마·볼리비아에 해당하는 지역이 에스파냐 제국으로부터 독립하도록 이끌었다. 콜롬비아 초대 대통령(1819~1830), 페루의 6대 대통령(1824~1827), 볼리비아의 초대 대통령(1825년 8~12월)을 역임했다—옮긴이〕의 독립운동으로 방향을 틀었다.[66]

메리 셸리가 인식했다시피, 나폴레옹에 **맞서** 싸운 이들 가운데 일부는 (1815년 이전에도 그 이후에도) 정치 변화와 새로운 헌법을 추구하는 방향으로 내몰리기도 했다. 이것은 하나의 조직으로서 카디스 코르테스의 경우도 마찬가지였다. 또한 여러 개인에게도 해당했다. 일례로 카디스 헌법의 최초 영어 번역본을 출판하고, 그럼으로써 엄청난 수준으로 그것의 보급과 영향력을 키운 것은 바로 프랑스군에 맞서 이베리아반도에서 비정규군과 함께 싸운 어느 영국인 육군 장교였다.[67] 나폴레옹에 반대한 일부 무장 세력은 한술을 더 떴다. 러시아 경비대 장교 니키타 무라비요프(Nikita Muravyov)는 1814년 고국의 파리 점령에 참가했을 때 이미 여러 언어에 통달한 상태였다. 하지만 그는 한동안 프랑스 수도에 살면서 자신의 정치 교육을 확장할 수 있었다. 그는 파리의 대학에 입학했으며, 나폴레옹의 최후 헌법 초안을 작성한 남성인 자유주의 철학자 뱅자맹 콩스탕(Benjamin Constant)을 알게 되었다. 무라비요프는 10년 동안 자신만의 출판된 여러 헌법 목록을 확보한 뒤, 러시아 퇴역 군인의 일원으로서 1825년 반동적인 차르 니콜라스 1세에 맞선 데카브리스트의 난〔Dekabrist Revolt: 데카브리스트는 12월을 뜻하는 러시아어 데카브리(декабрь)에서 비롯한 것으로, 1825년 12월 니콜라이 1세의 즉위에 반대해 들고일어선 젊은 장교들을 일컫는다—옮긴이〕을 이끌었다.[68]

하지만 메리 셸리가 《프랑켄슈타인》에 썼듯이, 프랑스 혁명전쟁과 나폴레옹 전쟁이 촉발한 정치적 충격과 대대적 군사화는 엇갈리는 결과를 낳았다. 여러 지역에 걸쳐 오랫동안 전개된 폭력은 한편으로 새로운 사상 및 계획, 그리고 권리 및 정치 개혁과 관련한 의사소통 양식을 촉진하고 영속화하는 데 기여했다. 하지만 다른 한편으로 통제와 관련한 새로운 사상과 방법을 발전시키기도 했다. 기타 정권과 훗날의 개인 행동가들은 나폴레옹이 제국주의적 계획을 제공하고 추진하는 데 새로운 정치 기술―성문 헌법 및 인쇄된 헌법―이 체계적으로 기여할 수 있음을 보여주었다는 사실에 주목했다. 싱가포르라는 이름의 동남아시아 섬을 구입해서 재설계하고자 한 토머스 스탬퍼드 래플스(Thomas Stamford Raffles: 영국의 정치인으로서 싱가포르의 개척자―옮긴이)의 경우를 예로 들어보자.

래플스는 동남아시아와 영국의 역사 틀 밖에서는 거의 검토되지 않는 인물이다. 하지만 메리 셸리처럼 그 역시 좀더 넓은 맥락에서 고찰해볼 가치가 있다. 다른 많은 19세기 초의 새로운 국가 설계자들―남아메리카의 시몬 볼리바르, 이집트의 메흐메드 알리(Mehmed Ali), 아이티의 앙리 크리스토프, 그보다는 덜 유명한 혁신가로 우리가 뒤에서 만나게 될 타히티의 통치자 포마레 2세―과 마찬가지로, 래플스는 나폴레옹의 업적뿐 아니라 그가 사용한 몇 가지 방식에도 매료되었다. 1816년 그는 유배당한 그 프랑스 황제를 만나기 위해 세인트헬레나섬을 애써 찾아가기까지 했다. 개인적 차원에서 이 만남은 성공이 아니었다. 하지만 래플스가 적은 것과 같이, 나폴레옹의 능력은 "언제나 나의 찬미를 요구했다".[69] 그 자신이 매우 다른 지리적 공간에서 달성하고 싶어 한 바를 감안하건대, 그것은 충분히 이해할 만했다.

래플스는 헌신적이고 창의적인 제국주의자로서 적절한 때 영국 세력이 보르네오·시암(Siam: 타이의 옛 명칭-옮긴이)·캄보디아로 확장되는 것을 보고자 열망했다. 또한 그는 자수성가한 사람이자 신중한 현대화주의자였으며, 어느 네덜란드 관찰자가 언급했다시피 "언어를 널리 퍼뜨리는 사람(word-peddler)"이기도 했다. 다중 언어 구사자이자 (나폴레옹처럼) 문자 언어에 중독된 인물이었던 것이다. 래플스가 1823년에 싱가포르의 2만여 거주민을 위해 초안을 작성한 헌법은 완성된 별개의 문서가 아니었으며 결코 제대로 이행된 적도 없었다. 하지만 그는 이 문서가 **분명** 의식적인 저술 과정을 거쳐서 창조된 "헌법"임을 명확히 했다. 그가 말했다. "내게는 그 기반을 넓히고, 좀더 중요한 상부 구조에 유의해야 할 책임이 있었다. 나는 헌법 및 대의 기관 같은 어떤 것을 위한 공간을 마련했다." 그는 "싱가포르의 새 텍스트가 가능한 한 자유로운 헌법이 될 것"이라고 장담했다.[70]

영국인은 흔히 그들의 식민지에 헌장을 부여하곤 했다. 하지만 자신만의 텍스트를 가지려는 래플스의 야심은 나폴레옹의 사례에 의해서도 영향을 받았다. 래플스가 보기에는 싱가포르도, 그 프랑스 황제가 정복한 뒤 헌법을 제정해준 유럽 대륙의 여러 영토들과 마찬가지로, 한 제국의 생산적인 일부로 작용하기도 하지만 다른 한편 개선 및 근대화를 지향하는 방향으로 설계·통제·작성되어야 했다. 끊임없는 자유 무역이 이루어져야 했다. 이 나라의 모든 종교와 민족이 용인되어야 했다. 노예제와 노예 무역은 근절되어야 했다. 또한 래플스는 싱가포르의 거주민이 음주·도박·투계 같은 악덕에서 벗어나 도덕적으로 깨끗하고 개선된 인간이 될 거라고 예상했다.

이 텍스트가 1789년 이후 프랑스에서 꽃피운 메시아적 사고와 통제적이지만 더러 개혁적이기도 한 나폴레옹 자신의 정책에 빚지고 있다는 것은 분명하다. 힘·이념·결단력으로 무장한 세계의 한 지역에서 들어온 누군가가 세계의 또 다른 부분과 상이한 인구를 재편·개선·통제하는 수단으로서 헌법 텍스트를 고안할 수 있다는 래플스의 신념 또한 더없이 분명하다.

초대륙적인 **영국인** 행동가 래플스의 이념·행동·계획은 또 다른 것을 보여주기도 한다. 나폴레옹 보나파르트는 의도적으로든 저도 모르게든 새로운 성문 헌법의 확산과 다변화에 크게 기여했다. 혹자는 이렇게 생각할 수도 있겠다. 역설적이게, 그러나 틀림없이, 가장 강력하고 집요한 나폴레옹의 적이었던 영국해협 건너편의 세력(영국―옮긴이)도 이따금은 마찬가지였다고 말이다.

5

예외와 엔진

런던

변화하는 사상, 혁명의 발발, 성장 일로의 인쇄술, 작전 중인 무장 군인, 그리고 무자비한 전쟁의 궤적, 이 모든 것은 새로운 정치 기술의 확산을 부채질했다. 특정 시기, 특정 장소에서 유독 그랬다. 1831년 10월, 에두아르트 간스(Eduard Gans: 독일의 법학자―옮긴이)는 세계적으로 이처럼 평범한 수준 이상으로 중요한 지역 가운데 하나와 접촉했다. 유대인 혈통으로 30대 초반이던 그는 부분적으로 독일 학계에 진출할 수 있도록 기독교로 개종했다. 베를린에서 법학 교수로 성공리에 자리 잡은 간스는 런던을 방문하던 중 83세의 제러미 벤담과 동석할 기회를 얻었다. 의회 의사당에서 도보로 채 10분도 되지 않는 곳의 퀸스 스퀘어 플레이스(Queen's Square Place)에 자리한 그의 집에서였다. 친구 하나가 부러워하면서 미리 그에게 귀띔했다. "그의 말에 절대 반박하면 안 되네." 간스는 그의 말을 따랐다. "귀한 조언을 건네는 사람"인 양 벤담의 말을 묵묵히 경청한 것이다. 그 위대한 남성이 최선이라고 생각해서 들려주기로 한 그 어떤 의견이나 사상에 대해서도 간스는 그저 맞장구침으로써 그가 "더 많은 통찰"을 들려주도록 부추겨야 했던 것이다.[1]

하지만 간스는 논리와 정신에 대해 비타협적으로 글을 쓴 위대한 철학자 헤겔(G. W. F. Hegel)의 제자이자 동료였으며, 따라서 가공할 지식인들을 상대하는 데 모자람이 없었다. 나폴레옹 보나파르트의 무자비한 침공을 겪으면서 살았던 수많은 독일인과 마찬가지로, 그 역시 본능적으로 지역의 연속성에 관심을 가졌으며, 법률 제정가와 정치인은 모름지기 자기 정부의 주요 변화를 도모하기 전에 그 사회의 역사에 관심을 기울여야 한다고 확신했다. 또한 그는 얼마간 장난기도 있었던 것 같다.

간스는 백발이 성성하고 군살이 전혀 없고 한시도 가만히 있지 못하는 벤담과 꽤나 넓은 그의 집 정원을 산책하는 동안, 벤담이 도발적으로 받아들일 소지가 있음을 모르지 않은 채, 역사와 지역 문화와 법 제정 간의 관계라는 주제를 입에 올렸다. "선생님께서는 실제로 역사를 가치 있게 여기십니까?" 그를 접대하던 주인은 예상대로 폭발했다. "무심의 옹호자, 지성과 어리석음을 동등하게 기록한 페이지." 거기에 어느 사회의 구체적인 역사 및 관습과 일치하게끔 법전이나 정부 계획을 구성할 필요 따위 없었다. 벤담은 "성문 헌법은 다른 일련의 법률과 마찬가지로, 보편적으로 적용될 수 있는 자유주의적 정의와 권리라는 합리적 원칙을 구현해야 해!"라고 벽력같이 호통을 쳤다.

간스는 벤담의 신랄한 공격에 전혀 놀라지 않았고 외려 그것을 은근히 즐긴 듯하다. 어쨌거나 벤담은 1823년 《모든 국가를 위한 헌법의 주요 원칙(Leading Principles of a Constitutional Code for Any State)》이라는 대담한 제목을 붙인 선언문을 발표한 인물이었으니 말이다. 전년도에 내놓은 또 하나의 출판물에서 벤담은 그와 마찬가지로 이렇게 주장했다. "입법가에게는 그릴 필요가 있는 중요한 윤곽선이 모든 **영토**, 모든 **인종**, 모든 **시기**에 동일하게 드러날 것이다〔강조는 벤담〕." 이것은 다른 무엇보다, 제러미 벤담에게 세계의 그 어느 곳, 그 어느 사회를 위해서든 헌법과 법전에 대해 조언하고 초안을 작성할 자격이 있음을 뜻했다. 이 영국인이 겸손하게 표현한 바와 같이 "지구는 작가가 열망하는 지배의 영역이었다".2

마침내 퀸스 스퀘어 플레이스에 있는 그의 집 안에 발을 들이도록 허락받았을 때, 그 집의 증기 중앙난방 시스템은 주인의 부와 그가 근대화에 열렬히 동조하고 있음을 여실히 보여주었다. 간스는 그 집에서 벤담의 관심 및 야심의 지리적 범위가 어느 정도인지 추가적으로 보여주는 증거를 접했다. 이 시기의 유복한 유로-아메리카 남성들은 습관적으로 개인 도서관에 좋은 판의 그리스와 로마 고전을 모아두었다. 그들이 읽었을 수도 읽지 않았을 수도 있는 책들이었다. 반면 벤담의 도서관 선반은 온갖 언어로 쓰인 당대의 저술들로 빼곡했다. 간스는 특히 그 가운데 에스파냐어와 포르투갈어로 집필된 책들에 주목했다.3

이 회합은 세 시간 넘게 이어졌는데, 그 시간 동안 이 팔십 줄의 노인은 "젊은이처럼 민첩하게 그 도서관으로 이어진 계단을 여러 차례 오르락내리락했다". 그로부터 9개월 뒤, 제러미 벤담은 사망했다. 담당 외과 의사는 벤담이 유언장에서 요구한 절차인 시신 해부에 들어가기 전, 망자에게 경의를 표시했다. 그는 욕 나올 정도로 추운 런던 남쪽의 해부실에 모인 저명 초청객들에게 벤담이 생전에 기본적으로 전사였다는

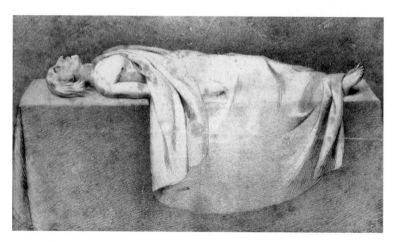

32　공개 해부 준비를 마친 제러미 벤담. 1832년 석판화.

사실을 주지시켰다. 그런데 전사로서 **그의** 유일한 무기는 언어―"사적 의사소통, 즉 은밀한 의사소통에 쓰인"―였으며, 그가 맞서 싸운 적은 "무지, 오류, 편견, 사기 행위, 이기심, 악덕, 고통"이었다. 해부를 맡은 외과 의사는 칼을 찔러 넣기 전에 이렇게 말을 이어갔다. "벤담은 그의 출신 국가뿐 아니라 남반구와 북반구의 모든 나라를 위해 이 같은 적들에 맞서 싸웠습니다."⁴

이는 과장을 보탠 말이지만, 제러미 벤담이 노력한 것은 어김없는 사실이었다. 1748년에 성공한 런던 법조인의 아들이자 손자로 태어났으며, 일찌감치 빼어난 면모를 드러낸 벤담은 가풍에 따라 법학을 전공했다. 하지만 그는 넉넉한 수입과 퀸스 스퀘어 플레이스에 있는 대저택을 물려받은 덕에 굳이 아등바등 직업을 구하고 일을 할 필요가 없었다. 대신 그는 본인의 자유와 평생에 걸친 독신 생활을 활용해서 글을 쓸 수 있었다. 그는 매일 10~20쪽의 원고를 완성했으며, 매운 맛의 갓 구운 생강빵과 블랙커피, 그 나름의 조킹을 즐겼다. 그뿐 아니라 정치적·지적으로 적극적인 다양한 나라와 대륙 출신의 엄선된 방문객 및 서신 교환자들과 교류를 이어갔다. 펜을 이용해서 공격적으로 여러 주제—경제학, 교육, 범죄와 처벌, 제국의 부당성과 윤리, 동물의 권리, 그리고 비밀리에 동성애 합법화까지—를 다룬 벤담은, 그 당시 볼 수 있던 정치에 집착하는 다른 많은 남성과 마찬가지로, 헌법 프로젝트를 연구하고 그 초안을 작성하는 데 전념하기도 했다. 그러나 그는 독보적일 만큼 인상적이고 잡다한 규모로 그 일을 진행했다.[5]

벤담은 미국을 집요하게 옹호했으며, 미국의 많은 성문 헌법을 샅샅이 살펴보았다. 하지만 이것이 그가 알렉산더 해밀턴과의 치명적인 결투와 이어진 반역 혐의로 모국에서 평판이 훼손된 에런 버와 긴밀한 우정을 쌓는 일을 막지는 못했다. 이러함에도 불구하고, 불명예를 뒤집어쓴 버가 몇 년 뒤 영국에 도착했을 때, 벤담은 즉시 그 미국인을 자기 집에 머물도록 초대했으며, 그 답례로 (얄궂긴 하나) 해밀턴이 쓴 《연방주의자 논집》뉴욕판을 선물로 받았다. 벤담이 보기에 버의 매력은 새로운 헌법 기획에 적극 참여할 수 있는 가능성을 그에게 열어주었다는 점이다. 멕시코에서 자신을 위한 독립 영토를 개척하려던 버는 적절한 때에 이 사적인 소국가의 헌법과 정부를 설계할 수 있도록 벤담이 대서양을 횡단하게끔 전함을 보내주겠노라고 약속했다.[6]

이 일이 말해주다시피, 벤담은 세계 모든 곳에 있는 모든 정권을 위해 그 자신의 전문 지식을 원 없이 적용하는 자유를 누렸다. 그는 1820년에 베네수엘라의 혁명가 시몬 볼리바르에게 자신의 헌법 서비스를 제의하면서 이와 같이 거창하게 말했다. "나는 보수 따윈 받지 않습니다. 어느 한쪽을 희생하면서 다른 한쪽에 봉사하지도 않습니다." 그는 아무 데도 얽매이지 않고, 오로지 "인류 전반의 이익"에만 주목하는 전문가가 될 참이었다.[7] 스스로를 이렇게 성격 규정하는 데 얼마간의 허세가 담겨 있다는 것은 부인하기 어렵다. 에두아르트 간스는 벤담을 처음 만나자마자 그의 이 같은 특성을 단박에 알아차렸다. 그럼에도 수십 년 동안 다양한 스펙트럼의 권력 있고 탐구심 강한 남성들이 정치적·법적 통찰과 조언을 구하고자 이 '퀸스 스퀘어의 은둔자'와 만나고 교류하면서 그의 말을 곧이곧대로 믿었다는 것은 엄연한 사실이다.

위대한 황제들이 연락을 취해오기 시작했다. 1810년대에 러시아의 알렉산드르 1세와 그의 내각 관료 몇이 벤담에게 편지를 써서 그 차르가 자신에게 딸린 영토인 폴란드와 핀란드를 위해 계획하고 있는 헌법에 관해 논의했다. 제국에 맞서 투쟁하는 남성들 역시 그에게 조언을 구했다. 1821년 오스만의 지배로부터 독립하기 위한 그리스 전쟁이 발발한 뒤, 런던에 체류 중이던 그리스의 정치 부관 몇은 벤담을 방문하는 데 만전을 기했다. 그는 이듬해 그리스의 최초 헌법 초안에 관한 논평을 보내주는 식으로 그들에게 화답했다. 그뿐만 아니라 벤담이 접촉한 이들은 단지 유럽이나 아메리카의 활동가에만 그치지 않았다. 실제로 그가 고문역을 진행한 범위를 보면 새로운 헌법에 대한 생각이 얼마나 빠르게 세계 각지로 뻗어나갔는지 알 수 있다.[8]

자연스럽게 벤담은 카리브해 연안에서 흑인이 지배하는 최초의 공화국 아이티와도 교류하게 되었다. 그는 1822년 아이티의 대통령으로서 아이티 독립 전쟁에 참가한 혼혈 퇴역 장군 장피에르 보이어(Jean-Pierre Boyer)에게 편지를 띄웠다. "모든 이해 당사자의 이익에 진정으로 부합하는 것으로서, 피부색이 어떻든 이러한 인간들 간의 피상적 차이 탓에 전 지구의 보편적 정체성—즉 법률 및 제도와 관련한—의 진척을 가로

막을 수는 없습니다." 물론 벤담은 이 메시지와 더불어 새로운 아이티 헌법을 위한 기획안도 동봉했다.[9]

또한 그는 특히 자신의 '양아들' 하수나 드기스(Hassuna D'Ghies)를 통해 이슬람교를 믿는 북아프리카와도 접촉했다. 마드라사(Madrasa: 이슬람교의 고등 교육 시설—옮긴이)에서 교육받고 여러 언어에 능했으며 독실한 이슬람교도인 드기스는 트리폴리(Tripoli: 현재의 리비아 수도—옮긴이)의 부유한 가문 출신이었다. 1820년대 초 런던을 방문한 그는 곧바로 자신의 존재를 벤담에게 알렸으며, 두 남성은 약 1년 넘게 트리폴리의 아랍어 헌법과 북아프리카 전역에 걸친 폭넓은 정치 혁명을 위한 계획에 대해 논의했다. 그들의 회합이 낳은 한 가지 결과가 벤담이 1822년에 쓴 소논문 〈실정(失政)에 맞선 안보(Securities Against Misrule)〉였다. 어떻게 새로운 헌법적 사상과 기구들을 이슬람 정치 체제에 적용할 수 있는지에 대해 서구 저자가 상세히 논의한 최초의 글이었다.[10]

이것이 암시하다시피, 벤담은 어느 편인가 하면, 물론 한결같이 그랬던 건 아니지만, 나이 들수록 점점 더 급진적이고 진취적으로 변해 갔다. 한참 과거로 올라간 1789년에, 혁명적인 프랑스 헌법을 위한 제안서 초안을 작성했을 때, 그는 "성년이고 정신이 건전하고 읽을 줄 아는 한 남성 또는 여성"을 망라한 모든 시민에게 투표권을 확대하는 데 찬성했다. 그의 동료 개혁가 대다수가 "왜 여성에게 참정권을 허락해야 하느냐?"면서 문제를 제기할 가능성이 많음을 깨닫고 "여성을 배제해야 하는 이유는 뭐냐?"고 반문할 준비까지 해놓았다.[11]

여성에 대한 권리 요구는 1820년대에 벤담에게 여전히 사적인 관심사로 남아 있었다. 하지만 그것과 관련한 대의명분은 그의 주요 공적 진술이나 저술에서 서서히 사라졌다. 그에게는 이제 시간이 얼마 남지 않았고, 해야 할 일은 산더미처럼 쌓여 있는 듯했다. 1820년대가 시작되자 그는 에스파냐의 자유주의자들과 카디스 헌법 도입 작업에 뛰어들기 위해 서신을 주고받느라 눈코 뜰 새가 없었다. 게다가 그는 1822년에 포르투갈의 최초 성문 헌법 제정자들과도 더욱더 긴밀하게 연락을 주고받았다. 하지만 벤담은 이베리아반도에서의 개혁적 프로젝트를 지원하는 한편, 남아메리카에서 포르투갈과 에스파냐 제국의 지배를 분쇄하고자 노력하는 가장 걸출한 인물들 몇을 돕는 데 훨씬 더 심혈을 기울였다.

그는 장차 아르헨티나의 초대 대통령 자리에 오를 독립투사 베르나르디노 리바다비아(Bernardino Rivadavia)와 서신을 주고받았다. 그리고 대콜롬비아의 부통령, 그리고 나중에 뉴그라나다의 대통령이 되는 육군 장군 프란시스코 데 파울라 산탄데르(Francisco de Paula Santander)에게 편지를 쓰고 그와 만나기도 했다. 아울러 과테말라의 첫 민법을 작성하고, "세계의 입법가"로서 그 영국인을 세계 만방에 알린 법학자이자 철학자 호세 델 바예(José del Valle)와 정기적으로 연락을 주고받았다. 시몬 볼리바르와도 들쭉날쭉하긴 했지만 오랫동안 관계를 이어갔다. 역시나 위대한 해방자인 볼리바르는 남아메리카의 6개국을 에스파냐의 통치로부터 해방시킨 군사 작전을 이끌었고, 뒤이어 직접 헌법 작성으로 관심을 옮아간 걸출한 베네수엘라의 군인이자 정치사상가였다. 그는 1810년에 런던을 방문하는 동안 (에두아르트 간스가 나중에 그랬던 것처럼) 벤담의 저택 정원을 거닐면서 그와의 관계를 돈독하게 쌓았다. 그가 12년 뒤 의도적인 아첨을 담아서 벤담에게 편지를 띄웠다. "경이시여. 이 야만적인 아메리카 지역에서 존경심 없이는, 또는 감사의 마음 없이는 '입법가들의 스승(Preceptor of Legislators)'이라는 이름을 결코 발음하기 어려움을 상상하실 수 있는지요"[12]

벤담이 추진한 이러한 관계들과 여타 초국가적·초대륙적 관계들은 최근에 폭넓은 관심을 끌었으며, 그것은 마땅히 그럴 만한 일이다. 하지만 우리가 이 남성의 가공할 정신과 열정 넘치는 네트워크의 구축을 보여주는 풍부한 증거에만 지나치게 열중하다 보면, 좀더 광범위한 맥락을 놓칠 위험이 있다. 벤담 현상은 한편으로 전쟁과 공격의 발발 증가와 다른 한편으로 새로운 성문 헌법의 점진적 확산 간 관련성이라는 이 이야기의 중요한 일부다. 하지만 그것은 그 남성 자체를 훌쩍 뛰어넘어서까지 확대되는 질문과 이슈를 제기하기도 한다.

우선 제러미 벤담 같은 인물이 **영국에서**―다름 아니라 정확하게 그 새로운 정치 기술의 유혹을 거부하는 듯 보이는 세계의 바로 그 지역에서―출현하고 그곳에서 생애 대부분을 보냈다는 사실을 우리는 과연 어떻게 이해해야 할까? 영국은 오늘날까지 성문 헌법이 없는 극소수 국가 중 하나로 남아 있는데, 전 세계를 위한 헌법을 작성하고자 열망한 개인들을 배출한 것이 그와 똑같은 장소였다는 사실은 과연 무엇을 의미하는가?

런던과 관련한 질문도 있다. 런던에서 제러미 벤담을 만난 해외 개혁가와 분주한 헌법주의자 대부분은 주로 그를 보기 위해 그 대도시에 온 게 아니었다. 그렇다면 이 거대 도시가 그 개인들을 끌어들인 까닭은 정확히 무엇이었는가? 이 영국 수도는 어떻게 다양한 국가와 대륙에서 이런 유의 사람들을 그토록 많이 불러 모을 수 있었을까? 그리고 런던은 세계 다른 곳에서 추진되는 모험적이고, 흔히 위험하기도 한 정치적·헌법적 프로젝트에 참여하는 개인과 집단들에게 과연 무엇을 제공했는가?

더 나아간 질문도 있다. 1815년의 워털루 전투 이후 영국은 세계에서 가장 부유하고 가장 영향력 있는 정치 체제로 발돋움했다. 그리고 어려움이 늘어나긴 했지만 1900년대 초까지는 그 지위를 유지했다. 그러나 이 제국의 영향력이 기나긴 19세기의 대부분 역사에 걸쳐 널리 확산했음에도, 영국은 같은 기간 동안 주요 주제 가운데 하나인 새로운 헌법 기술의 부상 및 확산 이야기에서는 대체로 배제되어 있다. 우리는 이러한 이상 현상을 어떻게 이해해야 하는가? 그리고 영국을 새로운 성문 헌법의 확산세 증가라는 이야기 속에 정확히 어떤 식으로 끼워 넣어야 하는가? 그리고 우리가 그렇게 하면 그 이야기는 어떻게 달라 보일까?

전쟁과 예외주의의 한계

혁신적이고 단일한 헌법 텍스트의 시작과 설계는 흔히 전쟁 및 군사 동원 수준의 증가와 연관되는데, 영국은 실제로 이 같은 규칙에서 결코 예외가 아니었다. 영국은 북유럽의 일부 다른 지역들과 마찬가지로 사실상 꽤나 초기 단계에 이 추세에 합류했다. 영국의 경우 이 일이 일어난 것은 잉글랜드, 웨일스, 스코틀랜드 그리고 아일랜드에서 내전이 발발한 시기이자, 공화국 건설로 귀결된 중요한 폭력의 시기인 1640년대와 1650년대였다.

한동안 여러 투쟁에서 승리를 거두었으며, 군주인 찰스 1세를 패배시킨 가공할 무력 군대 신형군(New Model Army)의 행동과 사상은 이 점을 잘 보여준다. 1647년에 이 군대의 고위층 일부가 이른바 '건의 요목 (Heads of Proposals)'이라는, 새로운 헌법을 정리하기 위한 기초로서 의도된 일련의 제안서 초안을 작성했다. 하지만 그보다 좀더 급진적이고 민주적인 것은 1647년에서 1649년 사이 신형군의 장교와 병사들이 여러 버전으로 작성한 '인민 협정(Agreement of the People)'이었다. 그 지지자들은 이를 "모든 영국인이 서명한" 것으로서, 그리고 웨스트민스터 의회를 인민의 의지에 종속하기 위한 것으로서 의도했다. 그 저자들이 주장했다. "의회가 한 일은 다음 번 의회가 무효화할 수 있다. 하지만 인민 사이에서 시작하고 끝난 인민 협정은 결코 의회의 승인을 통해 파괴될 수 없다." 이 같은 텍스트는 미래에 그 어떤 의회의 수정으로부터도 영향받지 않는 모종의 기본법으로 작동할 터였다.[13]

인민 협정과 그 제정자들은 실패했다. 하지만 1653년 호민관(Lord Protector)으로 변신한 주도적인 공화제 지지자 올리버 크롬웰(Oliver Cromwell) 장군은 잉글랜드·웨일스·스코틀랜드·아일랜드에, 그리고 잠재적으로 영국의 해외 식민지에 적용될 예정인 통치 장전(Instrument of Government)을 지지했다. 인쇄되어 발표된 이 텍스트는 정부와 선거를 규제하려는 의도를 지녔다. 그것은 유대인에 대한 관용 같은 해방적 개혁안을 담고 있었으며, 다시 한번 거의 기본법으로 여겨지기에 이르렀다. 크롬웰은 1654년 의회 연설에서 "모든 정부에는 바꿀 수 없고 고정되어 있는 마그나 카르타 같은 얼마간 기본적인 법이 있어야 한다"고 밝혔다.[14]

이것을 비롯한 여러 공화주의 프로젝트는 1660년 군주제의 복원과 더불어 종지부를 찍었다. 하지만 이들 섬에서 새롭고 모험적인 정부 법전의 작성은 계속되었다. 1669년 정치철학자 존 로크는 여러 영국 귀족들과 함께 오늘날의 버지니아주와 플로리다주 사이에 위치한, 밖으로 튀어나온 식민지 영토를 위해 의도된, "바꿀 수 없는" 정부 형태 《캐롤라이나 기본 헌법(Fundamental Constitutions of Carolina)》의 초안을 작성했다.[15] 이 기획 역시 실패했지만, 이것은 영국의 되풀이되는 관행을 보여주는 초창기 사례 중 하나다.

힘 있고 탐험적인 영국인들은 해외 제국에 투자한 수 세기 동안 수시로 여러 정착민 집단과 식민화한 민족을 위해 헌법 초안을 작성했다. 이것은 헌법이 없는 국가가 하나도 남지 않은 듯 보인 1970년대까지도 줄곧 이어져온 습관이다. 거듭 **다른 나라를 위해** 헌법을 작성해주는 영국의 이 같은 경향성에 대해서는 더없이 유명한 영어 소설인 대니얼 디포(Daniel Defoe)의 《로빈슨 크루소(Robinson Crusoe)》의 속편에 간략히 다뤄져 있다. 이 책은 1719년에 런던에서 처음 출간되었으며, 수백 종의 후속편과 번역서를 탄생시킨 작품이다. 정치적으로 맹렬한 휘그당원인 디포는 속편 말미에서 거주민들의 요청으로 영웅 하나를 만들어낸다. 더 이상 무인도가 아닌 그의 섬을 위해 "내 영향력 아래 글을 쓰는 장군"이었다. 크루소는 그가 "모든 사람이 가진 농장의 경계와 상황"을 설정하는 문서를 "작성하고 서명하고 봉인하도록" 만든다. 그리고 "그들 간의 정부와 법률에 대해, 그들이 스스로에게 제공할 수 있는 것보다 더 나은 규정을 제공할 능력이 내게는 없다"고 그들에게 말한다. 하지만 크루소는 "사랑과 좋은 이웃"이라는 기본 조건을 갖추라고, 그리고 "서로 종교에 관해서는 이견을 가지거나 논쟁을 벌이지 말라"고 주장한다.[16]

하지만 디포가 여전히 작가로서 이력을 쌓고 있던 17세기 후반에, 여러 유형의 영국인은 단순히 다른 민족이나 장소를 위한 문서 프로젝트를 설계한 데 그친 게 아니라 본국에서 그 프로젝트를 가지고 실험을 계속하기도 했다. 1688년 네덜란드가 잉글랜드 남부에 대해 대대적인 해상 및 군사 침략을 감행함으로서 또 한 명의 군주인 제임스 2세

—— " Not to understand a treasure's worth,
Till time has stolen away the slighted good,
Is cause of half the poverty we feel,
And makes the world the wilderness it is."

THIS IS

THE WEALTH

that lay

In the House that Jack built.

33 금이 아니라 헌법 텍스트가 그레이트브리튼의 진짜 보물로 표현되어 있다. 윌리엄 혼 (William Hone)의 급진적인 팸플릿 〈잭이 지은 정치의 집(The Political House that Jack Built)〉, 1819년.

가 몰락하고 망명길에 나섰다. 그 결과 왕좌는 새로 뽑힌 네덜란드 통치자 '오렌지의 윌리엄(William of Orange)'과 그의 앵글로-스코틀랜드 배우자 메리에게 부여되었다. 중요한 권리장전(Bill of Rights: 스코틀랜드에서는 'Claim of Right')이 뒤따라 발표되었는데, 이것은 왕권을 억제하고 의회와 법관의 위상 및 자율권을 강화할 뿐 아니라 고문을 금지하고 자유선거와 청원권을 보장하는 것을 목적으로 했다.[17]

지금까지는 더없이 인상적이라고 여겨질지도 모른다. 하지만 헌법과 관련한 이 같은 초기의 창의적 대격변—1640년대의 내전들과 1688년의 혁명—은 역설적으로 얼마간 영국에서 그 이상의 성문화한 정치 재편을 억제하는 방향으로 작용했다. 이 같은 연속적 위기의 결과로 이 정치 체제에서 왕권은 축소되었으며 점점 더 의회의 규제를 받은 반면, 언론의 자유나 종교적 관용 같은 개인의 자유는 유럽 대부분 지역에서 보다 더 잘 보호받기에 이르렀다. 하지만 그와 동시에 영국의 국가 조직은 한층 강력해졌다. 런던은 17세기 중반부터, 그리고 1688년 이후에는 그보다 더 많은 정도로, 병사를 육성하고 점점 더 막강한 해군을 증강하는 데 더욱 능란해졌다. 또한 토머스 페인이 불평했다시피, 이러한 것들에 비용을 지불하기 위해 더욱 엄격하게 세금을 거둬들였다. 게다가 런던은 다른 민족의 영토를 침략하는 데에도 한층 적극성을 띠었다.

영국은 주요 유럽 경쟁국들의 경우에서 판명 난 것과 같은 정도로 금융 위기 및 **국내적** 정치 대격변에 휘말리지는 않았다. 부분적으로 18세기에 초대륙적 하이브리드 전쟁의 수준이 확대되기 시작했을 때, 정부의 효율성·통제력·힘이 증가하고 있었기 때문이다. 1776년 이후 아메리카 식민지 13곳을 잃은 것은 사실이었다. 하지만 국내적으로는 그에 비교할 만한 분열과 폭발이 없었다. 1916년에 아일랜드에서 제1차 세계대전으로 촉발된 위기인 부활절 봉기(Easter Rising)가 있고 나서야, 이 섬들에서의 무장 분쟁이 돌이킬 수 없는 영토 분열을 초래했으며, (비록 새로운 아일랜드공화국에서뿐이긴 했지만) 좀더 성공적인 헌법 작성 모험으로 이어졌다.

1700년 이후 극도의 재정 붕괴 없이, 또는 (아일랜드 밖에서는) 심각한 국내 분열을 겪지 않고 반복적으로 전쟁에 참가할 수 있었던 영국의 능력은 과세하고 부를 차용하거나 창출하는 그 자체의 가공할 역량을 넘어서는 어떤 것의 도움을 받았다. 1800년경 준군사적인 영국 동인도회사는 인도 아대륙에서 20만 명 넘는 병사를 보강할 수 있었는데, 그 대부분은 남아시아인으로 이루어진 군대였고, 그들 모두에게 필요한 비용은 인도 세금으로 충당되었다.[18]

따라서 영국 정부는 자체 육군을 점점 더 다양한 대륙에서 동원되는 막대한 해외 병력으로 충당했다. 더군다나 그 해외 병력에 비용을 대준 것은 본국의 영국인이 아니라 그들이 포획한 인도 신민이었다. 한편 영국 정부는 국내 국방비 지출 대부분을 대규모 해군을 유지하는 데 집중 투자할 수 있었다.

이 모든 환경—초기의 왕권 억제하기, 특정 종교적 권리와 시민적 권리에 관한 법 실시하기, 일찌감치 웨스트민스터 의회의 권력과 위상 다지기, 그리고 강력한 금융 체제 및 거대한 해군과 보조금을 받는 부가적인 인도의 육군—은 영국에서 상당한 정치적 안정성뿐 아니라 일정 정도의 헌법적 무활동(quiescence)과 현실 안주를 빚어내는 쪽으로 작용했다. (결코 모두는 아니지만) 상당수의 영국 거주민에게는, 1700년 이후 영국이 주요 내전이나 성공적인 침략에 크게 휘둘리지 않았다는 것, 그리고 전반적으로 상당히 높은 수준의 전쟁 성공을 이루어냈다는 것이

자국의 현존 정치 및 헌법 체제를 승인하는 데 기여했다. 행복감에 젖은 어느 영국 작가는 1817년에 이렇게 선언했다.

우리의 칼은 육상에서 승리했다. 우리는 남극에서 북극에 이르는 해양의 주인이다. 지식으로써 존경받고 독창성으로써 타의 추종을 불허하며, 모든 나라의 부가 우리 항구로 유입된다. 그렇다면 우리는 신의 섭리 아래에서 이 모든 이점을 우리의 자유로운 헌법 정신이 아니라면 대체 무엇 덕분으로 돌릴 수 있을까?

이런 유의 자아도취적 주장은 특히 19세기의 처음 몇십 년 동안 무척이나 흔하게 접할 수 있었다.[19]

이를테면 유럽 대륙의 상당 부분이 다시 한번 혁명과 전쟁으로 몸살을 앓고 있던 1848년에 스코틀랜드의 역사가이자 정치인 매콜리 경 (Lord T. B. Macaulay)은 우쭐해하면서 해외에서 일어나는 "심한 폭풍과 천둥과 불"을 영국 자체의 상대적 평온함과 대조했으며, 영국이 행운을 누리는 주된 이유는 명확하다고 암시했다. 매콜리는 "우리가 신의 은총 아래 이런 특별한 행복을 누리는 것은 현명하고도 고귀한 헌법 덕분이다"라고 선언했다.[20] 풍자만화가 존 도일(John Doyle)은 (더블린 태생이고 가톨릭 신자임에도) 1848년에 발표한 정치 소묘 작품에서 매콜리와 다를 바 없는 의기양양한 입장을 취했다. 그 그림에서 '영국 헌법'은 비가 억수같이 내리는 험준한 바다 한가운데 고요히 떠 있는 막강한 방주로서 모습을 드러낸다. 도일은 이 선박 주위에[《성경》의 독자들은 원래 방주가 덕 (virtue)을 지키기 위한 목적임을 알 것이다] 목까지 물에 잠긴 채 어떻게든 물 위에 떠 있으려고 안간힘 쓰는 여러 불행한 유럽 통치자들을 묘사한다.

34 하늘이 내린 축복으로서 영국 헌법. 존 도일, 〈(현대판) 노아의 대홍수[The (Modern) Deluge]〉, 1848년.

매콜리의 산문처럼, 이 시각 이미지 역시 영국만이 특별히 축복받았으며, **그 축복을 가능케 한 가장 중요한 요소가 영국의 기존 헌법 질서라는** 생각을 피력하고 있다.

하지만 일부 영국인이 비성문 헌법에 대해 흥분을 담아 좋게 말하는 것은 기만적일 수 있다. 이러한 우월주의는 정확히 무언가에 대한 영국 헌법의 두드러진 합의 부족을 가려버렸다. 예컨대 영국 헌법은 정말로 비성문화한 것이었나? 이 점에 관해서는 거의 합의가 이루어지지 않았다.

일부 사람들에게 영국 헌법의 근원적 아름다움은 실제로 그것이 상당 정도 내재화해 있으며, 따라서 (관습법 자체와 마찬가지로) 항상 유동적인 상태로 남아 있는 어떤 것이라는 사실이었다. 그 지지자들은 바로 이 점 때문에 영국 헌법이 그저 고지식하게 종이에 적어놓은 그 어떤 법전보다 우월하다고 주장했다. 1832년에 어느 보수적인 언론인이 사망하기 불과 몇 달 전의 제러미 벤담에게 물었다. "영국 헌법이란 무엇인가?"

우리의 헌법은 우리가 숨 쉬는 공기요, 우리의 정맥을 쉼 없이 순환하는 피요, 우리가 먹는 음식이요, 우리에게 양분을 공급해주는 토양이요, 우리의 해안을 때리는 파도다. 그리고 우리 여인들의 아름다움이요, 우리 남성들의 힘이요, 우리 장인들의 기술이요, 우리 철학자들의 학문이요, 우리 상인들의 모험이다. 또한 예술적 진보와 문명화한 삶의 안락을 제공함으로써 우리를 늘 활력 상태로 유지해주는 분주한 활동이자 시민적 열망……이다. 헌법은 종이로 만들어지지 않으며 종이에 의해 파괴될 수도 없다.[21]

하지만 성문 헌법에 대한 이런 유의 적극적인 거부는 결코 만장일치로 지지받는 견해가 아니다. 몇몇 주도적인 급진주의자—그중 유명한 사람이 토머스 페인이고 제러미 벤담도 점차 이 부류에 포함되었다—에게, 영국 헌법이 단일하고 식별 가능한 최고 텍스트로 쓰이지 않았다는 사실은 그것의 고유한 가치를 보여주는 증거라기보다 그것이 거의 존재하지 않는 거나 마찬가지임을 드러내는 증거였다. 하지만 다른 논평가들은 영국 헌법이 사실상 어느 정도 **성문화되어 있었다**고 주장했다.[22] 그들은 1689년 권리장전 같은 중요한 헌법 텍스트의 존재를 그 증거로 제시했다. 몇몇 논평가는 한술 더 떠서 실제로 성문 헌법이 최초로 시작된 곳이 다름 아닌 영국이라고 우기기까지 했다.

이를테면 1917년에 더없이 존경받는 스코틀랜드 법학자이자 정치가

이면서 한때 미국 대사였던 제임스 브라이스(James Bryce)는 입헌주의 역사에서 이어지는 모든 성문 헌법의 기초를 다진 것은 바로 1215년에 존 왕이 러니미드(Runnymede)에서 조인한 마그나 카르타였다고 주장했다. 브라이스는 제1차 세계대전 와중에 응원을 구하면서 이렇게 적었다. "러니미드의 고위 성직자와 남작들이 자기가 아는 것보다 더 나은 것을 구축함으로써 오늘날 페루에서 중국에 이르는 전 세계를 뒤덮은 성문 헌법, 즉 엄밀한 헌법 계획의 기반을 닦았다는 것은 그리 과장된 주장이 아닌 듯하다." 우리는 이 시점에, 즉 1917년에 성문 헌법이라는 새로운 정치 기술이 세계의 상당 부분으로 파고들었음을 브라이스가 인정한 대목에 주목할 필요가 있다.[23]

나는 영국이 더러 헌법에 관한 한 세계 나머지 지역과 극명하게 다른 국가로 간주되고 있으므로 이 같은 다양한 견해를 강조한다. 의회 주권이라는 교리―전지전능한 웨스트민스터 의회가 통과시킨 그 어떤 새로운 법률도 동일한 의회가 뒤이어 결정하는 일을 제한할 수 없다는 개념―는 1750년 이후 이 새로운 헌법 기술의 확산이 초장부터 영국에 이질적이게끔 여겨졌음을 말해주는 증거로서 흔히 인용되었다. 즉 영국에서 성문 헌법의 개념은 늘 실패할 운명이었던 것이다.

하지만 오늘날과 마찬가지로 과거에도, 영국 헌법의 성문성 여부에 대한 합의가 존재하지 않은 것처럼, 의회 주권의 의미 및 완전한 함의에 대한 합의 역시 존재하지 않은 듯하다.[24] 따라서 좀더 탐구적인 방식으로 이들 주제에 접근함으로써, 영국 자체의 사상 및 사건을 넘어서까지 확장되는 이유를 찾아낼 필요가 있다. 1800년대 초 이 사회의 권력, 부, 영향력 및 산업 발전의 규모, 그리고 (다른 나라의 도움을 받아서) 영국이 궁극적으로 나폴레옹에 맞서 거둔 성공은, 그 나라가 19세기에 지구상의 다른 많은 지역 관찰자들로부터 증가 일로의 폭넓은 관심을 끌어모을 수 있도록 했다. 자신의 출신국에서 야심적인 헌법 계획을 추진하거나 아이디어를 구하고자 하는 개인 및 단체는 특히 극단적인 근대성, 법치, 상대적 정치 안정을 결합한 영국의 명백해 보이는 역량에 매료되었다. 정치적으로 적극적인 여러 지역 출신 사람들이 이 사회와 접촉하려고 구름처럼 몰려들도록 만든 좀더 구체적인 이유도 있었다. 그것은 바로 런던이라는 도시가 지닌 특성이었다.

세계적 도시, 언어와 망명의 도시

특히 톰슨(E. P. Thompson)의 고전 작품 《영국 노동 계급의 형성(The Making of the English Working Class)》(1963)의 출간 이래, 19세기의 처음 몇십 년 동안 런던은 흔히 만연한 무질서와 분열의 장소라는 이미지가 지배적이었다. 그곳에서 극심한, 이따금 폭력적인 분열과 정치적 소요가 드러난 것은 분명했다. 에스파냐·포르투갈·그리스·이탈리아의 일부 지역에서 중요한 소요를 목격한 1820년은 런던에서 영국 통치 내각 인사들을 암살하려는 중대한 음모를 보게 된 해이기도 하다. 하지만 이 모든 것에도 불구하고, 당시 서로 다른 사회에 있는 상이한 대도시 지역 다수와 비교할 때, 런던은 여전히 상대적으로 안정된 상태였으며, 물리적으로도 손상되지 않은 채로 남아 있었다.

파리·베를린·마드리드·로마·베네치아를 비롯한 다른 많은 유럽 도시의 경험과 대조적으로, 런던은 나폴레옹 전쟁 동안에도 그 직후에도 외국군의 점령에 의해 파괴적인 피해를 입지 않았다. 유럽 밖의 일부 도시―예컨대 영국군이 1814년 국회의사당과 백악관에 총격을 가한 워싱턴, 혹은 1797년 이후 나폴레옹 병사들이 광범위한 피해를 안긴 카이로―와 달리 런던은 약탈당한 일도 없었다. 1807년에 리스본을 떠나 리우데자네이루로 달아나야 했던 포르투갈의 섭정 왕자 주앙 6세(João VI)와 달리, 영국의 왕족들은 전쟁 때문에 수도를 떠나 해외에서 은신해야 할 필요가 없었다. 런던 거주민 태반은 제가 살던 도시를 비워야 했던 적도 없었다. 반면 1812년에 모스크바 거주민은 나폴레옹 군대가 진격해오자 그 도시를 떠나야 했다. 레오 톨스토이는 《전쟁과 평화》(1869)에서 이렇게 주장했다. "당시 그 도시는 병사들의 파이프 담배, 부엌, 캠프파이어, 그리고 본인이 소유하지도 않은 가옥을 점령한 적군 병사의 부주의함 탓에 불태워졌다. 실제로 러시아인 자체가 모스크바에 불을 질렀을 가능성도 있지만, 최종 결과는 재앙이라는 점에서 크게 다를 바 없었다. 여전히 주로 목재로 건설되어 있던 유구한 도시가 상당 부분 파괴되었다."[25]

런던은 전쟁에 따른 심각한 피해를 입지 않은 덕택에 프랑스 혁명이 발발했을 때보다 워털루 전투가 펼쳐지던 시기에 인구가 훨씬 더 많아졌다. 17세기 말에조차 런던은 거의 틀림없이 유럽의 최대 도시였다. 1800년경 런던은 세계에서 베이징 다음으로 인구가 많은 도시였으며, 1820년경에는 아마 거주민이 약 160만 명에 이르는 가장 중요한 세계적 도시였을 것이다. 런던의 엄청난 규모, 전후의 온전함, 부, 국제적 영향력, 이 모든 것이 여러 대륙과 국가로부터 그렇게나 많은 정치 개혁가와 활동가를 그 궤도로 끌어들인 이유다.[26]

라몬 알레손 알론소 데 테하다(Ramón Alesón Alonso de Tejada)를 예로 들어보자. 그는 에스파냐 북서부 바야돌리드(Valladolid)의 부유한 가문 출신으로, 그곳에서 성공을 거둔 판사였다. 하지만 이 같은 유복한 도시적 배경에도 불구하고, 카디스 헌법의 복원을 지지한 결과 1823년에 런던에서 은신처를 구하지 않을 수 없었다. 그때 알레손이 어지러운 문화 충격과 외로움 속에서 처음으로 볼 수 있었던 것은 그 수도의 다양한 남성들과 축적된 부였다. 아내에게 보낸 편지에서 그는 슬픔과 경탄을 담아서 "영국은 '진정한 황금의 나라'"라고 썼다.[27] 물론 그것은 사실이 아니었다. 하지만 알레손의 반응은 런던이 당시 비교적 세련미 넘치는 유입자들에게조차 무척이나 거대해 보일 수 있었다는 것, 그리고 침략과 오래 이어진 전쟁과 내전으로 폐허가 된 고국을 둔 개인들에게 더없이 부유하고 훼손되지 않은 듯 보였다는 것을 말해준다. 나폴레옹 전쟁 이후 런던을 방문하는 것은 마치 제2차 세계대전 이후 미국의 대도시를 방문하는 데 비견되는 일이었다. 즉 전쟁으로 쑥대밭이 된 다른 지역들과 극명한 대조를 이루는, 풍요로운 의식주를 구가하는 짜릿한 경험이었던 것이다.

또한 런던은 눈에 띌 만한 규모로 신참자들을 끌어 모았는데, 그 이유는 그 도시가 따로따로는 특이할 게 없지만 이 방대한 대도시 내에 이례적으로 한데 어우러진 일련의 특성을 갖추었기 때문이다. 런던은 영국 왕실, 의회, 정부, 국내외 요원의 근거지였다. 제러미 벤담을 찾아온 해외의 주요 인사 가운데 상당수는 주로 그들이 저마다의 본국에서 시도하는 변화에 대한 런던 정치인의 지원을 원했기 때문에 이 수도를 방문했다. 그런가 하면 런던은 하나의 금융 중심지, 하지만 암스테르담·프랑크푸르트·함부르크 같은 일부 경쟁 도시들이 전쟁에 의해 파괴된 결과 한참 더 우세해진 **독보적인** 금융 중심지이기도 했다. 이처럼 금융에서의 탁월한 위상은 해외의 정치 활동가들을 연속적으로 끌어들이는 데 기여했다. 1820년대 초 헌법과 관련해서 벤담의 조언을 구하던 그리스의 독립투사들은 은행과 상인 자본가들로부터 대출을 받거나, 친그리스적인 부유한 자유주의자들로부터 기부를 받으려는 희망을 안고서 런던을 찾았다.

하지만 그리스가 런던에서 돈을 신청한 규모는 신흥 남아메리카 국가들에 비하면 아무것도 아니었다. 에스파냐와 포르투갈의 통치에서 벗어나 스스로의 정치 체제를 확립하고자 애쓰는 이 새로운 국가들은 막대한 규모의 국채를 발행했다. 1822년에 콜롬비아·칠레·페루는 모두 채권을 발행했다. 콜롬비아와 페루는 2년 뒤 멕시코·브라질·아르헨티나와 함께 한 번 더 그렇게 했다. 그리고 그러한 채권 발행은 더욱 많아졌다. 런던은 무리 없이 이 선수들이 누빌 수 있는 가장 큰 경기장으로 떠올랐다. 남아메리카의 어느 국가에서 요원이 찾아온다. 그는 런던의 수많은 은행이나 상업 회사 가운데 하나와 접촉한다. 그런 다음 영국 및 기타 나라의 투자자들에게 채권을 매도하는 데 따른 수수료를 주겠다고 그 기관에 제의한다. 여유 자금이 있는 사람 가운데 상당수는 탐욕스럽거나 잘 속아 넘어가는 이들이었다. 하지만 그중 일부는 본인의 투자가 여러 대륙에 자유라는 대의를 증진하는 데 쓰일 거라고 믿는 이상주의적인 남녀였다.[28]

런던의 자금 시장과 변화 도정에 놓인 남아메리카 간의 이 같은 긴밀한 유대는 금융 및 경제를 뛰어넘는 의미를 지닌다. 무엇보다 영국이 남아메리카에 투자한 규모는 영국 신문들이 그토록 많은 지면을 그 대륙에서 새롭게 부상하는 헌법에 할애한 이유이기도 했다. 본인 돈의 안전에 대해 우려하는 투자자들은 당연히 거기에서 들어서고 있는 정부의 수준에 대한 정보를 알고 싶어 했다. 영국과 아일랜드의 신문들은 이 문제에 적잖은 지면을 할애했다. 따라서 1824년 12월, 런던 〈타임스〉는 '멕시코 헌법의 완성과 출간'에 관한 기사를 내보냈다. 그 글의 저자는 이렇게 적었다. "이 문서와 절차 전체는 영국 대중 가운데 일부의 관심을 끌지 않을 수 없다. 따라서 우리는 그것에 대해 상세히 소개해야 한다." 예상대로 그는 그렇게 했다.[29]

실제로 영국의 해외 투자 수준 증가와 영국 신문이 해외 헌법에 할애한 보도량은 밀접한 상관관계를 보였다. 전쟁이 한창이던 1790년대에 때로 자본은 부족하고 위험은 컸는데, 그때 영국과 아일랜드 신문들이 구체적으로 '새로운 헌법'이라는 주제에 할당한 주요 기사는 (한 가지 설명에 기초할 때) 약 65건에 불과했다. 평화가 찾아오고 돈이 넘쳐나고, 그 새로운 정치 기술이 빠르게 보급된 1810년대에 이르자, 그 주제를 다룬 기사 건수가 자그마치 2000개 정도로 불어났다. 1830년대에는 영국과 아일랜드 언론에서 '새로운 헌법'을 다룬 신문 기사가 약 5500건에 이를 정도로 폭증했으며, 그 밖에 짧은 기사, 독자 편지 및 간략한 보도 기사도 수천 건에 달했다. 이런 유의 보도를 유심히 살펴본 이들은 다름 아니라 영국의 투자자들이었노라고 우리는 안전하게 가정해볼 수 있다. 하지만 정치적 변화, 텍스트, 사상에 관심을 가졌으되, 영국 자체에 기반을 두었거나 영국의 뉴스를 정기적으로 받아보는 세계 다른 많은 지역에서 살아가는 독자들도 마찬가지였다.[30]

실제로 런던을 거쳐서 남아메리카로 흘러 들어온 돈은 그 대륙의 상당수 혁명 정부에 전해진 것으로 밝혀졌다. 총과 칼이 난무한 전쟁의 시기가 지난 뒤, 막대한 영국 자본 유입은 그 대륙의 신흥 정권들에게 한숨 돌릴 기회를 부여함으로써 헌법을 제정하고 그것이 뿌리내릴 수 있는 시간을 허락해주었다. 런던은 다른 곳에서의 헌법적 기획을 추진하는 데 도움을 준 기타 자원들도 제공했다. 여러 국가 및 대륙 출신의 걸출한 방문자와 정치 운동가들을 대거 끌어들인 다른 도시들과 마찬가지로, 런던 역시 항구였다. 런던은 이 점에서 정기적으로 에스파냐·이탈리아·아랍의 지식인과 반체제 인사들을 끌어들이는 프랑스 남부 연안의 마르세유를 닮았다. 또는 남아메리카, 쿠바, 아이티의 열정적인 정치 운동가와 망명자를 끌어 모으는 미국의 볼티모어·필라델피아·뉴욕·뉴올리언스와 비슷했다. 또는 오스만이 통치하는 홍해의 제다(Jeddah)와 흡사했다. 제다는 메카 순례를 완성하는 데 참여하는 수만 명의 이슬람 순례자들이 해마다 찾는 경유지로서 19세기를 지나면서 특히 처음에는 증기선의 출현, 나중에는 수에즈 운하의 개통과 더불어 점점 더 중요한 도시로 자리 잡았다. 점차 수가 불어나는 정치적으로 적극적이고, 때로 반식민주의적인 인도, 인도네시아, 러시아, 아프리카 일부 지역과 오스만 제국의 이슬람교도들이 배를 타고 이 도시를 찾곤 했다. 이 성지에 도착하기도 전에 이 여정을 통해 이념적·영적 힘을 얻고 심지어 동료 투사들을 만날 수도 있으리라고 확신하면서 말이다.[31]

이 같은 다른 해안 및 강변 도시와 마찬가지로, 런던 역시 정치적으로 적극적이고 탐구적이며 반란을 꿈꾸는 이들을 꾸준히 끌어들였다. 하지만 그 규모만큼은 가히 독보적이었다. 1815년에, 그리고 그 후 100년이 훌쩍 넘는 기간 동안, 런던은 지상 최대의 상선을 보유한 세계에서 가장 큰 항구 도시였다. 또한 그 도시는 탄력적인 영국의 해상 제국 덕분에 모든 대륙의 다른 수많은 항구 도시에 접근할 수 있는 특권을 누리기도 했다. 다른 많은 제국 항구 가운데에는 영국 본토 섬들에 속한 리버풀·글래스고·카디프·코크 등이 있었다. 1840년에 영국 섬들 밖에는 몰타의 발레타, 바베이도스의 브리지타운, 싱가포르, 피낭, 홍콩, 남아프리카공화국의 케이프타운 따위가 있었다. 그보다 더 유명한 중심지 가운데 몇 개만 열거하자면, 오스트레일리아의 시드니와 멜버른, 오늘날 예멘의 아덴, 동아프리카의 몸바사와 잔지바르, 인도의 수라트, 망갈로르, 봄베이(지금의 뭄바이—옮긴이), 마드라스, 캘커타 등도 적절한 때에 등장하게 된다. 북적이는 이 모든 장소는 결국 그보다 규모가 작은 다른 통상 지역들을 연결해주는 교점이었다. 또한 런던은 영국 제국 네트워크에 포함된 항구들과의 거래뿐 아니라 유럽 대륙, 미국, 그리고 점차 변모하고 있는 남아메리카에 속한 어지러울 정도로 다양한 지역들과 광범위하게 교역했다.[32]

타의 추종을 불허하는 이즈음의 포괄적인 런던 항구 네트워크는 오랫동안 **경제**사의 주제가 되어왔다. 그런지라 이것은 1789년 이후 영국 해협 한편에 존재하는 프랑스가 현대 **정치** 혁명의 선구자였던 데 반해, 그 해협 건너편의 영국은 현대 **경제** 변혁의 주요 주창자였다는 견해— 잘 알려져 있다시피 위대한 역사가 에릭 홉스봄(Eric Hobsbawm)이 개괄한 견해—를 뒷받침하는 실질적인 증거가 되어줄 수 있는 것 같다.[33] 하지만 정치적으로 혁신적이고 창의적인 프랑스와 경제적으로 변혁적인 영국 간의 이러한 대비는 지나치게 유럽 중심적인 견해일뿐더러 턱없이 불충분하고 단순한 관찰이다. 경제 발전은 흔히 광범위한 정치 변화에 반영된다. 런던에 관한 한 정확히 그랬고, 그것도 초대륙적인 규모로 그랬다.

이 강변 도시의 다양한 해상 네트워크는 상품뿐 아니라 새로운 정치적 사상가·저술가·활동가들을 끊임없이 영국으로 끌어들이는 데 영향을 미쳤다. 이 같은 네트워크는 그 정치적 사상가·저술가·활동가들을 외부로, 그리고 계속해서 이동시키는 데 기여하기도 했다. 예컨대

1817년에서 1822년 사이, 런던에 머물렀던 베네수엘라의 대표 외교관이자 변호사 루이스 로페스 멘데스(Luis López Méndez)는 그 도시의 조선소에서 출항하는 선박 50여 척의 정박지를 확보했다. 그리고 그것을 이용해 대다수가 아일랜드인인 약 6000명의 남성을 남아메리카에 파견해 볼리바르가 이끄는 육군 및 해군의 신병으로 복무하도록 했다. 이들의 군사적 기여 자체는 미미했지만, 남아메리카의 무장 독립 투쟁에 동참하고자 몰려드는 해외 전사들이 발휘하는 선전적 가치는 상당했다.[34]

그뿐만 아니라 해상 및 강 덕분에 가능했던 서신 교환도 한몫했다. 제러미 벤담은 런던으로 오가는 선박이 제공하는 우편 시설을 편리하게 이용할 수 없었다면, 그가 궁극적으로 누리게 된 초대륙적 명성을 획득하지 못했을 것이다. 과거에 그랬던 것처럼, 그리고 1819년에 어느 적대적이지만 예리한 언론인이 쓴 것처럼 벤담이 "유럽이나 아메리카의 어떤 나라에"―그리고 실제로 다른 대륙의 여러 장소에―"헌법 헌장이나 법전"을 발송할 수 있었던 것은 "그 나라가 그 목적을 위해 우편료 선납 편지를 통해 그에게 문의해온 덕택이었다".[35] 벤담에게 해당한 것은 정도의 차이가 있긴 했지만 다른 런던 기반의 활동가들에게도 적용되었다. 바다 및 육상의 경계를 넘어 정보·텍스트 및 정치 행위자들을 외부로 이동시키는 경우든, 아니면 세계의 다른 곳으로부터 정치적 망명객·동조자 및 통신을 받아들이는 경우든 간에, 이 모든 활동을 촉진한 것은 바로 이 엄청난 국제도시에서 사방으로 뻗어나간 방대한 해상 네트워크였다.

새로운 헌법 정치와 관련해서는 런던이 인쇄물을 생산하고 배포한 규모, 속도 및 범위가 특히 중요했다. 이것은 런던에서 해상 부문의 포괄 범위와 인쇄 산업의 성격이 변화했기 때문이다. 영국의 이른 산업화

35 존 올랜도 패리(John Orlando Parry)가 그린 런던의 거리 풍경. 1835년경 우중충한 뒷골목에서조차 보통 사람들이 다양한 인쇄물을 활발하게 이용했음을 알 수 있다.

가 낳은 한 가지 결과는 인쇄 생산성의 혁신이었다. 1800년에 런던에서는 목재 틀이 아니라 철재 틀로 만든 인쇄기가 쓰였으며, 이것은 인쇄물 생산량이 기하급수적으로 증가하는 결과를 낳았다. 1810년대에는 증기 동력도 인쇄술에 적용되기 시작했다. 이 덕분에 런던의 인쇄기 가운데 일부는 18세기 평균의 4배인 시간당 1000쪽이 넘는 결과물을 쏟아낼 수 있었다. 1830년대에는 증기를 동력으로 삼는 영국 인쇄기들이 시간당 4000쪽을 생산했다.[36]

다시 말하거니와 이 같은 인쇄업의 발달은 흔히 경제사 및 산업 역사라는 제목 아래 정리되어 있다. 하지만 그것이 낳은 영향은 대단히 정치적일 수 있다. 인쇄 기술 및 기능이 희귀하거나 전쟁에 방해받는, 또는 검열받는 세계의 다른 지역들에서 활동하는 집단과 개인—예컨대 우리가 이미 살펴본 바 있는 1811년 베네수엘라의 헌법 제작자들—은 흔히 중요한 정치 저술이나 선언문이 선박을 통해 런던으로 발송되도록 조치하곤 했다. 일단 런던에 당도하면 이 문서들은 신속하게 다량 인쇄될 수 있었으며, 그 사본들이 다시 전 세계의 선택된 장소들로 배송되었다. 그뿐만 아니라 증가 일로인 정치적으로 적극적인 다른 지역 출신 활동가들은 런던에 그들 자체의 인쇄소를 설립하기도 했다.

1800년대 초, 본국에서 쫓겨난 에스파냐의 자유주의자들은 런던에서 다수의 신문을 발간했는데, 그 가운데 1824년부터 1827년 사이 등장한 것 대부분에는 〈이민 간 에스파냐인의 여가(Ocios de Españoles Emigrados)〉 같은 연상적인 이름이 붙었다. 게다가 엘 레페르토리오 아메리카노(El Repertorio Americano) 등의 남아메리카인이 운영하는 인쇄소와 신문사도 등장했다. 이 출판물들은 처음 출현했을 때 칠레의 지식인이자 외교관으로 변신한 베네수엘라인 안드레스 베요의 감독을 받았다.[37] 1810년 임무를 안고 볼리바르 및 또 한 사람의 베네수엘라 활동가와 런던에 도착한 그는 스스로가 그곳에서 전쟁 및 정치의 흐름으로부터 벗어나 있음을 발견했다. 베요는 그 영국 수도에서 19년 동안 살았는데, 그러는 동안 아내들과 자녀들을 얻고 잃으면서 순탄치 않은 세월을 보냈다. 그는 한편으로 열심히 글을 씀으로써 마침내 칠레로 떠날 수 있었는데, 내내 칠레의 민법 초안을 작성하고 그 나라의 1833년 헌법을 제정하는 데 기여했다. 런던에 기반을 둔 포르투갈어 신문들도 발행되었는데, 그중에는 명칭에 브라질을 언급한 최초의 신문 〈코헤이우 브라질리엔스(Correio Braziliense)〉도 있었다. 1810년경 포르투갈 제국의 권위가 쇠퇴함에 따라, 이 신문들은 브라질에서 공공연하게 유통되었으며 수시로 영국 상선에 의해 그 나라 항구로 들어왔다.[38]

이 외국어 신문명이 암시하듯이—그 수는 19세기에 걸쳐 기하급수
적으로 불어난다—런던에는 해외에서 온 활동가 공동체의 수가 꽤 많
았는데, 그들은 여행 중이거나 다른 곳을 가는 동안 머무는 경우도 있
었지만, 때로는 의도적으로 그리고 오랫동안 망명 중인 경우도 있었다.
1820년대에 런던에 머물던 한 지위 낮은 이탈리아 개혁가가 썼다. "이
도시에는 입헌주의자 …… 장군, 해임당한 공화국 대통령, 무력의 시기
에 해산된 의회 의장 등 온갖 나라에서 온 온갖 종류의 망명자가 득시
글거렸다." 그는 반은 농담조로, 하지만 일말의 진실을 담아서 이렇게
말을 이어갔다. "런던은 걸출한 남성들과 영웅 지망생들의 극락이다."
〔어느 풍자 작가는 '극락' 대신 '보터니만(Botany Bay: 오스트레일리아 시드니 부근의
만으로, 원래는 영국의 죄수 유형지였다—옮긴이)'이라는 표현을 쓰기도 했다.〕[39]

런던은 이 점과 관련해서 유일한 도시가 아니었다. 실제로 이 시기
에 다른 몇몇 장소도 정치 활동가와 도주 중인 망명자를 대거 흡수했
다. 따라서 1823년에 카디스 헌법의 부활 노력이 실패한 뒤 자유주의
자들의 대탈출이 꽤 큰 규모였음에도—에스파냐 공무원의 약 10퍼센트
가 그해에 도망쳤다—그로써 에스파냐인이 영국 수도로 우르르 몰려드
는 사태는 빚어지지 않았다. 마드리드를 떠나 보르도(Bordeaux: 남프랑스
에 있는 항구 도시—옮긴이)로 향한 거장 프란시스코 데 고야를 포함해 훨씬
더 많은 사람이 런던이 아니라 프랑스에서 피난처를 구했다. 탈출한 그
밖의 에스파냐인은 유럽 대륙의 다른 곳, 또는 남북 아메리카, 또는 북
아프리카에 정착하기로 결정했다. 오직 그들 가운데 10퍼센트 정도만이
영국, 거기서도 주로 런던으로 갔다.[40]

이 도시의 망명자 공동체에서 두드러지는 것은 그 수효라기보다 그
안에 명망가가 잔뜩 포진해 있다는 점이었다. 런던의 남아메리카 전입

자들 경우가 특히 이에 해당했다. 이 남아메리카인의 존재에 관해 역사가 캐런 러신(Karen Racine)은 이렇게 말한다.

프란시스코 데 미란다(Francisco de Miranda), 베르나르도 오이긴스(Bernardo O'Higgins), 시몬 볼리바르, 안드레스 베요, 호세 데 산 마르틴(José de San Martín), 프라이 세르반도 테레사 데 미에르(Fray Servando Teresa de Mier), 루카스 알라만(Lucas Alamán), 아구스틴 데 이투르비데, 베르나르디노 리바다비아, 마누엘 벨그라노(Manuel Belgrano), 비센테 로카푸에르테(Vicente Rocafuerte), 후안 게르만 로시오(Juan Germán Roscio), 마리아노 몬티야(Mariano Montilla), 프란시스코 데 파울라 산탄데르, 안토니오 호세 데 이리사리(Antonio José de Irisarri), 과테말라의 아이시네나(Aycinena) 및 가르시아 그라나도스(García Granados) 가문의 젊은이들, 호세 데 라 리바 아궤로(José de la Riva Agüero), 베르나르도 몬테아구도(Bernardo Monteagudo), 호세 호아킨 데 올메도(José Joaquín de Olmedo), 그리고 마리아노 아게냐(Mariano Egaña)를 위시해 70명 넘는 최고위급 독립 시대 지도자들이 런던에서 함께 살아가고 일했다.[41]

이 목록이 의미하는 바는 1810년대와 1820년대에 새로 독립한 아르헨티나, 볼리비아, 칠레, 에콰도르, 과테말라, 멕시코, 페루 그리고 베네수엘라에서 헌법 초안 작성과 국가 형성에 관여한 가장 중요한 인물들 가운데 일부가 모두 같은 도시, 즉 런던에서 시간을 보냈다는 것이다.

러신의 목록에는 에콰도르 대통령 호세 호아킨 데 올메도처럼 국가 원수의 이름도 포함되어 있다. 또한 거기에는 다수의 장군(오이긴스, 산마르틴 그리고 몬티야), 아게냐 같은 외교관, 미란다·베요·알라만 같은 지식인, 언론인, 선전가도 있었다. 이 시기에 런던에서 활약한 최고위급 남아메리카 활동가 목록에는 1824년에 콜롬비아를 위해 런던의 자금 시장에서 주요 대출을 확보하기 위해 동분서주한 프란시스코 몬토야(Francisco Montoya)나 마누엘 안토니오 아루블라(Manuel Antonio Arrubla) 같은 금융계 및 상업계 거물, 그리고 1820년 최초의 칠레 해군에 필요한 전함을 구입하려고 런던을 찾은 군수품 및 무기 제조업자 호세 안토니오 알바레즈 콘다르코(José Antonio Álvarez Condarco)도 포함해야 할 것이다.

런던은 기계화한 인쇄업, 조밀하게 몰려 있는 전문 금융 기관, 수많은 제조업체, 광대한 항만 네트워크와 운송 장비, 그리고 그곳에 거주하는 지배 엘리트와 그들이 발휘하는 국제적 영향력 같은 실용적인 자산을 제공해주었다. 그런가 하면 정치적으로 궁지에 몰린 야심적인 전입자들에게 무형의 이득을 안겨주기도 했다. 그중 하나가 바로 상대적인 신체적 안전이었다. 이들 상당수는 실패, 패배 혹은 배신의 대가가 더없이 클 수 있는 정치적·이념적·군사적 계획에 가담하고 있었다. 영국 수필가 리 헌트(Leigh Hunt)는 포르투갈에서 1822~1823년 그 나라 최초의 입헌 정권을 지지하기 위해 고군분투하던 급진주의자들에 대해 이렇게 썼다. "그들은 성문 헌법을, 심장의 피를 마시려고 뚫고 들어오는 칼에 맞서기 위한 방패로서 들고 있다."[42]

반면 런던은 비교적 평화로웠다. 그곳은 이즈음 오직 최소한의 경찰력만을 보유하고 있었으며, 외국 망명자들이 반체제적인 영국 정치에 관여하지 않는 한 그들을 공격하는 경우가 거의 없었다. 더군다나 (다른 곳에서와 마찬가지로) 이곳에서의 망명 경험은 (운이 좋고 자금도 넉넉하다면) 개인들에게 생각할 시간, 글 쓸 시간, 다양한 아이디어를 개발하고 고안할 시간을 제공해주었다. 헌법 창작과 관련해서 이것의 가치는 상당했다.

약 40년 동안 에스파냐의 주도적인 자유주의자 가운데 한 명이었으며 빼어난 연설가이면서 법학자이자 정치인인 아구스틴 아르궤예스(Agustín Argüelles)를 예로 들어보자. 미국이 독립을 선언한 해에 태어난 그는 1806년에서 1809년 사이 외교관 자격으로 처음 런던에 머물렀다. 뒤이어 카디스 코르테스의 대표로서 그곳 입헌위원회에서 일한 아르궤예스는 웨스트민스터에서 영국 노예 무역 폐지에 관한 논쟁을 경청하면서 알게 된 노예제 폐지론 이념의 일부를 카디스 헌법에 포함하려고 애썼지만 결국 실패했다. 아르궤예스가 카디스의 헌법 제정 역사를 담은 영향력 있는 두 권짜리 저서를 집필한 때는 그가 1823년부터 1834년까지 두 번째로, 좀더 오랫동안 런던에 머물던 기간이었다. 그때 그는 정치적 망명자들의 사원인 대영박물관에서 부지런히 작업했으며, 1835년 자신의 그 대표작이 런던에 기반을 둔 에스파냐어 출판사에서 출간되도록 조치했다. 그는 그런 다음 2년 뒤 새로운 에스파냐 헌법의 초안 작성을 거들었다.[43]

아르궤예스의 사례는 해외 망명자의 지적·이념적 이득이, 만약 그 주체가 운이 좋고 그렇게 하고자 마음만 먹는다면, 다른 형태를 띨 수 있음을 상기시킨다. 한편으로 아르궤예스가 런던의 노예제 폐지론자들과 접촉함으로써 그렇게 한 것처럼, 망명자들은 자신을 받아준 공동체로부터 정보와 참신한 인식 및 이념을 취할 수 있는 위치에 있었다. 다른 한편으로 그들은 강제적으로든 자발적으로든 자신의 본국을 떠나면 장기적인 뿌리 뽑힘과 고독의 시기를 견뎌야 했다. 하지만 이 같은 상대적 고립은 새로운 사상과 글쓰기 작업에 몰두하도록 거들기도 했다.

아르궤예스의 경우는 안드레스 베요, 나중에 카를 마르크스와 러시아 사회주의자 알렉산드르 게르첸(Aleksándr Gértsen), 그리고 훨씬 더 나중에 중국 최초 입헌제의 건국 시조이자 여러 중국 헌법에 커다란 영향을 미친 쑨원(孫文)처럼, 이러한 재평가와 아이디어에 대한 고독한 저술 작업의 일부를 대영박물관에서 매일 작업하는 도중에 이뤄냈다. 확실히 그들은 이국땅에서 아웃사이더로 살아갔음에도 돔 모양을 한 그 박물관의 훌륭한 독서실에서 안전하게 보호받았다. 이탈리아의 자유주의적인 피신자가 초안을 작성하고 인쇄해서 그곳에 붙여놓은 문구는 이와 같다. "누구든 '정치적 망명자라는 사실' 때문에 이 학문적 공간에 입장하지 못하도록 배제당해선 안 된다."[44]

남아메리카의 재형성, 영국에 대한 상상

1650년대 이후 성문 헌법과 유사한 그 어떤 것도 없었지만, 당시 영국은 다른 지역에서 그러한 장치가 빠르고 다양하게 갖춰지도록 돕는 엔진 역할을 했다. 특히 나폴레옹 전쟁 이후 수십 년 동안, 영국은 늘어나는 부와 권력, 상대적 안정성, 광대한 인쇄·항구·선박 네트워크, 그리고 사람들이 몰려드는 수도라는 자산 등이 어우러지면서 실용적으로도 좀더 무형의 방식으로도 다양한 헌법적 대의에 부응했다.

이 모든 것에 더해 영국 자체에 대한 **개념** 역시 중요한 영향을 미쳤다. 영국 정치 체제가 확정적인 성문 헌법을 갖추고 있지 않았기에 그 정부 및 법률 제도는 세계의 다른 지역에서 헌법적 변화를 추구하는 이들에게 그것이 다양한 방식으로 재구성되고 활용될 수 있는 여지를 부여했다.

해외에서 이런 식으로 영국과 영국 정부를 활용한 두드러진 예는 런던에서 8000킬로미터 정도 떨어진 베네수엘라 남동부 오리노코강(Orinoco) 하류에 자리한 작은 마을─당시에는 앙고스투라(Angostura)라는 이름으로 불렸다─에서 행해진 연설이다. 시몬 볼리바르가 1819년 2월 15일에 26명의 대표로 이루어진 의회에서 그가 자신들이 창조하고자 한 새로운 국가의 헌법에 반영되어야 한다고 믿은 원칙에 대해 연설한 것이 바로 이곳에 들어선 소박한 식민지풍의 2층 건물에서였다.

당시 35세로서 긴 코에 꿰뚫어보는 듯한 짙은 눈과 각진 얼굴과 호리호리한 외양을 지녔으며, 극도로 위태로운 상황에 놓여 있음에도 여전히 정신적으로도 신체적으로도 건강했던 볼리바르는 확실히 그가 스스로에 대해 묘사한 대로 '전쟁의 아들'이었다. 그는 1783년에 크리올인 지주이자 민병대 대령의 아들로 태어났으며, 그 역시 처음에는 에스파냐 식민 민병대에서 임무를 맡았다. 하지만 1805년에 아내를 잃고, 이어 두 차례 유럽을 방문하는 중대한 경험을 거친 볼리바르는 에스파냐령 아메리카의 해방에 헌신했는데, 1811년 이후에는 점차 무장 투쟁 쪽으로 방향을 틀었다.[45]

1819년에 볼리바르는 자기 이름을 걸고 여러 차례 승리를 일구었으며, 점차 늘어나는 영국인 및 아일랜드인 지원병을 포함해 약 1만 4000명의 병사를 거느렸다. 그럼에도 이 시점에서 그의 진전은 잠정적으로 정체된 상태였다. 에스파냐 군대와 그들의 크리올인, 흑인, 토착민 지지자들이 베네수엘라 인근 영토인 뉴그라나다에 대한 통제권을 여전히 틀어쥐고 있었으며, 이제 그가 태어난 카라카스까지 점령했다. 앙고스투라에서 대표들에게 행한 볼리바르의 연설─그 내용은 런던에서 재빨리 인쇄 및 배포되었다─은 따라서 지지를 모으고 되살리기 위

36　1823년경 익명의 작가가 그린 군인 볼리바르의 초상화.

해 고안한 것이었다. 또한 그것은 베네수엘라의 자유와 남아메리카의 개혁이라는 그의 비전을 제시하는 자리이기도 했다.

　볼리바르는 앙고스투라에 모인 이들에게 일단 전투가 끝나면 베네수엘라 국민이 선택한 대표들에게 권한을 넘겨주겠다는 의지를 확실히 피력하는 것으로 연설을 시작했다. 그는 그들에게 자신은 "끔찍하고 두려운 독재자 직책"은 피하고 싶다고, 그저 "선량한 시민이라는 숭고한 칭호"만 간직하고 싶다고 말했다. 그리고 국민 편에서의 "정의로운 열정"이 "공화주의적 자유를 …… 보장"할 수만 있다면 미래에 자유선거와 정기 선거를 치르겠노라고 약조했다. 이것은 1776년의 필라델피아, 또는 1789년의 파리에서 들을 수 있을 법한 표현이었다. 해방될 미래의 베네수엘라에 대한 볼리바르의 환기는 이전 시기의 많은 혁명 세력이 빠져든 의기양양한 낙관주의의 표방이기도 했다. 그가 선언했다. "나는 우리 조국이 정의라는 홀을 쥐고 영광이라는 왕관을 쓰고 자유라는 왕좌에 앉아서 구세계를 향해 근대 세계의 위엄을 뽐내는 모습을 봅니다."[46]

하지만 더욱 놀랍게 여겨지는 것은 미래의 베네수엘라를 위한 헌법 초안을 작성할 때 앙고스투라 대표들이 염두에 두어야 할 최고의 근대적 정부 체제로서 볼리바르가 추천한 내용이었다. 그가 그들에게 말했다. "대표 여러분, 나는 여러분에게 영국 헌법을 연구할 것을 제안합니다. 그것을 채택하는 국민에게 최대의 이익을 안겨줄 것으로 보이기 때문입니다." 볼리바르가 적절하게 주장했다시피, 그는 오직 영국 제도가 지닌 좀더 "공화주의적인 특성"에 면밀히 주의를 기울이도록 제안했을 뿐 그 제도의 "굴종적 모방"을 옹호했던 것은 아니다. 그는 계속해서 "영국은 제대로 살펴보면 결코 군주제로 치부할 수만은 없다"고 덧붙였다.

우리가 어떻게 국민의 주권, 권력의 분립과 균형, 시민의 자유, 양심의 자유, 언론의 자유, 그리고 정치적으로 숭고한 모든 것을 인정하는 체제를 묘사하면서 **군주제**라는 용어를 사용할 수 있겠습니까? 그 어떤 공화제 형태에서 이보다 더한 자유를 보장할 수 있겠습니까? 우리는 이보다 더 나은 사회 질서를 기대할 수 있습니까? 나는 우리의 허약한 본성과 양립 가능한 온갖 정치적 행복과 인간의 권리 향유를 열망하는 모든 이들에게, 인기 있는 헌법, 권력 분립과 균형, 시민적 자유를 갖춘 영국의 정치 체제를 가장 가치 있는 모델로서 추천합니다.

또한 볼리바르는 앙고스투라에 모인 대표들에게 종신직을 누리는 상원의원의 공간을 헌법에 마련하라고 조언하기도 했다. 그들에게 확실히 한 대로 그는 베네수엘라에 "귀족 계층이 뿌리내리는 것"은 원치 않았다. 다만 "로마의 상원의원들"처럼 "런던의 경들(the Lords)은 스스로가 정치적·시민적 자유라는 체계를 떠받치는 가장 견고한 기둥"임을 보여주었다. 그는 그러므로 독립 전쟁에서 스스로의 가치를 입증한 남성들을 받아들이는 새로운, 아마도 세습적인 베네수엘라 상원은 "공화국을 영속화하기 위한 구심으로서, ……자유를 위한 보루로서" 기능할 수 있으리라고 제안했다.[47]

볼리바르는 같은 이유에서, 그리고 자신들이 에스파냐 왕에 맞서 반란을 꾀하고 있음에도, 수정된 다른 형태의 군주제는 여전히 새로운 베네수엘라의 '견고함'을 보장하는 데 유용할지도 모른다고 덧붙였다.

군주를 향해 백성이 천명하는 존중은 그 권위에 주어지는 미신적 존경심을 늘리는 데 막강하게 작용하는 힘입니다. 왕위·왕관·왕권의 장려함, 귀족이 제공하는 강력한 지지, 단일 왕조에서 여러 세대에 걸쳐 축적된 막대한 부, 모든 왕이 서로에게 제공하는 형제애적 보호, 이 모든 것은 왕권에 유리하게 작용하는 엄청난 이점으로 왕권을 거의 무한대로 확장해줍니다.

따라서 행정부의 장점을 보장하고 증진하는 방안에 대해 고민해야 한
다. 볼리바르는 "잉글랜드에서 비록 행정부의 권한이 과도해 보인다 할
지라도" 그것은 독립 베네수엘라에는 불충분한 것으로 증명될 가능성
이 있다고 경고했다. 새로운 공화국은 본질적으로 불안정했다. 그 공화
국의 선출직 대통령은 흡사 "숱한 운동선수들을 상대해야 하는 일개 운
동선수" 같은 신세다. 따라서 선택할 수 있는 분별력 있는 길이란 오직
헌법 제정자들이 "입헌 군주보다 훨씬 더 큰 권한을 공화국 대통령에
게" 부여하는 것뿐이다.[48]

볼리바르는 훗날의 연설과 저술에서 군주제 및 귀족 정부는 "필요한
제약을 받기만 한다면" 더할 나위 없이 유익하다면서 이와 유사한, 한
층 더 강력한 주장을 펼치곤 했다.[49] 이것은 때로 볼리바르가 크리올인
농장주의 아들로서 그 자신도 한때 노예를 거느린 적이 있었던지라 본
능적으로 권위적이고 기본적으로 보수적이었다는 주장을 낳기도 했다.
1830년에 그가 아마도 결핵으로 사망했을 때, (제러미 벤담을 포함해서) 대
서양 양편의 비평가들은 전제적인, 심지어 제국주의적인 경향을 띠었다
며 그를 비난했다. 하지만 볼리바르의 이념과 본능은 이런 평가보다는
좀더 변화무쌍했으며, 가끔은 거의 자코뱅당원처럼 비타협적인 극단주
의를 견지하기도 했다. 1813년에 발표된 법령에서, 그는 스스로를 충성
스러운 에스파냐인이라고 고집하는 남아메리카인을 향해, 만약 "폭정의
멍에"를 떨쳐버리는 데 동참하지 않는다면 "선처 없는 죽음"만이 기다
리고 있을 뿐이라며 엄포를 놓았다.[50]

한편 볼리바르 역시 인식했다시피, 우리는 영국 헌법의 여러 측면에

대한 그의 지지를 그저 감상적인 영국 사랑 탓으로만 돌릴 수 없다. 확실히, 그리고 이 시기의 많은 혁명가나 앞서가는 개혁가들과 마찬가지로, 볼리바르 역시 영국과 그 나라의 외부 활동이 제공하는 몇몇 자원을 활용하는 데 열심이었다. 훌륭한 남아메리카 독립 텍스트 가운데 하나인 그의 〈자메이카 레터(Jamaica Letter)〉는 1815년 그가 당시 영국 플랜테이션 식민지에 자리한 킹스턴(Kingston)의 도심에 살고 있을 때 쓰였다. 영어판이 자메이카 신문사와 영국 출판사에서 출간되었으며, 그 사본들이 런던에서 다른 지역으로 번져갔다. 반면 〈자메이카 레터〉의 에스파냐어판은 1830년대 초까지도 인쇄되었던 것 같지 않다. 더군다나 볼리바르가 〈자메이카 레터〉에 실은 원래 원고를 영어로 번역한 것은 다름 아니라 우호적인 어느 영국군 장교였다. 볼리바르가 처음에 베네수엘라를 탈출해서 자메이카로 도망치도록 도와준 게 바로 그에게 호의적인 영국인들이 소유한 상선이었던 것처럼 말이다.[51]

이것이 말해주는 대로, 볼리바르는 영국의 상업·자본·해운이 당시 남아메리카에 실제로 매우 커다란 영향을 미치고 있음을 알아차렸는데, 거기에는 그만한 이유가 있었다. 그가 진지하게 사귄 마지막 성적 동반자인 아름다우며 정치적으로 적극적인 여성 마누엘라 사엔스(Manuela Sáenz)는 제임스 손(James Thorne)이라는 영국 상인과 별거 중인 아내였다. 그녀보다 두 배 이상 나이가 많은 손은 1820년대 초 36개 넘는 영국 기업이 사업을 벌이던 페루에 기반을 두고 있었다. 당연히 그 상인은 이 해방자(Liberator)의 매력·권력·카리스마에 대적할 인물이 되지 못했던 것으로 드러났다. 사엔스가 손에게 말했다. "당신은 지루해." 그러면서 아마 그뿐만 아니라 촉수를 뻗는 영국에 대한 분노를 담은 듯 덧붙였다. "당신네 나라처럼."[52]

볼리바르는 영국의 자금, 영국의 통신 및 상업 네트워크, 그에게 우호적인 영국인들이며 영국인 및 영국과 유관한 개인들하고 깊은 관계를 맺고 있었음에도, 영국 자체를 직접 경험해본 일은 거의 없었다. 그는 일평생 그곳을 단 한 번 방문했을 따름이다. 그에게는 다른 유럽 국가들—당연히 에스파냐, 하지만 프랑스도 여기에 해당했다—이 더 친숙했다. 더군다나 많은 입헌주의자와 마찬가지로 볼리바르는 다양한 장소에서 영감을 얻고자 애썼다.

따라서 그가 자기표현 및 리더십과 관련해서 중요한 개념을 습득한 것은 1804년에 프랑스에서 시간을 보내는 동안 나폴레옹과 그의 추종 집단을 연구하고, 노트르담에서 거행된 그 황제의 호화로운 대관식에 참석한 경험을 통해서였다. 그와 마찬가지로 볼리바르가 남아메리카의 흑인 노예 해방에 대한 아이디어를 얻은 것은 1816년에 아이티 남부를 방문하는 동안, 당시 그 나라 대통령이던 알렉상드르 페시옹(Alexandre Pétion)과 토론을 벌이면서였다. 그와 상당히 비슷한 방식으로—즉 볼리바르가 영국 정치 체제의 여러 측면에 매혹을 느끼고 더러 남아메리카에 그것을 권고하고자 애썼을 정도로—이것은 부분적으로 그의 편에서의 의도적인 선택이자 계산된 기회주의를 드러내는 예였다. 또한 그가 싸워야 했던 유의 전쟁과 그 후 닥친 엄청난 도전의 산물이기도 했다.

모든 성공한 혁명 지도자들은 자신이 세운 새로운 정권을 어떻게 안정시킬 것인지 걱정해야 한다. 미국 독립 전쟁 이후 알렉산더 해밀턴과 거버니어 모리스 같은 부류는 볼리바르가 베네수엘라에서 그랬던 것처럼, 여전히 불안정한 미국에서의 세습적 상원 설립을 적극적으로 주장했다. 한편 제국이 물러난 이후 대중의 충성을 조장하는 기제로서 군주제라는 형태를 실험해보려는 발상은 1940년대까지도 인도의 일부 민족주의자나 입헌주의자들에게 매력적으로 다가왔다. 하지만 한때 에스파냐령 아메리카이던 곳에서는 독립 투쟁을 전개하고 결국 그것을 쟁취하는 것과 관련한 중압감이 유독 심하고 오래 끄는 형태를 띠었다.

이곳에서의 독립 전쟁은 1775년 이후 영국의 아메리카 식민지에서 일어난 그것과는 판이한 것으로 판명되었다. 훗날 미국 땅이 된 많은 지역은 동부 연안을 따라 단정하게 늘어선 한때의 영국 식민지들로 이루어졌다. 심지어 1790년에조차 이 영토에는 아메리카 원주민을 제외하고는 거주민이 채 400만 명도 되지 않았다. 반면 당시 뉴에스파냐/멕시코 **한 곳만 해도** 인구가 그보다 더 많았다. 그리고 뉴에스파냐는 중앙아메리카와 남아메리카에 포진한 드넓은 4개 에스파냐 부왕령 가운데 하나에 불과했다. 이 영토들은 포르투갈령 브라질과 함께 총 1800만 제곱킬로미터를 차지했다. 1830년에 독립 전쟁들로 인해 이 광대한 대륙은 표시가 뚜렷하지 않고 서로 각축을 벌이는 10개의 정치 체제─볼리비아, 칠레, 대콜롬비아, 멕시코, 파라과이, 페루, 중앙아메리카 연합주, 라플라타 연합주(훗날의 아르헨티나), 우루과이 그리고 그중 유일한 군주국인 브라질─로 쪼개졌다.[53]

더군다나 이러한 전리품의 분열 방식은 미국에서 독립 전쟁이 펼쳐진 양상과는 판이했다. 미국에서, 지역 투사들은 중요한 외세─특히 프랑스─로부터 육상과 해상 양쪽에서 중요한 지원을 얻어낼 수 있었다. 이 같은 위력적인 동맹은 채 8년도 되지 않아 영국 침략 세력이 항복하지 않을 수 없도록 내몰았다. 하지만 남아메리카에서는 독립 전쟁에 개입해서 재빨리 상황을 위기로 몰아가 폭력을 줄이는 데 소용되는 그 같은 중무장한 '데우스 엑스 마키나(deus ex machina: 특히 연극이나 소설에서 가망 없어 보이는 상황을 타개하고자 동원되는 힘 또는 사건─옮긴이)'를 찾아보기 어려웠다.

남아메리카 일부 지역에서 심각한 무질서가 불거지기 시작한 1810년부터 워털루 전투가 펼쳐진 1815년까지, 유럽 열강은 그들 자체의 하이브리드 전쟁에 지나치게 몰두한 나머지 다른 대륙에서 벌어지는 전투에 전력을 다해 참가하기 어려웠다. 워털루 전투 이후 유럽에서는 전후 소진이 너무 심하고 전후 채무가 산더미처럼 쌓이는 바람에 (에스파냐와 포르투갈을 제외하고는) 그 어떤 열강도 한층 광범위해진 남아메리카의 투쟁에 관심을 기울일 수 없었다. 이런 상황은 남아메리카의 독립운동가들에게 기회를 부여했지만, 다른 한편 위험 및 장기적 피해의 원천이 되기도 했다.

외부로부터 심각한 무력 개입은 없었으나, 남아메리카 일부에서는 1810년부터 1825년까지 꽤 오랫동안 서로 다른 지역 군대 간에 소규모이긴 하지만 더러 격렬하기도 한 동족상잔식 전투가 이어졌다. 이처럼 장기간에 걸친 피비린내 나는 국지전으로 인해 그 대륙은 새로운 헌법 프로젝트 및 기획을 위한 천국이자 지옥이 되었다.

천국으로서 면모는 이러했다. (외부에서의 대규모 군사적 도움이 없는 상황이었으므로) 남아메리카의 독립 지도자들은 내부에서 매우 가난한 이들, 토착민, 그리고 점차 노예 및 아프리카 선조를 둔 사람들을 중심으로 병력을 동원하는 노력을 이어가야 했다. 1816년부터는 볼리바르 자신도 노예제에 반대하는 일련의 법령을 선포했다. 이것은 한편으로 최근 아이티를 방문한 경험과 점차 커지는 노예제에 대한 그 자신의 혐오감, 다른 한편으로 "공화국은 그에 속한 모든 자녀의 군 복무를 필요로 한다"는 데 대한 그의 인식이 영향을 끼친 결과였다. 공화국을 위해서는 그들 모두가 투쟁해야 했다. 남아메리카의 가난한 백인뿐 아니라 흑인과 토착민 남성은 어떤 쪽에 속하든 일단 이런 식으로 군 복무를 위해 소집되면 쉽게 정치적 요구 주장과 헌법적 토론에 참여했다. 아르헨티나 역사가 일다 사바토(Hilda Sábato)가 언급한 바와 같이, 장기전은 이런 식으로 남아메리카에서 정치적·사회적 근대화를 앞당기는 데 영향을 미쳤다.[54]

전쟁 및 대중 동원에 대한 요구는 또 다른 측면에서도 중앙아메리카와 남아메리카에서 한층 광범위한 시민적 참여와 인식을 촉진했다. 1810년 이후, 과거에는 대도시에서만 사용할 수 있었던 인쇄소가 작은 읍면과 푸에블로(pueblo: 남아메리카나 미국 남서부 등지에서 볼 수 있는, 전통 건물들로 이루어진 마을—옮긴이)로까지 널리 퍼져나갔다. 멕시코에서는 1813년 한 해에만 새로운 인쇄소가 유카탄(Yucatán), 아카풀코(Acapulco), 그리고 작은 광산촌인 틀랄푸하우아(Tlalpujahua)에 대거 들어섰다.[55] 이들과 그 밖에 다른 인쇄소가 발행한 자료 가운데 일부는 가능한 한 많은 사람이 접할 수 있도록 유럽어뿐 아니라 토착어로도 만들어졌다. 완전한 독립을 달성하기 전에조차 장기간의 대규모 전쟁은 이처럼 점증하는 인쇄물의 보급과 더불어 많은 탐험적인 성문 헌법의 생산을 촉진했다. 한 추정치에 따르면, 1810년부터 1830년대 초반 사이 남아메리카에서 적어도 77개의 전국 및 지역 헌법이 시행되었다. 하지만 결국에 가서 구체화하는 데 실패하긴 했지만 계획 및 논의된 헌법의 수는 그보다 훨씬 더 많았다.[56]

남성 투표권의 관점에서 이 문서들 가운데 일부는 눈에 띌 정도로 민주적이었다. 이번에도 이 점을 잘 보여주는 예는 멕시코다. 독립 직전의 몇 년 동안, 훗날 멕시코 땅이 되는 지역은 공식적으로 카디스 헌법에 따라 통치되었다. 앞서 살펴보았다시피 그 헌법은 대다수 흑인에게 적극적인 시민권을 부여하지 않았다. 하지만 1821년에, 멕시코의 군사 지도자 아구스틴 데 이투르비데 장군은 이 같은 인종적 제약을 없애고 지역 투표권을 확대했다. 그는 "어떤 식으로든 고용되어 있는 18세 이상의 모든 남성에게 사실상의 투표권을 부여했다".[57]

하지만 어느 면에서 새로운 정치 프로젝트에 대한 대중의 관심을 가장 잘 보여주는 것이 바로 이 멕시코의 즉흥적인 지방 헌법이었다. 일부 백인 및 비백인 활동가들은 인쇄 문서를 사용해서 정부의 개요를 설명하는 것뿐 아니라, 희망컨대 그들 자체의 일상적 삶과 지역 환경을 재정립한다는 발상에 크게 열광한 것이다. 1825년 멕시코 북서부의 치우아우아(Chihuahua)에서 활동가들은 새로운 헌법을 이용해 가족을 강화하길 원했고, 따라서 부모에게 배은망덕한 자녀로부터 시민권을 박탈하겠다고 협박하는 조항을 끼워 넣었다. 같은 해에 유카탄의 새로운 헌법 제정자들은 거주민에게 공정하고 자비로운 존재가 되기 위한 글쓰기를 요구함으로써 그들을 더 나은 인간으로 인도하는 것을 목표로 삼는 조항을 삽입했다. 2년 뒤, 멕시코 동쪽의 코아우일라 이 테하스(Coahuila y Tejas)에서는 자신의 투표권을 판매하려는 자, 그리고 투표와 관련해서 뇌물수수에 탐닉하는 자를 처벌하기 위한 헌법이 제정되었다.[58]

이것은 에스파냐령 아메리카의 독립 투쟁이 가져온 혁신적 헌법의 천국으로서 측면이었다. 게다가 일부 지역에서는 그 효과가 극적이고 오래 지속되었다. 19세기 중엽, 남아메리카 상당 지역의 정치적 삶은 사회 계급 및 인종과 관련해서—비록 젠더(gender)와 관련해서는 아니었지만—미국이나 유럽의 대부분 지역보다 더 포용적이었다. 하지만 헌법에는 이처럼 상대적인 천국으로서 면모와 더불어 그와 길항하는 지옥으로서 측면 또한 존재했다.

순전히 남아메리카 대륙에서 발행된 헌법의 수만으로도 짐작할 수 있듯이, 일반적으로 그 헌법들의 초기 생존율은 낮았다. 베네수엘라는 1810년에서 1830년대까지 6개의 헌법을 거쳤다. 창의적이고 실험적인 멕시코는 같은 기간 동안 그 나라가 아우르는 영토 전역에서 20여 개의 헌법을 경험했다. 뉴그라나다의 영토는 1811년에서 1815년 사이에만 최소 10개의 헌법을 채택했다. 볼리바르의 생애 마지막 10년 동안, 즉 1820년대에, 과거의 에스파냐령 아메리카에서 창안된 헌법 가운데 1년 넘게 지속된 것은 거의 없었다. 일명 '해방자' 볼리바르는 이렇게 탄식했다. "우리의 조약은 종이 쪼가리에 불과하다. 우리의 헌법은 무의미한 텍스트다."[59] 총과 검은 커다란 대가를 치르긴 했지만 궁극적으로 승리했다. 반면 보아하니 펜은 안정성을 구축하는 데 실패한 것 같다. 볼리바르는 그 자신이 상상한 영국의 체제로 확실하게 돌아섰는데, 그것은 그가 점차 이 사실을 깨달았기 때문이다.

이를테면 가톨릭 사제이자 공화주의 활동가인 멕시코의 세르반도 테레사 데 미에르와 칠레의 아일랜드계 히스패닉 해방자 베르나르도 오이긴스 등 다른 빼어난 몇몇 남아메리카 독립 지도자들도 볼리바르와 마찬가지로 점차 좌절감과 환멸감에 휩싸였다. 1820년대에 볼리바르의 우울감이 한층 심해지고 유독 도드라져 보인다면(그는 1820년대 말에 시무룩한 어조로 "우리가 아메리카에서 할 수 있는 유일한 일이란 오직 다른 곳으로 이주하는 것뿐"이라고 적었다), 그것은 한편으로 그가 너무나 오랫동안 너무 열심히 투쟁에 임했기 때문이고, 다른 한편으로 그가 언어를 즐긴 인물이었기 때문이다. 하지만 볼리바르—나폴레옹에 뒤지지 않는 열렬한 독서가였던—가 처음부터 남아메리카에서 질서와 안정성을 보장함과 동시에 에스파냐 제국주의의 통치를 효과적으로 대체해줄 정치 체제가 무엇인지

37   1828년 콜롬비아 보고타(Bogotá)에서 그린, 여위고 지친 볼리바르의 모습.

진지하게 고민했다는 것 역시 사실이다.[60]

그는 1820년대 말까지는 제러미 벤담과 공식적으로 관계를 단절하지 않았지만, 그가 이상적이며 지극히 합리적인 정치 체제라고 여긴 것에 대해 오랫동안 회의적이었다. 벤담은 대개 매우 가난하거나 교육받지 못했거나 폭력적인 사람들과 부딪칠 일 없는 속 편한 인생을 살아왔으며, 전쟁으로 인한 약탈의 피해를 입지 않은 풍요로운 런던 중심가의 안전한 서재에서 글을 쓰는 호사를 누렸다. 볼리바르 자신의 경험은 당연히 그와 판이했다. 그는 앙고스투라에 모인 대표들을 향해 단호하게 경고했다.

> 전쟁터나 성난 시위 현장에 뛰어든 인간들은, 잘못되게도 자신들이 엉뚱한 제도를 시험해보아도 면책 특권을 누릴 수 있다고 믿는 아둔하고 맹목적인 입법자들을 소리 높여 성토합니다. 지상의 모든 국가는 자유를 추구해왔지만, ……오직 그중 일부만이 기꺼이 스스로의 야망을 담금질함으로써 자신들의 수단, 정신 및 상황에 걸맞은 정부 형태를 수립할 수 있었습니다.[61]

볼리바르는 이러한 인식에 힘입어 점점 더 영국 제도 가운데 몇 가지를 지지하는 쪽으로 기울었다. 그가 자신의 어린 시절 가정교사였던 시몬 로드리게스(Simón Rodríguez)의 소개로 알게 되었으며, 나폴레옹 전쟁 후 다시금 인기를 되찾은 몽테스키외의 《법의 정신》을 자세히 읽은 경험 역시 거기에 도움을 주었다.[62] 몽테스키외는 일국의 법과 제도는 그 나라 고유의 문화·관습·지리에 맞도록 만들어져야 한다고 주장했다. 또한 그의 작품 11권의 일부를 영국 헌법, 그리고 저마다 다른 것들을 견제하는 장치인 (혹은 그가 그렇다고 주장한) 군주제, 귀족제 그리고 (매우 제한적인) 민주주의가 한데 어우러진 영국의 정부 형태에 대한 선택적 찬미에 할애했다. 영국에 대한 몽테스키외의 개인적 견해는 때로 통렬하기도 했다. 하지만 그는 자신이 영국의 중앙 정부에서 발견한 균형을 성공적인 국가의 본질로 간주했다. 볼리바르 역시 그랬는데, 그는 (몽테스키외보다 한층 더) 영국에 대한 선택적 비전에서 그 자신의 이념에 대한 지지를 확인했다.

그는 공식적인 군주제가 새로운 남아메리카에서는 거의 실현 불가능하다고 인정했다. 하지만 아마도 후임자를 지명할 수 있는 권한을 지닌 강력한 종신 대통령제를 실시할 수 있고 또 실시해야 한다고 믿었다. 이것이 그가 1826년에 볼리바르를 위해 설계한 헌법에서 제안한 체제였다. 그는 이 체제가 이웃 공화국들을 위한 청사진으로 쓰일 수도 있으리라고 판단했다. 볼리바르는 공식적인 남아메리카 귀족제 역시 아마 실행이 불가능할 거라고 생각했다. 하지만 그가 앙고스투라에서, 그리고 그 나중의 몇 가지 경우에서 촉구한 바와 같이, 세습 상원, 혹은 적어도 의원에게 종신제를 보장하는 상원은 유용할 수도 있었다. 남아메리카 대륙 전역에서 봉기하고 투쟁해온 "억제되지 않는 군중"에 관해 말하자면, 그들은 관리가 절실하게 필요했으며, 그들의 숱한 목소리와 열망은 "폭정과 전쟁으로 인한 피해며 상처를 치유해주는 가부장적인 정부의 청지기 정신"을 통해 상쇄되어야 했다. 그들을 달래줄 수 있는 타협점을 마련해야 했다. 그가 영국이 지배하는 자메이카에서 썼다시피 "적절한 균형"을 찾을 필요가 있었다.[63]

교차 지점

다른 빼어난 남아메리카의 정치인, 군인, 지식인들 역시 이런 견해에 이끌렸다. 일례로 칠레에서는 그 나라의 1833년 헌법―1920년대까지 여러 차례의 수정안을 견뎌냈다―제정자들이 새로운 공화국에 연방 제도를 구축하려던 과거의 시도들을 의도적으로 포기했다. 대신 그 나라의 입법가들은 강력한 행정부를 위한 조항을 마련했으며, 이른바 "영국 유형"의 정부라고 부르는 것 가운데 몇 가지 측면을 포함했다.[64] 또한 유럽 대륙의 일부 지역에서는 워털루 전투에 곧바로 이어진 몇십 년 동안 실용적이고 중도적인 헌법 설계를 강조했는데, 흔히 그 지지자들은 그것을 영국 사례와 명시적으로 연관 짓곤 했다. 우리는 이것을 1814년의 프랑스 헌장 같은 보수적인 문헌에서뿐 아니라 좀더 자유주의적이고 널리 영향을 끼친 1831년의 벨기에 헌법에서도 확인할 수 있다.

후자가 만들어진 것은 훗날 벨기에 독립 국가가 된 지역을 과거의 네덜란드 연합왕국 북부로부터 분리시킨 계기가 된 혁명의 결과였다. 시작은 이렇듯 폭력적이었지만, 대부분의 벨기에 입법가들은 균형을 간절히 원했으며 성공리에 안정을 꾀하는 듯한 영국 체제를 눈여겨보았다. 그들은 연방주의를 거부했다. 또한 다수에 의한 공화주의도 퇴짜 놓았으며, 대신 영국식의 세습적이지만 헌법에 입각한 군주제, 즉 세습 입헌 군주제를 선택했다. 이 새로운 벨기에의 국왕은 공식 행정부 수반으로서, 역시나 영국식 모델에 근거를 둔 양원제 입법부에 둘러싸였다. 벨기에 국회의원은 다른 헌법 제정자들과 마찬가지로, 신중을 기해 '선택과 혼합' 정책을 채택했다. 그들은 당시 철저한 세습제이던 영국의 상원 비슷한 것은 무엇이든 거부했다. 그럼에도 새로운 벨기에에 "찬란

한 유토피아"는 없을 것임을 분명히 했다. 그들 가운데 한 명은 "우리는 감성을 자제하고 오로지 이성에만 귀를 기울여야 한다. 또한 추상화와 이론을 경계하고, 우리 시대의 현실에 대해 냉철하게 판단해야 한다"고 선언했다. 이 벨기에 헌법에 관한 논쟁에서는 몽테스키외의 《법의 정신》에 찬성하는 언급이 쏟아져나왔다.[65]

이들 가운데 놀라운 것은 하나도 없었다. 이 헌법의 초안이 작성된 브뤼셀은 워털루 전장에서 불과 20킬로미터밖에 떨어지지 않은 곳이었다. 너무나 많은 것이 소실 및 손상되었으며, 너무나 많은 사람과 장소가 너무나 오랫동안 폭력적인 피해를 입었다. 나폴레옹 이후 프랑스에서 복구된 군주제의 지지자 대다수, 그리고 볼리바르와 남아메리카에서 승리를 거둔 그의 지친 동료 혁명가 일부와 마찬가지로, 대부분의 벨기에 정치인과 사상가에게는 이것이 가장 중요한 점이었다. 수십 년에 걸친 전쟁과 극단적인 이념적 소요에 시달린 뒤라서 안정성·점진주의·타협은 흔히 장대한 실험적 프로젝트나 미지의 세계로 뛰어드는 도전보다 한층 더 큰 호소력을 발휘했다. 이러한 선호 때문에 사람들의 마음과 집필의 방향이 영국 정치 체제의 실제적 및 상상적 측면으로 기울 수 있었으며, 더러 실제로 그렇게 되기도 했다.

그렇다면 영국 자체는 어땠을까? 분명 세계 여러 지역의 입헌주의자와 개혁가들은 이 기간 동안 다양한 방식으로 영국의 정부 체제와 인지된 가치들을 활용했다. 하지만 이것의 반대 방향 역시 중요하다. 즉 영국은 다른 대륙 및 국가들에서의 정치적·헌법적 변화에 기여했을 뿐 아니라, 그 자체도 이들 변화 가운데 일부로부터 영향을 받았다는 것이다.

나는 여기에서 다시 제러미 벤담이 개입한 지리적 포괄 범위로, 그리고 퀸스 스퀘어 플레이스에 있는 벤담의 집 도서관 책장에 진열된 포르투갈어, 에스파냐어 및 기타 언어들로 쓰인 저서들을 눈여겨본 에두아르트 간스로 돌아간다. 또한 영국과 아일랜드 언론에서 외국 헌법을 보도한 기사들이 기하급수적으로 늘어난 현상을 다시금 떠올린다. 그리고 그토록 부득부득 영국의 수도로 몰려든 정치 망명자, 혁명가 및 정권 교체자들, 그리고 세계 여러 지역과 교류하는 (타의 추종을 불허하는) 그 나라의 해상 네트워크, 아울러 중요하고도 혁신적인 정치 텍스트를 보유한 영국의 유구한 토착적 전통을 되새겨본다. 이 모든 것을 고려할 때, 그리고 영국 자체가 이 시기에 거듭해서 그리고 오랫동안 전쟁을 치렀다는 점을 감안할 때, 영국인이 이 새로운 정치 기술과 그것을 둘러싸고 소용돌이친 여러 사상의 확산에 영향받지 않았을 리는 결단코 없다. 그들은 실제로 그것으로부터 영향을 받았다.

워털루 전투 이후 헌법의 확산에 열중한 몇몇 개별 영국인 사례는 잘 알려져 있다. 1822년 봄, 퍼시 비시 셸리와 조지 고든 바이런 경은 같은 제노바 조선소로부터 배를 구입한 다음 이탈리아 북서쪽 연안의 라스페치아만(Bay of La Spezia)에서 경주를 벌이기 시작했다. 이 두 척의 배는 그 비전문가 시인 선장들과 마찬가지로, 혁명, 전쟁, 헌법 제정으로 특징지어졌다. 셸리의 배는 설계가 엉망이었다. 그는 그해에 자신의 배가 폭풍우를 만나 뒤집히는 바람에 숨졌다. 그 일로 공화정을 위해 찰스 1세에 맞선 잉글랜드의 투쟁을 다룬 서사시를 집필하려던 그의 계획은 무산되었다. 제러미 벤담의 독자이던 이 시인이 사망한 후, 1820년의 나폴리 혁명과 곧이어 등장한 헌법을 지지하는 데 바친 사상과 어휘들이 등장하기도 했다. 훨씬 더 부유했던 바이런으로 말하자면, 그는 한층 견고한 자신의 범선에 볼리바르호(The Bolivar)라는 이름을 붙였다. 하지만 2년 뒤, 그 역시 그리스에 머물던 중 열병을 얻어 사망했다. 그리스에서는 오스만 제국으로부터의 정치적 해방, 그리고 그 나라 성문 헌법의 이행 권리를 쟁취하려는 투쟁이 벌어졌으며, 그는 당시 거기에 동참하고자 그리스를 여행하고 있었다.[66]

이 두 남성은 엄청난 재능의 소유자였기에 그들이 선택한 정치적 견해는 그저 예외적인 것으로 비칠지도 모른다. 하지만 그렇지 않았다. 당시의 영국인이 얼마나 다채로운 방식으로 광범위한 정치적·헌법적 사건에 열중했는지 보여주는 좀더 흥미롭고 유용한 사례는 아마도 한층 평범한 인물에 의한 것일 터이다. 다름 아니라 한때 해군의 함장이 었으며 나중에 무관(武官)으로도 복무한 존 카트라이트(John Cartwright)인데, 그는 퇴역 군인 출신의 개혁가이자 제러미 벤담의 정치적 동료이기도 했다. 카트라이트는 벤담보다 지적 재능과 독창성이 한참 뒤떨어졌지만(카트라이트가 가장 좋아한, 벤담에 대한 비판 섞인 표현은 "가치 있는"이었다), 전통적인 저항 형태를 고집하는 무신경한 사람, 예스러움과 고리타분함을 추구하는 데 중독된 사람으로서 다뤄질 따름이다. 그것도 고작 이따금씩만, 그리고 꽤나 편협하면서도 거들먹거리는 어조로 말이다. 하지만 그는 그렇게만 치부하고 말 인물이 아니다.

남아메리카 및 기타 지역을 위한 장대한 정치 프로젝트에서 토착민의 존재 따위는 아랑곳하지 않는 경향이 있는 벤담과 달리, 카트라이트는 이미 1760년대와 1770년대에 북아메리카 토착민에 대한 보호를 (그리고 주저하긴 했지만, 그들의 정치적 정체성을) 옹호하고 있었다.[67] 그는 또한 영국 자체를 위한 성문 헌법의 도입에 찬성했으며, 최소한 1790년대부터는 인쇄물과 연설을 통해 누차 그렇게 했다.

카트라이트는 일단 헌법 초안을 작성하고 나서, 그것을 "인쇄 및 배

38　자신의 헌법 기획안 가운데 하나를 들고 있는 카트라이트 소령.

포한 다음 3년간의 전국적 토론에 부치고" 싶어 했다. 그리고 이 새로
운 영국 성문 헌법의 조항들에 대해 합의가 이루어지면 그것들을, 남성
인구에 의해 승인된 기본법에 책임을 져야 함을 입법가들에게 상기시
키는 항구적 장치로서, 웨스트민스터 의회의 내부 벽에 금색 문자로 새
겨두어야 한다고 강변했다.[68] 벤담과 마찬가지로 프랑스 혁명전쟁과 나
폴레옹 전쟁 기간 내내 동분서주한 반대파였던 카트라이트는 런던으로
유입되는 외국의 입헌주의자 및 그들의 사상 덕분에 새로운 활력을 얻
었으며, 어느 면에서는 새로이 방향을 틀게 되었다.
　카트라이트의 개혁 관련 저술 가운데 일부는 망명 중인 에스파냐 출

신 자유주의자 아구스틴 아르궤예스와의 우정 덕분에 에스파냐에서 번역·출간될 수 있었다. 실제로 1825년 에스파냐인·프랑스인·이탈리아인·독일인·영국인이 주고받은 입헌 개혁의 본질에 관한 상상 속 대화를 담은 그의 마지막 저서는 에스파냐어로만 출간되었다. 그는 그 책을 1820~1823년 에스파냐 헌법 혁명의 주요 군 순교자 라파엘 델 리에고 (Rafael del Riego)의 형[미구엘 델 리에고(Miguel del Riego)—옮긴이]에게 헌정했다.[69] 또한 카트라이트는 런던의 이민자 공동체를 통해서 남아메리카, 특히 그가 직접 헌법 프로젝트를 설계해준 나라인 멕시코의 독립운동가들과 교류하기도 했다. 헌신적인 전기 작가인 그의 조카딸에 따르면, 그가 임종을 맞았을 때 거의 마지막으로 한 말은 멕시코의 총독 아구스틴 데 이투르비데가 제국주의적 군주제를 회복하려는 시도에서 실패했다는 사실, 그리고 따라서 멕시코가 공화국으로 남게 되었다는 사실에 감사하는 내용이었다. 카트라이트는 죽어가면서 "기뻐. 정말 기뻐"라고 외쳤다고 전해진다.[70]

이것이 말해주다시피, 제러미 벤담이 그 당시 부지런히 헌법에 대해 글을 쓰고 개혁적인 해외 정치 활동가들과 교류한 사실은 전혀 특별한 게 아니다. 이 시기에는 그보다 덜 유명하고 덜 두드러지는 다른 영국의 활동가들도 이러한 작업에 뛰어들었다. 카트라이트의 이력은 이 시기에 영국의 헌법적 사상과 언어가 얼마나 광범위하고 다양했는지를 좀더 넓은 관점에서 이해하도록 해준다. 벤담과 극명한 대조를 이루는 점으로, 카트라이트는 무수히 떠돌아다니는 활동가였다. 그는 사명을 품었을 뿐 아니라 집요하게 여기저기 옮겨 다니는 남성이었다. 1810년대 말에서 1820년대 초까지 그는 잉글랜드·스코틀랜드·웨일스를 아우르는 영국 전역에 걸쳐 일련의 장대한 여정에 나섰고, 옥외 집회에 모

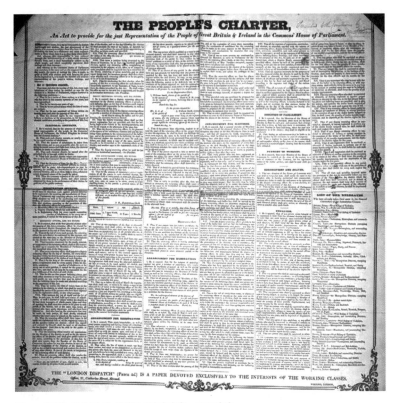

39 저렴한 한 쪽짜리 인쇄물 〈인민헌장〉, 1839년경.

인 대규모 청중에게 정치 변화에 관한 자신의 신조를 설파했으며, 지역 개혁가 집단들과 모임을 가졌다. 이러한 활동은 일반적으로 웨스트민스터 의회를 개혁하기 위한 영국의 대내적 운동이라는 관점에서만 고찰되어왔다.[71] 그러나 카트라이트는 활동이야 영국을 중심으로 펼쳐나갔지만, 정기적으로 성문 입헌주의의 대의를 밀어붙이고, 그 프로젝트에 대해 더 많은 관심과 열정을 불러일으킨 것으로 보인다.

가령 프리드리히 엥겔스와 카를 마르크스가 열렬히 관심을 보인 1830~1840년대 영국과 아일랜드의 대중 운동인 '인민헌장 운동 (Chartism)'의 지지자 가운데 일부는 카트라이트에게서 영감과 아이디어를 얻었다고 알려져 있다. 인민헌장 운동의 명칭은 성문 헌법인 인민헌장(The People's Charter)에서 유래했다. 인민헌장은 1838년 런던에서 작성되었으며, 보편적인 남성 투표권, 비밀 투표, 그리고 의회에서 더 가난한 남성도 자리를 차지할 수 있도록 의회 의원들에게 사례 지불하기 등 일련의 민주적 요구 사항을 개괄해놓았다. 어느 지지자가 주장한 바와 같이 "헌장에 규정된 모든 원칙"은 대량으로 그리고 반복해서 인쇄물로 발행되었는데, "카트라이트 소령은 그것들을 인정했다".[72]

그 밖의 인민헌장 운동 관련 문서 프로젝트도 있었다. 이처럼 널리 퍼진 운동의 참가자 일부는 독립선언서와 권리선언서를 작성하는 실험에 뛰어들었다. 또 다른 참가자들은 '보통 선거'로 선출되었으며, "인민헌장을 기반으로 새 헌법을 구성한" 다음 결국 웨스트민스터 의회를 대체하게 될 국민공회(National Convention)를 추진했다.[73] 더없이 평범한 인민헌장 운동의 연사가 1838년 잉글랜드 북부에서 선언했다. "사실 우리에게는 헌법이 없습니다. 지금은 인민이 스스로 헌법 제정에 나서기 좋은 때입니다〔환호〕." 같은 해에 또 한 차례의 인민헌장 운동 집회는 "잘 규정된 성문 헌법"에 경의를 표했다.[74]

존 카트라이트의 경력, 저술 그리고 연줄은 (훗날의 이 인민헌장 운동과 관련한 몇 가지 언어 및 계획과 마찬가지로) 영국 및 아일랜드가 이 새로운 정치 기술의 부상에 아무 영향도 받지 않은 상태였던 것은 아님을 잘 보여준다. 오히려 그 두 나라의 개인·조직·기획은 이 같은 광범위한 변화에 휩싸였으며, 때로 그 변화에 영향을 미치고 그것을 가속화하기도 했다. 하지만 결국에 가서 역대 영국 정부는 **본국에서의** 성문 헌법을 위한 폭넓은 변화 요구와 그를 위한 운동을 무시할 수 있었던 것으로 드러났다. 그런데 그 이유는 이 정치 체제가 매우 이례적이게도 17세기 이후 침략, 해외에서의 충격적인 군사적 패배, 그리고 (아일랜드는 아니지만) 심각한 내전 및 국내적 무장 혁명에 의해 피해를 입지 않은 채로 남아 있었기 때문이다.

다른 곳에서도 꽤나 흔한 현상이듯이, 전쟁의 수준과 발생률은 매우 독특한 형태로이긴 하지만 여기에서도 핵심적이라는 게 입증되었다. 이 정치 체제에서 전쟁과 폭력의 유형은 자생적인 성문 헌법의 추진 가능성을 높여준 게 아니라 되레 **낮춰주었다**. 따라서 문서상으로 새로운 정치 세계를 설계하고 창조하는 데 매력을 느낀 영국의 개인들은 세계 다른 지역에서 기여할 기회를 찾아야 했다.

THE
GUN,
THE
SHIP,
AND THE
PEN

3부

새로운 세계

40   해병대 중위 존 실리비어(John Shillibeer)가 1814년에 그린 작품으로, 바다에서 바라
본 핏케언섬의 모습.

6

승자와 패자

핏케언섬

우리는 시야를 넓히고 다양화해볼 필요가 있다. 범선인 영국 군함 플라이호(HMS Fly)의 대령 러셀 엘리엇(Russell Elliott)과 그의 사병들이 핏케언섬〔Pitcairn: 남태평양 투아모투제도(Tuamotu Is.) 동남쪽에 있는 영국령 섬 ─ 옮긴이〕에 상륙해서 성문화한 정부가 필요한 사람들을 만난 것은 1838년 11월 29일의 일이다. 남태평양에서 뉴질랜드와 페루의 중간쯤에 자리한 작은 섬 핏케언은 1790년에 플레처 크리스천(Fletcher Christian) 등 영국 군함 바운티호(HMS Bounty)의 반군 9명과 대부분이 젊은 여성인 그들의 타히티 동지 18명이 최종 피난처로 삼은 무인도였다. 집단 내에서 벌어진 폭력, 질병, 사고와 고난은 이미 허약해질 대로 허약해진 일행의 수를 빠르게 줄여놓았다. 10년 만에 그 백인 남성들은 단 한 사람 빼고는 전원 숨졌다. 따라서 초기에 핏케언섬의 문화 대부분에 영향을 미친 것은 그 폴리네시아 여성들과 그 자녀들이었다. 1810년대와 1820년대에 서방의 선박들이 간헐적으로 그곳과 접촉하기 시작했을 때, 선원들은 그섬의 거주민들을 압도적으로 피부색이 검은 모습으로 간주했고, 그림에도 그런 식으로 표현했다. 비록 그곳의 남녀는 혼종 기원에서 비롯한서로 다른 관습을 일부 유지하고 있었음에도, 그들 대다수는 맨발에 나무껍질로 만든 간단한 의복을 걸치고 있었다. 해군 방식에 의하면 바느질은 남성 몫이었으며, 섬의 여성들은 타히티 습속에 따라 남성들과 분리된 채 그들끼리만 식사를 했다. 1838년경에는 대부분 비백인에 혼합문화를 지닌 100명가량의 거주민이 5제곱킬로미터의 핏케언 화산암 지역에 모여 살고 있었다. 그리고 그들은 더 이상 '먼 거리(distance)'에 의해 보호받지 못했다.[1]

한 선교사가 그 섬에 발을 들여놓았다. 《성경》과 여러 가지 책을 챙겨온 그는 학교 건물을 기웃거렸다. 약탈 목적을 지닌 방문자들은 더많았다. 낸터킷(Nantucket)·세일럼(Salem)·뉴포트(Newport)에서 출항한점점 많은 포경선들이 연안에 정박해 있었는데, 그 배의 선원들 가운데일부가 핏케언섬 거주민의 법적·정치적 지위에 대해 문제를 제기했다. "그들에게는 **그들이** 존중해야 할 법률도 국가도 권한도 없다"고 조롱한것이다. 그 포경업자들은 어쨌거나 미국의 뱃사람이자 뉴잉글랜드 사람이었다. 그래서 당연히 정치적 정체성이란 독특한 깃발과 모종의 성문헌장을 소지하는 식으로 표현된다고 생각했다. 하지만 그들이 지적했다시피, 핏케언섬 거주민은 "깃발도 없고 성문화한 권위도 갖추고 있지않았다". 따라서 그들의 섬은 누구든지 원하면 이용할 수 있는 곳 아닐까? 다른 사람들에 의해 장악당할 시기가 무르익지 않았을까? 1838년에 도착해서 이런 우려에 대해 전해 들은 엘리엇 대령은 발 빠르게 대응했다. 그는 섬 거주민들에게 (당연히) 그의 배에 있던 여분의 영국 국기를 하나 건네주었다. 또한 그가 나중에 "준수해야 할 몇 가지 성급한 규정"이라고 표현한 것을 작성했다. 그 문서는 받아들여졌고, 이내 성문 헌법으로 간주되기에 이르렀다.[2]

그것은 여러 가지 면에서 혁신적이었다. 엘리엇이 작성한 문서는 장차 환경에 진지하게 주의를 기울인 헌법이라고 명명되는 최초의 텍스트 가운데 하나다. 환경에 대한 이 같은 관심은 핏케언섬의 천연자원이 희소하고 동물 수가 사람 수를 능가했다는 사실을 감안할 때 부득이했다. 그에 따라 엘리엇은 개·돼지·고양이·염소에 대한 규제, 나무의 보존과 책임 있는 벌목, 그리고 멸종 위기에 처한 지역 흰 새의 보호에 관한 법률을 제정했다. 또한 그 섬의 인간 거주자를 위한 계몽주의적 조항도 마련했다. 6세에서 16세의 아이들은 빠짐없이 의무적으로 핏케언섬의 유일한 학교에 다녀야 했다. 그리고 부모는 자식들이 정규 학교 교육을 시작하기 전에 "알파벳을 반복 학습"할 수 있도록 보장해야 했다.

엘리엇은 이 같은 교육적 조치를 마련하는 데 필요한 영감을 자신의 스코틀랜드 배경에서 얻었을지도 모른다. 하지만 그의 가장 담대한 혁신은 주로 그 자신에게서 나온 것으로 보인다. 그의 텍스트는 핏케언의 "치안판사 겸 최고 통치자"를 위한 선거가 그 섬의 학교 건물에서 매년 1월 1일 치러질 것이라고 명시했다. 이 관리는 일단 선출되면 "국민 다수의 동의 없이는 …… 그 어떤 권력이나 권한을" 행사하는 것도 금지되었다. 핏케언은 효과적인 민주주의의 장이 될 예정이었다. 실제로 다른 어느 곳에도 없는 민주주의의 장이 말이다.

핏케언의 "최고 통치자"를 위한 선거에서 투표하려면 일단 성인이어야 하고, "그 섬에서 태어난 원주민"이거나 거주 기간이 5년 이상인 주민이어야 했다. 이것이 엘리엇이 정해놓은 유일한 자격 조건이었다. 이를 충족한 "18세 이상의 모든 섬사람은 남성이건 여성이건" 간에 "자유선거"에 임할 수 있었다.[3] 이 성문 헌법—1930년까지 최소한의 변경만 거친 채 핏케언에서 시행되었다—은 세계 역사상 최초로 **모든** 성인 남성과 **모든** 성인 여성이 동일한 자격으로 그들 행정부의 수반 대리를 뽑는 투표에서 선거권을 행사할 수 있다고 선언했다.

엘리엇의 혁명적 법률에 관심을 보이는 더 넓은 세계의 역사가들이 있었다 해도, 그들은 일반적으로 그것을 광대한 해양에 떠 있는 작은 섬에서 일어난 피카레스크적인(picaresque: '악한을 주제로 한'이라는 뜻—옮긴이) 사건으로, 제국주의적 이상주의의 일탈 행동으로 취급했다. 1838년에 핏케언섬에서 일어난 사건이 이렇듯 하찮게 여겨진 까닭은 (심지어 오늘날에조차) 태평양 지역이 대서양이나 지중해 세계보다, 또는 실제로 인도양보다도 역사가들의 면밀한 조사 대상이 되지 못하는 경향성 때문이었다. 이것은 부분적으로 공간의 순전한 규모 탓이다. 태평양은 면적이 약 1억 5500만 제곱킬로미터에 이르는데, 이는 세계의 육지 표면을 모두 합한 것보다 더 큰 규모다. 이 광활한 바다에는 더없이 상이한 크기와 종류의 섬들이 보물처럼 박혀 있다. 이들 가운데 일부는 오스트레일리아, 뉴질랜드 남섬과 북섬, 그리고 일본 열도의 4개 주요 섬처럼 꽤 큰 편이다. 반면 그 밖의 것들은 핏케언섬 및 그 인근의 작은 섬들처럼 코딱지만 하다.

어느 민속지학자가 "너무나 드넓은 해양, 너무도 많은 섬"이라고 언급한 것처럼, 광대하면서도 다양한 태평양 세계는 그 압도적 크기뿐 아니라 수도 없는 복잡성 때문에 세세한 관심을 격퇴하거나 피할 수 있다.[4] 특하나 작은 태평양 섬들은 흔히 간과되곤 한다. 그들의 물리적 아

41   1831년 런던에서 출판된 작품으로, 두 인종의 혼합을 보여주는 핏케언인을 유럽풍으로 표현했다.

름다움과 그들에 대한 전통적인 인류학적 관심에도 불구하고, 그 섬들은 '현실' 세계와 중요한 과거로부터 단절된 존재로서 쉽게 무시된다. 하지만 헌법적 변화 및 혁신에 관한 한, 전반적으로 태평양에서—그 안의 작은 섬들 일부를 포함해—펼쳐진 발전상은 폭넓은 의미를 지닌다. 더군다나 이 장소들은 기실 단절된 적이 거의 없었으며, 1800년 이후에는 점점 더 그렇게 되었다.

해상 교통의 수준과 정교성이 개선되면서, 마크 트웨인이 태평양을 표현한 것과 같이 그 "한없는 바다"는 실제로 점차 폭넓어지고 다양해진 일련의 연결성 아래 놓이게 되었다.[5] 흔히 19세기의 발전하는 근대성을 보여주는 가장 중요한 상징이자 물리적 공간에 대한 정복 증가의 주요 매개로 간주되는 것은 바로 증기 기관차다. 철도 수송은 사실상 장거리 여행에 관한 한 상대적인 후발 주자였다. 철도를 운영할 수 있는 지역은 부득이 제한적일 수밖에 없기 때문이다. 반면 선박은 세계 지표면의 대부분을 포괄할 수 있었다. 그리고 1800년대에는 선박의 크기며 속도, 거리 수용력이 모두 늘어났다. 점차 수가 불어난 더 빠르고 더 커진 범선, 그리고 그에 뒤이은 증기선이 태평양의 광대한 거리를 누비는 데 사용되었다. 그에 힘입어 태평양의 많은 섬들이 서로 정기적으로 접촉하고, 다른 대륙과 연결성을 키우는 일이 한결 손쉬워졌다. 더 빨라지고 더 튼튼해지고 더 커지고, 그리고 더 풍부하고 믿을 만해진 선박은 또한 더 많은 무역상, 이민자, 탐험가, 외교관, 선교사, 제국 건설자들이 외부에서 이 광대한 해양 세계로 흘러 들어올 수 있도록 거들었다. 핏케언으로 향한 러셀 엘리엇의 항로가 이 점을 잘 보여주는 사례였다.

오늘날 이 남성 자체와 그의 독서며 사상적 특성에 관해서는 거의 알려진 바가 없다. **알려진 것이라고는** 그가 잘 교육받고 인맥이 풍부하며 사회적 관심이 많은 스코틀랜드인이었다는 사실뿐이다. 또한 핏케언에서 헌법 제정에 뛰어든 그의 여정이 지나친 신념의 발로였다는 것 역시 분명하다. 1790년대로 돌아가 보면, 그의 먼 친척 가운데 한 명인 길버트 엘리엇(Gilbert Elliot)—성의 철자가 다르다—이라는 사람은 코르시카 섬의 새로운 헌법을 설계하는 데 도움을 주었다.[6] 더군다나 러셀 엘리엇의 배, 즉 영국 군함 플라이호는 보통 1822년에서 1833년 사이 무려 5개의 헌법을 통과시킨 나라인 칠레 연안에 있는 발파라이소(Valparaiso) 항구에서 출항했다. 엘리엇에게는 그 밖에도 영향을 미친 요소가 여럿 있었다. 그는 핏케언섬으로 항해할 때 더러 파벨 스트셀레츠키(Pawel Strzelecki)라는 이름의 지질학자이자 등산가와 동행하기도 했다.

폴란드 혈통의 스트셀레츠키는 엘리엇과 다를 바 없이 뻔질나게 돌아다니는 이상주의자로서, 특히 고전하는 작은 나라와 민족에 이끌린 것 같다. 스트셀레츠키는 1830년 러시아에 맞선 폴란드 봉기에 가담했을 가능성이 있다. 1840년대에는 분명 오스트레일리아 토착민의 권리 박탈에 맞서 목소리를 높였을 것이다. 그리고 이어서 아일랜드의 기근 피해자들을 위해 1847년과 1848년의 많은 기간 동안 도니골(Donegal)·슬라이고(Sligo)·마요(Mayo) 등지에 구호품을 나눠줌으로써 인상적인 인본주의 작업을 펼쳐나갔다. 한편 같은 기간에 그의 친구 러셀 엘리엇은 아일랜드의 많은 지역을 폐허로 만든 것과 동일한 감자 기근에 피해를 본 스코틀랜드 북부 산악 지대의 거주민을 돕고 있었다.[7]

폴란드인인 스트셀레츠키와 스코틀랜드인인 엘리엇은 1838년 함께 항해하면서 플라이호가 발파라이소 항구를 떠난 7월부터 하와이 연안에 정박한 9월 초까지 서로 정보와 열정, 그리고 아이디어를 주고받을 수 있었다. 두 남성은 한동안 하와이에서 하선해 분주하게 그곳의 추장, 지역 지도자들을 만나고 다녔다. 이어지는 1839년과 1840년에 그들 자체의 헌법 프로젝트를 수행하는 데 깊이 몸담게 되는 인물들이다.[8] 따라서 엘리엇 선장이 핏케언섬에 당도했을 때, 그는 지중해와 유럽 대륙에서, 남아메리카에서, 그리고 태평양의 다른 지역들에서도 일어나고 있는 헌법적 변화 및 토론과 연결성을 갖춘 상태였다.

엘리엇이 영국 군함을 타고 핏케언섬으로 항해한 사건은 그 이상의 측면에서 더욱 광범위한 발전들과도 연관되었다. 그것은 이즈음 태평양에서 열강들의 개입과 경쟁의 수준이 크게 치솟았음을 보여주는 한 가지 사례이기도 했다. 이 해양 공간에서 에스파냐·영국·프랑스·러시아의 해군, 과학, 그리고 이 지역의 식민지 개척과 관련한 속도가 7년 전쟁 이후 점차 증가했다. 1830년대에 에스파냐는 그 속도 경쟁에서 크게 밀려났으며, 급부상하는 또 하나의 열강이 그 나라를 대체했다. 엘리엇이 핏케언섬에 상륙한 해인 1838년에 연방 정부의 자금을 받은 미국 원정대가 태평양을 탐험하고 측량하기 시작했다. 미국인들이 몰려오고 있었던 것이다.[9]

땅에 굶주린 유럽계 미국인 정착민의 수 역시 증가 일로였다. 1815년의 워털루 전투는 기나긴 18세기를 특징짓는 하이브리드 전쟁을 종식시키지 못했다. 그것은 외려 육지와 해상 양자에서 그와 다른, 그리고 지향이 달라진 폭력적 사건을 촉발했다. 유럽 자체 내에서의 극단적 충돌의 일시 중지는 영미가 맞붙은 1812년 전쟁의 종식과 더불어, 여러 유럽인과 미국인이 세계 다른 지역에서 상이한 형태의 권리 행사 및 공격을 손쉽게 감행하도록 만들어주었다. 태평양이 그 같은 목표 지역의 하나로 떠올랐다.

1820년에서 1860년 사이, 주로 영국, 아일랜드, 스칸디나비아반도, 네덜란드 그리고 독일 국가들에서 온 약 500만 명이 배를 타고 미국으로 몰려들었다. 도착하자마자 그들 다수는 (앞서 미국의 동부 주들을 기반으로 살고 있던 상당수의 남녀와 더불어) 서부로 이동하기 시작했으며, 그중 일부는 결국 캘리포니아주, 심지어 하와이주에 터를 잡았다. 그와 동시에, 유럽의 거의 같은 지역에서 온 그보다 적은 수의 이민자들은 오스트레일리아와 뉴질랜드로 이주했다.[10]

이러한 정착민의 침략이 헌법에 미친 영향은 복합적이었다. 이 광대한 태평양 지역에 유입된 백인들은 도착하자마자 대체로 그들 자체의 새롭고도 야심적인 정부 체제에 찬성하고 그것을 도입했다. 하지만 토착민들의 땅과 자원을 무단으로 가로챈 정착민은 흔히 그들을 희생시키면서 그렇게 했다. 미래의 침략자들을 꼬드길 만한 자원이 거의 없는 작은 화산섬 핏케언에서조차 1830년대에 당도한 뉴잉글랜드 출신 포경업자들이 피부가 갈색인 인종과 맞닥뜨렸을 때 그들을 거의 벌거벗다시피 한 자들이라고 깔보면서, 본능적으로 공격적이고 탐욕스러운 입장을 취했다는 사실은 그 점을 잘 보여준다.

이 경우는 그럭저럭 해피엔딩이었다. 핏케언 사람들이 그들 자체의 성문 헌법, 그들 자체의 행정부 수반 대리, 그리고 민주적 절차를 확보했으니 말이다. 이 사례에서는 구제에 나선 행위자이자 협력자가 이상주의적 외부인인 러셀 엘리엇이었다. 반면 이 같은 일련의 사건—즉 취약한 태평양 섬 민족들이 백인 침략자를 물리치려는 바람에서 헌법 텍스트에 의존하는 것—은 태평양의 다른 토착민을 통해 다른 곳에서도 거듭 되풀이되기에 이른다. 엘리엇은 다른 곳에서 얻은 아이디어를 핏케언섬에 도입했다. 하지만 거기엔 이 태평양 세계 **내**, 즉 타히티, 하와이,

기타 다른 작은 섬들 출신인 개인들도 있었다. 그들은 1800년대와 그 이후 작성된 정부 및 법률에 관한 텍스트를 그들의 고향 사회를 재정비하고 그들 자체의 생존 및 저항 전략을 짜기 위한 수단으로 간주했다.

따라서 핏케언섬은 광대한 바다 한가운데에 놓인 극도로 작은 영토임에도, 그 규모보다 훨씬 더 많은 것을 규명해주는 '멀팀 인 파보 (multum in parvo: 작으나 내용이 알참―옮긴이)'의 일례다. 핏케언섬은 광대한 거리에 걸친 이 대양 전역에서 일어나는 변화의 규모와 속도를 잘 말해준다. 그것은 또한 이즈음 제국 및 정착민의 침략 수준이 높아지고 있음을 보여줄 뿐 아니라, 이런 변화들이 어떻게 참신하고도 다양한 헌법적 사고와 저술로 귀결될 수 있었는지 드러내는 예이기도 하다. 핏케언섬에서 일어난 일은 그 외의 것들도 조명해준다. 그것은 우리가 아직 직면하지 않은 문제, 즉 새로운 성문 헌법의 시작과 여성의 지위 및 권리 간의 연결과 단절이라는 문제를 신랄하게 제기한다. 태평양 세계는 흔히 헌법의 역사에서 뒷전으로 밀리거나 배제되곤 한다. 하지만 실제로 태평양 세계는 그 역사의 정중앙에 놓여 있다.

여성이 배제된 까닭

1838년에 정치적 권리를 여성 핏케언인에게까지 확대하려 한―정치적 권리를 적극적으로 자신의 헌법 조항에 명시하려 한―러셀 엘리엇의 의지는 불가피하게 다음의 질문을 제기한다. 즉 20세기 초 이전에 초안을 작성한 다른 헌법들 절대 다수는 어째서 적극적인 시민권을 오직 남성에게만 부여했는가라는 질문이다. 그 답은 이미 너무 자명하고 간단해 보일지도 모른다.

(전부는 아니지만) 다수의 문화권에서, 여성의 법적 정체성은 전통적으로 그녀의 남편, 그리고/또는 다른 가까운 남성 친척의 정체성에 포함되어왔다. 고대 힌두 법문인 《마누 법전(Manusmriti)》에 제시된 견해—이상적으로 볼 때 여성은 아버지의 권위로부터 남편의 권위로, 또는 필요할 경우 아들이나 남자 형제의 권위로 넘어가야 한다는 견해—는 유럽 계몽주의 실천가 대다수를 포함해서 수많은 다른 법적·문화적 배경의 논평가들에 의해 널리 받아들여졌다. 독일 철학자 크리스티안 볼프(Christian Wolff)가 1750년대에 말했다. "결혼은 본시 평등에 기반을 둔 결합이다. 그럼에도 그것은 여성이 사실상 남편에 대한 굴종을 수락하는 복종 협정이었다."[11] 이렇게 의존적인 존재로 정의된 여성이 스스로에 대해 자율적 정치 정체성을 지녔다고 주장하기란 어려웠다. 심지어 스스로를 그런 존재로 상상하는 것조차 힘든 일이었다. 즉 여성이 이런 역할을 떠안도록 허락하는 정치 체제에서 그들 자체가 어쩌다 통치 군주나 족장이 되지 않고서는, 또는 그들이 광대한 재산의 소유나 강력한 남성과의 근접성을 통해서 정치적 영향력을 끌어낸 경우가 아니고서는 말이다.

언급된 모든 것을 고려할 때, 이 새로운 정치 기술의 확산은 여성에 대한 처우 변화를 가져왔다. 그런데 이것은 몇 가지 면에서, 그리고 많은 장소에서, 사태를 개선한 게 아니라 되레 악화시켰다. 매사추세츠주가 보통의 소득을 지닌 "21세 이상의 남성 거주자" 모두에게 투표권을 부여하는 야심 찬 주 헌법을 발표한 지 채 10년도 되지 않은 1790년대에, 그 주의 선도적인 프리메이슨 집단은 이 시기에 가장 큰 인기를 끈 프리메이슨 노래 가운데 하나를 발표했다. 〈창세기〉의 주요 사건에 대한 확인이자 풍자였다.

> 그러나 사탄은 하와가 쏘다니고 있을 때 그녀를 만났고
> 그녀를, 그 이후로는 그녀의 모든 딸들을 미치게 만들었네.
> 프리메이슨 제도의 비밀을 캐내기 위해
> 그녀는 금단의 열매를 먹었네……
> 하지만 아담은 천둥을 맞은 듯이 놀랐네.
> 놀라서 그녀를 머리끝에서 발끝까지 훑어보았네.
> **부인, 이제 당신은 이 일을 저질렀소, 그가 말했네.**
> **당신을 보자니 어떤 여성도 프리메이슨이 될 수는 없겠소.**[12]

종교적으로 뒷받침된 고대의 주장에 대한 이 같은 확인 사실—즉 여성은 물리적으로 허약할뿐더러 경솔한 데다 도덕적으로도 취약하기에 이중으로 엄격히 규제할 필요가 있다—은 중요한데, 이것은 프리메이슨의 출현 및 조직화와 새로운 성문 헌법의 등장 사이에 빼도 박도 못할 관련성이 있기 때문이다.

1710년대부터 프리메이슨 조직—정기적으로 만나서 대화하고 논쟁하고 술을 진탕 퍼마시는 남성 친목 단체—이 유럽과 남아메리카 및 북아메리카 전역에 우후죽순으로 퍼져나갔다. 초반부터 숱한 프리메이슨 조직은 그들이 분명하게 헌법이라고 명명한 것의 초안을 작성하고 발표했다.[13] 프리메이슨의 일원이 되고 이런 유의 조직을 위한 텍스트를 작성하고 출판하는 것은 남성이 성문 헌법의 이념과 용도를 좀더 광범위하게 숙지하도록 해주는 한 가지 방편이었다. 코르시카의 파스칼레 파올리, 미국의 조지 워싱턴과 벤저민 프랭클린, 프랑스의 장자크레

기스 드 캉바세레, 에스파냐의 아구스틴 아르쿼예스, 남아메리카의 시몬 볼리바르와 호세 데 산 마르틴, 이후에 등장한 인도의 모티랄 네루(Motilal Nehru), 또는 튀르키예의 젊은 지도자 메흐메트 탈라트(Mehmet Talat) 같은 서구 이외의 정치 활동가 등 수많은 걸출한 입헌주의자들이 열렬한 프리메이슨 조직의 일원이기도 했다는 사실은 시사하는 바가 많다. 하지만 이 점에 있어 이 새로운 정치 기술과 밀접한 관련성을 지니는 프리메이슨 조직에서도 여성은 완전하다 할 정도로 배제되었다. 매사추세츠주의 노래에 언급되어 있다시피 "어떤 여성도 프리메이슨이 될 수는 없었다".

최근 몇십 년 동안, (나 자신을 포함한) 역사가들은 이처럼 얼핏 얽어 있는 듯 보이는 법적·정치적·종교적·이념적·관습적 제약 아래에서 18세기 말에 어떻게 세계 일부 지역에서 중요한 변화 기류가 얼마간 흐를 수 있었는지 강조하는 데 관심을 기울여왔다.[14] 대서양 양편에서 비록 고르지는 못했지만 여성 교육을 위한 조항들이 점차 늘어났다. 급격한 도시 발달은 일부 여성에게 정보, 문화적 참여, 경제적 기회에 접근할 수 있는 길을 더욱 넓게 열어주었다. 그와 마찬가지로 정치 헌법의 확산에 더없이 소중한 요소로 판명된 인쇄술의 급속한 발달 역시 여성의 독서, 저술 활동과 출판의 규모를 키워주었다. 이런 변화의 한 가지 결과로서, 여성이 뚜렷하게 구분되며 본능적으로 사적인 영역을 차지한다는 개념이 일부 사람들에게는 문제가 있고 심지어 옹호할 수 없는 것으로 여겨졌다.

이것을 말해주는 한 가지 신호는 일부 서구 국가에서 여성의 예술 아카데미, 문화 아카데미, 학술 아카데미, 그리고 전시회 입장이 제한된 사실이다. 1787년 야심 차고 영특하고 우아한 29세의 프랑스 변호사로서, 훗날 그 나라의 2년 헌법(Constitution of the Year II)(1793)을 비롯해 많은 것을 설계한 막시밀리앵 드 로베스피에르(Maximilien de Robespierre: 프랑스 부르봉 왕조와 프랑스 대혁명기의 정치인·철학자·법률가·혁명가·작가로, 프랑스 입헌 왕국의 입헌의회 의원 및 프랑스 제1공화국의 국민공회 의원과 의장을 지냈다—옮긴이)는 남성과 여성은 선천적으로 다르지만, 계몽을 진척시키려면 두 성의 기여가 더없이 중요하다고 주장하면서 여성의 프랑스 왕립 아카데미 입장을 지지했다.[15] 비슷한 시기에 남성과 여성을 막론한 일부 개인들은 과거보다 좀더 모험적으로 두 성의 참여가 개혁적인 정치 체제 양식의 성공과 발전에 꼭 필요하다고 주장하기 시작했다.

영국의 급진주의자 메리 울스턴크래프트는 프랑스의 1791년 헌법 저자들 가운데 한 명인 샤를 모리스 드 탈레랑페리고르(Charles Maurice de Talleyrand-Périgord: 프랑스의 정치인이자 외교관, 로마 가톨릭교회의 성직자—옮긴이)에게 이렇게 호소했다.

저는 입법가인 당신께 말씀드립니다. 남성들이 그들의 자유를 주장하면서, 그리고 그들 자신의 행복과 관련해서 스스로 판단하도록 허용되길 요구하면서, 여성을 예속하고자 하는 게 과연 일관성 있고 정당한 일인지 생각해보세요. ……여성이 남성과 이성(理性)이라는 재능을 공유하고 있는데도 대체 누가 남성을 배타적인 판관으로 만들었을까요?

울스턴크래프트는 이 수사적인 (그리고 성과 없는) 호소를 1792년 출간한 그녀의 가장 유명한 저술 《여성의 권리 옹호(A Vindication of the Rights of Woman)》의 헌정사에 포함했다. 하지만 그녀가 이상적인 성문 헌법에 대한 정의를 제시한 것은 바로 프랑스에 머물 때 집필한, 부당하게 무시당한 그녀의 또 다른 책《프랑스 혁명의 기원과 전개에 관한 역사적·도덕적 관점(An Historical and Moral View of the Origin and Progress of the French Revolution)》(1794)에서였다.

> 헌법은 국민이 한데 결집하는 기준이다. 그것은 정부의 기둥이고 모든 사회적 통일과 질서의 결합이다. 그 원칙들을 조사해보면 그것이 빛의 샘임을 알 수 있다. 이것으로부터 전체 공동체의 정신력을 이끌어내는 이성의 광선이 뿜어져나온다.[16]

전체 공동체라는 표현에서 짐작할 수 있듯이, 분명 울스턴크래프트가 보기에 새로운 성문 정치는 그 안에 잠재적으로 남성뿐 아니라 여성에 대한 풍부한 약속을 담고 있었다.

우리는 18세기 후반에 일부 지역에서 명백해진 제한적이지만 중요한 이 같은 변화와 도전을 염두에 두어야 한다. 그러지 않으면 1900년대 이전의 대다수 헌법 제정자들이 채택한 여성에 대한 견해가 그야말로 미리 정해진 것처럼 보일 수도 있기 때문이다. 실제로 특히 처음에는 태도가 더러 그보다 더 유동적이었다. 1787년 필라델피아 제헌회의에서 논쟁이 오가는 동안, 펜실베이니아주 대표 제임스 윌슨(James Wilson)은 "백인, 자유 시민, 그리고 **모든 연령·성별·조건의**〔강조는 저자〕 거주민 전체 수에 비례해서" 미국 하원 의석을 미국 주에 할당하자고 제안했으며, 이 권고 사항은 유효성을 인정받았다. 따라서 새로운 미국 공화국의 기본적인 정치 조직 일부를 구성할 때, 백인 여성은 자유 흑인 여성과 더불어 자유 남성과 동등한 대접을 받았다. 이것은 미국의 어느 상원의원이 1804년에 "우리 헌법 이론에서 여성은 정치적 존재로 여겨진다"고 적었을 때 의미한 바이다. 이것은 잠재적으로 중대한 인정이었다.[17] 가장 초기의 미국 주 헌법 역시 때때로 일관되지 않은 메시지를 보내곤 했다. 대다수 주 헌법은 시작부터 드러내놓고 여성을 적극적인 지역 시민에서 배제했다. 그리고 다른 주 헌법들은 여성에 대해 전혀 언급하지 않았다. 반면 뉴저지주의 첫 번째 주 헌법은 처음에 여성 주민 일부에게 투표권을 허용했다.

하지만 뉴저지주가 1807년에 이 조항을 폐지한 사실은 미국 자체를 넘어서까지 적용되는 중요한 점을 말해준다. 새로운 헌법이 점차 굳건히 자리 잡음에 따라, 이전에 모호했던 문구는 일반적으로 엄밀해졌으며, 여성의 배제 역시 한층 명료해졌다. 우리는 1810년대에 초안을 작성하고 개정된 미국의 주 헌법들에서 이 사실을 확인할 수 있다. 이 무렵 백인 남성 민주주의를 위한 조항들은 점점 더 관대해졌다. 하지만 그와 동시에 입법가들은 여성과 (보통) 흑인 남성은 이 같은 확장된 민주주의적 관대함을 공유할 수 없다고 설명하는 데 주의를 기울였다. 따라서 'men'이라는 단어는 여전히 더러 여성까지 포괄하는 좀더 일반적인 의미로 쓰였지만, 선거권 조항을 제시하는 경우에 관한 한 '남성'을 지칭하는 게 지배적이었다. 웨스트플로리다(1810), 루이지애나(1812), 인디애나(1816), 미시시피(1817), 코네티컷과 일리노이(각각 1818)의 새로운 주 헌법 및 개정된 주 헌법에서, 입법가들은 세심하게 준비한 "모든 자유 백인 남성(male person)" 또는 "모든 백인 남성 시민(male citizen)" 또는 "모든 백인 남성 거주민(male inhabitant)" 같은 문구를 사용했다.[18] 〔'인간'이라는 포괄적 의미로 해석될 소지가 있는 'man'이라는 표현보다 '남성(male)'이라는 명확한 표현을 사용했다는 의미—옮긴이.〕

유럽의 일부 지역도 이와 대단히 흡사한 궤적을 밟았다. 1789년 프랑스 혁명은 혁명적인 미국에서 그랬던 것 이상으로 '제2의 성(여성)'의 권리에 관한 논의를 촉발했다. 그럼에도 프랑스의 1791년 최초 헌법은 여성을 그저 수동적인 시민으로 분류했다. 프랑스 혁명과 나폴레옹의 침략에 휘말린 일부 국가는 한층 더 비타협적이었다. 프랑스 삼부회와 국민의회의 회의는 최소한 여성 방청객에게 공개되기는 했었다. 하지만 카디스의 코르테스가 1810년 에스파냐 제국을 위해 야심 찬 헌법 초안을 작성하기 시작했을 때, 여성은 적극적인 시민권과 관련한 조항에서뿐 아니라 토론회에 참석하는 데에서조차 배제되었다. "모든 계급의 남성"은 "차별 없이" 증인 자격을 부여받았다. 반면 여성은 "의회 의사당의 그 어떤 회랑에도 입장"할 수 없었다.[19]

헌법 텍스트에서 여성에 대한 처우가 이처럼 시간이 지날수록 점점 더 제한적이 되어가는 경향성은 비단 유로-아메리카에만 그치는 게 아니었다. 하와이에서도, 1840년 하와이 최초의 성문 헌법에 의해 창립된 강력한 귀족원(House of Nobles)이 처음에는 상당수의 여성 추장을 포함했다. 1846년에 여성 추장은 귀족원 멤버의 약 3분의 1을 차지했다. 하지만 그 군주제 외에는 공식 하와이 정치에 대한 여성 참여가 점진적으로 축소되었다. 1850년에는 최초로 법률에 의해 투표권이 구체적으로 하와이의 남성으로만 제한되었다. 1855년에 비선출직인 귀족원에는 단한 명의 여성 추장만이 남아 있었다. 1892년에 이르러 여성의 귀족원 회원 자격은 전면 금지되었다.[20]

실제로 새로운 헌법이 확산하며 점차 바람직한 근대성의 지표로 인식됨에 따라, 어느 정도는 그것을 채택한 국가들이 처음부터 이 장치 대부분에서 전형적으로 드러나는 배타적 추세를 복제하는 경향이 있었다. 따라서 일본에서 체계적인 정치 근대화의 공식 시발점인 1868년

42　실체가 아닌 상징: 1793~1794년 파리의 여성 화가 나닌 발랭(Nanine Vallain)이 그린 작품으로, 프랑스의 인권 및 시민권 선언서를 손에 들고 있는 자유에 대한 우화로서 여성.

의 메이지 유신(明治維新)은 곧바로 에도(도쿄)의 왕실 관료제에서 과거에는 강력했던 여성 부문을 해체하는 조치를 단행했다. 그리고 그보다 이전 시기에는 소수의 일본 여성이 가끔이라도 지역의 정치 문제에 관여한 것으로 보이지만, 1889년 메이지 헌법은 모든 여성의 투표권을 부인했다. 1년 뒤, 일본의 여성은 독일과 오스트리아의 초기 법률에 근거한 조치로서 정치 모임에 참석하는 것조차 금지당했다.[21]

당연히 이처럼 공식적이고 배타적인 조항들이 쏟아지는 현상은 드러내 보이는 측면과 감추는 측면을 동시에 지닌다. 그것은 모든 대륙의 일부 여성이 스스로 대안적인 공적·정치적 참여를 고안해낸 여러 방식을 잘 보이지 않게끔 만든다. 또한 신분이 낮은 남성처럼 여성도 심지어 새로운 성문 헌법이 그들에게 투표권을 부여하지 않을 때조차 그것의 도입으로 가령 더 나은 교육의 제공, 또는 좀더 믿을 만한 자유 언론에 대한 접근 같은 이득을 얼마간 누렸다는 사실을 보지 못하게끔 만들 수도 있다. 정치적 권리를 그저 투표권에 대한 접근으로만 축소하는 것은 언제나 그렇듯이 잘못이다.

그럼에도 성문 헌법이 거의 모든 곳에서 얼마간 여성을 투표 과정에서 배제하는 경향을 보이는데, 거기에 대해서는 설명이 필요하다. 이러한 공식 텍스트란 그저 언제나 지배적인 행동 패턴이나 가정을 말로 옮기고 인쇄한 결과라고 말하는 것만으로는 충분치 않다. 하와이와 일본에서 일어난 사건들이 예증하듯 이것이 언제나 분명한 사실이었던 건 아니다. 새로운 헌법은 여성의 정치 참여에 대한 제약을 단지 말로 재확인하는 게 아니라 흔히 더욱더 **증폭시켰다.** 더군다나 그것이 정확히 이런 장치가 여성에 대한 (불변이었던 건 아님에도) 과거의 배제를 법으로 전환하고, 더없이 진지한 것으로 판명된 공식적이고 대량 생산된 각본으로 전환하는 방식이었다.

일단 법으로 성문화하고 인쇄하면 여성의 불이익은 바꾸기가 한층 더 어려워졌다. 핏케언섬에서의 여성들 경험은 이 점을 간접적으로 보여주는 예다. 1850년대에 본래 바위투성이이던 도피처의 척박한 자원이 거의 고갈되자, 이제 200명 남짓한 핏케언섬 주민은 한동안 뉴질랜드 오클랜드(Auckland)에서 북서쪽으로 1120킬로미터 정도 떨어진 노퍽섬(Norfolk)으로 이주했다. 그 지역 관료들로서는 난감하게도, 핏케언의 여성들은 이 새로운 장소에서 자신의 투표권 포기를 거부했으며, 그들의 거부는 유효한 것으로 받아들여졌다.[22] 왜 그랬을까? 1838년에 공인된 국가 요원이던 왕립해군의 러셀 엘리엇 대령은 이 같은 여성의 정치적 권리를 문서에 기록했다. 그리고 이것은 영국이 차지한 다른 영토들에서 그 권리를 굳건히 하기에 충분한 것으로 판명되었다. 핏케언섬의 여성들은 그것을 서면으로 가지고 있었다. 하지만 세계 전역의 대다수 여성은 그와 사정이 달랐다. 압도적으로 새로운 헌법들은 국가 조직과 정치적 삶이 남성의 전유물이라는 엄혹한 사실을 단호한 언어로서 종이에 담아내고 인쇄하고 법제화했던 것이다.

그에 따라 성문 헌법은 어느 면에서 생경한 문서라는 느낌이 생겨났는데, 이것은 내 생각에, (정치적 문제 등에 대해 글을 쓰는 여성의 수가 1750년에 증가하고 있었음에도) 여성이 남성과 달리 그들 자체의 비공식적 헌법 초안을 시험 삼아 작성하는 경우가 거의 드물어 보이는 이유를 설명해준다. 몇몇 걸출한 급진주의자들—1790년대 초 파리의 혁명가이자 극작가 마리 구즈[Marie Gouze: 올램프 드 구즈(Olympe de Gouges)라는 가명으로 알려져 있다], 그리고 성공한 변호사의 딸인 엘리자베스 케이디 스탠턴(Elizabeth Cady Stanton)과 1848년 뉴욕주 북부의 세네카 폭포 선언(Seneca Falls Convention)에 참석한 그녀의 원군들—은 실제로 여성을 정치적으로 공정하게 대우하도록 요구하는 권리선언서를 발표했다.[23] 하지만 이 같은 선언서는 성문 헌법과 동일하지 않았다.

선언서는 주장문, 항의서, 그리고 일련의 권리 요구서다. 따라서 그것은 한 국가를 어떻게 조직하고 운영해야 하는지 개괄해놓은 정치 헌법과는 근본적으로 다르다. 후자 유형의 문서, 즉 **정치** 헌법에 대해 말하자면, 심지어 그 점 빼고는 야심적이고 강력한 19세기 여성들조차 그것을, 버지니아 울프(Virginia Woolf)의 말마따나, "남성이 그들의 용도를 위해 그들의 필요에 의해 빚어낸 '형태(shape)'"로 간주한 듯하다.[24] 그것은 남성과 같은 정도로 여성을 위한 것일 수 없으며, 필시 여성이 그들의 사적 공간에서 이루어지는 문화적·문학적 활동을 통해 창작할 수 없는 것이었다.

모종의 기준에 따르면, 19세기 세계에서 가장 막강한 여성인 빅토리아 여왕의 반응이 이 점을 잘 보여준다. 유럽에서 다수의 혁명이 한창인 와중이자 좀더 민주적인 통일 독일을 위한 헌법을 창조하려는 낙관적 희망을 품은 채 프랑크푸르트 의회가 소집되던 때인 1848년 4월, 빅토리아 여왕은 자신의 일기에 남편 앨버트 공(Prince Albert)이 어떻게 아마추어적이긴 하나 그 나름의 헌법 작성 작업에 뛰어들었는지 기록했다. 그녀는 자랑스럽게 "그는 독일 헌법을 위해 빼어난 제안서를 작성했다. 만약 채택된다면 오랫동안 훌륭하게 사용할 수 있을 것이다"라고 기록했다. 다음 달에 그녀는 앨버트가 "아침 식사를 하는 동안" 자신에게 프랑크푸르트 의회가 채택할 예정인 실질적인(임시적인) 헌법 텍스트를 그녀에게 큰 소리로 읽어주었다고 기술했다.[25]

여기에서 두드러지는 대목은 여왕의 수동성이다. 그녀 삶의 다른 영역에서는 결코 볼 수 없는 도무지 그녀답지 않은 면모였다. 빅토리아의 문어 독일어와 구어 독일어는 유창했다. 그녀 가족의 혈통은 앨버트와 마찬가지로 독일계였다. 그녀는 일부 독일 국가들에 대해 잘 알고 있었으며, 그들의 운명에도 깊은 관심을 기울였다. 사실 1800년대 후반 이전의 모든 곳에 사는 모든 여성처럼, 빅토리아도 전문적인 법률 교육을 받지 못했다. 하지만 그런 사정은 앨버트도 매한가지였다. 그런데도 여왕은 앨버트와 달리, 독일이나 그 밖의 다른 나라를 위해 비공식적 헌법의 초안을 개인적으로 작성하는 일을 결코 고려해보지 않은 듯하다. 적어도 이 점에 관한 한 그녀는 19세기의 대다수 여성과 조금도 다를 바가 없었다.

성문 헌법이 아직 제대로 유행하기 전인 18세기 말에 그 같은 소심함을 벗어던진 여성은 극소수에 그쳤다. 우리가 앞서 살펴보았다시피 또 한 명의 여성 군주, 예카테리나 여제는 나카즈를 작성하는 것과 관련해서, 그리고 그 사실 및 그녀의 텍스트를 가능하면 널리 인쇄하는 것과 관련해서 무척이나 대담했다. 같은 시기에, 즉 1760년대에, 영국의 지식인 캐서린 매콜리(Catharine Macaulay)는 "민주적인" 코르시카 정부 형태를 위한 초안 작성법에 관해 파스칼레 파올리에게 조언하는 일을 예사로 여겼다.[26] 하지만 일단 성문 헌법이 더 잘 자리 잡고 제대로 뿌리내리자, 성공적이고 다채로운 장르, 심지어 그처럼 대단히 제한적이던 여성의 참여마저 약해진 듯하다. 그 이유는 무엇이었을까?

전쟁이 그것의 (유일한 건 아니라 할지라도) 주된 원인이었다. 커지는 무력 분쟁의 규모와 수요는 18세기 말과 19세기의 대다수 헌법이 드러내는 남성주의적 편향과 헌법으로부터 여성의 분리 증가를 상당 정도 설명해준다. 이러한 장치는 걸핏하면 적절한 인력 공급에 필요한 보상의 제

43　메조틴트(mezzotint: 명암이 잘 드러나는 동판화 기법—옮긴이)를 이용해서 그린 캐서린 매콜리의 모습. 두루마리 마그나 카르타를 손에 쥐고 펜을 준비해놓았다.

공에 쓰였던지라, 일반적으로 국가에 대한 남성 고유의 공헌으로 간주되던 것, 즉 군 복무를 강조하는 경향이 있었다. 1776년부터 1870년 사이 전 세계에 걸쳐 공식적으로 초안을 작성한 헌법들에는, 일설에 의하면, 육군·해군·민병대·징집과 관련한 조항이 3400개에 가깝다.[27] 좀더 일반화한 호전적 언어("모든 시민은 병사다" 등등)의 예도 흔하다. 여성은 드러내놓고 육군·해군·민병대에서 복무할 수 없기 때문에, 그리고 징집 당하거나 싸울 거라고 기대되지 않기 때문에, 이런 유의 조항과 언어는 곧바로 여성을 주변화하는 효과를 낳았다.

호전적 암시는 무력 투쟁의 결과로서, 또는 스스로가 특별한 위협에 처했다고 느끼는 국가들에 의해 생성된 텍스트에서 특히 두드러지는 경향이 있다. 페루가 에스파냐의 통치에 항거한 투쟁에 성공한 때로부터 7년 뒤인 1828년에 새로운 헌법을 발표했을 때, 그것이 시민권 자격을 갖추었다고 선언한 처음 세 가지 범주의 국민은 아래와 같았다(강조는 저자).

1. 페루공화국 영토에서 태어난 모든 자유 **남성**.
2. 페루인 아버지 또는 어머니의 아들.
3. **페루공화국의 육군과 해군에서 복무했거나 복무할 예정인** 외국인.

베네수엘라가 1819년에, 볼리비아가 1826년에 그런 것처럼, 페루 역시 새로운 헌법이 제공한 기회를 이용해 다른 곳의 경우 남성 투표자에게 요구한 재산 자격 요건을 그 나라 퇴역 군인에게서 면제해주었다. 전쟁 터에서의 희생만으로 충분했던 것이다. 전쟁을 통해 건설된 다른 남아 메리카 공화국들—예컨대 칠레·아르헨티나·콜롬비아—은 애써 그들의 헌법 제정 기념일을 포함하는 애국 의례에서 지역 민병대원과 국경 수비대에게 눈에 띄는 좌석을 제공했다.[28]

남성의 전투 의무를 적극적인 시민권을 위한 배타적 적합함과 연관 짓는 것은 새로울 게 없는 일이었다.[29] 그럼에도 1750년 이후 출현한 그렇게나 많은 헌법이 이런 유의 사고에 무릎을 꿇기로 했다는 것은 어느 면에서 잘못된 결정이었다. 세계 일부 지역에서는 전쟁에 대한 여성의 기여가 이제 눈에 띄게 증가하고 있었기 때문이다. 프랑스, 독일, 미국, 영국, 그리고 히스패닉 세계와 루시타니아 세계(그리고 나는 여기에 일부 비서구 지역도 포함된다고 생각한다)에서는, 1750년대부터 서로 다른 사회적 배경을 지닌 여성들이 군복과 군기를 바느질하기 위해 집단을 꾸리고, 전쟁 부상자를 돌보거나 그들을 돕기 위해 기부금을 걷고, 애국적 선전물을 발행하고, 그리고 심지어 전쟁 노력을 지원하는 연설을 하기도 했음을 보여주는 증거가 날로 늘고 있다.[30]

18세기 말과 19세기 초 일부 여성들은 심지어 드러내놓고 무력 전쟁에 가담하기까지 했다. 시몬 볼리바르로서는 심히 불안하게도, 그의 파트너 마누엘라 사엔스는 그가 벌이는 몇 곳의 전투에 동참하겠다고 고집을 피우기도 했다. 같은 이유에서, 그리고 프란시스코 데 고야가 1810년부터 1820년까지 제작한 끔찍하지만 빼어난 판화 〈전쟁의 재난 (The Disasters of War)〉(82편의 시리즈 작품—옮긴이)을 통해 영원성을 부여한 바와 같이, 아구스티나 데 아라곤(Agustina de Aragón)이라는 이름의 여성은 1808년 프랑스 군대가 에스파냐 북부의 사라고사(Zaragoza)를 포위했을 때 최전선 전투에 참가했다. 나중에 그 용맹을 기린 훈장을 받고 명예 중위 계급을 얻은 그녀는 계속해서 또 다른 군사 교전에 뛰어들었다.

하지만 피 흘리며 쓰러져 있는 남성들을 딛고 서서 당차게 대포를 발사하는 아구스티나에 대한 고야의 잊히지 않는 이미지에서, 그녀는 가냘프고 여성적이며 확실히 가식적인 복장을 한 모습으로 표현되어 있다. 사엔스가 더러 그랬던 것처럼 보이는데, 심지어 치열한 전투에 뛰어든 여성이 군복 비슷한 제복을 입고 있을 때조차, 그 여성의 행동은

44 고야가 그린 아구스티나 데 아라곤의 모습.

흔히 그들 남정네에 대한 지지의 몸짓으로 설명되곤 했다. 사엔스의 경우가 정확히 거기에 해당했다. 또는 1848년 유럽에서 여러 혁명이 이뤄지는 동안 전투에 몸 바친 여성 상당수의 경우와 마찬가지로, 여성의 무장 운동은 그저 더 허약한 성(sex)의 구성원에게까지 번질 정도로 애국적 그리고/또는 급진적 열의가 크게 끓어올랐음을 보여주는 반가운 증거로 풀이되었다.[31]

중요한 점은 제1차 세계대전이 발발하기 전에는—그리고 서아프리카 다호메이에서 볼 수 있었던 6000명 남짓의 (독신 서약한) 직업여성으로만 구성된 궁궐 경비대 같은 드문 예외가 존재하긴 했지만—여성이 공개적으로 정규 무력군의 정식 구성원으로 봉사할 수 없었다는 것이다.[32] 그들은 국가의 **공식** 군대 조직의 일원이 될 수도 없었다. 따라서 여성의 간헐적이고 자발적인 호전적 기여 수준이 어떻든 간에, 이러한 노력은 그 나라의 공식적인 정치적 삶에서 더 큰 지분을 차지할 권리를 무리하게 주장하거나 입증하는 데 도움이 되지 않았다.

그러나 세계 몇몇 지역에서는 전개 양상이 그와 사뭇 달랐다. 그리고 이와 관련해서는 다시 한번 작은 핏케언섬에서 일어난 사건들이 그 자체보다 훨씬 더 많은 것을 말해준다. 러셀 엘리엇이 1838년 그 섬에 상륙했을 때, 그는 의심의 여지 없이 지나치게 밀어붙이는 미국인 포경업자들에 대한 그곳 거주민의 보고를 듣고 우려했다. 또한 그것이 이 지역에 대한 미국의 야심을 보여주는 전조가 될 수 있다고 우려하기도 했다. 그럼에도 엘리엇이 인식한 바와 같이, 그 자신이 핏케언을 위해 초안을 작성한 헌법에서 정규군의 도입은 고사하고 민병대의 조직을 허용하려 애쓰는 것조차 아무 의미가 없었다. 그 섬은 침략 가능성이 높은 주요 중심지에서 멀리 떨어져 있었던 데다 인구라고 해봐야 다해서 채 100명도 되지 않았다. 이런 상황에서 기꺼이 전투에 참여하려는 의지에 대한 보답으로 적극적인 시민권에 관한 배타적 접근을 제공함으로써 가능한 미래의 전쟁에 대비하는 것은 필요하지도 실행 가능하지도 않았다. 대신 엘리엇은 핏케언의 여성까지 투표권을 가진 시민에 포함함으로써 자신이 선택한 이상주의적 경로를 거침없이 밟아나갔다.

초기 단계에서는 권력의 중심부에서 멀리 떨어진 위치가 때로 여성의 정치적 권리 제공에 좀더 유리하게 작용하는 것으로 드러났는데, 이런 정황은 다른 곳에서도 관찰할 수 있다. 1914년 이전에 여성에게 투표권을 허용한 세계 몇몇 곳 가운데에는 불균등하다 할 정도의 지역이 핏케언과 마찬가지로, 쿡제도(Cook Islands), 뉴질랜드 그리고 오스트레일리아처럼 런던 및 기타 제국의 중심부로부터 지리적으로 동떨어진 태평양 섬들이었다. 또는 워싱턴 DC의 위엄과 손쉬운 접근에서 멀리 떨어진 미국의 광활한 중서부 영토들(예컨대 와이오밍·유타·콜로라도·아이다호)이었다. 또는 훨씬 더 큰 정치 단위─즉 첫째로 그레이트브리튼, 둘째로 러시아 제국─에 속한 준자치적인 주변부였다. 1881년 지역 의회 틴월드(Tynwald)가 일부 여성에게 투표권을 제공한 아일랜드해 북부의 맨섬(Isle of Man)이나 1906년 여성에게 투표권과 선거에 출마할 권리를 허용한 핀란드가 그 예였다.

태평양 세계에 있든 미국이나 유럽 내에 존재하든 이 모든 지역에서는 추가적인 지역적 요소들이 모종의 역할을 담당했다. 하지만 이들 장소는 **모두** 한 가지 공통점을 지녔다. 즉 하나같이 중심지가 아니었다는 점이다. 1914년 전에 큰 규모의 수도 및 그곳의 통치 기구─특히 그들의 전쟁 수행 능력─로부터 지리적으로 그리고/또는 문화적으로 확실하게 거리를 두고 있다는 것은, 일반적으로 여성이 상당 정도의 적극적인 공식 시민권과 일단의 좀더 수용력 있는 민주주의를 확보하는 데 꼭 필요한 조건이었다.

정착민 전쟁

1838년 핏케언섬에서 일어난 일은 헌법이 일반적으로 여성에게 부여하는 처우에 반대함과 동시에 그것을 폭로했는데, 이것은 추가적인 측면에서도 흥미로운 사례다. 러셀 엘리엇은 당시 압도적으로 검은 피부로 인식된 사람들, 그리고 대체로 태평양의 토착민이던 이들의 정치적 권리를 위한 성문 조항을 만들기로 결정했다. 이런 행동은 그 지역의 다른 수많은 곳에서(그 너머에서와 마찬가지로) 백인 침략자들이 무자비한 속도로 영토를 침탈하고, 거의 예외 없이 토착 인구를 희생하면서 헌법 텍스트를 이용해 그들의 지위를 과시하고 강화한 상황과 커다란 대조를 이룬다.[33]

토착민을 짓밟아가면서 전개된 정착민 침략은 물론 새로울 게 없었으며, 19세기에 일어난 정착민 침략은 그저 태평양 세계에만 그치는 것도, 오직 영어 사용국들에 의해서만 이뤄진 것도 아니었다. 1850년대 말부터 러시아의 알렉산드르 2세는 러시아인 정착민에게 토지를 제공하기 위해 서부 캅카스의 '인종 청소'라는 좀더 공격적인 정책을 채택했다. 1870년대에 약 200만 명의 부족민이 그 지역에서 쫓겨났다. 때로는 그 과정에 대규모 학살이 동반되기도 했다.[34] 태평양에서의 정착민 침략과 관련해서 좀더 두드러진 점은 그 다양성이었다. 그러한 점, 그리고 많은 백인 침략자가 관련된 정도에 힘입어서 야심적인 헌법 기획들이 추진되었다.

1820년부터 1860년 사이 500만 명의 유럽인이 미국으로 이주했다는 사실은 되풀이해서 언급할 만한 가치가 있다. 이들 남녀 대부분은 도착하자마자 1850년까지 미국 동부 지역에서 태어난 약 150만 명과 더불어 서부로 이주했다. 오스트레일리아와 뉴질랜드로 옮겨간 유럽인 수는 그보다 훨씬 적었지만, 그들의 영향력은 상당했다. 1810년에 약 1만 2000명의 정착민이 오늘날의 오스트레일리아에 살고 있었는데, 그들 대부분은 영국과 아일랜드에서 추방당한 기결수와 그들을 지키는 군인 및 수병이었다. 1840년에 이 이주민 인구는 수가 20만 명으로 껑충 뛰었고, 그 구성도 한층 다양해졌다. 하지만 유입자 수를 극적으로 불려놓은 것은, 북아메리카의 태평양 연안에서와 마찬가지로, 오스트레일리아에서의 연속적인 골드러시(gold rush)였다. 1851년에서 1861년까지 약 57만 명 넘는 사람들이 오스트레일리아 남동쪽의 금 중심지 빅토리아로 쏟아져 들어왔다. 1863년 어느 언론인이 보도한 바에 따르면, 그곳의 "26만 제곱킬로미터" 전역에서 "오스트레일리아 원주민이 기거할 곳은 거의 없었다".[35]

이 같은 정착민 침략을 이해하는 한 가지 방법은 그것을 하이브리드 전쟁의 진전된 표현으로, 육상에서뿐 아니라 해상에서 벌어지는 또 다른 국면의 공격으로 여기는 것이다. 실제로는 무장 정규군이 더러 적극적으로 개입하기도 했다. 1860년대에 1만 8000명의 영국 군대가 뉴질랜드 북섬의 육지에서 마오리족과의 싸움에 뛰어들었다. 하지만 더 흔하게도 실제로 일어난 일은 오래 끄는 게릴라전에 한층 가까웠다. 정착민이 자신들 소유의 무기를 사용하거나, 자경단을 고용하거나, 비소를 가미한 음식을 놓아두거나, 아니면 그저 땅을 빼앗고 그 결과로 본래 그곳에 살던 거주민을 굶어죽게 만들거나 떠나가도록 내모는 방식 말이다. 멕시코가 미국에 캘리포니아 지역을 양도한 1848년에 약 15만 명이던 그곳의 토착 인구는 1870년에 3만 명으로 급감했는데, 그 가장 주된 원인이 바로 위와 같은 유의 임기응변식 폭력이었다.[36]

태평양 전역에서 (그리고 그 너머 지역에서) 백인 정착민은 또 하나의 무기를 사용했다. 그들은 여러 조치를 밀어붙이고 합법화하고 단단하게 뿌리내리기 위한 수단으로서 성문 헌법을 활용했다. 이 점은 강조할 필요가 있다. 다음과 같은 이유 때문이다. 최근에 몇몇 역사가는 제국이 광범위한 법률 목록을 이용해서 자기네가 포획한 영토에 질서를 부여하고 그곳의 원주민을 복속시키는 데 사용한 몇 가지 방식을 재구성했다. 그럼에도 불구하고 이 새로운 정치 기술이 그 자체로 얼마간 이

45 토머스 크로퍼드(Thomas Crawford), 〈인디언: 문명의 진보에 대해 깊이 생각하면서 죽어가는 족장(The Indian: The Dying Chief Contemplating the Progress of Civilisation)〉 (1856). 워싱턴 DC 미국 국회의사당 상원 건물의 페디먼트(pediment: 건물 입구 위의 삼각 형 부분—옮긴이) 장식에 포함되어 있었다.

런 식으로 활용될 수 있다는 사실은 무시당하거나 흐지부지 묻히고 말았다.[37] 나는 그 이유가 부분적으로 "성문 입헌주의는 언제나 자애로우며 대개 해방의 힘으로 기능한다"는 개념이 남아 있기 때문이라고 생각한다. 하지만 헌법은 흔히 (여성과 관련한 것보다는 덜 치명적이지만) 토착민과 관련해서도 그들을 배제하고 주변화하기 위한 수단으로 쓰였으며, 그렇게끔 설계되었다.

처음부터 미국 헌법은 토착 토지에 굶주린 백인들에게 중요한 지지를 제공했다. 하지만 이와 관련해서 기초 작업을 상당 정도 수행한 것은 바로 미국의 주 헌법들이었다. 첫 번째로, 이 텍스트들이 흔히 관련된 특정 주의 영토 경계를 소상히 밝히고 그것을 서면에 명시해놓았기 때문이다. 그 결과 그 같은 경계는 마치 법에 뿌리를 둔 것처럼, 그리고 시간이 흐르면서 자연스럽고 자동적인 어떤 것처럼 보이게 되었다. 하지만 주 헌법의 영토 조항은 흔히 계획적인 고안물이었다. 토착민을 비롯한 기타 경쟁자들의 토지 권리에 도전하거나 그것을 무시한 채 지도에 임의로 그은 선이었기 때문이다. 두 번째로, 미국의 헌법도 주 헌법들도 일반적으로 인디언을 별개의 민족으로, 항상 과세되지 않는 집단으로, 하지만 또한 그에 따라 더 넓은 정치 체제에서 투표하거나 출마할 자격이 없는 사람들로 취급했다. 그 결과 인디언은 무자비한 토지 몰수나 폭력에 처했을 때 스스로가 규정된 정치적 표현이나 정책적 영향으로부터 배제되어 있음을 발견했다.

1849년 11월에 비준된 캘리포니아의 원래 헌법이 그 점을 효과적으로 보여주는 예다.[38] 그것이 효과적인 이유는 그해 초 이 영토에는 백인 수가 그곳 인디언 인구보다 훨씬 적은 2만 5000명에 불과했기 때문이다. 그것이 효과적인 또 다른 이유는 일부 기준에 따르면, 이 1849년 문서가 인상적일 정도로 계몽주의적인 성격을 띠었기 때문이다. 초판으로 (이즈음 성공적인 소설의 평균인) 1만 부를 발행한 이 헌법은 배심원 재판, 언론의 자유, 종교의 자유와 인신 보호 영장을 허용하는 권리 선언으로 시작했다. 또한 노예제를 금지하고 그 주의 성인 백인 남성 전원에게 선거권을 부여했다. 하지만 캘리포니아 헌법 제정 회의에 참석한 대표 가운데 일부가 인디언 일반의 권리에 찬성론을 폈음에도 그 권리는 허용되지 않았다. 그 지역의 (남성) 인디언은 "특별한 경우"에만, 그리고 신청자가 캘리포니아주 의회 의원 가운데 3분의 2의 지지를 얻어야만 정치적 시민권을 확보할 수 있었다. 정착민을 충족시키는 다른 헌법들과 마찬가지로 이 헌법 역시 땅을 관리하는 데 착수했다. 그 헌법 12조는 포괄 범위를 "태평양 연안을 따라, 그리고 그 인근의 모든 섬, 항구 및 만"까지 확장함으로써 미래의 캘리포니아주 경계를 확정했다.

1년 뒤인 1850년에 이 캘리포니아 헌법이 오스트레일리아 시드니에서 찬양을 받았다. 존 던모어 랭(John Dunmore Lang: 스코틀랜드 출생의 장로교 목사, 작가, 역사가, 정치인이자 활동가. 최초로 오스트레일리아 독립과 오스트레일리아 공화주의를 옹호한 저명 인물─옮긴이)이라는 이름의 남성이 그 도시의 어느 극장에 모인 감식안 있는 군중에게 말했다.

일례로 최근에 캘리포니아에서 무슨 일이 일어나고 있는지 보십시오. 성격과 재산 둘 다에서 크게 파산한 적잖은 가정과 개인을 포함해 이 오스트레일리아 식민지의 유동 인구 상당수가 최근 그 나라에 정착하고자 태평양을 건넜습니다. ……하지만 그 남성들은 그러함에도 제힘으로 지상의 모든 국가에 본보기가 될 만한 헌법을 만들어냈습니다(크고 지속적인 환호).[39]

역사가 제임스 벨리치(James Belich)가 보여주었다시피, 19세기에 오스트레일리아와 미국의 정착민 사회는 광대한 수역(水域)과 정치적 헌신의 차이에 의해 분리되어 있었음에도, 여러 면에서 일란성 쌍생아였다. 그리고 시드니에서 캘리포니아 헌법에 바쳐진 이 같은 경의는 그저 두 광대한 지역 사이에서 이루어지는 인력 및 사상의 정기적 교류를 말해주는 한 가지 예에 불과하다.[40] 오스트레일리아에서는 미국의 상당 지역에서와 마찬가지로, 아무 제약 없는 백인 남성 민주주의와 새로운 헌법 제정에 대한 극성스러운 애착이 토지에 대한 무자비한 탐욕, 그리고 (언제나 그런 것은 아니지만) 종종 토착민에 대한 탈취, 그리고 때로 절멸에 대한 지지와 나란히 전개되는 경향이 있었다.

이런 식으로 미국으로부터 이념적 무기를 취한 것은 비단 오스트레일리아의 던모어 랭 같은 급진주의자와 선동가들만이 아니었다. 매우 상이한 유형의 인물인 조지 깁스 경(Sir George Gipps: 1838년부터 1846년까지 8년간 영국 식민지 뉴사우스웨일스의 총독으로 재임한 인물—옮긴이)이 펼친 주장 가운데 몇 가지를 생각해보자. 군사적 배경을 지닌 영국인인 그는 한때 뉴사우스웨일스 정부와 뉴질랜드 정부를 결합했으며, 두 곳에서 정착민이 저지르는 극도의 잔혹함을 억제하려 애쓴 성찰적이고 유능한 인물이었다.[41] 하지만 깁스는 1840년 여름 뉴사우스웨일스 입법 회의에서 연설할 때, 토착민의 종속 필요성과 관련해 미국의 저술에 크게 기댔다.

그 내용은 다음과 같다.

깁스는 미합중국뿐 아니라 잉글랜드 및 모든 유럽 식민지 강대국의 법률과 관습이 주장하고 있는 바—즉 "어떤 나라의 비문명화한 토착 거주민이 그 나라에 대한 적격한 지배권이나 점유권을 지니는 것은 오직 …… 그들이 그들 사이에 안정된 정부 형태를 수립할 때에 한한다"—를 확인하고자 여러 인정받는 권위자의 저술에 실린 구절을 다량 찾아 읽었다. 그가 처음 읽은 구절은 조지프 스토리(Joseph Story)의 《미국 헌법 주석(Commentaries on the Constitution of the United States)》에서 발췌한 내용이었다. ……그는 그런 다음 제임스 켄트(James Kent)의 《미국 법 주석(Commentaries on American Law)》의 발췌문을 낭독했다.[42]

여기에서 두드러지는 대목은 깁스가 미국 법학자들이 쓴 최근 텍스트에 대해 알고 있었으며, 그에 의존했다는 사실이다. 대법원 판사 조지프 스토리가 쓴 《미국 헌법 주석》은 1833년 매사추세츠주 케임브리지에서만 출간했는데, 1840년이 되자 이미 고전으로 여겨졌으며 미국 법정에서 널리 인용되었다. 한때 뉴욕 컬럼비아 로스쿨 교수였던 제임스 켄트가 1826년에 출간한 4권짜리 저서 《미국 법 주석》 역시 여러 판을 거듭하면서 영향력을 키워가고 있었다.

다시 말해, 깁스가 1840년에 오스트레일리아 시드니에서 그의 입법가들에게 연설했을 때, 그는 자신의 주장을 영국의 법률 및 정치 이론이나 선례에만 의존하지 않았다. 고대의 고전적 출처를 직접 언급하지도 않았다. 대신 깁스는 미국에 기대를 걸었다. 이것은 태평양 세계의 여러 부분이 어떻게 통상, 이주, 제국주의적 폭력, 선박에 의한 수송 등을 통해서뿐 아니라 아이디어를 통해서 서로 연결되어 있었는지 실증적으로 보여주는 하나의 예다. 그는 당연히 미국 백인 거주민의 급속한 서부 진격이 오스트레일리아와 뉴질랜드의 정착민 침략을 지지하는 유사하고도 유용한 근거를 제공해준다고 생각했다.

깁스가 공감을 표시하면서 켄트의 《미국 법 주석》을 인용했다. "인디언 국가들은 그 고유의 성격과 습성 때문에 백인과 의존 관계 및 사제 관계 말고는 그 어떤 다른 관계도 유지할 수 없었다." 켄트는 그의 방대한 저작에서 "그들을 다룰 다른 방도는 없었다"고 썼으며, 깁스도 그에 동의했다. 그 영국인은 자신의 오스트레일리아인 청중을 위해 이처럼 학식 있는 미국인들의 의견을 차용하면서 이렇게 결론지었다. "오직 '문명'의 획득만이 한 민족에게 '그들이 점유한 토지를 처분할 …… 권리'를 부여할 수 있다. 그런데 이는 '정부 수립', 특히 '법률 제정'과 더

불어 가능하다."[43]

툭하면 정치적으로 깁스 및 다른 많은 이들과 맞서곤 했던 존 던모어 랭 역시 미국으로부터 아이디어를 가져왔는데, 그는 여기에서 그만의 방식을 따랐다. 구제 불능일 정도로 호전적이고 열정이 넘치며 자수성가한 스코틀랜드 출신 랭은 1820년대 초 오스트레일리아로 이주해왔다. 그런 다음부터는 장로교 목사, 정치인, 논쟁을 일삼는 선동가, 언론인이 되었으며, 격론을 담은 글을 정신없이 써냈고, 마침내 300권이나 되는 책의 저자라고 주장하기에 이르렀다. 랭은 또한 그칠 줄 모르는 여행가이기도 해서 대부분의 글을 선상에서 썼을 정도다. 그는 미국에 대해 잘 알고 있었으며 1840년에는 미국에서 밴 뷰런(Van Buren) 대통령을 방문했고, 그 나라의 정치 및 역사를 연구했으며, 다양한 미국인, 특히 동료 장로교도들과 서신을 주고받으면서 관계를 돈독히 쌓았다. 그는 또한 브라질이 다른 신흥 남아메리카 국가들과 더불어 1822년에 독립을 선언한 뒤, 애써 그 나라를 방문하기도 했다. 태평양 전역을 아우르는 랭의 시야는 그가 나이 들어감에 따라 더한층 넓어졌다. 그는 뉴질랜드·뉴기니·피지까지 포함한 미래의 공화주의적 오스트레일리아 연방을 꿈꿨다. 그리고 인생 말년에 자기 나라의 아시아적 차원을 이해하기 시작했고, 뒤늦게 중국의 중요성을 알아차렸다.[44]

따라서 랭의 삶은 항해를 통해 이 방대한 태평양 세계와 그곳 너머 세상이 관계 맺을 수 있는 규모가 어느 정도인지를 인상적이리만치 잘 보여준다. 하지만 다른 한편 랭의 적극적인 이력은 제아무리 예외적일 정도로 지역을 넘나드는 여행을 일삼고 민주주의 투쟁에 맹렬한 애착을 보인다 할지라도, 실제로 그와 동시에 배타주의적 입장이나 인종차별주의적 이념을 고수하는 게 얼마든지 가능하다는 것을 말해주는 예이기도 하다.

랭이 모종의 개혁적 대의에 열렬한 애착을 보였다는 점에 대해서는 의심의 여지가 없다. 그는 노예제 폐지론자였다. 그리고 유럽의 동료 민주주의자들과 관계를 구축했으며, 1848년 혁명이 한창이던 시기에 독일 지역들을 방문하고, 프랑크푸르트 의회에서 연설하고, 강제 추방당한 현지 혁명가들에게 태평양의 어느 섬에 피난처를 마련해주어야 한다고 촉구하기도 했다. 그 세대의 오스트레일리아인 혁명가치고는 이례적으로, 랭은 드러내놓고 공화제를 지지하기도 했다. 그가 자신의 두 번째 조국을 위해 구상한 헌법적 미래는 "미국과 같은" 대통령, 부통령, 상하원 체제, 그리고 "위대한 연방 공화국"의 수립을 촉구했다.[45]

하지만 이처럼 연방주의적이고 민주주의적인 오스트레일리아의 미래 공화국은 백인에 의해 구상되어야 했다. 많은 장로교 목사들처럼 랭은 《구약성경》에 크게 의존했다. 《구약성경》에서 남성의 보편적 참정권에 대한 고대 이스라엘인의 지지 및 여성 투표에 대한 신의 반대를 보여주는 증거를 발견했다고 믿었기 때문이다. 토착 비백인에 대해 말하자면, 랭은 그들이 본질적으로 열등하다고 믿었다는, 본인을 향한 그 어떤 비방에 대해서도 펄쩍 뛰었다. 대신 다른 열렬한 백인 정착의 지지자들과 마찬가지로, 그는 때로 오스트레일리아의 토착민은 미국의 '붉은 인종(red race)'이나 폴리네시아 섬 거주민들처럼 하나같이 폭력이 아니라 '자연 붕괴(natural decay)'와 쇠퇴의 희생자라고 주장하기 위해, 모종의 사회적 다윈주의 초기 이형에 의존하곤 했다. 랭은 "심지어 백인과 흑인 간에 실질적인 충돌이 빚어지지 않은 때조차, 흑인은 가을 낙엽처럼 유럽의 식민화가 진전하기도 전에 속절없이 사라진다"고 강변했다.[46] 그의 마음속에서 이것은 민주 정치가 확산하는 과정 중에 드러나는 안타

깝지만 어쩔 수 없는 그림자로서의 측면이었다.

이처럼 더없이 확고한 랭의 정치적 입장은 성미 급한 기질 및 종교적 열정과 함께 그로 하여금 결코 만족을 모르도록 이끌었다. 그는 오스트레일리아 남성 정착민에게 더욱 폭넓은 정치적 권리와 완곡어법적으로 '불모지'라고 불린 곳에 대한 자유로운 접근을 제공해야 한다고 적극적으로 주장한 저명 인물이다. 하지만 이런 목적이 실질적으로 성공했을 때조차 그는 여전히 불만을 품었다. 1850년대에 뉴사우스웨일스·사우스오스트레일리아·빅토리아·태즈메이니아를 위해 발표된 헌법들은 광활한 태평양 세계에서 출현한 많은 정치 텍스트와 마찬가지로 중요했으며, 몇몇 사항에 비추어보면 현저할 정도로 진보된 문서들이었다. 예컨대 사우스오스트레일리아에서는 21세 이상의 거의 모든 남성 거주민이 투표권을 얻었다. 세계에서 그렇게 대규모로는 처음으로, 이곳과 기타 오스트레일리아 지역의 남성은 비밀 투표에 의한 투표권을 신속하게 확보했다.[47]

하지만 이것들은 여전히 '**의회**(parliamentary)' 헌법이었다. 즉 오스트레일리아에서 시행하기 전에, 런던 웨스트민스터 의회의 승인을 거쳐야 했으며, 이후 법에 따라 변경 및 종료될 수 있었다. 랭은 "영국 식민지 개척자들은 저속한 거지 떼처럼 자기보다 더 나은 사람들이 제공한 것을 그저 감지덕지 받아들여야 한다"고 구시렁거렸다. 아마 이것이 그가 자치적인 오스트레일리아 공화국을 점점 더 단호히 옹호하게 된 유일한 이유는 아니었을 것이다. 많은 백인 정착민의 기대와 달리, 이 새로운 헌법들은 일부 토착 남성이 투표권을 행사하는 결과를 낳았다. 1890년대에는 일부 토착 여성 역시 투표할 수 있었다. 이때쯤 랭 자신은 이미 숨을 거둔 상태였지만, 이것은 그가 오스트레일리아라는 황금

빛 땅의 자유와 독립을 그토록 자주, 그토록 열렬히 부르짖었을 때 그리던 미래의 정치는 아니었다.[48]

타히티와 포마레 2세의 실험

태평양 세계의 가장 큰 육지 가운데 하나(오스트레일리아—옮긴이)에서, 당시 새로운 헌법들은 점차 수가 불어나는 백인 침략자와 정착민의 권리 및 이익을 증진하고, 그와 더불어 현지 토착민의 소유권을 박탈하는 역할을 담당했다. 하지만 1838년에 핏케언에서 일어난 사건들이 말해주듯, 이것은 결코 이야기의 전모가 아니었다. 그렇다면 저항, 창조 그리고 예외로서의 다른 태평양 지역은 어떨까? 즉 이 방대한 해양 지역의 토착민들은 이 새로운 정치 기술을 어떤 상황에서, 어느 범위까지 사용할 수 있었을까?

타히티에서 일어난 사건들이 그 질문에 대한 몇 가지 답이 되어준다. 타히티는 캘리포니아주와 오스트레일리아에서 거의 같은 거리에 놓여 있으며, 오늘날 소시에테제도(Society Islands: 남태평양에 있는 프랑스령—옮긴이)라고 불리는 곳에서 가장 큰 섬이다. 1817년에 타히티를 통치하던 족장 포마레 2세—유입된 유럽인들이 왕으로 받아들였다—는 그 섬 북부에 자리한 파레(Pare)에 왕립 '예배당'을 건설하기 시작했다. 완공된 건물은 엄청난 크기였다. 길이가 213미터인 이 건물은 워싱턴의 백악관보다 4배나 더 길었으며, 아마 이때껏 인간이 오세아니아에 건설한 건축물 가운데 가장 큰 구조물이었을 것이다. 포마레가 1819년 5월 13일 약 6000명의 회중—즉 타히티의 비백인 기독교 인구의 거의 전부—에게 새로운 법전의 내용을 한 조항 한 조항 큰 소리로 낭독한 곳이 바로 파레에 있는 이 웅장한 '예배당'에서였다.[49]

낭독을 모두 마친 포마레는 참석한 지역 족장들에게 18개 조로 이루어진 자신의 법전에 공식적 동의를 표시해달라고 요구했다. 그런 다음 다른 섬 거주민들에게도 승인의 증거를 보여주도록 청했다. 어느 목격자가 밝힌 바에 따르면 "이 일은 수천 명이 일시에 팔을 들어 올리는 데에서 비롯된 일사불란하게 후다닥거리는 소리와 더불어 만장일치로 진행되었다". 일단 이런 식으로 비준받은 이 새로운 법전은 "큰 종이에 인쇄되었으며, 모든 족장과 치안판사에게 발송되었을 뿐 아니라 대부분의 공공장소에 게재되었다".[50]

이런 사건들이 말해주다시피, 포마레는 세계 역사에서 높이 평가받을 자격이 있는 걸출한 인물이었다. 특히 그는 일탈적인 존재와는 거리가 먼 데다 아이디어와 실천 몇 가지에서 당대 최고로 손꼽힐 만한 존재였다. 1770년대에 태어난 그는 폴리네시아 동부에 있는 타히티와 그 인근 섬들에서 적수인 족장들과 맞서 싸우며 젊은 시절의 대부분과 중년 초기를 보냈으며, 때로 추방당하기도 했다. 그는 워털루 전투 후 5개월이 지난 1815년 11월에 '테 페이피(Te Feipi)' 전투에서 승리를 거두었을 때에야 비로소 자신이 좀더 중앙 집중적이고 팽창주의적인 타히티 국가를 건설하고 그에 대해 기록하는 데 주력할 만큼 충분히 안전한 위치에 놓였다고 느꼈다.[51]

이렇듯 포마레는 훨씬 더 유명한 몇몇 당대인들—프랑스의 나폴레옹 보나파르트(포마레는 그의 글을 찾아 읽고 그를 우러러보았다), 아이티의 투생 루베르튀르, 그리고 남아메리카의 시몬 볼리바르—과 공통된 특징을 지니고 있었다. 이 남성들처럼 포마레 역시 우선 거듭되는 무자비한 전쟁

46 타히티의 포마레 2세. 그가 사망한 해인 1821년에 출간된 판화 작품이다.

이라는 수단을 통해 제 자신의 명성을 확고히 했으며, 그런 다음 새로운 법적·정치적 문서를 발행함으로써 자신의 정치 체제를 재구성하고 스스로의 개인적 권위를 다지고자 노력했다.

하지만 다른 몇 가지 측면에서 포마레의 상황은 분명 그들과 크게 달랐다. 그의 이력은 취약한 원주민 통치자들이 새로운 성문 정치의 내용을 자신들에게 유리하게끔 바꿀 기회를 얻는 데 일반적으로 필요한 바가 무엇인지 잘 보여준다. 우선 포마레가 스스로를 왕으로 여기게 되었으며, 다른 사람들 역시 그를 왕으로 인식하게 되었다는 게 도움을 주었다. 20세기 초까지, 점점 더 파고드는 서구의 제국주의적·산업직·경제적·군사적 힘에 맞서 용케 일정한 자치 수준을 유지한 세계의 극히 일부 지역들 가운데 불균형할 정도로 많은 수가 일본, 중국, 오스만튀르크, 시암, (1875년에 자체 헌법을 발표한) 통가, 그리고 잠시 동안의 하와이 같은 군주제 국가이거나, 아니면 아이티처럼 일련의 권위주의적인 지도자가 지배하는 영토들이었다.

반면 특정 토지와 고정된 관계를 맺지 못한 데다 유동적이고 느슨한 지배 체제만을 갖추고 있을 따름이라서 유목민적이라고 인식된 여러 사회와 민족들은 완전히 밀려날 가능성이 짙었다. 영국이 뉴질랜드의 마오리족에게 때로 오스트레일리아의 원주민보다 더 나은 대우를 해준 데에는 여러 이유가 있지만, 그중 하나는 유입된 백인들이 마오리족은 인정받는 추장을 두고 있다고 여겼기 때문이다. 1830년에 이미 런던의 관료들은 마오리족에게 주권을 대거 이양해줄 준비를 했는데, 이것은 제국주의 관료들이 오스트레일리아 원주민에게는 결코 하지 않은 일이었다. 1850년대에 일부 마오리족 지도자들이 거기에서 한 발 더 나아가 단 한 명의 선출된 왕 아래 동맹을 형성하고 싶어 하면서 그 전략이 그들의 남은 땅을 유지하는 최선의 방법이라고 주장했다는 사실은 시사하는 바가 크다.[52]

군주제일뿐더러 다수의 외국 정착민이나 탐사자를 유치하기에는 턱없이 작은 나라인 타히티는 훨씬 더한 자산, 하지만 양가적 특성을 지닌 자산을 보유하고 있었다. 바로 1790년대부터 유입되어 오세아니아에 퍼져나가기 시작한 기독교 선교사들이었다. 이들은 더러 제국의 사

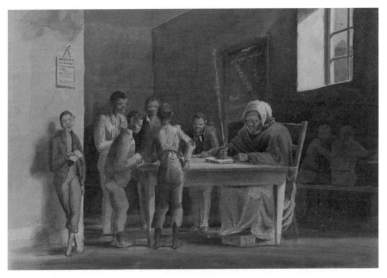

47 19세기 초 흑인 여성 교사가 감독하는 남아프리카 소재 어느 기독교계 학교의 캐리커처 이미지. 이 그림은 당시 선교사들이 선교 활동뿐 아니라 문해력을 위한 교육에도 전념했음을 보여준다.

업에 연루된 채 문화적 장악을 도모한 직접적 대리인으로 여겨지곤 한다. 하지만 태평양 지역에서 선교사의 영향은 특히 19세기 상반기에는 세계 다른 지역들에서보다 한층 더 복합적인 성격을 띠었다.

　그것이 복합적인 첫 번째 이유는 많은 태평양 선교사들이 가난한 노동 계급 출신이었기 때문이다. 그중 일부는 여성이기도 했고, 몇은 유색 인종이었다. 벳시 스톡턴(Betsey Stockton)은 자유민이 된 사노비로서 그의 성(姓)은 뉴저지에 거주하던 그녀 전 주인의 잔재였다. 하지만 1820년대에 그녀는 《성경》을 하와이로 가져갔으며, 그곳에 학교를 설립했다.[53] 선교사가 미친 영향은 다른 곳에서와 마찬가지로 태평양 세계에서도 복합적이었는데, 그 두 번째 이유는 그들이 흔히 폭력적인 백인 정착민이나 유입된 서구의 세력을 돕기보다 자신들이 어렵게 얻은 지역 개종자를 보호하는 데 더 관심이 많았기 때문이다. 하지만 세 번째로, 선교사의 영향이 복합적이었던 까닭은 무엇보다 그들이 작업하는 동안 정기적으로 행한 일 때문이었다. 아시아·아프리카·북아메리카 일부 지역에서처럼 태평양에서도 선교사의 개입으로 "새로 구축된 전례 없는 수의 문자 언어와 수백만 명에 이르는 그 언어의 독자층이 생겨났다".[54] 아울러 선교사들은 과거에는 미개척지이던 많은 장소에 헌법적 변혁의 주요 엔진인 인쇄기를 들여오기도 했다.

통가제도에서 1820년대에 지역 언어로 최초의 효과적인 알파벳을 개발한 것은 개신교 선교사였다. 11년 뒤, 그의 후계자들은 그 제도에 최초의 인쇄소를 설립했다. 이 인쇄소는 가동 첫해에 《성경》과 교리 문답서에서부터 읽기 교재와 문법서에 이르는 1만 7000여 권의 작품을 대거 쏟아냈다. 하와이에서도 비슷한 연대표를 관찰할 수 있다. 그곳에서는 미국인 칼뱅파 선교사들이 원주민 고문들과 함께 지역 알파벳을 설계했으며, 1820년대 초에 인쇄기를 도입했다. 이것은 19세기 말에 70개 넘는 하와이어 신문이 출현하도록 발판을 마련해주었다. 태평양 세계의 다른 곳들에서와 마찬가지로, 하와이에도 수많은 기독교계 학교가 들어서서 1830년대 초에는 약 5만 명의 섬 거주민(그들 상당수는 성인이었다)을 교육시키고 있었다.[55]

여러 태평양 섬의 거주민들이 얼마나 빠른 속도로 '인쇄 문자에 집착'하게 되었는지 간증하는 일은 선교 사업에서 흔히 볼 수 있었다. 너무나 그러한지라 이처럼 찬사를 보내는 의견 가운데 일부는 제 스스로와 다른 사람들에게 선교 사업의 성공을 설득하려는 선교사들 자신의 열의에서 비롯된 듯하다. 그들은 인쇄 문자를 소중히 여겼으며 기존의 구전 문화를 압도할 수 있는 그것의 능력을 과장하는 경향이 있었다.[56] 그렇긴 해도 문해력과 사상의 확산을 촉발한 요인으로 작용한 것은 작은 태평양 섬들의 극단적인 지리적 밀집도였던 듯싶다. 문어·인쇄술·학교 도입 이후, 이 작은 섬 공동체들은 진화하는 공공 영역의 고전적 장소—즉 도시—의 특성을 몇 가지 보여줄 수 있었다.

태평양의 작은 섬에서 사는 이들은 도시에서처럼 함께 모여 지내는 경향이 있었다. 1819년 타히티섬에서 포마레의 새로운 법전을 비준하려고 파레 '예배당'에 모인 6000명의 남녀가 경험한 바와 같이, 이 점은 그들이 사상에 대해 논의하기 위해 신속히 모이는 일을 용이하게 해주었다. 작은 섬이기에 누릴 수 있는 물리적 근접성은 새로운 기능과 정보의 급속한 전파를 가능하게 해주기도 했는데, 이것은 선교사가 **아닌** 관찰자들이 언급한 점이었다. 어느 강인한 해군 대령이 1841년 핏케언섬을 방문했을 때, 그는 선교사가 운영하는 한 학교가 공개한 문해력 수준과 글쓰기 소질이 "잉글랜드의 같은 나이대 어린이들에게 추월당할 정도는 아니었다"고 판단했다.[57] 이곳 섬 주민들은 태평양의 다른 섬들에서와 마찬가지로, 질경이 풀잎과 야자수 이파리를 비용 안 드는 종이 대용품으로 사용해 칼로 그 거친 표면에 문자와 액수와 단어를 새겨 넣은 것 같다.

그러나 선교사들은 새로운 정치 기술의 친숙한 몇 가지 기본 요소—성문 언어, 인쇄술, 문해력의 확장—를 도입하는 데 중요한 역할을 담당하기는 했지만, 일반적으로 그들이 봉직하는 지역에서 제한적이고 간헐적인 정치적 영향력만 행사했다. 이 광대한 해양 지역에서 선교사들은 압도적으로 소박하고 잡다한 배경 출신이었을 뿐 아니라 수도 얼마 되지 않았다. 특히 1850년 이전에는 일이 잘못되었을 때 찾아갈 수 있는 서구 제국 기지가 인근에 거의 없어서, 태평양의 선교사들은 자신의 생존을 주변 원주민에게 의지해야 했다. 그들은 또한 자신이 유익한 목적에 봉사하길 기대했으며, 그들 자신의 의제(agenda)를 지니고 있던 지역 통치자에게 기대기도 했다. 여기에 딱 들어맞는 예가 바로 포마레 2세였다.

불행하게도 포마레가 자신의 저술 능력과 어휘를 키우고자 매일 작성한 일기를 잃어버렸기 때문에, 그리고 그가 영어를 어느 정도 읽을 줄은 알았지만 오직 타히티어로밖에 쓸 줄 몰랐기 때문에, 이 남성에 대한 우리의 이해는 그의 동지가 되고자 했던 영어권 국가 선교사들의 설명과 번역에 불분명하게 의지할 수밖에 없다. 신장이 180센티미터가 넘는 데다 인상적인 육체를 지녔으며, 길게 땋아 늘어뜨린 흑발과 불거진 광대뼈를 가졌고 "포용력 있는 마음"을 타고난 그는 이들 열렬한 개신교도 사이에서 가진 자로서의 자부심과 경각심이 뒤섞인 감정을 불러일으켰다. 그들은 그의 음주와 다방면에 걸친 성행위에 대해 우려했다. 포마레의 선교사들─그들은 스스로를 (그들 가운데 한 명이 "특이하고 유연한 조형적 국가"라고 묘사한) 타히티 '국가'의 증인으로 간주했다─은 그가 이따금 권력을 독단적으로 휘두르거나 맹렬한 야심을 드러냈기 때문에 골머리를 썩기도 했다. 하지만 타히티제도에서 그들의 재산은 포마레 및 그의 왕조와 긴밀하게 결탁되어 있었다. 그리고 그는 어쨌거나 인상적일 정도로 하느님 말씀(the Word)에, 그리고 일반적인 말(words in general)에 매력을 느꼈다.[58]

쓰는 법을 익히기 시작한 지 약 10년 뒤인 1812년에 기독교로 개종한(이는 그가 무엇에 우선순위를 두었는지 시사하는 것으로 보이는 순서다) 포마레는 처음부터 지역 선교사들에게 "나한테 읽기와 쓰기에 대해 충분히 알려주기 전까지는 다른 누구도 가르치지 말라"고 요구했다. 읽기와 쓰기 기술을 자신의 권위를 확고히 하고 자신의 권력을 알리는 데 사용하길 바라면서 말이다. 그에 따라 그는 자신이 임시변통한 탁자에서 작업할 수 있는 특별한 집필실을 짓도록 시켰다. 하지만 포마레는 점차 야외에서 가슴을 베개에 기댄 채 엎드려서 글을 읽고 쓰는 쪽을 더 좋아하게 되었다.[59]

포마레는 문어에 숙달하자 기하학, 수학, 사전 편찬으로 관심 영역을 넓혀갔다. 자의식 강한 또 한 사람의 체제 창출자, 즉 아이티의 투생 루베르튀르와 마찬가지로 포마레 역시 지지를 추구하고 자신의 이미지와 정책이 해외에 투영되는 방식을 좌우하는 수단으로서 편지를 작성하고 발송하는 작업의 가치를 이해했다. 그가 초기에 런던으로 보낸 단도직입적인 전갈 가운데 하나에는 이렇게 쓰여 있다. "친구들이여. 소총과 탄약도 양껏 보내주시오. 우리 나라에서는 전쟁이 자주 일어나니까. 만약 내가 살해된다면 친구들은 타히티에서 아무것도 얻지 못할 거요." 그는 출간된 이 편지에서 다음과 같이 덧붙였다. "글쓰기에 필요한 것도 죄 보내주시오. 글쓰기 도구들이 부족해지지 않도록 다량의 종이·잉크·펜을 말이오." 1817년 선교사들이 인근 섬에 인쇄기를 들여왔을 때, 포마레는 그것을 가동하는 첫날 자신이 어김없이 그 자리에 참석하도록 조치했으며, 인쇄 첫 장을 직접 누르겠다고 우기는 등 지체 없이 그 워드 머신을 제 것으로 가로챘다.[60]

포마레가 곧바로 인식한 듯 보이는 바와 같이, 인쇄기는 그에게 자신의 권위를 강조할 뿐 아니라 자신의 목적을 밀어붙이는 부가적 수단을 제공해주었다. 대서양 양편에서 출간된 어느 편지에서 그는 "협의가 이루어질 수 있는 기초로서" 새로운 타히티 법전의 초안을 작성하고 싶다고 설명했다. "결함 있는 부분은 수정할 테고, 매우 정확하다면 사람들은 집으로 돌아가게 될 것이다."[61] 이 법전을 제정하려는 결정은 그 내용과 더불어 때로 현지 선교사들, 특히 헨리 놋(Henry Nott)의 덕분이기도 하다. 한때 벽돌공으로 일했던 그는 1797년 타히티에 도착했으며, 오래전부터 한 타히티 여성과 굳건한 관계를 이어오고 있었다. 반면 놋의 동료 선교사들은 포마레의 역할을 부지런히 강조했다. 그들 가운데한 명이 주장했다. "왕이 백성에게 읽어준 법은 그가 직접 작성한 것이었다. ……그리고 그는 그 후 선명하고 잘 알아볼 수 있는 훌륭한 필체로 인쇄용 필사본을 정서했다."[62]

진실은 그 중간 어디쯤에 놓여 있을 것이다. 타히티의 정치에 관여하는 것으로 비춰지지 않길 바라는 선교사들은 그 섬의 법전에 대한 그들자신의 기여를 과소평가했을지도 모른다. 하지만 동시에 포마레는 그자신의 지위와 중요성에 대해 강한 확신을 품고 있는 강력하고도 위험스러운 통치자였다. 그는 놋 같은 남성들과 그 자신 사이에 놓인 지위및 권력의 격차를 잊었을 것 같지 않으며, 자신이 가고 싶지 않은 방향으로 기꺼이 떠밀렸을 가능성도 없다. 따라서 그가 1819년 5월에 자신이 지은 빼어난 '예배당'에서 큰 소리로 낭독한 법전은 한편으로 그와그의 주도적인 타히티 지지자들, 그리고 다른 한편으로 그의 선교사 후원자들이 함께한 모험으로서 바라보는 게 최선이다. 그 법전은 양쪽의이익에 부합했다. 그 문서는 타히티가 이제 공식적으로 기독교 국가임을 분명히 했다. 그리고 안식일 준수 및 간통 금지를 규정했다. 하지만또한 새로운 정의와 과세 제도를 개괄하고 반역과 음모에 대한 처벌을설정함으로써 통합 및 확장되는 타히티 국가의 왕으로서 포마레의 지위를 강조하기도 했다.

포마레 자신에 관한 한 이 법전의 공포는 그가 누린 행운의 정점이었던 것으로 드러났다. 그는 2년 뒤인 1821년에 사망했다. 그의 아들이자 후계자 포마레 3세는 7세의 나이에 숨졌으며, 그다음 후계자인 포마레의 딸은 스스로를 자리매김하기가 어렵다는 걸 절감했다. 타히티 왕조의 이 같은 연속적 혼란을 틈타서 프랑스는 1842년에 이곳을 보호령으로 선포할 수 있었다.

하지만 포마레 2세의 계획에 대해서는 할 수 있는 이야기가 이보다 더 많다. 특히 그의 법전이 그 자신보다 오래 살아남아서 꾸준히 더욱 광범위해졌기 때문이다. 1824년에 "새로운 법률을 제정 및 시행하고, 이미 존재하는 법률을 수정할 목적으로" 타히티 입법부를 위해 새로운 개정판이 나왔다.[63] 이 조직은 족장뿐 아니라 타히티의 지사 및 선출된 지주들로 구성되어야 했다. 이어서 추가 개정판들이 나왔으며, 1842년에는 좀더 정교한 헌법 조항이 더해졌다. 개정된 이 법전들의 경우 애초에 작성은 타히티어로만 이루어졌는데, 출판은 타히티어와 더불어 영어로도 이뤄졌다.

이 모든 것, 그리고 이와 관련한 정치적·법적 이념 및 언어가 낳은 효과에 대해서는 좀더 깊이 있고 창의적인 조사가 필요하다. 하지만 되풀이해서 개정된 타히티 법전은 그 제도(諸島)에서 정치적 주장을 촉진하고 여러 사상을 변화시킨 것 같다. 전해지는 바에 따르면, 지위 낮은 어느 타히티인이 1824년 그 법전의 개정에 관한 논쟁이 벌어졌을 때 이렇게 선언했다고 한다. "우리는 **족장들과 똑같이**〔강조는 저자〕 자신의 생각을 몽땅 쏟아놓아야 합니다. 회의를 통해 전체 의견 중에서 누가 제기했느냐와는 무관하게 가장 좋은 것이 선택될 수 있도록 말입니다."[64] 이같은 연속적인 법전은 그 섬에서 문어 타히티어가 유통되고 정치적 논쟁 및 지식이 발전하는 데 영향을 끼쳤는데, 이는 프랑스 제국의 침투가 더디게 전개된 이유를 설명해줄 수 있다. 1842년에 보호령을 선포했음에도, 프랑스 법의 우위는 1860년대까지도 시행되지 않았으며, 공식 합병은 1880년까지 지연되었다. 포마레의 법전과 그것을 계승한 법전들은 지역의 저항이 오래 이어지도록 이끌고 정치 방식과 정치에 대한 이해를 바꿔놓았을 뿐 아니라, 다른 곳으로부터 관심을 사기도 했다.

이를테면 1831년경 타히티섬에서 시간을 보낸 것으로 알려진 핏케언섬의 일부 거주민은 그곳에서 성문 법전의 효용과 구성에 대한 지식을 획득했을 가능성이 있다.[65] 따라서 러셀 엘리엇은 1838년에 핏케언섬에서 자신의 헌법 초안을 작성할 무렵, 그 자신의 견해를 그저 강요하기보다 섬사람들의 제안에 응답했을 것이다. 태평양 세계의 다른 지역 관찰자들은 분명 타히티에서의 헌법적 혁신에 주목했으며, 그것의 중요성을 알아차렸다. 1834년 존 던모어 랭은 포마레 2세의 조치에 의해 그의 사후 생겨난 입법부에 대해 언급하면서 이렇게 으르렁거렸다. "따라서 대의 제도에 의한 과세는 오늘날 타히티에서 흔히 볼 수 있다." 그는 계속해서 "타히티인은 이제 국왕 폐하의 오스트레일리아 식민지들을 제압했다"면서, 인종적·문화적 자격 부여에 대해 분명한 분노를 표시했다.[66]

타히티는 몇 가지 답을 제공해준다. 그 나라는 어떻게 원주민 지도자들이, 특히 그들이 군주 그리고/또는 성공적인 군사 지도자일 경우, 때로 지역의 화합을 꾀하고 호시탐탐 노리는 유로-아메리카 약탈자들을 적어도 잠시 동안이나마 억제하기 위해 성문 텍스트를 활용할 수 있었는지 보여준다. 그런가 하면 타히티에서 일어난 일은 우리가 다른 지역에서도 거듭해서 목격하게 될 다른 것들을 실증적으로 보여주기도 한다. 즉 서구 밖의 위협받는 정치 체제에서 유능하고 기민한 통치자 및 정치 주역들이 어떻게 새로운 헌법 기술에 지역의 종교·언어·관습을 접목함으로써 그 요소들을 제 것으로 만들고, 그로써 얻은 문서를 자치 선언 및 보호의 수단으로, 그리고 희망컨대 잠재적 침략자의 격퇴 수단으로 활용할 수 있었는지를 말이다.

포마레 2세는 인쇄 언어를 누리고 적극 활용했으나 일정 수준까지만, 그리고 오직 그가 한 일의 일부로서만 그렇게 했다. 그가 1819년 인쇄된 그의 법전을 배포하기 전에, 그것을 자신이 지은 광대한 '예배당'에 빽빽이 들어선 백성에게 큰 소리로 읽어주기로 결정했다는 것은 시사하는 바가 매우 크다. 이런 식의 행동은 여전히 지배적인 구전 문화에 대한 단순한 부응이 아니었다. 포마레가 파레에 지은 웅장한 건물—오래전에 사라졌으며, 그에 대해서는 그 어떤 이미지도 남아 있지 않은 듯하다—은 분위기와 힘이라는 면에서 현지 선교사들이 이해할 수 있는 정도보다 타히티인에게 더 많은 것을 의미했을 가능성도 있다. 그것은 기독교적 의미를 넘어서는 신성하고 상징적인 장소였다. 포마레는 다분히 의도적으로 수입해온 새로운 정치 기술, 인쇄술, 그리고 기독교를 향한 제스처를 타히티의 의례 및 신념 구조와 결합하고 싶어 한 것으로 보인다.

하지만 여기에서 일어난 사건들은 백인의 공격이 쇄도하고 장거리 이동성이 고조되는 세계에서 원주민 지도자들이 겪는 불안을 얼마간 보여주기도 한다. 세습 군주제는 사정이 가장 좋을 때도 일종의 도박이다. 하지만 제국의 침략과 정착민의 습격에 위협받거나 벼랑 끝으로 몰린 사람들에게, 알맞은 후계자도 두지 않은 상태로 강력한 통치자가 사망하는 일은 재난 그 자체였다. 포마레 2세에게는 자신이 그렇게나 독창적으로 작업한 정치적·법적 체제를 단단히 뿌리내릴 시간이 주어지지 않았다. 부분적으로 이것은 그가 선택적으로 이용하고자 한 바로 그 근대성 탓이었다. 세수를 늘리고 싶었던 왕은 뉴사우스웨일스의 불어나는 정착민 인구에게 가축을 배로 실어 나르는 등 수출 사업에 착수했다. 그런데 돌아오는 선박 가운데 하나가 포마레로서는 면역력을 갖추지 않은 세균을 묻혀온 것 같다. 지역 통치자들이 장기적인 성공과 중요성을 지닌 새로운 헌법 기술에 투자한 태평양 섬 공동체의 예로서 이제 우리는 하와이로 눈을 돌려볼 필요가 있다.

하와이와 서로 다른 근대성

하와이제도는 타히티섬과 몇 가지 공통점을 가지고 있었다. 타히티섬에서처럼 여기에서도 지배 질서가 상당 정도 전쟁에 의해 구축되었다. 하지만 타히티섬에서는 포마레 2세가 자신이 사망하기 불과 6년 전인 1815년까지도 여전히 전쟁터에서 본인의 지위를 확립해야 했던 데 반해, 위력적인 카메하메하 1세(Kamehameha I)는 그보다 20년이나 앞선 시기에 하와이의 8개 주요 섬과 15개 남짓한 작은 섬 대부분을 그의 통제 아래 두는 데 성공했다. 하와이도 타히티와 마찬가지로 선교사의 활동을 통해 커다란 변화를 겪었다. 전하는 바에 따르면, 1850년대에 그 섬 거주민의 70퍼센트 이상이 읽고 쓸 줄 알았다고 한다. 만약 사실이라면, 이것은 이 무렵 하와이에서 문해 능력을 지닌 인구 비율이 남부 유럽의 대부분 지역에서보다 더 높았다는 것을 의미한다.[67]

하와이는 전반적으로 타히티보다 10배나 더 크고 훨씬 더 부유했다. 대략 멕시코와 중국 남부 연안의 중간께에 위치한 이 섬은 계속해서 규모가 커지는 남북 아메리카와 아시아 간 해상 교류를 활용할 수 있었다. 하지만 그들에게 가장 큰 도전은 바로 이처럼 더욱 풍요롭고 광활한 지리에 있었다. 남태평양에 위치한 작은 섬들은 오랫동안 크기며 자원이 워낙 제한적이라서, 게다가 (심지어 더 크고 더 빠른 선박을 가지고도 접근하기가 힘들 만큼) 너무 멀리 동떨어져 있어서, 서구의 체계적인 관심을 끌수 없었다. 그에 반해 하와이는 땅이 더 넓었을 뿐 아니라 캘리포니아에서 3800킬로미터 정도밖에 떨어져 있지 않은 북태평양에 위치했다. 미국이 1848년 이 하와이 지역을 점령하기 전에도 미국인은 이미 하와이의 수도 호놀룰루에 편안하게 자리 잡은 800명 남짓한 백인의 대다수를 차지한 상태였다.[68]

하와이제도의 선교사도 대부분 미국인이었다. 1839년 6월에 하와이 권리선언서를 작성하는 데, 그리고 이듬해에 전면적인 헌법을 발표하는 데 일정 역할을 담당한 것도 바로 그 남성들 가운데 한 명인 매사추세츠주 출신의 윌리엄 리처즈(William Richards)라는 선교사였다. 그랬기에 이 텍스트들은 때로 잠식해 들어오는 미국의 영향력이 낳은 부산물로 여겨지곤 했다. 하지만 타히티의 법전과 마찬가지로 이들 역시 사실상 복합적인 창조물이었다. 외국의 전문 지식, 이념 및 기술에 기댄 이 텍스트는 원주민 통치자와 그의 주요 지역 지지자들의 우선순위, 신념 및 언어 체계에 부응하기도 했다.[69]

1839년 선언서의 예비 초안은 현지의 미국 선교 신학교에 다니던 하와이 학생의 작품이었다. 그의 텍스트는 지체 없이 지역 족장들과 왕에게 전달되었다.

왕과 족장 몇 명이 …… 내리 닷새 동안 하루에 두세 시간씩 만나서 법률,

48 최초의 하와이제도 헌법이 발표될 무렵 하와이에서 인쇄된 작품으로, 하와이인들이 그린 그림에 기반을 둔 판화다. 1840년경.

그리고 그들이 다루는 법률과 관련한 다양한 주제에 대해 토론했다. 법률이 일부 사항에서는 결함 있는 것으로, 또 다른 사항에서는 잘못된 것으로 밝혀 졌는데, 그러면 작성자에게는 그것을 다시 쓰라는 지시가 떨어졌다. ……그 런 다음 그들은 두 번째 수정본을 왕과 그 섬의 모든 주요 족장들이 모인 자리에 전달했다. ……그런 다음 세 번째이자 마지막 수정본을 제출했다. 왕은 족장들에게 승인 여부를 물었다. 그들이 "예"라고 답하면 그는 "나 역시 승인하노라"고 응수했다. 그런 다음 일어나서 그들이 보는 앞에서 자신의 이름을 써넣었다.[70]

이 권리선언서와 1840년 헌법에 주어진 하와이어 제목 '쿠무 카나와이(Kumu Kānāwai)' 역시 신중하게 절충한 결과였다. 쿠무는 줄기(stem), 혹은 원천(source)을 의미하는 반면, 카나와이는 서구의 법률(law)에 상응하는 하와이어지만, 과거에는 물에 대한 지역의 권리에 적용되는 개념이었다. 따라서 쿠무 카나와이를 제목으로 삼는 것은 암암리에 이 새로운 정치 문서들을 그 제도에 이미 깊이 뿌리내린 신념 및 관습과 연결 짓는 데 기여했다.[71]

1840년 헌법은 하와이의 현 통치자 카메하메하 3세를 왕으로 인정했다. 때로 서양식 복장을 하곤 했지만, 자신이 대처해야 할 아슬아슬한 정치적·문화적 상황에 경각심을 품은 잘생기고 지적인 남성인 그는 하와이제도의 군대, 조약 체결 그리고 법률 시행에 대한 지휘권을 부여받았다. 그 헌법은 또한 그 왕의 총리 및 개별적인 섬 지사들의 의무를 명시했으며, 귀족원과 "국민이 선택한" 대의 기관을 갖춘 모종의 양원제 정부에 대해 규정해놓았다. (이 초기 단계에 성별과 관련해서는 구체적으로 명시된 바가 없었다.) 이 기구들은 귀족원의 찬성과 선출된 대표 "과반수의 승인"이 필요한 새로운 법률에 의거해 매년 모여야 했다. 또한 그 어떤 법도 "먼저 인쇄 및 공포되지 않은 채" 효력을 발휘할 수는 없었다. 카메하메하 3세는 입헌 군주가 될 참이었다. "위의 원칙에 따라 우리 왕국을 규제하고, 그럼으로써 이 하와이제도의 모든 족장과 모든 백성의 최대 번영을 꾀하는 게 우리의 계획이다."[72]

이 문서는 심지어 대부분의 새로운 헌법보다 훨씬 더, 내국인뿐 아니라 외국인까지 청중으로서 염두에 두었다. 1839년 문서와 1840년 문서는 현지의 관습법과 언어를 유지하고 있었지만, 다른 한편 양원제 입법부, 입헌군주제, 권리에 대한 진술, 그리고 인쇄술의 수용 등 약탈적인 서방 국가들이 인정하고 그들의 마음에 들 것으로 기대되는 조항 및 관례도 포함했다. 따라서 그곳의 정치인 가운데 한 명이 인정한 바와 같이 "하와이섬 집단이 다른 정부들과 마찬가지로 법을 집행할 준비가 되어 있는 정부를 두고 있음"을 분명히 함으로써, 그들이 바란 것은 서구 열강이 "하와이가 계속 독립 상태를 유지하도록 허락해주는 것"이었다. 그에 따라 1840년 헌법 제정 이후 하와이는 다양한 유럽 국가, 러시아, 미국 그리고 (궁극적으로 또한 중요하게) 일본과 연달아 조약을 체결했다.[73] 이 모든 협약은 그 자체의 새로운 헌법 기구와 더불어 하와이가 온전한 근대 국가로 제 모습을 드러냈다는 것, 따라서 제국의 점령에 적합한 표적이 아니라는 것을 똑똑히 보여주었다. 이 같은 전략이 50년 넘게 주효했다는 사실은 미국이 마침내 1898년 그 섬을 합병한 사실보다 더 주목할 만하다.

이 실험에 종지부를 찍은 요소는 주로 하와이 자체의 경제적·인구통계학적 변화, 그리고 태평양에서 점차 커지는 미국의 힘이었다. 하지만 입헌주의와 근대성에 대한 상이한 이해 방식 역시 그에 한몫했다. 명목상의 귀족제가 존재하지 않는 공화국 출신인 미국인들이 하와이에서 점점 불어나는 외국인 인구 대다수를 차지하고 있었는데, 그들은 자연스럽게 하와이의 군주제나 세습 족장에 대해 크게 공감하지 못했다. 우리는 하와이의 20세기 초 헌법 역사에서 이 공화국 지지자들의 반발이 영향을 미치는 모습을 관찰할 수 있다. 미국인 헌법 제정자는 1840년 헌법이 시행된 초기 몇 년 동안 하와이 귀족원에 여성이 존재하는 현상을 기이하게 여기며 그에 관심을 기울였고, 이것을 '계급'이 하와이제도에 미치는 영향—이제 만족스럽게도 미국에 흡수됨으로써 사라진 영향—에 추가된 또 하나의 해로운 현상이라고 주장했다. 대신 이 작가의 이상은 당연히 공화주의와 광범위한 남성 민주주의였다.[74]

하지만 일부 토착 이익 집단은 상황을 다르게 보았다. 하와이에서 투표권의 확대는 실제로 종종 사탕수수 농장 소유주, 소 목장주, 그리고 상인—이들 중 점점 더 많은 수가 미국인이나 유럽인이었다—의 선거 영향력과 뇌물 수수 수준을 키워준 것 같다. 같은 이유에서 그 나라의 군주제와 전통적인 족장의 영향력을 축소하면 독특한 하와이 관습과 문화적 규범도 약화했다. 따라서 훗날의 아시아·아프리카·아랍의 수많은 민족주의자와 마찬가지로, 하와이 자치 지지자들은 점점 더 본인들이 그들 사회를 위해 어떤 종류의 근대성을 원하는지, 그리고 불평등한 세상에서 어떤 유형의 근대성이 안전하고 분별력 있는 것인지에 대한 질문과 마주해야 했다.

모든 새로운 하와이 헌법은 이처럼 서로 대립하는 관점에 불을 지르는 화약고 구실을 했다. 1852년에 발표된 두 번째 하와이 헌법은 남성 보통 선거권을 도입하는 한편 왕의 권한을 전쟁 선포, 조약 체결, 또는 입법부 소집으로 제한했다. 하지만 1864년에 새로운 군주 카메하메하 5세는 좀더 독특한 하와이를 위해 신중하게 설계한 헌법을 밀어붙였다. 그 헌법은 유권자에게 문해력 및 재산 자격 조건을 부과했으며, 그에 따라 영미계 고용주가 취약한 하층 노동자에게 미치는 영향력이 약화할 가능성을 열어주었다. 그 헌법은 양원제 대신 단원제 입법부를 명시함으로써 적어도 이론상으로나마 그 섬의 세습 족장들이 선출된 대표들―이제 그 가운데 몇은 일부 정부 각료와 마찬가지로 백인이었다―
과 나란히 앉아서 그들을 감시할 수 있도록 보장했다. 이 헌법은 또한
왕권의 중심적 위치를 재천명했다. "왕은 모든 족상과 모든 백성의 주
인이다. 왕국은 그의 것이다."[75]

이 같은 질서는 1887년까지 유지되었다. 1887년은 압도적으로 영어
를 사용하는 로비 집단과 백인 민병대 그룹이 마침맞는 이름을 붙인
'총검 헌법(Bayonet Constitution)'을 군주제에 강압적으로 부과한 해이다.
하와이의 마지막 군주 릴리우오칼라니 여왕(Queen Liliʻuokalani)은 1893년
에 이 헌법을 폐지하고 1864년 버전으로 되돌려놓으려고 시도―대중
청원이 뒷받침한 조치―했는데, 이것이 바로 그녀가 이끄는 군주제의
전복과 그에 이은 미국의 하와이제도 합병을 촉발한 계기가 되었다.[76]

이렇게 해서 또 하나의 토착 정권이 제국의 진격에 무너졌다. 태평양
세계에 위치한 또 하나의 거대한 땅덩어리가 점령당한 것이다. 하지만
독립적인 하와이 왕국의 마지막 몇십 년을 타히티에서 전개된 포마레
2세의 정치적 실험이 급속히 실패한 사례와 비교하노라면, 19세기의 마
지막 30여 년 동안 어떻게 위험뿐 아니라 선택지가 변화했는지 살펴볼
수 있다. 하와이의 토착 헌법들은 포마레가 그보다 앞서 기울인 실험적
노력과 달리, 50년 넘게 다양한 외피를 두르고 그저 용케 살아남은 데
그친 게 아니었다. 1860년대부터 하와이 통치자들은 (포마레로서는 그의 지
적 능력이며 야심에도 불구하고 결코 상상할 수 없었던 방식으로) 비서구 열강과의
관계를 발전시킬 수 있는 위치에 점점 더 많이 놓이게 되었다.

대양을 오가는 증기선 수가 급격히 불어나면서, 하와이 통치자들은
서로 다른 경제권·권력·문화를 잇는 고속도로로서 태평양의 가능성을
한껏 활용할 수 있었다. 한 가지 차원에서 이것은 그들이 통가와 사모

아 같은 다른 작은 태평양 섬들과 좀더 꾸준하게 연락을 취하고, 심지어 그들과 모종의 느슨한 정치 연합 구축 계획을 꾀할 수 있었다는 의미였다.[77] 미래를 암시하는 또 다른 차원에서, 하와이의 통치자들은 범아시아 네트워크를 다지기 위해 동양으로 방향을 틀었다.

중국 이주자들이 1860년대 이후 이 제도로 유입되고 있었다. 그곳에 정착하기 위해서거나, 아니면 미국으로 건너가기 위한 경유지로서였다. 1870년 호놀룰루에는 중국 영사관이 있었다. 9년 뒤, 상하이에 본사를 둔 회사가 소유한 최초의 증기선이 하와이에 정박했다. 1874년 이후 새로 선출된 하와이 군주 칼라카우아(Kalākaua)는 하와이가 태평양 중부의 변전소로 기여하는 데 필요한 태평양 횡단 케이블을 건설하기 위해 중국으로부터 차관을 빌리는 문제를 논의하기 시작했다. 통찰력 있고 빼어난 남성으로, 180센티미터가 넘는 키에 여러 언어를 구사할 줄 아는 법학도이며, 과학과 하와이 예술 및 음악을 육성하는 데 관심이 많은 칼라카우아는 일본에도 깊은 흥미를 보였다. 1881년 그는 그 나라를 자신의 세계 여행 일정에 포함했는데, 이것은 통치 군주가 떠어든 최초의 야심 찬 세계 여행이었다.[78]

그 왕의 여행은 유럽과 미국 일부 지역에서 이루어졌다. 하지만 그는 이뿐 아니라 서구의 진격에 위협을 받았거나 또는 위협을 받고 있으면서 거기에 어떻게 대처해야 하는지에 관한 계획을 모색 중인 여러 국가를 방문하기도 했다. 여기에는 버마(지금의 미얀마—옮긴이), 시암, 이집트, 인도 일부 지역 그리고 말레이반도, 중국과 일본도 들어 있었다. 그 각 나라에서 그는 지역 지도자들과 여러 아이디어를 찾고 그에 대해 논의했다. 칼라카우아는 1881년에 도쿄에서 만난 메이지 천황에게 이렇게 말했다.

49 칼라카우아 왕의 사진 원판.

유럽 국가들은 그들 자신에 대해 생각하는 것만을 정책으로 삼고 있습니다.

그들은 자기네가 다른 나라에 어떤 피해를 안겨줄 수 있는지, 또는 다른 사람들에게 어떤 어려움을 가할 수 있는지 전혀 고려하지 않습니다. 그들 나라는 동방 나라들을 대할 때 전략상 서로 힘을 합하고 협력하는 경향이 있습니다. 다른 한편 동양 나라들은 저마다 고립되어 있어 서로를 도와주지 못합니다. 그들에게는 유럽 국가들을 다루기 위한 전략이 없습니다. 이것이 동양 국가의 권리와 이익이 오늘날 유럽 국가의 손에 넘어간 이유 중 하나입니다. 그 결과 동양 국가에는 동방에서 현 상태를 유지하기 위해 동맹을 결성함으로써 유럽 국가들에 맞서는 조치가 시급히 요청됩니다. 행동할 때가 왔습니다.

칼라카우아는 그 일본 천황에게 "아시아 국가와 군주의 연합 및 연맹이 있어야 한다"고 제안했다.[79]

한편으로, 범아시아 동맹에 대한 그 왕의 열의는 이 무렵 하와이가 직면한 압박이 점차 심화하고 있음을 말해주는 신호였다. 그 제도로 물밀듯이 밀려오는 유로-아메리카인 사업주·지주·정착민이 야기하는 대내적 압박, 그리고 태평양에서의 해군 장악력과 영향력을 키우려는 훨씬 더 굳건한 워싱턴의 야심이 낳은 대외적 압박 말이다. 그뿐만 아니라 1880년대에 하와이의 원주민 인구 규모가 급감한 데에서 빚어진 압박도 있었다. 그것은 질병과 그곳의 경작 가능한 토지에 대한 서구인의 전유 때문이기도 했고, 태평양의 광대한 연결망과 장거리 증기선을 이용할 수 있는 그 섬의 많은 젊은 남성이 타지에서 일자리와 미래를 찾고자 고향을 등졌기 때문이기도 했다.

하지만 다른 한편으로, 범아시아 동맹에 대한 칼라카우아의 계획, 그리고 (곧 자국의 중요한 헌법을 마련하게 될) 일본 황제에게 그것을 직접 전파할 수 있는 그의 의욕과 능력은 태평양의 다른 지역들에서는 보기 힘든 현저한 정치적 창의성을 잘 드러내는 또 하나의 예다. 헌법의 확산 측면에서 이 광대한 장소가 "너무 드넓은 해양, 너무 많은 섬"을 특징으로 한다는 사실은 실제로 장점으로 판명되었다. 몇몇 작은 태평양 섬은 더 크고 전통적으로 더 강력한 영토에서는 좀처럼 실행하기 힘든 정치 실험에 뛰어드는 실험실로 작동할 수 있었다. 1838년 핏케언섬에서 선도적으로 여성에게 선거권을 부여한 조치는, 포마레 2세가 타히티에서 초기에 사실상 그의 모든 백성에게 새로운 법률을 전달하고자 초대형 건물을 짓고 활용한 사례와 더불어, 이 점을 더없이 잘 보여주는 예 가운데 하나다.

또한 지극히 광대한 태평양 세계는 빨라진 선박, 인쇄기 및 새로운 문자 언어의 도입에 힘입어, 다른 많은 분야에서와 마찬가지로 정책 및 법률 분야에서도 여러 장소와 민족 간에 아이디어·기능·활동을 주고받을 수 있는 여건이 되어주었다. 확실히 유로-아메리카 이주자들은 압도적으로 백인 남성 중심의, 하지만 그것 말고는 점점 더 당당해지고 있는 민주주의 제도를 도입했을 뿐 아니라 극단적인 무장 폭력도 함께 들여왔다. 그러나 유입자들이 제기하는 이 같은 위협은 하와이의 연속적인 정치 헌법들이 실제로 보여주고 있다시피, 일부 원주민 사회로 하여금 그에 대항하는 그들 자체의 방어적 근대화 형태를 실험해보도록 장려하기도 했다.

더군다나 오직 **서구의** 태평양 세계 침입이 낳은 악영향에만 초점을 맞추는 것은 부적절한데, 그 이유는 이 지대가 다양한 아시아 변경 지역과 사회를 포함하고 있기 때문이기도 하다. 결국 이 점(그리고 그 이상의 것)을 가장 잘 보여주는 예는 아마 중화민국의 초대 대통령이자 심지어 오늘날까지 대만 헌법에 영향을 끼치는 사상의 소유자 쑨원의 이력일 것이다.

1866년 중국 남부 해안에 자리한 광둥성의 어느 장인 가정에서 태어난 쑨원의 경험과 관점은 줄곧 광활하지만 점차 서로 연결되어가는 태평양이 제공하는 다양한 가능성에 의해 형성되었다.[80] 그에게는 샌프란시스코로 이주해간 삼촌들이 있었다. 호놀룰루에 형이 살고 있었는데, 그는 쑨원이 그곳에서 교육받을 수 있도록 지원해주었다. 쑨원 자신은 홍콩에 체류할 때 기독교와 혁명 사상에 대해 배웠다. 또한 일본에서 망명하는 동안 생산적인 시간을 보냈으며, 어느 시점에는 필리핀을 자신의 정치적 야심을 위한 발판으로 삼기로 계획하기도 했다. 그뿐만 아니라 증기선을 타고 유럽, 미국, 싱가포르를 찾아가 그곳에서 훨씬 더 많은 사상을 흡수하고 많은 이들과 접촉했다. 하지만 쑨원은 언제나, 심지어 1911년 신해혁명(청나라를 넘어뜨리고 중화민국을 건설한 중국의 민주주의 혁명—옮긴이)을 꾀하는 데 도움을 준 뒤에조차, 자신이 하와이에서 받은 교육에 찬사를 표했다. 그는 "내가 문명화한 근대 정부가 어떤 것인지, 그리고 그것이 무엇을 의미하는지 알게 된 것은 하와이에서였다"고 회고했다.[81] 그의 말은 의미심장하다.

태평양 세계의 여러 지역은 1800년대 초에 이미 문서화한 정치 변화에서 급진적인 실험들을 목격하고 있었다. 하지만 쑨원의 생애와 이력의 궤적이 보여주다시피, 19세기 말에 이러한 실험이 이루어지는 범위와 장소는 점차 확대되었다. 어떤 유형의 민족이 헌법적 혁신을 통해 이득을 누리고 헌법적 혁신 프로젝트를 설계할 수 있는지, 그리고 세계에서 어떤 유형의 민족이 근대성을 정의할 수 있는지에 대한 기대 및 가정 역시 (비단 태평양 세계에 그치지 않고) 널리 확대되고 있었다.

7

빛과 어둠 그리고 '기나긴 1860년대'

튀니지

9만 명 넘는 북부군이 펜실베이니아주 게티즈버그 전투에서 로버트 리(Robert E. Lee)가 이끄는 남부연합을 물리친 때로부터 3개월이 지난 1863년 10월, 후사인 이븐 압달라(Husayn Ibn 'Abdallāh) 장군이 편지를 썼다. 많은 긴 편지가 으레 그렇듯이, 그 편지 역시 주제에 대해서뿐 아니라 그 작성자에 대해서도 흥미로운 사실을 드러내주었다. 표면적으로 후사인은 튀니스(Tunis: 튀니지의 수도―옮긴이) 주재 미국 영사 에이머스 페리(Amos Perry)의 요청에 답장을 쓰고 있었다. 미국 남북전쟁에서 흐름이 바뀔 가능성이 엿보였던 데다 남부 주들에서 인간 속박의 종식이 좀 더 상상 가능해지기 시작하자, 페리는 1846년에 튀니지가 자국의 (주로) 아프리카 노예 인구에 대한 해방 문제를 어떻게 다루었는지 알고 싶었다. "튀니지인은 그것을 기쁨으로 맞이했습니까, 슬픔으로 맞이했습니까?" 이 질문은 웅변적이고 계산된 설명을 쏟아내도록 후사인을 자극했다. 그 자신 역시 한때는 노예였다. 아마 그는 마음속에서는, 그리고 어떤 수준에서는 여전히 노예였을 것이다.[1]

　좀더 정확하게 말하자면, 후사인은 '재산으로서 존재', 즉 맘루크(mamlūk)였다. 그와 비슷한 부류의 다른 사람들과 마찬가지로, 그 역시 어렸을 적에 오스만 제국의 기독교 영토 가운데 한 곳에서 납치되었다. 그의 경우에는 캅카스 북쪽의 체르케스(Cherkess)에서였다. 노예로 팔려나간 그는 새로운 이름을 받았으며, 이슬람 세계를, 그리고 높은 수준에서 오스만의 군사 및 행정을 어떻게 운영해야 하는지 훈련받았다. 1830년대부터 후사인에게 이것은 북아프리카 지중해 연안에 있는 꽤나 자치적인 오스만 영토 튀니스의 베이(Bey: 지방 태수들에게 사용한 칭호―옮긴이)를 섬기는 걸 의미했다. 그는 당시 튀니지의 육군 장군이자 부유한 사무원 지위까지 올랐으며, 대다수 증거 역시 그가 오래전에 해방되었음을 말해준다. 그럼에도 후사인이 이 편지에서 분명하게 드러낸 열정은 얼마간 그 자신이 과거에 재산으로 여겨졌다는 데 대해 여전히 남아 있는 분노에서 비롯되었을지도 모른다. 하지만 후사인의 주요 관심사는 현재의 정치와 미래였다. 그는 페리에게, 그리고 워싱턴에 있는 그 영사의 상사들에게 자유·입헌주의·근대성 모두를 이 이슬람 국가가 수용할 수 있다는 자신의 신념을 분명히 전하고 싶었다.

　이 같은 사상은 자신이 채택한 신념에 대한 후사인의 이해뿐 아니라 다른 것들에도 기반을 두고 있었다. 어린 시절 문화적·영토적 경계를 넘나들어야 했던 그는 성인이 되어서도 계속 그렇게 했다. 아랍어에 능통했던 그는 프랑스어와 약간의 영어 및 오스만튀르키에어뿐 아니라 이탈리아어도 구사할 줄 알았다. 19세기의 다른 많은 오스만 개혁가들—예컨대 트리폴리의 하수나 드기스—과 마찬가지로, 후사인도 열성적인 여행가였다. 후사인은 그보다 나이 많은 체르케스 출신의 또 다른 맘루크이자 동료 튀니지 육군 장교이면서 중요한 정치사상가, 정치 운동가인 그의 멘토 카이르 알딘(Khayr al-Dīn)과 함께 1853년부터 1856년까지 파리에서 임무를 수행하며 시간을 보냈다. 자신의 동행과 달리 육체적 카리스마와 지적 능력이 부족한, 콧수염 기른 통통한 후사인은 그럼에도 불구하고 프랑스 파리에서 많은 정치인·외교관·지식인과 사귀고 그곳의 문화 기관 및 서점에 익숙해질 수 있는 기회를 잡았다. 나중에 그는 다른 유럽 국가들과 이스탄불, 이집트 그리고 미국 동부 연안을 방문하기도 했다.

또한 후사인은 그가 선택한 제2의 나라에서 자신의 사상을 날카롭게 벼렸다. 그는 튀니스에 위치한 바르도(Bardo) 군사학교에서 군사 훈련을 마쳤다. 이 학교는 근대화 사상을 위한 포럼으로 얼마 전 설립된 기관이며 전쟁 기술뿐 아니라 글쓰기 기술까지 가르치는 곳이었다.[2] 선도적인 입헌주의에 이끌린 수많은 개인과 마찬가지로, 후사인도 전문적인 군사 경력과 언어 및 다양한 문학 장르에 대한 관심을 한데 결합했다. 그는 제 인생의 여러 단계에서 여행기, 정치 에세이, 동화, 기사(記事), 법률 팸플릿 등을 집필했다.

따라서 1857년에 튀니지의 통치자 무함마드(Muhammad) 베이가 좀더 지속적인 정치 개혁 및 재편 프로그램에 전념했을 때, 후사인은 그것의 형성 과정에서 창의적인 역할을 수행할 수 있는 좋은 위치에 놓여 있었다. 처음에 그는 수백만 명 정도가 거주하는 이 나라 유일의 대도시 튀니스의 시의회 의장 자리에 올랐다. 또한 1859년에는 그 나라 최초의 아랍어 신문 〈튀니스의 선구자(al-Rāʾid al-Tūnisī)〉의 창립 편집자가 되었으며, 서유럽에서 주문해 들여온 조판 블록을 사용했다. 후사인은 이 공식 신문 지면을 과학적·문학적 정보, 국제적·상업적 뉴스, 그리고 튀니지에서 진행 중인 변화를 지지하는 내용으로 채웠다. 이들 변화 가운데 가장 극적인 것은 성문 헌법의 도입인데, 이는 압도적인 이슬람교도 국가에서 최초로 시행된 것이었다.

1861년 4월에 발표되었으며, '튀니지 국가 또는 왕조의 법(qânûn al-Dawla al-tunisyya)'이라고 명명된 이 성문 헌법은 양면성을 지닌 문서이자 심오하고 내구적인 중요성을 띠는 문서였다.[3] 그것은 선거, 투표권, 또는 표현 및 결사의 자유에 대한 조항은 두지 않았다. 또한 당시의 대다수 비이슬람교 헌법처럼, 여성과 관련해서도 아무런 구체적 조항을 포함하지 않았다. 그러나 이 헌법은 종교 및 지위와 상관없이 모든 튀니지 거주민을 "신의 피조물"로 규정했으며, 따라서 법 앞에서 평등하다고 선언했다. 그리고 전과 기록이 있는 이들을 제외한 모든 튀니지 출신 남성은 "국가에 대한 복무를 포함한 특권"을 누릴 자격이 있다고 못 박았다. 더군다나 '튀니지 국가 또는 왕조의 법' 87조는 정치적 지식이 보편화될 튀니지의 미래를 가리키면서 "우리의 모든 백성은 예외 없이 근본적인 협약의 지속에 주의를 기울일 권리, …… [그리고] 앞서 언급한 법률에 익숙해질 권리를 가진다"고 밝혔다. 서로 다른 민족·종교 집단을 한데 모으고, 그들이 헌법 내용을 숙지하도록 이끄는 노력이 이루어졌다. 예컨대 헌법 사본은 튀니지 유대인 공동체의 언어인 유대-아랍어(Judeo-Arabic)로 인쇄되었다.[4]

그 밖의 혁신들도 있었다. 헌법은 튀니스의 베이를 오스만 술탄의 의지에 의해서가 아니라, 세습적 권리에 의해서 지배하는 '왕자'라고 묘사했다. 또한 그에게 그 나라 군대에 대한 지휘권, 각료와 관리를 임명 및 해고할 수 있는 권한, 그리고 범죄자를 사면할 수 있는 권한을 확실하게 부여했다. 하지만 '튀니지 국가 또는 왕조의 법'은 그 베이가 입헌군주제를 지향하도록 이끌었다. 또한 그에게 각료들을 통해, 그리고 60명으로 이루어진 새로 창설된 대평의회를 통해 행동하도록 요구했다. 처음에 카이르 알딘이 주재한 대평의회는 선출 기구가 아니라 임명 기구였다. 하지만 '튀니지 국가 또는 왕조의 법'은 그 역할이 입법부를 면밀히 조사하고 그에 대한 권고 사항을 마련하는 것, 그리고 예산을 감독하고 그에 투표하는 것이라는 점에서 초기 단계의 의회와 흡사했다. 튀니지 통치자들은 왕위를 계승하자마자 이 헌법 질서의 준수를 서약해야 했다. 만약 그들이 이후 그 서약을 어기면 백성의 충성 의무가 취소되었다.

미국 영사 에이머스 페리는 나중에 '튀니지 국가 또는 왕조의 법'을 기본적으로 파생적인 데다 가짜에 불과하다고 폄훼했다. 많은 서구인과 다를 바 없이 개인적으로 "아랍 국가들은 본래 구제 불능일 정도로 전횡을 일삼는다"고 확신한 에이머스 페리는 이 새로운 튀니지 헌법을 진지하게 받아들이는 게 불가능하다는 걸 발견했다. 그가 적었다. "그것은 마치 '불행한 베두인족(Bedouin: 아랍계 유목민―옮긴이)'이 '유럽식 의상을 입도록 강요당하는' 꼴이었는데, 이런 외피를 통해서는 '보기에 우스꽝스러울 뿐 아니라 고통스럽기도 한 걸음걸이와 움직임의 제약을 제외하곤' 아무것도 얻지 못했다."[5] 명백히 동양 중심적인 이 판단에는 얼마간 정확한 면이 담겨 있었다. 1850년대 중반 이래 **계속** 튀니지 통치자들은 유럽으로부터, 특히 프랑스와 영국으로부터 법적·정치적·상업적 변화를 추진하라는 압박에 시달려왔다. 현지의 프랑스 및 영국 영사들은 이 1861년 헌법의 초안을 작성하는 데 일정 역할을 담당한 것으로 알려져 있다.

하지만 그것을 계획하고 작성하는 3년 동안, 후사인 장군과 카이르 알딘을 비롯한 수많은 튀니지의 관리·성직자·군인도 마찬가지로 그에 한몫했다. 1861년 법률에 〔서구적 용어 '헌법(constitution)'에 가장 가까운 용어를 찾아내는 대신〕 '법'을 뜻하는 '콰눈(qânûn)'이라는 명칭을 사용하기로 한 결정은 그 자체로 튀니지가 지역 특유의 요소를 보존하는 데 관심이 있음을 드러내는 증거였다. "18세 이상의 모든 튀니지 남성은 병역 의무를 지닌다"는 헌법 조항 역시 온갖 부당한 외세 간섭을 거부하겠다는 결의를 분명히 밝힌 것이었다. 이 튀니지 헌법은 실제로 그 근본 원리 면에서, 서유럽의 맥락이 아니라 지구의 어느 다른 지역의 전개 양상이라는 관점에 비춰보아야만 가장 잘 이해할 수 있다. 1840년 이후 하와이에서 발표된 헌법과 마찬가지로, 이 '튀니지 국가 또는 왕조의 법' 또한 계산된 재조정 및 방어적인 근대화의 조치였다.

실제로 여기에는 하와이가 얼마간 직접적으로 영향을 끼쳤을 가능성이 있다. 1843년에 하와이는 프랑스가 차질 없이 하와이의 계속적 독립을 인식할 수 있도록 파리에 대표단을 파견했다. 그 방문 이후, 1840년 하와이 헌법 번역본이 프랑스 수도에 유포된 것으로 알려져 있다.[6] 후사인 장군과 카이르 알딘은 1850년대 중반 파리에 머무는 동안 그 번역본 가운데 하나를 우연히 손에 넣었거나, 프랑스 관리들과 대화하면서 하와이의 정치 실험에 대해 알게 되었을 가능성이 있다.

이것이 사실이든 아니든, 튀니지의 1861년 기획을 이해하려 할 때 다음의 사실을 떠올려보면 도움이 된다. 즉 하와이 통치자들이 부분적으로 그들의 왕국이 "근대화했고 선진적이며, 〔그리고〕 문명화되었다"는 것, 따라서 외세 입장에서 존중을 표시하고 적당한 거리를 둘 가치가 있다는 것을 보여주고자 일련의 성문 헌법 및 인쇄 헌법을 이용했다는 사실을 말이다. 이 나라에서도 주도적인 활동가들은 점점 더 공격적이고 불균형해지는 세계 체제 속에서 자국의 정치 독립을 강화하기 위해 헌법 도구를 사용하고자 했다.

그에 따라, 그리고 하와이 군주들이 그랬던 것처럼, 튀니지 엘리트도 그들의 새로운 헌법을 이용해서 자신들에게 도전해오는 여러 외세와의 관계를 구축하고자 했다. 그들이 튀니지의 베이가 군주라는 것, 그의 지위는 백성과의 서면 계약에 기초하고 있다는 것을 문서상으로 분명히 밝히는 조치는 한편으로 오스만 술탄의 대군주 지위에 맞선 적격한 저항이었다. 다른 한편으로 무함마드 베이의 후계자 무함마드 알사디크(Muhammad al-Sādiq)는 프랑스의 나폴레옹 3세로부터 튀니지 헌법에 대한 사전 승인을 얻어내는 데 주의를 기울였다. 바로 인접국 알제리의 식민지 통치자로서 육군 수비대와 전함을 제 마음대로 사용할 수 있는 이 프랑스 황제는 무시하기에는 너무 가깝고 너무 위험했다. 그럼에도 사디크는 나폴레옹 3세가 1860년에 알제(Algiers: 알제리 수도-옮긴이)를 공식 방문하는 동안 그와의 만남을 기어코 성사시켰을 뿐 아니라, 이 만남이 두 통치자가 기본적으로 동등하다는 것을 널리 알리는 식으로 이뤄지게끔 상황을 연출했다.[7] 더군다나 하와이 군주들이 서구 열강을 다루는 일, 그리고 아시아 및 부상하는 일본 제국과 접촉하는 일을 결합한 것처럼, 튀니지의 국가 지도자들도 좀더 새로운 또 다른 제국과 관계를 맺음으로써 오스만 및 유럽 제국을 상대하는 일에 균형을 맞추려 했다. 즉 그들은 미국 쪽으로 관심을 기울였다.

1865년 에이브러햄 링컨이 암살된 뒤, 사디크 베이는 지체 없이 제 휘하의 육군 장군 한 명을 워싱턴에 파견해서 새로운 미국 대통령 앤드

50 루이오귀스탱 시밀이 그린 사디크 베 이, 1859년.

51 길버트 스튜어트가 그린 조지 워싱턴, 1796년.

루 존슨(Andrew Johnson)에게 사적인 조의 편지를 전달했다. 이와 더불어 사디크는 그 자신의 전신 초상화를 선물로 보냈다. 1859년 사디크 베이가 여전히 그 나라의 헌법에 매달려 있는 동안 프랑스 화가 루이오귀스탱 시밀(Louis-Augustin Simil)이 그린 이 초상화는 오늘날에도 미국 국무부의 화려한 외교관 접견실에 전시되어 있다.[8] 그 작품에는 정치적·문화적 메시지와 암시가 신중하게 혼합되어 있다.

존슨 대통령이 알아차렸을 것으로 예상되는데, 시밀의 초상화는 디자인 면에서 오늘날 가장 잘 알려진 조지 워싱턴의 초상화를 모방하고 있었다. 그것은 1796년 길버트 스튜어트(Gilbert Stuart)가 미국 초대 대통령을 그린 이른바 '랜스다운(Lansdowne) 초상화(이렇게 불리는 이유는 그것의 오랜 소유주가 잉글랜드의 랜스다운 후작이었기 때문이다―옮긴이)'로서, 그 이미지는 이후 거듭해서 모방되었고, 인쇄물이며 서적 삽화의 형태로 널리 유포되었다. 시밀이 그린 사디크 베이의 그림은 스튜어트의 장대한 워싱턴 초상화를 의도적으로 베꼈지만, 다른 한편 차이점을 효과적으로 부각하고 있다.

스튜어트는 왼손으로 예복용 칼의 자루를 손에 쥔 워싱턴의 모습을 그렸다. 시밀의 초상화에서 사디크의 왼손 역시 의식용 무기의 손잡이를 쥐고 있지만, 그의 경우 그것은 초승달 모양의 칼, 일명 언월도(scimitar, 偃月刀: 동양의 일부 국가에서 사용하는, 초승달 모양의 큰 칼―옮긴이)였다. 스튜어트는 미국 독립 전쟁의 먹구름이 평화와 새로운 시작의 상징인 무지개에 자리를 내주는 모습을 보여주려고 묵직한 진홍색 휘장을 한쪽으로 밀어놓은 모습을 배경으로 서 있는 워싱턴을 표현했다. 시밀이 그린 사디크 역시 묵직한 휘장을 배경으로 당당하게 포즈를 취하고 있지만, 이 경우 휘장의 색은 이슬람을 상징하는 초록색이다. 그리고 이 휘장을 한쪽으로 밀어놓은 것은 세심하게 배려하면서 근대화를 추구하는 그 베이의 통치 실상을 보여주는 증거로서 밝고 깨끗하고 개조된 튀니스시를 드러내기 위해서였다. 그리고 스튜어트의 그림에서는 워싱턴이 검은색 벨벳을 입고 오른손으로《연방주의자 논집》몇 권과 기타 미국의 건국을 다룬 텍스트가 놓인 도금된 탁자를 가리키고 있는 반면, 시밀이 그린 사디크의 이미지는 이번에도 비슷하면서 결정적으로 다르다. 이 튀니지 통치자 역시 검은색 옷인 것은 같지만 그의 옷은 오스만과 튀니지 기사단의 상징물과 별들로 장식한 군복 프록코트이며, 머리에 페즈(fez: 일부 이슬람 국가에서 남성들이 착용하는 모자―옮긴이)를 쓰고 있다.

사디크도 워싱턴처럼 오른손으로 도금된 가구와 국가 및 헌법의 중요성을 말해주는 문서를 가리키고 있다. 그런데 이 문서는 아랍어로 알기 쉽게 작성되어 있다.

이 초상화를 미국 대통령에게 선물로 건넨 것은 여러 가지 메시지를 전달하려는 의도에서였다. 그 메시지란 첫째 튀니스의 사디크 베이는 계몽되고 개혁적인 통치자들의 전통에 속한 일원이라는 것, 둘째 조지 워싱턴처럼 그 역시 자국의 독립을 쟁취하고자 무장 투쟁을 전개한 인물임과 동시에 창의적이고 자애로운 입법가라는 것, 셋째 그뿐만 아니라 그는 서로 다른 세계에 양다리를 걸치는 능력을 갖추었다는 것이다. 성문 헌법의 발표를 기념하는 초상화를 비롯해 사디크가 제작 의뢰한 다른 초상화들과 마찬가지로, 이 1859년 초상화는 다른 어떤 것을 선언하고 있기도 하다. 즉 튀니지가 그냥 이슬람 국가가 아니라 **근대적인** 이슬람 국가라는 것을 말이다. 이것은 후사인 장군이 1863년 에이머스 페리에게 써보낸 편지의 핵심 주제이기도 했다.[9]

후사인이 그 미국 영사에게 말했다. "튀니지는 다른 모든 이슬람 국가와 마찬가지로 제정일치 정부를 지녔습니다. ……튀니지 법은 종교와 정치를 결합합니다." 후사인이 말을 이었다. "하지만 1846년에 튀니지가 노예제를 폐지한 데에서 볼 수 있듯이, 이슬람 국가가 된다는 것은 결코 자유 및 진보와 불화한다는 걸 의미하지 않았습니다." 그는 이렇게 인정했다. "이슬람법은 다른 많은 종교의 법과 마찬가지로 전통적으로 인간에 대한 소유를 인정했습니다." 그리고 그 미국인에게 상기시켰다. "하지만 샤리아(shari'a: 이슬람법—옮긴이)는 노예에 관심을 기울이도록 명하는 일을 결코 중단한 적이 없습니다. 가장 중요한 법률 규정은 무함마드의 자유에 대한 열망이었습니다."

근대적 인간으로서, 그리고 그에 따라 당연히 경제학 고전에 친숙했던 후사인은 그 자신이 알아차린 바에 의거해 이렇게 말을 이어갔다. "전면적인 자유를 보장하고 노예화를 불허하는 국가들은 그렇지 않은 국가들보다 더 풍요롭습니다." 하지만 자유와 해방에 대한 그의 개인적 헌신은 물질적인 고려 사항 그 이상에 기반을 두고 있었다. 그가 페리에게 말했다. "저 자신은 보편적인 자유와 노예제 폐지가 문화의 발전뿐 아니라 한 인간의 태도를 세련되게 만드는 데에도 깊은 영향을 준다고 믿습니다." 후사인은 자신이 토머스 제퍼슨을 따라 하고 있음을 의식했는지 못했는지는 몰라도, 어쨌거나 이렇게 제안했다. "자유는 인간이 난폭함, 자만, 〔그리고〕 교만 같은 악한 태도에서 벗어나도록 만드는 자연스러운 경향성을 지니고 있습니다."

후사인은 자유가 번성하지 **않은** 장소에서 살아가는 인간에게 일어날 수 있는 일을 보여주고자 신중하게 미국의 사례를 선택했다. 그가 페리에게 말했다.

1856년 파리에 거주하는 동안 저는 흑인 소년을 대동하고 …… 그랜드 오페라(Grand Opera)를 찾았습니다. 한 미국인이 마치 고양이가 쥐를 덮치듯 그 소년에게 달려들어서 거의 그의 옷을 붙들기라도 할 기세로 …… "이 흑인 노예가 대체 이 홀에서 뭘 하고 있는 겁니까? 우리가 지금 있는 곳이 어떤 장소입니까? 그리고 언제부터 노예가 주인과 함께 앉을 수 있도록 허용된 겁니까?"라고 말했을 때, 저는 정말이지 깜짝 놀랐어요. 그 흑인 소년은 그 남성이 대체 무슨 말을 하고 있는지 이해하지 못했고, 왜 그렇게 불같이 화를 내는지 알지 못했기에 완전히 어리둥절해했습니다. 저는 가까이 다가가서 그 백인 남성에게 말했습니다. "친구, 진정해요. 우리는 지금 리치먼드〔미국 버지니아주)가 아니라 파리에 있는 거니까."[10]

표면적으로 이것은 모든 면에서 하버드 남자인, 자기만족적이고 때로 거만하기까지 한 페리의 신경을 건드리고자 후사인이 고의로 끼워 넣은 일화처럼 보일지도 모른다. 오직 편지 전체의 맥락에 비추어보아야만 그 장군이 여기에서 주장하려는 바가 그에 그치지 않는다는 것, 그리고 기본적으로 (나쁜 쪽으로든 좋은 쪽으로든) 변화할 수 있는 인간의 능력과 관련되어 있다는 것이 분명해진다.

뒤이어 낸 책에서 분명히 밝힌 바와 같이 페리는 튀니지의 "낙후함"이 그곳 원주민 인구의 "내재적 특성"에서 비롯된 결과라고 확신했지만—이 확신은 뿌리 깊고 따라서 치유 불가능한 것이었다—후사인은 어느 곳에 사는 인간이든 "본성이 아니라 습관의 산물"이라고 주장하고 싶어 했다.[11] 이런 연유로 1856년에 실제 일어난 것으로 보이는 이 일화를 끼워 넣은 것이다. 후사인은 그 이야기를 통해 미국인 역시, 스스로를 자유와 단호히 동일시함에도 불구하고, 비자유와 접촉하게 되면 "역겨움, 허영심, 〔그리고〕 광신주의"로 전락할 수 있다고 지적한다. 다른 모든 사람과 마찬가지로 그들 또한 나쁜 습관 및 제도(이 경우에는 남부의 노예 제도)에 장기간 노출되면 비자유주의적이고 억압적으로 달라질 수 있다는 것이다.

같은 이유로, 후사인은 튀니지인의—**그리고 이슬람교도 일반의**—사상과 행동은 고정된 것도 미리 운명 지어진 것도 아님을 분명하게 암시하고 있다. 그것은 지배적인 습관과 변화하는 사고 유형, 그리고 계몽된 통치자들이 그것을 위해 마련한 조건에 따라 달라질 수 있다. 튀니지인은 이미 미국보다 몇 년 앞서 노예제의 전면적 폐지를 수용함으로써 그들의 적응력과 개선 능력을 실제로 입증해 보였다. 이제 튀니지인은 그들의 습관을 다시금 변화시키고 정치 헌법을 받아들이고 있었다.

변화 가능성, 그리고 상이한 민족 간의 자유와 비자유 가능성에 대해 이 편지가 전달하는 강한 의미는 그것이 작성된 특정 상황보다 더 넓은 관련성을 거기에 부여한다. 세계 여러 지역에 사는 많은 관찰자에게, '기나긴 1860년대'라고 부를 수 있는 기간—즉 1850년대 중반에서 1870년대 중반까지의 기간—은 좀더 개방적이고 가소성 있으며 유익한 진보를 이룰 가능성이 한층 분명해진 상황처럼 보였다.

이 같은 인식과 희망은 정치 헌법과 관련한 논쟁 및 행동에 영향을 미쳤다. 이제 좀더 확실하게 유지되는 헌법은 그저 관습적인 방식으로 관습적인 장소에서 계속 발달하는 데 그치는 게 아닐 것이다. 튀니지에서 일어난 사건, 그리고 1861년 튀니지 법의 발표가 확실히 말해주다시피, 이러한 장치들은 이제 다른 지역과 문화권에서도 출현할 수 있다. 그리고 서로 다른 열망과 집단, 비백인, 비기독교인의 욕구를 충족시켜줄 수 있다.

국경 없는 전쟁

이처럼 가능성과 변동성에 대한 감각이 증가한 데에는 여러 가지 이유가 있었다. 하지만 거기에 결정적으로 기여한 것은 이례적일 정도로 놀라운 전쟁의 동시다발성이었다. 모든 대륙에서 '기나긴 1860년대'에 분출한 더러 얽히고설킨 전쟁들의 파고가 한층 거세진 결과, 일부 정권은 불안정해지거나 심하게 파괴되었는가 하면, 또 일부 정권은 완전히 압도당했다. 전쟁의 빈발은 새로운 국가를 만들어냈다. 그것은 또한 기존 국가들의 국경을 변경하기도 했다.[12] 1750년 이후의 다른 혼잡한 분쟁 기간과 마찬가지로, '기나긴 1860년대'의 폭력적 파괴는 일련의 새로운 정치 헌법을 촉발하고 그것의 제정이 가능하도록 만들었다.

하지만 이 전쟁들은 몇 가지 중요한 측면에서 과거의 전쟁들과 달랐다. 7년 전쟁, 프랑스 혁명전쟁, 나폴레옹 전쟁의 경우, 제어 불능 양상의 갈등이 세계 여러 지역으로 확산했다. 하지만 그 같은 광대하고 가소성 있는 전쟁들의 경우, 가장 끈질긴 주역은 주요 서방 강대국들이었다. 반면 1850년대에서 1870년대 초까지 발발한 전쟁들의 경우에는 사정이 다소 달라졌다.

분명 그 가운데 일부에서는 유럽 국가들이 여전히 주도적이거나 배타적인 역할을 담당했다. 1853년에서 1856년 사이에 발발한 크림 전쟁 역시 마찬가지로, 영국과 프랑스가 부분적으로 오스만 제국을 지지하기 위해 러시아와의 대결에 앞장섰다. 1859년에서 1870년 사이에 발발한 이탈리아 통일 전쟁의 경우는 더욱 그러했다. 여기에서 피에몬테-사르디니아(Piedmonte-Sardinia) 왕국은 더러 프랑스의 도움을 받기도 하면서 오스트리아 및 경쟁적인 이탈리아 군대에 대항해 전쟁을 벌였다. 그리고 유사한 통일 계획으로 발전한 다음의 경우도 마찬가지였다. 바로 프로이센이 연속적으로 덴마크(1864)·오스트리아(1866)·프랑스(1870~1871)와 대결한 전쟁인데, 이 계획은 1871년 통일 독일의 선언과 독일 제국의 새로운 성문 헌법 발표에서 정점을 이루었다.

하지만 이 모든 계속되는 유럽의 폭력에도 불구하고, 1850년대 중반과 1870년대 중반 사이에 발발한 대부분의 주요 전쟁에는 하나 이상의 비유럽 주역이 포함되어 있었다. 그중 가장 규모가 큰 전쟁 몇 가지에서는 유럽 군대가 오직 부차적인 역할만 담당했다. 게다가 이 시기에 일어난 가장 크고 가장 치명적인 3대 전쟁은 유럽의 경계 바깥에서 일어났다.

남아메리카가 하나의 예를 보여준다. 1864년 브라질 제국은 아르헨티나 및 우루과이와 손잡고 파라과이공화국을 향한 공격에 돌입했다. 바로 삼국동맹 전쟁(War of the Triple Alliance)이라고 일컫는 충돌이다. 1870년에 이 전쟁이 끝날 무렵, 그 일은 마침내 프란시스코 솔라노 로페스(Francisco Solano López)라는 야심만만한 군인인 파라과이 대통령의 죽음으로 이어졌다. 그는 과거에 크림 전쟁을 목격하면서 군사 중독에 빠진 인물이었다. 이 남아메리카 전쟁으로 파라과이의 남성 인구 상당수가 목숨을 잃었다.

파라과이에서 자행된 학살 규모는 미국 남북전쟁의 규모와 비교해보면 좀더 확연해진다. **전사자** 수라는 관점에서, 미국 남북전쟁은 그 시기에 일어난 두 번째로 가장 파괴적인 전쟁이었다. 그렇더라도 이 경우에는 치열한 전투의 결과로서 제복 입은 미국 군인이 1000명당 21명 미만 숨진 것으로 추산된다. 반면 파라과이에서는 **오직** 1864년에서 1870년까지만 전사자 수가 자그마치 전체 거주민 1000명당 400명에 이르렀을 가능성이 있다. 이 전쟁이 끝난 뒤 새로운 파라과이 헌법의 초안이 작성되었다. 이 헌법은 여전히 외세가 점령하고 있으며 이제 여성 인구가 남성 인구의 4배가 된 나라에서 시행되었다.[13]

총사상자 수준과 뭐라 말할 수 없는 공포라는 측면에서, 삼국동맹 전쟁과 미국 남북전쟁은 둘 다 그 시기에 일어난 가장 악의적인 전쟁인 중국의 '태평천국의 난'에 비하면 아무것도 아니었다. 이것은 사실상 청 제국 군대와 그 영토 남부의 반란군이 맞붙은 내전이었다. 10년 넘게 질질 끈 충돌이 1864년에 마침내 끝났을 즈음 전투, 기아, 집단 학살 그리고 (이 투쟁의 마지막 단계에서 저질러진 특히 여성들의) 대량 자살로 인해 최소 2000만 명의 사망자가 발생했다. 중국인 사망자 총계에 대한 일부 추정치는 6000만 명 이상이라는 높은 수치를 제시하기도 했다.[14]

태평천국의 난은 '기나긴 1860년대'의 전쟁들이 이전 시대의 전쟁과 상이한 또 한 가지 측면을 드러내준다. 서구 제국과 비서구 제국은 둘 다 늘 전쟁에 혈안이 되어왔다. 하지만 이 시기와 관련해서 두드러지는 점은 세계의 주요 제국 **전부**가 예외 없이 군사적 압박과 이데올로기적 도전에 크게 시달리고 있었다는 것이다.

이것은 3개의 전통적인 해양 제국, 즉 영국·프랑스·에스파냐의 경우도 마찬가지였다. 1857년 봄, 이들 가운데 첫 번째인 영국은 그 제국령인 인도 북부 및 중부 영토에서 일어난 반란들로 타격을 입었다. 이 반란들은 1859년까지 지속되었으며, 여기에는 영국의 남아시아 인도군 내에서 발발한 대규모 폭동들보다 훨씬 더 많은 것이 연루되어 있었다. 더군다나 이 반란들은 이 시기에 영국 제국이 겪은 가장 큰 좌절이기도 했다. 프랑스 역시 '기나긴 1860년대'를 거치는 동안 운명이 엇갈렸다. 1859년 이탈리아에서 오스트리아인에 맞서 싸운 전쟁에서는 승리했지만, 그 제국이 벌인 몇 가지 군사 작전—예컨대 캄보디아에서의 군사 작전—에서는 프랑스군이 그만큼 효과적이지 못했던 것으로 판명 났다. 남북전쟁 탓에 신경이 분산된 미국 상황을 이용하고, 군주제 및 프랑스의 영향권에 놓인 지역을 건설하고자 멕시코에 3만 병력을 파견하려던 시도 역시 1867년에 당혹스럽게도 실패로 귀결되었다. 3년 뒤 나폴레옹 3세의 제2제국 자체는 프로이센 군대의 침략으로 무너졌다. 그 결과 프랑스 제3공화국이 탄생했으며, 1875년에는 새로운 헌법이 제정

되었다.[15]

에스파냐 역시 대내적으로 혼란에 휩싸였고, 대외적으로도 도전에 시달렸다. 1854년 혁명으로 촉발된 마드리드 시가전은 그 나라에서 1930년대의 내전이 일어나기 전까지는 달리 견줄 사례가 없을 정도로 격렬했다. 뒤이어 1856년에는 새로운 헌법이 도입되었다. 그런 다음 1868년의 또 다른 혁명은 장기 집권해온 에스파냐 군주 이사벨 2세 여왕(Queen Isabel II)을 끌어내렸다. 정확하긴 하지만 비우호적인 당대인의 말에 따르면, 그녀는 "빛이 나되 무기력한 얼굴을 한 지친 기색의 뚱보 여성"이었다. 이 사건으로 추가적인 에스파냐 헌법 초안이 작성되었으며 보편적인 남성 참정권이 도입되었다. 같은 해인 1868년에는 얼마 안 남은 에스파냐 해외 식민지 중 하나인 쿠바에서 무장 독립 투쟁이 다시 불붙었다. 이 소요는 에스파냐의 주요 상업 중심지 바르셀로나의 경제를 몰락시켰으며, 여전히 남아 있던 대륙 횡단 제국의 일원이라는 에스파냐인의 감정을 한층 약화시켰다.[16]

태평천국의 난에 휘말린 청 제국이 보여주다시피, 대체로 육상에 기반을 둔 제국들 또한 이 시기에 심각한 위기에 봉착했다. 크림 전쟁에서 패배한 러시아는 1863년에 폴란드에서 일어난 주요 폭동과 씨름해야 했다. 오스만 제국은 자신들의 유럽 영토 일부에서 발발한 소요에 대처해야 했을뿐더러 1850년대에, 그리고 다시 1877~1878년에 러시아와 대규모 전쟁을 치러야 했다. 여러 영토·민족·종교의 연합체인 오스트리아 제국의 경우, '기나긴 1860년대'의 트라우마는 1848년 혁명의 혼란으로 이미 조성된 바 있는 것을 확인했다. 먼저 1859년 북부 이탈리아에서 프랑스에, 그런 다음 1866년 프로이센에 패배한 합스부르크가의 오스트리아 황제는 영토를 넘겨주고 독일 땅에서 자신이 전통적으로 누려온 중요한 지위를 포기해야 했다.

18세기 중반 이후 거듭 그래왔듯이, 전염성 있는 전쟁은 헌법 제정과 이념 형성의 범위 및 속도를 키우는 데 일조했다. 이탈리아의 민족주의자 주세페 마치니(Giuseppe Mazzini)의 말마따나 "'펜'은 계속해서 '칼 모양'이 되어갔다".[17] 1750년 이후 흔히 그랬던 것처럼, 전쟁의 경제적·인적 대가가 커지자 '기나긴 1860대'를 거치는 동안 일부 정부는 새로운 정치적 계약을 발표함으로써 그들의 권위를 쇄신해야겠다고 판단했다. 튀니지가 좋은 예였다. 튀니지의 베이가 1857년 이후 기꺼이 성문 헌법을 통한 실험과 개혁에 뛰어든 이유 중 하나는 그의 전임자가 크림 전쟁 기간에 오스만 제국을 지원하려고 1만 4000명의 군대를 파견함으로써 그중 3분의 1을 잃고 국가 재정을 위태롭게 만들었기 때문이다.[18]

과거에 일어났던 것처럼—그리고 21세기에도 줄곧 일어나겠듯이—군사적 승리의 경험 역시 헌법의 제정과 개정을 촉발하곤 했다. 1865년에 남북전쟁에서 승리한 미 의회 공화당은 (앞으로 살펴보겠지만) 미국 헌법을 상당 정도 개정할 수 있었을 뿐 아니라 패배한 남부 주들에 새로운, 그리고 희망컨대 내구적이고 혁신적인 주 헌법을 제정하도록 강요할 수 있었다. 이 시기에 군사적 승리가 헌법적 이익으로 귀결되었음을 보여주는 또 다른 예도 있다. 사르디니아의 왕 빅토르 엠마누엘 2세(Victor Emmanuel II)는 거구에 용맹하며 눈에 띄지 않는 남성이었다. 하지만 그가 이끄는 군대가 이탈리아 통일 전쟁에서 거둔 승리는 1871년 사르디니아의 성문 헌법, 즉 '알베르티노 법령(Statuto Albertino)'을 모든 이탈리아인에게 시행하는 일을 가능하도록 했다.[19]

엄청나게 충격적인 군사적 패배 경험은 계속 정신을 집중시키고 헌법 제정을 촉발했다. 과거에도 흔히 그랬듯이, 일부 패전국은 성난 백성을 달래고 자국 영토를 재건하고 보상 성격의 새로운 문서 계약을 발행함으로써 과거의 실패와 선을 그으려 애썼다. 이에 해당하는 예가 전후의 파라과이였다. 덴마크와 프랑스, 특히 오스트리아 제국으로 대표되는 유럽의 일부 패전국도 마찬가지였다. 1848년 혁명 이후 오스트리아 제국에서 성문 헌법을 제정하려는 노력이 있었으며, 다시 1860년과 1861년에 이곳에서 새로운 헌법이 시도되었다. 하지만 좀더 철두철미한 정치적 구조 조정 노력인 1867년의 아우스글라이히(Ausgleich, 대타협), 즉 '오스트리아-헝가리 타협'을 부채질한 것은 다름 아니라, 오스트리아 제국이 이탈리아반도에서 손실을 입은 데다 프로이센에 군사적으로 패배하기까지 한 데 따른 결과였다.

이 새로운 법안은 오스트리아 제국을 (적어도 이론상으로는) 합스부르크 황제에 대한 충성 맹세를 통해 긴밀히 연결되어 있는, 2개의 대등한 독립 국가로 재편했다. 이제 라이타강(Leitha) 한쪽에는 '오스트리아'가, 다른 쪽에는 '헝가리'가 있을 터였다. 비록 두 독립체가 각기 다양한 민족·종교·언어 집단을 아우르고 있긴 했지만 말이다. 더군다나 오스트리아 지역에는 거기에 속한 다루기 힘든 상이한 민족들을 다독이고 통합하려는 의도에서 성문 헌법이 주어졌다. 1867년 12월에 발표된 이 헌법은 한편으로 모든 오스트리아 민족 집단의 평등을, 다른 한편으로 그들 자체의 언어 및 민족성을 함양하고 표현할 수 있는 불가침의 권리를 선언했다.[20]

이것의 상당 부분은 과거의 전개 양상을 연상시키는 듯 보일 테고, 실제로도 그랬다. 통치자들이 출혈 심한 전쟁에 참여함으로써 과세 및 징집과 관련해 자국 주민에게 안겨주는 부담에 대해 그들에게 보상해 줄 목적으로 새로운 헌법을 발표하는 것, 군사적 성공이 부여하는 기회와 영향력을 활용해서 헌법의 초안을 작성하거나 헌법을 개정함으로써 국가를 재정비하는 것, 또는 그와 반대로 더없이 충격적인 군사적 패배의 결과로서 그렇게 하게끔 내몰리는 것, 국가와 제국 측에서의 이러한 온갖 대처는 1750년 이후 점차 분명해졌다. 하지만 '기나긴 1860년대'에 발발한 전쟁들은 좀더 특이한 전개 양상을 낳기도 했다.

첫째, 세계의 제국들—그중 몇 곳만 열거하자면 중국, 오스트리아, 러시아, 프랑스, 에스파냐, 오스만 세계, 그리고 노예와 면화의 제국인 미국 남부—가운데 상당수가 이 시기에 폭력적인 압박 아래 놓여 있었던지라, 일부 관찰자들은 전 세계에 걸친 권력 관계가 이제 눈에 띌 정도로 흥미진진하게 달라지고 있다고 확신했다. 둘째, 이처럼 세계가 문을 열고 유익하게 흘러갈 수 있는 전례 없는 상태라고 보는 낙관적인 세계관이 촉발된 까닭은 이 시기에 기술 및 통신이 엄청난 변화를 겪었기 때문이다.

이제 철도, 증기선, 야심 찬 운하 프로젝트, 대량 인쇄되는 값싼 신문 및 서적이 19세기 전반보다 더 빠른 속도로, 더 많은 장소에서 확산하고 있었다. 정보를 전달하는 새로운 양식도 자리를 잡아갔다. 1830년대에 처음 등장했을 때만 해도 고통스러우리만치 더딘 과정을 거쳐야 했으며 흐릿한 데다 고가였던 사진술도 이제 훨씬 더 저렴하고 신뢰할 수 있으며 다재다능한 매체로 거듭났다. 심지어 프레더릭스버그 (Fredericksburg)와 샤일로(Shiloh) 및 기타 미국 남북전쟁 전투 장소의 대학살 현장을 담은 칙칙한 흑백 이미지가 미국에서 유포되기 시작하기 전부터, 전문 사진사들은 전쟁 현장에 사진술을 적용하고 있었으며, 크림 전쟁의 죽음을 다룬 사진 작품을 주고받기도 했다.[21] 이때쯤에는 전기 전신망—대서양을 가로지르는 망은 1866년에 이용할 수 있었다—

이 널리 퍼져 상이한 나라와 대륙 간에 거의 즉각적으로 뉴스를 주고받을 수 있었다. 어느 학자가 언급한 대로 "전신이 보급되기 전에는 정보가 말(馬)이나 범선보다 더 빠르지 않게 전달되었다. 하지만 그 후로는 그것이 빛의 속도로 움직였다".[22]

운송·통신·상업의 발달, 이 모든 것은 전쟁의 수준과 효과에 영향을 미쳤다. 그것은 또한 (오직 서구인만이 아닌) 많은 사람이 세계 각지의 정치적 인물 및 계획, 그리고 거기에서 일어난 사건에 관한 정보를 더욱 잘, 더욱 정기적으로 접할 수 있도록 거들었다. 사람들이 다른 국가와 대륙의 (정치를 비롯한) 여러 상황을 비교 및 대조하기가 한결 수월해졌다. 물리적으로든 마음만으로든 장거리를 여행하는 일도 간편해졌다.

항해사와 선주(船主)의 후손이며, 11세 때 고향 낭트에서 서인도제도행 선박에 몸을 싣고 밀항을 시도한 쥘 베른(Jules Verne)은 이런 분위기에 편승해서 수월하게 베스트셀러에 오른 책 《80일간의 세계 일주(Around the World in Eighty Days)》를 집필했다. 이것은 1872년에 프랑스어로 처음 연재되었는데, 이내 다양한 번역본이 쏟아져나왔다. 베른은 "세상 물정에 밝은 세련된 남성"인 불가사의한 그의 영웅 필리어스 포그(Phileas Fogg)를 눈에 띌 만큼 새로운 통신을 잘 활용하는 인물로 묘사한다. 따라서 포그는 예컨대 일본의 요코하마와 미국 서부 연안의 샌프란시스코를 연결하는 장거리 증기선에 승선한다. 그는 이 단계에서 인도 아대륙 북부의 봄베이 및 알라하바드와 남부의 마드라스를 잇는 '대인도대륙철도(Great Indian Peninsula Railway)', 그리고 1869년에 완공된 미국의 '유니언 퍼시픽 레일로드(Union Pacific Railroad)'를 위시해 방대한 기차 노선도 활용한다. 포그는 또한 그 소설에서 지정된 80일 내에 세계 일주를 완료해 상당한 내기에서 이길 수 있도록 하려고 "그의 경로

52   증기와 속도: 쥘 베른의《80일간의 세계 일주》초기 프랑스판에 실린 삽화.

를 따라 …… 달리는" 전신을 정기적으로 이용하는 모습으로 그려지기도 한다.

드라마를―그리고 독자를―원한 베른은 이 무렵 인류가 성취한 기술 및 운송 관련 변화의 놀라운 규모와 편재성(ubiquity, 偏在性)을 과장했다. 그럼에도 이 시기에 **실제로** 기술 혁신이 급속하게 이뤄지는 중이라는 올바른 인식이 널리 퍼져 있었으며, 이는 가속화하는 그 독특한 추세에 대한 감각을 조성하는 데 기여했다. 그것은 베른이 그토록 훌륭하게 활용한 확신, 즉 세계의 국경은 전에 없이 측량·교차·극복의 대상으로 떠오르고 있다는 확신을 키워주었다.

그런가 하면 일부 역사가는 '기나긴 1860년대'에 세계의 다른 지역들을 넘나들고, 그 지역에 관한 지식을 나누고 획득하는 능력의 증가가 마음을 열기보다 닫는 경향이 있다고 주장했다.[23] 즉 이 같은 새로운 이동성은 세계의 서로 다른 민족들 간의 격차와 불평등에 관한 선입견에 도전하기보다 실제로 외려 그것을 강화하는 쪽으로 작용할 수 있었다. 이런 일이 더러 일어나곤 했음을 보여주는 일화가 있다. 실제로 세계 일주 여행에 나선 윌리엄 수어드(William Seward: 에이브러햄 링컨과 앤드루 존슨 정권 아래 국무장관을 지낸 미국 공화당 정치인―옮긴이)의 반응을 예로 들어보자. 부당하게 외면당한 그의 책 《세계 일주 여행(Travels around the World)》은 베른의 소설이 출간되고 1년 뒤인 1873년 그의 유저(遺著)로 세상에 나왔다.

수어드는 미국 남북전쟁 기간 동안 에이브러햄 링컨 정권에 없어서는 안 될 막강한 국무장관이었으며, 뒤이어 미국 헌법을 재편하는 데 참여한 인물이다. 그가 1870년 샌프란시스코로 향하는 서부행 '제1대륙횡단철도'에 몸을 싣고, 일본·중국·인도를 경유해서 새로 개통한 수에즈 운하를 지나 중동으로, 그리고 오스만 제국과 서유럽의 몇몇 지역으로 이어지는 세계 여행에 뛰어든 것은 그의 나이 거의 70세일 때이자 그가 정치에서 물러난 뒤였다.[24] 1865년 링컨을 살해한 일련의 암살 시도에서 중상을 입었으며, 자상으로 각진 얼굴이 흉하게 일그러진 수어드는 더러 휠체어를 이용해야 했다. 따라서 그럼에도 그가 세계 일주에 도전하려는 의지를 불태운 것은 그 시기에 통신 및 운송의 질과 편의성이 크게 향상되었다는 것을 말해준다.

아마 그보다 이전 시기였다면 수어드처럼 연로하고 신체적으로 쇠약한 사람은 그렇게 해야만 하는 절박한 종교적·경제적·가족적 이유가 있지 않는 한 누구도 그처럼 먼 거리를 여행하겠노라고 **선택**하지 않았을 것이다. 수어드가 이 여행에 뛰어든 사실은 부분적으로 그의 개인적 강인함과 은퇴 이후에도 결코 '녹슬지' 않겠다는 결의를 보여주는 징표였다. 하지만 세계 여행에 나서기로 한 그의 결정은 새로운 운송망과 기술이 얼마나 현저하게 확산했는지, 그리고 장거리 여행을 얼마나 빠르고 믿을 만하게 그리고 편리하게 만들었는지 말해주기도 한다. 전하는 바에 따르면, 수어드가 자신의 경로를 따라 새로운 항구에 도착할 때마다 맨 먼저 던진 질문은 전신을 이용할 수 있는지 여부였다고 한다.

수어드의 세계 일주는 그 밖의 측면도 한 가지 보여주고 있다. 그 미국인은 여행하는 동안, 자신이 만나는 다른 민족들은 꽤나 다른 속도로 발전하고 있다고 점점 더 확신하게 된 것 같다. 그는 결코 철두철미한 급진주의자인 적이 없었다. 그럼에도 수어드가 초기에 언급한 말 가운데 일부는 인종 차이에 대해 개방적이며 비교적 편견이 없는 뉘앙스를 풍겼다. 그는 1850년에 동료 미국 상원의원들에게 "철학은 백인 인종이 선천적으로 우월하다는 주장에 대한 불신을 온건하게 표현한다"고 말했다.[25] 그는 늘 반영주의자(anti-British)였던 것은 아니지만, 그럼에도 광대한 대영제국에 대해 회의를 드러냈다. 이러한 입장은 그가 세계 여행을 하기 전부터 이미 서서히 달라지고 있었지만, 그 과정에서 훨씬 더 크게 달라진 것 같다.

인도를 방문한 그는 "적절한 때에" 인도가 독립할 것 같다고 주장했다. 하지만 그럼에도 이제 영국인을 동료 앵글로색슨 확장주의자라고 여기면서 그들이 인도에서 행하는 일을 대체로 인정했다. 그가 만족스러운 듯이 "영국도 미국도, 그들의 식민지가 늘어나고 번성하면서 지구상의 불모지를 다시 채우는 한, 권력이나 위신을 잃지 않을 것"이라고 적었다. 여행하면서 "인간 집단 전체를 정면으로 보게 된" 수어드는 점차 자신이 만난 여러 민족을 '문명'이라는 상상적 척도에 근거해서 분석하기도 했다. 그에 따르면 어떤 민족은 명백히 낙후되어 있는 듯 보였다. 그는 자신의 증기선이 이집트에 접근할 때 이렇게 말했다. "실로 이상하게도 이와 같은 백인종과 흑인종의 분기는 궁극적인 문명과 인류 통합 문제를 난감하게 만들고 있다!"[26]

미국 남부 주의 패배와 그곳의 노예제 폐지에 중대 역할을 담당한 영리하고 사려 깊은 인물인 윌리엄 수어드의 작품 《세계 일주 여행》은 (이미) 인종 불평등에 관한 유사(類似) 과학적 출판물이 쏟아지고 백인 정착민의 수가 늘어나는 현상과 더불어, 전 지구적 인종 차별이 강화되고 확고해졌음을 확인해주는 듯하다.[27] 하지만 좀더 넓은 현실에서 그것은 결코 그리 간단치 않았다.

한 번 더 말하거니와 때는 다중적 전쟁의 시대였는데, 세계 최대의 제국들은 많은 전쟁 때문에 커다란 피해를 맛보았다. 이와 같은 상황,

즉 전쟁들로 인해 세계의 거의 모든 제국이 눈에 띌 정도로 난감해진 상황에서, 이 시기의 급격한 통신 발전은 사회와 민족 간의 차이에 대한 선입견을 확인해주었을 가능성이 있었지만, 그만큼이나 그것을 의심하고 재평가하도록 촉구했을 가능성도 있었다. 특히 이 시기에 변화하는 통신의 규모와 속도, 그리고 그에 따른 거리의 축소로부터 이득을 누린 것이 비단 유로-아메리카만은 아니었기에 더욱 그랬다. '기나긴 1860년대'에 점점 더 많은 비유럽인 역시 육상 및 해상의 국경을 넘나드는 장거리 여행을 하면서 자신들이 경유하는 곳을 유심히 관찰했다.

나는 앞서 이미 튀니지의 장군 후사인이 얼마나 열정적으로 세상을 여행했는지 언급한 바 있다. 그 점은 그의 친구이자 동료 맘루크 카이르 알딘에게도 해당했다. 카이르 알딘은 공저자들과 함께 아랍어로 저술하고 1867년에 튀니스에서 출간한 책《각국 상황에 관한 지식에 이르는 가장 확실한 길(The Surest Path to Knowledge Concerning the Condition of Countries)》에서 "세계는 지금껏 서서히 결합되어왔다"고 밝혔다. 카이르 알딘은 "철도, 증기선, 전신 제도를 통해 세계의 '가장 먼 곳'이 '세계의 가장 가까운 곳과 점점 더 긴밀하게 연결'되었을 뿐 아니라 더 깊은 수준에서 세계의 상호 의존성도 증가했다"고 주장했다. 이 튀니지 개혁가는 "이제 세계를 '분명 서로를 필요로 하는 다양한 나라들로 이루어진 통일된 하나의 국가'로 바라보지 않으면 안 된다"고 강변했다.[28] 그리고 정치 조직과 포부라는 관점에서 치유하기 힘든 사회들 간의 분열은 사라질 수 있고 사라져야 한다고 덧붙였다.

카이르 알딘 자신은 후사인처럼, 하지만 좀더 깊이 숙고한 지적·정치적 목적을 가지고서, 두루 여행을 다녔다. 키가 크고 신체적으로 눈길을 끌며, 언제나 말쑥하게 옷을 차려입고 흔히 화려한 제복 차림을

53 기병 사령관으로서 카이르 알딘의 모습을 담은 유명한 루이오귀스탱 시밀의 회화 작품, 1852년.

하곤 했던 그는 20곳 넘는 유럽 국가와 기타 세계 여러 지역을 방문하면서 "열강의 제도와 그들이 일군 문명을 탐구했다". 이런 여정의 결과로, 그는 19세기에 출간된 것 가운데 입헌주의를 다룬 가장 독창적인 이슬람 책 《각국 상황에 관한 지식에 이르는 가장 확실한 길》에서 이렇게 썼다. "유럽 자체가 거대한 단일 조직이 아니었음을 깨닫게 되었다. 이슬람 영역(Dar al-Islam)과 엄격하게 차별화된 서구 간에는 서로 맞서고 대응해야 하는 분명하고 절대적이고 고정된 차이가 없었다. 유럽의 여러 국가도 그 자체로 저마다 달랐다."

유럽의 정치 제도 역시 다양했으며 일정하지 않은 방식으로 발전했다. 일례로 "정복을 일삼고 무책임하고 부주의한 인간"인 나폴레옹 보나파르트의 이력은 다른 민족들과 마찬가지로 유럽인도 어느 때는 자신들의 헌법적 권리를 포기하고 막강한 통치자에게 굴복할 수 있음을 실증적으로 보여주었다. 용케 "최고 수준의 번영을 구가할 수 있었던" 서구 사회들은 분명 성공적으로 "자유와 헌법의 기틀을 다진" 사회이기도 했다. 카이르 알딘은 얼마든지 이 점을 인정할 준비가 되어 있었다. 하지만 의회 제도와 "권리 보장에 의해 확보된 대중의 자유"가 서구의 전유물이어야 할 까닭은 없었다. 모든 게 유동적이었다. 상황은 바뀔 수 있었던 것이다. 그는 "다른 지역·문화·종교에 속한 민족들이 이러한 정치 방식을 잘 식별해서 차용하는 일을 막아선 안 된다"고 주장했다. 그러면서 "다른 데서 가져왔다는 이유만으로 …… 올바른 어떤 것을 무시하거나 마다할 이유가 어디 있는가?"라고 물었다.[29]

이 같은 주장과 관련해서 눈에 띄는 대목은 바로 그것들이 등장한 시기다. 《각국 상황에 관한 지식에 이르는 가장 확실한 길》은 카이르 알딘이 추방당하고 그의 정치 생명이 끝난 것처럼 보인 1867년에 출간되었다. 더군다나 이때쯤에는 그가 공들여 작업하고 로비를 펼친 1861년 튀니지 헌법도 좌초된 상태였다. 하지만 이 모든 좌절에도 불구하고 그의 책에서는 희망과 자신감이 물씬 풍긴다. 카이르 알딘과 그의 동료 저자들은 튀니지인이 다른 이슬람 세계의 민족들과 마찬가지로 "고귀한 자유의 나무"로부터 이득을 취할 수 있다고, 더군다나 그들의 본질을 희생하지 않고도 그렇게 할 수 있다고 주장한다. 그는 이렇게 쓰고 있다. "아랍인은 지금껏 다른 사람들에 의해 흡수되지도, 그 과정에서 그들 자체의 본성을 바꾸지도 않은 채 자연스럽게 그들과 어울려왔다."[30]

카이르 알딘과 그의 공저자들뿐 아니라 1860년대와 1870년대 초에 활약한 여타 수많은 정치 개혁가들은 이 같은 유의 낙관주의 및 가능성에 대한 확장된 감각을 드러냈다. 그런데 이것은 이 시기의 무력 전쟁을 특징짓는 독특하고도 중대한 구성 요소, 즉 미국 남북전쟁에 힘입은 결과였다.

미국 남북전쟁으로부터

미국 남북전쟁은 이 시기에 일어난 전쟁 가운데 가장 규모가 큰 것도 가장 치명적인 것도 가장 오래 끈 것도 아니었다. 하지만 다른 몇 가지 측면에서 주목할 만한 데다 널리 영향력을 떨친 전쟁이었다. 그것은 시작부터 성문 헌법에 대한 논쟁과 밀접하게 관련되어 있었다. 또한 백인이 아닌 사람들이 어느 정도 헌법 제도에 적극적으로 관여할 수 있느냐라는 질문이 늘어나는 것과 점진적으로 연결되었다.

이러한 갈등의 원천은 거의 틀림없이 1787년 헌법의 침묵에 있었다. 필라델피아 남성들은 그들의 길고도 비밀스러운 논쟁에서 노예제를 무시하지 않았다. 대표들 가운데 일부—다른 점에서는 보수적인 거버니어 모리스 같은—는 강력하고도 지적으로 거기에 반대를 표명했다. 하지만 막상 헌법을 작성할 때가 되자, '노예'와 '노예제'라는 단어는 신중하게 배제되었다. 이 새로운 아메리카 공화국에서 인간 속박은 암묵적으로 개별 주 정부가 결정할 수 있는 문제로 넘어갔다. 즉 연방 정부가 개입할 문제로 명시되지 않은 것이다. 장수한 존 애덤스(John Adams) 전 미국 대통령이 말년에 접어들었을 때 이렇게 탄식했다. "노예제는 우리 조국에 드리운 '검은 구름'과도 같았다." 물론 이 표현 자체도 인종적으로 굴절된 비유였다. 그것은 또한 미국의 노예제가 손쉽게 시정될 수 없을뿐더러 심각하게 위협적이라는 암시를 담고 있기도 하다. 애덤스가 같은 해인 1821년에 토머스 제퍼슨(그 자신이 남부의 노예 소유주였다)에게 띄운 편지에서 썼다. "이렇게 말할 수 있을 것 같습니다. 나는 빛나는 갑옷을 입은 깜둥이 군대가 진격하고 후퇴하는 모습을 보았노라고."[31]

상황은 실제로 남북전쟁이 발발하기 한참 전부터 여러 가지 방식으로이긴 하지만 변화하고 첨예화되었다. 한편으로 증기선과 철도에 대한 국제적 수요가 증가하고 그 이용 가능성이 커지자, 면화는 가치 측면에서 미국 최대의 수출 상품으로 사뿐히 떠올랐다. 그 결과 흑인 노예 노동에 대한 수요가 기하급수적으로 늘어났다. 1790년에 이뤄진 최초의 미국 인구 조사는 노예 수가 채 70만 명이 되지 않음을 확인했다. 하지만 그에 대한 1850년의 공식 총계는 320만 명으로 불어났다. 10년 뒤, 그들의 수는 400만 명을 육박했으며, 이 노예화한 이들 대다수가 남부 주에 포진한 대농장에서 일했다. 모든 대륙이 미국 남부 주의 주요 원자재(즉 면화)를 요구하고 있었던 데다 남부 주의 정치인들은 워싱턴에서 과잉 대표되고 있었다. 미국 남부 주들은 나른하게 졸고 있었던 것도 근대성에서 저만치 밀려나 있었던 것도 아니다. 오히려 그곳은 세계

에서 가장 활황인 데다 외부 지향적인 자본주의 사업의 중심지였다.[32]

그럼에도 남부의 대농장 주인들은 압박 증가에 시달렸다. 1850년 주 헌법에서 노예제를 금지한 미국 주들(하나만 예로 들자면 우리가 이미 살펴본 캘리포니아주)의 수가 처음으로 여전히 그것을 합법화한 주들의 수를 앞질렀다. 미국 흑인과 백인 사이에서 펼쳐진 노예제 폐지 운동은 증가일로였다. 더군다나 미국 밖에서도 19세기 중엽 노예제에 반대하는 공식 조치들이 재등장했는데, 이런 현상은 그저 관례적인 강대국들에서만 나타난 게 아니었다.

후사인 장군이 세상에 널리 알린 바와 같이, 튀니지는 1846년에 노예제를 폐지했다. 1850년대에는 에콰도르, 아르헨티나, 페루, 베네수엘라, 하와이 그리고 중국 '태평천국의 난'의 지도자들도 마찬가지였다. 일부 국가에서는 노예 해방과 더불어 흑인의 정치적 권리에 대한 부분적 접근을 허용하는 조치가 수반되었다. 따라서 1853년 콜롬비아에서는 노예제를 폐지함과 동시에 21세 이상의 **모든** 남성에게 투표권을 허용하도록 헌법을 개정했다. 이러한 초지역적 변화는 에이브러햄 링컨이 왜 미국의 노예제를 그저 유해한 제도에 그치는 게 아니라 정치적·국가적 망신거리라고 여기게 되었는지 설명하는 데 도움을 준다. 그가 투덜거렸다시피, 높은 수준의 노예제가 여전히 미국 일부 지역에서 지속되고 있다는 사실은 해외 비판론자들이 성문 헌법을 포함한 미국 정부 형태 전반을 공격할 수 있는 좋은 빌미가 되어주었다.[33]

1860년 11월 링컨이 대통령에 당선되었는데, 익히 알려진 바와 같이 유명한 노예제 반대론자가 최초로 백악관에 입성한 이 사건은 11개 남부 주들의 연방(the Union) 탈퇴를 촉발했다. 사우스캐롤라이나, 미시시피, 플로리다, 앨라배마, 조지아, 루이지애나, 텍사스는 1861년 1월에 탈퇴했다. 버지니아, 아칸소, 노스캐롤라이나, 테네시가 그 뒤를 따랐다. 이들 가운데 마지막인 테네시주의 경우 연합(the Confederacy)과 운명을 함께하기 한참 전, 주 지도자들이 1862년 초에 발효되는 새로운 헌법 초안을 작성하라고 명령했다.[34]

이 남부 헌법의 상당 부분은 1787년 필라델피아에서 초안이 작성된 헌법 조항을 베낀 것이었다. 새로 독립한 남부는 공화국이 될 예정이었다. 귀족 칭호는 금지되었으며, 대통령과 부통령을 둘 계획이었다. 이곳에서 상원의원과 하원의원이 되고자 열망하는 후보들은 북부에서와 동일한 나이 제한을 준수해야 했다. 하지만 이를 비롯한 낯익은 것들에 대한 추종은 관련된 근본적인 인습 타파를 거의 숨기지 않았다. 한때의 미합중국은 이제 끝났다. 어느 긍정적인 논평가가 말했다시피, 그것은 "사라진 것들 중 하나"가 되었다. 대신 그 영토는 2개의 경쟁하는 공화국으로 쪼개질 판이었다. 그렇게 되면 당연히 찬양받던 종전의 미국 헌법 역시 그리 광범위하게 적용되지 않을 것이다. 윌리엄 클레그(William Clegg)라는 이름의 루이지애나주 보병은 전투에 나서려고 터덜터덜 걸어가면서 자신의 일기장에 이렇게 끼적였다. "결국 그 어떤 성문 헌법이나 법률도 …… 분리에 반대하는 증거가 되어주지 못한다는 것을 나는 똑똑히 느끼고 있다." 그 전쟁에서 살아남은 클레그는 헌신적인 남부인이었다. 하지만 여전히 자신이 참여한 사건들의 논리와 타협하기 힘들다는 것을 깨달았다. 그리고 "한때는 모든 인간 정부 가운데 최고였던 우리 정부가 결국 실패작이고 하나의 실험에 불과했다"고 자인하지 않을 수 없었다.[35]

하지만 그것이 하나의 실험임은 분명했다. 이 점은 미국 내에서뿐만 아니라 미국 밖에서도 남북전쟁이 가장 관심을 끈 여러 측면 가운데 하나였다. 우리는 이 전쟁 초기에 인쇄물, 연설, 그리고 개인의 저술에서 성문 입헌주의의 발전이 뒷걸음질 치기 시작할지도 모른다는 예측이 이루어졌음을 확인할 수 있다. 1861년에 미국 헌법은 그 장르 가운데 현존하는 가장 오래된 사례로 쉽게 손꼽히고 있었다. 남아메리카와 유럽의 숱한 헌법이 드러낸 수명 제한을 감안해볼 때, 이제 미국 헌법이 내적 붕괴 직전이라는 전망을 접한 일부 관찰자들은 이런 식으로 정책을 실시하고 문서화하는 방법은 거의 끝물이라고 확신했다. 게임이 끝날 거라고 말이다. 그러나 점진적으로 관심을 독차지한 것은 바로 미국 남북전쟁이 흑인 노예제에 미치는 영향이었다.

1862년에 남부연합 주 헌법의 초안을 작성한 12명의 남성이 1787년 필라델피아 모델에서 이탈한 하나의 측면은 몇 가지 점에서 주의 권리에 더 많은 방점을 찍은 것이었다. 남부연합 주 헌법 전문에서는 "우리, 미국 국민"이 "저마다 자주적이고 독립적인 특성에 따라 행동하는 우리, 남부연합 주들의 국민"으로 달라졌다. 하지만 주의 권리는 결정적인 제약 아래 놓여야 했다. 이 헌법에 따르면, 그 어떤 단일 남부연합 주도 노예제에 대한 자체 입장을 완화할 수는 없었다. "사권박탈법(bill of attainder: 특정 집단이나 특정 개인을 재판 없이 처벌할 수 있는 법—옮긴이), 소급법, 또는 니그로 노예의 재산권을 부정하거나 손상하는 법률이 통과되어선 안 된다." 남부의 분리 독립이 성공하려면 이 광대한 지역 전반에 걸친 노예제의 영속화가 확실히 동반되어야 했다.[36]

이 점에 관한 인식이 여러 지역으로부터 관심을 끌어 모았다. 이는 인도주의적·종교적·경제적 근거에 대해서뿐 아니라, 그것이 미국 외부에 미칠지도 모를 영향에 대해 서로 충돌하는 격렬한 논쟁을 불러일으켰다. 1861년 말에 개혁적인 캘커타의 언론인이 썼다. "인도의 복지에 관심 있는 모든 사람은 분명한 몇 가지 이유 때문에 미국에서 더없이 느리게 전개되고 있는 위대한 투쟁을 주의 깊게 지켜보아야 한다." 남부연합 헌법 초안의 사본(그것이 이미 북부 인도에 당도했다는 사실 역시 놀랍다)을 살펴본 그는 이 텍스트가 백인의 오만과 억압에 대해 좀더 일반적으로 드러내주는 바를 우려했다. 이 남성은 이렇게 자신의 고뇌를 드러냈다. "영국인 인도 통치자들은 과연 백성에게 자치를 가르치고, 그런 다음 본인들의 권력을 내려놓고자 하는 의도나 희미한 바람이나마 가지고 있을까?" "토착민을 좀더 높은 차원으로 끌어올리고자 하는 진정한 열망이 있을까?" 그에게 유일한 위안거리는 라이베리아와 아이티의 흑인 공화국에서 "노예가 그들 자체의 자원을 이용해서 정치적 역량을 발휘할 수 있음을 보여주었다"는 점이다. 그는 "자체 헌법을 갖춘 이 두 국가는 확실히 노예들, 그리고 대체로 '태생적인' 노예들에게 자치 능력이 있음을 입증해주었다"고 말했다.[37]

하지만 미국 남북전쟁의 발발이 비백인 민족들의 권리 주장과 열망에 관한 폭넓은 논의에 급속도로 영향을 미치고 있었음에도, 1861년 남부연합에 맞선 전쟁에 가담한 대다수 미국인은 자신들의 승리가 자유 흑인, 또는 비자유 흑인의 **정치적** 권리 향상을 수반할 거라고 기대하지 않았다. 그것을 달라지게 만든 것은 전쟁 자체의 진화적 성격이었다. 전쟁은 과거에 그 어디에서 이용 가능했던 것보다 더 많은 치명적인 기술을 집중적으로 동원하며 치러졌다.

남북전쟁 전에 남부 출신 정치인—1840년대와 1850년대의 많은 기간 동안 미국의 전쟁장관직을 독식하다시피 했다—도 북부 출신 정치인도 미국 군대를 근대화하는 데 상당액의 세금과 노력을 쏟아부었다. 600야드 정도의 거리에서도 치명적인 대구경 탄환을 이용한 고속 장전

소총이 정확도가 훨씬 떨어지는 낡은 머스킷총을 대신했다. 100야드 거리에서도 사살 가능한 6연발 콜트 리볼버(회전식 연발 권총)와 더불어 연철(鍊鐵) 포차가 도입되었다. 산업혁명은 또 다른 측면에서도 상황을 변화시켰다. 철도는 1853~1856년의 크림 전쟁과 1857~1859년의 인도 세포이 항쟁에서 이용된 적이 있었다. 하지만 미국에서는 북부뿐 아니라 남부에서도 철도의 가용성과 군사적 잠재력이 그보다 더 컸다. 남부연합 주들이 그 북부 이웃 주들보다 근대화가 덜 된 것은 사실이었다. 하지만 장거리에 걸쳐 면화를 항구 도시들에 다량 운송해야 했던지라 남부에서도 철도 확장에 거금이 투입되었다. 1861년 미국 남부의 철도망은 1만 6000킬로미터에 걸쳐 뻗어 있었다.[38]

나머지 장소들에서도 점점 더 그랬던 것처럼, 미국에서도 광범위한 철도를 사용할 수 있게 되면서 전쟁의 패턴과 인적 비용이 달라졌다. 철도가 온전한 상태를 유지하는 한 공격 세력은 그것을 이용해서 적의 영토에 발 빠르게 침투할 수 있었다. 반대로 철도는 수비 세력이 취약 지역으로 증강 병력을 급파할 수 있도록 도와주기도 했다. 이것이 바로 남부연합군이 1861년 7월에 버지니아주 불런(Bull Run) 전투에서 한 일이었다. 그들은 기차를 통해 연신 새로운 병력을 투입함으로써 그 전투의 역학을 바꾸고 끝내 승리를 거두었다. 철도는 중요한 전투 지대에서 다수의 군대가 신속하게 모이도록, 그리고 (결정적으로) 전쟁이 길어지는 동안 무기, 식량, 말, 인간 총알받이를 정기적으로 공급받도록 거들었다. 철도 보급선이 열려 있고 새로운 병력이 꾸준히 증강되는 한 이제 군대는 훨씬 더 오랫동안 싸움을 이어갈 수 있었다. 그 결과 군대는 특히 좀더 정확한 신형 속사포를 장착했을 경우, 과거의 그 어느 때보다 한층 더 빠르고 지속적으로 훨씬 더 많은 사람을 살상할 수 있었다.

54 죽은 아프리카계 미국인 및 백인 연방 병사들이 전쟁터에서 나란히 누워 있는 모습. 1865년 출간된 소묘 작품.

주로 이러한 기술 변화에 힘입어 미국의 남북전쟁은 엄청난 속도로 인간을 소모했다. 그 전쟁이 발발하기 전인 1861년에는 미국 정규군이 1만 7000명을 밑도는 상태였다. 하지만 1865년 그 전쟁이 끝날 무렵에는 남부연합 주들만 쳐도 100만 명 남짓한 군인을 징집하고 장비를 갖추었다. 이는 전체 백인 인구 600만 명의 6분의 1에 해당하는 수치였다. 북부에서도 병사 수가 급증했다. 북부 연방의 군인 총수는 1862년 1월 이미 57만 명에 달했다. 이 수치는 3년 뒤 거의 96만 명으로 불어났다.[39] 하지만 이 전쟁의 양편은 서로 퍽 다른 인력 문제에 직면했다. 남부는 내내 군대의 일꾼이나 짐꾼으로서, 그리고 그곳의 농업 경제와 철도를 유지하기 위해서 비자유 흑인 노동력을 활용했다. 그러다가 그 전쟁 막바지에 이르러서야 남부 지도자들은 기꺼이 인종

차별적 이데올로기를 접어두고 흑인 전투 부대의 모집을 고려하게 되었다.

북부 정치인과 장군들이 직면한 문제는 그와 달랐다. 남부연합 주들은 온전히 살아남기만 하면 됐고, 그에 따라 그들의 자치를 공고히 할 시간을 얻는 것으로 족했다. 하지만 북부는 연방을 되찾고, (점차 공언된 목적으로 자리 잡았다시피) 노예제를 폐지하기 위해, 살아남는 것 이상의 일을 해야 했다. 그들의 군대는 분리 독립된 남부 주들에 해당하는 광대한 지역을 공격하고 정복하고 점령해야 했다. 이것을 달성하려면 북부 지도자들은 자기편 병사들이 죽거나 다치는 속도를 감안할 때 점점 더 인종을 초월해서 과감하게 병사를 소집하지 않을 수 없었다.

이는 점진적이며, 종종 마지못한 과정이었던 것으로 드러났다. 버지니아주와 테네시주에서 대가가 큰 일련의 전투를 치른 뒤이자, 그보다 훨씬 더 큰 패배로 판명 난 메릴랜드주와 켄터키주에서의 전투를 앞두고 있던 1862년 7월, 의회가 흑인 남성의 군사적 참여를 보장하는 새로운 민병대법을 통과시켰다. 하지만 백인과 흑인의 조건이 동등하지는 않았다. 북부를 위해 싸우기로 선택한 흑인 민병대는 매달 10달러를 지급받았으나, 같은 경우 백인 민병대는 13달러에 피복(被服) 수당까지 챙겼던 것이다.[40] 마음을 뒤흔드는 링컨의 1863년 1월 1일 노예 해방 선언(Emancipation Proclamation)에서도 타협의 흔적은 역력했다. 노예 해방 선언은 애초에 그가 전년도 여름 네 장의 종이에 작성한 문서였다. 이것은 남부연합 주들에서의 노예제 종식을 선언했고, 그것의 해체 작업을 북부 군대에 맡겼으며, 흑인의 연방 군대 입대를 촉구했다.

현재 미합중국에 대하여 반란 상태에 있는 것으로 간주된 주 또는 일부 주에서 노예로 있는 모든 사람은 1863년 1월 1일부로 영원히 자유의 몸이 될 것이다. ……그리고 본인은, 적합한 조건을 갖춘 자는 미국 군대에 입대해서 요새, 진지 및 기타 부서에 배치되고, 모든 종류의 선박에도 배치될 것임을 선언하고 알리는 바이다…….[41]

그 어느 때보다 신중하고 실용적이었으며, 동맹을 긴밀하게 유지할 필요가 있었던 링컨은 변함없이 연방에 충성을 보여온 4개 노예 주—델라웨어, 메릴랜드, 미주리 그리고 그 자신이 태어난 곳인 켄터키—에서 속박된 채 살아가는 흑인의 운명을 여전히 불확실한 상태로 남겨두었다. 이들 지역에서는 1864년이 되어서야 꽤 많은 흑인 신병 모집이 정식 승인되었다. 하지만 그 무렵 흑인은 연방 육군과 해군으로 몰려들었고 하이브리드 전쟁에 배치되었다. 다해서 약 20만 명이 육군 병사와 수병으로 복무했는데, 그들 가운데 14만 명은 한때 노예였을지도 모른다. 훨씬 더 많은 수의 흑인이 남북전쟁에서 북부를 위해 육군 노동자로 근무했을 가능성도 있다.[42]

북부의 군사적 노력에 참여한 흑인 수가 많다는 사실을 전후 한동안 보장된 자유 및 헌법적 변화와 관련해서 지나치게 배타적으로 강조하는 것은 옳지 않다. 1861년 한참 이전에도 흑인 활동가 및 노예제 폐지론자들은 자기방어와 남성적 자기 인식의 수단으로, 그리고 평등한 흑인 (남성) 시민권에 대한 주장을 보강하는 방편으로, 호전적인 언어 및 계획을 사용하는 데 점점 더 많은 관심을 기울였다. 일부 미국 도시에서는 흑인들이 초법적인 민병대를 조직하고 훈련을 실시하기도 했다. 또 어떤 흑인들은 〔아프리카인과 아메리카 원주민의 후예로 1770년 보스턴 '학살'에서 영국 군대에 의해 살해된 크리스퍼스 애턱스(Crispus Attucks) 같은〕 애국적인 흑인 영웅들을 숭배하기도 했다.[43] 흑인이 1860년대에 대거 연방 군대로 합류하기 시작했을 때, 이 같은 행동을 흑인 시민권 및 흑인 남성 투표권에 대한 요구와 연결 짓는 일련의 표현과 사상은 이미 나와 있었다. 펜실베이니아의 수많은 흑인 육군 참전 용사를 위한 개선문에 적힌 글귀와 같이 "자유를 수호하는 자는 누구나 선거권을 가질 자격이 있다".[44]

하지만 그러함에도 불구하고 미국 남북전쟁의 발발은 상당한 중요성을 지녔다. 만약 그 전쟁이 일어나지 않았더라면 남부의 농장주들이 그렇게 빠른 속도로 사라질 수는 없었을 것이다. 또한 전쟁 전에 이미 노예제 폐지론적 급진주의가 부상했음에도 남부의 노예제 역시 그렇게 빠른 속도로 폐지될 수는 없었을 것이다. 더군다나, 그리고 반세기 전에 남아메리카의 독립 투쟁에서 나타난 바와 같이, 광범위하게 흑인의 군 복무에 의존해야 할 필요성은 사람들의 마음을 집중시키는 데 기여했다. 그것은 과거에는 소극적이었지만 정치적으로 막강한 일부 백인 미국인들로 하여금 (만약 그런 일이 없었다면 그토록 빨리 고민하지 않았을) 양보와 변화를 받아들이도록 강요했다. 그럼에도 에이브러햄 링컨은 로버트리 장군이 애퍼매톡스(Appomattox)에서 율리시스 그랜트(Ulysses S. Grant) 장군에게 항복한 날로부터 이틀이 지난 1865년 4월 11일 저녁이 되어서야 비로소 백악관 발코니에서 "흑인의 군 복무가 헌법적 권리에 대한 그들의 접근성을 향상시킨다"는 아이디어에 대한 조건부 지지를 **공개적으로** 표명했다.

어떤 사람들이 보기에 유색 인종 남성에게 선거권이 없다는 사실은 불만스러울 것이다. 나 자신은 이제 선거권이 대단히 지적인 이들, 그리고 **군인으로**

서 우리 대의에 복무한 이들[강조는 저자]에게 부여되는 편을 선호한다.[45]

사흘 뒤인 4월 14일 밤 10시, 워싱턴 DC의 포드 극장(Ford's Theatre)
에서 존 윌크스 부스(John Wilkes Booth)라는 이름의 한 남부연합 지지자
가 링컨의 머리에 총을 쏘았다. 그는 백악관의 축축한 운동장에서 링컨
이 하는 위의 연설을 들으며 서 있었던 인물이다.

이것은 미국 역사의 세트 피스(set piece: 연극, 영화, 음악 작품 등에서 특정
효과를 낳기 위해 쓰는 잘 알려진 패턴이나 스타일—옮긴이) 가운데 하나이자 일
반적으로 중대한 역사적 '가정'—즉 그 일이 일어나지 않았다면 어떻
게 되었을까?—의 대상 가운데 하나다. 남북전쟁에 뒤이은 정치 재편
도 마찬가지다. 링컨이 암살되기 몇 달 전인 1865년 1월에 의회는 공
식적으로 노예제를 폐지한, 미국 헌법 13차 수정안을 통과시켰다. 이제
애초 헌법의 침묵은 깨졌고, 그들은 '노예제'라는 단어를 삽입함으로써
이 제도가 "미국 내에서는 절대 존재하면 안 된다"는 것을 분명히 했
다. 3년 뒤인 1868년 7월에 미국 헌법 14차 수정안이 통과되었다. 이것
은 모든 미국인이 연방 차원에서든 그들 각각의 주에서든 시민으로서
권리를 향유할 수 있도록 명시했으며, 다른 한편 (적어도 문서상으로는) 각
주가 이 권리를 가로막거나 희석하지 못하도록 막았다. 어떤 미국 주도
"그 사법권 내에 속한 개인이 평등하게 법의 보호를 받을 수 있는 권리
를 부정해서는 안 된다". 1870년에는 미국 헌법 15차 수정안이 통과되
었다. 이것은 "남성의 투표권을 인종, 피부색, 또는 과거의 노예 이력 때
문에 …… 거부하거나 축소해선 안 된다"고 선언했다.[46]

이 같은 연속적인 변화가 가져온 효과는 미국 헌법을 새로운 방식으
로 무기화할 가능성이었다. 1800년부터 남북전쟁이 발발할 때까지 미

국 헌법은 딱 한 번 수정되었다. 이제 불과 5년을 거치는 동안, 3개의 새로운 수정안이 추가되었다. 더군다나 이 수정안들은 미국 고위 정치의 작동 방식에 주력한 게 아니었다. 또한 행정부의 권한을 제약하는 데 대한 것도 아니었다. 오히려 그 반대였다. 미국 헌법은 많은 부분 남북전쟁의 승자들에 의해 재설계되었다. 한편으로는 워싱턴이 각각의 주에 더욱 적극적으로 관여하도록 허락해주기 위한, 다른 한편으로는 시민 신분의 범위와 정치적 권리의 성격을 변경하기 위한 목적에서였다. 더군다나 여기에는 패배한 남부에 좀더 포용력 있는 새로운 주 헌법을 부과하는 조치가 곁들여졌다. 따라서 1869년에 여전히 연방 군대의 엄중한 점령 아래 놓여 있던 버지니아주는 21세 이상의 모든 남성 시민에게 선거권을 부과하겠다고, "아이들이 무지하게 성장하는 것을 막기 위해" 모든 흑인과 백인에게 공교육을 제공하겠다고 약속했다.[47]

미국 내에서 이러한 재설계 조치는 분열적이고 편파적인 결과를 낳은 것으로 드러났다. 하지만 대외적으로는 그 효과가 흔히 인정받는 것보다 좀더 광범위하고 창의적이었다. 남북전쟁에서 북부의 승리, 노예제 폐지, 그리고 미국 헌법의 극적인 재설계를 통해 인종차별주의 구조가 일부 제거된 것처럼 보이는 상황, 이 모든 것은 가속화하는 변화와 진화하는 가능성에 대한 진즉부터 강력했던 감각을 한층 키워주었다. 일부 지역에서는 즉각적인 반응이 나타났다.

의회가 (곧바로 미국 남부에서의 흑인 투표권, 그리고 흑인이 주와 연방의 공직에 선출될 수 있는 권리로 귀결된) 재건법(Reconstruction Act)을 통과시킨 1867년은 이를테면 뉴질랜드에서 획기적인 헌법적 변화가 일어난 해이기도 했다. 그해에 뉴질랜드에서 통과된 법률은 원주민인 마오리족에게 그 나라 하원에서 의석 4개를 차지할 수 있는 권리를 부여했다. 그리고 백인 뉴질랜드 거주민에게는 1879년까지 재산상의 자격 요건을 충족하도록 요구한 반면, 21세 이상의 **모든** 마오리족 남성에게는 이제 재산과 무관하게 투표권을 부여했다. 분명 만약 인구에 따른 비율적 대표성을 적용한다면 마오리족은 당시 뉴질랜드 입법부에서 4개가 아니라 15개 의석을 확보해야 마땅했을 것이다. 그럼에도 변화를 말해주는 또 하나의 신호가 있었다. 바로 흑인으로 간주되는 모든 남성에게 투표권이 주어진 것이다. 실제로 그들은 뉴질랜드에서 12년 동안 백인으로 간주된, 소득이 보통인 남성들보다 우월한 투표권을 행사했다.[48]

이러한 조치가 일정 정도 미국의 전개 양상과 연관되어 있었다는 데에는 거의 의심의 여지가 없다. 책임을 맡은 뉴질랜드의 식민지 총독 조지 그레이 경(Sir George Grey)은 전제 군주였고, 스스로도 인정하는 미국 헌법 숭배자였다. 그는 미국 남북전쟁에서 일어난 사건을 꼼꼼히 추적했으며, 에이브러햄 링컨의 말과 행동에 많은 영향을 받았다. 그에 대한 추도문을 작성하고 그의 부고를 썼을 정도로 그의 암살에도 깊은 충격을 받았다. 그레이의 이 같은 반응은 당시 광범위하게 볼 수 있었던 현상의 한 가지 예다. 링컨은 미국 헌법의 진지한 재건이 시작되기 전에 사망했음에도, 순교한 대통령을 둘러싸고 삽시간에 전개된 우상숭배는 그의 암살 뒤 미국에서 일어난 정치 변화에 국제적 관심이 쏠리도록 도움을 주었다.[49] 여러 대륙에서 얼마나 많은 지성인이 이 사건에 영향을 받았는지 보여주는 가장 극명한 예는 제임스 아프리카누스 빌 호턴이라는 남성의 아프리카를 위한 헌법 프로젝트일 것이다.

희망을 품고 아프리카로

호턴은 자리매김하기가 어려운 인물이다. 그를 너무 정확하게 배치하려고 시도하는 것은 실제로 시간 낭비다. 왜냐하면 그는 대다수 사람보다더 많은 서로 다른 정체성을 갖게끔 강요받았고, 그렇게 하기로 선택했기 때문이다. 1835년에 태어난 그는 지금의 나이지리아 남동부 출신인 이보족(Igbo) 부모의 유일하게 살아남은 자녀였다. 그의 부모는 대서양 횡단 노예상에게 붙들렸지만, 노예로 팔려가던 그들의 항해는 영국의 반노예제 순양함에 의해 중단되었다. 그들은 대신 시에라리온의 수도 프리타운(Freetown) 외곽의 한 마을에 자리 잡았다. 1800년대 초 이후 이곳 정착촌은 노예 무역에 반대하는 영국 해군 작전의 본부 역할을해왔다. 그곳은 또한 불확실한 영국의 서아프리카 침략에 대비한 기지로서, 그리고 값싼 (그러나 결정적으로 노예화되지는 않은) 흑인 노동력의 출처로서 기능하기도 했다.[50]

이러한 배경은 부분적으로 호턴의 복잡성을 설명해준다. 지금으로서는 이해하기 어려울 정도로, 그는 그 자신 및 부모의 해방자이자 보호자로서 영국에 신세를 졌다는 느낌을 받으면서 성장했고, 이것이 그의정체성 가운데 일부였다. 그의 아버지는 시에라리온에 머물던 어느 영국인 선교사의 성을 따서 가족 성(Horton)으로 사용한 것 같다. 하지만이름에 '빌(Beale)'을 끼워 넣은 것은 다름 아닌 호턴 자신이었는데, 이는 자신이 스타 학생으로 떠오른 프리타운 미션 스쿨의 영국인 교장을기리기 위한 것이었다.

하지만 호턴이 〔처음에는 킹스 칼리지 런던(King's College London)에서, 그런다음 에든버러 대학에서〕 의학을 공부하고자 영국에 도착했을 때, 그는 곧

55 외과의 소령 제임스 아프리카누스 빌 호턴.

바로 자신이 아프리카인임을 깨달았고, 그래서 또 하나의 이름 '아프리카누스(Africanus)'를 취했다. 그가 졸업하고 영국 군대에서 군의관이, 최종적으로 중령 계급과 맞먹는 외과의 소령(surgeon-major)이 된 뒤, 다시금 이름이 바뀌었다. 가장 유명한 사진에서 군복 단추를 단단히 잠근 그는 희끗희끗한 반백에 수염을 약간 기른 호리호리하고 눈에 띄게 건강한 모습을 하고 있다. 때로 군복 착용은 호턴이 제 자신의 생각과 느낌 일부를 억압하도록 요구했음이 분명하다. 그가 자신의 협력자에게 쓴 편지에서 이렇게 얘기하기도 했는데, 이는 사실 그 자신에게 건네는 말이기도 했다. "나는 내가 행하려는 것이 무엇이든지 그 일에서 너무 서두르지 말아야 할 뿐 아니라 열정의 명령에 굴복하지도, 성급한 조치를 취하지도 말아야 합니다."[51] 그러나 때로 이게 정확히 그가 하기로 선택한 것이었다. 그 같은 긴장감과 그가 더러 마주해야 했던 편견에도 불구하고, 호턴이 영국 군대에서 의사로 근무한 이력은 적잖은 이점으로 작용했다. 그가 서아프리카에서 (그 자신의 표현에 따르면 "우리 동포들 속에서") 일하고 여행하면서 성년기의 대부분 시간을 보낼 수 있었으니 말이다. 그는 봉급을 따박따박 받음으로써 개인적인 연구 및 모험적이고 공격적인 글쓰기에 필요한 자금을 조달할 수 있었다.[52]

하지만 호턴은 단순히 아프리카인과 영국인으로서 이중 의식을 지니고 있었던 것만은 아니다. 늘 책을 읽고 글을 쓴 그는 꾸준히 그 자신의 참고문헌 범위를 넓혀갔다. 때로 그는 다른 많은 사람에게와 마찬가지로 그 자신에게도 변화가 가속화하는 상태인 듯 보인 드넓은 대서양 세계라는 관점에 비추어 사유하곤 했다. 그는 흥분에 차서 미국 남북전쟁이 "위대한 미국 공화국의 …… 유색 인종 위상"을 얼마나 뒤흔들어 놓았는지, 시에라리온 동쪽과 인접한 라이베리아를 방문함으로써 미국

THE

INDEPENDENT REPUBLIC

OF

LIBERIA;

ITS CONSTITUTION AND DECLARATION OF INDEPENDENCE;
ADDRESS OF THE COLONISTS TO THE FREE PEOPLE
OF COLOR IN THE UNITED STATES,

WITH OTHER DOCUMENTS;

ISSUED CHIEFLY FOR THE USE OF THE FREE PEOPLE OF COLOR.

PHILADELPHIA:
WILLIAM F. GEDDES, PRINTER, 112 CHESTNUT STREET.

1848.

56 필라델피아에서 나온 '자유의 몸이 된 유색 인종을 위한' 1847년 라이베리아 헌법 인쇄물.

에서 일어난 사건들에 대해 *그가* 얼마나 많이 알게 되었는지 썼다.[53]

라이베리아는 1822년 미국식민협회(American Colonization Society: 노예 신분에서 해방된 흑인을 아프리카로 재이주시키는 정책을 추진한 미국의 정치 단체—옮긴이)가 미국에서 자유의 몸이 된 흑인 이민자를 위한 피난처로서 만든 곳이다. 애초 그 정착촌의 정부 형태를 규정하고 그에 헌법을 제공한 것도 바로 그 조직이었다. 하지만 1847년에 현지의 흑인 및 혼혈 정착민은 라이베리아를 독립 공화국으로 선언하고, 그들 자체의 헌법 제정 회의를 개최했다. 그 대표들 가운데 한 사람은 "라이베리아 국민은 그들 자신의 정부를 위한 헌법을 제정하는 데 '백인'의 도움 따위 필요치 않다"고 주장했다. 결국 이 남성들이 초안을 작성한 문서는 이렇게 선언했다. "모든 권력은 국민에게 있다. 모든 자유 정부는 그들의 권한에 의해, 그들의 이익을 위해 설립된다. 아울러 스스로의 안전과 행복에 필요하다고 판단될 경우 그것을 변경하거나 개혁할 수 있는 권리를 지닌다." 1862년에 남북전쟁 관련 요구와 씨름하느라 신경이 어수선해진 워싱턴은 마침내 이러한 질서를 묵인했다.[54]

호턴은 라이베리아의 조직 및 정부의 몇 가지 특성에 대해 비판적이었다. 토착 이보족의 일원인 그는 아프리카계 미국인 지도자들이 (흑인 정착민과 구분되는 존재로서) 흑인 아프리카 원주민을 1847년 헌법 조항에서 배제한 방식이 마음에 들지 않았다. 그럼에도 라이베리아는 그의 사상과 주장이 발전하는 데 중요했다. 그 나라는 아프리카 혈통의 흑인이 "그들 자체의 정부를 꾸릴 수 있는 완벽한 능력이 있음"을 실제로 보여준 예였다.[55] 라이베리아는 또한 그들이 백인의 개입 없이도, 그리고 다른 흑인 공화국인 아이티를 종종 특징짓곤 한 모종의 권위주의 체제에 빠지지 않고도 (또는 그런 것처럼 보이지 않고도) 스스로 헌법 초안을 작성할 수 있음을 입증했다.

마침내 호턴은 흑인과 아프리카인의 잠재력에 대한 자신의 견해를 심지어 대서양보다 더 넓은 틀에서 정립했다. 그는 1866년에 "일국의 역사는 세계 역사의 일부를 구성한다"고 썼다.[56] 그가 깨달은 것처럼, 아프리카인이 처한 상황을 이해하고 개선하려는 사람들은 세계의 과거와 현재에 주의를 기울일 필요가 있었다. 이것이 그가 집필하고 출판한 책에서, 그리고 영향력 있는 개인들에게 띄운 편지에서, 그리고 수시로

기고한 신문 기사에서 하고자 했던 일이다. 호턴은 논리적 근거에 따라, 고대 세계에서 로마는 유럽의 "야만 부족"을 정복함으로써 그들에게 "1100년 동안 (이제 인기가 덜한 지역의 국민을 깜짝 놀라게 만든) 엄청난 발견과 개선으로 이어진" 발전 경로를 따르도록 강제했다고 판단했다. 그는 "하지만 세계적 변화의 속도와 규모가 인상적일 정도로 커짐에 따라, 아프리카 자체의 근대화를 향한 진보와 그 잠재력의 온전한 달성은 유럽이 먼 과거에 겪은 경험보다 훨씬 더 빨라질 수밖에 없다"고 주장했다. 튀니지의 카이르 알딘처럼 호턴도 '기나긴 1860년대'의 기술적·산업적 변화로부터 압도적으로 낙관적인 결론을 이끌어냈다.

> 놀라울 정도로 신속한 통신을 가능케 해주는 전기 전신, 인쇄술, (철로 및 항로와 관련한) 증기 기관 같은 근대적 발명품을 보노라면 나는 마음속으로 결코 의심하지 않는다. 프랑스와 영국은 높은 수준의 문명에 도달하기까지 1100년이 걸렸지만, 최소한 일부 서아프리카가 진보적 발전에서 유럽과 경쟁하게 되기까지는 그보다 훨씬 더 짧은 시간이 걸리리라는 것을 말이다.[57]

근대화가 지니는 해방적 힘에 대한 이런 확신은 끝끝내 호턴과 함께했다. 그는 1883년 비교적 젊은 나이에 사망했는데, 그 전에 그가 마지막으로 뛰어든 모험 가운데 하나는 서아프리카에 상업 은행을 설립한 일이었다. 프리타운과 라고스(Lagos: 나이지리아의 도시—옮긴이)에 지점을 두어서 아프리카인 무역업자와 기업인이 좀더 손쉽게 돈을 빌릴 수 있게 하려는 의도에서였다.

경제 성장에 대한 이 같은 관심은 그의 헌법 개혁주의와 딱 들어맞았다. 호턴은 유럽인 유입자들도, 서아프리카 자체의 현 집권 수장들도 그 지역이 절실하게 필요로 하는 도로망·철도·학교·은행·기업 등에 투자할 가능성이 없다고 믿었다. 이런 일이 일어나도록 하려면 조직적인 정치 재편이 필요했다. 서아프리카는 자치 국가들로 재구성되어야 했다. 초기에 그는 이 같은 아이디어를 1868년에 출간한 자신의 책《서아프리카 국가와 국민(West African Countries and Peoples)》, 그리고 런던에서 발생하는 복음주의적 신문 〈아프리칸 타임스(African Times)〉 ─ "교육받은 아프리카인을 찾을 수 있는 아프리카 해안의 모든 정착촌"에서 유통되고 있음을 자랑으로 삼는 신문 ─ 에 기고한 기사들에서 소개했다.[58]

호턴은 서아프리카에서 (그리고 잠재적으로 그 대륙의 다른 곳에서) "각각 거국 내각이 통치하는 다수의 정치 공동체"를 출현시킬 필요가 있다고 촉구했다. 그는 자신의 고국 시에라리온이 양원제 입법부를 갖춘 선출 군주국으로 재빠르게 전환할 수 있다고 생각했다. 그리고 잠비아 역시 선출 군주제를 갖추어야 한다고, 25년 내에 자치 정부를 수립할 채비를 갖출 수 있으리라고 말했다. 그는 연안의 황금해안(Gold Coast: 오늘날 가나공화국의 일부로 예전에는 노예 무역 중심지였다─옮긴이)을 판테족(Fante) 왕국과 아크라(Accra)공화국으로 분리해야 하고, 아크라공화국에서는 선출된 대통령이 최대 8년 임기를 수행해야 한다고 제안했다. 라고스와 그 자신이 속한 이보족의 지배 지역 역시 "독립적이고 통합되고 기독교적이고 문명화한" 국가로 발전해야 했다.[59]

호턴의 경우 종종 그렇듯이 이 모두는 보이는 것보다 더 급진적이었다. 그의 동료 흑인 활동가이자 서인도제도인에서 라이베리아인으로 전환한 에드워드 윌모트 블라이든(Edward Wilmot Blyden)과 달리, 호턴은 미국이나 카리브해 연안 등지에서 아프리카인 후예들을 실어옴으로써 아프리카와 그곳의 정치를 변화시키는 것은 고려하지 않았다.[60] 호턴이

보기에, 그들 자체 대륙의 정치적 르네상스 작업에 뛰어들어야 하는 것은 다름 아니라 토착 흑인 아프리카인이었다. 비록 지도자로서 역할에 관한 한 흑인 아프리카의 소수 교육받은 중산층 엘리트 출신 남성에 의존해야 하지만 말이다. 더군다나 그의 계획이 강력한 아프리카 공화국과 더불어 강력한 아프리카 군주제의 창설을 촉구한 것이긴 했으나, 호턴은 이 새로운 국가들 모두가 '보편적 참정권(universal suffrage)'을 채택하는 모습을 마음속으로 상상했다.

'남성 참정권(manhood suffrage)'과 뚜렷하게 구분되는 것으로서, 그가 '보편적 참정권'이라는 구절을 사용했다는 사실은 꽤나 흥미롭다. 호턴은 열렬한 독서광이었으며, 지나치다 싶으리만치 근면 성실하고 영리한 남성이었다. 그래서 그가 여기에서 엄벙덤벙 그런 언어를 사용했을 가능성은 없다. 실제로 그는 아마 1861년 런던에서 출간된 존 스튜어트 밀(John Stuart Mill)의 《대의정부론(Considerations on Representative Government)》을 읽고 영향을 받았을 것이다. 그 책에서 밀은 '남성 참정권'이 남성 유권자에게 "여성과 구분되는 계급 이익"을 부여한다는 점을 근거로, 그것을 어리석은 명칭이라고 비판했다.[61] 부단히 여성의 참정권을 공개 지지해온 앵글로-스코틀랜드 지식인이자 정치인인 밀은 '보편적 참정권'의 신중한 사용을 한층 선호했으며, 호턴도 (아마 같은 이유에서) 그와 마찬가지였다. 각기 저마다의 성문 헌법을 갖춘 여러 자치적인 서아프리카 국가들에 대한 그의 관점은 남성뿐 아니라 여성에 의한 투표도 포함하고 있었던 것으로 보인다. 그는 새로운 서아프리카에서의 여성 교육 개선과 관련해 이렇게 적었다. "사회에서 여성의 지위는 잘 정의되어야 하며, 여성의 권리에 대한 그 어떤 자의적 침해도 용인해서는 안 된다."[62]

물려받은 재산도 높은 사회적·정치적 지위도 없으며 영국 군대에 고용된 자수성가한 일개 흑인 의사가 1860년대와 1870년대 초 저술과 인쇄물에 이런 유의 소상한 프로젝트를 표현하고 제기할 수 있다고 느낀 이유는 과연 무엇일까? 훨씬 더 중요한 것으로, 아프리카인이든 유럽인이든 그보다 더 지위가 높고 정치권력도 많은 일부 개인이 호턴의 글을 연구하고, 단기적이긴 해도 그에 주의를 기울이게 된 까닭은 무엇일까?

그 해답 가운데 일부는 이미 자명할 것이다. 여러 면에서 반박의 여지없는 빼어난 개인인 제임스 아프리카누스 빌 호턴 역시 통상적인 일을 했다. 그는 정치적 변화 및 가능성에 대한 감각이 고조되던 '기나긴 1860년대'를 배경으로 활동했다. 그는 파스칼레 파올리부터 나폴레옹 보나파르트를 거쳐 시몬 볼리바르, 러셀 엘리엇 등에 이르는 야심 찬 군인 계보에 속한 일원으로서, 그들의 작업에서 비롯된 물리적 이동성과 다른 사람들을 지휘하는 데에서 오는 자신감을 이용해 선택된 장소의 헌법 질서를 변경하는 계획을 추진할 수 있었다. 그리고 오랜 세월에 걸친 수많은 헌법 제정자와 마찬가지로, 호턴의 계획 역시 부분적으로 전쟁에 의해 촉발되었다.

1863~1864년 동안 그는 오늘날의 가나에 있는 강력한 아샨티족(Ashanti)에 맞선 참으로 변변치 못한 전투에 참여한 영국 서인도제도 연대와 동행했다. 이 같은 제국의 망신을 목격한 경험은 호턴에게 잊히지 않는 인상을 남긴 것 같다. "총, 탄약 그리고 기타 비축물의 운송 수단을 확보하는 데 엄청난 어려움을 겪었다." 그는 이 사건에 대해 이렇게 적었다. 그런데 이 경우 궁지에 몰린 것은 아샨티족 군대가 아니라 외려 영국 제국 군대였다.

육군은 나무 우거진 울창한 숲을 통과하지 않으면 안 되었다. 때로 깊은 골짜기에 뛰어들어야 했는데, 그곳에서는 짙은 어둠 속에서 상상할 수 있는 온갖 빛깔을 뿜내는 꽃들이 달콤한 향내를 풍기는 한편으로 축축한 토양이 유해한 김을 내뿜었다. 이곳의 일부 지역에는 광대한 물웅덩이가 있었는데, 그들은 무릎 깊이, 때로 목 깊이가 되는 그곳을 건너야 했다. 규율이며 질서 정연함을 자부하던 그들로서는 커다란 치욕이 아닐 수 없었다. 또한 유속 빠른 깊은 개울이 가로놓여 있었는데, 거기에는 다리도 없어서 각자가 떠올릴 수 있는 최선의 방법으로 그곳을 건너는 도리밖에 없었다. ……그들 머리 위에서는 원숭이들이 얼굴을 찌푸린 채 재잘거렸다. ……거기에는 거대한 보아구렁이에서부터 …… 햇빛 아래 유유자적 일광욕을 즐기는 악어에 이르기까지 온갖 모양과 빛깔과 종류의 흉측하게 생긴 파충류가 득실거렸다.[63]

호턴은 나중에 이렇게 주장했다. "영국군은 군사 작전이 지속된 6개월 동안 아샨티족 적군이 어디 숨어 있는지 알아내는 데에서조차 고전했다. 아샨티족은 이곳 풍경에 훨씬 더 빠삭했고, 그 지역의 열기며 습도·질병에 더 많은 저항력을 갖추고 있었다."

자신이 받은 의학적 수련을 활용해서 백인 신체의 약점을 관찰하고 강조한 것은 호턴이 흔히 그 자신의 자신감을 강화하고, 흑인은 열등하게 태어났다는 설을 반박하는 데 사용하곤 한 전술이다. 하지만 그가 아샨티족에 맞선 전투에서 목격한 제국의 굴욕, 그리고 참전한 영국 군대가 주로 이질과 열병 같은 '기후 질병'에 취약한 정도는 그에게 그 이상을 뜻했다. 그것은 그가 나중에 자신의 헌법 프로젝트를 그토록 확신에 찬 채 밀어붙인 이유를 설명해준다. 다시 한번 말하거니와 호턴은 세계사적 관점에서 사고했다. 그가 자신의 독자들에게 상기시켰다. 과거 세기에 유럽인은 북아메리카 및 남아메리카와 오스트레일리아를 침략했으며, 그 과정에서 세균과 질병을 함께 가져감으로써 지역 원주민의 수를 크게 줄여놓았다고 말이다. 하지만 그 자신의 대륙은 달랐다. 아프리카는 거꾸로 침략자들을 죽였다. 이곳에 온 유럽인이나 다른 해외 유입자는 응당 "자기 존재가 조만간 사라지리라는 우울한 예감"에 젖었다.[64]

호턴은 서아프리카의 영국인이 이렇게 불평했노라고 인용했다. "우리는 왜 여기에 와 있는가? 포기하는 게 낫지 않을까?" 더군다나 이런 식으로 반응한 것은 비단 사람을 무기력하게 만드는 위험한 어둠 속에서 점점 더 길을 잃고 당혹스러움에 빠진 낙담한 병사들만이 아니었다. 1865년 아샨티족에 맞선 군사 작전의 실패와 비용이 많이 드는 여타 제국의 참패 및 방종의 여파로, 런던 의회 하원은 군을 철수하기로 결정했다. 한 의회 위원회는 "서아프리카에서 영국의 정책은 이제 토착민에게 정부의 모든 행정 업무를 넘겨주는 게 점점 더 가능해지도록 그들의 역량 발휘를 장려하는 것이 되어야 한다"고 제안했다.[65] 영국 제국은 짐을 싸고 있는 듯 보였다.

이런 상황에서 흑인이 지배하는 미래의 독립된 서아프리카 정부들을 위해 헌법적 플랜을 스케치하는 것은 그럴듯한 기획으로 보일 수 있었고, 그것은 비단 호턴 자신에게만 그런 게 아니었다. 영국이 서아프리카로 진출하면서 내세운 공식 명분 가운데 하나는 강적인 아샨티족의 침략 가능성으로부터 황금해안의 판테족을 보호하기 위해 자국 군대가 그곳에 주둔해야 한다는 것이었다. 1860년대에 영국이 아샨티와의 전쟁에서 거의 성공을 거두지 못한 결과는 이 전략에 의문을 제기하는 듯했다. 서아프리카 일부 지역에 널리 보도된 1865년의 의회 결정과 함께, 이것을 비롯한 여타 영국 제국의 실패는 3년 뒤 '판테족 연합(Fante Confederation)'이 출현하는 데 기여했다. 판테족 족장, 지역 왕, 서구에서 교육받은 관료와 상업 활동가 그리고 다른 인근 민족 대표로 구성된 이 느슨한 조직은 재빠르게 호턴과 연락을 취했다. 그 회원들 역시 실험적 헌법의 초안을 작성하기 시작했다.[66]

1871년에 작성된 판테족 연합의 성명서 가운데 하나는 이렇게 선언했다.

> 이 헌법에서 우리는 국민의 사회적 개선, 교육 및 산업의 발전, 그리고 요컨대 (영국의 박애주의가 황금해안의 이익을 위해 설계했을 **수도 있지만**, 현재 국가 전체를 위해서는 행하기 어렵다 싶은) 온갖 선을 위한 방법을 고려하고 있음을 보게 될 것이다.[67]

따라서 판테족 연합은 자치 정부를 위한 그만의 계획을 수립하고, 그 것을 실행에 옮기기로 결심했다. 또한 관료들이 선출될 거라고 제안했다. 그리고 새로운 국회, 대법원, 공동 방위 정책이 있을 예정이었다. 판테족 연합은 지역의 정치적·종교적 전통에 경의를 표하는 데에도 주의를 기울였다. 그곳의 1871년 헌법 초안을 작성한 곳인 오늘날의 가나 중부 해안 지역 만케심(Mankessim)은 판테어를 쓰는 민족에게 신성한 관례적 중심지였다.

하지만 판테족 연합 활동가들은 그들의 아이디어 일부를 제임스 아프리카누스 빌 호턴에게서, 특히 아프리카의 경제 발전에 대한 그의 제안에서 취하기도 했다. 새로 독립한 판테족 정부가 "모든 내륙 지역에 양질의 많은 도로를 제공할 예정"이라고 헌법 초안은 약속했다. 판테족 정부는 모든 지역 아동의 "교육을 위한 학교를 설립"할 계획이었다. 또한 농업과 산업을 촉진하고 새로운 작물을 도입하고 광물 발굴에 뛰어들고자 노력할 터였다. 더군다나 호턴 자신이 찬양했다시피, 헌법의 명령을 받으면서 흑인이 통치하는 이 새로운 판테족 국가는 '기본법'으로서 "평등한 권리와 보호, 그리고 정부에의 직간접적 참여를 모든 시민에게" 보장할 것이다. 호턴은 영국 식민지 국무장관에게 보낸 흥분에 찬 편지에서 이런 프로젝트에 대해 소상히 들려주고는 말미에 이렇게 휘갈겨 썼다. "단지 시작이 어려울 뿐입니다."[68]

상실과 유산

시작은 중요하지만, 그래도 시작은 여전히 시작일 뿐이다. 우리로서는 상이한 헌법 변화 프로젝트를 동시에 살펴보는 것 역시 중요하다. 그렇게 해야 여러 대륙에 걸쳐, 그리고 수많은 인종적·종교적·문화적 집단에 걸쳐 '기나긴 (몹시 호전적인) 1860년대'가 헌법 측면에서 얼마나 다양하고 창의적이었는지를 분명하게 확인할 수 있다. 그런데 1880년대에 이들 변화 가운데 (모두는 아니지만) 다수가 무산되거나 맥을 못 추거나 약화하는 과정에 놓인 것으로 드러났다.

가장 먼저 튀니지 헌법이 좌초했다. 그것은 1864년 4월에 철회되었는데, 그 이유는 한편으로 토착 농민의 반란과 성직자의 저항 때문에, 다른 한편으로 근대화 중인 튀니지의 변화가 인접한 그들의 식민지 알제리로까지 번질지도 모른다는 프랑스의 우려 때문이었다. 일부 개혁은 계속되었지만, 튀니지 통치자들은 점점 더 외채에 허덕였다. 1881년에 프랑스는 그 나라를 합병하고 1950년대까지 점령했다.[69] 후사인 장군은 이탈리아에서 망명 도중 숨졌다. 이탈리아는 그 자신이 북아프리카에서의 프랑스 제국주의를 공격하는 아랍어 출판물에 자금을 마련하고 자신의 두 딸을 돌보면서 분주하게 지냈던 나라다. 카이르 알딘에 관해 말하자면, 그는 결국 이스탄불로 피신해 마지막까지 오스만 제국의 근대화 계획에 매달렸다.

남북전쟁 이후 미국의 변화 또한 허우적거리면서 상당한 실패 속으로 빠져들었다. 1867년 재건법과 미국 헌법 15차 수정안이 통과된 이후, 아프리카계 미국인 남성은 과거의 남부연합 전역에서 유권자 대다수, 혹은 거의 대다수를 이루었고, 그들 중 많은 수가 투표에 참여했다. 하지만 이러한 진보는 주별로 빠르게 후퇴했다. 1876년에 민주당원들은 거래를 통해 남부에서 연방군을 철수하고, 거기에 자치(이는 백인우월주의로의 회귀를 뜻했다)를 허용하는 대가로 백악관에 공화당 대통령 러더퍼드 헤이즈(Rutherford B. Hayes)를 받아들이기로 합의했다. 남부 백인은 흑인의 투표 및 시민 생활에 대한 접근을 제한하고, 그에 따라 그들 자체의 지배력을 재주장하고자 엄격한 문해력 요구 조건을 부과하는 등의 전술과 더불어 폭력을 마음껏 휘두를 수 있게 되었다. 1914년에 남부 선거에서 흑인 투표자 수는 2퍼센트 미만으로 곤두박질쳤다.[70]

제임스 아프리카누스 빌 호턴 및 그의 계획이 겪은 운명 역시 여러 면에서 그만큼이나 암울했다. 아니 그보다 한층 더 암울했다. 호턴의 제안과 판테족 연합에 대한 영국의 공식 반응은 처음에는 찬반이 뒤섞여 있었다. 하지만 1874년에 이 조직은 끝내 와해되고 말았다. 영국은 다시 한번 아샨티족을 상대로 군사 원정에 뛰어들었고, 이번에는 성공을 거둠으로써 황금해안을 공식 합병했다.

이 새로운 영국의 영토 수탈은 오직 훨씬 더 광범위한 제국 쟁탈전의 일부에 불과했다. '기나긴 1860년대'에 전쟁의 유행은 많은 제국을 압박했다. 일부 제국은 후퇴하지 않을 수 없었다. 그리고 아프리카에 관한 한 그 무렵 제국의 침투 규모는 어쨌든 그리 대단치 않았다. 호턴과 판테족 연합이 1871년에 그들의 헌법 계획을 세웠을 무렵, 아프리카에서 식민 통치 아래 있던 지역은 채 10퍼센트도 되지 않았다. 하지만 1900년이 되자 상황은 백팔십도 달라졌다. 유럽 강대국들은 신기술을 무자비하게 사용함으로써 그 대륙의 땅덩어리 거의 대부분을 장악했다.[71] 호턴 자신은 신속하게 정치 프로젝트가 아니라 경제 프로젝트로 물러났지만, 여기에서도 최소한의 성공만 거두었다. 그는 시에라리온에 흑인 대학을 설립하려는 바람으로 런던 증권거래소에서 노련한 투자를 통해 용케 2만 파운드(오늘날 가치로 200만 파운드를 훌쩍 넘는 액수)를 모을 수 있었다. 그런데 그 돈조차 그의 자손들이 소송을 치르느라 몽땅 탕진하고 말았다.

그러나 **오직** 이처럼 슬프고 개인적인 결말에만 초점을 맞추는 것은 잘못이다. '기나긴 1860년대'에 헌법 프로젝트를 탐구하고 그로부터 잠재적 이득을 누린 민족의 수가 비약적으로 늘어났다는 사실은 여전히 남기 때문이다. 북아프리카와 서아프리카, 남아메리카, 미국 그리고 태평양 세계의 여러 지역에서, 헌법은 과거 그 어느 때보다 대담하게 비백인, 그리고 일부의 경우 비기독교인에게까지 확산했으며 그들에 의해 활용되었다. 이 프로젝트 상당수가 실패했다는 사실은 보이는 것만큼 그렇게 결정적이지 않았다. 모든 곳에서 성문 헌법에 대해 종종 제기되곤 하는 일반적인 비판은 그것이 대체로 오래가지 않는다는 점이었다. 맞는 말이다. 하지만 성문 헌법이라는 장치가 일단 어느 지역에 도입되면, 설사 나중에 실패한다 할지라도 그것이 모종의 공식 문서로 남아 있는 한 그 효과는 오래 지속되는 경향이 있으며, 쌓여 있다가 언젠가 소생할 수 있다는 것 역시 사실이다.

튀니지의 1861년 헌법이 그에 딱 들어맞는 사례다. 그 헌법은 급속도로 종말을 고했지만 그럼에도 불구하고 댐에 균열을 냈다. 그것의 출현은 한 이슬람 국가가 지역 행정부를 제한하고 권리를 확대하는 성문·인쇄 헌법 텍스트를 실험할 수 있다는 것을 과거 그 어느 사건보다 분명하게 시사했다. 다른 이슬람 정권과 행동가들은 즉각 이 사실에 주목했다. 한편으로, 오스만 술탄은 1876년에 단명하긴 했지만 영향력 있는 성문 헌법을 받아들이도록 설득당했다.[72] 다른 한편으로, 새로운 정치를 탐구하는 이슬람 사회의 중요성을 담은 카이르 알딘의 책《각국 상황에 관한 지식에 이르는 가장 확실한 길》은 빠른 속도로 그 나라 밖의 독자들에게까지 전해졌다. 오스만튀르키예어, 프랑스어, 영어뿐 아니라 페르시아어로도 번역된 이 책은 예컨대 인도의 이슬람 정치 개혁가들에 의해 연구되었다.[73]

튀니지 자체에서는 1861년 헌법의 실패가 일종의 성공으로 바뀌기도 했다. 프랑스가 그 나라를 점령한 뒤 튀니지 활동가들은 그 헌법의 폐쇄에 따른 일차적 책임이 (지역 베이가 아니라) 유입된 유럽인에게 있다는 전설을 조성하기 시작했다. 따라서 입헌주의는 식민지에 맞선 튀니지 민족주의의 발판이 되었다. 1920년 이 나라에 설립된 최초의 민족주의 정당은 '헌법'이라는 단어에 해당하는 페르시아어 두스투르(Dustûr)라는 이름을 채택했다. 이러한 추세는 내내 꾸준히 반향을 불러일으키고 있다. 이른바 '아랍의 봄(Arab Spring)'에서 튀니지의 상대적 성공은 과장된 것일 수 있다. 하지만 최근의 이 같은 정치적 폭발로 인해 2014년 새로운 튀니지 헌법이 제정되어 지금껏 내내 이어지고 있다는 사실은 1861년에 일어난 일의 또 다른 전설로 간주할 수 있다.

미국에서 역시 암울한 재건 실패가 이야기의 전모는 아니다. 확실히, 이 운동의 원동력이 잦아들자, 그 후 오랫동안―그리고 몇 가지 면에서는 심지어 오늘날에도―미국 흑인은 완전하고 평등한 시민으로 대접받지 못했다. 그럼에도 남북전쟁이 틀을 (완벽하게 깨뜨리지는 않았다 하더라도) 바꾸었다는 데에는 논란의 여지가 없다. 이 전쟁 이후 통과된 해방적인 헌법 수정안들은 미국 헌법 텍스트에 고스란히 남아 있었다. 매사추세츠주 출신의 급진적인 공화당 상원의원 찰스 섬너(Charles Sumner)의 유명한 말을 빌리자면, 그 수정안들은 "잠자는 거인"과 같았다. 장차 깨어나서 다시 널리 위세를 떨칠 수 있었던 것이다.[74]

에이브러햄 링컨과 그의 전쟁에 대한 기억 및 전설은, 뉴질랜드에서 급속도로 진행된 사례가 말해주듯이, 그 이후 발생한 다른 해방적인 계획들에도 기름을 붓고 불을 질렀다. 인도의 1949~1950년 독립 헌법 설계의 주요 책임자인 법학자 암베드카르(B. R. Ambedkar)가 그의 저술과 연설에서 에이브러햄 링컨을 수시로 언급했다는 것, 자기 나라가 그 헌법을 채택하기 전날에조차 그를 인용했다는 것은 의미심장하다.

암베드카르는 카스트에 기반한 인도의 '불가촉천민' 가운데 하나인 달리트(dalit)였다. 이것이 링컨과 미국 남북전쟁의 개혁적 결과가 왜 그에게, 모한다스 간디(Mohandas Gandhi)나 자와할랄 네루(Jawaharlal Nehru) 같은 좀더 유복하고 귀족적인 인도 민족주의자들의 경우와는 다른 정도로, 설득력 있는 참조 사항이었는지를 말해주는 한 가지 이유였다. 암베드카르는 새로운 인도를 단순히 독립적이고 정치적으로 민주적인데 그치는 게 아니라 좀더 공정하고 평등하게 만들어줄 수 있는 헌법을 원했다. 따라서 링컨이라는 인물, 미국의 남북전쟁, 그리고 한동안 배제된 흑인의 삶을 변화시키겠다고 약속한 그에 이어진 헌법적 변화는 그에게 각별하게 다가왔다.[75]

그렇다면 제임스 아프리카누스 빌 호턴과 판테족 연합의 노력은 어떻게 되었을까? 분명히 그들의 상황은 전혀 달랐고 훨씬 더 취약했다. 그들은 기존의 독립 국가 및 정부를 기점으로 활동하지 않았다. 그리고 자신들이 마음대로 할 수 있는 자원과 인력이 매우 제한되어 있어 오히려 이런 것들을 창조하고자 했다. 그래서 그들은 나중에 아프리카 민족주의자들이 뒤져서 재창조할 수 있는 대규모 공식 기록 보관소를 남겨놓을 만한 처지가 못 되었다. 활동가와 학자들은 아프리카에서 탈식민지화가 절정을 이룬 1960년대와 1970년대에 이르러서야 비로소 호턴의 삶과 저술을 진지하게 들여다보기 시작했다. 하지만 그때 이후 이 남성과 그의 작업에 대한 관심은 도로 시들해졌다. 나는 여전히 그에 관한 미활용 출처들이 남아 있다고, 훗날의 아프리카 저술에서 그의 사상이 메아리치고 있는 흔적을 발굴해서 좀더 꼼꼼히 분석해볼 필요가 있다고 생각한다.[76]

이미 분명한 것은 호턴이 뛰어든 정치 프로젝트의 성공 가능성을 철저히 파괴한 이른바 '아프리카 분할'이 성문 헌법의 확산에 복합적이고 양가적인 결과를 안겨주었다는 것이다. 유럽이 새로운 식민지를 개척하기 위해 이처럼 미친 듯이 경쟁한 상황—대부분의 경우 경제적·전략적 이득은 거의 제공하지 않았다—은 부분적으로 '기나긴 1860년대'를 거치면서 (다른 많은 것들도 그러하듯이) 제국들이 벌이는 각축의 성격이 달라졌고 점점 더 불안정해졌기 때문이다.

이 시기에 급격한 무력 투쟁의 결과, 에스파냐 같은 일부 유구한 제국들은 더욱 약해졌으며, (합스부르크 군주국 같은) 다른 제국들은 좀더 심각한 긴장감에 노출되었다. 같은 시기에 새롭게 힘을 얻은 신흥 제국들이 부상했다. 1870년 이후, 통일 독일은 스스로를 제국이라고 불렀으며, 그 지도자들은 육상에서와 마찬가지로 해상에서도 그에 따라 처신할 권리를 주장했다. 미국 역시 좀더 온전한 제국으로 떠올랐다. 미국은 혹자들의 예측과 달리 남북전쟁 뒤에 경쟁하는 두 공화국으로 쪼개지지 않았다. 미국은 손상되지 않은 상태를 유지하는 데 성공했으며, 1870년대에 점점 더 부유하고 좀더 자의식 강한 제국으로 거듭났다.

호전적이고 '기나긴 1860년대'에는 확신에 찬 제국 목록에서 또 하나의 놀라운 변화가 이루어졌다. 바로 재건된 일본의 등장이다. 1868년 이후, 그리고 또 한 번의 전쟁 이후, 이 나라의 정치 엘리트들은 노골적으로 근대화에 뛰어들었으며, 이 프로젝트의 핵심에는 일본의 성문 헌법을 만들려는 야심이 놓여 있었다. 이 문서의 수립과 지속, 그리고 그에 뒤이은 결과는 모든 것을 바꿔놓았다.

8

일본 제국주의의 부상

도쿄

1889년 2월 11일. 전통적으로 이날은 일본의 전설적인 초대 천황인 진무천황(神武天皇)의 즉위를 기념하는 축일이다. 하지만 이 특별한 월요일에는 북새통을 이루는 도쿄 사람들이 관례적인 수준을 훌쩍 뛰어넘는다. 100만 명 넘는 도쿄 자체의 거주민에다 주변 마을에서 달려온 사람들과 다른 도시에서 기차를 타고 찾아온 방문객들이 더해진다. 그들 가운데 많은 수는 자신이 가진 최고의 옷을 빼입고 그 기념 행사 기간 동안 자신을 지탱해줄 술병과 쌀통을 움켜쥐고 있다. 도심에 가까운 도로는 행진하는 악사들, 화려한 드레스를 차려입고 추위에는 아랑곳없이 예의범절 따위 나 몰라라 하는 게이샤 무리, 질서 정연하게 줄지어 선 학생들, 그리고 소와 남성들이 끄는 나무 수레 다시(山車)—도금한 탑과 채색한 신화적 인물들의 축소 모형을 실은 채 일련의 개선문을 통과해야 한다―가 뒤엉켜서 도무지 발 디딜 틈이 없다. 그러나 돌로 연결된 나무 벽과 정원에 의해 보호받는 궁궐 내부의 남녀들은 이 모든 소란에서 벗어나 있으며, 신중하게 연출된 일련의 의식에 정신이 팔려 있다.[1]

36세인 메이지 천황에게는 그날의 의식이 일찍 시작된다. 오전 9시 한참 이전에 그는 무거운 양단 궁중 의복을 차려입고 이미 궁궐 본당으로 향하는 중이다. 거기에서 그는 새 헌법의 준수를 맹세하고, 그의 조상신인 태양의 여신에게 그에 대한 승인을 구한다. 더 많은 신사에 절을 올리고 난 뒤에는 몰(장식용 수술)이 달린 군복으로 갈아입을 시간이다. 오전 10시 30분, 천황은 새로 제정된 국가 '기미가요(君が代)'가 연주되는 가운데 궁궐에서 가장 웅장하고 거대한 공간인 국정 식장(Hall for State Ceremonial)으로 입장한다.

아다치 긴코(安達吟光)가 그린 그림에 기초한 목판화는 이 시점에서 일어난 일에 대한 상상을 담고 있다. 그것은 천황이 검정색과 금색 술을 단 캐노피 아래 높은 연단에 서 있는 모습을 보여준다. 그 뒤편에는 그의 군주제를 상징하는 국화가 선명하게 장식되어 있으며, 붉은 양탄자가 그의 발아래에서부터 홀 쪽으로 구불구불 펼쳐져 있다. 그의 주변과 앞에 조신, 사신, 제복 입은 관리들이 도열해 있다. 그들은 양팔을 옆구리에 단단히 붙인 채 천황이 일본의 새로운 헌법이 적힌 두루마리를 고개 숙인 총리 구로다 기요타카(黒田清隆)에게 건네주는 광경을 지켜보고 있다. 오직 하루코(美子) 황후―그 의식에 참석한 극소수 여성 가운데 하나―만이 착석 상태를 유지하고 있다. 비록 천상의 위치에 있는 배우자보다 낮은 자리이긴 하지만 말이다. 그날 오후 이 천황 부부가 청소된 도쿄 거리를 지날 때, 한 호기심 많은 어린 소년은 그 천황의 눈길이 닿자 머리를 조아렸고, 신성한 존재와의 이 짧은 만남은 그 아이에게 커다란 의미를 안겨준 것으로 드러난다. 다음은 성년이 된 그가 쓴 시다.

제국의 깃발을 똑바로 든 기병들의 모습을 보았다.
그리고 뒤따르는 마차에서
두 분을 보았다.
그 순간 누군가의 손이
내 머리를 지그시 눌렀다.
나는 눈(雪)에 젖은 자갈 냄새를 맡았다.
"너는 눈이 멀게 될 것이다."[2]

1889년 이 특별한 날 도쿄에서 무슨 일이 일어났는지 제대로 파악하기는 여전히 어렵다. 표면적으로 당시 어느 외신 기자가 보도했다시피, 황궁에서 거행된 의식은 기본적으로 "군주가 국민에게 제공한 자유롭고 너그러운 선물"과 관련이 있었지만 "국민이 무엇에 대한 권리가 있다는 것인지와는 아무 관련이 없었다". 이 새로운 헌법의 공포로 일본 거주민이 공식적으로 시민으로 전환되지는 않았다. 그들은 유례없이 강력한 고대 왕조의 백성으로 남아 있었다. 새로운 질서에 관한 공식 논평에 따르면, 일본 천황은 "하늘에서 내려온 신성하고 성스러운" 존재였다. 그는 제 조상으로부터 "국가를 다스리고 통치할 수 있는 왕권"을 물려받았으며, "부단히 이어진 하나의 동일한 왕조의 혈통"과 "국가의 다른 모든 행정 및 입법 권한" 둘 다를 여전히 그 어느 때보다 강력하게 틀어쥐고 있었다.[3] 하지만 고대와의 연속성에 대한 이 온갖 강조에도 불구하고 겉으로 드러난 모습은 오해를 불러일으켰는데, 이것은 더러 의

57　새로운 황궁 의전실에서 국가 헌법을 공포하는 모습. 1889년 아다치 긴코가 상상해서 그린 그림이다.

도적이기도 했다. 이 새로운 일본 헌법의 선포를 묘사한 긴코의 빼어난 그림을 예로 들어보자. 그것은 보이는 것과는 다르다.

이 의식에서는 신문기자를 위한 공간 열 곳을 별도로 마련했지만, 그
날 그 황궁에 입장한 화가는 한 명도 없었던 것으로 알려져 있다. 따라
서 그 행사를 기념하고자 제작한 다른 일본 인쇄물들과 마찬가지로, 긴
코의 묘사는 많은 부분 상상의 산물이다. 그 국정 식장은 1945년에 폭

격으로 사라졌지만, 이를테면 황실 옥좌 양편에 벽시계가 설치되어 있었을 것 같지는 않다. 긴코는 자신의 그림에 시계를 끼워 넣었는데, 이 것은 부분적으로 천황의 공식 입장 시점이 오전 10시 30분임을 알리기 위해서였다. 그날 참석한 증인들은 그 장소 자체는 어둡고 압도적으로 붉게 치장되어 있었다고 증언했다. 그러니만큼 그의 판화에서 현란함을 자랑하는 선명한 노란색·초록색·자주색 역시 엄밀한 묘사가 아니다. 그것은 오히려 이 당시 일본에서 일어나고 있던 많은 변화 가운데 하 나를 보여주는 예다. 판화 제작자들이 오랫동안 선호해온 미묘한 식물 성 염료는 주로 독일에서 수입된 값싸고 조잡한 아닐린 염료에 빠르게 자리를 내주고 있었다. 전년도에 완공된 제국 궁궐 자체와 마찬가지로, 국정 식장의 전기 조명, 그리고 황후 하루코가 입은 겹겹으로 디자인하 고 치마받이 틀(과거 여자들이 치마 뒷부분을 불룩하게 만들기 위해 입었다—옮긴 이)을 댄 장밋빛 고급 실크 드레스와 마찬가지로, 긴코의 작품에서 실제 로 완전히 전통적이거나 오래전에 만들어졌다고 볼 만한 것은 거의 없 었다.[4]

하지만 이 화가의 가장 의미심장한 손재주는 비가시적인 것이었다. 그는 메이지 천황을, 총리에게 헌법을 **수여할** 때 연단에서 가장 높은 곳에 서 있는 모습으로 표현했다. 새로운 일본의 정치 질서는 그야말 로 위에서 확립하고 부여받은 것이었다. 하지만 천황 자신은 헌법을 건네주기 전에 추밀원(樞密院: 국왕을 위한 정치 문제 자문단—옮긴이) 의장이 던 또 다른 각료 이토 히로부미에게 헌법 두루마리를 건네받았다. 역 사가 캐럴 글럭(Carol Gluck)의 말에 따르면 "의례적으로 천황은 그저 한 과두 정치 일원의 손에서 다른 과두 정치 일원의 손으로 그 문서를 전 해주었을 따름이다". 적어도 이 판화에서는 긴코가 조심스레 무시한 점이다.[5] 이것은 절대 천황의 역할이 중요하지 않다는 것을 의미하는 게 아니었다. 온갖 측면에서 천황의 역할은 결정적으로 중요한 상태를 유지했다. 하지만 1889년에 그는 일본에서 주도적인 행위자라기보다 다른 사람들에 의해 영향을 받는, 없어서는 안 될 행위자였다. 그의 각료들이 때로 언론에 털어놓았다시피, 일본의 천황은 체스판 위의 왕과 비슷했다. 그가 없으면 그 게임은 끝나고 마는 것이다. 하지만 게임이 이어지는 동안 그는 많은 적극적인 선수들의 움직임에 영향을 받았다. 더군다나 이 새로운 헌법은 국내 및 그가 지배하는 영토 밖의 많은 다른 사람들에게와 마찬가지로 그에게도 중대한 변화를 수반하고 가속화했다.

일본 자체에 관한 한 새로운 헌법은 놀라운 변화를 야기했다. 그 나라의 자유주의적 정치인 가운데 한 명이 언급한 바와 같이, 지배적인 상황을 감안할 때 이 1889년 헌법은 "결코 국민이 결정한 것일 수 없었다". 그는 이렇게 말을 이었다. "하지만 우리는 일본 국민이 이제 헌법을 지닌 국민이라는 사실을 잊어서는 안 된다."[6] 그들은 단일 문서에 담긴 일련의 기본법을 소유한 상태로 도약했다.

성문 헌법은 1830년대 이후 더욱 빠른 속도로 북·남미와 유럽 이외의 지역으로 퍼져나갔다. 하지만 이 비서구 헌법들 가운데 일부는 곧바로 실패하거나 철회되었다. 그리고 그 상당수는 튀니지·하와이·핏케언처럼 세계적 영향력이 제한적이거나 거의 없는 작은 지역에서 출현했다. 일본의 경우는 확연하게 달랐다. 일본의 1889년 헌법은 동아시아에서 이행된 최초의 것으로, 이 정치 장치가 세계적 현상이 되고 있음을 더욱 확연하게 보여주었다. 게다가 면적이 37만 8000제곱킬로미터에 이르는 일본은 작은 나라가 아니었다. 그 나라는 최근 통일을 이룬 독일보다 면적이 더 넓었다. 더군다나 그 나라 헌법은 단명하지 않을 터였다. 그것은 20세기를 한참 지나서까지 잘 유지되었는데, (애초 전쟁에 의해 촉발된 것처럼) 전쟁에 의해 산산조각 났을 뿐이다. 게다가 일본이 1889년경에 빠르게 끌어 모은 경제적·군사적·기술적·문화적 권력은 이 헌법이 여러 대륙으로부터 광범위한 관심을 끌어 모을 수 있도록 보장했다. 따라서 도쿄에서 일어난 사건은 계속되는 추세를 보여줌과 동시에 새로운 서막을 알리는 것이기도 했다. 1889년 이곳에서 일어난 일들은 변화하는 세계 질서를 보여주고 촉진했다.

폭력적 변화

몇 가지 면에서, 이 일본 헌법의 출현은 통상적인 경로를 따랐다. 그것이 형성되는 데 영향을 준 것은 무력이라는 현실과 그에 따른 두려움이었으며, 이는 대내적 사건 및 사상뿐 아니라 대외적 압박과도 관련이 있었다. 17세기 초 이후 일본의 지배 권력을 차지한 것은 쇼군(将軍)이라는 칭호를 얻은 역대 도쿠가와(德川) 막부의 우두머리들이었다. 반면 당시의 통치 천황은 존경받기는 했지만 도쿄 궁궐에 물러앉아 있었다. 그러나 국내 문제에 미치는 쇼군의 영향력은 변동이 심하고 제한적이었다. 1850년대에 일본은 여전히 250개의 별개 행정 단위로 분열되어 있었는데, 그 각각은 고유한 관료 체계, 군대, 과세 제도를 갖추었으며, 쇼군에게 복종해야 했지만 실질적으로 상당한 자치를 누린 준(準)영주 다이묘(大名)가 이끌었다. 이처럼 높은 수준의 분권화는 그 나라의 섬 해안선이 길다는 사실과 더불어 일본이 점차 각축을 벌이는 해외 제국

들의 해상력 증가와 야심에 점차 취약해지도록 내모는 요인이었다.[7]

도쿠가와 일본은 통치자 일부의 노력과 야심에도 불구하고 결코 더 광범위한 상황 전개로부터 완전히 단절된 적이 없었다. 그것은 지역 시장(market)들에 통합되었으며, 중국이나 네덜란드 상인 세대를 통해 다른 대륙과도 오랫동안 연결되어 있었다. 하지만 19세기 중엽, 외세 개입의 규모와 잠재적 위험은 점차 커져만 갔다. 영국은 두 차례의 아편전쟁(1839~1842년과 1856~1860년)을 일으켜서 일본이 오랫동안 관계를 맺어온 이웃 동아시아 제국이자 군주국인 중국의 해안을 침략했다. 미국은 점점 더 태평양에서 자국의 해상 및 상업 역량을 뽐내고 있었다. 1853년 7월에, 1812년 전쟁과 '멕시코-미국전'의 퇴역 미 해군 매슈 페리(Matthew Perry) 준장이 증기 구동 해군 순양함, 대포, 수병, 군악대를 이끌고 에도만(지금의 도쿄만) 입구에 도착해서 위협적으로 일본의 항구 및 시장에 대한 미국의 접근권을 요구했다.

얼마 후, 또 하나의 외국 순양함이 당도했다. 이번에는 러시아 제국 해군의 팔라다호(Pallada)였다. 러시아 제국 해군은 이제 규모 면에서 영국 왕립해군에 버금가며 북태평양에서 두드러지게 활약하고 있었다. 팔라다호에는 훗날 소설 《오블로모프(Oblomov)》를 쓴 이반 곤차로프(Ivan Goncharov)가 승선해 이 항해에서 또 한 편의 베스트셀러를 집필하느라 여념이 없었다. 이 순양함은 일본 서부 나가사키 연안에 정박한 뒤, 다른 연안 지역들을 조사하고자 항해에 나섰다. 팔라다호의 임무는, (1854년 2월 한 번 더 방문한) 페리의 흑선 소함대가 지닌 임무와 마찬가지로, 일본을 러시아 제국의 영향력과 무역업자들에게 개방하는 것이었다. 새로운 약탈자들도 가세했다. 1860년 9월에 4척의 프로이센 전함이 일본 해안에 상륙했다. 이는 상업 조약의 체결 가능성, 그리고 진즉부터 관심이 커지고 있던 독일의 추가적인 유럽 해군 기지 및 식민지 획득 가능성을 타진해보기 위해서였다.[8]

일본은 이 같은 해상 침략에 맞서 방위력을 강화했다. 하지만 침략 횟수가 늘어나고 그들이 강탈해갈 수 있는 이권이 늘어나자, 도쿠가와 정권의 정당성이 약화했으며, 그에 대한 반대가 더욱 대담해졌다. 주로 이에 따른 결과로서, 일본은 1868년 초부터 1869년 여름까지 보신전쟁(戊辰戰爭)이라고 알려진 내전에 휘말렸다. 여기에는 주로 일본 서부 출신의 지위 낮은 무사 가문과 궁정 귀족이 연루되었는데, 그들은 도쿠가와 쇼군과 그의 군대에 맞서 무기를 들었다. 그런데 천황의 이름으로, 아울러 그의 권한 및 일본의 자치와 위신을 재확인하기 위한 목적이라고 공언하면서 그렇게 했다. 결과적으로 육상과 해상에서 펼쳐진 전쟁에는 120만 명의 군대가 동원되었다. 그리고 서로 다른 전투 부대에서 근대적 무기가 광범위하게 쓰였다. 그 전쟁은 적어도 공식적으로는 도쿠가와의 패배로 끝났다. 승리자들은 키 크고 여윈 어린 무츠히토(睦仁) 천황을 교토에서 데려온 다음, 에도에 있는 이전의 도쿠가와 본부로 옮겨놓았다. 그리고 그를 위해 '개화된 통치'라는 의미의 '메이지(明治)'라는 연호를 새로 만들었다.[9]

1868년 3월, 이 메이지 천황은 다른 사람들이 그를 위해 초안을 작성한 '5개조 서문(誓文)'에 지지를 표명했다. 1조: "심의회를 활성화하고 나라의 정치는 만사 여론에 따라 결정한다." 2조: "장차 일본의 모든 계층은 상하를 막론하고 단결해서 국사를 힘 있게 수행한다." 3조: "모든 평민은 문관이나 무관보다 그 중요성이 결코 덜하지 않으며, 이제 자유롭게 그들 '자신의 천직'을 추구할 수 있다." 4조: "과거의 악습을 깨고 공정한 국가의 법을 근본으로 삼는다." 5조: "전 세계에서 지식을 얻어 황국의 기반을 다진다."[10]

이 야심 찬 작업의 모호함이 암시하다시피, 새로운 일본의 지배 엘리트 주역들은 자기끼리도 결코 서로 단결하지 못했다. 게다가 그들은 스스로의 권력에 대해 안심하지도, 즉시 자신감을 보이지도 못했다. 그럼에도 그들이 빠른 속도로 성취한 것의 전체 규모는 부분적으로 이어진 10년, 즉 1870년대에 대한 일본 역사가들의 상대적 무시 탓에 잘 알려져 있지 않다. 더군다나 당시 메이지 엘리트들은 때로 자신의 행동으로 인한 변화의 전체 규모를 인정하기보다 보수주의와 연속성을 강조하는 데 열을 올렸다. 실제로 20세기가 시작될 무렵, 1868~1869년에 일어난 사건과 그 여파는 공식적으로 '메이지 유신'이라고 불린다. 한문에서 유래한 유신(維新)이라는 단어는 갱신과 재생이라는 의미를 내포하고 있다.[11] 그렇더라도 이 용어의 사용은 혁명을 인정하는 것과는 전혀 달랐다. 하지만 적어도 세 가지 측면에 비추어, 일본에서 보신전쟁의 종결과 1889년 새로운 헌법의 공포 사이에 일어난 일들은 급진적이고도 변혁적이었다.

첫 번째, 새로운 메이지 정권은 일본의 지배 질서와 경제적·사회적·기술적 조직에 급속한 변화를 가져왔다. 우선 과세를 중앙 집권화했으며, 그 세수 일부를 국가의 경제와 인프라에 재투입했다. 이미 1869년에 전신선을 전국적으로 개설하기 시작했다. 2년 뒤 새로운 우편 제도를 도입했다. 철로 건설을 우선적으로 실시했으며, 그 결과 1872년에 이미 도쿄가 철로로 주요 해외 무역 항구인 요코하마와 연결되기에 이르렀다. 새로운 은행 및 산업 정책도 추진했다. 1880년대에 일본은 20개 넘는 면사 방적 공장을 갖추었으며, 그 나라의 탄광은 거대하고 중요한 상하이 석탄 시장에서 영국·미국·오스트레일리아의 경쟁자

들을 서서히 앞지르고 있었다.[12]

두 번째, 상당한 일련의 변화는 아래로부터 왔다. 메이지 정부가 반(半)자치적인 무사 군인을 징병으로 대체하고, 의무 교육을 도입함으로써 일본 인구에 대한 통제력을 키우고자 애썼음에도, 1869년 이후 대중적인 비공식적 정치 운동과 권리 옹호가 현저히 증가했다. 이것이 가능했던 것은 인쇄의 가용성과 다양성이 비약적으로 커졌기 때문이다. 일본에서 인쇄술은 물론 새로운 게 아니었다. 일본은 18세기에 이미 수백 개의 책방, 책을 대출해주는 다양한 도서관, 그리고 저렴한 한 쪽짜리 신문 발행이라는 전통을 보유하고 있었다. 보신전쟁 이후 달라진 것은 출간물의 규모와 양과 내용이었다.

1864년에는 상업적 일본어 신문이 딱 한 개밖에 없었다. 하지만 1880년대에는 일본에서 출간되는 신문과 정기 간행물의 수가 런던에서보다 더 많다고 알려져 있었다. (그런데 1900년대 초까지, 심지어 가장 큰 일본 신문조차 영국·미국·인도의 신문들보다 판매 부수는 훨씬 적었다.) 서적 출판의 수준 역시 치솟았다. 1914년에 일본에서 각종 서적은 독일을 제외하고 전 세계 그 어느 곳에서보다 빠른 속도로 출간되었다. 1868년 이전에 이미 증가 일로이던 해외 정치 텍스트의 번역물 역시 점점 더 수가 많아졌다. 존 스튜어트 밀의 철학 에세이 《자유론》은 1872년에 처음 일본어로 소개되었다. 그로부터 10년 뒤 장자크 루소가 쓴 《사회계약론》의 일본어판이 출간되었다.[13]

이처럼 들끓는 인쇄술이 광범위한 변화와 더불어 일본 사회에서 소박한 수준으로나마 개인들에게 미친 영향을 보여주는 예는 지바 다쿠사부로(千葉卓三郎)라는 이의 경험과 각성이었다. 무사 출신인 지바는 아주 어렸을 적에 친부모를 여의고, 어린 시절 보신전쟁을 겪으면서 파국적인 혼란에 시달렸다. 열일곱 살에 불과한 그는 "입대 소집에 응해 보병이 되었으며" 도쿠가와 막부를 위해 싸우는 동안 두 차례 실전 경험을 했다. 지는 쪽에 속한 그는 기본적으로 떠돌아다니면서 "진리를 추구하는 방랑자", 영원한 학생으로 지냈다. 그는 수학, 의학, 불교, 그리고 기독교의 여러 이형(異形)들을 탐구했다. 그러다가 1880년, 그리고 그의 짧은 생애 중 마지막 3년의 대부분 시간 동안, 도쿄 서쪽에 있는 목재 중심의 시장 도시 이츠카이치(五日市)에서 교사로 정착해 살았고, 그곳에서 얼마간 평화를 누리며 상당한 사회성과 성취를 일구었다.[14]

이츠카이치는 주로 상업 및 농업 중심지였음에도 이즈음 그 자체의 예술강연협회(Arts Lecture Society)를 두고 있었다. 정치 이론 및 근대적 정치 관행에 관심이 있는 지역 남성들이 죽이 맞는 부류를 만나 의견을 주고받는 연구 및 토론 집단이었다. 이즈음 일본에서 우후죽순으로 생겨나는 다른 많은 지역의 연구 및 토론과 마찬가지로, 30명 남짓한 회원을 둔 이 협회 역시 모임을 통해 밀·블랙스톤·로크·몽테스키외의 작품을 비롯한 서양 텍스트 번역물을 토론하는 데, 그리고 일본의 실제적 역사 및 신화적 역사, 그리고 유교 고전의 일화에서 끌어낸 정치적 교훈을 살펴보는 데 전념했다. 지바는 이 정기 모임에 참석하면서 외로움을 달래고 정신을 집중할 수 있었던 것 같다. 그는 그 협회의 다른 회원들과 함께 재빨리 조국의 헌법 초안을 작성하는 일에 뛰어들었다. 또한 일본에 입헌군주제를 도입하자는 열정적인 주장을 담아 〈왕의 길〉이라는 제목의 글을 쓰기도 했다.

"이 메이지 시대에 우리에게 필요한 것은 무엇인가? 입헌 정부, 그렇다. 그게 바로 우리에게 필요한 것이다." 그는 글의 첫머리를 이렇게 시작했다. 이어서 성문 헌법과 일본 의회를 갖추어야 한다고 강변했다. 특히 (1868년의 '5개조 서문'이 보여주었다시피) 천황 자신이 이 같은 변화를 '공개적으로' 찬성했기 때문이다. 그는 "하지만 일본 국민 역시 해야 할 중요한 역할이 있다"고 주장했다. 그들 역시 권리를 지니며, 그들 자신과 천황 사이에서 협력할 필요가 있었다. 그는 "지금이야말로 우리 국민이 제국의 바람에 부응해서 국민의 자유를 보장하는 입헌 정부를 건설해야 하는 새로운 시대의 가능성으로 불타오를 때가 아닌가?"라고 촉구했다. 그러면서 자신의 글이 "그들을 이해의 해안으로 실어 나르는 배 역할을 하기를" 희망했다.[15]

〈왕의 길〉은 허망하게 결핵에 무릎을 꿇고 만 그 허약한 저자와 함께 빠르게 잊혔다가, 1960년대에 어느 정원 창고에서 원고가 발견되고서야 비로소 다시 수면 위로 떠올랐다. 그것의 중요성은 그 구체적인 내용이라기보다 그것을 작성한 정황에, 그리고 그것이 실증적으로 보여준 바—즉 일본에서 1870년대와 1880년대에 **다양한** 형태의 입헌 운동 및 주장이 빠르게 전개되고 있었다는 사실—에 있다.

지바가 자신의 주장을 펼치면서 드러낸 자신감이 말해주다시피, 주도적인 메이지 남성들은 1868년에 '5개조 서문'을 공포함으로써—그리고 그에 따라 제국이 심의회, 광범위한 정치 토론, 정부 프로젝트에 대한 대중 참여를 승인하는 듯 보였던 것을 선언함으로써—다양한 비공식적 입헌 활동주의를 일정 수준 허락했다. 고의든 그렇지 않았든 그들은 이어지는 정치적·논쟁적 모임, 청원 운동, 신문 발행, 팸플릿 제작 및 번역 작업의 확산에 얼마간 정당성을 부여했다. 과거에 세계 다른 지역에서도 그랬던 것처럼, 일본에서도 이 시기에 비공식적인 헌법 제정을 향한 움직임이 일었다. 1867년부터 1887년까지 일본에서는 이같은 텍스트가 90개 넘게 제작된 것으로 알려져 있었는데, 분명 끝까지 살아남지 못한 텍스트도 더 많이 있었을 것이다.[16] 이 같은 비공식적인 일본 헌법 가운데 일부는 요구 사항이 급진적이었으며, 지바 다쿠사부로보다 훨씬 더 회복력 있는 남성들에 의해 작성되었다.

거기에 잘 들어맞는 극단적 예가 바로 우에키 에모리(植木枝盛)의 저술이었다. 중간 계급의 무사 가문 출신인 그는 다양한 여러 나라 헌법과 더불어 최근 일본어로 번역된 밀·벤담·루소·토크빌의 저작을 탐독했다. 그 자신이 쓴 저서 《일본 헌법의 사적 초안(A Private Draft of the Japanese Constitution)》은 1881년에 출간되었다. 우에키는 일본에 연방제 정부 구조가 도입되기를, 가능하다면 장기적으로 세계 연방도 창설하기를 바랐다. 그는 부당하고 억압적인 정부에 대한 무장 저항의 권리를 옹호했으며, 여성을 포함해서 모든 일본 납세자에 대한 투표권 확대를 지지했다. 우에키는 이 팸플릿에서 (자신이 쓴 다른 일부 글들에서와 마찬가지로) 본인이 염두에 둔 청중은 인구 전체라는 점을 분명히 하기도 했다.

허락해주신다면, 저는 일본의 명예로운 농부, 일본의 명예로운 상인, 일본의 명예로운 노동자와 장인, 그리고 그들 너머 일본의 명예로운 전사, 그리고 명예로운 의사와 뱃사공과 마부와 사냥꾼, 사탕팔이, 유모, 그리고 새로운 평민, 여러분 모두에게 겸허히 말씀드립니다. 여러분! 여러분은 제가끔 우리가 자유에 대한 권리라고 부르는 것, ……그 위대한 보물을 공평하게 소유하고 있습니다.[17]

하지만 이처럼 발전하는 '(결국 이렇게 불린) 자유 민권 운동'의 창의성과 에너지에도 불구하고, 이 같은 아래로부터의 열망과 요구는 보신전쟁에 힘입은 중요한 세 번째 혁명적 변화, 즉 상당히 새롭고 더욱 강인한 일본 지배 계급의 출현 및 권력 강화에 의해 약화했다.

이러한 변화에 대한 암시는 이미 1868년 **이전에도** 분명하게 드러났다. 이것을 보여주는 하나의 예가 1864년으로 연도 표시가 되어 있는 런던 은행권이다. 거기에는 하나같이 하급 무사 배경인 데다 그 나라의 남서부 끝에 있는 전통적으로 반(反)도쿠가와적인 조슈번(長州藩) 출신의 20대 초반 일본인 남성 5인의 서명이 적혀 있다. 1863년 5월, 이 5명의 남성은 해외여행을 금지하는 도쿠가와 막부의 판결을 무시하고 요코하마에 정박해 있는 상선에 변장을 한 채 잠입했다. 뱃삯 대신 뱃일을 하는 식으로 버티던 일행은 결국 상하이를 거쳐 말할 것도 없이 여전히 세계인을 끌어 모으고 있는, 세계에서 가장 부유한 대도시 런던에 용케 도착했다.

나중에 '조슈 5인(長州五傑: 쇄국령으로 해외여행이 금지되었을 때 영국으로 가서 알렉산더 윌리엄슨의 지도 아래 공부했다. 이들 중 2명은 일본의 유력 정치인이 되었는데, 바로 이노우에 가오루와 이토 히로부미다―옮긴이)'이라고 알려진 일행은 유니버시티 칼리지 런던에서 유학했는데, 거기에서 공학을 전공했다. 그들은 또한 서구의 권력, 부, 혁신 그리고 세력 범위의 지역적 원천들 가운데 일부를 탐구하기 시작했다. 그중 하나가 잉글랜드 은행이었다. 이 남성들의 대담함에, 그리고 아마도 그들이 자신들로서는 한 번도 가까이 접해본 적 없는 최초의 일본 개인들이라는 사실에 깊은 인상을 받은 그 은행의 고위 임원들은 그들이 1000파운드 은행권에 서명하도록 허락했다. 이 서명인들의 면면과 보신전쟁 이후 그들에게 일어난 일에 대해 잠깐 살펴보는 것은 그럴 만한 가치가 있다.[18]

그 5인 가운데 한 명인 이노우에 마사루(井上勝)는 1871년 일본 최초의 철도국장이 되고, 나중에 일본 최초의 증기 기관차 제조업체를 설립하기에 이른다. 또 한 사람인 엔도 긴스케(遠藤謹助)는 훗날 1871년에 설립된 새로운 일본조폐국의 국장 자리에 올랐으며, 통화 통일을 이룩하는 데 기여했다. 거기에는 야마오 요조(山尾庸三)도 포함되어 있었다. 1868년 이후 글래스고(Glasgow)에서 좀더 학업을 이어간 그는 일본에서 조선업과 철강업을 확장하는 쪽으로 발 빠르게 자신의 에너지를 돌렸으며, 이어 일본 최초의 공과대학을 설립했다. 네 번째 인물은 이노우에 가오루(井上馨)였다. 그는 1871년에 일본의 재무부(副)대신을 지냈고, 계속해서 그 나라 최초의 외무대신 자리에 올랐다. 1864년에 이 잉글랜드 은행권에 서명한 다섯 번째 인물은 입성은 추레하지만 당당하기 이를 데 없는 이토 히로부미였다. 일본 헌법의 가장 두드러진 촉진자가 된 인물이 바로 그였는데, 그는 장차 네 차례나 일본 총리 자리에 오른다.

여기 이 단 한 장의 외국 은행권에 실린 서명은 1868년 이후 메이지 유신에 힘을 실어주고, 흔히 그로부터 개인적 이득을 취했으며, 어떤 경우에는 그것의 혁명적 잠재력을 안내함과 동시에 억제하고자 힘써온 야심 차고 자수성가한 이들의 극단적 예다. 조슈 5인의 출신은 또 다른 것을 분명하게 말해준다. 그것은 보신전쟁 이후 일본에서 시행된 변화와 관련해서 너무 쉽게 제기되는 주장, 즉 그 변화가 철두철미한 서구화를 지향하는 작업이었다는 주장에 맞서는 데 도움을 준다.

조슈 5인은 1863년 런던을 향해 위험천만한 항해를 시작할 때, 분명 지식, 진보 그리고 새로운 경험을 찾아 나선 길이었을 것이다. 하지만 그들을 그렇게 하도록 내몬 것은 관대한 세계시민주의 정신이 아니었다. 그들 가운데 3명은 과거 에도 교외에 건설 중이던 새로운 영국 공사관 건물을, 시시각각 다가오는 일본에 대한 외세 개입의 사악한 증거로 간주하면서 불태운 사건에 가담했다. 연루된 방화범 가운데 한 명인 이토 히로부미 자신은 한 발 더 나아갔다. 정원사로 일하다가 무사 집단의 최하 계급에 속하게 된 남성의 아들로 1841년에 태어난 이토는 나머지 동료들과 마찬가지로 폭력을 훈련받았다. 그는 또한 전장 밖에서도 기꺼이 폭력에 의존함으로써, 개인적으로 천황에 대한 불경이라는 죄목으로 부당하게 고발당한 일본 학자를 암살하는 데 성공하기도 했다.[19]

이토는 나이가 들어가고 훨씬 더 막강한 권력을 휘두르게 되자, 겉모습이 좀더 품위 있고 세련되어졌다. 그뿐만 아니라 1863년에서 1864년 사이 영국에서 익히고 뒤이은 다섯 차례의 미국 방문을 통해 연마한 영어를 정기적으로 활용해서 미국 및 유럽 언론인들과 매끄럽게 인터뷰를 진행했다.[20] 하지만 서방 사회에 대한 이토의 태도는 시간이 가도 전혀 바뀌지 않은 것 같다. 유용한 아이디어, 제도, 발명을 위해서는 물론 세계의 이들 지역을 면밀히 조사하고 그들로부터 중요한 요소를 뽑아낼 수 있어야 했다. 하지만 외국에서 뭔가 차용하는 것이 부당하게 일본을 오염시키도록 허락하거나 자국의 가장 중요한 전통과 특성을 훼손하는 일이어서는 곤란했다.

군인 겸 입헌주의자인 튀니지의 카이르 알딘도 그러했듯이, 이토와 그의 막역한 동료들은 실제로 서방 국가들을 수시로 방문하면서 그저 유로-아메리카 세계를 관찰하고 배우기만 한 게 아니라 그 세계의 여러 측면에 대해 한층 비판적인 관점을 키우기도 했다. 우리는 이토가 수석 위원으로 참여한 이와쿠라 사절단(岩倉使節団)에서 일하는 동안, 이러한 생각을 가다듬었다는 것을 확인할 수 있다. 이와쿠라 사절단은 서방 국가에 관한 정보, 즉 그들의 정치 조직과 법률뿐 아니라 기술·산업·의학·과학에 관한 정보 수집을 위해 기획한 대규모 외교 사절단이

Die Japanesen, getreu ihrer Mission, die europäische Civilisation
kennen zu lernen, gewinnen in Essen einen Einblick in dieselbe.

58 1873년 3월, 에센(Essen: 독일 루르 공업 지대의 주요 도시—옮긴이)의 중요한 무기 공급업체 크루프(Krupp) 공장을 시찰 중인 일본 이와쿠라 사절단의 모습을 담은 독일 캐리 커처.

었다.[21] 이 사절단은 1871년에서 1873년까지 지속되었는데, 미국의 샌프란시스코와 워싱턴 DC, 그리고 영국·러시아 및 유럽 대륙의 주요 도시와 산업 중심지를 두루 방문했다.

워싱턴을 방문할 수 있었다는 것은 이토와 이 장대한 사절단의 다른 구성원들이 그곳에 보관된 미국의 헌법 문서를 연구하고, 국회의사당과 대법원을 방문하고, 미국의 정치인과 법조인과 만날 수 있다는 것을 의미했다. 하지만 그 사절단의 연대기 작가인 30세의 구메 구니타케(久米邦武)가 지적했다시피, 이 일본의 고위급 유력 인사들은 재건 시대 와중에 미국을 여행하고 그 나라 수도를 방문함으로써 또 다른 것에 대한 견해를 형성할 수도 있었다.

구메는 미국에서 어떻게 일부 흑인이 여전히 지독한 편견에 맞서야 했음에도 지금 미국의 하원의원으로 선출되는 데 성공했는지, 또한 "어떻게 다른 일부 흑인은 엄청난 부를 축적했는지"에 대해 정확하게 기록했다. 그는 이렇게 말을 이었다.

분명 인간의 피부색은 지능과 아무 관련이 없다. 통찰력 있는 사람들은 교육이 개선의 열쇠라는 것, 그리고 …… 10~20년 내에 재능 있는 흑인은 부상하되 **열심히 공부하거나 일하지 않는 백인은 낙오하게 될 것**(강조는 저자)이라는 믿음이 결코 터무니없는 게 아님을 인식해왔다.[22]

미국 자체에 관한 한 이것은 분명 시기상조인 판단이었다. 하지만 이는 구메가 '백인'의 이점과 힘이 덧없어질 가능성에 대한 이와쿠라 사절단의 방대한 설명을 기록한 내용 가운데 하나이기도 하다. 그는 사절단이 런던으로 이동할 때 잘못되게, 하지만 만족스럽게 이와 같이 기록했다.

"유럽 국가들에서의 현대적 부와 인구 현상은 …… 오직 지난 40년 동안에 이르러서야 확연해졌다." 상황은 변할 수 있었다. 세계의 상이한 지역과 상이한 사람들 사이의 권력 관계는 달라질 수 있었다.[23]

이처럼 아이디어와 인상과 필요성이 뒤섞인 결과—즉 서구 개입에 대한 뿌리 깊은 의혹, 미국과 유럽 일부 지역에 대한 광범위한 노출, 세계적으로 권력의 위치가 가변적이라는 느낌, 일본 자체 내에서 자유 민권 운동이 통제 불능으로 번져나갈 수 있다는 인식 증대가 한데 어우러진 결과—이토 히로부미와 그의 동료들은 어느 때보다 헌법 설계와 관련해서 '선택과 혼합' 정책에 이끌렸다.[24]

때로 이토는 개별 서양인들로 하여금 그들의 구체적 국가와 정부 체제가 이토 자신에게, 그리고 부상하는 일본에 가장 중요한 영향을 미쳤다고 믿도록 만들게끔 부추기곤 했다. 따라서 한 미국인 숭배자는 19세기 후반에 어떻게 한 위대한 인물이 미국의 헌법과 《연방주의자 논집》 둘 다를 샅샅이 연구했는지 자랑스럽게 출판물에 털어놓았다. 이는 아마 사실이었을 것이다. 필시 칼을 모으는 것만큼이나 부지런히 책을 사들인 이토는 알렉시 드 토크빌이 쓴 《미국의 민주주의》의 영어 번역서를 읽고 다른 사람들과 토론했다고 알려져 있다.[25] 하지만 그의 눈에는 **헌법적** 모범으로서 미국의 가치가 늘 그 자체의 공화주의적 정부 형태 탓에 제한적인 것처럼 보였다. 그리고 다른 메이지 통치자들과 마찬가지로 그에게도, 참조할 수 있는 좀더 중요한 곳들이 있었다.

이토는 1882년 유럽에 또 다른 사절단으로 파견되었는데, 이번에는 구체적으로 그곳의 다양한 헌법 제도를 조사하기 위해서였다. 그는 처음에 베를린을 찾았고, 거기에서 동료들과 함께 저명 독일 법학자 루돌프 폰 그나이스트(Rudolf von Gneist)와 함께 연구하면서 6개월을 보냈다. 그들은 그런 다음 빈(Vienna)에서 11주를 더 지내며 (독일과 오스트리아뿐 아니라 덴마크와 프랑스에 걸쳐 이력을 쌓은 법학자이자 경제학자) 로렌츠 폰 슈타인(Lorenz von Stein)을 위시한 그곳의 헌법학자들과 작업했다.[26] 중유럽의 제도 및 전문가들과의 이 같은 지속적 접촉이 미래의 일본 헌법에 미친 영향은 실로 지대할 것이다. 하지만 다시 한번 이토는 이 구체적 영향을 다른 영향들과 결합하는 데 주의를 기울였다. 1882년의 같은 여행에서 그는 런던도 방문했다. 이토는 그곳에서 다중 언어를 구사하는 변호사이자 학자 그릭스비(W. E. Grigsby)와 대여섯 차례 만남을 가졌다. 이제는 거의 완전히 잊힌 그릭스비는 이동성이 뛰어난 비교법 전문가로 과거 도쿄에서 그 과목을 가르치기도 했다. 그는 거기에서 훗날 일본의 민법 초안을 작성한 호즈미 노부시게(穗積陳重)를 가르쳤다.[27]

그리고 이토는 여러 대륙에 걸친 여행, 상담 및 독서 같은 다중적인 노력을 기울이는 가운데서도 줄곧 일본의 특정 관행 및 입장에 대해 적극적인 애착을 유지했다. 그가 이처럼 세심하게 계획한 혼합의 흔적은 그가 복식을 선택한 데에서도 여실히 드러난다. 여러 역사가와 인류학자들은 19세기 전반에 유로-아메리카 이외 지역의 야심적이고 진취적인 개인들, 특히 남성들이 어떻게 점차 서양 복식을 채택해서, 본인의 근대성을 드러내는 유용한 표식으로 셔츠, 타이, 짙은 색 재킷, 양복 조끼, 바지, 정장용 모자 등을 입기로 결정했는지 언급하곤 했다. 일본 자체에서는 1872년에 정부 관료들에게 서양식 복장이 의무화되었다.[28] 하지만 이토 자신의 복식 관례는 다른 것들의 경우와 마찬가지로, 의복에서도 내내 다중적 정체성을 유지하고 드러내는 게 가능함을 상기시켜준다. 오랜 이력 전반에 걸쳐 그는 다양한 민간 및 군용 서양 의상과 헤어스타일을 채택했다. 하지만 독사진이나 친구들과 찍은 사진들이 보여주듯이, 이토는 쉽게 기모노로 돌아갔다. 여름에는 희거나 옅은 색 기모노로, 겨울에는 검은색 기모노로. 마치 그가 영어 신문을 읽는 것과 일본어 및 한문 시 쓰기를 넘나든 것처럼 말이다.

마찬가지로, 이토는 헌법적 지식과 사례를 위해서 다양한 서양의 국가·문서·전문가에 의존하는 한편, 이를 고유한 일본의 제도·언어·신앙을 고수하려는 다짐과 결합했다. 이것은 비단 애국심의 발로만은 아니었다. 폰 그나이스트는 "헌법은 법적 문서가 아니다"라고 주장했다. 그에 따르면 그것은 오히려, 그리고 본질적으로, "한 국가의 정신과 역량"의 구현체였다. 이토는 그의 주장에 동의했다.[29] 단순히 (또는 주로) 모방적인 일본 정치 헌법을 설계하고 시행하는 시도는 부적절할 터였다. 그뿐 아니라 그것은 실패할 수밖에 없다.

따라서 이토가 1880년대 전반에 걸쳐 그사이 더러 해외를 돌아다니기도 하면서 일본의 공식 헌법을 제정하고자 열심히 일하는 동안, 그는 자국에서 자신의 수제자 이노우에 고와시(井上毅)의 도움을 받는 데 주의를 기울였다. 또 한 명의 보신전쟁 퇴역 군인 이노우에는 그 스스로의 서양인 인맥과 일련의 지식으로 무장한 인상적인 국가 관료로 성장했다. 그는 독일과 프랑스를 방문한 적이 있으며, 1831년에 벨기에 헌법과 1850년 프로이센 헌법을 직접 일본어로 번역하기도 했다. 하지만 또한 중국 및 유교 사상에도, 일본 고유의 법적 전통, 그리고 (그가 스스로 감지했다고 믿은) 자국의 종교적 믿음과 정치적 관행 사이의 관련성에도 관심이 깊었다.[30]

더군다나, 그리고 자신의 멘토이자 스승 이토와 마찬가지로, 이노우에는 일본에서 반체제적 경쟁 집단이 힘을 얻고 통제 불능으로 치닫기

59 기모노를 입고 있는 노년의 이토 히로
부미.

60 서양 의복을 입고 있는 노년의 이토
히로부미.

전에 빠르게 공식 헌법을 제정하고 이행해야 한다고 확신했다. 이노우
에는 이렇게 적었다.

> 만약 우리가 머뭇거리느라 이 기회를 놓친다면, 2~3년 내에 국민은 자기네
> 가 성공할 수 있다고 확신할 테고, 우리는 제아무리 많은 수사를 구사한다
> 할지라도 그들을 원래대로 되돌려놓기 어려울 것이다. ……여론은 정부가
> 제시한 헌법 초안을 저버릴 테고, 사적(私的) 헌법 초안들이 끝내 승리를 거
> 둘 것이다.

그와 이토는 문서에 명시된 정치 헌법이야말로 일본의 성공적인 근대화에 필수불가결하다는 데 동의했다. 하지만 한계가 있어야 하고, 엄밀한 계산과 주의가 필요했다. 이노우에는 "일본에서 근대화는 이제 막 시작에 불과하다"고 말했다.[31] 성문 헌법이 이 나라에서 성공하려면 그리고 안전하려면, 그것은 과거에 존재하던 것과의 연속성을 보여주어야 했다.

천황들의 새로운 헌법

따라서 일본의 1889년 헌법은 대단히 복합적인 성격을 띠었다. 이것이 그 헌법의 폭넓은 의미 및 생존력을 설명해주는 부분적 특성이었다. 한편으로 그것은 분명 독특했으며, 동아시아에서 시행된 최초의 정치 문서였다. 다른 한편으로 그것의 진화 및 저술 측면은 세계 다른 지역에서 일찍이 볼 수 있었던 유형과 흡사했다.

대부분의 선구적인 헌법처럼 이 일본 텍스트를 재촉한 요소 역시 전쟁과 계속되는 폭력의 위협이었다. 이 사회에서 헌법 운동이 증가한 데에는 (다른 곳에서도 흔히 그랬듯이) 인쇄물의 이용 가능성과 다양성 확대 역시 한몫했다. 과거의 헌법 제정자들과 마찬가지로, 주로 이 특정 텍스트를 형성한 책임자들은 다른 나라와 제국들에서 많은 것을 차용했다. 실제로 그들은 이제 여러 대양을 누비는 증기선과 장거리 철도망을 훨씬 더 활발히 이용 가능하게 되면서, 과거의 헌법 제정자들보다 더욱 체계적으로 그렇게 할 수 있었다. 그와 동시에, 그리고 튀니지나 하와이 등 헌법을 채택한 과거의 비서구 정치 체제와 마찬가지로, 메이지 남성들은 그들의 텍스트를 이용해서 지역적 차별성을 분명히 하고 세계적 관심을 더 많이 끌고 싶어 했다.

1889년 헌법과 더불어 공포된 공식적인 《일본 제국 헌법 주석(Commentaries on the Constitution of the Empire of Japan)》은 그 자체로 일본이 구체적으로 성취한 것, 그리고 일본이 근대성에 대해 확실히 이해하고 있다는 것을 널리 알리려는 의도에서 집필되었다. 그 소책자의 머리말은 이것이 "모두를 위한 안내서"임을, 즉 다른 민족과 정치 체제들에 국가 수립 및 헌법 설계가 어떤 이득을 안겨줄 수 있는지 들려주는 가이드북임을 분명히 했다.[32] 이토 히로부미의 이름을 달고 출판된 이 책은 160쪽 넘는 두께에 차후 영어와 프랑스어로 번역되기도 했는데, 실상은 대부분 이노우에 고와시의 작품이었다. 방대하고 심지어 학구적이기까지 한 이 책에는 상이한 서양 정치 체제 및 그들의 헌법적 관행에 대한 언급, 그리고 일본 자체의 역사·법률·고기록에 관한 해박한 언급이 가득하다. "한마디로 이 책은 그 땅의 관습과 고문서에 대한 연구에서 비롯된 결과처럼 보일 정도다."[33]

시작부터, 그리고 꽤나 의도적으로, 《일본 제국 헌법 주석》은 일본 천황의 중심성과 그가 의미하는 바(영원히 끊이지 않는 선형적 계승)의 중요성을 강조한다. 국화 왕좌의 신성함과 지속성은 좀더 광범위한 이 책의 전략적 주장─즉 이 새로운 일본 헌법은 혁신뿐 아니라 애국적이고 민족적인 정수와 영속성을 구현한다─에서 핵심을 차지한다. 그 책은 "원래의 국가 정치 체제는 헌법에 의해 결코 변하지 않으며, 그 어느 때보다 한층 확고부동해질 따름"이라고 주장한다.[34]

이토와 그의 동료 과두제 성원들은 일본 천황의 중요성을 강조함으로써 그를 이 새로운 헌법을 뿌리내리고 정당화하는 데 활용하고 싶어 했는데, 이것이 바로 그들이 근본적으로 독일에 의존하기로 결정한 이유였다. 그들이 이노우에가 일본어로 번역한 1850년 프로이센 헌법과 1871년 4월 발효된 독일 제국 헌법에 크게 의존했다는 것은 의심의 여지가 없다.[35]

이 후자의 문서 가운데 일부는 또한 황제―이 경우는 이제 '독일 황제'로 칭호와 위상이 격상된 과거 프로이센의 왕 빌헬름 1세―의 통합력을 중시하기도 했다. 1871년 헌법은 그에게 국제적으로 독일 제국을 대표할 권리, 전쟁을 선언하고 평화를 체결할 권리, 독일 의회인 제국의회(Reichstag)를 소집하고 개회 및 정회할 권리, 그리고 (가장 중요한 것으로) 급팽창 중인 독일 군대의 총사령관이 될 권리를 확실하게 부여했다. 1871년 헌법은 이렇게 선언했다. "독일 군대의 조직과 구성은 황제의 임무다. 모든 독일군은 무조건 황제의 명령에 복종해야 한다. 이 의무는 국기에 대한 맹세에 명시되어 있어야 한다."[36]

이 같은 독일 헌법 조항 상당수가 1889년 일본 헌법에서도 고스란히 되풀이되었다. 1889년 일본 헌법 역시 천황과 군대의 관계가 긴밀하다고 주장했으며, (부정확하게도) 모든 일본 천황은 "친히 전장에서 그들의 군대를 지휘한 적이 있다"고 밝혔다. 이 새로운 일본 헌법은 또한 1850년 프로이센 헌법과 1871년 독일 헌법에도 포함된 내용인 징집에 관한 초기 조치를 확인했다. 아울러 민병대 입대 등록은 이제 17세에서 40세에 이르는 모든 일본 남성에게 의무화되었다.

전국의 모든 성인 남성은, 육체적 훈련을 받는 동안 용기를 기를 수 있도록, 그리고 이런 식으로 국가의 군인 정신이 녹슬지 않고 유지·보호될 수 있도록, 계급이나 가문의 구별 없이 법 조항에 따라 반드시 병역 의무를 이행해

야 한다.[37]

가장 고립되어 있는 농촌 소작농들도 보편적인 병역에 노출됨으로써 근대화한 일본인으로 변신할 수 있었다.

메이지 엘리트들이 독일에서 이와 함께 여러 가지를 차용했다는 사실은 당시 널리 인정되었는데, 이것은 일부 외국 평론가들이 이토 히로부미를 1871년 통일 독일의 총리 자리에 오른 강력한 정치인 오토 폰 비스마르크(Otto von Bismarck)에 비유한 이유를 설명해준다. 하지만 일본이 나치 독일과 동맹을 맺은 제2차 세계대전 이후, 양국 간의 초기 정치적·헌법적 관련성은 좀더 비판적인 검토 아래 놓였다. 이 두 강대국, 즉 한편의 메이지 일본과 다른 한편의 프로이센 및 독일 간의 헌법적 유사성은 양국 공히 권위주의 및 군사적 침략에 경도되었음을 보여주는 증거라는 주장—오늘날까지도 그 자취가 남아 있는 주장—이 제기되었다.[38] 일면 타당한 이 같은 암시는 따져볼 필요가 있다.

일부 메이지 과두 정치가들에게, 독일 제국 헌법의 가장 강력한 매력은 실상 통일 독일이 여러 고대 영토를 한데 아우른 매우 **최근의** 정치 구성체라는 것, 그리고 이제 높은 수준의 혁신과 성공을 보여주고 있는 정치 체제라는 것이었다. 이토 같은 이들이 생각했듯이, 메이지 일본 역시 전통과 고대 형태가 어우러진 장소였다. 하지만 (독일과 마찬가지로) 또한 재창조되고 진화하는 구성체, 즉 세계에서 부상 중인 새로운 어떤 것이기도 했다. 《일본 제국 헌법 주석》의 공식 영어 번역서 속표지에는 출간일이 '메이지 22년'으로 명시되어 있으며, 서력 1889년은 오직 괄호 안에만 추가되어 있다. 1세기 전의 프랑스 혁명가들처럼 메이지 프로젝트 신봉자들은 얼마간 그들 고유의 시간 질서를 주장하고 싶어 했다. 일본의 미래는 그들과 더불어 의기양양하게 시작될 터였다.

일본의 지도자들은 그에 따라, 그리고 관습과 제국 왕좌의 중심적 중요성에 대한 강조와 더불어, 그들 나라를—그리고 그들 자신을—진보 및 근대성 유형과 동일시하는 데 주의를 기울였다. 이러한 열망 역시 그들을 급속하게 변화하는 독일에 강력하게 이끌리도록 만들었다. 1880년대에 독일 경제는 철강 생산, 조선, 철도 같은 분야에서 호황을 누리고 있었는데, 이는 1871년 제국 헌법의 한 특별 세션에서 주제로 다뤄지기도 했다. 독일의 과학 역시 천문학·약리학·화학·지질학·물리학 등에서 상승세를 타고 있었다. 한편 독일의 교육 제도는 모든 차원에서 단연 세계 최고로 손꼽히고 있었다. 최첨단 전문 지식 및 혁신과 관련한 이 같은 명성은 일본이 자국 헌법을 채택하기 1년 전인 1888년, 다른 어떤 나라보다 규모가 큰 해외 전문가 대표단인 약 70명에 달하는 독일 특별 고문을 고용한 이유를 짐작케 한다.[39]

따라서 1889년 일본 헌법에서는 분명 권위주의, 군사적 적극성, 그리고 보수주의 같은 요소가 발견되지만, 이러한 특성은 그 내용이며 전반적인 방향성을 압축해서 제대로 보여주지 못한다. 1871년 독일 제국 헌법의 경우에도 그러하듯이 말이다. 두 텍스트 모두 변화에 대한 열망과 집념을 잘 입증해 보이고 있다.

《일본 제국 헌법 주석》을 찬찬히 읽어보면 혼재된 메시지를 곧바로 알아차릴 수 있다. 그 책은 메이지 천황과 그의 지혜를 시종일관 칭송한다. 하지만 그럼에도 이 헌법이 1890년 11월 새로운 양원제 일본 제국의회의 출범을 통해서만 효력을 발휘하리라는 것을 분명히 했다. 일본 헌법이 작동하는 것은 그에 대한 천황의 공식 선포가 아니라 (아시아 최초인) 의회의 출범을 통해서였던 것이다. 《일본 제국 헌법 주석》이 명시하고 있듯 이 새로운 헌법을 수정할 권한은 천황에게 있지만, 그 수정안의 통과 여부는 의회의 투표를 거쳐 결정될 터였다. 천황은 또한 제국 법령을 공포할 수 있다. 하지만 그것은—일반적으로 일본의 연간 예산과 마찬가지로—의회가 승인하지 않으면 무효화될 것이다. 그리고 천황은 입법권을 지니고 있지만 "그 권한은 늘 의회의 동의를 거쳐서만 행사되어야 한다". 다시 말해 일본 천황은 절대 권력을 지닌 신성한 존재이지만, 오직—적어도 인쇄된 문서상으로는—"현행 헌법의 조항에 따라서만" 그러할 뿐이다.[40]

더군다나 이토가 사전에 내각 각료들에게 똑똑히 밝혔듯이 1889년 헌법은 몇 가지 대중의 권리를 제공할 예정이었다. 일본 의회 중의원 선거에 관한 한, 비록 25세 이상의 남성, 그리고 오직 직접세 제한 수준을 충족한 이들에 한정하는 것이긴 하나, 비밀 투표를 시행할 터였다. 실제로, 그리고 단기적으로 이것은 4000만 명이 넘는 인구에서 약 45만 명의 유권자로, 약 1퍼센트가 넘는 비율을 차지했다. 투표할 수 있는 일본인 비율은 그 뒤 서서히 늘어났다. 하지만 일본에서 보편적 남성 참정권은 1925년이 되어서야 시행했으며, 여성 참정권은 또 한 차례의 전쟁을 치른 뒤인 1947년에야 비로소 받아들여졌다.[41]

하지만 이제 모든 일본 국민은 이 1889년 헌법 조항에 따라 자의적 체포로부터의 자유를 누리고, 적법 행위를 하는 한 해고될 수 없는 판사에 의해 재판을 받을 수 있었다. 또한 "법의 한계 내에서" 재산권, 청원권, 이동 및 언론의 자유, 그리고 저술 및 결사의 자유를 영위할 수 있었다. 남성의 경우, 흔히 상대적으로 모호한 배경을 지닌 다수의 메이지 정치인이 크게 공감한 능력주의를 상당 정도 구가할 수 있었다. 이 헌법은 "귀족 계층도 지위 정도도 더 이상 공직 임명과 관련한 모든 남성의 평등을 방해하도록 허용해선 안 된다"고 선언했다. 그뿐만 아니라 이제 "근대 문명의 가장 아름다운 결실 가운데 하나로서" 종교적 신념의 자유를 공식적으로 보장할 것임을 확인하기도 했다.[42]

여기에서 언어 선택은 다분히 의도적이었으며, 이 헌법 제정자들과 그 지지자들은 공개 석상에서도 문서상으로도 동일한 언어를 구사했다. 이토의 동지 가운데 한 명이 어느 미국 잡지에 썼다. "우리는 입헌 정부 형태를 채택함으로써 문명국가들의 발자취를 따르고자 하는 것이 우리의 간절한 바람임을 보여주는 가장 강력한 증거를 전 세계에 제공했다."[43] 새로운 일본은 명시적으로 문명화된 세계, 즉 서양인들이 전 세계에 걸친 자신들이 빼어남을 정당화하는 수단으로 그토록 뻔질나게 들먹이곤 하던 문명의 핵심부를 구성하게 될 터였다. '문명화'에 대한 이러한 주장은 이 헌법이 일본 밖에서 활약하는 이들에게 부여한 도전과 매력의 오직 일부만을 형성했다.

일본과 변화된 세계

일본 헌법의 출현은 세계의 권력 관계와 사상을 돌이킬 수 없는 방식으로 바꾸도록 영향을 미쳤는데, 이것은 부분적으로 이제 다른 많은 변화도 함께 진행 중이었기 때문이다. 성문 헌법에 관한 한 1889년과 제1차 세계대전이 발발한 1914년 사이에 새로운 헌법 버전들이 미친 듯한 속도로 채택되었다.

이들 가운데 일부는 진즉부터 이 같은 방식으로 정치를 하고 정치 문서를 작성하는 전통으로 특징지어지는 지역들에서 만들어졌다. 1810년대 이후 입헌적 창의성의 엔진이자 무대 역할을 해온 중앙아메리카 및 남아메리카의 경우, 이 시기에 브라질(1890), 쿠바(1895, 1901), 도미니카 공화국(1896, 1907, 1908), 에콰도르(1897, 1906), 온두라스(1894, 1904), 니카라과(1905), 그리고 파나마(1904)에서 새로운 헌법이 등장했다. 베네수엘라는 1889년에서 1914년 사이 4개의 서로 다른 헌법을 통과시켰다.

이 몇 년간은 태평양 세계와 유럽에서도 새로운 헌법이 분주히 생겨난 시기이기도 했다. 물론 두 지역 모두에서 신흥국들은 처음으로 그 대열에 합류했으며, 다른 국가들은 두드러질 정도로 한층 적극성을 띠게 되었지만 말이다. 오랜 세월 오스만의 압력에 노출되어 있던 아드리아해 연안의 작은 나라 몬테네그로는 1905년 그 나라 최초의 헌법을 제정했다. 그런가 하면 민족적·정치적 분쟁의 화약고이자 1860년대 이후 오스만 종주권하에 있던 세르비아는 1888년 그 나라의 남성 거주민 대부분에게 투표권을 허락하는 좀더 급진적인 새로운 헌법을 확보했다. 이 헌법은 1901년 폐지되었다가 1903년 다시 복구되었으며, 1918년 유고슬라비아 건국 때까지 문서상으로 존립했다.

이 시기에 가장 두드러진 사건은 아시아 강국들이 이제 성문 입헌주의를 실험하고 있었다는 사실이다. (일본은 이것을 보여주는 하나의 예에 불과했다.) 페르시아도 1906년 최초의 헌법을 공포했다. 이것은 오스만 제국의 경우에도 해당했는데, 그곳에서는 (우리가 앞서 살펴본 대로) 1908년 혁명에 힘입어서 단명한 과거의 1876년 헌법이 부활했다. 이것은 1820년 이후 역대 차르들이 부단히 헌법 개혁용 제안을 가로막아온 나라인 러시아에서도 관찰할 수 있는 현상이다. 하지만 1905년 혁명으로 이듬해에 새로운 러시아 기본법과 선출직 국회 두마(Duma)가 출현했다. 이것들은 제대로 꽃피우지 못했지만 둘 다 사상, 정치적 언어 및 기대에 꾸

준히 영향을 끼쳤다.[44]

휠씬 더 규모가 크고 오래된 아시아 제국인 중국 역시 비록 충분치는 않지만 방향 전환을 꾀했다. 1905년, 1860년대 이후 베이징의 지배적 인물이던 서태후(西太后)는 일본에서의 헌법 발전이 두 가지 측면에서 중요하다는 사실을 알아차렸다. 메이지 엘리트들이 1870년대와 1880년 대에 한 것처럼, 그녀는 주요 서양 국가의 정치 제도를 연구하기 위해 일련의 사절단을 파견했다. 하지만 그뿐만 아니라, 그리고 효과적이게 도, 일본의 헌법적 관례를 조사하도록 그 나라에 중국 관리들을 보내기 도 했다. 이 같은 조사 사절단은 중국 자체적인 성문 헌법 시행의 서막 이었다. 그리고 1906년 이 작업에 착수하기 위해 14인의 관료를 공식 임명하는 칙령을 반포했다. 구조 개혁을 실시하고 광범위한 권리를 제 공하겠다는 이 같은 약속을 완수하는 데 실패한 것이 청나라가 1911년 신해혁명으로 전복된 이유 중 하나였다.[45]

이 시기에 헌법적 변화를 맞고 있던 또 하나의 대규모 아시아 제국이 있었다. 바로 영국령 인도였다. 다른 국가들과 달리 이 나라는 1914년 직전 수십 년 동안 혁명을 겪지 않았다. 하지만 다양한 운동과 저항이 늘어났으며, 혁신적인 헌법 텍스트의 생산 역시 증가했다. 이 나라에서 는 1857년 세포이 항쟁 진압 이래 변화와 개혁을 향한 압박이 늘고 있 었다. 그해 군사 반역자 가운데 일부는 스스로 12개 조항으로 이루어진 정치 문서, 즉 헌법의 맹아격인 다스투르-울 아말(Dastur-ul Amal)을 작 성했다.[46] 또한 1860년대 이후 인도의 번왕국(藩王國) 가운데 일부에서 지역 성문 헌법의 초안을 작성하려는 시도가 있었다. 하지만 인도 아대 륙 전체를 위한 전면적인 정치 헌법을 작성하려던 중요하지만 비공식 적인 최초의 시도는 1895년 스와라지 법안[Swaraj(자치) Bill]이었다.

이 텍스트는 주로 발 강가다르 틸라크(Bal Gangadhar Tilak)의 작품이었던 것 같다. 그는 서인도 출신의 교육학자이자 언론인으로, 여성의 권리 문제에 관해서는 지독히 보수적이었으나, 초기 민족주의에 영향을 미쳤으며, 1890년 이후 인도국민회의 의원을 지냈다. 틸라크는 만약 자신의 스와라지 법안이 통과되면 그에 따른 것을 '인도 헌법(Constitution of India Act)'이라고 명명하기로 계획을 세웠다. 더군다나 그 서문 초안에 분명히 밝힌 바와 같이 이 법안은 "인도 전체"로 확대될 예정이었다. 그 법안의 110개 조에는 권리를 위한 조항이 광범위하게 포진되어 있었다. 인도에서의 언론과 서면 표현의 자유도 있었다. 청원권, 법 앞에서의 평등, 무상 국가 교육도 들어 있었다. 그리고 메이지 헌법에서와 마찬가지로, 모든 시민(실제로는 모든 남성)은 공직 고용에 동등하게 접근할 수 있으며, 필요할 경우 무기를 들어야 할 의무도 지녔다.[47]

인도 역사가들은 1895년 스와라지 법안의 이들 및 기타 조항과 6년 전 메이지 헌법 간 유사점에 대해 아직 조사하지 않았다. 하지만 이 같은 유사점이 존재했다는 것은 하등 놀라울 게 없다. 1889년에 출간된 《일본 제국 헌법 주석》의 영어 번역본을 발행했으며, 그 텍스트 자체도 영국과 인도 언론에서 널리 보도 및 발췌하곤 했다. 틸라크처럼 교육을 많이 받은 남성은 자신이 영미의 정치적·법적 저술과 더불어 이 동아시아의 헌법 재편 사례에 익숙해지는 게 어렵지 않았으며, 그것은 그 자신의 관심과 야심을 감안하건대 거부하기 힘든 일이기도 했다.

이것을 인식하면 스와라지 법안이 메이지 엘리트들에게도 호소력을 지닌 근대성·보수주의·전통 간 타협을 모색하고자 분투한 이유를 이해할 수 있다. 틸라크의 계획에는, 이토 히로부미와 그의 동료들이 활기차고 개조된 일본 국가를 표현하고자 양원제 의회를 추구한 것과 마찬가지로, 인도 국가를 위한 양원제 의회가 포함되어 있었다. 하지만 메이지 일본에서처럼, 틸라크의 개혁된 인도에서도 공식 주권은 군주에게, 즉 이 경우에는 인도 황후인 영국의 빅토리아 여왕에게 주어져야 했다. 일본의 천황처럼 그녀는 인도에서 빠르게 진화하는 왕국의 구심점 역할을 해야 했다.

이와 같이 일본이 정치사상과 성문 프로젝트에—그리고 무엇이 가능한지에 대한 느낌에—미친 광범위한 영향력은 아시아 전역과 그 너머에 걸쳐서까지 확인할 수 있다. 메이지 유신과 1889년 헌법의 여파로 일본에서 일어난 사건은 다양한 방식으로 1905년 러시아에서의 혁명 발발과 그곳에서의 헌법 공포에 기여했다. 그것은 또한 1906년 페르시아 입헌 혁명의 형성, 오스만 제국에서의 '청년 튀르크 혁명'과 1908년 해당 지역에서의 입헌주의 회복에 이바지했다. 일본이 중국의 개혁적 시도와 사상에 미친 영향은 그보다 훨씬 더 컸다. 일본의 자기 혁신이 낳은 광범위한 전염력은 거기에서 그치지 않았다. 그것은 제1차 세계대전이 발발하고도 끝나지 않았다.[48] 그 이유는 무엇이었을까?

그 대답의 일부는 지식과 정보 흐름의 꾸준한 발전에 있다. 가속화하는 기술·수송·미디어의 변화는 일본에서 무슨 일이 벌어지고 있는지에 관한 정보가 매우 빠른 속도로 먼 거리까지 퍼져나간다는 것을 뜻했다. 그저 19세기 말 일본의 판화가 빈센트 반 고흐, 폴 고갱, 미국인 제임스 맥닐 휘슬러(James McNeill Whistler), 그리고 그보다 덜 알려진 인물들을 아우르는 숱한 서양 예술가에게 커다란 영향을 미쳤다는 사실을 생각해보기만 해도 된다. 이러한 예술적 전이가 이 같은 규모로 커진 것은 동아시아 예술 작품을 담아낸, 산업적으로 생산된 사진 이미지가 과거에 가능한 정도보다 더 널리 유통되고 있다는 사실에 힘입은 결과이기도 했다. 하지만 그뿐만 아니라, 그리고 더욱 중요한 점으로, 많은 외국인이 이제 일본과 관련한 일에 더욱 관심을 기울이고 신경을 쓰게 되었기 때문이다.

이것은 일본의 헌법 정보 및 선전과 관련해서도 마찬가지였다. 일본의 1889년 헌법에 관한 이야기는 그것이 공포된 날로부터 인쇄술뿐 아니라 전기 전신에 의해 장거리에 걸쳐 널리 광고되었다. 메이지 당국은 전 대륙 차원에서 자국의 위상을 높이고 경쟁하는 열강들을 뛰어넘기 위해, 헌법 및 새로운 일본에 관한 기타 정보를 배포하는 데 적극 나섰다. 예컨대 1907년, 일본 정부는 호의적인 보도와 적절한 광고 삽입의 대가로 싱가포르에 있는 말레이어 및 아랍어 신문에 보조금을 지급하고 있었다.[49]

틸라크의 스와라지 법안이 암시한 것처럼, 일본의 새로운 정치는 일종의 중도, 즉 일정한 안정의 지속과 활기찬 변화를 함께 구현한 결과로 간주될 수 있었기에 해외에서도 주목받았다. 1889년 헌법은 절대 권력을 지닌 군주와 의회를 결합했다. 남성 참정권을 향해 제스처를 취하긴 했지만, 그것을 많은 남성에게 허용한 건 아니었다. 또한 서양 국가들로부터 조항과 아이디어를 차용했지만 토착적 전통의 신성함 역시 강변했다. 아울러 평범한 일본 국민에게 권리를 제공했으나 다른 한편 내각 각료의 권한 강화와 징집 및 왕실 소속 군대의 확대를 명시하기도 했다.

세심하게 계획된 이 같은 타협, 그리고 일본의 기세등등한 성공은 특히 여전히 위계와 그들 자신의 위상을 유지하면서도 여러 근대화 양식을 직접 실험해보고 싶어 한 비서구 군주들에게 매력적으로 다가갔다. 1881년 자신의 세계 순방 일정에 일본을 포함시켰으며, 메이지 천황에게 조언과 후원을 구한 하와이의 칼라카우아 왕은 일본에 대한 이 같은 열렬한 관심을 보여주는 초기의 예다. 말레이반도 조호르(Johore)의 술탄 아부 바카르(Abu Bakar) 역시 또 다른 예다. 자기 지역에 대한 영국의 침투 증가 문제를 해결하고자 분투한 아부 바카르는 1883년 (동남아시아에서 최초인) 그 자체의 헌법 계획을 궁극적으로 개발하기에 앞서 6개월 동안 일본을 방문하는 데 주의를 기울였다.[50]

비유럽 국가의 군주들이 느낀 일본의 매력은 제1차 세계대전 이후에도 내내 지속되었다. 아프리카의 뿔(horn of Africa)에 위치한 왕국 에티오피아의 황제 하일레 셀라시에(Haile Selassie: 에티오피아의 마지막 황제로, 1930년 24세의 나이에 권력을 잡은 뒤 황제 자리에 올라 44년간 통치하다가 1974년 공산 혁명으로 퇴위했다─옮긴이)는 즉위 1년 뒤인 1931년 7월, (그의 일부 교육 및 경제 정책과 마찬가지로) 메이지의 선례를 명시적으로 본떠 만든 헌법을 시행했다. 1889년 원본처럼, 이 에티오피아 텍스트도 "황제의 인격은 신성하며, 그의 위엄은 침해될 수 없고, 그의 권력은 논쟁의 여지가 없다"고 강조했다. 그것은 또한 일본 모델과 마찬가지로 양원제 의회를 명시했다. 그리고 일본 헌법에 깔린 전략적 사고도 일부 공유했다. 1889년 헌법의 제정자들이 서구의 공격을 이겨내고 서구에 깊은 인상을 남길 수 있는 일본의 역량 강화를 목적으로 한 것처럼, 셀라시에의 텍스트도 자신의 나라가 이탈리아 제국에 의한 탈취 가능성에 맞서서 자국의 뚜렷한 정체성을 지키도록 돕고자 하는 (일면 정당한) 희망에서 설계되었다.[51]

일본 헌법과 그 여파는 해외에 좀더 반관습적이고 파괴적인 영향력을 행사하기도 했다. 실제로 보신전쟁 이후 일본에서 일어난 일들은 거의 체제 전복적 성격에 가까웠다. (비록 모두는 아니지만) 많은 서구 논평자들 사이에서 "'동양' 사회는 독단적이고 전제적인 정부를 두고 있다"는 상투적 문구가 오랫동안 쓰여왔다. 예컨대 1876년에 오스만 술탄이 성문 헌법을 도입했을 때, 일부 서양 정치인과 언론의 반응은 눈에 띄게 경멸적이었다. 하지만 어느 학자가 언급한 바대로, 이는 그 오스만 기획이 실패할 거라는 확신 때문이라기보다 "그것이 성공할지도 모른다는 그들의 두려움 때문"이었다."[52] 이 헌법이 1878년 철회되었다는 사실은 오직 편견을 강화했을 뿐이고, 다른 일련의 선입견에 편리한 안전장치가 되어주었다. 그 오스만 술탄의 철회는 아시아 문화가 기본적으로 변화에 관심이 없다고 주장한 사람들이 맞는다는 것을 확증하는 듯 보일 수도 있다.

메이지 일본의 숱한 변화는 필연적으로 그러한 입장에 도전을 제기했고, 그러한 도전은 내내 이어졌다. 그와 관련한 것에 대해 살펴보자. 서구 세계에 위치하지 **않고**, 기독교도가 **아니며**, 스스로를 백인이라고 여기는 사람들이 거주하지 **않는** 대규모 정치 체제가 잘 뿌리내린 헌법—즉 분명 확실히 제한적인 투표권만 보장하지만 특정한 대중적 권리를 허용하고 잘 굴러가는 의회를 설립하기도 한 문서—을 시행했다. 더군다나 일본은 이 모든 것을, 잘 보고된 극적인 경제·산업·교육·기술 변화라는 결과를 얻음과 동시에 성취했다. 이러한 발전에 대한 반응은 신속했으며, 서로 다른 지리적 공간에서 서로 다른 형태를 취했다.

서구 논평가 가운데에는 인정하고 칭찬하는 이들도 있었다. 하지만 이것은 우려와 상당한 잘난 체가 뒤섞인 반응이기 십상이었다. 1894년 영국의 한 에세이스트가 적었다. "아주 최근까지 일본인이 가장 잘 알려진 분야는 …… 작은 예술 장식품의 제작자로서였다. 그들은 기이한 민족으로서 모종의 감상적 관심을 불러일으켰다." 그는 이렇게 말을 이어갔다. "하지만 이제 이 동양 국가가 느닷없이 진취적 도약을 이루어냈는데, 이것은 매우 주목할 만한 사건이다."[53] 여기에서 '주목할 만한'이라는 표현은 여전히 놀라움이라는 분명한 함의를 담고 있었다. 하지만 다른 해외 관찰자들은 일본에서 일어나고 있는 변화를 좀더 일의전심으로, 그리고 좀더 흥미진진하게 바라보았다. 특히 중국 청나라의 개혁가와 관료들, 그리고 야심 찬 인도의 민족주의자들 사이에서는 1889년 이후 일본의 정치적 창의성은 그 나라의 경제·교육·산업의 발전과 마찬가지로, 판도를 바꾸는 것일 뿐 아니라 열렬히 조사하고 배워야 할 대상이라는 강한 느낌이 점차 확산했다.

1870년대와 1880년대에 기술적·경제적·정치적 근대성 양식을 조사하고자 해외에 파견된 메이지 사절단은 압도적으로 서구 지역을 찾았다. 하지만 1889년 이후에는 근대성을 살펴보기 위해서 찾아가야 하는 장소가 정확히 세계의 어느 곳인지에 대한 기존의 가정이 달라지기 시작했다. 1904~1905년 중국 동남쪽 광둥성의 성장(省長)이 자기 성 출신인 가장 총명한 학생들이 정치와 법을 공부하러 갈 수 있는 외국을 물색했을 때, 그는 이제 이용 가능한 선택 폭이 넓어졌다는 것을 당연시했다. 그는 31명의 광둥성 학생을 미국·영국·프랑스·독일에 파견했을 뿐만 아니라 또 다른 56명의 지역 학생을 일본에 보냈다. 이런 기획은 광범위한 추세의 일부였다. 어느 역사가가 언급한 대로, 20세기의 처음 10년 동안 중국 출신 총명한 젊은이들이 일본으로 이동한 규모―1906년에 약 8000명이었다―는 그때까지 세계사에서 볼 수 있던 해외로의 학생 이동 가운데 아마 최대였을 것이다.[54]

물론 중국은 일본과 해상으로 가장 가까운 지점에서 약 800킬로미터 밖에 떨어져 있지 않다. 그보다 더 먼 곳에 사는 대다수 사람에게, 개인적으로 일본을 방문하는 것은 여전히 불가능한 상태로 남아 있었다. 하지만 아웃사이더들이 그 나라에 직접 노출되는 데에서 드러나는 한계는 실상 일본의 국제적 영향력 확대를 가로막는 장애물이 되지 않았다. 대체로 일본을 직접 볼 수 없는 서양 이외 지역의 많은 개혁가와 혁명 세력은 그저 이 동아시아 제국을 어떻게든 이상화하기로 선택했으며, 자국에서 성취되길 바라는 게 있을 경우 무엇이든 일본에 투영했다. "일본인은 자신들의 종교와 민족적 정체성을 잃지 않은 채 서양 문명을 받아들이는 데 성공했다. 그들은 모든 측면에서 유럽인의 수준에 도달할 수 있었다. 그렇다면 우리가 주저해야 할 까닭은 뭔가?" 20세기 초의 한 튀르키예 지식인이자 개혁가가 동경을 담아서 글을 썼다. 그는 이렇게 말을 이어갔다. "우리가 서구 문명을 확실히 받아들이면서도 여전히 튀르키예인이나 이슬람교도로 살아갈 수는 없을까?"[55]

이런 유의 일본 이상화—일본을 모방해야 할 변화의 본보기로서, 그리고 서구 열강에 맞선 성과이자 그 대안으로서 인식하는 것—를 한층 조장한 요소는 바로 그 나라가 전쟁에서 거둔 극적인 성공이었다. 우리는 한편으로 헌법을 공포하고자 하는 각국의 의향과 다른 한편으로 군대의 공급을 늘리고 전쟁에 자금을 대기 위해 과세 수준을 높이고자 하는 각국 필요 간의 관련성을 거듭 살펴봤는데, 일본 역시 이 일반적인 규칙에서 예외가 아니었다. 1889년 헌법은 일본의 징집 제도를 확인했으며, 17~40세에 이르는 모든 일본 남성의 군 복무를 의무화했다. 그뿐만 아니라 이 헌법이 공포된 뒤, 일본 정부의 추출 역량은 크게 늘었다. 이토 히로부미는 1889년부터 1899년까지만 해도 1인당 과세 부담을 곱절로 늘려야 한다고 주장했다.[56]

이처럼 늘어나는 재정 자원의 일부는 일본의 군사 체제, 특히 급성장

61　1894~1895년 중일전쟁에서의 승리를 기념하는 일본의 목판화. 그것을 지켜보는 서양 언론들에 주목하라.

중인 그 나라의 해군에 자금을 대는 데 쓰였다. 다음과 같은 군비 증강의 일례가 그 점을 잘 말해준다. 1868년에서 1893년 사이 메이지 정부는 주요 영국 조선업체 암스트롱스(Armstrong's)로부터 5척의 전함을 사들였을 뿐 아니라 프랑스·독일·미국의 무기상에게서도 추가로 선박을 구입했다. 일본이 암스트롱스에 주문한 전함 수는 1894~1904년 사이더욱 늘어났다. 일본은 이 10년 동안 그 회사로부터 훨씬 더 큰 선박 8척을 구매했는데, 이는 영국 자체를 제외하고는 이 시기에 그 어떤 다른 열강이 주문한 것보다 많은 양이었다.[57]

　따라서 일본은 장거리 하이브리드 전쟁의 주요 참가자가 될 채비를 마쳤다. 총기·선박·병력에 대한 이 같은 투자 강화는 규모는 더 크지만 특히 포술 측면에서 기술적으로 덜 발전한 해군을 보유한 중국과 맞선 1894~1895년 전쟁에서 일본이 승리하도록 이끌었다. 비용을 대거 쏟아부어 확장한 일본 해군은 일본이 1904~1905년 러일전쟁에서 승리하는 데 결정적 역할을 담당하기도 했다. 이 전쟁이 끝나갈 무렵, 러시아의 3개 주요 해군 함대가 전투력을 상실해 사실상 붕괴했다.[58]

이 같은 일본의 연이은 승리는 패전국에 헌법뿐 아니라 여러 가지 결과를 안겨주었다. 청 제국에서 경제적·군사적 변화의 속도는 1860년대 이후 가팔라지고 있었다. 하지만 일본에 패배한 이후 중국의 관료·개혁가·지식인은 군사력 강화뿐 아니라 정치·법률·제도의 변화에 더 많은 관심을 기울였다. 러시아에서도 일본에 패배한 사건은 빠른 정치적 반향을 불러일으켰다. 패전으로 인한 체면 손상은 국내 불만을 고조시킨 요인이자, 러시아 차르가 1905년 10월 헌법 개혁을 인정하기로 결정하도록 이끈 요인이었다. 그 전쟁은 또 한 가지 측면에서 그에게 부담이 되었다. 너무나 많은 러시아 군대가 일본군과 싸우기 위해 로마노프(Romanov: 1613년부터 1917년까지 러시아에 군림한 왕조—옮긴이) 제국의 심장부로부터 일본의 동쪽 끝 지역으로 파견되는 바람에 혁명 세력으로서는 상트페테르부르크에서 잠시 유리한 위치를 확보하기가 한결 손쉬워진 것이다.

일본의 승리는 문화적·이념적 결과를 낳기도 했다. 아마도 러시아와의 전쟁에 관한 한 이 점을 가장 여실히 보여주는 증거는 모든 의미에서 더없이 적나라한 것으로, 다름 아니라 1905년에 인쇄된 춘화(春畵) 판화일 것이다. 춘화는 인간의 (그리고 때로 동물의) 관능적이자 성적인 쾌락과 관련한 수많은 형태에 초점을 맞추는 일본의 전통 대중 미술 양식이다. 하지만 일본 전쟁 선전물인 이 특정 목판화에서는 강조점이 쾌락보다 고통과 폭력에 맞춰져 있다. 한 일본 보병이 그의 러시아 상대역을 강제로 무릎 꿇리고, 제복 바지를 끌어내린 다음, 그를 강간하는 일에 열중하고 있다. 일본 판화에서 서양인을 표현하는 전형에 따른 것으

62   상대방에 대한 침해와 침략 행위: 1904~1905년의 러일전쟁에 빗댄 춘화 판화.

로, 러시아 병사는 빨간 머리로 그려져 있다. 그의 손, 얼어붙은 얼굴, 그리고 드러난 엉덩이의 피부색은 희디희다. 일본인 가해자는 피부색이 분명 그렇지 않다. 그리고 그림의 배경에는 일장기 아래 앞으로 돌격하는 일본군 대열이 보인다.

성폭력은 모든 전쟁에서 볼 수 있는 특징이다. 하지만 그것은 이 판화 인쇄물의 핵심 주제가 아니다. **진짜** 근본 메시지가 무엇인지 이해하려면, 우리는 그것을 훨씬 더 넓은 맥락에 놓고 보아야 한다. 1914년 세계 인구의 약 85퍼센트가 대부분 '백인' 열강에 의해, 서유럽과 중유럽 제국들에 의해, 미국에 의해, 그리고 물론 러시아 자체에 의해 식민화하고 점령당한 것으로 추산되었다. 러일전쟁의 결과는 이러한 세계적 추세에 명백히 역행하는 것이었다. 비백인·비서구 제국이 이제 일부 비평가가 '백화(white peril, 白禍: 유색 인종이 백인종에게서 받는 압박—옮긴이)'라고 부르는 것에 맞서 육상과 해상에서 혁혁한 승리를 거두었다. 이 춘화가 말하려는 메시지가 바로 이것이다. 이 특정 이미지에서 세계는 뒤집혀 있다. 에카테리나 여제 시대 이전부터 아시아에서 점점 더 침략적 세력이 되어가던 러시아 제국의 보병이 다른 인종의 병사에게 무릎 꿇은 채 능욕당하고 있다. 여기에서 백인 남성은 문자 그대로든 비유적으로든 아시아의 대표격인 상대방에 의해 침투 및 침입당하고 있는 것이다.

1905년 러시아를 상대로 한 일본의 승리에 대한 이 같은 반응은 널리 확산했다. 비록 일반적으로는 그 춘화보다 점잖고 덜 상스럽게 표현되긴 했지만. 독일 출생의 고전주의자이자 정치학자이자 시온주의자이며, 훗날 유네스코를 창립한 인물인 알프레트 치메른(Alfred Zimmern)에 관한 유명한 일화가 있다. 그는 일본의 승리 소식을 접하자마자 옥스퍼드 대학에서 하고 있던 강연 도입부를 마지막 순간 바꿨다. 치메른은 그의 학부생 청중에게 이렇게 말한 것으로 전해진다. "비백인 민족이 백인 민족을 상대로 승리를 거둔 것, 이는 우리 생애에서 일어났거나 일어날 가능성이 있는 가장 중요한 사건이다."[59] 하지만 더 중요한 것은 유로-아메리카의 폭력 및 침략에 노출된 경험이 있는 사회의 남녀들이 이 사건—즉 일본이 러시아 제국에 맞선 전쟁에서 승리한 사건—에 크게 매료되었다는 점이다.

인도에서는 러일전쟁 이후 여러 가족이 갓난아기에게 성공한 일본 장군 및 제독의 이름을 붙여주었다는 기록이 있다. 인도 지도자 자와할랄 네루는 나중에 이와 같이 회상했거나 적어도 회상하기로 선택했다. "일본의 승리는 내 열정에 불을 질렀다. 나는 인도와 기타 아시아 국가들이 유럽의 속박에서 벗어나 자유를 누리는 상태를 떠올렸다."[60] 17세기 이후 러시아에 의해 영토를 조금씩 조금씩 잠식당한 오스만 제국에서, 술탄 압둘하미드 2세는 열광적으로 러일전쟁을 담은 사진첩을 수집했으며, 그것을 이스탄불에 있는 자신의 왕실 도서관에 고이 간직했다. 이제 영국 통제 아래 놓인 이집트에서 민족주의 변호사이자 언론인인 무스타파 카밀(Mustafā Kāmil)은 러일전쟁이 일어났을 때, 그 전쟁을 보도하는 데 많은 지면을 할애했다. 일본의 최종 승리는 오직 그 나라와 1889년 메이지 헌법에 대한 그의 찬미를 확인해주었을 따름이다. 그는 "우리가 일본에 크게 놀라는 까닭은 그 나라가 아시아에서 유럽 제국주의의 보호 장치에 저항하고자 서구 문명을 활용한 최초의 동양 정부이기 때문"이라고 썼다.[61]

따라서 어떤 이들은 러시아를 상대로 거둔 일본의 승리를 열렬히 환영했는데, 그것은 다름 아니라 그 사건이 참담한 인종적 위계질서를 뒤집어버리는 듯 보였기 때문이다. 또 어떤 이들은 그 전쟁을 (앞으로 보게 되겠지만, 선택적으로) 제국주의 침략 세력 전반에 대한 타격으로 해석했다. 특히 이슬람교 집단 사이에서는 (메이지 정치 주역들이 부추긴) 희망, 즉 새로운 일본이 기독교 침략자에 맞서 피억압자와 식민지 피지배자의 옹호자로서 출현하고 있다는 희망이 이따금 불거지기도 했다. 하지만 일부 관찰자들에게 그 못지않게 중요해 보인 점은, 일본이 무릎 꿇린 적국—한편으로 청 제국과 다른 한편으로 로마노프 러시아 제국—둘 다가 철저한 정부 개혁 및 정치 개혁에 저항해온 구닥다리 체제이자 고대 체제로 간주될 수 있었다는 것이다. 반면 승자인 일본은 변화와 성문 헌법을 수용한 정치 체제였다.

"일본인은 자유를 구가할 수 있는 나라를 쟁취하기 위해 싸우고 있다." 1904년 말 어느 튀르키예 평론가가 썼다. 당시 한 이집트 언론인도 "일본과 러시아의 전쟁은 본질적으로 '헌법 전쟁'이었다"면서 그에 동의를 표시했다. 그리고 일본 병사들은 자신들이 확보한 자유에 고무받은 반면, 그들의 러시아 적수들은 여전히 폭정에 발이 묶여 있었다.[62]

어느 면에서 이는 일본의 경험으로부터 추론할 수 있는 가장 중요한 주장이었을 것이다. 일본이 중국과 러시아를 상대로 거둔 승리는 (서구 안에서뿐 아니라 서구 밖에서의) 헌법 개혁이 효과적인 근대 국가를 형성하는 데 반드시 필요한 요소임을 보여주는 실례로 해석될 수 있었고, 실제로 그렇게 해석되었다. 인기 있는 상트페테르부르크 일간지 소속의 모 언론인은 1906년 러일전쟁 분석 기사에서 그 자신의 나라에 대해 암묵적으로 이렇게 논평했다.

> 동양인들은 러일전쟁의 결과로 문명 및 번영과 관련해서 유럽을 따라잡을 수 있음을 알게 되었다. 그뿐만 아니라 **그들은 억압적이고 절대주의적인 정부를 입헌 정부로 교체하지 않고서는 그들을 따라잡을 수 없다는 것도 알고 있다.**(강조는 저자) 그들은 단기간에 걸친 일본의 진보가 협의회(consultative assembly)와 입헌 정부 덕이라고 여기기 시작했으며, 그 때문에 중국인·인도인·필리핀인은 그들 정부에 관한 헌법을 요구하고 있다.[63]

그에 따라 러시아인 자체도 정부에 관한 헌법을 요구했다.

이런 유의 관점은 심각한 터닝 포인트를 나타내주었다. 더 넓은 아시아 지역에서 헌법이 구축되었다. 그 방대한 지역 내에서, 그리고 기타 비서구 공간에서, 이와 동일한 정치 장치를 실험하려는 노력이 점차 증가했다. 하지만 그뿐만 아니라 이제 국가는 **오직** 근대적 헌법을 가짐으로써만 적절하게 세계 다른 국가들과 경쟁할 수 있다는 주장이 서로 다른 지역에 걸쳐 좀더 정기적으로 제기되었다. 한 중국 외교관이자 언론인이 말한 바와 같이 "다른 나라들이 부유하고 강력해진 이유는 주로 헌법을 채택했기 때문이다".[64] 바로 이 같은 태도의 폭넓은 수용이 성문헌법을 진정 세계적인 현상으로서 확인해주었다.

교훈

일본에서 일어난 사건이 세계 나머지 지역에 광범위하고도 급진적인 영향을 미쳤다는 사실은 역설적으로 보일 수도 있다. 메이지 헌법이 수립되고 20년이 지난 1909년 10월 26일, 이토 히로부미는 러시아 외교관과 함께 비밀회의를 하기 위해 이동하던 중 가슴에 세 발의 총상을 입었다. 그의 인생은 그 마지막 순간까지 부상하는 근대성과 뒤얽혀 있었다. 암살이 일어난 장소가 중국 북동부 하얼빈의 새로 지은 근사한 철도역이었던 것이다. 범인은 한국의 민족주의자 안중근이었다. 그는 처형 직전에 이렇게 설명했다. "나는 조선인을 향한 압제에 보복하기 위해 이토를 암살하기로 결심했다." 이 남성에게는 분명 일본이 희망의 신호탄도 비서구 국가가 열광하거나 본받을 만한 대상도 아니었다. 그것은 그저 또 하나의 지배적이고 압제적인 제국에 불과했다.[65]

일본은 중일전쟁에 성공한 직후인 1895년에 이미 대만을 장악했다. 그에 이어 러일전쟁에서 승리한 뒤에는 한국을 보호령으로 삼았다. 1906년 이토가 그 나라의 초대 일본인 통감이 되기로 한 운명적인 결정을 내렸을 때, 그는 지체 없이 자신이 그곳을 문명화해야 할 소명

63 〈일본은 세계의 왕이다〉: 러일전쟁 기간 동안 발행된 선전 전단지, 즉 히키후다(引札).

을 갖고 있다고 인식한 바를 추구하기 시작했다. 이듬해에 한국은 기본
적으로 합병되었다. 이럴 만큼 메이지 일본은 제국주의 서구의 안전하
고 만족스러운 대안이 되지 못했다. 메이지 일본은 외려 열정적이고 성
공적으로 세계 분할에 합류했다. 그렇다면 어째서 일본의 변화와 개혁,
그리고 무엇보다 그 나라의 헌법은 그럼에도 불구하고 여러 대륙 및 국
가에 걸쳐 그토록 오랫동안 관심을 끌었을까?

　그 이유는 부분적으로 당시 이 모든 것이 오늘날 가능한 정도보다 덜

모순되어 보였기 때문이다. 서구 열강은 기나긴 19세기 동안 육상 및 해상에서 세력을 확장해갔다. 하지만 그 이전에는 강력하고 탄력적인 제국들이 다른 지역의 열강, 특히 아시아 열강에 의해 구축되었다. 따라서 1900년대 초 메이지 일본이 무력으로 그 자체의 해외 제국을 건설하고 있었다는 사실은 세계가 다시 순조롭게 스스로를 바로 잡아가기 시작했으며, 동양이 단호하게 회귀하고 있음을 보여주는 추가적인 증거로 해석할 수 있었고, 실제로 일부에서는 그렇게 해석하기도 했다.

더군다나 대만과 한국 밖의 많은 사람은 이들 나라를 향한 일본의 제국주의적 침략에 대해 잘 알고 있다거나 관심을 기울인 것 같지 않다. 일본은 스스로를 대안적인 근대성과 저항의 상징으로 더없이 효과적으로 자리매김했고, 그 결과 이 같은 명성 탓에 많은 이들이 불편한 진실을 보지 못했다. 그리고 (1889년 이후 그랬던 것처럼) 추가적인 국내 정치 운동과 실험에 의해 뒷받침되고, 상대적인 오랜 수명에 의해 정당성이 입증된 일본의 성문 헌법 역시 언제나 건재했다.

1918년 제1차 세계대전 이후, 한 영국 정치인은 오늘날 심지어 보수적인 인도의 민족주의자들조차 "모든 동양 국가에서—더 정확히 말해 튀르키예, 이집트, 페르시아, 중국 그리고 이제 러시아에서—의회 정부를 발전시키려는 시도가 완전히 실패했기 때문에" 일본 사례에 이끌리고 있는 현상을 알아차렸다. 그는 이렇게 말을 이었다. "인도의 대변인들은 빼어난 예외로서 일본을 지목했으며, 인도가 그 나라보다 잘하지 못할 이유는 없다고 말했다."[66] 일본의 매력은 제2차 세계대전 이후에 조차 일부 지역에서는 여전히 효력을 발휘했다. 사실 이 전쟁에서 일본의 군사 작전으로 수백만 명이 목숨을 잃었다. 하지만 그 전쟁은 영국 및 기타 유럽 열강과 관련 있는 아시아 제국들을 불안정 속에 빠뜨렸으며, 그에 따라 향후 그들의 독립 운동에 필수적인 도움을 제공했다.

더군다나 메이지 헌법은 비록 간접적으로이긴 하지만 어쨌거나 여전히 영향력을 행사했다. 1937년에서 1945년까지 중국이 일본과 치른 전쟁의 인적·경제적 비용은 막대했다. 하지만 1946년 12월 중화민국이 채택한 헌법의 전문은 쑨원에게 극찬과 경의를 바쳤다. 그는 20세기 초, 다른 많은 젊은 중국의 개혁가들과 마찬가지로, 메이지 일본을 정기적으로 방문했으며 그 나라의 성취를 찬미했다. 거듭해서 무장 폭력과 밀접한 관련을 맺어온 메이지 실험의 대담성과 혁신성은 가장 예상치 못한 장소에까지 내내 영향을 끼쳤다.

맺음말

1914년 7월 발발한 제1차 세계대전은 시작된 변화의 종언을 알리는 신호탄이었다. 1700년 중반 이후의 다른 주요 전쟁들과 마찬가지로, 이 전쟁 역시 예측할 수 없는 수준으로 확산함으로써 정치 질서를 교란하거나 때로 파괴했고, 휘발성 강한 사상의 전달을 재촉했다. 그 과정에서, 그리고 더없이 많은 과거의 전쟁들과 마찬가지로, 이 역시 새로운 헌법의 확산을 부채질했다. 하지만 그것은 과거와는 뚜렷이 구별되는 방식이었고, 그 규모 역시 유례가 없었다.

이것은 부분적으로 세계 주요 제국 모두가 '기나긴 1860년대'보다 훨씬 더 깊이 전쟁에 개입했기 때문이다. 그 결과 이 전쟁에서 가장 유명한 대학살 현장으로 기록된 곳—즉 프랑스·룩셈부르크·벨기에를 가로지르는 서부 전선—은 그저 전체 지형의 극히 일부일 따름이었다. 한편으로 영국·프랑스·러시아가, 다른 한편으로 독일·오스트리아-헝가리·오스만 제국이 참가하면서 그들 저마다의 식민지와 위성 국가들도 폭풍에 휘말렸다. 실제로 이것은 (에티오피아와 라이베리아를 제외한) 모든 아프리카 국가, 중동, 캐나다, 중유럽 및 동유럽 대부분, 그리고 아시아와 오스트레일리아의 상당 부분을 의미했다. 다른 대륙에 있는 제국들의 개입은 그 전쟁의 규모와 반향을 더욱 증폭시켰다. 1914년 8월 일본의 참전은 적대 행위가 중국으로까지 확산하도록 내몰았다. 1917년 그 전쟁에 가담한 미국 역시 자국의 공식·비공식 식민지, 즉 필리핀, 쿠바, 하와이 그리고 중앙아메리카의 많은 지역까지 끌어들였다. 심지어 그 이전에조차 그 전쟁은 칠레 연안과 포클랜드제도(Falkland Islands)에서 주요 전투가 벌어지고 뉴질랜드가 독일령 사모아를 점령하는 등 남아메리카와 태평양 세계에 당도했었다.[1]

나폴레옹 전쟁 때와 마찬가지로, 점점 더 초대륙적으로 확산해가는 전쟁은 그 주역들로 하여금 한편으로 과거에 국내에서 하던 것보다 좀 더 적극적으로 군대를 모집하도록, 다른 한편으로 그들의 본국 중심지 밖에서 병력을 징발하도록 만들었다. 하지만 나폴레옹은 해외 병사를 압도적으로 유럽에서 모집한 데 반해, 이 전쟁의 경우 프랑스는 인력을 그보다 더 먼 곳에서 데려왔다. 1914년 이후 그 나라는 50만 명 넘는 군대를 해외의 자국 식민지에서 모집했다. 영국 역시 그들의 징집 범위를 넓혔다. 1914년에서 1918년 사이 인도 한 나라만 해도 영국에 140만 명의 병사와 50만 명에 육박하는 노동자를 공급했다. 이들 가운데 상당수는 고국인 인도 아대륙 밖에서 복무함으로써 (여전히 더 많은 조사와 창의적 탐구가 필요한 방식으로) 전쟁의 성격과 문화를 바꿔놓았다. 15세기 말 이후 다양한 유럽인이 해상으로 인도반도에 도착했고 거기에서 전쟁을 치렀다. 하지만 이 전쟁은 이제 세계 역사상 최초로 다수의 남아시아 군대와 '연한(年限) 계약 노동자(무임 도항한 이주자·죄수·빈민 등― 옮긴이)'들이 유럽 대륙 자체에서 전투 및 현장 작업에 참여하는 모습을

목격하게 되었다.[2]

다른 중대한 변화도 있었다. '기나긴 1860년대'의 대다수 전쟁에서처럼, 이 전쟁에서의 기술적 변화는 사망률의 비약적 증가라는 결과를 낳았다. 이번에는 이것이 오로지 속사 소총, 증기 동력, 전신의 문제만이 아니었다. 1914년 이후에는 전투에 탱크, 잠수함, 전투기, 자동 기관총, 독가스, 그리고 군대 이동을 동시 통합하기 위한 전화기 및 쌍방향 무선통신의 사용 등이 포함되었다. 이는 전쟁 관련 질병, 기아, 민간인 학살 및 사고뿐만 아니라, 최소한 4000만 명의 사망, 그리고 수백만 명에 달하는 이들의 부상, 사별 및 강제 이주 등을 초래했을 가능성이 있다.

영국의 소설가, 정치 운동가이자 미래학자이며, 건장하고 놀랄 만큼 총명하며 출간 속도에 관한 한 자신의 계집질보다 한층 더 생산성이 있었던 웰스(H. G. Wells)는 처음에 독일에 맞선 그 전쟁의 정당성을 지지했다. 하지만 공식적으로 평화가 선포되기 전에조차 그는 "낡은 체제 대부분"이 이제 "죽었다"는 것, 따라서 그 대다수가 "재건되어야 한다"는 것을 인식하고 있었다. 그는 "중요한 과업은 세계대전 이후 사람들이 인류를 이해할 수 있는" 방식을 고안하는 것이라고 생각했다.[3] 그 시대의 다른 많은 지식인이며 정치인과 마찬가지로 그로서도 이 같은 재건 및 재평가라는 치유 작업에서 필수적인 부분은 국제적 사건들을 추적·관찰하고 감독함으로써 미래의 무력 충돌을 예측·관리 및 억제하기 위한 새로운 전문가 기구로서 국제연맹을 창설하는 것이었다.[4]

1918년 5월 웰스는 긴급하고 영향력 있는 논문집 《4년차: 세계 평화에 대한 예지(In the Fourth Year: Anticipations of a World Peace)》를 출간했다. 그는 이 책의 한 섹션을 할애해서 미래의 국제연맹을 위한 헌법 작성이라는 과제를 다루었다. 성취할 수 있는 바에 대한 예시로서, 그리고 (이제 그 전쟁에 힘입어 한층 더 강력해진) 미국 독자들에게 호소하기 위해서, 웰스는 1787년 필라델피아 제헌회의 성과에 대해 "영어를 구사하는 지성인들이 숙고해서 만들어낸 진정한 창조물"이라고 언급했다.[5] 오늘날의 우리에게는 이 같은 언급이 문화적 국수주의라는 인상을 풍긴다. 하지만 우리는 웰스의 가정과 언어에 담긴 다른 뭔가에도 주목해볼 필요가 있다.

이 세계대전의 사망률 수준, 그리고 그것이 가져온 극심한 경제적 혼란은 1918년에서 1921년 사이 5000만 명의 목숨을 앗아간 전염병─스페인 독감─의 발발과 더불어, 크나큰 비탄과 장기간에 걸친 침울함 그 이상을 안겨주었다. 여러 지역에 걸쳐 그 전쟁은 (문서로 잘 정리되어 있는) 방향 소실감, 그리고 웰스의 표현대로, "낡은 체제 대부분이 소멸했거나 불필요해졌다"는 집요한 확신을 낳기도 했다. 하지만 국제연맹에 대한 그의 제안이 말해주듯 이 같은 전후의 불안감과 과거와의 단절감이 헌법 작성 작업에까지 확산하지는 않았다. 그와 반대로 중국에 기반을 둔 어느 평론가가 1919년 초 지적한 바와 같이 "헌법 제정에 끝은 없다". 그는 거기에 더 중요한 말을 덧붙였다. "지금 공화국의 건설 과정에서 많은 활동이 이루어지고 있다."[6]

100여 년 전, 프랑스 군대의 이베리아반도 침공은 포르투갈과 에스파냐 제국의 붕괴를 재촉했고, 그렇게 함으로써 실험적인 성문 헌법을 갖춘 다양한 남아메리카 국가가 출현하도록 길을 닦아주었다. 매머드급 전쟁의 수준과 규모라는 유사한 패턴은 오랫동안 확립된 왕실 제국의 해체를 부채질했으며, 그 대신 주로 새로운 공화제 국가 및 헌법이 1914년 이후 (하지만 과거보다 더 대규모인 데다 더 여러 대륙에 걸쳐서) 생겨나도록 만들었다. 군주제가 야심 찬 성문 헌법과 편안하게 공존하기가 (여전히 불가능하진 않지만) 훨씬 더 어려워진 것은 바로 이 단계인 제1차 세계 대전 이후였다.

오스만 제국이 1914년 독일 편에 서서 중동과 발칸 지역에서 자신의 위상을 재확인하려는 희망을 안고 그 전쟁에 발을 들여놓았다. 하지만 패자 편에 서게 된 결정은 결국 이 제국과 그 지배자 술탄 계보 둘 다에 종말을 안겨주었다. 1908년 여름으로 거슬러 올라가서, 중국인 망명객 캉유웨이는 이스탄불에 모인 군중이 오스만 헌법의 복권을 축하할 때 그 모습을 넋 놓고 바라보았다. (직업 군인이었다가 법률가로 변신한 오랜 계보의 또 다른 일원인) 무스타파 케말 아타튀르크(Mustafa Kemal Atatürk: 오스만 제국의 육군 장교, 혁명가, 작가이며 튀르키예공화국의 건국자이자 초대 대통령—옮긴이) 치하에 있던 1924년, 이 문서는 새로운 헌법에 자리를 내주었다. 그것의 첫 번째 조항은 단호했다. "튀르키예 국가는 공화국이다."7

호엔촐레른 왕조(Hohenzollern dynasty: 1871부터 1918년까지 독일을 지배한 왕조—옮긴이)와 1871년 독일 제국 헌법은 합스부르크 왕조 및 1866년 오스트리아-헝가리 헌법과 더불어 군사적 패배의 모루 위에 놓인 채 박살이 났다. 1919년 심하게 쇠퇴한 독일도 크게 위축된 오스트리아도 명시적인 국가 헌법을 새로 채택했다. 두 경우 모두 공화국의 도입을 천명했다. 오스트리아의 과거 제국 영토 가운데 일부가 제정한 헌법들도 거의 동일한 일을 했다. 가령 체코슬로바키아는 1918년 말 독립을 선언했으며, 1920년 공화제 헌법을 시행했다.

표면상 주요 승전국 중 하나이자 살아남은 군주국이던 영국조차 이 전쟁으로 인해 약화함으로써 다시금 새로운 헌법과 새로운 공화국의 확산에 영향을 미쳤다. 아일랜드에서는 1860년대 이후 민족주의적 소요가 간헐적으로 증가하고 있었다. 하지만 1916년 더블린에서 일어난,

처음에는 어설펐던 아일랜드의 소규모 민족주의 봉기가 막을 수 없는 거센 혁명으로 번진 이유는 바로 런던이 세계대전의 요구에 대처하느라 정신이 팔려 있었기 때문이다. 1922년에 6개의 북부 카운티를 제외한 모든 카운티가 더 이상 연합왕국(United Kingdom: 잉글랜드, 스코틀랜드, 웨일스, 북부 아일랜드로 구성됨—옮긴이)이 아닌 곳으로 떨어져 나오는 데 성공했다. 그에 따라 성문 헌법을 갖춘 새로운 아일랜드자유국이 들어섰다. 하지만 이 독립적인 정치 체제가 명실상부한 공화국이 되기 위해서는 추가로 1937년 아일랜드 헌법이 필요했다.[8]

그 2년 전인 1935년 웨스트민스터 의회는 인도정부법(Government of India Act)을 통과시켰다. 부분적으로 그 전쟁 때문에, 그리고 그 전쟁 이후 눈에 띄게 확산한 인도의 민족주의적 저항을 달래고 억제하기 위해 설계된 이 영국 제국의 법률은 누구도 만족시키지 못했으며, 이내 여러 사건에 휘말렸다. 그럼에도 이 법률의 통과는 제1차 세계대전에서 분명 온전하게 살아남은 듯 보이는 유럽 제국들조차 이후 더욱 지속적인 압박에 시달리고 있다는 것을 잘 보여주었다. 인도정부법은 그것의 불완전성, 제국주의적 편견, 그리고 날카롭고 냉정한 언어에도 불구하고, 전후 헌법 설계의 중요성과 다산성을 보여주는 사례이기도 했다. 이 법안은 이어 (탈식민지 세계에서 가장 오래 살아남은 헌법이자 이번에도 공화국을 허용한 문서인) 1945~1950년 인도 독립 헌법의 내용 가운데 3분의 2를 형성하는 데에까지 나아간다.[9]

하지만 뒤이은 헌법에 독특한 색채를 부여한 최대 요인은 바로 제1차 세계대전으로 인해 또 하나의 오래된 군주국, 즉 러시아 제국이 즉각적으로 붕괴한 사건이었다.[10] 로마노프 왕조는 1905년의 실패한 혁명을 이기고 살아남았으며, 이듬해에 시도된 헌법을 피해갔다. 하지만

1914년에는 사정이 달라졌다. 관례적인 형태의 러시아 제국도 로마노프 왕조도 여러 차례에 걸친 전쟁 패배의 충격, 그것이 진즉부터 제대로 작동하지 않는 경제와 그 제국의 수많은 반대 세력에 대한 독일의 집요한 선동이 끼친 피해를 견뎌낼 수는 없었다.

1905년 혁명 시기에 헌법 체계에 관한 전단을 출판한 블라디미르 일리치 레닌의 경우, 그 같은 독일의 관여는 잘 알려져 있다시피 1917년 스위스에서 망명 중인 그를 몰래 실어서 러시아로 복귀시키기 위해 밀봉 열차를 이용하는 형태를 띠었다. 레닌이 카를 마르크스의 비유적 표현을 이용해서 적절하게 언급했다시피, "전쟁은 이제 기관차의 속도로 움직이는 역사에 추진력을 제공해주었다".[11] 그해 2월 또 한 차례의 러시아 혁명이 있었다. 다음 달 상트페테르부르크(당시는 페트로그라드)의 육군 수비대가 니콜라이 2세를 왕위에서 몰아내기 위해 파업 노동자 대열에 합류했다. 1917년 10월 혁명적인 사회주의 정당 볼셰비키가 무력으로 정권을 잡았다.

처음에 러시아 제국의 붕괴는 그 과거 영토 가운데 일부가 열렬히 자치를 고수하고 이를 성문 텍스트에 구현하도록 허락해주었다. 따라서 서아시아와 동유럽 사이에 위치한 다민족 영토 그루지야(Georgia: 해당 정부의 요청에 따라 우리나라는 2011년부터 국명을 '조지아'로 변경했다—옮긴이)는 먼저 스스로를 공화국이라고 선언한 다음 1921년 2월에 헌법을 공포했다. 이것은 의회 제도나 종교의 자유 같은 잘 확립된 개혁에 뛰어들 여지를 만들어주었지만, 좀더 혁신적인 조치도 가능하게 해주었다. 그루지야의 여성은—최소한 문서상으로는—이제 남성과 동등한 정치적 권리를 얻었다. 그 헌법은 또한 조직화한 노동의 요구에 부응해서 파업권을 보장하고 노동 시간에 대해 법적 제약을 부과했다. 그 헌법은 "새로운 그루지야에서는 계급에 따른 그 어떤 차별도 없을 것"이라고 다짐했을 뿐 아니라 "취약 아동은 이제 국가가 보조금을 대주는 의복을 받게 될 것"이라고도 약속했다.[12]

이 기획이 말해주듯 전후의 성문 입헌주의는 분주하고 활동적인 사회주의적 색채를 띠었으며, 이는 비단 유럽이나 아시아의 일부 지역에만 그치는 게 아니었다. 심지어 그 전쟁이 끝나기도 전인 1917년에 일련의 혁명을 통해 권력을 쥔 멕시코 정치인들은 이 시대의 가장 주목할 만하고 내구적인 헌법 가운데 하나를 만들어냈다. 이전의 멕시코 헌법 전문의 특징이자 1812년 카디스 헌법의 유물인 "신의 이름으로"라는 문구는 사라졌다. 대신 1917년 도입된 헌법은 소작농과 소농을 돕기 위해 국가 소유의 대규모 토지와 그에 따른 의무 분배 권리를 멕시코 정부에 부여했다.[13]

사회주의로의 확실한 방향 전환은 당연히 "노동자 및 착취당하는 인민의 권리 선언"과 함께 시작된 러시아 소비에트공화국의 1918년 7월 기본법의 특색을 이루기도 했다. 양차 대전 사이 시기 내내, 그리고 심지어 1945년 이후에도 이 텍스트는 서구의 좌익 급진주의자와 개혁가들에게, 그리고 서구 바깥의 일부 반식민지 운동가들에게 준거점 역할을 했다. 사회주의로의 계산된 방향 전환은 바이마르 헌법에서도 분명하게 드러났다. 전쟁의 상실과 러시아 혁명에 의해 촉발된 1918~1919년 독일 혁명의 산물인 이 문서는 시종 '사회적 진보'에 초점을 맞추었다. 그루지야의 전후 헌법과 마찬가지로, 바이마르 헌법은 여성에게 남성과 동등한 정치적 권리를 부여했다. 또한 교육에 대한 국가 통제, 포괄적인 사회 보장 제도, 그리고 "동등한 입장에서의 노사 협력"을 명령했다.[14] 사회주의로의 흔들림 없는 방향 전환은 가령 폴란드의

1921년 '3월 헌법' 같은 일부 동유럽 전후 헌법에서도 명백했다. 이 헌법은 "노동은 공화국 부의 주요 기반"이라고 선언했다.[15]

이 같은 급진적이고 사회주의적인 전후 헌법 상당수는 제대로 꽃피우지 못했으며, 그들 대다수는 오래 버티지도 못했다. 가령 유대인 변호사이자 학자이며 자유주의적 정치인인 후고 프로이스(Hugo Preuß)가 초안을 작성했으며 여러 결점에도 불구하고 신중하고 영향력 있는 문서인 독일의 바이마르 헌법은 아돌프 히틀러가 득세하는 사태를 막는 데 실패했으며, 예상대로 살아남지 못했다. 1917년 이후 차르 러시아에서 급속하게 등장한 자치적인 사회주의 공화국들은 그만큼이나 빠른 속도로 그들의 헌법적 창의성과 더불어 사라졌다. 일례로 그루지야민주공화국은 러시아 군대에 의해 거의 즉시 절멸했다.

하지만 이 같은 실패와 기타 양차 대전 사이에 이루어진 여러 실패 역시 헌법 제정에서의 사회주의적 지향을 막지는 못했다. 또한 이러한 실망감과 유럽·아시아·남아메리카에서의 새로운 권위주의 정권 부상이 헌법 작성 계획에 대한 근본적 환멸과 장기적 외면으로 이어지지도 않았다. 실제로 이 시기의 가장 놀랍고도 야심 찬 문서 가운데 하나는 그 자체가 독재자의 작품이었다. 바로 1936년 12월 이오시프 스탈린이 공포한 소련 헌법이다.

점진주의적인 사회주의자 비어트리스 웨브(Beatrice Webb)는 당시 그 헌법에 대해 "세계에서 가장 포용력 있고 평등한 민주주의"를 창조할 수 있는 잠재력을 지녔다고 썼다. 지금 보면 이것은 거의 참을 수 없을 정도로 순진한 의견이었다. 하지만 1930년대 말 여러 국경에 걸쳐 발견되는 이러한 낙관주의는 부분적으로 이 소비에트 헌법이 만들어진 이례적이고 감동적인 방식에 대한 반응이었다. 그 일에는 필시 스탈린 자신이 깊이 관여했을 것이다. 하지만 1936년 하반기 동안 소련 각지에서 온 4000만 명 넘는 남녀 역시 마찬가지였다. 그들은 특별 회의와 토론에 적극 참여했으며, 이 텍스트 초안에 대한 의견을 작성해서 제출했다. 거기에다 헌법의 비준―18세기 말 이후 점점 더 광범위하게 확산한 정치 기법―역시 전례 없는 수준의 대중 참여와 더불어 시행되었다.[16]

하지만 다시 한번 이러한 혁신과 노력은 실패한 것으로 드러났다. 7년 전쟁이 끝난 1760년대에 러시아의 예카테리나 여제는 입헌 회의에 대비해서 몹시 분주하게 상당한 독창성을 발휘하면서 나카즈를 작성했다. 그러나 그녀는 이내 그 모든 입헌 작업과 조직적인 독창성을 제쳐두고 그녀의 제국을 확장하고 자신의 지위를 공고히 하는 데 초점을 맞추었다. 이오시프 스탈린의 1936년 헌법과 관련해서도 거의 비슷한 일이 일어났으나, 이 경우에는 그 방식이 한층 더 혹독했다. 불과 2년 뒤, 이 조치 역시 완전히 뒷전으로 밀렸으며, 소련에서 반체제적이거나 도움이 되지 않는 것으로 간주된 인사들에 대한 대대적인 탄압과 절멸 프로그램이 전면 시행되었다.

하지만 다시 한번 이 모든 재앙적 실패에도 불구하고, 이는 종말의 서막과는 전혀 다른 것으로 드러났다. 성문 헌법의 가치와 가능성에 대한 믿음은 새로운 독재자들의 세상이 펼쳐졌음에도 끝끝내 살아남았다. 마치 그것이 제1차 세계대전의 대학살과 불화를 이겨내고 당당히 살아남은 것처럼 말이다.

실제로 이 전쟁의 규모 자체가 성문 헌법의 견인력과 범위를 확장하는 데 영향을 미쳤는데, 여기에는 실로 중요한 의미가 담겨 있었다. 한편으로 일부 제국주의 세력은 1914년에 추가적인 유럽 병력을 이용하지 않을 수 없었는데, 이 점은 인종 차별을 넘어선 권리 확장을 부르짖

64 1936년 11월 25일, 스탈린이 '제8차 임시 소비에트 의회'에서 자신의 헌법 초안을 보고하는 모습을 기념해 그린 표도르 알렉산드로비치 모도로프(Fyodor Aleksandrovich Modorov)의 회화 작품.

던 반식민지 활동가들에게 권한 및 정당성을 부여하는 데 도움을 주었다. 1915년 어느 흑인 언론인은 카리브해 동쪽에 자리한 영국령 그레나다에서의 신병 모집 운동에 대해 이렇게 썼다. "유색 인종으로서 우리는 더 많은 것, 우리 자신에게 더없이 소중한 어떤 것을 위해 싸울 것이다. ……우리는 우리가 더 이상 그저 신민이 아니라 시민이라는 것을 증명하기 위해 투쟁할 것이다."[17] 마찬가지로, 이 세계대전 동안 여성도 공식적으로 활용 및 징집되었는데, 이 사실은 (비록 세계의 특정 지역에 그치는 것이긴 했으나) 여성 역시 이제 전면적이고 적극적인 시민권 범주 안에서 법률 및 저술에 참여할 수 있어야 한다는 주장을 강화하고 확대하는 데 힘을 실어주었다.

전쟁의 도구성에 대한 이러한 주장은 1914년 **전에** 이미 사상도 질서도 유동적이었다는 사실을 제대로 보지 못하게 한다는 점에서 더러 저항에 부딪히곤 했다. 사회주의와 사회주의에 의해 영향받은 노동조합과 복지 개혁은 실제로 서로 다른 나라와 국가들에서 제1차 세계대전보다 훨씬 앞서서 진즉부터 부상하고 있었다.[18] 페미니즘 운동과 반식민지 운동도 마찬가지였다. 그럼에도 전례 없는 규모의 1914년 전쟁으로 인한 긴장감과 충격과 요구가 결정적으로 중요했던 까닭은 그것이 기존 정치 체제에 대한 이 같은 유의 비판을 대중화하고 심화하고 발전시키는 데 기여했기 때문이다. 유례를 찾아보기 힘든 전쟁 수준, 그리고 더욱 다양한 다수의 전투원 및 전쟁 노동자에 대한 수요는 과거에 인종, 소득, 계급, 종교 및 성별을 이유로 배타적 체제를 옹호해온 영향력 있는 주역들이 정신을 똑바로 차리고 마음을 바꿔먹도록 이끌었다.

1914년에 여성의 전쟁 참여 규모, 그리고 **결정적으로 그것의 공식적 위상**은—이 동일한 전시(戰時) 노력에 식민지가 참여한 것과 마찬가지로—일부 정치 지도자에게 잘못을 인정하고 변화를 받아들이는 방향으로 나아갈 수 있는 수용 가능한 방법을 부여했다. 우드로 윌슨(Woodrow

Wilson)은 그의 첫 임기인 1913년에서 1917년 3월까지 기간 동안 여성 참정권에 대해 좋게 말해 미온적인 태도를 보였다. 하지만 미국이 그 전쟁에 참전하고 18개월이 지난 뒤인 1918년 9월, 적어도 여성에 관한 한 그의 언어와 입장은 몰라보게 달라졌다. 그는 미국 상원에서 단호하게 말했다. "우리는 이 전쟁에서 여성과 동반자 관계를 형성했다." 그가 말을 이었다. "그러므로 여성을 '권리와 특권의 동반자가 아니라 그저 희생과 고통과 노역의 동반자로만' 여기는 건 이제 생각할 수 없는 일이 되었다."[19]

따라서 1918년 이후 많은 헌법이 붕괴되고, 이어 새로운 권위주의 지도자들이 등장했음에도 감동적인 단일 텍스트에 국가, 정부 체제, 권리를 담아낸 폭넓은 프로젝트에 대한 장기적이고 만연한 환멸 따위는 없었다. 제2차 세계대전이 다시 한번 전 세계의 국가와 민족들에게 엄청난 충격을 안겨줌으로써 남아 있던 서유럽 해상 제국들의 붕괴를 재촉했을 때, 헌법 제정은 훨씬 더 빠른 속도로 진행되었다. 1945년에 이 전쟁이 공식 종료된 뒤, 처음에 아시아에서, 그다음 1950년대 중반 이후에 아프리카에서 수많은 민족 국가가 새롭게 탄생했다. 이는 정치 헌법의 추가적인 폭발로 이어졌다.[20]

또한 이것은 결코 이야기의 끝이 아니었다. 미국 및 그 동맹국들과의 냉전을 유지하는 데 드는 엄청난 비용과 노력은 1991년 소련 제국이 몰락하는 데 결정타를 날렸다. 소련의 붕괴는 동유럽·중앙아시아·남캅카스에서 표면상 독립적으로 보이는 15개 국가가 출현하거나 재출현하는 결과를 낳았다. 이들 정치 체제는 즉시 저마다 새로운 헌법을 제정했다.

상이한 지역에서 다른 유의 전쟁도 발발했다. 1700년대부터 20세기 중반까지의 시기를 특징짓는 거듭되는 초대륙적 전쟁은 (최소한 당분간이나마) 중단되었을지 모르지만, 내전의 수는 내내 증가 일로였다. 1989년 이후 매 순간 세계 어딘가에서는 (특히 중동·아프리카·중앙아시아 일부 지역에서는) 평균 20건의 '국가 내 전쟁'이 진행 중인 것으로 추산된다.[21]

내전의 발생 횟수 증가는 헌법 작성의 속도를 유례없는 수준으로 끌어올리는 데 기여했다. 1991년에는 그때까지 존재한 167개의 단일 문서 헌법 가운데 약 20개만이 제정된 지 40년이 넘은 것이었다. 1950년 이후 새로운 텍스트의 제정과 낡은 텍스트의 붕괴 및 대체가 더없이 빠른 속도로 이루어졌는데, 그때 이후 끊임없는 변화와 헌법 제조 속도는 오직 더욱 가속화하기만 했다.[22]

그렇다면 여러분은 이 모든 거듭되는 노력이 왜 필요한지 궁금할지도 모르겠다. 수 세기에 걸친 그토록 많은 성문 헌법이 수명도 제한적이고, 많은 경우 책임 있는 통치 및 내구적 권리를 보장해주는 장치로서의 효과 역시 신통치 않음에도, 대관절 무슨 이유로 많은 사회와 민족들이 그토록 집요하게 시간·창의성·사고·희망을 종이 및 양피지에 적은 이런 유의 정치적·법적 장치에 투자해온 것일까?

★

이 책은 대략 수 세기에 걸쳐 일어난 이례적인 변화, 즉 세계 전역의 국가, 정치 행위자, 평범한 남녀가 반응하고 생각하고 행동하고, 그리고 그들의 신뢰를 표명하는 방식에서의 이례적 변화를 도해화하는 데 관심이 있었다. 이러한 변화─즉 여러 지리적 공간에 걸쳐 단일 문서인 성문 헌법이 눈부시게 발전한 현상─를 설명함에 있어, 나는 순차적으로 휩쓸고 간 대규모 전쟁과 침략이 맡은 역할을 강조했으며, 어느 면에서는 일부러 그렇게 했다. 이런 유의 텍스트가 급증한 현상은 흔히 민주주의의 부상과 특정한(주로 서구적인) 입헌주의 개념의 매력에 비추어서만 설명되어왔다. 그러나 거듭된 무력적 폭력 사건들의 기여에 초점을 맞추면 좀더 광범위하고 다채로운 견해를 제공하고, 좀더 폭넓은 지형과 목소리를 담아낼 수 있다. 또한 처음부터 성문 헌법은 변화무쌍한 현상이었음을 더욱 잘 인식할 수 있다. 헌법은 늘 서로 다른 형태를 띠었고, 다양한 목적에 기여했으며, 이게 바로 그것들이 성공하고 지속될 수 있었던 중요한 이유이기도 했다.

1750년대부터 헌법은 혁명적 공화국―코르시카, 미국, 프랑스, 아이티 등―의 출현을 예고하고 지원했다. 그럼에도 제1차 세계대전 이전에 가장 영향력 있는 이런 유의 정치 텍스트 가운데 몇은 공화정 체제가 아니라 여러 종류의 군주제가 낳은 산물이었다. 에스파냐의 카디스 헌법이 이에 해당했다. 1831년 벨기에 헌법과 1889년 일본 헌법도 마찬가지였다. 그런 다음 다시 헌법은 흔히 제국에 맞선 혁명의 산물이었다. 하지만 오랜 19세기에 걸쳐 중요한 성문 헌법은 제국의 형성과 유지를 돕는 데 영향을 미치기도 했으며, 그 같은 잔재는 거의 틀림없이 오늘날까지 남아 있다.

이것은 오랫동안 확립된 일부 유럽 제국들에 해당했다. 그중 한 가지 예가 내부 불화를 억제하고 진정시키려는 노력의 일환으로 1867년 아우스글라이히, 곧 대타협을 시행한 합스부르크 왕가의 오스트리아다. 이는 더 새롭고 더 일시적인 유럽 제국들도 마찬가지였다. 나폴레옹이 건설한 유럽 제국이 그 예다. 유럽 이외의 몇몇 제국 역시 이에 해당했다. 미국의 확장하는 주 헌법 망은 그 나라의 상징적인 1787년 연방 헌법과 더불어 기본적으로 이 같은 정치적·법적 장치의 다양한 특징을 확연하게 보여주는 사례다. 한편으로 이 다양한 미국 헌법은 예외적 수준의 백인, 남성 민주주의 및 기회를 허용했다. 하지만 다른 한편으로 동일한 이 문서들 상당수는 주로 진군하는 백인 정착민의 관점에서 다른 민족의 토지에 대한 전유를 추진하고 명령하고 정당화하는 데 도움을 줌으로써, 대륙 전역에 걸친 미 제국 건설의 구성 요소로 기여하기도 했다.

심지어 오늘날에도 헌법은 여전히 영토 확장을 지원하는 장치로서 기여할 수 있다. 1982년 채택된 중화인민공화국 헌법을 생각해보자. 전문에 삽입된 신중하고도 간략한 역사는 이 광대한 영토의 다민족 혼합을 찬미하고 미화한다. ("중국에 사는 모든 민족은 함께 빛나는 문화를 창조했으며 영광스러운 혁명적 전통을 지니고 있다.") 그에 따라 (다른 무엇보다) 티베트·신장·홍콩의 많은 거주민은 실상 스스로를 중국인으로 여기고 싶어 하지 않는다는 사실을 얼렁뚱땅 숨긴다. 동일 문서는 투표자 대다수가 현재 계속해서 독립을 선호하는 대만이 "신성한 중화인민공화국 영토의 일부"이며, 그것을 흡수함으로써 "조국을 통일하는 것"이 "고귀한 의무"로 남아 있다고 강변한다.[23] 이 강력하고도 계산된 문서가 잘 보여주고 있다시피, 성문 헌법의 또 한 가지 집요한 매력은 그것이 정치 체제에 수출할 수 있는, 그리고 더러 카리스마 넘치는 선언서와 정당성을 제공한다는 것이었다.

이것은 1750년 이후 그들의 매력이 왜 그토록 두드러지게 확산했는지 말해주는 한 가지 이유다. 상이한 국가와 제국들 사이의 경쟁 및 전쟁 수준의 향상은 이런 유의 선언서가 권력자나 권력 추구자들에게 더없이 매력적으로 보이게끔 만들어주었다. 무력 전쟁을 통해 새롭게 함께 뭉친 정치 체제는 헌법을 설계하고 공포함으로써 그 거주민을 조직하고, 경계를 표시하고, 자국의 부상하는 정체성을 개발 및 상표화하고, 그리고 본국이 세계 무대에서 활약할 수 있는 근대화한 일원임을 선언하고자 희망할 수 있게 되었다. 잘 확립된 국가의 경우, 그들은 국내외 위협에 맞서서 스스로를 강화하고, 전쟁이나 제국적 확장을 통해 획득한 영토를 찬양하고 거기에 질서를 부여한다. 그런가 하면 역으로 군사적 패배 이후라면 스스로를 재건하고 정당성을 재확인하기 위한 수단으로 헌법을 이용할 수 있었으며, 점차 그렇게 했다.

따라서 성문 헌법은 국가와 통치자들에게 귀중한 보여주기식이자 발표하기식 기회를 제공해주었다. 비록 이런 기회를 충분히 활용하려면, 정치 행위자들은— 적어도 과거에는—일반적으로 인쇄술을 이용해야 했지만 말이다. 이 점과 헌법이 빠르게 필수불가결한 자산으로 인식되기에 이르렀음을 잘 보여주는 예 역시 간접적인 것이다.

우리가 앞서 살펴보았다시피, 1650년대 이후 그레이트브리튼이 되고, 그런 다음 한동안 '그레이트브리튼 아일랜드 연합왕국(United Kingdom of Great Britain and Ireland)'이었던 나라는 성문화한 단일 헌법 비슷한 어떤 것도 가지고 있지 않았다. 이례적이라 할 만큼 연속적인 침략 및 폭력적인 국내 변화를 겪지 않았다는 것은 런던에 머물던 그 나라 통치자들이 결코 헌법을 인정해야 할 시급성을 느끼지 못했다는 것, 그리고 여전히 지금도 느끼지 못하고 있다는 것을 의미한다. 하지만 성문 헌법은 **사실상** 국가 간 경쟁과 긴밀한 연관이 있었기에, 그리고 명백한 선전적·선언적 가치를 지니기도 했기에, 야심 차리만큼 호전적이고 제국주의적인 영국 국가가 그것에 완전히 무관심한 상태로 남아 있기란 어려웠다.

영국 사회가 채택한 해법은 헌법사(constitutional history)라는 장르를 발전시키고 확장하는 것이었다. 이것은 전 세계적 네트워크를 구축한 영국의 조밀한 인쇄 산업을 이용할 수 있다는 이점까지 지닌 전략이었다. 1820년대부터 1920년대까지 런던·옥스퍼드·케임브리지 소재 인쇄업체에서 영국의 새로운 헌법사에 관한 출판물이 거의 20배 넘게 쏟아져 나왔다.[24] 공식 성문 헌법을 설계하거나 활용할 능력도 의지도 없는 영국의 법학자·논객·정치인은 대신, 그리고 의도적으로 또 다른 출판물 형태에 의존했다. 그것은 바로 애국적이고 널리 배포 및 수출된 그들의 실제적·상상적 정치 헌법 역사였다.

이러한 영국의 독특한 반응은 몇 가지 일반적이고 중요한 점을 부각하는 데 도움을 준다. 성문 헌법이 어떻게 그 어떤 국가도 무시하거나 거부하기 힘든 규범이자 습관으로 서서히 자리 잡아가게 되었는지, 그리고 역사나 이러한 정치 장치가 어떻게 흔히 활자 언어와 결합하게 되었는지를 말이다. 하지만 인쇄술과의 이러한 직접적 연관성은 성문 헌법이 언제나 권력에 봉사해왔지만, 그럼에도 변동성 강하고 예측 불가능한 창조물임을 보장하는 데 도움이 되기도 했다. 위대한 정치학자 베네딕트 앤더슨(Benedict Anderson)의 말을 알아듣기 쉽게 바꾸어보자면, 성문 헌법은 "특허를 확보하기가 불가능한 발명품임이 입증되었다". 다른 인쇄된 작품들과 마찬가지로, 많은 18세기와 19세기의 소설들과 마찬가지로, 이런 유의 헌법은 "더없이 다양한, 때로 뜻하지 않은 이들에 의한 해적질에 쓰일 수 있었다".[25]

한편으로 수가 늘어나고 있는 헌법들의 무자비한 복제와 수출은 심지어 이런 종류 가운데 가장 명백하게 민족주의적인 텍스트조차 보통 잡탕식 창조물이었음을 말해준다. 그것의 초안을 작성한 사람들은 언제나 본래 세계의 다른 지역에서 발행된 유사한 텍스트에서 소재·아이디어·조항을 취하는 '선택과 혼합' 기법에 이끌리곤 했다. 이것이 바로 순수하게 일국 차원에서만 헌법을 바라보거나 해석해선 안 되는 이유다. 다른 한편으로 유독 중요한 헌법 문서들—1787년 미국 헌법, 1791년과 1793년 프랑스 헌법, 1812년 카디스 헌법, 1847년 라이베리아 헌법, 1889년 일본 헌법 등—의 인쇄·추출·번역은 세계의 다른 장소들에서 유혹하고 교란하고 전복하는 데 영향을 끼치기도 했다.

이런 유의 인쇄 자료는 헌법이 없거나 새로운 헌법을 필요로 하거나, 아니면 다른 국가에 종속된 지역 및 국가의 개혁가와 급진주의자들에게 아이디어, 희망 그리고 영감을 제공해주었다. 인쇄된 헌법의 광범위한 유포는 엄청나게 많은 수의 활동가와 열혈 지지자—보통 남성, 종종 군인—로 하여금 본인만의 비공식적인, 때로는 반체제적인 텍스트의 작성을 시도하도록 부추겼다. 더군다나 헌법 텍스트들은 다른 영토와 다른 언어권에까지 스며듦에 따라 일반적으로 그 브랜드를 선전하는 데 도움을 주었을 뿐 아니라, 그 자체가 종종 서로 다른 방식으로, 더러 선동적인 방식으로 읽히고 해석되기도 했다.

멕시코 장군 아구스틴 데 이투르비데의 '이구알라 플랜'은 일단 캘커타에서 번역 및 재인쇄되자 남아시아인의 광범위한 권리를 옹호하는 내용으로 변신할 수 있었다. 그리고 메이지 헌법은 세습적인 일본 천황에 대한 존중에 입각해서 제정되었지만, 나중에 오스만 제국이나 이란에서 그 번역서를 읽는 사람들 가운데 일부는 그로부터 공화국을 지지하는 주장을 찾고 있었다. 권력·법률·권리를 개괄해놓은 문서들은 이내 가연성을 띠게 되었다. 그리고 이것은 단지 많은 공식적인 정치 헌법의 운명뿐 아니라 영국의 헌법사를 다룬 출판 저작물의 운명이기도 했던 것으로 드러났다. 1930년대에, 그리고 제2차 세계대전 이후에, 트리니다드토바고의 시릴 라이오넬 로버트 제임스(Cyril Lionel Robert James)와 오늘날의 가나 출신 콰메 은크루마(Kwame Nkrumah) 같은 반식민지 운동가들은 이처럼 해박하고 경건한 책들을 유심히 탐독했다. 영국 제국주의의 위선적이고 폭력적인 행동에 맞서는 데 사용할 무기로서, 그리고 그들이 독립을 위해 내세우는 주장을 강화해줄 수 있는 법률 조항이나 논거를 찾아내기 위해서였다.[26]

성문 헌법의 세계적 확산을 위한 인쇄물의 중요성과 그 확산을 가능케 해주는 데 있어 되풀이되는 전쟁의 압도적 중요성은 불가피하게 이제 21세기 초반 수십 년 동안 흔히 볼 수 있게 된 이 정치 도구의 효과성과 반향에 의문을 제기한다. 확실히 헌법은 과거에 팸플릿·신문·인쇄물·개요서·교과서에서 끊임없이 재생되었음에도 불구하고, 그에 대한 가장 열렬한 지지자들이 이상적으로 바란 것만큼 대다수 국민에 의해 면밀히 검토된 적이 없다.[27] 하지만 이제는 인쇄 언어의 정치적 영향력 및 도달 범위와 관련해서 훨씬 더 체계적인 과제들이 존재한다.

오늘날 우리 대다수는 점점 더 많은 사람이 인쇄된 페이지보다는 화면을 통해 원하는 정치 정보를 얻는 사회에서 살아가고 있다. 더군다나 디지털 시대는 정치 정보의 분절화를 낳았다. 특히 좀더 부유한 지역에는 대다수 사람이 단지 몇 개의 텔레비전 채널이나 몇 개의 주요 신문에만―또는 단 하나의 상징적인 성문 및 인쇄 헌법 텍스트에만―의존하는 좁은 조리개 사회가 더는 존재하지 않는다. 대신 여과되지 않은 (다른 많은 일에 관한 것과 마찬가지로) 정치 및 정치사상을 다룬 숱한 정보 및 견해가 수많은 미디어를 통해 끊임없이 쏟아지고 있다.

성문 헌법이 과거에 그토록 빠르고 강력하게 발전할 수 있었던 방법은 우리로 하여금 그것의 계속되는 미래적 효용 및 재생과 관련해서 오늘날 제기되는 또 다른 과제에 주의하도록 만든다. 특히 1750년 이후, 거듭되는 전쟁의 발발은 여러 대륙 전역에서 극적인 파열의 시대로 귀결되었으며, 그것은 다시 이따금 건설적인 새로운 정치 헌법의 창조를 촉발했다. 전쟁, 그리고 전쟁의 비용과 부담은 또한 흔히 각 국가와 그 지도자로 하여금 그들 저마다의 국민에게 모종의 제스처나 양보를 하게끔 강제했다.

지금은 사정이 다르다. 거듭되는 내전에 시달리지 않는 사회에서 살아갈 만큼 꽤나 운 좋은 우리 대다수에게는, 헌법을 제정하거나 개정하기 위한 **이런** 유의 자극이 더 이상 먹히지 않는다. 제2차 세계대전 이후, 어쨌든 간에 전쟁의 성격은 크게 바뀌었다. 오늘날의 대다수 주요 국가들은 고도로 특수화한 직업적인 육군·해군·공군, 그리고 치명적인 소수 정예 부대, 핵 기술, 사이버 기술자 등에 의존한다. 그 결과 현재와 미래의 정부들에는 대규모 징병을 보장하고 지속적인 전시 충성도를 유도 및 보상하는 수단으로서 좀더 계몽된 새로운 헌법을 인정해야 할 필요성이 대폭 줄어든다.

이 같은 전시 자극의 상대적 부재는 기존 헌법을 수정하는 일이 비교적 용이한 안정된 민주주의 사회에서 한층 덜 중요하다. 이를테면 중립을 실천하고 있는 아일랜드공화국은 1972년 이후 자국 헌법을 35번이나 수정했다. 그 가운데 하나인 2018년 수정안은 아일랜드 입법부가 낙태를 보장하도록 허용했다. 이 2018년 수정안은 아일랜드 헌법 텍스트에서 신성 모독을 범죄로 간주한 문구를 빼거나 이혼을 한층 쉽게 해주는 후속 수정안들과 더불어, 성문 헌법이 선언문으로서 기능하는 지속적인 능력이 있음을 보여준다. 이 수정안들은 국내적으로도 국제적으로

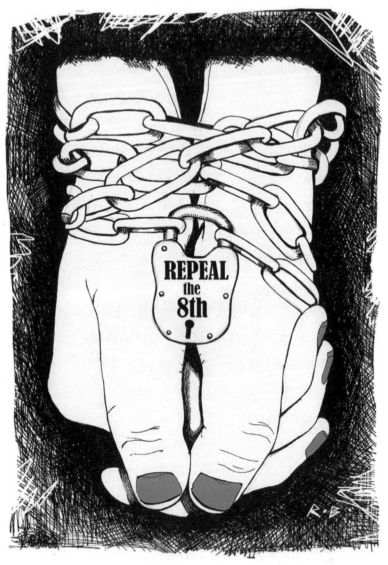

65 오늘날의 헌법 활용: 사실상 낙태를 금지했던 아일랜드 헌법 8조의 폐지를 외친 2016년 캠페인의 성공을 기념하는, 미술가 로이신 블레이드(Róisín Blade)의 작품.

도, 근대화한 아일랜드공화국은 이제 기본적으로 더는 과거처럼 가톨릭 교회의 지배를 받지 않는 비종교 국가임을 선언하고 명확히 하는 데 기여했다.

하지만 예컨대 미국에서는 헌법 수정안과 관련해 사정이 좀 달랐다. 미국에서는 헌법 제정도, 중요한 헌법 수정도 계속해서 미국 혁명전쟁, 남북전쟁, 제1차 세계대전 등 전쟁 자극에 의존했다. 이것은 또한 설립자들이 연방 헌법의 수정을 일부러 하기 어렵도록 만들어놓은 정치 체제이기도 하다. 따라서 제2차 세계대전 이후에는 오직 여섯 차례의 수정안만이 존재했을 따름이고, 1992년 이후에는 단 한 차례의 수정안도 없었다. 최근 몇십 년 동안 미국을 특징지어온 정치적 기능 장애 및 심각한 분열의 한 가지 이유가 1787년 필라델피아에서 그토록 많은 전직 군인들이 애써 만든 그 상징적인 헌법이 이제 너무 낡고 너무 제한적이며, 따라서 지속적이고 전문적인 증폭 및 활성화의 대상이 되고 말았기 때문이라는 주장도 가능하다. 하지만 주요 전쟁 같은 외부의 대대적 압박이 없다면 과연 어떻게 이러한 변화에 동의하고 그것을 실행하는 게 가능할까? 또 다른 종류의 압도적 긴급 상황이 그 일을 떠안을 수 있을까?

여러분은 아마 이렇게 생각할지도 모르겠다. 하지만 가장 광범위하고 가장 흔히 볼 수 있는 도전은 21세기 초에 (언제나 그렇듯이) 성문 헌법 자체가 좋은 정부나 안전한 기본권 소유를 보장하지도 않고 그럴 수도 없다는 사실이라고 말이다. 이런 유의 텍스트는 사실상 세계 모든 국가에 존재한다. 그러나 미국에 본부를 둔 비정부 기구 프리덤 하우스(Freedom House)는 지난 14년 동안 200여 개국에 대한 연간 조사에서 신중하게 수집한 증거를 바탕으로, 정치적 권리와 시민적 자유의 수준이 꾸준히 하락하고 있다고 보고했다.[28] 심지어 내가 이 글을 쓰고 있을 때 조차, 성문 헌법의 광범위한 이용 가능성에도 불구하고 대중영합주의적 이고 권위주의적이고 (권위주의적이 될 가능성이 농후하고) 억압적이고 부패한 정부들이 여러 대륙에 걸쳐 번성 및 증식하고 있다.

하지만 그럼에도—실제로 부분적으로는 바로 그렇기 때문에—성문 헌법은 계속해서 중요하다. 내가 지금껏 보여주려고 노력한 바와 같이, 이 텍스트는 역사적 현상으로서, 그리고 지구의 과거와 근대를 바라보 는 상이한 시각의 발전을 조사하기 위한 수단으로서 더할 나위 없이 중요하다. 그뿐만 아니라 그것들은 지금도 여전히 중요하다. 우리가 점 점 더 디지털화하는 세상에서 살아가고 있음에도, 이 문서화한 정치 장 치가 지닌 고유한 특징—즉 정보를 제공하고 영감을 불어넣고 도발하 며 모든 언어로 끊임없이 재생될 수 있는 데다 저렴하고 쉽게 휴대할 수 있다—은 변함없는 가치를 지닌다. 우리는 이 점을 극도의 스트레 스를 받고 있는 개인들의 경우에서 생생하게, 그리고 수시로 확인할 수 있다.

가령 2017년 남아프리카공화국의 일촉즉발 상황과 극좌파이자 더러 준군사 조직이기도 한 경제자유전사당(Economic Freedom Fighters)의 일 원을 예로 들어보자. 해당 남성은 부정부패에 절은 당시 대통령 제이컵 주마(Jacob Zuma)의 퇴진을 요구하는 프리토리아(Pretoria: 남아프리카공화국 의 행정 수도—옮긴이) 대중 시위에 참석하고 있었다. 사진기자가 다가오는 것을 눈치챈 이 시위자—정당한 이유로 우리는 그의 이름을 알 수 없 다—는 재빨리 자국 헌법의 낡은 복사물로 얼굴을 가렸다.

이것은 넬슨 만델라가 1996년 12월 법률로 서명했으며, 아파르트헤 이트 이후의 남아프리카공화국을 알리고 진전시키기 위해 초안을 작성

66 남아프리카공화국, 프리토리아, 2017년. 헌법을 이용해 한편으로 얼굴을 가리고, 다른 한편으로 그 헌법에 대한 지지를 표명하고 있다.

한 유명 텍스트였다. 효과적이게도 프리토리아의 시위자가 의존한 것은 다름 아니라 그 헌법의 저렴한 문서판이었다. 통상적인 종이 표지 책보다 작은 이 소책자는 가능한 한 가장 넓은 독자층에 가닿고, 호주머니에 쉽게 들어갈 수 있도록 의도적으로 가격을 매기고 제작했다. 이것은 그럼에도 불구하고 그 남성의 얼굴을 가릴 수 있을 만큼 충분히 컸다. 하지만 이 남성은 이런 식으로 그 나라 헌법을 담은 싸구려 문고판 책자로 자신의 신원을 숨김으로써 어느 면에서는 자신을 공개했다. 이런 행동을 통해 그는 자신을 개혁된 남아프리카공화국과 직접 동일시하고, 그렇게 함으로써 그것이 기본적으로 자신 같은 사람들과 관련되어 있다고 선언한 셈이다.

67 러시아, 모스크바, 2019년. 올가 미시크와 그녀의 헌법.

더없이 불확실하고 변화무쌍하며 불평등하고 폭력적인 세상에서, 이런 유의 불완전하지만 더러 마음을 뒤흔들기도 하는 대단히 유용하고 쉽게 이용할 수 있는 텍스트는 우리가 바랄 수 있는 최대치일지도 모른다. 1802년 토머스 제퍼슨이 말했다시피 "성문 헌법은 비록 열정 또는 기만의 순간에 유린당할 수도 있지만, 깨어 있는 자들이 다시 국민을 결집시키는(rally) 구심점으로 삼고 국민에게 상기시킬(recall) 수 있는 텍스트가 되어줄 것이다."[29] 200여 년 뒤, 압박받고 있던 또 한 명의 개인, 즉 모스크바에서 가두시위를 벌인 올가 미시크(Olga Misik)라는 젊은 여성이 그와 거의 같은 주장을 펼치고 있었다.

과거 육군 중장이었다가 러시아 초대 총리이자 대통령이 된 블라디미르 푸틴의 기나긴 통치 아래 놓인 러시아 헌법은 표현의 자유와 기본적 자유를 위한 일부 조항에 관한 한 의심할 여지 없이 약화되었다.

그렇기는 하지만 이 텍스트는 여전히 때로 과도한 권력 행위를 누그러 뜨리는 데, 그리고 제퍼슨의 말마따나 '결집시키고 상기시키는(rally and recall)' 데 영향을 주고 있다. 이를테면 러시아에서 종교의 자유를 위한 그 헌법 조항들은 푸틴 치하에서 현저히 탄력적인 것으로 입증되었다.[30] 그리고 이 헌법은 **실제로** 쉽고 저렴하게 인쇄물로 이용 가능한 '성문' 헌법이기에, 압박받고 있거나 곤경에 처한 개인들에 의해 활용될 수 있다.

친(親)민주주의 활동가 미시크는 2019년 8월 초 자신이 방탄복을 갖춰 입고 방패와 경찰봉을 휘두르는 무시무시한 폭동 진압 경찰에 에워싸여 있다는 사실을 발견했다. 그녀가 보인 반응은 거리에 주저앉아서 러시아 헌법의 문고판 복사본에 실린 내용을 큰 소리로 읽는 것이었다. 미시크는 당시 열일곱 살에 아직 학생이었다. 그녀는 자신의 행동이 러시아 정부의 행동과 지향을 크게 바꿔놓을 거라고 진지하게 상상할 수 없었다. 실제로 그런 일이 일어난 것도 아니었다. 하지만 그녀는 어쨌거나 지지와 영감을 얻기 위해 자신이 가지고 있는 헌법 책자에 의존했다. 이 사건에서 그녀를 둘러싸고 있던 무장 경찰은 자신들의 모습이 사진에 담기리라는 것, 그 사진들이 입소문을 탈 가능성이 있다는 걸 당연히 알고 있었다. 하지만 또한 미시크가 읽고 있는 내용에도 귀를 열고 있었다. 그들은 그녀가 읽는 텍스트를 인정했다. 그리고 미동도 하지 않았고, 그녀를 공격하지도 않았다.

주

🏛

머리말

1. Giray Fidan, 'The Turk Travelogue: Kang Youwei's Journey to the Ottoman Empire', *Bilig* 76 (2016), 227-243. 오스만 제국에 대해서는 Erik Jan Zürcher, 'The Young Turk Revolution: Comparisons and Connections', *Middle Eastern Studies* 55 (2019), 481-498을 참조하라.

2. Aida Yuen Wong, *The Other Kang Youwei: Calligrapher, Art Activist, and Aesthetic Reformer in Modern China* (Leiden, 2016), 86.

3. William Blackstone, *The Great Charter and Charter of the Forest* (Oxford, 1759), i.

4. 이 논지에 대한 고전적 설명을 위해서는 R. R. Palmer, *The Age of the Democratic Revolution: A Political History of Europe and America, 1760-1800* (2 vols., Princeton, NJ, 1959-64)을 참조하라. 이 책의 지속적인 영향력에 대해서는 David Armitage and Sanjay Subrahmanyam (eds.), *The Age of Revolutions in Global Contexts, c.1760-1840* (New York, 2010)에 잘 기술되어 있다.

5. Theda Skocpol, *States and Social Revolutions: A Comparative Analysis of France, Russia, and China* (Cambridge, 1979), 186.

6. Max Roser *et al*, 'Global deaths in conflicts since the year 1400', in Max Roser

(2020) 'War and Peace'. 온라인에서는 OurWorldindata.org에 발표됨. 2019년 https://ourworldindata.org/war-and-peace에서 검색한 결과. 이 표를 게재할 수 있게 허락해준 막스 로저 교수에게 감사드린다.

7. 나는 이 '우산 전쟁' 개념을 제러미 블랙(Jeremy Black) 교수에게 빚지고 있다.

8. 이 강연에 대해 다룬 책 *General Economic History*, trans. Frank H. Knight (London, 1927), 325에서 인용했다.

9. Jürgen Osterhammel, *The Transformation of the World: A Global History of the Nineteenth Century* (Princeton, NJ, 2014), 118-119. 미국이 세계적 제국으로 발돋움한 것, 그리고 그와 관련한 더 넓은 맥락에 대해 알고 싶으면 G. Hopkins, *American Empire: A Global History* (Princeton, NJ, 2018)를 참조하라.

10. Sebastian Conrad, 'Enlightenment in Global History: A Historiographical Critique', *American Historical Review* 117 (2012), 999-1027, at 1027.

11. Wong, *The Other Kang Youwei*를 참조하라.

1부 유럽의 안과 밖

1 전쟁의 다중적 궤적

1. 파올리를 둘러싸고 전개된 추종에 관해서는 David Bell, *Men on Horseback: The Power of Charisma in the Age of Revolutions* (New York, 2020), 19-52; *Independent Chronicle*, 16 October 1770을 참조하라.

2. 최고의 연구서들은 다음과 같이 프랑스어로 쓰였다. Antoine Marie Graziani, *Pascal Paoli: Père de la patrie corse* (Paris, 2002); Michel Vergé Franceschi, *Paoli: Un Corse des Lumières* (Paris, 2005); *Correspondance Pascal Paoli: Édition critique établie par Antoine-Marie Graziani* (Ajaccio, 7 vols., 2003-18), I, 84-91.

3. *Correspondance Pascal Paoli*, I, 84-91.

4. 이 헌법의 권위 있는 버전은 *Correspondance Pascal Paoli*, I, 222-247에 있다. 그보다 이전의 것이긴 하지만 여전히 귀중한 조사로는 Dorothy Carrington, 'The Corsican Constitution of Pasquale Paoli (1755-1769)', *English Historical Review*

88 (1973), 481-503을 참조하라.

5. Carrington, 'The Corsican Constitution of Pasquale Paoli', 495-496, 500.

6. Vergé Franceschi, *Paoli*, chapter two; Fernand Ettori, 'La formation intellectuelle de Pascal Paoli (1725-1755)', in *Correspondance Pascal Paoli*, I, 11-31을 참조하라.

7. *Correspondance Pascal Paoli*, II, 136-138.

8. Ibid.

9. *Correspondance Pascal Paoli*, I, 239.

10. Graziani, *Pascal Paoli*, 139.

11. 파올리는 해상 병력을 증강하기 위한 시도에 나섰다. James Boswell, *An Account of Corsica, the Journal of a Tour to That Island, and Memoirs of Pascal Paoli*, James T. Boulton and T. O. McLoughlin (eds.) (Oxford, 2006), 30을 참조하라.

12. 그는 이 사실을 알아차렸던 것처럼 보인다. *Correspondance Pascal Paoli*, II, 62-63을 참조하라.

13. 윈스턴 처칠은 자신의 저서 *A History of the English-Speaking Peoples* 3권에서 이 표현을 쓴다. 7년 전쟁은 '세계의 모든 지역을 끌어들인다'는 의미가 아니라 '그 것의 폭력과 반향이 여러 대륙에 걸쳐 엄청난 규모로 영향을 미쳤다'는 의미에서 세계 전쟁이었다.

14. Tonio Andrade, *The Gunpowder Age: China, Military Innovation, and the Rise of the West in World History* (Princeton, NJ, 2016), 그리고 Kenneth Chase, *Firearms: A Global History to 1700* (Cambridge, 2003)을 참조하라. 국가 형성에 미치는 전쟁의 잠재력에 대한 고전적 논의로는 Charles Tilly, *Coercion, Capital, and European States, AD 990-1990* (Oxford, 1990)을 참조하라.

15. Robert Orme, *A History of the Military Transactions of the British Nation in Indostan* (London, 1763), 345; M. S. Anderson, *War and Society in Europe of the Old Regime 1618-1789* (Montreal, 1998), 80.

16. Daniel A. Baugh, *The Global Seven Years' War 1754-1763: Britain and France in a Great Power Contest* (London, 2011).

17. Pradeep P. Barua, *The State at War in South Asia* (Lincoln, NE, 2005), 47. 나디르 샤와 그의 세계에 대한 소개로는 Peter Avery, *The Cambridge History of Iran* (Cambridge, 1991) vol. 7, 1-62에 실린 장 'Nādir Shāh and the Ashfarid Legacy'를 참조하라.

18. Peter C. Perdue, *China Marches West: The Qing Conquest of Central Eurasia* (Cambridge, MA, 2005).

19. 나는 여기에서 Kenneth Pomeranz, *The Great Divergence: China, Europe, and the Making of the Modern World Economy* (Princeton, NJ, 2000)의 제목을 참고했다. Joanna Waley Cohen, 'Commemorating War in Eighteenth century China', *Modern Asian Studies* 30 (1996), 869-899는 세계의 서로 다른 지역에서 발생한 전쟁들이 드러내준 이 18세기 중반의 대수렴에 대해 매혹적인 간접 정보를 제공해준다. 그녀는 건륭제의 고문들이 준가르에 대한 그의 승리를 기념하기 위해 7년 전쟁 이후의 파리에서 어떻게 조각가들을 활용했는지 보여준다.

20. 하이브리드 전쟁에 대한 오늘날의 정의를 알아보고 싶으면, 영국 국방부의 온라인 출판물 *Understanding Hybrid Warfare*(2017)를 참조하라.

21. 나는 이 정보를 프린스턴 대학의 동료 교수 수전 네이퀸(Susan Naquin)에게 빚지고 있다.

22. Jaap R. Bruijn, 'States and Their Navies from the Late Sixteenth to the End of the Eighteenth Centuries', in Philippe Contamine (ed.), *War and Competition between States: The Origins of the Modern State in Europe, 13th to 18th Centuries* (New York, 2000)를 참조하라.

23. Peter Mcphee, 'Rethinking the French Revolution and the "Global Crisis" of the Late Eighteenth Century', *French History and Civilization* 6 (2015), 57.

24. Bruijn, 'States and Their Navies', 71.

25. John Brewer, *The Sinews of Power: War, Money and the English State, 1688-1783* (Boston, MA, 1989), 29-63.

26. David Bell, *The First Total War: Napoleon's Europe and the Birth of Warfare as We Know It* (Boston, MA, 2007), 17.

27. 내가 쓴 *Captives: Britain, Empire and the World, 1600-1850* (London, 2002), 269-

307을 참조하라. 이 시기에 다른 인도 주들에 대한 도전과 관련해서는 Tirthankar Roy, 'Rethinking the Origins of British India: State Formation and Military Fiscal Undertakings in an Eighteenth Century World Region', *Modern Asian Studies* 47 (2013), 1125-1156을 참조하라.

28. 나는 여기에서 C. A. Bayly의 고전 *The Birth of the Modern World, 1780-1914: Global Connections and Comparisons* (London, 2004), 특히 86-121쪽을 꼼꼼히 읽어봄으로써 큰 도움을 받았다. 하지만 나는 1750년대에 서구 열강들 편에서의 대규모 전쟁이 어느 정도 육상뿐 아니라 해상으로까지 뻗어나갔는지, 그리고 그에 따른 숱한 결과들이 무엇이었는지에 더욱 주목하고자 한다. 이에 비추어볼 때 베일리가 자신의 책(84-85)에서 전 지구적 무력 전쟁의 확산을 보여준 귀중한 지도는 지나치게 정적이고 육상 중심적이다. 이상적으로 보자면 이 주제를 다룬 지도는 서로 다른 바다와 해양에서 활동 중인 증가 일로의 선박 수를 포함해야 할 것이다.

29. 이처럼 증가하는 위기를 다룬 가장 뛰어난 최근의 조사서는 Alan Taylor, *American Revolutions: A Continental History, 1750-1804* (New York, 2016)이다.

30. Edward J. Cashin, *Governor Henry Ellis and the Transformation of British North America* (Athens, GA, 1994), 211.

31. Eric Hinderaker, *Boston's Massacre* (Cambridge, MA, 2017)를 참조하라.

32. Peter D. G. Thomas, 'The Cost of the British Army in North America, 1763-1775', *William and Mary Quarterly* 45 (1988), 510-516.

33. Taylor, *American Revolutions*, 98에 인용된, 훗날 재무장관을 역임한 찰스 타운센드의 말이다. 그는 미국 식민지들에 새로운 세금을 부과하는 조치를 적극 옹호했는데, 이 사실은 익히 알려져 있다. 하지만 그가 과거에 해군 대신으로 복무했다는 사실은 그보다 덜 알려져 있다. 그는 군함의 가격에 대해 정확히 알고 있었다.

34. 존 샤이(John Shy)는 *A People Numerous and Armed: Reflections on the Military Struggle for American Independence* (New York, 1976), 165에서 이렇게 의견을 밝혔다. "오로지 무력만이 미국 혁명의 결과를 결정했다. ……그것을 지탱해줄 전쟁이 없었다면 독립선언은 잊히고 무산된 선언문이 되었을 것이다." 이전의 7년 전쟁이 부과한 긴장이 없었다면 이 추가적인 대서양 횡단 위기는 결코

실제로 이루어진 방식이나 속도대로 전개되지 않았을 것이다.

35. James C. Riley, *The Seven Years' War and the Old Regime in France: The Economic and Financial Toll* (Princeton, NJ, 1986).

36. Rafe Blaufarb, 'Noble Privilege and Absolutist State Building: French Military Administration after the Seven Years' War', *French Historical Studies* 24 (2001), 223-246; 프랑스의 1763년 이후 복수의 또 다른 측면에 대해서는 Emma Rothschild, 'A Horrible Tragedy in the French Atlantic', *Past and Present* 192 (2006), 67-108을 참조하라.

37. Lynn Hunt, 'The Global Financial origins of 1789', in Lynn Hunt, Suzanne Desan and William Max Nelson (eds.), *The French Revolution in Global Perspective* (Ithaca, NY, 2013), 32, 그리고 다른 여러 쪽을 참조하라.

38. Pierre Serna, Antonio de Francesco and Judith Miller (eds.), *Republics at War, 1776-1840: Revolutions, Conflicts and Geopolitics in Europe and the Atlantic World* (New York, 2013), 243; 1789년 주도적인 유럽 군대의 규모 추정치를 알아보려면 Paul Kennedy, *The Rise and Fall of the Great Powers: Economic Change and Military Conflict from 1500 to 2000* (New York, 1987), 99를 참조하라.

39. 가장 훌륭한 조사서는 John Elliott, *Empires of the Atlantic World: Britain and Spain in America 1492-1830* (New Haven, CT, 2006)이다. 그 책의 292쪽 이하를 참조하라. 1763년 이후 남아메리카에 대한 에스파냐 제국의 지배 재정비를 보여주는 지역적 예로는 Leon G. Campbell, *The Military and Society in Colonial Peru, 1750-1810* (Philadelphia, PA, 1978)을 참조하라.

40. Carlos Marichal, *Bankruptcy of Empire: Mexican Silver and the Wars between Spain, Britain, and France, 1760-1810* (New York, 2007).

41. Arjun Appadurai, commenting on Stuart Alexander Rockefeller, 'Flow', *Current Anthropology* 52 (2011), 557-578, 569.

42. 최근의 역사기록학은 실로 방대하다. 상이한 편향을 담은 훌륭한 조사서들로는 Jeremy D. Popkin, *A Concise History of the Haitian Revolution* (Chichester, 2012); David P. Geggus, *The Impact of the Haitian Revolution in the Atlantic*

World (Columbia, SC, 2001); Laurent Dubois, *Avengers of the New World: The Story of the Haitian Revolution* (Cambridge, MA, 2004)을 참조하라.

43. *Pennsylvania Gazette*(1791년 10월 12일자)에 보도된 내용이다. https://revolution. chnm.org/items/show/317을 참조하라.

44. Julia Gaffield, 'Complexities of Imagining Haiti: a Study of the National Constitutions, 1801-1807', *Journal of Social History* 41 (2007), 81-103. 1801년, 1804년, 1805년, 1806년, 그리고 1811년의 아이티 헌법 영어 번역본은 온라인에서 이용할 수 있다.

45. James Stephen, *The Opportunity; Or, Reasons for an Immediate Alliance with St Domingo* (London, 1804), 11-12.

46. 이 텍스트를 위해서는 Julia Gaffield (ed.), *The Haitian Declaration of Independence* (Charlottesville, VA, 2016)를 참조하라. 헌법 텍스트의 흑인 저자에 관한 내용으로는 아이티에 학교를 설립한 아프리카계 미국인 프린스 사운더스(Prince Saunders)가 편집한 책, *Haytian Papers: A Collection of the Very Interesting Proclamations and Other Documents···of the Kingdom of Hayti* (London, 1816), iii을 참조하라.

47. Robert W. Harms, *The Diligent: A Voyage through the Worlds of the Slave Trade* (New York, 2002), xi.

48. David Richardson, 'Slave Exports from West and West Central Africa, 1700-1810: New Estimates of Volume and Distribution', *Journal of African History* 30 (1989), 1-22.

49. Richard J. Reid, *Warfare in African History* (Cambridge, 2012)를 참조하라.

50. John Thornton, 'African Soldiers in the Haitian Revolution', *Journal of Caribbean History* 25 (1991), 58-80을 참조하라.

51. 나는 이 정보를 데이비드 게거스(David Geggus)에게 빚지고 있다.

52. 투생에 관해서는 Bell, *Men on Horseback*, 133-170을 참조하라. 그리고 그의 전쟁 부상에 관한 설명을 포함해서 그의 편지 모음에 대해 알아보려면 Jean Bertrand Aristide, *The Haitian Revolution: Toussaint L'Ouverture* (New York, 2008)의 112-113쪽과 다른 여러 쪽을 참조하라. 현재 가장 권위 있는 그의 전기는 Sudhir

Hazareesingh, *Black Spartacus: The Epic Life of Toussaint Louverture* (New York, 2020)이다.

53. 이 남성에 대한 수정주의적이고 이론의 여지가 있는 견해로는 Philippe R. Girard, 'Jean Jacques Dessalines and the Atlantic System: a Reappraisal', *William and Mary Quarterly* 69 (2012), 549-582를 참조하라.

54. Mimi Sheller, 'Sword Bearing Citizens: Militarism and Manhood in Nineteenth Century Haiti', in Alyssa Goldstein Sepinwall (ed.), *Haitian History: New Perspectives* (New York, 2012), 157-179.

55. Saunders (ed.), *Haytian Papers*, 139.

56. Ibid., 97쪽 이하. Clive Cheesman (ed.), *The Armorial of Haiti: Symbols of Nobility in the Reign of Henry Christophe* (London, 2007).

57. Saunders (ed.), *Haytian Papers*, 126-127.

58. *The Formation of the New Dynasty of the Kingdom of Hayti* (Philadelphia, 1811)의 속표지에 실린 내용.

59. 이와 관련해서는 도리스 개러웨이(Doris L. Garraway) 교수가 2011년에 프린스턴 대학 Shelby Cullom Davis Center for Historical Studies에서 발표한 논문, 'Picturing Haitian Sovereignty: Portraiture and Self fashioning in the Kingdom of Henry Christophe'로부터 큰 도움을 받았다.

60. Laurent Dubois, *Haiti: The Aftershocks of History* (New York, 2012), 61.

61. 폴 슈뢰더(Paul Schroeder)가 언급하고 있다시피, 1750년 이후 점차적으로 많은 정치인이 "전쟁을 두려워한 이유는 그것이 혁명을 일으킬 거라고 생각했기 때문이 아니라 쓰라린 경험을 통해 전쟁이 *바로* 혁명임을 알고 있었기 때문이다". *The Transformation of European Politics, 1763-1848* (Oxford, 1994), 802.

2 낡은 유럽, 새로운 사상

1. William E. Butler and Vladimir A. Tomsinov (eds.), *The Nakaz of Catherine the Great: Collected Texts* (Clark, NJ, 2010), vii-24.

2. Isabel De Madariaga, 'Catherine the Great', in H. M. Scott (ed.), *Enlightened Absolutism: Reform and Reformers in Late Eighteenth-century Europe*

(Basingstoke, 1990), 289.

3. Hannah Arendt, *On Revolution* (London, 1963), 157.

4. 이들 및 기타 7년 전쟁 이후 영국의 지도 제작 프로젝트에 대해 알아보려면 Max Edelson, *The New Map of Empire: How Britain Imagined America before Independence* (Cambridge, MA, 2017)를 참조하라.

5. 이 사르디니아 텍스트는 1723년 법전의 확장판이었다. Allan J. Kuethe and Kenneth J. Andrien, *The Spanish Atlantic World in the Eighteenth Century: War and the Bourbon Reforms, 1713-1796* (New York, 2014), 229-304.

6. 내가 쓴 'Empires of Writing: Britain, America and Constitutions, 1776-1848', *Law and History Review* 32 (2014), 240n을 참조하라.

7. Victor Kamendrowsky, 'Catherine II's *Nakaz*: State Finances and the Encyclo-pédie', *Canadian American Slavic Studies* 13 (1979), 545-555; *The Nakaz of Catherine the Great*, 14.

8. Voltaire, *The Age of Louis XIV*, R. Griffith (trans.) (London, 3 vols., 1779), I, 220.

9. Jean Jacques Rousseau, *Of the Social Contract and Other Political Writings*, Christopher Bertram (ed.) (London, 2012), 153; Christine Jane Carter, *Rousseau and the Problem of War* (New York, 1987)도 참조하라.

10. Rousseau, 'Constitutional Proposal for Corsica', in *Of the Social Contract and Other Political Writings*, Christopher Bertram (ed.), 187-240을 참조하라.

11. Dan Edelstein, *The Enlightenment: A Genealogy* (Chicago, IL, 2010), 94.

12. Dan Edelstein, 'War and Terror: The Law of Nations from Grotius to the French Revolution', *French Historical Studies* 31 (2008), 241쪽 이하를 참조하라.

13. Keith Michael Baker, *Inventing the French Revolution: Essays on French Political Culture in the Eighteenth Century* (Cambridge, 1990), 256에 인용된 내용. 또 한 명의 계몽주의 시대 인물인 영국인 새뮤얼 존슨(Samuel Johnson)은 이와 거의 같은 시기에 비슷한 주장을 했다. 1755년 런던에서 출간된 그의 유명한 사전은 "헌법"에 대해 "정부의 확립된 형태"라고 정의하고 있는데, 오직 "구성하고, 제정하고, ……확립하는 **행위**〔강조는 저자〕"라는 좀더 역동적인 정의를 내놓고

난 뒤에야 그렇게 했다. 그가 쓴 *A Dictionary of the English Language* (2 vols., London, 1755), I(쪽수가 매겨져 있지 않음)을 참조하라.

14. M. de Montesquieu, *The Spirit of Laws*, Thomas Nugent (trans.) (London, 2 vols., 1752), I, 310-311. 몽테스키외에 대해 예카테리나 대제가 내놓은 평가에 대해서는 Isabella Forbes, *Catherine the Great: Treasures of Imperial Russia from the State Hermitage Museum, Leningrad* (London, 1993), xii을 참조하라.

15. Montesquieu, *The Spirit of Laws, Including D'Alembert's Analysis on the Work* (London, 2015), xxviii.

16. Jean Jacques Rousseau, *'The Social Contract' and Other Later Political Writings*, Victor Gourevitch (ed. and trans.) (Cambridge, 1997), 41.

17. Edelstein, *The Enlightenment*, 50. 입법가에 대한 숭배 증가는 비단 유럽 대륙에만 국한하지 않았다. 데이터베이스 Eighteenth Century Collections Online (ECCO)에 따르면, 18세기의 영국 및 아일랜드 서적에서 전설적인 영국의 입법가 앨프리드 대왕에 대한 750여 개의 언급 가운데 7분의 6은 1760년 이후 등장했다.

18. 영어 번역본인 Louis Sébastien Mercier, *Memoirs of the Year Two Thousand Five Hundred*, W. Hooper (trans.) (London, 1772), 214-215, 332-333을 참조하라.

19. Derek Beales, *Enlightenment and Reform in Eighteenth-century Europe* (London, 2005), 48에 인용된 내용.

20. Isabel de Madariaga, *Catherine the Great: A Short History* (London, 2002)와 Simon Dixon, *Catherine the Great* (New York, 2001)는 그녀의 삶과 정치적 이력을 빼어나고 명료하게 요약해놓았다.

21. 치밀하게 계산된 이 통치자의 이미지 메이킹—그녀 자신을 입법가로 드러내려는 시도를 포함해서—에 대해 살펴보려면 Erin McBurney, 'Art and Power in the Reign of Catherine the Great: The State portraits' (2014), 컬럼비아 대학교 박사 학위 논문을 참조하라.

22. 가령 Cynthia Hyla Whitaker (ed.), *Russia Engages the World, 1453-1825* (Cambridge, MA, 2002), 180에 재게재된 1790년대부터의 에로틱한 수채화, Imperial Lovers behind Closed Doors를 참조하라.

23. Simon Dixon, 'The Posthumous Reputation of Catherine II in Russia 1797-1837', *Slavonic and East European Review* 77 (1999), 648-649.

24. Anthony Cross, 'Condemned by Correspondence: Horace Walpole and Catherine "Slay Czar"', *Journal of European Studies* 27 (1997), 129-141.

25. Madariaga, *Catherine the Great*, 40.

26. *The Rise of Fiscal States: A Global History, 1500-1914*, Bartolomé Yun Casalilla and Patrick K. O'Brien (eds.) (Cambridge, 2012), 210에 인용된 니콜라이 네크라소프(Nikolai Nekrasov)의 말.

27. *The Nakaz of Catherine the Great*, 446.

28. Ibid., 446-447.

29. Ibid., 463, 518.

30. Ibid., 489, 503-504.

31. Ibid., 482, 484, 513.

32. John T. Alexander, *Catherine the Great: Life and Legend* (Oxford, 1989), 113에 인용된 내용.

33. 'Observations on the Introduction of the Empress of Russia to the Deputies for the Making of the Laws', in *Denis Diderot: Political Writings*, John Hope Mason and Robert Wokler (eds. and trans.)(Cambridge, 1992), 81.

34. 영어로 된 가장 포괄적인 설명은 여전히 Robert Vincent Allen, 'The Great Legislative Commission of Catherine II of 1767' (1950), 예일 대학교 박사 학위 논문이며, 이어지는 문단들은 이 논문을 참고한 것이다.

35. Isabel de Madariaga, 'Catherine II and the Serfs: a Reconsideration of Some Problems', *Slavonic and East European Review* 52 (1974), 34-62.

36. Antony Lentin (ed. and trans.), *Voltaire and Catherine the Great: Selected Correspondence* (Cambridge, 1974), 49.

37. *The Nakaz of Catherine the Great*, 22.

38. Ibid., 521-531.

39. *Lloyds Evening Post*, 29/31 October 1770; Lentin, *Voltaire and Catherine the Great*, 111.

40. 불가리스에 대해서는 Paschalis M. Kitromilides, *Enlightenment and Revolution: The Making of Modern Greece* (Cambridge, MA, 2013), 39쪽 이하를 참조하라.

41. Michael Tatischeff, *The Grand Instruction to the Commissioners Appointed to Frame a New Code of Laws for the Russian Empire* (London, 1768), 192. 동료 교사 에카테리나 프라빌로바(Ekaterina Pravilova)는 내게 러시아의 '헌법' 용어 사용에 관한 정보를 알려주고, 이 장에 대해 조언해주었다.

42. Martin J. Daunton, *State and Market in Victorian Britain: War, Welfare and Capitalism* (Rochester, NY, 2008), 40에 인용된 내용.

43. 최근의 전문적인 전기로는 T. C. W. Blanning, *Frederick the Great: King of Prussia* (London, 2013)를 참조하라.

44. T. C. W. Blanning, *The Pursuit of Glory: Europe 1648-1815* (London, 2007), 593.

45. *Correspondance de Catherine Alexéievna, Grande-Duchesse de Russie, et de Sir Charles H. Williams, ambassadeur d'Angleterre, 1756 et 1757* (Moscow, 1909), 241.

46. 번역물의 제목조차 야심 찼다. *The Frederician Code: Or, a Body of Law for the Dominions of the King of Prussia. Founded on Reason, and the Constitution of the Country* (Edinburgh, 2 vols., 1761), I, 29 and 32.

47. 구스타프에 관한 최고의 정치적 전기는 여전히 Erik Lönnroth, *Den stora rollen. Kung Gustaf III spelad av honum själv* (Stockholm, 1986)이며, 나는 줄곧 그 책을 참고했다. 그의 배경에 관해 살펴보려면 Pasi Ihalainen *et al.* (eds.), *Scandinavia in the Age of Revolution: Nordic Political Cultures, 1740-1820* (Farnham, 2011)을 참조하라.

48. Michael Roberts, *The Swedish Imperial Experience, 1560-1718* (Cambridge, 1979).

49. *The Dispute between the King and Senate of Sweden* ⋯ *to which is prefixed, A short account of the Swedish constitution* (London, 1756), 1.

50. Michael F. Metcalf, *The Riksdag: A History of the Swedish Parliament* (New York, 1987). Marie Christine Skuncke, 'Press Freedom in the Riksdag' in

Press Freedom 250 years: Freedom of the Press and Public Access to Official Documents in Sweden and Finland—A Living Heritage from 1766 (Stockholm, 2018)도 참조하라. 스웨덴과 관련한 문제들에 대해 소중한 조언을 들려준 스컹크 교수에게 감사드린다.

51. Gunnar von Proschwitz (ed.), *Gustave III, par ses lettres* (Stockholm, 1987), 156.

52. Lönnroth, *Den stora rollen*, 70-82.

53. Patrik Winton, 'Sweden and the Seven Years' War, 1757-1762: War, Debt and Politics', *War in History* 19 (2012), 5-31. 다시 말해, 스웨덴에서는 세계 다른 지역에서와 마찬가지로 이 하이브리드 전쟁 사건이 귀중한 정치 질서의 재편에 반영되었다.

54. *State Papers Relating the Change of the Constitution of Sweden* (London, 1772), 31쪽을 비롯해 여러 쪽을 참조하라.

55. Ibid., 55. 프리드리히 대제가 자기 자신과 관련해서 암묵적으로 '시민'이라는 용어를 사용한 것과 관련해서는 그가 1777년에 쓴 미출간 논문 'Forms of Government and the Duties of Rulers'를 참조하라. 이 글은 온라인에서 찾아볼 수 있다.

56. *State Papers Relating the Change of the Constitution*, 10. 이 연설의 확산에 대해서는 Marie Christine Skuncke, 'Appropriation of Political Rhetoric in Eighteenth century Sweden', in Otto Fischer and Ann Öhrberg (eds.), *Metamorphoses of Rhetoric: Classical Rhetoric in the Eighteenth Century* (Uppsala, 2011), 133-151을 참조하라.

57. *State Papers Relating the Change of the Constitution*, 11-12, 15.

58. Jack N. Rakove (ed.), *The Annotated U.S. Constitution and Declaration of Independence* (Cambridge, MA, 2009), 104.

59. *The Critical Review* vol. 31 (London, 1771), 65. 여기에서 글쓴이는 루소가 쓴 《사회계약론》의 내용을 차용하고 있다.

60. Diderot, *Political Writings*, 111.

61. 이 암살에 대해 자세히 살펴보려면 https://decorativeartstrust.org에 실린 'Sweden's Culture King'이라는 제목의 글을 참조하라. *Form of Government, Enacted by*

His Majesty the King and the States of Sweden (Stockholm, 1772), 29도 참조
하라.

62. 마크 필프(Mark Philp)가 언급한 바와 같이, 우리는 심지어 "페인이 무슨 책을 읽었
는지조차" 알지 못한다. 그가 쓴 *Reforming Ideas in Britain: Politics and Language
in the Shadow of the French Revolution, 1789-1815* (Cambridge, 2014), 194를
참조하라.

63. 그의 삶에서 드러나는 미국적 요소와 영국 측에 대한 인정을 다룬 전문적 안내서
로는 Eric Foner, *Tom Paine and Revolutionary America* (Oxford, 2004)를 참
조하라.

64. John Brewer, *The Sinews of Power: War, Money and the English State, 1688-
1783* (London, 1989), 85-86.

65. Thomas Paine, *Common Sense* (Philadelphia, 1st edn, 1776), 22; Brewer, *The
Sinews of Power*, 178.

66. Thomas Paine, *Rights of Man. Part the Second* (London, 1792), 165; Thomas
Paine, *Rights of Man, being an answer to Mr Burke's attack on the French
Revolution* (London, 1791), 128.

67. Paine, *Common Sense*, 15. 그리고 가령 "모든 군주제 정부는 군사적이다. 전쟁
은 그들의 사업이요, 약탈과 세수는 그들의 목적이다"(4쪽) 같은 비슷한 주장을 찾
아보려면, 그가 쓴 *Rights of Man* 2부를 참조하라.

68. Paine, *Rights of Man*, 53; Paine, *Common Sense*, 41-42.

69. James Delbourgo, *Collecting the World: The Life and Curiosity of Hans Sloane*
(London, 2017), 323.

70. 내가 쓴 'Empires of Writing', 242-245를 참조하라.

71. 이 참고문헌에 대해 알려준 월프리드 프레스트(Wilfrid Prest) 교수에게 감사드린
다. Daniel J. Hulsebosch, *Constituting Empire: New York and the Transform-
ation of Constitutionalism in the Atlantic World, 1664-1830* (Chapel Hill, NC,
2005), 8.

72. Allan Ramsay, *An Essay on the Constitution of England* (London, 2nd edn,
1766), xiv and 13.

73. Thomas Paine, *Public Good, being an Examination into the Claim of Virginia to the Vacant Western Territory, and of the Right of the United States to the Same* (Philadelphia, 1780), 24.

74. Paine, *Common Sense*, 31-32; 이 책의 판매량에 대해 살펴보려면 Trish Loughran, *The Republic in Print: Print Culture in the Age of U.S. Nation Building, 1770-1870* (New York, 2007)을 참조하라.

75. Eric Slauter, *The State as a Work of Art: The Cultural Origins of the Constitution* (Chicago, IL, 2009), 39에 인용된 내용.

76. Robert P. Hay, 'George Washington: American Moses', *American Quarterly* 21 (1969), 780-791.

77. Paine, *Common Sense*, 18.

2부 전쟁에서 혁명으로

3 인쇄술의 힘

1. *Notes of Debates in the Federal Convention of 1787, Reported by James Madison*, Adrienne Koch (introduction) (New York, 2nd edn, 1987). 정보 공개 금지 조치는 5월 29일에 이루어졌다.

2. 이 원고를 다루는 방식이 세월이 가면서 어떻게 변화했는지 살펴보려면 Jill Lepore, 'The Commandments: The Constitution and its Worshippers', *The New Yorker*, 17 January 2011을 참조하라.

3. Pauline Maier, *Ratification: The People Debate the Constitution, 1787-1788* (New York, 2010), 70. 던랩과 클레이풀은 그 전에 필라델피아 대표단이 사적으로 배포할 수 있도록 그 헌법 초안의 한 쪽짜리 광고물 500개를 인쇄하기도 했다. 이 정보를 알려주고 이 장 전반에 대해 조언해준 대니얼 헐서보시(Daniel Hulsebosch) 교수에게 감사드린다.

4. 해리엇 마티노(Harriet Martineau: 영국 최초의 여성 사회학자로 볼 수 있는 사회이론가―옮긴이)가 보도한 1835년의 대화 내용. 그녀가 쓴 *Society in America* (New

York, 2 vols., 1837), I, 1을 참조하라.

5. Bernard Bailyn, *Ideological Origins of the American Revolution* (Cambridge, MA, 1992 edn), 193.

6. Gordon S. Wood, 'Foreword: State Constitution making in the American Revolution', *Rutgers Law Journal* 24 (1992-3), 911.

7. Alan Taylor, *American Revolutions: A Continental History, 1750-1804* (New York, 2016)를 참조하라.

8. David Armitage, 'The Declaration of Independence and International Law', *William and Mary Quarterly* 59 (2002), 39-64. 독립선언서를 담은 온라인 텍스트는 무수히 많다.

9. https://avalon.law.yale.edu/18th_century/ny01.asp를 참조하라.

10. Daniel J. Hulsebosch, 'The Revolutionary Portfolio: Constitution making and the Wider World in the American Revolution', *Suffolk University Law Review* 47 (2014), 759-822.

11. https://avalon.law.yale.edu/18th_century/fed01.asp를 참조하라.

12. Mary Wollstonecraft, *An Historical and Moral View of the Origin and Progress of the French Revolution and the Effect It Has Produced in Europe* (London, 1794), 14. 울스턴크래프트는 여기에서 토머스 제퍼슨을 그대로 따라 하고 있다.

13. 알렉산더 해밀턴의 24번째 논문. 《연방주의자 논집》의 모든 논문은 https://avalon.law.yale.edu/subject_menus/fed.asp에서 찾아볼 수 있다.

14. Harold C. Syrett (ed.), *The Papers of Alexander Hamilton* (Charlottesville, VA, 2011), 1787년 3월 14일 프랜시스 차일즈(Francis Childs)에게 보낸 편지.

15. 이 문단과 이어지는 문단들은 Michael J. Klarman, *The Framers' Coup: The Making of the United States Constitution* (New York, 2016)을 참고로 했다. 필라델피아 대표단에 대한 제퍼슨의 그 유명한 묘사는 1787년 8월 존 애덤스에게 보낸 편지에서 찾아볼 수 있다.

16. Joanne B. Freeman, 'Will the Real Alexander Hamilton Please Stand Up', *Journal of the Early Republic* 37 (2017), 255-262.

17. Jared Sparks, *The Life of Gouverneur Morris* (Boston, MA, 3 vols., 1832), I,

106에 인용된 내용.

18. https://avalon.law.yale.edu/18th_century/fed04.asp를 참조하라.

19. Klarman, *The Framers' Coup*, 149.

20. 1787년 6월 6일 논의에서. https://avalon.law.yale.edu/18th_century/debates_ 606.asp를 참조하라. Max M. Edling, 'A More Perfect Union: The Framing and Ratification of the Constitution', in Jane Kamensky and Edward G. Gray (eds.), *The Oxford Handbook of the American Revolution* (New York, 2013), 388-406을 참조하라.

21. 이러한 단어 선택에 대해 좀더 면밀히 분석한 자료로는 Jack N. Rakove, *Original Meanings: Politics and Ideas in the Making of the Constitution* (New York, 1996)을 참조하라.

22. Michael Warner, *The Letters of the Republic: Publication and the Public Sphere in Eighteenth-Century America* (Cambridge, MA, 1990); Hugh Amory and David D. Hall (eds.), *A History of the Book in America: Volume I: The Colonial Book in the Atlantic World* (Cambridge, 2000), 361.

23. Franco Moretti (ed.), *The Novel* (Princeton, NJ, 2 vols., 2006)을 참조하라.

24. Pauline Maier, *American Scripture: Making the Declaration of Independence* (New York, 1997), 156.

25. Maier, *Ratification*, 여러 군데를 참조하라.

26. Hulsebosch, 'Revolutionary Portfolio', 그리고 그가 David M. Golove와 함께 쓴 'A Civilized Nation: The Early American Constitution, the Law of Nations, and the Pursuit of International Recognition', *New York University Law Review* 85 (2010), 932-1066도 참조하라.

27. 워싱턴이 쓴 이 편지는 그 후 여러 대륙으로 건너갔고, 1822년 5월 *Calcutta Journal* 에 실렸다.

28. Leon Fraser, *English Opinion of the American Constitution and Government, 1783-1798* (New York, 1915).

29. 이런 언어 변화는 프랑스의 혁명 세력들이 '종이' 헌법을 열렬히 수용한 데서도 다시금 재확인되었다. 이를테면 재판을 거듭한 책 John Bowles, *Dialogues on the*

Rights of Britons, Between a Farmer, a Sailor, and a Manufacturer (London, 1793), 11을 참조하라.

30. 이 자료는 호스트 디펠(Horst Dippel)이 발행하는 웹사이트 'Constitutions of the World from the late 18th century to the middle of the 19th century online: Sources on the rise of modern constitutionalism'을 기반으로 했다. 내가 2019년에 접속한 이 웹사이트는 현재는 운영되지 않고 있다. 하지만 이 웹사이트가 기반을 두고 있는 같은 제목의 시리즈물은 부분적으로 인쇄 자료 형태로 이용할 수 있다. 호스트 디펠이 편집주간을 맡은 책 *Constitutions of the World from the late 18th Century to the Middle of the 19th Century: Sources on the Rise of Modern Constitutionalism* (Munich and Berlin, 2005-)을 참조하라.

31. Claude Moïse, *Le projet national de Toussaint Louverture et la constitution de 1801* (Port au Prince, Haiti, 2001). 이 참고문헌과 관련해 나의 동료인 데이비드 벨(David Bell) 교수에게 감사드린다.

32. Julia Gaffield (ed.), *The Haitian Declaration of Independence* (Charlottesville, VA, 2016).

33. Elise Marienstras and Naomi Wulf, 'French Translations and Reception of the Declaration of Independence', *Journal of American History* 85 (1999), 1309에 인용된 랠리톨렌달 백작(Comte de Lally-Tollendal)의 말.

34. Alan Bronfman (ed.), *Documentos constitucionales de Chile 1811-1833* (Munich, 2006); 뒤이은 1823년 헌법은 공공연하게 미국을 모범적인 예로 들었다.

35. Francisco Isnardi *et al.*, *Interesting Official Documents Relating to the United Provinces of Venezuela ⋯ Together with the Constitution Framed for the Administration of Their Government: In Spanish and English* (London, 1812). 이 책의 서문을 쓴 인물은 안드레스 베요였다.

36. Ibid., 89, 141, 151.

37. Ibid., 307.

38. David Armitage, *The Declaration of Independence: A Global History* (Cambridge, MA, 2007), 145-155.

39. 이것은 부분적으로 그의 본국 프랑스에서의 정치적 필요 때문이었다. 1848년, 그

리고 추가적 혁명 이후, 토크빌은 그곳에서 새로운 헌법 제정의 대표역을 맡게 된다. 그해 4월에서 9월까지만 쳤을 때, 무려 7개의 서로 다른 미국 헌법의 프랑스어 번역본이 출판되었다. Marienstras and Wulf, 'French Translations', 1318n을 참조하라.

40. 그 선도적 예는 널리 번역된 Jacques Vincent Delacroix, *Constitutions des principaux états del'Europe et des États-Unis de l'Amérique* (Paris, 2 vols., 1791)이다.

41. *Select Constitutions of the World. Prepared for Presentation to Dáil Eireann by Order of the Irish Provisional Government 1922* (Dublin, 1922).

42. Kåre Tønnesson, 'The Norwegian Constitution of 17 May 1814: International Influences and Models', *Parliaments, Estates and Representation* 21 (2001), 175-186.

43. Franco Moretti, *Atlas of the European Novel, 1800-1900* (New York, 1998), 190에 인용된 맥닐의 말.

44. Tønnesson, 'The Norwegian Constitution', 179.

45. Karen Gammelgaard and Eirik Holmøyvik (eds.), *Writing Democracy: The Norwegian Constitution 1814-2014* (New York, 2015)를 참조하라.

46. 이구알라 플랜의 번역본을 살펴보려면, 웹사이트 https://scholarship.rice.edu를 참조하라.

47. 1822년 5월 9일 *Calcutta Journal*에 재게재된 내용.

48. 캘커타의 인쇄 문화와 그것의 혼재된 정치에 대해서는 Miles Ogborn, *Indian Ink: Script and Print in the Making of the English East India Company* (Chicago, IL, 2007), 그리고 Daniel E. White, *From Little London to Little Bengal: Religion, Print and Modernity in Early British India, 1793-1835* (Baltimore, MD, 2013)를 참조하라.

49. James Silk Buckingham, *America, Historical, Statistic, and Descriptive* (London, 3 vols., 1841), I, 1. 버킹엄의 이력과 사상에 대해 살펴보려면 Kieran Hazzard, 'From Conquest to Consent: British Political Thought and India' (2017), 킹스 칼리지 런던 박사 학위 논문을 참조하라.

50. 로이의 사상을 소개한 2개의 빼어난 자료는 Bruce Carlisle Robertson (ed.), *The Essential Writings of Raja Rammohan Ray* (Delhi, 1999); C. A. Bayly, 'Rammohan Roy and the Advent of Constitutional Liberalism in India, 1800-1830', *Modern Intellectual History* 4 (2007), 25-41이다.

51. Buckingham's 'Sketch of the Life, Writings and Character of Ram Mohun Roy', *The Biographical Reporter* 4 (1833), 113-120을 참조하라. 이 참고문헌에 대해 알려준 키런 해저드(Kieran Hazzard) 박사에게 감사드린다.

52. Buckingham, *America, Historical, Statistic, and Descriptive*, I, 261.

53. 이를테면 Henry John Stephen, *New Commentaries on the Laws of England: (Partly Founded on Blackstone)* (London, 3rd edn, 4 vols., 1853), IV, 312를 참조하라.

54. *Calcutta Journal*, 1821년 9월 7일, 1822년 4월 6일, 5월 9일, 11월 9일, 1823년 2월 14일.

55. Richard Carlisle in *The Republican* (London, 1820), 229-230.

56. 인적 네트워크 형성과 장거리 통신—정치와 관련한 것 포함—이 어떻게 인쇄술 없이도 이루어질 수 있었는지에 대해 살펴보려면 James Robert Pickett, 'The Persianate Sphere during the Age of Empires: Islamic Scholars and Networks of Exchange in Central Asia, 1747-1917' (2015), 프린스턴 대학교 박사 학위 논문을 참조하라.

57. B. Shiva Rao (ed.), *Select Constitutions of the World* (Madras, 1934)의 서문.

58. *Canton Miscellany* (1831), 32-34.

59. Philip a. Kuhn, 'Ideas behind China's Modern State', *Harvard Journal of Asiatic Studies* 55 (1995), 295-337.

60. William G. McLoughlin, *Cherokee Renascence in the New Republic* (Princeton, NJ, 1986). 세쿼이아와 그의 배경에 관해서는 Robert A. Gross and Mary Kelly (eds.), *A History of the Book in America: Volume 2: An Extensive Republic: Print, Culture, and Society in the New Nation, 1790-1840* (Chapel Hill, NC, 2010), 499-513을 참조하라.

61. *Constitution of the Cherokee Nation, Formed by a Convention of Delegates*

from the Several Districts at New Echota (New Echota, 1827).

62. 나중의 아메리카 원주민 헌법들과 관련해서는 David E. Wilkins (ed.), *Documents of Native American Political Development: 1500s to 1933* (Oxford, 2009); James Oberly, *Nation of Statesmen: The Political Culture of the Stockbridge-Munsee Mohicans, 1815-1972* (Norman, OK, 2005)를 참조하라.

4 수많은 입법가들

1. Melanie Randolph Miller, *Envoy to the Terror: Gouverneur Morris and the French Revolution* (Washington DC, 2006); 모리스의 일기와 관련해서는 Anne Cary Morris (ed.), *The Diary and Letters of Gouverneur Morris* (New York, 2 vols., 1888), I, 136을 참조하라.

2. Cary Morris, *The Diary and Letters of Gouverneur Morris*, I, 16, 26.

3. Keith M. Baker, *Inventing the French Revolution: Essays on French Political Culture in the Eighteenth Century* (Cambridge, 1990), 252-306을 참조하라.

4. William Howard Adams, *Gouverneur Morris: An Independent Life* (New Haven, CT, 2003), 154; 프랑스의 권리에 대한 급진주의 및 창의성과 관련해서는 Lynn Hunt, *Inventing Human Rights: A History* (New York, 2007), 특히 113-175쪽을 참조하라.

5. Cary Morris, *The Diary and Letters of Gouverneur Morris*, I, 360. 이 텍스트의 제정에 관해서는 Michael P. Fitzsimmons, 'The Committee of the Constitution and the Remaking of France, 1789-1791', *French History* 4 (1990), 23-47을 참조하라.

6. Cary Morris, *The Diary and Letters of Gouverneur Morris*, I, 486; Miller, *Envoy to the Terror, 23*.

7. Cary Morris, *The Diary and Letters of Gouverneur Morris*, I, 486.

8. Daniel Schönpflug, *Der Weg in die Terreur: Radikalisierung und Konflikte im Strassburger Jakobinerclub (1790-1795)* (Munich, 2002), 62.

9. Miller, *Envoy to the Terror*, 9, 88.

10. Aqil Shah, *The Army and Democracy: Military Politics in Pakistan* (Cambridge,

MA, 2014)을 참조하라.

11. 이 표에 사용된 출처에 관한 정보는 3장의 주 30을 참조하라.

12. Dušan T. Bataković, 'A Balkan style French Revolution: The 1804 Serbian Uprising in European Perspective', *Balcanica* 36 (2005), 113-129. 1790~1820년에 걸쳐 **시도된** 헌법을 총망라하는 광범위한 표라면, 서아프리카 시에라리온의 헌법을 작성하려던 그랜빌 샤프(Granville Sharp: 영국 최초의 노예 무역 폐지 주창자—옮긴이)의 계획도 포함할 수 있을 것이다. L. E. C. Evans, 'An Early Constitution of Sierra Leone', *Sierra Leone Studies* 11 (1932)을 참조하라.

13. 이 논지에 대한 인상적인 해석으로는 David Bell, *The First Total War: Napoleon's Europe and the Birth of Warfare as We Know It* (Boston, MA, 2007)을 참조하라. 전문적인 비평으로는 Michael Broers, 'The Concept of "Total War" in the Revolutionary Napoleonic period', *War in History* 15 (2008), 247-268을 참조하라.

14. 2017년에 프린스턴 대학교에서 열린 워크숍에서 토머스 도드먼(Thomas Dodman) 교수가 발표한 논문 'When Emile Went to War: Becoming a Citizen soldier'의 도움을 받았다.

15. 현재 영어로 작성된 최선의 설명은 Dominic Lieven, *Russia against Napoleon: The Battle for Europe, 1807 to 1814* (London, 2009)이다.

16. Patrice Gueniffey, *Bonaparte: 1769-1802*, Steven Rendall (trans.) (Cambridge, MA, 2015), 446.

17. Ibid., 55.

18. Philip G. Dwyer, 'Napoleon Bonaparte as Hero and Saviour: Image, Rhetoric and Behaviour in the Construction of a Legend', *French History* 18 (2004), 396; Juan Cole, *Napoleon's Egypt: Invading the Middle East* (New York, 2007)를 참조하라.

19. Peter Mcphee, 'The French Revolution seen from the *Terres Australes*' in Alan Forrest and Matthias Middell (eds.), *The Routledge Companion to the French Revolution* (London, 2016), 274-275.

20. Philippe R. Girard, *The Slaves Who Defeated Napoleon: Toussaint Louverture*

and the Haitian War of Independence (Tuscaloosa, AL, 2011); Gueniffey, *Bonaparte*, 702.

21. 나폴레옹이 카리브해 지역에 기울인 집요한 관심에 대해 살펴보려면 Uute Planert (ed.), *Napoleon's Empire: European Politics in Global Perspective* (Basingstoke, 2016), 32n을 참조하라.

22. 이 무렵 영국이 해상에서 벌인 전쟁에 대한 전문적인 (그리고 때로 찬양하는) 설명으로는 N. A. M. Rodger, *The Command of the Ocean: A Naval History of Britain, 1649-1815* (London, 2004), 특히 380-525쪽을 참조하라.

23. Edmund Burke, *A Letter from the Right Honourable Edmund Burke to a Noble Lord* (London, 1796), 26.

24. 버크의 이 비교는 1792년 12월에 한 연설에서 이루어진 것으로, 그는 거기에서 "모든 세상을 프랑스 연합"으로 끌어들이고 싶어 한다고 혁명가들을 비난했다. William Cobbett, *Cobbett's Parliamentary History of England* (London, 36 vols., 1806-20), XXX, 71-72를 참조하라.

25. David Bell, *Napoleon: A Concise Biography* (New York, 2015), 41-42.

26. 이 시대의 다른 프랑스 헌법들과 마찬가지로, 이 1804년 헌법의 영어 번역본 역시 Wikisource에서 이용할 수 있다. https://en.wikisource.org/wiki/Constitution_of_the_year_Xii.

27. Alan Forrest, 'Propaganda and the Legitimation of Power in Napoleonic France', *French History* 18 (2004), 426-445.

28. Bell, *First Total War*, 212. 나폴레옹의 침략에 대한 이집트인의 관점에 대해 살펴보려면 Robert L. Tignor *et al.*, *Napoleon in Egypt: Al-Jabarti's Chronicle of the French Occupation, 1798* (New York, 1993)을 참조하라.

29. Philip G. Dwyer, 'From Corsican Nationalist to French Revolutionary: Problems of Identity in the Writings of the Young Napoleon, 1785-1793', *French History* 16 (2002), 132 등 여러 곳을 참조하라.

30. Ibid., 140-144.

31. Bruno Colson (ed.), *Napoleon: On War*, Gregory Elliott (trans.) (Oxford, 2015), 344; Dwyer, 'From Corsican Nationalist to French Revolutionary', 146.

32. *Constitution des Républiques Française, Cisalpine et Ligurienne* ⋯ *dans les quatre langues* (Paris, 1798), second section, 1-133.

33. Ibid.

34. 프랑스 아라스(Arras) 소재 순수미술박물관(Musée des Beaux arts)에서 이루어진 〈나폴레옹: 전설의 이미지(Napoleon: Images of the Legend)〉라는 제목의 전시회에 대해, 킴 윌셔(Kim Willsher)가 2017년 9월 3일 런던의 〈옵서버(Observer)〉에 실은 리뷰에서 가져옴.

35. Noah Feldman, *What We Owe Iraq: War and the Ethics of Nation Building* (Princeton, NJ, 2004), 7-8. 나폴레옹의 제국주의에 대한 광범위한, 때로 비판적인 분석을 살펴보려면 Michael Broers, Peter Hicks and Agustín Guimerá (eds.), *The Napoleonic Empire and the New European Political Culture* (Basingstoke, 2012)를 참조하라.

36. Cisalpine Constitution in *Constitution des Républiques*의 영어 번역본, 5.

37. Comte de Las Cases, *Mémorial de Sainte-Hélène: Journal of the Private Life and Conversations of the Emperor Napoleon at Saint Helena* (London, 4 vols., 1823), II, 88.

38. Thierry Lentz *et al.* (eds.), *Correspondance générale de Napoléon Bonaparte* (Paris, 15 vols., 2004-18), VIII, 620 and 631.

39. 스코틀랜드 육군 대령 닐 캠벨 경(Sir Neil Campbell)이 보고한 내용이다. Jonathan North (ed.), *Napoleon on Elba: Diary of an Eyewitness to Exile* (Welwyn Garden City, 2004), 71, 96을 참조하라. 또한 나폴레옹은 캠벨에게 자신이 만약 영국 침략에 성공했다면 뒤이어 아일랜드를 해방하는 데 나섰을 거라고 장담하기도 했다.

40. 이 참고문헌에 대해 알게 된 것은 톰 톨리(Tom Toelle) 덕분이다.

41. Ewald Grothe, 'Model or Myth? The Constitution of Westphalia of 1807 and Early German Constitutionalism', *German Studies Review* 28 (2005), 1-19.

42. Jaroslaw Czubaty, *The Duchy of Warsaw, 1807-1815: A Napoleonic Outpost in Central Europe*, Ursula Phillips (trans.) (London, 2016), 38.

43. Ibid., 여러 곳을 참조하라.

44. Las Cases, *Mémorial de Sainte-Hélène*, I, Part 1, 189에서 가져온 내용.

45. 가령 Ambrogio A. Caiani, 'Collaborators, Collaboration, and the Problems of Empire in Napoleonic Italy, the Oppizzoni Affair, 1805-1807', *Historical Journal* 60 (2017), 385-407을 참조하라.

46. 이 사건에 대해 알고 싶으면 Antonio Feros, *Speaking of Spain: The Evolution of Race and Nation in the Hispanic World* (Cambridge, MA, 2017), 233-277을 참조하라.

47. Ignacio Fernández Sarasola, 'La primera constitución española: El Estatuto de Bayona', *Revista de Derecho* 26 (2006), 89-109. (프랑스어와 에스파냐어로 된) 이 텍스트는 António Barbas Homem *et al* (eds.), *Constitutional Documents of Portugal and Spain 1808-1845* (Berlin, 2010), 195-236에 실려 있다.

48. Lentz *et al.* (eds.), *Correspondance générale de Napoléon Bonaparte*, VIII, 600, 630-631, 675.

49. Jaime E. Rodríguez O., 'Hispanic Constitutions, 1812 and 1824', in Silke Hensel *et al.* (eds.), *Constitutional Cultures: On the Concept and Representation of Constitutions in the Atlantic World* (Newcastle upon Tyne, 2012)를 참조하라.

50. M. C. Mirow, *Latin American Constitutions: The Constitution of Cádiz and Its Legacy in Spanish America* (Cambridge, 2015), 276.

51. Ruth de Llobet, 'Chinese mestizo and natives' disputes in Manila and the 1812 Constitution: Old Privileges and new political realities (1813-15)', *Journal of Southeast Asian Studies* 45 (2014), 220.

52. Rodríguez O., 'Hispanic Constitutions', 77-78.

53. C. W. Crawley, 'French and English Influences in the Cortes of Cadiz, 1810-1814', *Cambridge Historical Journal* 6 (1939), 196에 인용된 내용.

54. David Hook and Graciela Iglesias Rogers (eds.), *Translations in Times of Disruption: An Interdisciplinary Study in Transnational Contexts* (London, 2017)를 참조하라.

55. Zachary Elkins, 'Diffusion and the Constitutionalization of Europe', *Comparative Political Studies* 43 (2010), 992.

56. 제퍼슨이 1814년 4월 28일에 에스파냐의 자유주의자 루이스 데 오니스(Luis de Onís)에게 보낸 편지. https://founders.archives.gov/documents/Jefferson/03-07-02-0238.

57. 비록 성직자들의 옹호를 신뢰할 수는 없었지만 말이다. Maurizio Isabella, 'Citizens or Faithful? Religion and the Liberal Revolutions of the 1820s in Southern Europe', *Modern Intellectual History* 12 (2015), 555-578.

58. Katrin Dircksen, 'Representations of Competing Political Orders: Constitutional Festivities in Mexico City, 1824-1846', in Hensel *et al.*, *Constitutional Cultures*, 129-162.

59. Leslie Bethell (ed.), *The Independence of Latin America* (Cambridge, 1987), 197.

60. 그녀의 삶에 대해 살펴보려면 Betty T. Bennett, *Mary Wollstonecraft Shelley: An Introduction* (Baltimore, MD, 1998)을 참조하라.

61. Mary Shelley, *History of a Six Weeks' Tour through a Part of France, Switzerland, Germany, and Holland* (London, 1817), 17.

62. Mary Shelley, *Frankenstein, or the Modern Prometheus: Annotated for Scientists, Engineers, and Creators of All Kinds*, David H. Guston, Ed Finn and Jason Scott Robert (eds.) (Cambridge, MA, 2017), 37, 89, 107, 175, 185.

63. 《최후의 인간》의 프로젝트 구텐베르크(Project Gutenberg)판 1권 10장과 2권 1장. Shelley, *Frankenstein*, xxvii.

64. Markus J. Prutsch, *Making Sense of Constitutional Monarchism in Post-Napoleonic France and Germany* (Basingstoke, 2013).

65. Eugenio F. Biagini, 'Liberty, Class and Nation building: Ugo Foscolo's "English" Constitutional Thought, 1816-1827', *European Journal of Political Theory* 5 (2006), 43.

66. Rafe Blaufarb, *Bonapartists in the Borderlands: French Exiles and Refugees on the Gulf Coast, 1815-1835* (Tuscaloosa, AL, 2005). 여기에서는 내가 잔 잰슨 (Jan Jansen) 박사와 함께 2018년에 베를린에서 개최한 'Exile and Emigration in an Age of War and Revolution'이라는 제목의 워크숍에서 발표된 논문들도 참조

했다.

67. Hook and Iglesias Rogers (eds.), *Translations in Times of Disruption*, 45-74.

68. 무라비요프를 비롯한 여러 러시아 육군 퇴역 군인들이 반대주의자로 변신한 사실에 대해 살펴보려면 Richard Stites, *The Four Horsemen: Riding to Liberty in Post-Napoleonic Europe* (New York, 2014), 240-321을 참조하라.

69. Sophia Raffles, *Memoir of the Life and Public Services of Sir Thomas Stamford Raffles* (London, 2 vols., 1835), I, 304-306.

70. Ibid., II, 242-244, 304.

5 예외와 엔진

1. 이 만남에 대해서는 Eduard Gans, *Rückblicke auf Personen und Zustände* (Berlin, 1836), 200-214를 참조하라. 내가 이 출처에 관심을 갖도록 도와준 위르겐 오스터함멜(Jürgen Osterhammel) 교수에게 감사드린다.

2. David Armitage, 'Globalizing Jeremy Bentham', *History of Political Thought* 32 (2011), 65; *Codification Proposal, Addressed by Jeremy Bentham to All Nations Professing Liberal Opinions* (London, 1822), 44.

3. Gans, *Rückblicke auf Personen und Zustände*, 207-208.

4. Southwood Smith, *A Lecture Delivered over the Remains of Jeremy Bentham, Esq.* (London, 1832).

5. 벤담의 삶을 소개한 자료로는 Philip Schofield, *Bentham: A Guide for the Perplexed* (New York, 2009)를 참조하라. 그의 헌법 프로젝트와 사상 가운데 일부를 소개한 Frederick Rosen, *Jeremy Bentham and Representative Democracy* (Oxford, 1983), 그리고 Philip Schofield and Jonathan Harris (eds.), *The Collected Works of Jeremy Bentham: 'Legislator of the World': Writings on Codification, Law, and Education* (Oxford, 1998)을 참조하라. 나는 줄곧 이 두 가지 출처를 이용했다.

6. Miriam Williford, *Jeremy Bentham on Spanish America* (Baton Rouge, LA, 1980), 4쪽을 비롯해 여러 쪽을 참조하라. 버가 선물하고 벤담이 간략하게 주석을 단 *The Federalist: Or the New Constitution* (New York, 1802)은 영국국립도서관(British

Library)에 소장되어 있다.

7. Theodora L. McKennan, 'Jeremy Bentham and the Colombian Liberators', *The Americas* 34 (1978), 466.

8. 근래 몇십 년에 걸친 대형 편집 프로젝트 가운데 하나인 벤담의 서신 출판물은 이 같은 다채로운 대륙 간 접촉의 풍부한 출처이다. T. L. S. Sprigge *et al* (ed.), *The Correspondence of Jeremy Bentham* (London, 12 vols., 1968-2006)을 참조하라.

9. Ibid., XI 177-178.

10. L. J. Hume, 'Preparations for Civil War in Tripoli in the 1820s: Ali Karamanli, Hassuna D'Ghies and Jeremy Bentham', *Journal of African History* 21 (1980), 311-322; Ian Coller, 'African Liberalism in the Age of Empire? Hassuna D'Ghies and Liberal Constitutionalism in North Africa, 1822-1835', *Modern Intellectual History* 12 (2015), 529-553.

11. James Burns, 'Bentham, Brissot and the Challenge of Revolution', *History of European Ideas* 35 (2009), 221.

12. McKennan, 'Bentham and the Colombian Liberators', 473; Jennifer Pitts, 'Legislator of the World? A Rereading of Bentham on Colonies', *Political Theory* 31 (2003), 200-234.

13. 관련 문건은 많지만 정확한 요약을 위해서는 Edmund S. Morgan, *Inventing the People: The Rise of Popular Sovereignty in England and America* (New York, 1988), 72-74를 참조하라.

14. Alan Craig Houston, *Algernon Sidney and the Republican Heritage in England and America* (Princeton, NJ, 2014), 191-192에 인용된 내용.

15. Vicki Hsueh, *Hybrid Constitutions: Challenging Legacies of Law, Privilege, and Culture in Colonial America* (Durham, NC, 2010) 55쪽 이하를 참조하라. 쉐의 주장에 따르면, 영국의 입헌주의는 "획일적인 것과는 거리가 멀었으며", 해외 지역들에서 훨씬 더 혼성화되는 경향을 보였다.

16. Bernadette Meyler, 'Daniel Defoe and the Written Constitution', *Cornell Law Review* 94 (2008), 111에 인용된 내용.

17. Lois G. Schwoerer, *The Declaration of Rights* (Baltimore, MD, 1981).

18. 이 군대와 관련한 인도 역사에 대해서는 점점 더 많은 연구가 진행되고 있다. 반면 그것이 영국 자체에 미친 영향에 대한 연구는 활발하게 이루어지지 않고 있다. Alan G. Guy and Peter B. Boyden, *Soldiers of the Raj: The Indian Army 1600-1947* (London, 1997)을 참조하라.

19. Saxo, *A Hasty Sketch of the Origins, Nature, and Progress of the British Constitution* (York, 1817), 25-26. 그리고 Robert Saunders, 'Parliament and People: The British Constitution in the Long Nineteenth Century', *Journal of Modern European History* 6 (2008), 72-87을 참조하라.

20. H. J. Hanham, *The Nineteenth Century Constitution, 1815-1914* (Cambridge, 1969), 12.

21. *The New Monthly Magazine and Literary Journal* (London, 1832), 79. 본질적으로 그리고 바람직하게는 국내적 필수품, 그리고 마음에 자리 잡은, 따라서 글쓰기에 의존하지 않는 어떤 것이라고 보는 기본법 개념은 아주 오래된 것이었다.

22. 구글의 엔그램뷰어(Ngram Viewer)에 따르면, 영국 체제와 관련해 '불문 헌법 (unwritten constitution)'이라는 표현이 널리 확산한 것은 오직 1860년 이후의 일이었다.

23. 브라이스가 Henry Elliot Malden (ed.), *Magna Carta Commemoration Essays* (London, 1917)에 쓴 서문에서 가져온 내용.

24. 2016년 브렉시트 국민투표의 헌법적 타당성과 의회적 함의를 둘러싼 혼란스러운 주장들이 암시해주듯이 말이다. 대중적 믿음이 아니라 이론에 대해 살펴보려면 Jeffrey Goldsworthy, *Parliamentary Sovereignty: Contemporary Debates* (Cambridge, 2010)를 참조하라.

25. Leo Tolstoy, *War and Peace*, Louise and Aylmer Maude (trans.) (Minneapolis, MN, 2016), 884; Daria Olivier, *The Burning of Moscow, 1812* (London, 1966).

26. 이 무렵 런던의 규모와 부에 대해 잘 보여주는 삽화를 곁들인 조사서로는 Celina Fox (ed.), *London-World City, 1800-1840* (New Haven, CT, 1992)을 참조하라.

27. Rebeca Viguera Ruiz, *El exilio de Ramón Alesón Alonso de Tejada: Experiencia liberal de un emigrado en Londres (1823-1826)* (Lewiston, ID, 2012), 43, 56.

28. Martin Daunton, 'London and the World', in Fox (ed.), *London-World City*. 새로운 남아메리카에 대한 영국의 좀더 광범위한 투자를 살펴보려면 P. J. Cain and A. G. Hopkins, *British Imperialism: 1688-2015* (London, 3rd edn, 2016), 그리고 Frank Griffith Dawson, *The First Latin American Debt Crisis: The City of London and the 1822-25 Loan Bubble* (London, 1990)을 참조하라. 역사가들은 이 같은 영국 투자와 더러 관련되곤 하는 정치적·이데올로기적 동기보다는 그 아래 깔린 경제적이자 비공식적인 제국적 동기에 더 많은 관심을 기울여왔다.

29. *The Times* (London), 1824년 12월 24일자.

30. 존 맥커스커(John J. McCusker)의 말마따나, 런던 신문들이 전 세계를 넘나든 이유는 부분적으로 그 신문들이 상업 및 금융 관련 기사를 조밀하게 다루었기 때문이다. 'The Demise of Distance: The Business Press and the Origins of the Information Revolution in the Early Modern Atlantic World', *American Historical Review* 110 (2005), 295-321. 이 문단에 나온 수치는 아직 완료되지 않은 영국의 신문문서보관소(https://www.britishnewspaperarchive.co.uk/)가 밝힌 수치를 기반으로 한 것이다.

31. 제다에 관한 또 한 가지 중요한 정보를 살펴보려면 Ulrike Freitag, 'Helpless Representatives of the Great Powers? Western Consuls in Jeddah, 1830s to 1914', *Journal of Imperial and Commonwealth History* 40(2012), 357-381을 참조하라.

32. 존 다윈(John Darwin) 교수는 영국의 세계적 항구 네트워크와 그 광범위한 영향력에 대한 연구를 진행하고 있다.

33. Eric Hobsbawm, *The Age of Revolution: Europe 1789-1848* (London, 1962).

34. John Lynch, *Simón Bolívar: A Life* (New Haven, CT, 2006), 122-124. 이 남성들에 대해 알아보려면 Malcolm Brown, *Adventuring through Spanish Colonies: Simón Bolívar, Foreign Mercenaries and the Birth of New Nations* (Liverpool, 2008)를 참조하라.

35. *The Times* (London) 1819년 10월 27일자.

36. 일례로 Aileen Fyfe, *Steam-powered Knowledge: William Chambers and the Business of Publishing, 1820-1860* (Chicago, IL, 2012)을 참조하라.

37. Karen Racine, 'Newsprint Nations: Spanish American Publishing in London, 1808-1827', in Constance Bantman and Ana Cláudia Suriani da Silva (eds.), *The Foreign Political Press in Nineteenth-Century London: Politics from a Distance* (London, 2017).

38. Daniel Alves and Paulo Jorge Fernandes, 'The Press as a Reflection of the divisions among the Portuguese Political Exiles (1808-1832)', in Bantman and da Silva (eds.), *The Foreign Political Press in Nineteenth-Century London,* 73-90.

39. *Foreign Quarterly Review* (London, 1833), 174에 실린 페키오 백작(Count Pecchio)의 회고록에 대한 서평 내용이다.

40. Juan Luis Simal, *Emigrados: España y el exilio internacional, 1814-1834* (Madrid, 2012), 특히 186, 195, 201, 223-227쪽을 참조하라.

41. Karen Racine, '"This England and This Now": British Cultural and Intellectual Influence in the Spanish American Independence Era', *Hispanic American Historical Review* 90 (2010), 423.

42. *The Literary Examiner: Consisting of The Indicator, a Review of Books, and Miscellaneous Pieces in Prose and Verse* (London, 1823), 351-352.

43. 가장 최근의 연구물은 Antonio Ramos Argüelles, *Agustín Argüelles (1776-1844): Padre del constitucionalismo español* (Madrid, 1990)이다. 그는 영어권에 더 널리 알려질 가치가 있다.

44. 런던에 머물면서 대영박물관의 도서관에 의존한 또 다른 해외 혁명가에 대해서는 Robert Henderson, *Vladimir Burtsev and the Struggle for a Free Russia: A Revolutionary in the Time of Tsarism and Bolshevism* (London, 2017)을 참조하라.

45. 가장 다가가기 쉬운 전기는 Lynch, *Simón Bolívar*이다.

46. 이 연설에 대해 살펴보려면 *El Libertador: Writings of Simón Bolívar*, David Bushnell (ed.) (Oxford, 2003), 31-53을 참조하라.

47. Ibid., 특히 42-43쪽을 참조하라.

48. Ibid., 43, 45.

49. 예를 들어 Harold Temperley, *The Foreign Policy of Canning, 1822-1827* (London, 1966 edn), 557-558에 실린, 1825년의 어느 영국 활동가에 대한 묘사를 참조하라.

50. *El Libertador*, 116.

51. 〈자메이카 레터〉에 대해 살펴보려면, ibid., 12-30을 참조하라.

52. Lynch, *Simón Bolívar*, 181.

53. 이 이야기에 대해 더 자세히 알고 싶으면 Hilda Sábato, *Republics of the New World: The Revolutionary Political Experiment in Nineteenth-Century Latin America* (Princeton, NJ, 2018)를 참조하라.

54. *El Libertador*, 177; Sábato, *Republics of the New World*.

55. 프린스턴 대학의 펠리스 피지옥(Felice M. Physioc) 덕분에 이 정보를 알게 되었다.

56. 이 시기 및 그 이후에 멕시코에서 시도된 헌법 목록을 살펴보려면 Sebastian Dorsch (ed.), *Constitutional Documents of Mexico, 1814-1849* (Berlin, 3 vols., 2010-13)를 참조하라.

57. Richard A. Warren, *Vagrants and Citizens: Politics and the Masses in Mexico City from Colony to Republic* (Lanham, MD, 2007), 59.

58. 이 멕시코 영토 헌법 텍스트들은 에스파냐어로 되어 있는 Dorsch, *Constitutional Documents*, vols 2-3에서 이용할 수 있다.

59. *El Libertador*, 101.

60. 1820년대의 환멸감 증가에 대해서는 Rafael Rojas, *Las repúblicas de aire: Utopía y desencanto en la revolución de Hispanoamérica* (Mexico, DF, 2009)를 참조하라. 그리고 볼리바르 자신에 대해서는 ibid., 19를 참조하라.

61. *El Libertador*, 47.

62. 로드리게스와 그의 영향력에 대해 알고 싶으면 Ronald Briggs, *Tropes of Enlightenment: Simón Rodríguez and the American Essay at Revolution* (Nashville, TN, 2010)을 참조하라.

63. *El Libertador*, 24.

64. Simon Collier, *Ideas and Politics of Chilean Independence 1808-1833* (Cambridge, 1967), 345-346.

65. Annelien de Dijn, 'A Pragmatic Conservatism: Montesquieu and the Framing

of the Belgian Constitution (1830-1831)', *History of European Ideas* 28 (2002), 227-245; *Morning Post* (London), 1830년 11월 2일자.

66. Paul Stock, 'Liberty and Independence: The Shelley-Byron Circle and the State(s) of Europe', *Romanticism* 15 (2009), 121-130. 서로를 상대로 한 두 시인의 선박 경주 광경을 담은 스케치는 보들리안 도서관(Bodleian Library, MS: 옥스퍼드 대학교 중앙도서관―옮긴이)에 보관되어 있다. 셸리는 거기에 c. 12, fol, 26이라고 적었다.

67. 따라서 카트라이트는 자신의 베스트셀러, *American Independence, the Interest and Glory of Great Britain* (1775)에서, 제국 개혁의 요구와 반체제적 미국 백인 달래기를 토착 토지에 대한 보호 제공과 조화시키고자 노력했다. Jeffers Lennox, 'Mapping the End of Empire' (2018), in 'Cartography and Empire' (essay series), https://earlycanadianhistory.ca/category/cartography-and-empire-series를 참조하라.

68. 내가 쓴 'Empires of Writing: Britain, America and Constitutions, 1776-1848', *Law and History Review* 32 (2014), 252-253을 참조하라.

69. John Cartwright, *Diálogo político entre un italiano, un español, un frances, un aleman, y un ingles* (London, 1825).

70. F. D. Cartwright, *The Life and Correspondence of Major Cartwright* (London, 2 vols., 1826), II, 66, 262-263, 283.

71. E. P. Thompson, *The Making of the English Working Class* (London, 1963), 666-668.

72. *The Chartist Circular*, 1839년 12월 21일자. 이 헌장은 아직 초국가 차원의 혁신적인 헌법 텍스트 역사에 창의적으로 통합되지 못했다. 하지만 개러스 스테드먼 존스가 오래전에 언급한 바와 같이, 이 운동에서 "이 헌장이 바람직한 것으로 간주되는 이유는 무엇인가?"는 핵심적인 질문이다. Gareth Stedman Jones, *Languages of Class: Studies in English Working Class History 1832-1982* (Cambridge, 1984), 108을 참조하라.

73. *The Chartist*, 1838년 6월 9일자, 1839년 3월 23일자.

74. *Northern Star*, 1838년 4월 21일자.

3부 새로운 세계

6 승자와 패자

1. 내가 이용한 최근 연구는 Adrian Young, 'Mutiny's Bounty: Pitcairn Islanders and the Making of a Natural Laboratory on the Edge of Britain's Pacific Empire' (2016), 프린스턴 대학교 박사 학위 논문, 그리고 Nigel Erskine, 'The Hhistorical Archaeology of Settlement at Pitcairn Island 1790-1856' (2004), 제임스 쿡 대학교 박사 학위 논문이다.

2. 그 문서의 전문은 Walter Brodie, *Pitcairn's Island, and the Islanders, in 1850* (London, 1851), 84-91에 실려 있다. 엘리엇이 핏케언으로의 항해와 그곳에서 한 일에 대해 자신의 해군 상사들에게 제출한 보고서는 하와이 대학교의 디지털 보관소 이볼스(eVols)에서 찾아볼 수 있다. https://evols.library.manoa.hawaii.edu.

3. Brodie, *Pitcairn's Island*, 84.

4. David Armitage and Alison Bashford (eds.), *Pacific Histories, Ocean, Land, People* (Basingstoke, 2014), 8에 인용된 그레그 데닝(Greg Denning)의 말. 혁명 시대와 그 이후 태평양 세계가 지닌 중요성에 대해 살펴보려면 Alison Bashford, 'The Pacific Ocean', in David Armitage, Alison Bashford and Sujit Sivasundaram (eds.), *Oceanic Histories* (Cambridge, 2018), 그리고 시바순다람(Sivasundaram) 교수의 최신작 *Waves across the South: A New History of Revolution and Empire* (Cambridge, 2020)도 참조하라.

5. 트웨인은 자신의 단편소설 〈핏케언에서 일어난 위대한 혁명(The Great Revolution in Pitcairn)〉에서 이 표현을 사용하고 있다. 그는 이 소설에서 야심 찬 미국 모험가가 그 섬을 장악하는 장면을 상상한다.

6. 이 코르시카 헌법에 대해 살펴보려면 National Archives, Kew, PC 1/34/90을 참조하라. 핏케언섬으로의 여정을 다룬 러셀 엘리엇의 원고 'Facts and Impressions Recorded during a Cruise from the Coast of Chile'는 런던의 경매 회사 크리스티스(Christie's)에서 1998년에 판매되었지만, 사적 소장품이 되어 자취를 감춘 것으로 보인다.

7. 스트셀레츠키는 자신이 쓴 *Physical Description of New South Wales, and Van*

Diemen's Land (London, 1845)에서 러셀 엘리엇의 기여를 인정하고 있다. 그의 기근 돕기 작업에 대해 살펴보려면 Frank Mcnally, 'Strzelecki's List', *Irish Times*, 2019년 5월 9일자를 참조하라.

8. *infra* 295-305를 참조하라.

9. J. N. Reynolds, *Pacific and Indian Oceans: or, the South Sea Surveying and Exploring Expedition: Its Inception, Progress, and Objects* (New York, 1841).

10. 내가 이 전개 양상을 다룬 훌륭한 조사서로서 의존한 것은 Stuart Banner, *Possessing the Pacific: Land, Settlers, and Indigenous People from Australia to Alaska* (Cambridge, MA, 2007), 그리고 James Belich, *Replenishing the Earth: The Settler Revolution and the Rise of the Anglo World, 1783-1939* (Oxford, 2009)이다.

11. Ingrid Lohmann, 'Educating the Citizen: Two Case Studies in Inclusion and Exclusion in Prussia in the Early Nineteenth Century', *Paedagogica Historica* 43 (2007), 17.

12. *The Constitutions of the Ancient and Honourable Fraternity of Free and Accepted Masons* (Worcester, MA, 1792), 275. 이 노래가 나온 시기는 적어도 1750년대로 거슬러 올라가는 것 같다.

13. Margaret C. Jacob, *Living the Enlightenment: Freemasonry and Politics in Eighteenth-century Europe* (New York, 1991)을 참조하라.

14. 영국의 경우에 대해 살펴보려면, 내가 쓴 *Britons: Forging the Nation, 1707-1837* (New Haven, CT, 2009 edn), 237-281을 참조하라.

15. Alyssa Goldstein Sepinwall, 'Robespierre, Old Regime Feminist? Gender, the Late Eighteenth Century, and the French Revolution Revisited', *Journal of Modern History* 82 (2010), 1-29.

16. Mary Wollstonecraft, *An Historical and Moral View of the Origin and Progress of the French Revolution* (London, 1794), 404; Mary Wollstonecraft, *A Vindication of the Rights of Woman*, Miriam Brody (ed.) (London, 2004), 5.

17. Jan Ellen Lewis, 'What Happened to the Three fifths Clause: The Relationship between Women and Slaves in Constitutional Thought, 1787-1866', *Journal*

of the Early Republic 37 (2017), 2-3, 15-16n.

18. 이 미국 주 헌법 텍스트들은 Horst Dippel (ed.), Constitutional Documents of the United States of America, 1776-1860, parts 1-8 (Munich and Berlin, 2006-11)에서 이용할 수 있다.

19. Antonio Feros, Speaking of Spain: The Evolution of Race and Nation in the Hispanic World (Cambridge, MA, 2017), 256.

20. Sally Eagle Merry, Colonizing Hawai'i: The Cultural Power of Law (Princeton, NJ, 2000), 95; Robert C. Lydecker, Roster Legislatures of Hawaii 1841-1918: Constitutions of Monarchy and Republic (Honolulu, HI, 1918), 23, 32, 35, 44.

21. Mara Patessio, Women and Public Life in Early Meiji Japan: The Development of the Feminist Movement (Ann Arbor, MI, 2011), 특히 45-48쪽을 참조하라. 메이지 이전 시대 왕궁의 관료주의와 여성에 관한 정보를 들려준 도쿄 대학교의 와타나베 히로시(渡辺浩) 교수에게 감사드린다.

22. 핏케언섬 여성들이 누린 삶과 기회를 낭만화하지 않는 것이 중요하다. 여성은 이따금 한바탕의 폭력 및 근친상간에 시달렸을 뿐 아니라, 이르게 투표권을 획득하긴 했으나 치안판사로 선출된 경우는 단 한 차례도 없었다. 에이드리언 영(Adrian M. Young) 박사에게 얻은 정보다.

23. Sally Gregory McMillen, Seneca Falls and the Origins of the Women's Rights Movement (Oxford, 2008), 그리고 웹사이트 'Liberté, Égalité, Fraternité: exploring the French Revolution'에 실린 Olympe de Gouges, The Declaration of the Rights of Woman (1791), https://revolution.chnm.org/items/show/557 을 참조하라.

24. Virginia Woolf, A Room of One's Own (London, 1929; 2002 edn), 77.

25. qvj.chadwyck.com에 실린 Queen Victoria's Journals, 1848년 4월 3일, 그리고 1848년 5월 3일, XXV, 123-124, 175.

26. Catharine Macaulay, Loose Remarks … with a Short Sketch of a Democratical Form of Government, in a Letter to Signor Paoli (London, 1767).

27. 이 추정치는 호스트 디펠이 발행하는 웹사이트 'Constitutions of the world from the late 18th century to the middle of the 19th century online: Sources on the

rise of modern constitutionalism'을 2019년 접속한 결과에 기반을 둔 것이다. 3장 주 30에서 밝힌 대로, 이 웹사이트는 현재 운영되지 않고 있다. 하지만 이 웹사이트가 기반을 두고 있는 같은 제목의 시리즈물은 부분적으로 단행본 형태로 이용할 수 있으며, 몇 권은 곧 발행될 예정이다.

28. Hilda Sábato, *Republics of the New World: The Revolutionary Political Experiment in Nineteenth-century Latin America* (Princeton, NJ, 2018), 89-131. 남아메리카 헌법의 조항들에 관한 정보를 알려준 사바토 교수와 리베카 얼(Rebecca Earle) 교수에게 감사드린다.

29. 당시에 흔했던 주장이다. 예컨대 훗날 미국 대통령 자리에 오른 존 애덤스는 자신이 쓴 *Defence of the Constitutions of Government of the United States of America* (London, 3 vols., 1787-1788)에서 "고대 민주 공화국"에서는 "조국을 위해 무기 들기를 거부하거나 군 복무를 포기한" 남성들이 "여자 옷을 입고 광장에 사흘 동안 노출되는" 처벌을 받았다고 언급했다(I, 350). 하지만 서구의 고대에 대한 언급은 좀더 심오한 최근의 변화를 완전히 가려버렸다. 18세기 말에는 과거의 몇몇 문화권에서처럼 군 복무가 **이미 존재하는** 남성 시민권의 의무로서 간주되었다기보다, 국가에 대한 군 복무가 적극적인 시민권을 독점하려는 남성에게 필요한 **자격 조건**으로 여겨지는 쪽으로 강조점이 기울고 있었던 것이다.

30. Karen Hagemann, Gisela Mettele and Jane Rendall (eds.), *Gender, War and Politics: Transatlantic Perspectives, 1775-1830* (Basingstoke, 2010).

31. Jonathan Sperber, *The European Revolutions, 1848-1851* (Cambridge, 2005), 특히 4, 167, 172n., 177, 185-190쪽을 참조하라.

32. Stanley B. Alpern, 'On the Origins of the Amazons of Dahomey', *History of Africa* 25 (1998), 9-25. 이 여성 병사들을 "여전사(Amazons)"라고 언급하는 것은 물론 그들이 얼마나 이례적이고 케케묵은 존재로 인식되었는지를 말해준다.

33. 예컨대 뉴질랜드 국립도서관에 보관되어 있는 윌리스(H. B. Willis)의 회화 작품 몇 점, 그리고 오스트레일리아 국립도서관에 보관되어 있는 1820년대 프레더릭 윌리엄 비시(Frederick William Beechey)의 그림들을 참조하라.

34. 러시아의 정착민 식민주의에 관해서는 Alexander Morrison, 'Metropole, Colony, and Imperial Citizenship in the Russian Empire', *Kritika* 13 (2012), 327-361을

참조하라.

35. Mark McKenna, 'Transplanted to Savage Shores: Indigenous Australians and British Birthright in the Mid Nineteenth century Australian Colonies', *Journal of Colonialism and Colonial History* 13 (2012), 10.; Belich, *Replenishing the Earth*, 특히 65, 82, 261쪽을 참조하라. Ann Curthoys and Jessie Mitchell, *Taking Liberty: Indigenous Rights and Settler Self-government in Colonial Australia, 1830-1890* (Cambridge, 2018)도 참조하라.

36. Benjamin Madley, *An American Genocide: The United States and the California Indian Catastrophe, 1846-1873* (New Haven, CT, 2016), 여러 쪽을 참조하라. James Belich, *The Victorian Interpretation of Racial Conflict: The Maori, the British, and the New Zealand Wars* (Kingston, ON, 1989)도 참조하라.

37. 영국 제국과 국제법 제도에 대해 살펴보려면 Lauren Benton and Lisa Ford, *Rage for Order: The British Empire and the Origins of International Law, 1800-1850* (Cambridge, MA, 2016)을 참조하라.

38. 그 배경에 대해 알고 싶으면 Madley, *An American Genocide*를 참조하라. 1849년 캘리포니아주 헌법의 본문은 Dippel, *Constitutional Documents of the United States*, Part I, 149-196에서 이용할 수 있다.

39. David John Headon and Elizabeth Perkins (ed.), *Our First Republicans: John Dunmore Lang, Charles Harpur, David Henry Deniehy* (Sydney, 1998), 19. 미국과 오스트레일리아 일부 지역 백인 정착민 사이의 관련성과 유사성을 보여주는 다른 예들로는 Lisa Ford, *Settler Sovereignty: Jurisdiction and Indigenous People in America and Australia, 1788-1836* (Cambridge, MA, 2010)을 참조하라.

40. 여기에서는 내가 공동 주최한 2015년 10월 프린스턴 대학교 콘퍼런스 'The Global 1860s'에서 제임스 벨리치(James Belich)가 발표한 논문 'Folk Globalization: "Crew Culture" and the Mid Nineteenth century Gold Rushes'에 의존했다.

41. *Oxford Dictionary of National Biography*에 실린 이 남성에 대한 날카로운 설명을 참조하라. https://doi.org.10.1093/ref:odnb/10766. 여기에서는 그의 모순과 곤경 몇 가지를 상기시키고 있다.

42. National Library of New Zealand, Wellington, NZ, qMS 0842.

43. Ibid. 백인의 육지 팽창주의에 대한 미국의 옹호는 영국 웨스트민스터 의회의 일부 식민지 열정주의자에 의해서도 이용되었다. 의회 의사록 1850년 4월 19일자에 실린 Australian Colonies Government Bill에 관한 연설, vol. 110, columns 554-622를 참조하라.

44. 가령, John Dunmore Lang, *Freedom and Independence for the Golden Lands of Australia* (Sydney, 1857), 392-400을 참조하라. 비단 오스트레일리아에만 그치지 않는, 여러 대륙에 걸친 랭의 정치적 중요성은 좀더 탐구해볼 필요가 있다. 그의 국가적·급진적 중요성에 관한 호의적인 평가로는 Benjamin Jones and Paul Pickering, 'A New Terror to Death: Public Memory and the Disappearance of John Dunmore Lang', *History Australia* 11 (2014), 24-45를 참조하라.

45. Lang, *Freedom and Independence for the Golden Lands*, 45, 59.

46. John Dunmore Lang, *Cooksland in North-Eastern Australia* ⋯ *with a Disquisition on the Origin, Manners, and Customs of the Aborigines* (London, 1847), 268-269, 359; Lang, *Freedom and Independence for the Golden Lands*, 128. 역시 토착 민족들의 몰락을 불가피한 것으로 여기는 알렉시 드 토크빌의《미국의 민주주의》(1835)를 랭이 읽었다는 것은 거의 분명하다.

47. Malcolm Crook and Tom Crook, 'Reforming Voting Practices in a Global Age: The Making and Remaking of the Modern Secret Ballot in Britain, France and the United States, c.1600-c.1950', *Past & Present* 212 (2011), 218-219. 1850년대의 다양한 오스트레일리아 헌법들은 https://www.foundingdocs.gov.au에서 찾아볼 수 있다.

48. Lang, *Freedom and Independence for the Golden Lands*, 218. 50명의 대표로 이뤄진 회의에서 초안을 작성한 오스트레일리아 연방 전체를 위한 헌법은 1901년 1월이 되어서야 비로소 도입되었다. 127항은 '토착 원주민'을 이 연방의 일부로 간주하지 않고 배제했다.

49. Jeffrey Sissons, 'Heroic History and Chiefly Chapels in 19th Century Tahiti', *Oceania* 78 (2008), 320-331.

50. Ibid., 327; William Ellis, *Polynesian Researches during a Residence of Nearly*

Six Years in the South Sea Islands (London, 2 vols., 1829), II, 386.

51. 그 배경과 관련된 소중한 자료로는 Douglas L. Oliver, *Ancient Tahitian Society* (Honolulu, 3 vols., 1974)의 3권과 Niels Gunson, 'Pomare II of Tahiti and Polynesian Imperialism', *Journal of Pacific History* 4 (1969), 65-82를 참조하라.

52. 이를테면 'The Native King and Our New Zealand Constitution', *The Times* (London), 1860년 11월 16일자, 그리고 S. Cheyne, 'Act of Parliament or Royal Prerogative: James Stephen and the First New Zealand Constitution Bill', *New Zealand Journal of History* 21 (1990), 182-189를 참조하라.

53. 프린스턴 대학교에도 현재 벳시 스톡턴을 기리는 이름이 달린 정원이 있다.

54. Paul Landau, 'Language', in Norman Etherington (ed.), *Missions and Empire* (Oxford, 2009), 213.

55. Jonathan Y. Okamura, 'Aloha Kanaka Me Ke Aloha 'Aina: Local Culture and Society in Hawaii', *Amerasia Journal* 7 (1980), 119-137; Martin Daly, 'Another Agency in This Great Work: The Beginnings of Missionary Printing in Tonga', *Journal of Pacific History* 43 (2008), 367-374.

56. D. F. McKenzie, *Bibliography and the Sociology of Texts* (Cambridge, 1999), 77-128을 참조하라.

57. *The United Service Magazine* (London, 1842), 611.

58. Ellis, *Polynesian Researches*, II, 10 and 124; Colin Newbury and Adam J. Darling, 'Te Hau Pahu Rahi: Pomare II and the Concept of Inter island Government in Eastern Polynesia', *Journal of the Polynesian Society* 76 (1967), 498-499.

59. Ellis, *Polynesian Researches*, II, 178, 529.

60. Ibid., II, 393-96; *Select Reviews* (London, 1809), 417.

61. *The Christian Observer* 19 (London, 1820), 134.

62. Ellis, *Polynesian Researches*, II, 386.

63. Ibid., II, 455.

64. James Montgomery (ed.), *Journal of Voyages and Travels by the Rev. Daniel Tyerman and George Bennet, Esq.: Deputed from the London Missionary Society ⋯ between the Years 1821 and 1829* (Boston, MA, 3 vols., 1832), II,

215.

65. Robert B. Nicolson, *The Pitcairners* (Honolulu, HI, 1997).

66. John Dunmore Lang, *View of the Origin and Migrations of the Polynesian Nation* (London, 1834), 100.

67. 훨씬 더 높은 추정치로는 J. K. Laimana Jr, 'The phenomenal Rise to Literacy in Hawaii: Hawaiian Society in the Early Nineteenth Century' (2011), 하와이 대학교 문학 석사 학위 논문을 참조하라.

68. 하와이의 역사는 최근 몇십 년 동안 새롭게 활력을 얻었는데, 그 이유는 부분적으로 하와이의 민족주의 부활이 토착 출처의 탐구와 개발을 촉진했기 때문이다. 내가 특별히 귀중하다고 생각하게 된 작품으로는 Jonathan K. K. Osorio, *Dismembering Lāhui: A History of the Hawaiian Nation to 1887* (Honolulu, HI, 2002); Noenoe K. Silva, *The Power of the Steel-tipped Pen: Reconstructing Native Hawaiian Intellectual History* (Durham, NC, 2017); Lorenz Gonschor, *A Power in the World: The Hawaiian Kingdom in Oceania* (Honolulu, HI, 2019)를 꼽을 수 있다.

69. Merry, *Colonizing Hawai'i*를 참조하라. 그리고 이 헌법의 제정에 대해 자세히 설명하고 있는 Chandos Culleen, 'The Hawaiian Constitution of 1840: Acquiescence to or Defiance of Euro American Pacific Colonialism' (2013), 애리조나 대학교 문학 석사 학위 논문도 참조하라.

70. Ralph Simpson Kuykendall, *The Hawaiian Kingdom* (Honolulu, 3 vols., 1938-67), I, 159-161.

71. 이 정보를 알려준 로렌즈 곤쇼(Lorenz Gonschor) 박사에게 감사드린다.

72. https://www.hawaii nation.org/constitution-1840.html.

73. Lorenz Gonschor, 'Law as a Tool of Oppression and Liberation: Institutional Histories and Perspectives on Political Independence' (2008), 하와이 대학교 마노아 캠퍼스 문학 석사 학위 논문, 26-27.

74. Lydecker (ed.), *Roster Legislatures of Hawaii*, 6.

75. Jason Kapena, 'Ke Kumukānāwi o Ka Makahiki 1864: The 1864 Constitution', in *Journal of Hawaiian Language Sources* 2 (2003), 16-51. 이즈음, 백인(주로

미국인)의 하와이 정부 침투와 관련해서는 Banner, *Possessing the Pacific*, 139를 참조하라.

76. 이 종말에 대해서는 Ralph S. Kuykendall, *The Hawaiian Kingdom, 1874-1893: The Kalākaua Dynasty* (Honolulu, HI, 1967)를 참조하라.

77. Gonschor, *A Power in the World*, 88-153.

78. 이 왕이 아시아에 기울인 관심을 보여주는 간접적 자료로는 Lorenz Gonschor and Louis Bousquet, 'A Showdown at Honolulu Harbor: Exploring Late 19th Century Hawaiian Politics through a Narrative Biography of Celso Cesare Moreno', *Journal of Narrative Politics* 3 (2017), 131-151을 참조하라. 정치적 의도를 지닌 그 왕의 문화적 모험에 관한 내용은 Stacy L. Kamehiro, *The Arts of Kingship: Hawaiian Art and National Culture of the Kalākaua Era* (Honolulu, HI, 2009)에서 찾아볼 수 있다.

79. Donald Keene, *Emperor of Japan: Meiji and His World, 1852-1912* (New York, 2002), 347-348에 인용된 칼라카우아의 말.

80. 그의 이력에 포함된 해상 및 해양 차원까지 강조하고 있는 최고의 전기는 Marie Claire Bergère, *Sun Yat-sen*, Janet Lloyd (trans.) (Stanford, CA, 1998)이다.

81. Lorenz Gonschor, 'Revisiting the Hawaiian Influence on the Political Thought of Sun Yat sen', *Journal of Pacific History* 52 (2017), 52-67.

7 빛과 어둠 그리고 '기나긴 1860년대'

1. 후사인과 그의 이동 많은 경력 및 복잡한 위상에 대해 살펴보려면 M'hamed Oualdi, *A Slave between Empires: A Transimperial History of North Africa* (New York, 2020)를 참조하라.

2. 이 기관과 그것이 들어선 도시에 관해서 알아보려면 Kenneth Perkins, *A History of Modern Tunisia* (Cambridge, 2nd edn, 2014), 15-43을 참조하라.

3. Theresa Liane Womble, 'Early Constitutionalism in Tunisia, 1857-1864: Reform and Revolt' (1997), 프린스턴 대학교 박사 학위 논문. (프랑스어로 된) 그 헌법의 본문은 www.legislation.tn/en/content/constitution-1959-and-previous-constitutions 에서 찾아볼 수 있다. 튀니지에서 더욱 광범위한 정치적 권리에 대한 양보는 1857년

시행된 아흐드 알아만('Ahd al-Aman), 즉 안보 서약을 통해 진즉에 이루어졌다.

4. 이 정보에 대해서는 프린스턴 대학교의 조슈아 피커드(Joshua Picard)로부터 도움을 받았다.

5. Amos Perry, *Carthage and Tunis, Past and Present: In Two Parts* (Providence, RI, 1869), 207.

6. 이것을 시사해준 로렌즈 곤쇼 박사에게 감사드린다.

7. 모하메드 오왈디(M'hamed Oualdi)의 미출간 논문, 'Are We Still Parts of the Same World? North Africans between 1860s Empires'. 현재 튀니스에 있는 알렉상드르 드벨(Alexandre Debelle)의 현대 회화 작품이 신중한 의식을 거쳐 진행된 이 프랑스-튀니지의 만남을 기념하고 있다.

8. 이 시기에 변화하는 튀니지에서 출현한 이 초상화를 비롯한 정치적 의도가 담긴 여타 이미지들에 대해 살펴보려면, 멋진 카탈로그인 Ridha Moumni, *L'éveil d'une nation: l'art à l'aube de la Tunisie moderne (1837-1881)* (Milan, 2016)를 참조하라.

9. 이 편지의 영어 변역본은 Ra'īf Khūrī, *Modern Arab Thought: Channels of the French Revolution to the Arab East* (Princeton, NJ, 1983), 152-157에서 이용할 수 있다. 이 텍스트를 내게 알려주고, 이 장에 대해 너그러운 조언을 들려준 모하메드 오왈디 교수에게 감사드린다.

10. Ibid., 156. 당시 미국 국무장관 윌리엄 수어드에게 이 편지 사본을 전달한 페리는 개인적으로 이 이야기가 사실이라고 확신했다.

11. Ibid., 155; Perry, *Carthage and Tunis*, 207.

12. 나는 이 섹션 전반에 걸쳐 2015년 10월 프린스턴 대학교에서 개최된 콘퍼런스 'The Global 1860s'에서 발표된 논문들로부터 큰 도움을 받았다. 이 시기에 발발한 전쟁들 가운데 몇 개를 파노라마식으로 조사한 자료로는 Michael Geyer and Charles Bright, 'Global Violence and Nationalizing Wars in Eurasia and America: The Geopolitics of War in the Mid nineteenth Century', *Comparative Studies in Society and History* 38 (1996), 619-657을 참조하라.

13. Thomas L. Whigham, *The Paraguayan War: Causes and Early Conduct* (Calgary, AB, 2nd edn, 2018); Geyer and Bright, 'Global Violence', 657.

14. Stephen R. Platt, *Autumn in the Heavenly Kingdom: China, the West, and the Epic Story of the Taiping Civil War* (New York, 2012).

15. Geoffrey Wawro, *The Franco-Prussian War: The German Conquest of France in 1870-1871* (Cambridge, 2003). 멕시코에서 프랑스 군주제의 야심은 한때 생각한 것보다 성공에 더 가까워졌을 수도 있다. Erika Pani, 'Dreaming of a Mexican Empire: The Political Projects of the "Imperialistas"', *Hispanic American Historical Review* 82 (2002), 1-31을 참조하라.

16. Guy Thomson, *The Birth of Modern Politics in Spain: Democracy, Association, and Revolution, 1854-1875* (New York, 2010).

17. Giuseppe Mazzini, 'Europe: Its Condition and Prospects', reprinted in Sandi E. Cooper (ed.), *Five Views on European Peace* (New York, 1972), 443.

18. Leon Carl Brown, *The Tunisia of Ahmad Bey, 1837-1855* (Princeton, NJ, 1974), 303-310.

19. 이 사르디니아 헌법에 관해서는 Horst Dippel (ed.), *Executive and Legislative Powers in the Constitutions of 1848-49* (Berlin, 1999), 129-162를 참조하라. Enrico Dal Lago, *The Age of Lincoln and Cavour: Comparative Perspectives on Nineteenth-century American and Italian Nation-building* (New York, 2015)은 이 시기에 일어난 여러 전쟁들 간의 관련성 일부를 잘 보여준다.

20. 최근의 탐구서로는 Natasha Wheatley, 'Law, Time, and Sovereignty in Central Europe: Imperial Constitutions, Historical Rights, and the Afterlives of Empire' (2016), 콜럼비아 대학교 박사 학위 논문을 참조하라.

21. Sophie Gordon, *Shadow of War: Roger Fenton's Photographs of the Crimea, 1855* (London, 2017)를 참조하라. 미국 남북전쟁의 사건들을 담은 사진 이미지에 대해 정교하게 논의한 자료로는 Drew Gilpin Faust, *The Republic of Suffering: Death and the American Civil War* (New York, 2008)를 참조하라.

22. David Nye, 'Shaping Communication networks: Telegraph, Telephone, Computer', *Social Research* 64 (1997), 1073.

23. 가령, Vanessa Ogle, *The Global Transformation of Time: 1870-1950* (Cambridge, MA, 2015).

24. Jay Sexton, 'William H. Seward in the World', *Journal of the Civil War Era* 4 (2014), 398-430.

25. 이 인용구는 나의 프린스턴 대학교 동료 교수 매슈 카프(Matthew Karp)에게 도움을 받았다. 이 장에 대해 관대한 도움을 베풀어준 그에게 감사드린다.

26. Olive Risley Seward (ed.), *William H. Seward's Travels around the World* (New York, 1873), 464, 481.

27. 어떻게 19세기 말 이런 추세가 일부 지역에서 더욱 확연해졌는지에 관해서는 Marilyn Lake and Henry Reynolds, *Drawing the Global Colour Line: White Man's Countries and the International Challenge of Racial Equality* (Cambridge, 2008)를 참조하라.

28. Khayr al Dīn Tūnisī, *The Surest Path: The Political Treatise of a Nineteenth-century Muslim Statesman*, Leon Carl Brown (trans. and intro.) (Cambridge, MA, 1967), 72-73. 그리고 이 시대의 이슬람교도 여행자들에 대해서는 Nile Green, 'Spacetime and the Muslim Journey West: Industrial Communications in the Making of the "Muslim World"', *American Historical Review* 118 (2013), 401-429를 참조하라.

29. Khayr al Dīn Tūnisī, *The Surest Path*, 94, 110, 162-164.

30. Ibid., 110.

31. Lester J. Cappon (ed.), *The Adams-Jefferson Letters: The Complete Correspondence Between Thomas Jefferson and Abigail and John Adams* (Chapel Hill, NC, 1988), 571. 이 헌법의 함의에 대한 또 다른 해석으로는 Sean Wilentz, *No Property in Man: Slavery and Antislavery at the Nation's Founding* (Cambridge, MA, 2018)을 참조하라.

32. Sven Beckert, *Empire of Cotton: A Global History* (New York, 2015), 특히 199-273을 참조하라.

33. 예컨대 링컨이 1854년에 노예제가 어떻게 "우리의 공화주의적 모범이 세계에 미치는 정당한 영향력"을 훼손하는지 설파한 연설을 참조하라. Stig Förster and Jörg Nagler (ed.), *On the Road to Total War: The American Civil War and the German Wars of Unification, 1861-1871* (Washington DC, 1997), 105.

34. Marshall L. DeRosa, *The Confederate Constitution of 1861: An Inquiry into American Constitutionalism* (Columbia, MI, 1991). 이 텍스트는 www.avalon. law.yale.edu에서 찾아볼 수 있다.

35. Robert E. Bonner, *The Soldier's Pen: Firsthand Impressions of the Civil War* (New York, 2006), 46.

36. Matthew Karp, *This Vast Southern Empire: Slaveholders at the Helm of American Foreign Policy* (Cambridge, MA, 2016), 245.

37. *The Calcutta Review* 37 (1861), 161-193.

38. 남북전쟁 전 남부의 권력과 변화에 관해서는 Karp, *This Vast Southern Empire*, 여러 쪽을 참조하라.

39. Förster and Nagler, *On the Road to Total War*, 174; Timothy J. Perri, 'The Economics of US Civil War Conscription', *American Law and Economics Review* 10 (2008), 427.

40. https://www.archives.gov/publications/prologue/2017/winter/summer-of-1862를 참조하라.

41. 이 선언의 텍스트는 미국 국립문서보관소(US National Archives)의 웹사이트 https:// www.archives.gov/exhibits/featured-documents/emancipation-proclamation/ transcript.html에서 이용할 수 있다.

42. Steven Hahn, *The Political Worlds of Slavery and Freedom* (Cambridge, MA, 2009), 55-114.

43. 이를 비롯한 여타 남북전쟁 전의 흑인 이니셔티브에 대해 살펴보려면 Peter Wirzbicki, *Fighting for the Higher Law: Black and White Transcendentalists against Slavery* (Philadelphia, PA, 2021)를 참조하라.

44. *The Weekly Anglo-African*, 1865년 11월 11일자.

45. Eric Foner, *The Fiery Trial: Abraham Lincoln and American Slavery* (New York, 2010), 330-331.

46. 이와 관련한 고전적 설명은 Eric Foner, *Reconstruction: America's Unfinished Revolution, 1863-1877* (New York, 2014 edn)이다. 그의 또 다른 저서인 *The Second Founding: How the Civil War and Reconstruction Remade the Consti-*

tution (New York, 2019)도 참조하라.

47. 이들 남부 주 헌법의 개편에는 워싱턴의 강압뿐 아니라 흑인 및 백인의 풀뿌리 행동주의도 지대한 역할을 담당했다.

48. 1867년의 마오리족 재건법과 관련한 역사를 살펴보려면 https://nzhistory.govt.nz/politics/maori-and-the-vote를 참조하라. 영국 국왕과 약 540명의 마오리 족장 간에 체결된 와이탕이 조약(Treaty of Waitangi)이 그 전과 같은 '뉴질랜드 대헌장(New Zealand Magna Carta)'이 아니라 새롭게 '마오리 대헌장(Maori Magna Carta)'으로 명명되기 시작한 것이 바로 1860년대였다는 점 역시 의미심장하다. 1840년에 체결된 이 조약은 여전히 논란거리로 남아 있다. 하지만 그 명칭의 변화에서 주목할 만한 점은 그것이 마오리 거주민들이 대헌장과 유사한 권리 부여 문서를 가질 자격이 있음을 시사하기 때문이다. 이 정보와 관련해서는 제프 캠프(Geoff Kemp) 박사로부터 도움을 받았다.

49. Richard Carwardine and Jay Sexton (eds.), *The Global Lincoln* (Oxford, 2011).

50. 그의 삶을 우호적으로 간략하게 소개해놓은 자료로는 Christopher Fyfe, 'Africanus Horton as a Constitution maker', *Journal of Commonwealth and Comparative Politics* 26 (1988), 173-184를 참조하라. 호턴의 출생지에 대해 알아보려면 Padraic Scanlan, *Freedom's Debtors: British Antislavery in Sierra Leone in the Age of Revolution* (London, 2017)을 참조하라.

51. 아얀델(E. A. Ayandele)이 James Africanus Beale Horton, *Letters on the Political Condition of the Gold Coast* (London, 1866; 1970 edn), 13에 쓴 서문에서 인용한 내용.

52. Ibid., 5-35.

53. James Africanus B. Horton, *West African Countries and Peoples, British and Native: With the Requirements Necessary for Establishing Self Government* ··· *and a Vindication of the African Race* (London, 1868), 271-272.

54. James Ciment, *Another America: The Story of Liberia and the Former Slaves Who Ruled It* (New York, 2013). 1847년 라이베리아 헌법 텍스트는 http://crc.gov.lr/doc/ConSTiTuTionoF1847final.pdf에서 이용할 수 있다.

55. Horton, *West African Countries and Peoples*, 16.

56. 'Circular introduction' in Horton, *Letters on the Political Condition of the Gold Coast*, vii.

57. Ibid., ii.

58. E. A. Ayandele, 'James Africanus Beale Horton, 1835-1883: Prophet of Modernization in West Africa', *African Historical Studies* 4 (1971), 696.

59. Fyfe, 'Africanus Horton as a Constitution maker', 176-177.

60. 이 시기 광범위한 아프리카 '르네상스'의 일부로서 블라이든과 호턴에 대해서는 Meghan Vaughan, 'Africa and the Birth of the Modern World', *Transactions of the Royal Historical Society*, sixth series, 16 (2006), 143-162를 참조하라.

61. John Stuart Mill, *Considerations on Representative Government* (London, 1861; Auckland, NZ, 2009 edn), 239.

62. Horton, *West African Countries and Peoples*, 193.

63. Horton, *Letters on the Political Condition of the Gold Coast*, 71; Fyfe, 'Africanus Horton as a Constitution maker', 179.

64. James Africanus Beale Horton, *Physical and Medical Climate and Meteorology of the West Coast of Africa* (London, 1867).

65. Horton, *West African Countries and People*, 19-20; Fyfe, 'Africanus Horton as a Constitution maker', 176.

66. Rebecca Shumway, 'From Atlantic Creoles to African Nationalists: Reflections on the Historiography of Nineteenth Century Fanteland', *History in Africa* 42 (2015), 139-164를 참조하라. 그리고 이들 판테족 헌법 가운데 하나로서 https://www.modernghana.com/news/123177/1/constitution-of-the-new-Fante-confederacy.html을 참조하라.

67. https://www.modernghana.com/news/123177/1/constitution-of-the-new-Fante-confederacy.html을 참조하라.

68. Horton, *Letters on the Political Condition of the Gold Coast*, 167; Fyfe, 'Africanus Horton as a Constitution maker', 180.

69. Perkins, *A History of Modern Tunisia*, 32-43.

70. 이들 사건과 관련해서는 Foner, *Reconstruction*, 그리고 Richard M. Valelly, *The*

Two Reconstructions: The Struggle for Black Enfranchisement (Chicago, IL, 2004), 특히 121-148을 참조하라.

71. 전문적인 요약서로는 Jürgen Osterhammel, *The Transformation of the World: A Global History of the Nineteenth Century* (Princeton, NJ, 2014), 392-468을 참조하라.

72. 이 텍스트, 그리고 그것을 낳은 요인에 관해서는 Aylin Koçunyan, *Negotiating the Ottoman Constitution, 1839-1876* (Leuven, 2018)을 참조하라.

73. Julia A. Clancy Smith, 'Khayr al Din al Tunisi and a Mediterranean Community of Thought', in Julia A. Clancy Smith, *Mediterraneans: North Africa and Europe in an Age of Migration, c.1800-1900* (Berkeley, CA, 2011), 331.

74. Larry J. Griffin and Don H. Doyle (eds.), *The South as an American Problem* (Athens, GA, 1995), 115에 인용된 내용.

75. 'Interchange: The Global Lincoln', *Journal of American History* 96 (2009), 472-473에 인용된 비나이 랄(Vinay Lal)의 말.

76. 호턴에 관한 것이거나, 호턴이 작성한 것이거나, 불충분하게 활용된 원고 및 인쇄물은 여기저기 흩어져 있고 수도 부족하지만, 여전히 존재하기는 한다. 의학이라는 렌즈를 통해 그를 재평가한 최근 자료로는 Jessica Howell, *Exploring Victorian Travel Literature: Disease, Race and Climate* (Edinburgh, 2014), 83-108을 참조하라.

8 일본 제국주의의 부상

1. 이 의식과 그것의 조직화와 관련해서는 Hidemasa Kokaze, 'The Political Space of Meiji 22 (1889): The Promulgation of the Constitution and the Birth of the Nation', *Japan Review* 23 (2011), 119-141을 참조하라.

2. Mikiko Hirayama, 'The Emperor's New Clothes: Japanese Visuality and Imperial Portrait Photography', *History of Photography* 33 (2009), 165에 인용된 시인 다카무라 고타로(高村光太郎)의 〈헌법 공포〉.

3. *Commentaries on the Constitution of the Empire of Japan*, Miyoji Itō (trans.) (Tokyo, 1889), 2, 6-7; *The Times* (London), 1889년 2월 21일자.

4. 이들 발명품에 관해서는 Kokaze, 'The Political Space of Meiji 22 (1889)', 여러 쪽을 참조하라.

5. Carol Gluck, *Japan's Modern Myths: Ideology in the Late Meiji Period* (Princeton, NJ, 1985), 43; 풍자 잡지 〈레디 위트 학회지(頓智協会雜誌)〉에 실은 판화에서, 긴코는 (그 사건에 대한 그의 공식적 묘사에서 탈피해) 공포 의식에 참여한 천황을 단순한 해골로 표현했다. 이 일로 그는 1년 동안 감옥 생활을 해야 했다.

6. Kokaze, 'The Political Space of Meiji 22 (1889)', 129.

7. 이 시기의 일본을 조사한 빼어난 자료로는 Andrew Gordon, *A Modern History of Japan: From Tokugawa Times to the Present* (Oxford, 4th edn, 2020)를 참조하라.

8. Edyta M. Bojanowska, *A World of Empires: The Russian Voyage of the Frigate Pallada* (Cambridge, MA, 2018). 일본에 대한 프로이센과 독일의 야심에 대해서는 Erik Grimmer Solem, *Learning Empire: Globalization and the German Quest for World Status, 1875-1919* (Cambridge, 2019), 79-118을 참조하라.

9. 이 부분과 관련해서 나의 프린스턴 대학교 동료 교수 페데리코 마콘(Federico Marcon)의 미출판 논문 'The Meiji Restoration of 1868: The Contradictory Nature of a Global Event'로부터 도움을 받았다. 또한 이 장 전반에 대해 조언해준 마콘 교수에게 감사드린다.

10. Gordon, *A Modern History of Japan*, 78-79.

11. Marcon, 'The Meiji Restoration of 1868'.

12. Fauziah Fathil, 'British Diplomatic Perceptions of Modernisation and Change in Early Meiji Japan, 1868-90' (2006), SOAS 대학교 박사 학위 논문, 133-137.

13. James L. Huffman, *Creating a Public: People and Press in Meiji Japan* (Honolulu, HI, 1997); Nathan Shockey, *The Typographic Imagination: Reading and Writing in Japan's Age of Modern Print Media* (New York, 2019)를 참조하라.

14. Richard Devine, 'The Way of the King: An Early Meiji Essay on Government', *Monumenta Nipponica* 34 (1979), 49-72.

15. Ibid., 67, 70.

16. 이 시기에 일본에서 부상한 좀더 귀족적인 프로젝트 가운데 일부에 대해 논의한

자료로는 George M. Beckmann, *The Making of the Meiji Constitution: The Oligarchs and the Constitutional Development of Japan, 1868-1891* (Lawrence, KS, 1957)을 참조하라.

17. Amin Ghadimi, 'The Federalist Papers of Ueki Emori: Liberalism and Empire in the Japanese Enlightenment', *Global Intellectual History* 2 (2017), 196쪽 및 여러 쪽을 참조하라.

18. Jennifer Adam and Chris Shadforth, 'Curiosities from the Vaults: a Bank Miscellany', *Bank of England Quarterly Bulletin* (2014), 71-72. 새로 장만한 서양식 정장을 빼입고 서양식으로 머리를 자른 이 다섯 남성의 사진을 살펴보려면 Hanako Murata, '"The Choshu Five" in Scotland', *History of Photography* 27 (2003), 284-288을 참조하라.

19. Takii Kazuhiro, *Itō Hirobumi: Japan's First Prime Minister and Father of the Meiji Constitution*, Takechi Manabu (trans.) (London, 2014), 8쪽 및 여러 쪽을 참조하라. 이토를 잘 담아낸 초기 저서, Kaju Nakamura, *Prince Ito, The Man and Statesman: A Brief History of His Life* (New York, 1910)는 찬미자에 의해 쓰이긴 했지만 여전히 읽어볼 만한 가치가 있다.

20. 〈밀워키 저널(Milwaukee Journal)〉 1897년 6월 4일자에 재게재된 뉴욕의 한 언론인과의 능숙한 대화를 참고하라. 그는 이 인터뷰에서 여성을 위한 고등 교육을 지지하고, 미국의 여성 지위에 대해 칭찬했다.

21. Fathil, 'British Diplomatic Perceptions of Modernisation and Change in Early Meiji Japan, 1868-1890', 56에 실린 1871년 영국 영사의 보고 내용을 참조하라.

22. Kume Kunitake (compiler), *The Iwakura Embassy, 1871-1873: A True Account of the Ambassador Extraordinary & Plenipotentiary's Journey of Observation through the United States of America and Europe*, Martin Collcutt *et al.* (trans.) (5 vols., Princeton, NJ, 2002), I, 219.

23. Marius B. Jansen (ed.), *The Cambridge History of Japan Vol. 5: Nineteenth Century* (Cambridge, 1989), 464에 인용된 내용. 마찬가지 이유에서, 일부 아프리카계 미국인은 이것, 그리고 그 이전에 미국에 파견된 일본 사절단들로부터, 아울러 그들이 표방한 것처럼 보인 인종 차별 및 불변의 백인 권력을 향한 도전으로

부터 영감을 얻은 듯하다. Natalia Doan, 'The 1860 Japanese Embassy and the Aantebellum African American Press', *Historical Journal* 62 (2019), 997-1020 을 참조하라.

24. Beckmann, *The Making of the Meiji Constitution*은 이 헌법의 발전에 관한 포괄적 논의로서 여전히 유용한 자료다. Junji Banno, *The Establishment of the Japanese Constitutional System*, J. A. A. Stockwin (trans.) (London, 1992)도 참조하라.

25. Kazuhiro, *Itō Hirobumi*, 218.

26. Ibid., 48-51, 71-73.

27. Peter van den Berg, 'Politics of Codification in Meiji Japan (1868-1912): Comparative Perspective of Position of Composition of Customary Law in Japanese Civil Code', *Osaka University Law Review* 65 (2018), 69-88.

28. 19세기 전반에 걸친 엘리트 남성 복식에서의 이 같은 변화에 대해 살펴보려면 C. A. Bayly, *The Birth of the Modern World, 1780-1914* (Oxford, 2004), 12-17을 참조하라.

29. Takii Kazuhiro, *The Meiji Constitution: The Japanese Experience of the West and the Shaping of the Modern State*, David Noble (trans.) (Tokyo, 2007), 55 에 인용된 내용.

30. 이노우에와 그의 사상에 대한 유용한 영어판 설명으로는 Yoshimitsu Khan, 'Inoue Kowashi and the Dual Images of the Emperor of Japan', *Pacific Affairs* 71 (1998), 215-230; Joseph Pittau, 'Inoue Kowashi and the Formation of Modern Japan', *Monumenta Nipponica* 20 (1965), 253-282를 꼽을 수 있다.

31. Devine, 'Way of the King', 53. 이것을 이토 히로부미 자신의 1880년 추론, 즉 "만약 국가의 목적을 결정하지 못한다면, 어떻게 민심의 표류를 막을 수 있겠는가?"와 비교해보라. Beckmann, *The Making of the Meiji Constitution*, 135를 참조하라.

32. *Commentaries on the Constitution*, iii.

33. Ibid., 36.

34. Ibid., xi, 2.

35. 일본에서 활약한 주도적인 독일 활동가 가운데 한 명에 관해 살펴보려면 Johannes Siemes, *Hermann Roesler and the Making of the Meiji State* (Tokyo, 1968)를 참조하라.

36. 이 1871년 독일 헌법 텍스트의 영어판은 https://ghdi.ghi-dc.org/section.cfm? section_id=10에 실린 James Retallack, 'Forging an Empire: Bismarckian Germany (1866-1890)'에서 이용할 수 있다.

37. *Commentaries on the Constitution*, 24, 41.

38. 이 주장의 최신 버전을 살펴보려면, 〈이코노미스트(The Economist)〉 2018년 2월 2일자에 실린 글 'After 150 Years, Why does the Meiji Restoration Matter?'를 참조하라.

39. Grimmer Solem, *Learning Empire*, 79-118. 독일과 일본의 관련성에 대해 전문적 조언을 들려준 그리머솔렘(Grimmer-Solem) 교수에게 감사드린다.

40. *Commentaries on the Constitution*, 7쪽을, 그리고 의회에 관한 조항들을 살펴보려면 9, 14, 18, 68, 119쪽을 참조하라.

41. Junji Banno, *Japan's Modern History, 1857-1937*, J. A. A. Stockwin (trans.) (London, 2016), 106-173; Hidemasa, 'The Political Space of Meiji 22 (1889)', 128.

42. *Commentaries on the Constitution*, 38-39, 54-55.

43. 이토의 전직 개인 비서이자 일본 귀족원의 일원이었던 가네코 겐타로(金子堅太郎)가 *The Century Illustrated Monthly Magazine* 46 (1904), 486에 쓴 내용.

44. 인상적인 설명으로는 Abraham Ascher, *The Revolution of 1905* (Stanford, CA, 2 vols., 1988-1992)를 참조하라.

45. 역사학자 무라타 유지로(村田雄二郎)가 언급한 것처럼 "청 제국의 마지막 10년 동안 정치 세계에서 핵심 사안은 헌법과 의회였다". Joshua A. Fogel and Peter G. Zarrow (eds.), *Imagining the People: Chinese Intellectuals and the Concept of Citizenship, 1890-1920* (Armonk, NY, 1997), 131을 참조하라. E Tu Zen Sun, 'The Chinese Constitutional Missions of 1905-1906', *Journal of Modern History* 24 (1952), 251-269도 참조하라.

46. 다스투르-울 아말에 대한 최근 논평은 웹사이트 Newsd.in (2020년 2월 4일 접

속)에 실린 글 'Constitution: a Tool of Resistance Today as well as in Colonial Era'에서 이용할 수 있다. https://newsd.in/constitution-a-tool-of-resistance-today-as-well-as-in-colonial-era.

47. 스와라지 법안과 그것이 제정된 정황에 관해서는 Rohit De, 'Constitutional Antecedents', in Sujit Choudhry *et al* (eds.), *The Oxford Handbook of the Indian Constitution* (Oxford, 2016), 17-37을 참조하라.

48. Cemil Aydin, *The Politics of Anti-Westernism in Asia: Visions of World Order in Pan-Islamic and Pan-Asian Thought* (New York, 2007)를 참조하라.

49. Renée Worringer, 'Comparing Perceptions: Japan as Archetype for Ottoman Modernity, 1876-1918' (2001), 시카고 대학교 박사 학위 논문, 99.

50. 이 조호르 헌법에 관해서는 Iza Hussin, 'Misreading and Mobility in Constitutional Texts: a Nineteenth Century Case', *Indiana Journal of Global Legal Studies* 21 (2014), 145-158을 참조하라.

51. J. Calvitt Clarke III, *Alliance of the Colored Peoples: Ethiopia and Japan before World War II* (Oxford, 2011).

52. Robert Devereux, *The First Ottoman Constitutional Period: A Study of the Midhat Constitution and Parliament* (Baltimore, MD, 1963), 90. 오직 2개의 주요 런던 신문만이 이 1876년 오스만 헌법의 도입에 찬성했다.

53. C. B. Roylance Kent, 'The New Japanese Constitution', *MacMillan's Magazine* 10 (1894), 420.

54. Denis Twitchett *et al* (eds.), *The Cambridge History of China. Volume 11: Late Ch'ing, 1800-1911, Part Two* (Cambridge, 1980), 348쪽, 그리고 339-374쪽 및 여러 쪽도 참조하라.

55. Worringer, 'Comparing Perceptions', 289.

56. Kazuhiro, *Itō Hirobumi*, 88.

57. J. E. C. Hymans, 'Why Recognize? Explaining Victorian Britain's Decision to Recognize the Sovereignty of Imperial Japan', *Korean Journal of International Studies* 12 (2014), 49-78.

58. 이 전쟁에 대해서는 John W. Steinberg *et al* (eds.), *The Russo-Japanese War*

in Global Perspective: World War Zero (Leiden, 2 vols., 2005-7)를 참조하라. 청 왕조는 서구 침략국뿐 아니라 아시아 침략국과도 군사적으로 경쟁해야 했고, 그에 따라 과세 수준을 끌어올릴 수밖에 없었는데, 이것이 입헌주의로의 전환을 늦춘 한 가지 요인이었다. Stephen R. Halsey, 'Money, Power, and the State: The Origins of the Military Fiscal State in Modern China', *Journal of the Economic and Social History of the Orient* 56 (2013), 392-432를 참조하라.

59. Aydin, *The Politics of Anti-Westernism in Asia*, 73.

60. Steinberg *et al* (eds.), *The Russo-Japanese War in Global Perspective*, I, 612-613.

61. Worringer, 'Comparing Perceptions', 34, 95n., 184.

62. Ibid., 290, 324, 369; Steinberg *et al* (eds.), *The Russo-Japanese War in Global Perspective*, I, 368-369.

63. Worringer, 'Comparing Perceptions', 37에 인용된 내용.

64. Tiao Min Ch'ien, *China's New Constitution and International Problems* (Shanghai, 1918), 9.

65. Y. S. Kim, 'Russian and Japanese Diplomatic Responses on Interrogations Records of Ahn Jung geun', *Korea Journal* 55 (2015), 113-138.

66. 셀본 경(Lord Selborne)이 1918년 12월 17일 국무장관에게 한 말. British Library IOR Q/27/1, fols. 180-182.

맺음말

1. 이 전쟁을 다룬 문헌은 방대하지만, 그것을 세계적 차원에서 조망한 빼어난 조사서로는 특히 Robert Gerwarth and Erez Manela (eds.), *Empires at War: 1911-1923* (Oxford, 2014); Hew Strachan, 'The First World War as a Global War', *First World War Studies*, I (2010), 3-14를 참조하라.

2. David Omissi, *Indian Voices of the Great War: Soldiers' Letters, 1914-1918* (New York, 1999); Santanu Das, *India, Empire, and First World War Culture* (Cambridge, 2018)를 참조하라.

3. 이것은 그 무렵 웰스의 입장에 대해 현대 학자가 요약한 내용이다. Fupeng Li, 'Be-

coming Policy: Cultural Translation of the Weimar Constitution in China (1919-1949)', *Journal of the Max Planck Institute of European Legal History* 27 (2019), 211. 현재 분주한 재해석 대상으로 떠오른 인물인 웰스의 광범위한 중요성과 관련해서는 Sarah Cole, *Inventing Tomorrow: H. G. Wells and the Twentieth Century* (New York, 2019)를 참조하라.

4. 이 프로젝트의 매력과 몇 가지 한계에 대해서는 Susan Pedersen, *The Guardians: The League of Nations and the Crisis of Empire* (Oxford, 2015)를 참조하라.

5. 이 책에 실린 웰스의 논문 'The League of Free Nations: Its Possible Constitution' 은 캐나다에서는 〈매클린스 매거진(Maclean's Magazine)〉 1918년 4월 1일자에, 미국에서는 월터 리프먼(Walter Lippmann)의 편집을 거쳐 〈뉴 리퍼블릭(The New Republic)〉에 발표되기도 했다.

6. H. B. Morse, 'The New Constitution of China', *Journal of Comparative Legislation and International Law*, I (1919), 183-195.

7. 최근의 조사로는 Yesim Bayar, 'Constitution writing, Nationalism and the Turkish Experience', *Nations and Nationalism* 22 (2016), 725-743을 참조하라. 이 1924년 헌법은 다른 많은 헌법과 마찬가지로, 제정자들이 새롭고 근대화한 '고유한 튀르키예인다움(Turkishness)'를 설계하고 공포하는 데 관심이 있었음에도 불구하고, 특히 1875년 프랑스 헌법과 1921년 폴란드 '3월 헌법'에서 영감을 얻은 모종의 파스티셰(pastiche: 여러 스타일을 혼합한 작품—옮긴이)였다.

8. 이 사건들에 관해서는 Charles Townshend, *Easter 1916: The Irish Rebellion* (London, 2015)을 참조하라. 그리고 그 광범위한 영향력에 대해 살펴보려면 Enrico Dal Lago, Róisin Healy and Gearóid Barry (eds.), *1916 in Global Context: An Anti-Imperial Moment* (Abingdon, 2018), 그리고 Donal K. Coffey, *Constitutionalism in Ireland, 1932-1938: National, Commonwealth, and International Perspectives* (Cham, Switzerland, 2018)를 참조하라.

9. Rohit De, 'Constitutional Antecedents', in Sujit Choudry, Madhav Khosla and Pratap Bhanu Mehta (eds.), *The Oxford Handbook of the Indian Constitution* (Oxford, 2016), 17-37.

10. Rachel G. Hoffman, 'The Red Revolutionary Moment: Russia's Revolution and

the World', in David Motadel (ed.), *Revolutionary World: Global Upheaval in the Modern Age*를 참조하라.

11. Geoff Eley, *Forging Democracy: The History of the Left in Europe, 1850-2000* (New York, 2002), 149에 인용된 내용. 레닌이 1905년에 작성한 선전용 전단 〈Three Constitutions or Three Systems of Government〉는 온라인에서 이용할 수 있다.

12. George Papuashvili, 'The 1921 constitution of the Democratic Republic of Georgia: Looking Back after Ninety Years', *European Public Law*, 18 (2012), 323-350.

13. E. V. Niemeyer, *Revolution at Querétaro: The Mexican Constitutional Convention of 1916-1917* (Austin, Texas, 1974).

14. '문서와 이미지로 보는 독일사(German History in Documents and Images, GHDI)'는 온라인에서 바이마르 헌법에 대한 훌륭한 번역본을 제공하고 있다.

15. 이 텍스트는 다른 전후 창작물들과 더불어 Howard Lee McBain and Lindsay Rogers, *The New Constitutions of Europe* (Garden City, New York, 1922)에서 찾아볼 수 있다.

16. Samantha Lomb, *Stalin's Constitution: Soviet Participatory Politics and the Discussion of the 1936 Constitution* (London, 2018).

17. *Grenada Federalist*, 1915년 10월 27일자.

18. 가령 Daniel T. Rodger, *Atlantic Crossings: Social Politics in a Progressive Age* (Cambridge, MA, 1998)를 참조하라.

19. Neil S. Siegel, 'Why the Nineteenth Amendment Matters Today: A Guide for the Centennial', *Duke Journal of Gender Law & Policy* 27 (2020), 10에 인용된 내용.

20. 연속적인 20세기의 민족 국가 설립을 보여주는 그래프를 찾아보려면 Andreas Wimmer and Brian Min, 'From Empire to Nation State: Explaining Wars in the Modern World, 1816-2001', *American Sociological Review*, 71 (2006), 872를 참조하라.

21. David Armitage, *Civil Wars: A History in Ideas* (New York, 2017), 5.

22. Lawrence W. Beer (ed.), *Constitutional Systems in Late Twentieth Century Asia* (Seattle, 1992), 4.

23. 이 중국 헌법 텍스트의 영어 번역본은 온라인에서 널리 찾아볼 수 있다.

24. 이 내용은 이언 와츠(Iain Watts) 박사가 수행한 연구로부터 도움을 받았다.

25. Benedict Anderson, *Imagined Communities: Reflections on the Origin and Spread of Nationalism* (London, revised edn, 1991), 67.

26. 이를테면 Arthur J. Stansbury, *Elementary Catechism on the Constitution of the United States for the Use of Schools* (Boston, MA, 1828)의 첫 부분에 실린 애가(哀歌)를 참조하라.

27. Harshan Kumarasingham, 'Written Differently: A Survey of Commonwealth Constitutional History in the Age of Decolonization', *Journal of Imperial and Commonwealth History* 46 (2018), 874-908.

28. 이 보고 내용은 https://freedomhouse.org/countries/freedom-world/scores에서 이용할 수 있다.

29. David N. Mayer, *The Constitutional Thought of Thomas Jefferson* (Charlottesville, VA, 1994), 128에 인용된 내용.

30. 푸틴과 러시아 헌법에 관해서는 Adam Chilton and Mila Versteeg, *How Constitutional Rights Matter* (Oxford, 2020)의 서문을 참조하라.

감사의 글

세계사에 관한 작업을 시작하는 사람은 누구나 필연적으로 유독 다양한 부채를 지게 된다. 이 책을 계획하고 집필한 10년 동안, 나는 프린스턴 대학교의 동료 교수들로부터 내내 지원을 받았다. 특히 David Bell, Michael Blaakman, Fara Dabhoiwala, Jacob Dlamini, Yaacob Dweck, Sheldon Garon, Hendrik Hartog, Michael Laffan, Yair Mintzker, Susan Naquin, Philip Nord, Gyan Prakesh, Kim Lane Scheppele, 그리고 Wendy Warren에게 감사드린다. 그들은 저마다 세계의 다른 부문에 관한 질문에 답해주었으며, 소중한 통찰력을 제공해주었다. 그뿐만 아니라 Jeremy Adelman, Matthew Karp, Federico Marcon, M'hamed Oualdi, Ekaterina Pravilova, Daniel Rodgers, Robert Tignor, 그리고 Sean Wilentz는 너무나 친절하게도 이 책 원고의 일부를 읽고 비평해주었다. 컬럼비아 대학교의 Eric Foner도 풍부하고 관대하게 그렇게 해주었다. Shelby Cullom Davis Center for Historical Studies는 Princeton's Law and Public Affairs

Program과 더불어 시종일관 영감과 정보의 보고 역할을 해주었다.

세계사 분야의 수많은 종사자도 마찬가지였다. 나는 과거에 대해 사고하고 집필하는 다양한 방법을 예일 대학교의 Paul Kennedy와 Jonathan Spence를 통해, 그리고 대서양 양편에 관한 John Elliott과의 대화를 통해 처음 접하게 되었다. 그 후로 David Armitage, James Belich, 작고한 Chris Bayly, Sebastian Conrad, John Darwin, Natalie Zemon Davis, Andreas Eckert, Masashi Haneda, Tony Hopkins, (관대하게도 이 책의 초고를 읽어준) Maya Jasanoff, Rana Mitter, Patrick O'Brien, Jürgen Osterhammel, Emma Rothschild, Sanjay Subrahmanyam과의 대화로부터, 그리고 고마움을 느끼고 있지만 다 열거하기에는 너무나 많은 콘퍼런스 및 워크숍에서의 피드백으로부터 커다란 도움을 받았다.

이런 식으로 역사를 서술하는 일의 즐거움이자 도전 가운데 하나는 다른 이들의 전문 분야를 침범하지 않을 도리가 없다는 것이다. Bruce Akerman, John Allison, Richard Gordon, Dan Hulsebosch, Harshan Kumarasingham, 그리고 작고한 Anthony Lester는 내가 법·헌법·권력에 대해 더 깊이 사고할 수 있도록 이끌어주었다. 또한 특별히 Jeremy Black, Michael Broers, Rohit De, Rebecca Earle, Antonio Feros, Kieran Hazzard, Peter Holquist, Carol Gluck, Lorenz Gonschor, Jan Jansen, Svante Lindqvist, Aryo Makko, Eduardo Posada-Carbó, Marie-Christine Skuncke, University of London Bentham Project, 메이지 헌법에 대해 나와 함께 토론한 도쿄 대학교의 많은 이들에게 친절을 베풀고 전문성을 나눠준 데 대해 감사드린다.

이 책을 집필하는 여러 단계에서 Pasadena의 Huntington Library, New York Public Library의 Cullman Center for Scholars and Writers, 뉴질랜드 오클랜드 대학교에서의 펠로십과 체류로부터, 그리고 웁살라에 있는 멋진 Swedish Collegium for Advanced Study에서 한 해를 보낼 수 있도록 해준 Björn Wittrock의 초청으로부터 큰 혜택을 입었다. 또한 Dorothy Goldman의 열정과 너그러움 덕에 헌법 연구 Guggenheim Fellowship상을 수상하는 과분한 이익을 누리기도 했다.

책은 여러 단계를 거쳐야 하기에 감사할 이들의 목록은 계속된다. 많은 학부생과 대학원생은 수년 동안 아이디어를 발전시키고 날카롭게 만드는 데 도움을 주었다. 특별히 서로 다른 시기에 나의 연구와 번역을 도와준 Charlie Argon, Martha Groppo, Jezzica Israelsson, Samuel Lazerwitz, Matthew Mcdonald, Felice Physioc, Tom Toelle, 그리고 Iain Watts에게 감사를 전한다. 하버드 대학교 산하 Society of Fellows의 Paris Spies-Gans는 빼어난 시각 이미지 연구자임을 다시 한번 입증해 보였다. 한편 Joseph Puchner, Jeremy Teow, 그리고 Guy Waller는 면밀한 관심과 기술을 동원해서 나의 교정쇄를 손봐주었다.

언제나 그렇듯이, 나의 저작권 대리인인 뉴욕의 Michael Carlisle과 런던의 Natasha Fairweather는 지혜를 보여주고 지원을 아끼지 않았으며 전문적인 조언을 제공해주었다. 나는 출판사에서도 엄청나게 운이 좋았다. Profile의 Andrew Franklin과 W. W. Norton/Liveright의 Robert Weil은 언제 개입해야 하는지, 언제 내버려두어야 하는지 잘 알고 있는 환상적인 편집자들이었다. 특히 이 책에서 두 사람은 인내심이라는, 필요하되 보기 드문 능력을 유감없이 뽐냈다. 그들에게 마음에서 우러나는 감사를 전한다. 이 책에 시간과 노력과 기술과 상상력을 쏟아준 Cordelia Calvert, Penny Daniel, Sally Holloway, Gabriel Kachuck, Peter Miller, Valentina Zanca를 비롯한 많은 이들에게 깊이 감사드린다.

마지막으로 특별히 David Cannadine에 대해 언급하고 싶다. 그는 믿음직스러운 격려·통찰력·지원의 원천이 되어주었다. 지금껏 변함없이 그래왔듯이 말이다.

2020년 뉴저지주 프린스턴
란다 콜리

삽화 목록

🏛

1. 온라인 웹사이트 OurWorldindata.org에 출간된 'Global deaths in conflicts since the year 1400', Max Roser (2020) 'War and peace'. https://ourworldindata.org/war-and-peace〔온라인 리소스〕에서 검색한 결과다.

2. Hendrik Kobell and S. Cruys, *Pasquale Paoli*, 에칭(etching), 1768. ⓒ Trustees of the British Museum.

3. Jean-Denis Attiret, *Victory at Heluo Heshi: from Battle Scenes of the Quelling of Rebellions in the Western Regions, with Imperial Poems*, c.1765-74. John L. Severance Fund 1998.103.4. Cleveland Museum of Art가 제공한 이미지.

4. 'The form of landing, our troops on the island of Cuba: for the besieging of the Havana, 1762', *London Magazine*, vol. 32 (1763)에 실린 동판화. Courtesy Special Collections, The University of Texas at Arlingdton Libraries.

5. 작가 미상. 1801년 7월 1일. 아이티 국민의 권한과 전능하신 신의 후원을 부여받은 투생 루베르튀르는 아이티공화국의 헌법을 앞에 두고, 총독이 법적으로 소환된 대리인들의 도움을 받게 될 것임을 선언하고 있다. 석판화, 1801. Prints and Photographs Division, Library of Congress, LC-DIG-ppmsca-31021.

6. Richard Evans, *King Henry Christophe*, 캔버스에 그린 유화, 1816년경. Josefina del Toro Fulladosa Collection, Alfred Nemours Collection, University of Puerto

Rico, Río Piedras Campus.

7. 작가 미상. *The Ghost of Christophe ex-King of Hayti, appearing to the Un-Holy Alliance!!*, 손으로 채색한 에칭, 1821, 존 페어번(John Fairburn)이 1821년에 런던에서 출판. ⓒ Trustees of the British Museum.

8. 작가 미상. *Catherine II Holding her 'Instruction'*, 동판에 에나멜, 18세기의 3분기. The State Hermitage Museum, St Petersburg. Photograph ⓒ The State hermitage Museum/Vladimir Terebenin(사진), Natalia Antonova, Inna Regentova.

9. William Blake, *Moses Receiving the Law*, 펜과 검은색 잉크와 흑연을 사용해서 그레이 워시 및 블랙 워시 처리, 1780년경. Yale Center for British Art.

10. Vigilius Eriksen, *Equestrian Portrait of Catherine the Great*, 캔버스에 유화, 1764. The State Hermitage Museum, St Petersburg. Photograph ⓒ The State Hermitage Museum/Vladimir Terebenin(사진), Natalia Antonova, Inna Regentova.

11. 작가 미상. *L'enjambée impériale*, 손으로 채색한 에칭, 1792. Prints and Photographs Division, Library of Congress, LC-uSZC2-3547.

12. Richard N Newton, *A Dance round the Poles*, 손으로 채색한 에칭, London, 1794. ⓒ Trustees of the British Museum.

13. 《1772년 8월 21일 스톡홀름에서 스웨덴의 왕과 주들이 시행한 정부 형태(Form of government enacted by His Majesty the King and the States of Sweden at Stockholm Aug. the 21 1772)》, 스톡홀름의 속표지: 그 왕의 인쇄업자 포트(H. Fougt)가 1772년에 출판했다. Cambridge University Library, Pryme.c.387.

14. Charles Willson Peale, *Thomas Paine*, 자신이 과거 1779년경 그린 그림을 토대로 1791년에 런던에서 제작한 판화. Rare Book Division, Special Collections, Princeton University Library.

15. James Watson and Robert Edge Pine, *Arthur Beardmore, Common-Council Man of the City of London, Teaching his Son Magna Charta*, 메조틴트, 1765. Royal Collection Trust/ⓒ His Majesty King Charles III 2023.

16. Samuel Boyce and Louis-Philippe Boitard, 《그레이트브리튼의 현 상태와 헌법에 대한 설명: 다른 나라들과 관련한 그레이트브리튼의 무역·정책·이해관계, 그리고 그레이트브리튼과 아일랜드의 주요 진귀품들에 대한 견해와 더불어》의 권두 삽화,

London, 1759년경. Cotsen Children's Library, Special Collections, Princeton University Library.

17. 〈펜실베이니아 패킷, 앤드 데일리 애드버타이저(The Pennsylvania Packet, and Daily Advertiser)〉, 1787년 9월 19일자 1면에 실린 미국 헌법 초안. Prints and Photographs Division, Library of Congress, LC-USZ62-58266.

18. John Singleton Copley, *Samuel Adams*, 캔버스에 유화, 1772년경. 보스턴시가 보스턴 소재 순수미술박물관(Museum of Fine Arts)에 맡겨둔 작품이다.

19. Antonio Canova, *Modello for George Washington*, 예비 석고 모형, 1818. Gypsotheca e Museo Antonio Canova, Possagno.

20. 《베네수엘라 영토 연합과 관련한 흥미로운 공식 문서: 즉 예비 발언, 독립에 관한 법률, 선언문, 상기 영토들이 모국에서 분리되도록 촉발한 원인을 세계에 알리는 성명서; 정부 운영을 위해 제공된 에스파냐어 및 영어판 헌법과 더불어》(London, 1812)의 속표지. Rare Book Division, Special Collections, Princeton University Library.

21. Oscar Wergeland, *Riksforsamlingen på Eidsvoll 1814/The National Assembly at Eidsvoll passing the Norwegian Constitution in 1814*, 캔버스에 유화, 1884-85. Teigens Fotoatelier a/s/Stortinget.

22. Henry William Pickersgill, *James Silk Buckingham and his wife Elizabeth Jennings in Arab costume of Baghdad 1816,* 캔버스에 유화, 1825. Royal Geographical Society via Getty Images.

23. Samuel De Wilde, *The Rajah Rammohan Roy*, 펜과 채색 잉크로 워시 기법을 써서 그린 소묘, 1826. Photo credit: © Royal Academy of Arts, London.

24. 헨리 인먼(Henry Inman)이 찰스 버드 킹(Charles Bird King)의 회화를 본떠서 그린 작품, *Sequoyah*, 캔버스에 유화, 1830년경. National Portrait Gallery, Smithsonian Institution.

25. Cherokee nation, *Constitution of the Cherokee nation formed by a Convention of Delegates from the several Districts at New Echota, July 1827*, New Echota, GA, 1827. Newberry Library, Chicago가 제공, VAULT Ayer 251 .C211 1828 Special Collections.

26. James Gillray, *The French-Consular-Triumverate settling the New Constitution: with a peep at the constitutional-pigeon-holes of the* Abbé Sieyès *in the back ground*, 해나 험프리(Hannah Humphrey)가 1800년에 런던에서 출간한, 손으로 채색한 에칭. The Lewis Walpole Library, Yale University가 제공.

27. Jacques-Louis David, *The Emperor Napoleon in his Study at the Tuileries*, 캔버스에 유화, 1812. National Gallery of Art, Washington DC.

28. 《1812년 3월 19일 카디스에서 공포된 에스파냐 군주제의 정치 헌법/ 호세 마리아 데 산티아고가 기록하고 코르테스에 바친》(Madrid, 1822)의 속표지, 호세 마리아 데 산티아고(José María de Santiago)의 판화. Rare Book Collection, Lillian Goldman Law Library, Yale Law School.

29. 《헌법위원회가 일반법원 및 예외법원에 제출한 에스파냐 군주제의 정치 헌법 프로젝트》(Cádiz and Mexico, 1811)의 속표지. Rare Book Collection, Lillian Goldman Law Library, Yale Law School.

30. Jean-Baptiste Gautier, *Le Promethée de l'Isle Ste Hélène*, 손으로 채색한 에칭, 1815. © Trustees of the British Museum.

31. Nicolas-Eustache Maurin, *S.M.I. o Senhor D. Pedro restituindo sua Augusta Filha a Senhora D. Maria Segunda e a Carta Constitucional aos Portugueses/ H.I.H. Dom Pedro restoring His August Daughter Maria II and the Constitutional Charter to the Portuguese People*, 석판화, Paris, 1832, Joséphine-Clémence Formentin(출판). National Library of Portugal.

32. Weld Taylor and H. H. Pickersgill, *'The Mortal Remains' of Jeremy Bentham, laid out for public dissection*, 석판화, London, 1832. Wellcome Collection.

33. George Cruikshank, 'This is the Wealth that lay in the House that Jack built', in William Hone, *The Political House that Jack Built*, London, 1819. Graphic Arts Collection, Special Collections, Princeton University Library.

34. John Doyle, *The (Modern) Deluge*, 석판화, 1848, Thomas McLean(출판). Yale Center for British Art.

35. John Orlando Parry, *A London Street Scene*, 수채화, 1835. Stephen Crawley for the Alfred Dunhill Museum and Archive.

36. 작가 미상. *Simón Bolívar*, 캔버스에 유화, 1823년경. John Carter Brown Library 제공.

37. François-Désiré Roulin, *Simón Bolívar*, 1828년 2월 15일 보고타에서 그린 옆얼굴 소묘. Colección Bolivariana, Fundación John Boulton.

38. Adam Buck, *Major [John] Cartwright*, 에칭, 연도 미상. Lewis Walpole Library, Yale University 제공.

39. William Lovett, *The people's charter: an act to provide for the just representation of the people of Great Britain & Ireland in the Commons' House of Parliament*, London, 1839년경. Rare Book Division, Special Collections, Princeton University Library.

40. John Shillibeer, *A view of Pitcairn's Island, South Seas*, 수채화, 1814. Dixson Library, State Library of New South Wales.

41. Robert Batty, 'George Young & his wife (Hannah Adams) of Pitcairn Island'. 이것은 Sir John Barrow, *The eventful history of the mutiny and piratical seizure of H. M. S. Bounty, its causes and consequences, illustrated by six etchings from original drawings by Lieut.-Colonel Batty* (London, 1831)에 실린 것으로, 영국 군함 블러섬호(Blossom)의 스미스 중령(Lieut. Smith)이 그린 소묘를 보고 배티 중령(Lieut. Col. Batty)이 스케치하고 에칭한 작품이다. Rare Book Division, Special Collections, Princeton University Library.

42. Nanine Vallain, *La Liberté (Liberty)*, 캔버스에 유화, 1794. Inv. MRF D1986-4. ⓒ Coll. Musée de la Révolution française/Domaine de Vizille/ dépôt du Musée du Louvre.

43. Jonathan Spilsbury and Katharine Read, *Catharine Macaulay*, 메조틴트, 1764. British Prints Collection (GC106); Graphic Arts Collection, Special Collections, Princeton University Library.

44. Francisco de Goya y Lucientes, 'Que valor!/What courage!', Plate 7 from *The Disasters of War*, 에칭, 애쿼틴트화(aquatint: 부식 동판 화법으로 만든 그림—옮긴이), 드라이포인트(drypoint), 1810. 1863년에 출판. The Metropolitan Museum of Art.

45. Thomas Crawford, *The Indian: The Dying Chief Contemplating the Progress of Civilisation*, 흰 대리석과 목재, 1856. Photography © New-York Historical Society.

46. Samuel Freeman, *His Majesty Pomarrè, King of Taheite*, 점묘 판화, London, 1821. © Trustees of the British Museum.

47. Charles Davidson Bell, *Education in the Early Days at The Cape*, 수채화, 연도 미상. © National Maritime Museum, Greenwich, London.

48. Rev. Lorrin Andrews(하지만 실은 그의 하와이인 학생들 가운데 일부가 제작했다), *Hawaiian Costume*, 1837~1840년경에 하와이에서 인쇄. © Trustees of the British Museum.

49. 사진작가 미상. *King Kalākaua*, 사진 원판, 연도 미상. Prints and Photographs Division, Library of Congress, LC-DIG-ggbain-06548.

50. Louis-Augustin Simil, *Portrait of His Highness The Mushir Mohammed Essadek, Bey of Tunis* [Sadok Bey], 캔버스에 유화, 1859. The Diplomatic Reception Rooms, US Department of State, Washington DC.

51. Gilbert Stuart, *George Washington (Lansdowne Portrait)*, 캔버스에 유화, 1796. National Portrait Gallery, Smithsonian Institution. 도널드 W. 레이놀즈 재단(Donald W. Reynolds Foundation)의 관대함에 힘입어 선물로서 미국에 돌아온 작품.

52. '화물차에 한 손으로 매달려 있는…….' Jules Verne, *Le tour du monde en quatre-vingts jours*, Paris, 연도 미상, Alphonse-Marie-Adolphe de Neuville과 Léon Benett이 그린 삽화. General Research division, The New York Public Library.

53. Louis-Augustin Simil, *Le général Khaireddine/Khayr al-Dīn on Horseback*, 캔버스에 유화, 1852. Adnan Louhichi, INP Tunis.

54. 'The true defenders of the Constitution', wood engraving from a drawing by James Walker, Harper's Weekly, vol. 9, no. 463 (1865년 11월 11일자)에 실린 제임스 워커(James Walker)의 그림을 바탕으로 한 목재 판화. Prints and Photographs Division, Library of Congress, LC-USZ62-138362.

55. 사진작가 미상. *Surgeon-Major James Africanus Beale Horton*, 1859, James

Africanus Beale Horton, *West African Countries and Peoples*, Edinburgh에 재게재되었다. 1969년 에든버러 대학교 출판부에서 나온 1868년 최초판의 복사본을 그 대학 산하 아프리카학센터(Centre of African Studies)의 허락을 받아 실었다.

56. 《라이베리아 독립 공화국: 그 헌법과 독립선언서(The Independent Republic of Liberia: Its Constitution and Declaration of Independence)》(Philadelphia, 1848) 의 속표지. General Research Division, The New York Public Library.

57. Adachi Ginkō, *Illustration of the Issuing of the State Constitution in the State Chamber of the New Imperial Palace*(새로운 황궁의 의전실에서 국가 헌법을 공포하는 광경을 담은 삽화)/新皇居於テ正殿憲法発布式之図), 1889년〔Meiji 22년〕, 3월 14일, 목판화(ōban tate-e triptych). Allen R. Adler, Class of 1967, Japanese Print Collection, Princeton University Art Museum.

58. 'Besuch der Kruppschen Werke(크루프 공장 방문)', 주간지 *Berliner Wespen illustriertes humoristisches Wochenblatt* (Berlin), 1873년 3월 21일자에 실린 캐리커처.

59. 사진작가 미상. *Itō Hirobumi in traditional attire*, 연도 미상. Nagasaki University Library.

60. 사진작가 미상. *Itō Hirobumi sitting in a chair*, 연도 미상. Nagasaki University Library.

61. Mizuno Toshikata, *Banzai! Banzai! For the Great Japanese Empire! Great Victory for Our Troops in the Assault on Seonghwan*/大日本帝國萬々歲 成歡襲擊和軍大捷之圖, 1894년 秋山武右衛門이 출간한 세 폭짜리 채색 목판화. Allen R. Adler, Class of 1967, Japanese Print Collection, Princeton University Art Museum.

62. 화가 미상. 멀리서 일본 국기를 들고 진격하는 일본 군대가 보이는 가운데 러시아 병사를 상대로 항문 성교하는 일본 병사의 모습을 담은 춘화. 채색 목판화, 小判, 1904-1905년경. ⓒ Trustees of the British Museum.

63. 화가 미상. Sekai no o wa Nippon nari/일본은 세상의 왕이다. 채색 목판화, 1904-1905. 러일전쟁 시기에 발행되었으리라 짐작되는 선전 전단지(히키후다). 저마다 이렇게 쓰여 있다. "일본은 세계의 왕이다." "꽃 중의 왕은 벚꽃이다." "동물의 왕은

사자다." "공부의 왕은 이 교실이다." ⓒ Trustees of the British Museum.

64. F. A. Modorov, 'Stalin's Report on the project for a Constitution at the Extra-ordinary Eighth Congress of the Soviets, 25 November, 1936'/Doklad Stalina na Chrezvychainom VIIIs"ezde Sovetov o proekte Konstitutsii, SSSR, 캔버스에 유화, 1937-1938. Digital Library of Staliniana, Archives & Special Collections, University of Pittsburgh Library System.

65. Róisín Blade, *Repeal the 8th*, 펜과 잉크, 2016. 화가가 말했다시피, 사슬에 묶인 손은 재생산권(reproductive rights)을 쟁취하기 위한 투쟁, 의료 전문가들이 직면한 윤리적 딜레마, 그리고 14년 징역형의 위협을 의미한다. 로이신 블레이드가 제공한 이미지.

66. Kim Ludbrook, *Mass Protests against South Africa President Zuma, Pretoria, 12 April, 2017*. 사진: Kim Ludbrook/EPA/Shutterstock.

67. 올가 미시크가 모스크바 트베르스카야가(街)에서 모스크바 시의회 선거를 위한 독립 후보자 등록을 지지하는 집회가 열리는 동안 법 집행 경찰들에게 러시아 헌법 일부를 읽어주고 있다. 2019년 7월 27일 유진 오디노코프(Eugene Odinokov)가 찍은 사진. Eugene Odinokov/ Sputnik via AP Images.

옮긴이의 글: '총, 선, 펜'을 통해 본 '성문 헌법'의 변천사

🏛

린다 콜리의 《총, 선, 펜》은 민주주의의 주된 요소로 간주되는 '성문 헌법'에 초점을 맞추며, 성문 헌법의 도래와 확산이라는 렌즈를 통해 근대 세계의 부상을 재구성한다. 저자는 1750년대부터 20세기 초까지 전 세계 차원에서 성문 헌법이 발달해온 역사를 추적하면서 그간 용인되어온 친숙한 내러티브들을 뒤집는다. 이 책은 헌법이 국내적 압력이나 지적 발전에서 비롯된다고 믿는 사람들에 대한 직접적인 반박이다. 저자는 무엇보다 헌법이 민주주의적 열망이나 혁명의 산물이라는 신화를 까발린다. 그리고 그것은 오히려 전쟁의 잿더미나 침략의 위협에서 생겨났다고 주장한다. 즉 저자는 헌법과 전쟁 수행 간의 긴밀한 관련성을 파헤친다. 그리고 그 과정에서 유명 헌법들을 재평가하고, 주변화되었지만 근대 세계의 부상에 중대 역할을 담당한 헌법들의 위상을 회복시킨다. 《총, 선, 펜》의 여정을 흔히들 예상함 직한 방식과 달리 건국의 아버지들이 세운 미국이나 혁명적인 프랑스가 아니라, 전직 병사였던 파스칼레 파올리가 10쪽짜리 헌법을 작성한 1755년의 코르시카섬에서 시작하는 것이 그 점을 잘 보여준다.

저자는 헌법 작성이 어떻게 전쟁의 역사, 군사 기술, 여행 기술과 관련되어 있는지에 관한 매혹적인 이야기를 펼칠 뿐 아니라, 과거 세기에 무슨 일이 일어났는지에 대해 세계 차원의 관점을 제시함으로써, 역사 기술에서의 유럽 및 미국 중심 편향을 극복하고자 한다. 따라서 콜리는 선구적인 1755년 헌법을 보유한 코르시카, 그리고 세계 최초로 여성에게 영구적인 참정권을 부여한 태평양의 작은 섬 핏케언 같은 소외된 장소들을 전면에 내세운다. 그리고 건국의 아버지들이 미국 헌법의 틀을 짜기 수십 년 전에 계몽적 성격의 나카즈를 가지고 헌법 기술을 실험한 러시아의 예카테리나 여제 같은 예상치 못한 선수들의 역할을 부각한다.

성문 헌법은 개별 국가들과의 관련성 속에서 검토되는 것이 일반적이다. 하지만 저자는 성문 헌법이 어떻게 국경을 넘나들었는지, 그 결과 어떻게 1918년경에 6개 대륙으로까지 널리 확산함으로써 국가들뿐 아니라 제국들의 부상을 도왔는지에 논의를 집중한다. 그녀는 비단 법률과 정치뿐 아니라 더 넓은 문화사, 인쇄술, 문학적 창의성 간의 긴밀한 관련성 속에서 성문 헌법의 위상을 조명한다.

대부분의 역사를 통틀어 통치자의 권력을 정의하고 구분해야 한다는 개념은 존재하지 않았다. 하지만 20세기에 이르자 헌법은 근대 국가와 근대화한 상태를 말해주는 트레이드마크로서 간주되기 시작했다. 저자가 이 책에서 다루고자 하는 문제의식은 "이러한 변화가 어떻게 그리고 왜 발생했는가" 하는 것이다.

이 질문에 다가가는 한 가지 방법은 수많은 헌법 제정자의 면면을 살펴보는 것이다. 《총, 선, 펜》은 실제로 헌법의 설계 및 옹호에 관여한 선구적인 남성들(및 소수 여성)의 아이디어, 동기 및 활동을 분석하는 데 지면의 거의 대부분을 할애한다. 그런데 이 책은 제임스 매디슨이나 제러미 벤담 등 서양사에서 익히 알려진 인물들에 대해서뿐 아니라, 일본·튀니지·핏케언·타히티·러시아·인도 등지의 여러 장소에서 만나게 되는, 거의 알려지지 않았지만 중요하고도 매혹적인 헌법 제정자들의 초상에 대해서도 생생하게 논의한다.

개인이 원하는 대로 역사를 만들 수는 없다. 따라서 헌법의 출현 역사를 이해하려면 헌법 제정자들이 처한 상황을 파헤쳐보아야 한다. 좀 더 정확하게 말해, 헌법 제정자들이 기존 권위를 약화시키고 새로운 권위를 정의할 기회를 제공해주는 힘들이 과연 무엇인지 알아볼 필요가 있는 것이다. 저자가 제시하는 첫 번째 힘은 전쟁(총)이다. 린다 콜리가 이 책에서 표방하는 주제 의식은 "국가는 전쟁을 만들고, 전쟁은 헌법을 만든다"로 집약할 수 있다. 이것은 18세기 이후 성문 헌법과 헌법적 권리의 역사 및 성격을 이해하는 데 중대한 함의를 지닌다. 저자는 근대의 성문 헌법이 유럽에서 전쟁의 빈도, 규모, 지리적 포괄 범위가 확대되던 18세기에 등장하기 시작했다고 주장한다. 그녀는 헌법이 18세기 중반의 7년 전쟁 및 1860년대에 펼쳐진 열강들의 전쟁—미국의 독립 전쟁, 이탈리아와 독일의 통일 전쟁, 유럽과 미국의 중국 및 일본 침략 전쟁—을 위시해 훨씬 더 군사적으로 효과적이면서 훨씬 더 고비용인 전쟁, 즉 육군과 해군을 결합한 '하이브리드 전쟁'의 산물로서 출현했다고 주장한다. 전쟁은 때로 정치 체제의 붕괴로 치달아 혁신가들이 통치 체제와 권위를 재구성할 수 있는 기회를 열어주었다. 이 효과는 전쟁으로 인해 제국이 붕괴해 새로운 국가들이 형성되고 처음부터 정치 체제를 재설계해야 했을 때 특히 두드러졌다. 하지만 전쟁은 정권

붕괴로 이어지지 않을 때에도 종종 심각한 사회적 분열과 정치적 미래에 대한 격렬한 논쟁을 불러일으켰다. 이럴 경우 지배자들은 통합과 정당성을 재건하는 방법으로서 헌법에 의존했다. 또한 전쟁의 빈도와 규모 증가에 따라 병사를 징집할 필요성이 커졌으며 전쟁 비용도 증가해서 과세 필요성 역시 높아졌다. 징집과 과세의 필요성 때문에 헌법은 그 반대급부로서 참정권 같은 민주적 조치를 확대하지 않을 수 없었다.

저자가 제시하는 두 번째 힘은 인쇄술과 통신 기술(펜)의 확산이었다. 유럽의 근대 초기에 출판 비용의 감소와 대중의 문해력 확대로 신문, 팸플릿, 서적 등이 폭발적으로 증가했다. 이것은 개혁가들이 서로서로와, 그리고 대중과 생각을 교류하는 일을 한층 손쉽게 만들어주었다. 콜리가 말했다시피 "운송·통신·상업의 발달, 이 모든 것은 전쟁의 수준과 효과에 영향을 미쳤다. 그것은 또한 (비단 서구인만이 아닌) 많은 사람이 세계 각지의 정치적 인물 및 계획, 그리고 거기에서 일어난 사건에 관한 정보를 더욱 잘, 더욱 정기적으로 접할 수 있도록 거들었다. 사람들이 다른 국가와 대륙의 (정치를 비롯한) 여러 상황을 비교 및 대조하기가 한결 수월해졌다".

흥미롭게도 콜리는 초기 헌법이 단순히 아래로부터의 요구에 따른 결과가 아님을 보여준다. 오히려 계몽사상에 대한 인식과 영향을 점점 더 많이 받게 된 러시아의 에카테리나 여제, 프로이센의 프리드리히 2세, 스웨덴의 구스타프 3세 같은 통치자는 자신들의 '근대적' 지위를 국민 및 다른 통치자들에게 알리기 위해 헌법을 제정했다. 새로운 통신 기술의 발달에 따른 또 하나의 결과로서, 이 통치자들은 종종 인쇄·복제하기 위해 선언문을 맞춤 제작하고 다른 언어로 번역해서 국내외에 쉽게 전파할 수 있도록 조치했다.

콜리가 제시하는 세 번째 힘은 세계화〔선(船)〕다. 새로운 통신 기술에 수반되어 여행의 용이성이 증가했다. 오늘날의 경우와 마찬가지로 이러한 힘들이 결합해서 새로운 아이디어의 확산을 촉진했다. 그리고 콜리의 지적대로, 남아메리카·아시아·아프리카·중동의 정치 엘리트와 지식인들이 유럽, 미국 및 기타 지역의 헌법에 대해 배우고 여행할 수 있는 능력은 19세기 중반부터 시작된 헌법 제정의 '전염성'을 부채질했다. 창조하는 것보다는 차용하는 편이 한결 손쉽기 때문이다. 그런데 《총, 선, 펜》은 비서구 지역의 헌법 제정자들이 기존 헌법을 단순히 베끼는 데 그치는 게 아니라 현지의 특정 요구에 맞게 고쳐 썼다고 강조한다. 콜리의 말마따나 전 세계의 헌법 제정자들은 의사소통과 여행의 용이성 덕분에 "여러 나라가 채택한 헌법의 인쇄물 모음집에 담긴 사상·제도·법률을 연구하고 그 가운데에서 고를 수 있었다. 그리고 그들이 차용하기로 결정한 내용을 그들 자신의 사상, 염원 그리고 법적·정치적 관습과 결합할 수 있었다".

콜리는 헌법이 어떻게 한편으로 장엄한 혁명을 추진하고 백인 남성에게 참정권을 부여해주면서, 다른 한편으로 기나긴 19세기에 걸쳐 토착 민족을 소외시키고 여성과 유색 인종을 배제하고 토지를 몰수하는 데 기여하곤 했는지 보여준다. 하지만 그와 동시에 어떻게 서구 밖에 있는 유럽 및 아메리카 열강에 저항하고자 분투한 민족과 활동가들이 이런 장치를 채택했는지 파헤친다. 그녀는 튀니지가 어떻게 1861년에 최초의 근대적인 이슬람 헌법을 제정했고 이내 억압당했지만 여전히 아랍의 봄에 영향을 미치게 되었는지, 미국의 남북전쟁에 영감을 받은 시에라리온의 아프리카누스 호턴이 어떻게 서아프리카에서 자치적인 국가들을 위한 계획을 수립했는지, 그리고 일본의 1889년 메이지 헌법이 어떻게 인도·중국·오스만 제국의 민족주의자와 개혁가들에게 하나의 모델로서 서구 입헌주의와 경쟁할 수 있게 되었는지를 묘사한다.

《총, 선, 펜》은 오늘날 정치 발전에 관심이 있는 모든 사람에게 중요한 교훈을 준다. 그것은 바로 당대의 사건을 이해하려고 노력할 때 장기적 관점을 취하는 것이 꼭 필요하다는 사실이다. 저자는 헌법을 이식하려는 시도가 실패한다 할지라도 종종 소중한 결과를 가져온다고 강조한다. 이를테면 그녀는 성공적인 헌법 제정의 다수 사례에서 개혁가들이 이전의 노력을 기반으로 전임자가 저지른 실수로부터 배웠다는 것을 보여준다.

저자는 1914년에서 자신의 이야기를 종료한다. 하지만 사려 깊은 '맺음말'을 통해 성문 헌법이 사이버 전쟁과 디지털 민주주의 시대에서도 여전히 중요하다고 지적한다. 저자는 헌법이 얼마나 혁명적이고 영감을 준 (여전히 주고 있는) 문서인지를 우리에게 상기시킨다. 헌법은 사람들로 하여금 권력을 정의하고 기술하도록 함으로써 그들 나라에서 통치 체제가 구축되고 권한이 행사되는 방식을 형성하는 데 영향을 끼친다. 민주주의의 미래에 대한 의혹에 휩싸여 있는 우리 시대에 이러한 것들은 특히나 더 소중하다. 저자는 '맺음말'에서 1802년 토머스 제퍼슨이 한 말을 빌려서 "성문 헌법은 비록 열정 또는 기만의 순간에 유린당할 수도 있지만, 깨어 있는 자들이 다시 국민을 결집시키는(rally) 구심점으로 삼고 국민에게 상기시킬(recall) 수 있는 텍스트가 되어줄 것이다"라고 말한다. 저자가 미국 헌법을 비롯해 입헌주의 전반에 대해 긍정적 시각을 갖는 것은 옳다. 초기의 결함이 무엇이든 간에 이러한 문서들은 갱신 및 발전의 역량을 지니고 있으니까. 저자는 이러한 정신에 입각해서 책 말미에 남아프리카공화국인과 러시아인의 감동적인 이야기를 각각 제공한다. 그들은 헌법을 사실상 권력에 대항하는 방패와 검으로 사용하고 있는 것이다. 과거를 훌륭하게 재구성한 《총, 선, 펜》은 헌법과 관련한 우리의 현재와 미래를 다시 생각해보게 만든다.

저자는 '머리말'에서 이렇게 말한다. "그 어떤 단일 서적도, 그리고 분명 그 어떤 단일 저자도 18세기부터 제1차 세계대전 시기까지 해상 및 육상의 국경 지역을 넘나들면서 발생하고 오늘날까지 내내 경계와 정치와 사상의 패턴을 주조하고 있는 엄청난 규모의 헌법적 창의성과 논쟁 그리고 결과물을 본격적으로 다뤄보겠다는 야심을 품기 어려울 것이다." 이런 원천적인 어려움에서 비롯되는 부득이한 결과로 보이긴 하나, 좌우간 나는 자료 조사를 하는 과정에서 더러 이 책에 대한 부정적 평가를 만나기도 했다. 우선 "해박하긴 하지만 지루한 책" "의무감으로 읽어내야 하는 두꺼운 교과서 같은 책"이라는 평가를 접했다. 2021년 7월 23일자 〈월스트리트 저널〉에는 다음과 같은 비판이 실리기도 했다. "얼마간 과한 주장도 담겨 있다. 핏케언 사례에 힘입어 태평양 세계가 헌법 역사의 '정중앙에 놓여 있다'고 말하는 것은 너무 나간 주장이다. 그런가 하면 1936년 스탈린의 헌법 제정으로 이어지는 조작된 회의와 토론을 '전례 없는 수준의 대중 참여'의 증거로 해석하는 저자의 판단 역시 옳지 않다. 또한 예컨대 1889년 헌법 공포 당시의 도쿄 거리 풍경처럼, 흥미롭게 읽히지만 실제로 논의와는 무관한 시시콜콜한 내용들도 적잖이 담겨 있다."

끝으로, 이 책을 번역하는 과정에서 느낀 개인적 소회를 한 가지 덧붙이려 한다. 일본 헌법의 제정 역사에 할애된 이 책 8장의 내용은 꽤나 인상적이다. 특히 비서구국의 모범으로서 1905년 러일전쟁에서 러시아를 패배시킨 이후 멀리 인도와 북아프리카의 정치적 근대화에까지 널리 영향을 떨친 일본의 근대사에 대해 잘 알게 되었다. 하지만 나는 그 일본 제국주의의 부상으로 말로 다 하지 못할 피해를 입은 식민지 피지배 민족의 일원으로서 시종 마음이 편치 않았다. 조선통감 이토 히로부미가 안중근이 쏜 총에 맞아 쓰러지는 장면과 간략하지만 저자가 덧붙인 다음의 내용을 읽고 다소 위안이 되기는 했지만 말이다. "그〔안중근〕는 처형 직전에 이렇게 설명했다. '나는 조선인을 향한 압제에 보복하기 위해 이토를 암살하기로 결심했다.' 이 남성에게는 분명 일본이 희망의 신호탄도 비서구 국가가 열광하거나 본받을 만한 대상도 아니었다. 그것은 그저 또 하나의 지배적이고 압제적인 제국에 불과했다." 나는 내 편에서 할 일을 해야겠다 싶어 김훈의 소설 《하얼빈》을 읽었다. 하얼빈 역에서 안중근은 사진으로밖에 본 적 없는 이토를 단박에 알아보고 그를 조준하면서 혼잣말을 한다. "저것이 이토로구나 …… 저 작고 괴죄죄한 늙은이가 …… 저 오종종한 것이……." 애초에 그냥 읽고만 올 작정으로 서점에서 아침부터 책을 읽기 시작했는데, 다 읽고 난 뒤 나는 결국 그 책을 사들고 왔다. 작가가 혼신을 다해 되살려놓은 안중근의 삶이 생각 없이 사는 내게 깊은 울림을 주었기 때문이다.

2023년 6월
김홍옥

찾아보기